Horst Afflerbach

Handbuch Christliche Ethik

R. BROCKHAUS VERLAG WUPPERTAL

TVG-Orientierung

Herausgegeben von Helmut Burkhardt,
Reinhard Frische und Gerhard Maier.

Begründet 1973 von Klaus Bockmühl (1931 – 1989)
unter dem Namen »Theologie und Dienst«.

Die Theologische Verlagsgemeinschaft (TVG)
ist eine Arbeitsgemeinschaft der Verlage R. Brockhaus Wuppertal
und Brunnen Gießen.
Sie hat das Ziel, schriftgemäße theologische Arbeiten zu veröffentlichen.

Gewidmet unseren Kindern
Samuel, Mareike, Kristian, Danela

„Ihr seid zur Freiheit berufen worden!" (Gal 5,1)

„Wo der Geist des Herrn ist, ist Freiheit!" (2Kor 3,17)

„Das ist des Lebens Kunst: das Herz hart zu machen fürs
Leben und es weich zu lassen fürs Lieben." (Jeremias Gotthelf)

Die Deutsche Bibliothek – CIP-Einheitsaufnahme

Ein Titelsatz für diese Publikation ist bei
der Deutschen Bibliothek erhältlich

© R. Brockhaus Verlag Wuppertal 2002
Umschlag: Dietmar Reichert, Dormagen
Druck: Breklumer Druckerei Manfred Siegel KG
ISBN 3-417-29091-0
Bestell-Nr. 229 091

INHALT

Teil II:
Die Zehn Gebote heute – Schutzraum des Lebens

EINLEITUNG

„Wie soll man wissen, was man tun soll, wenn man alles tun kann?"
Diese Frage zeigt ein Dilemma unserer Zeit an. Einerseits tut man,
was man für richtig hält. Andererseits ist der Ethikbedarf heute enorm.
Ethik ist trotz des breiten Durchbruchs zur Autonomie (Selbstbestimmung) eine der großen Notwendigkeiten unserer Zeit. Zu groß sind
die Herausforderungen, zu vielfältig die Möglichkeiten darauf einzugehen, als dass wir auf Ethik verzichten könnten.

Die alte ethische Frage „Was sollen wir tun?" oder „Wie sollen wir
leben?" wird eigentlich von vielen Menschen kaum mehr so gestellt,
weil jeder das tut, was er zu tun für gut hält. Und dennoch kann man
ein neues Fragen beobachten: „Dürfen wir alles, was wir können?"
Junge Menschen fragen: „Wer sagt uns, wie wir leben sollen?"
Gleichzeitig nagen Zweifel: „Wer hat überhaupt noch den Überblick?"
Da ein Einzelner nicht von sich behaupten kann, auch nur annähernd
umfassend informiert zu sein, steht die Frage im Raum: „An wem
oder an was sollen wir uns orientieren?" Die wertstiftenden Institutionen (wie die Kirchen) verlieren schon seit langem immer mehr an
Einfluss und Glaubwürdigkeit. Dazu kommt, dass angesichts der Flut
von Informationen bei vielen grundsätzliche Skepsis bezüglich weg-
weisender Orientierung angesagt ist.

Und erst der Wandel der Werte! Nichts ist mehr, wie es war. Wer
hätte vor 50 Jahren ernsthaft daran gedacht und geglaubt, dass wir
Organe verpflanzen, Lebewesen klonen und Homo-Ehen schließen?

Ist es nicht symptomatisch, dass der Bundeskanzler neben den In-
strumenten der parlamentarischen Demokratie noch einen nationalen
Ethikrat einsetzt, um auf die komplizierten Fragen von Gentechnologie, Klonen von Menschen, Sterbehilfe, Organtransplantation, von
wertem oder unwertem Leben, von Fortpflanzungsmedizin und modernen Waffensystemen überhaupt einigermaßen gesellschafts- und
konsensfähige Antworten zu erhalten? Aber wie viele Ethik-Kommissionen braucht es, um tragfähige Antworten auf diese Fragen zu
erhalten? Provoziert in einer multioptionalen Welt nicht ein Gutachten
geradezu ein weiteres Gegengutachten? Ist man als Einzelner auf Ex-
pertenrunden angewiesen? Und wer kann sich, wenn Experten unterschiedlicher Meinung sind, dann noch selbst eine Meinung bilden?

Bundespräsident Johannes Rau hat in seiner sehr beachteten zweiten Berliner Rede vom Mai 2001 gesagt: „Die Antwort auf die Frage: ‚Was ist gut für den Menschen?' finden wir weder in der Natur noch in unseren technischen Möglichkeiten. Wir können sie nur finden, wenn wir ethische Grundsätze für unser persönliches Leben und das Zusammenleben von Menschen formulieren und achten."

Das gilt für alle Menschen, für Christen wie für solche, die keine Christen sind. Dies Buch will auf diese Fragen eingehen und Hilfen anbieten. Es geht von der Überzeugung aus, dass die christliche Ethik Antworten auf die elementaren menschlichen Fragen gibt. Antworten auf Fragen nach Menschenwürde, Beginn und Ende menschlichen Lebens, nach Arbeit und Feiern, nach Schwarzarbeit und Steuerfragen, nach Ehe und Ehescheidung – kurzum: Hinweise für ein gelingendes Leben.

Gelten aber die Gebote Gottes heute noch oder nicht mehr? Ist die Bergpredigt Jesu eine lebbare Alternative? Spielt die Erneuerung durch den Heiligen Geist eine wirkliche Rolle in ethischen Fragen? Wie soll sich die christliche Gemeinde in dieser Welt verhalten? Soll sie sich abgrenzen, zurückziehen, anpassen, sozial tätig werden oder nicht? Haben Christen einen sozialen Auftrag in dieser Welt oder sollen sie sich nur auf das Reich Gottes und auf den Missionsauftrag konzentrieren? Zeigt christliche Ethik nur auf, was man alles nicht darf? Ist sie eine Vermeidungsethik, die überwiegend nur verbietet, oder eine Erlaubnisethik, die die reichen Möglichkeiten des Lebens beschreibt?

Man kann sich ethischen Fragestellungen heute auf zwei methodisch unterschiedlichen Wegen nähern:

Man kann sich auf konkrete Anwendungen beschränken und die Grundlagenfragen zunächst ausklammern. Das ist bei pragmatisch veranlagten Menschen sehr beliebt. Auf diese Weise erhält man sofort zu einem ethischen Problem eine ethische Lösung angeboten. Die schnellen Lösungen sind aber nicht hilfreich. Erstens sind sie kaum begründet und zweitens begünstigen sie das schnelle und formale Übernehmen von Antworten, ohne das eigene (Nach-)Denken und Begründen zu fördern. Das ist aber in Glaubens- und ethischen Fragen unbedingt vonnöten. Dabei sind theologische Meinungen allein aber ebenso wenig gefragt, sondern Überzeugungen, die die Kraft haben, im Leben Gestalt zu gewinnen.

Die andere Möglichkeit, auf ethische Fragen einzugehen, ist, sich zunächst der Grundlagen bewusst zu werden, auf Grund derer man zu konkreten ethischen Entscheidungen kommt. Dieser Weg ist im Anfang etwas abstrakter und dauert auch länger. Er hat aber den großen Vorteil, sich zunächst seiner eigenen Grundlagen bewusst zu werden, indem sie mit anderen ethischen Ansätzen verglichen werden, so dass man seine ethischen Kriterien daran überprüfen kann. Erst danach kann man zu praktischen Ergebnissen kommen, die gangbar sind.

In diesem Buch habe ich daher den zweiten Weg gewählt, ohne dabei im Grundsätzlichen stecken bleiben zu wollen. Es erscheint mir heute dringend geboten, zunächst auf die Grundlagen und auf die Begründung der Ethik zu achten und sie genau im Blick zu haben, um darauf aufzubauen.

Tipps zum sinnvollen Gebrauch des Buches

Das Buch ist als „Handbuch" gedacht, das man – nicht wie einen Roman – einfach „in einem Rutsch" durchliest, sondern immer wieder zur Hand nehmen und damit arbeiten kann. Es gliedert sich in drei Hauptteile, die sich vom sprachlichen Duktus und der Intention her deutlich unterscheiden.

Der erste Hauptteil – eine theologische Abhandlung über die Begründung einer christlichen Ethik (Fundamentalethik) – mag für manchen theologischen Laien zunächst schwer verständlich sein, weil er die Fragestellung der theologischen Themen und die Front der Auseinandersetzung nicht gleich einsieht. Dennoch kann auch er – spätestens seit dem Beginn der Erläuterungen zum „christlichen Ethos" (Punkt 3.3) – die Grundlage für das verantwortungsvolle Handeln auch ohne große theologische Vorbildung gut nachvollziehen.

Der zweite Hauptteil bietet den Versuch einer Auslegung der Zehn Gebote für heute in einem (fast) persönlichen Gespräch zwischen dem Autor und dem Leser oder einem brüderlichen Gespräch zwischen Gemeindegliedern. Man kann auch sofort mit diesem Teil beginnen und jedes Gebot einzeln durcharbeiten. Die Auslegungen der Gebote sind nicht alle gleich umfangreich gehalten. Einige dem Autor besonders relevant erscheinende Themen wurden mit einbezogen – besonders beim 7. Gebot: „Du sollst nicht morden!" – andere (auch wichtige) mussten leider ausgelassen werden. Dennoch kann

11

man hier wichtige konkrete ethische Fragestellungen und Lösungsansätze finden.

Der dritte Hauptteil soll – als knappes Thesenpapier verfasst – Anregungen besonders für Gemeindeleitungen geben, ethische Leitlinien in der Gemeinde mutig und authentisch zu vermitteln und so zu einem lebendigen Diskurs über diese Themen in der Gemeinde verhelfen. Sie können als Diskussionsgrundlage für Gemeindeleitungen und Mitarbeiter dienen und einen konstruktiven Prozess in Gang setzen.

Noch einmal: Es handelt sich bei dem Buch um ein ethisches Grundlagenbuch, das manche ethischen Fragestellungen behandelt, viele aber nicht mit aufnehmen konnte (das muss an anderer Stelle geschehen). Es kann aber die Basis bieten, auf der konkrete Fragestellungen weiter bedacht werden können und den Rahmen erstellen, in dem verantwortliches Handeln reflektiert werden kann. Nicht zuletzt will das Buch dazu motivieren, den „alten" Geboten Gottes und den Weisungen Jesu in unserer Zeit neu zu vertrauen und sie – gegen alle modischen Trends – einzuhalten. Wenn es dazu ein Stück mit beigetragen hat, ist sein Zweck erfüllt.

TEIL I:

GRUNDLAGEN UND BEGRÜNDUNG CHRISTLICHER ETHIK

1. Die ethische Frage in einer multioptionalen Welt

Der Ruf nach Ethik in unseren Tagen kommt nicht von ungefähr. Irgendwie ging alles viel zu schnell. Plötzlich finden wir uns in einer Welt wieder, die wir nicht mehr verstehen, der multioptionalen[1] Welt. So viele scheinbar wichtige Informationen, so viele gesellschaftliche Herausforderungen und so viele Möglichkeiten, das Leben zu gestalten, gibt es, dass einem schier schwindelig werden kann. Immer mehr Menschen bekommen in der unübersichtlicher werdenden Welt zunehmend Schwierigkeiten sich zu orientieren. Das Bedürfnis und der Ruf nach Wegweisung und geistigen Navigationssystemen ist nur zu verständlich und auch berechtigt.[2]

Natürlich kam das alles nicht über Nacht oder wurde einfach durch den Millenniumswechsel eingeleitet. Die Welt, in der wir heute leben, hat eine Vorgeschichte.

---

[1] „Multioptional" bedeutet: viele (*multi*) Möglichkeiten (*Optionen*) haben. „Multioptionsgesellschaft" ist ein Begriff von P. Gross.

[2] Dabei sind wir uns der grundsätzlichen Unmöglichkeit, die Gegenwart diagnostisch unter die Lupe zu nehmen, um Trends und Perspektiven für das vor uns liegende Jahrtausend ausfindig zu machen, nur allzu bewusst. Dazu kommt die Einsicht, dass Trendaussagen von einer nicht zu übersehenden „Veralterungsgeschwindigkeit" (Hermann Lübbe) gekennzeichnet sind. Von daher ist dies nicht noch ein Trendbuch (vgl. in der unüberschaubar großen Menge nur das eine von J. Naisbitt/P. Aburdene, Megatrends 2000. Zehn Perspektiven für den Weg ins nächste Jahrtausend. Vorhersagen für unsere Zukunft, Düsseldorf/Wien 1991), sondern eine Einführung in christliche Ethik – allerdings in einer Zeit, die wie kaum eine andere von einem enormen Wertewandel gekennzeichnet ist.

Ohne einerseits zu weit ausholen zu wollen und ohne auf der anderen Seite zu stark zu vereinfachen, sollte man doch einige Entwicklungsstränge markieren, die unsere Welt in ihrem Wertebewusstsein stark umgewälzt haben.

1.1 Leitlinien der Entwicklung

Im vergangenen 20. Jahrhundert vollzogen sich für die Ethik äußerst herausfordernde Umbrüche, die das gesellschaftliche Denken und Empfinden desillusionierten. Zu nennen ist hier vor allem[3]:

1.1.1 Die „ideologisch-sozialistische Herausforderung"

Die utopische Auffassung dieser auf K. Marx und F. Engels beruhenden Ideologie, die letztlich positiv verlaufende Entwicklung der Geschichte bis zum Ziel auf immanentem Weg erreichen zu können, ist durch den Zusammenbruch der ihr verpflichteten politischen Systeme gescheitert.

Ethik wurde im Sozialismus als der auf dem Fundament des dialektischen und historischen Materialismus aufliegenden Wertekanon verstanden. „Werte, Normen, Prinzipien und Kategorien der Moral (werden) aus den objektiven Bedingungen des materiellen gesellschaftlichen Lebens abgeleitet ... Ethik ist nicht mehr eine Sammlung a priori aufgestellter, mehr oder weniger erfüllbarer Forderungen." Ethik stimmt mit der Weltanschauung und Lebensordnung des Sozialismus überein. Unsittlich ist es dementsprechend, gegen die Lebensordnung dieser Weltanschauung zu leben, zu denken oder zu handeln. Es gilt die Vorordnung des Kollektivs vor den Einzelnen in allen ethischen Entscheidungen. Die Umsetzung eines verbindlichen Ethos in Regulative der Partei oder der Gesellschaft degradiert den Menschen zu einem angepassten Glied eines Systems. Nach dem Zusammenbruch des Systems bleibt nur ein ethisches Vakuum.

---

[3] Vgl. G. Huntemann, Biblisches Ethos im Zeitalter der Moralrevolution, Neuhausen/Stuttgart ¹1995.

1.1.2   Die faschistische Herausforderung

mit Friedrich Nietzsches Verneinung der Moral und der nationalsozialistischen Ideologie hat nie gekannte Auswirkungen auf das Ethos
gehabt. Der Wille zur Macht ist eine Form der Apotheose (Vergot-
tung) des Menschen und führt in den totalen Zusammenbruch!

In der Philosophie Nietzsches findet sich eine Verneinung der
christlichen Moral, wie sie in der europäischen Geistesgeschichte bis
dahin selten bis gar nicht anzutreffen war. Er stellt an die Stelle des
Gewissens und der Gebote den Instinkt und den Willen zur Macht.
Darauf gründet er seine gesamte Philosophie. In scharfer Ablehnung
des jüdisch-christlichen Ethos geißelt er dessen „Sklavenmoral", die
nur „Ethik der Ohnmächtigen" sei. Gepaart mit der „Erfindung der
Krankheit des schlechten Gewissens" werde Schuld ins Unermess-
liche gesteigert und die Abhängigkeit von Gott manifestiert. Befreien
könne man sich daher nur durch die Abschaffung Gottes und des
Gewissens bzw. durch die Umkehrung der Sklavenmoral in eine
Herrenmoral.

Friedrich Nietzsche kann durchaus als „Verursacher des Faschismus" bzw. als „Brücke zwischen Faschismus und NS-Ideologie" gesehen werden[4], auch wenn eine direkte Einwirkung Nietzsches auf
Hitler in der Forschung umstritten ist.

D. Bonhoeffer hat sehr klar gesehen, dass die Geschichte Europas
eine „Bewegung in der Richtung auf die menschliche Autonomie" ist.
Sowohl auf wissenschaftlichem Gebiet wie auch im allgemein
menschlichen Bereich wird „Gott immer weiter aus dem Leben zu-
rückgedrängt, er verliert an Boden", stellt er fest.[5] Diese Situation war
für ihn die ethische Herausforderung schlechthin. Sein Buch „Nachfolge" zeigt seinen radikalen Willen, Ethik nicht als Ausdruck billiger,
sondern als eine Verwirklichung teurer Gnade zu begreifen.

---

[4] G. Huntemann, Biblisches Ethos ..., S. 258: „Dass Hitler auf dem Höhepunkt des
Zweiten Weltkriegs seinem Bundesgenossen Mussolini zu dessen 60. Geburtstag eine
in rotes Leder gebundene Prachtausgabe von Nietzsches Werken schenkte, ist nicht
nur als eine gute Geschenkidee, sondern vor allem als symbolische Geste zu verstehen."

[5] D. Bonhoeffer, Widerstand und Ergebung, Gütersloh [1]1952, S. 178ff.

Als dritte Herausforderung an die Ethik könnte man die

1.1.3 „antiautoritäre Revolution"

nennen, die zugleich mit dem Ansatz der *negativen Dialektik* der sog. *Frankfurter Schule*[6] in der *Neuen Linken* eine Kultur- und Moralrevolution ausgelöst hat, deren Auswirkungen noch heute zu spüren sind. Dieses Denken, das sich bereits am Anfang des 20. Jahrhunderts formierte, ist erst nach dem Zusammenbruch des Dritten Reiches und der Nachkriegszeit mit ihrer enormen wirtschaftlichen und gesellschaftlichen Aufbauphase inklusive aller Nebenwirkungen in den 1960er-Jahren zum Durchbruch gekommen.

Weil dieses Denken die gesellschaftliche Landschaft und das ethische Bewusstsein so massiv verändert hat, wollen wir etwas näher darauf eingehen.[7]

1.2 Der Wandel gesellschaftlicher Werte seit den 60er-Jahren des 20. Jahrhunderts

1.2.1 Die Welt der 60er-Jahre des 20. Jahrhunderts

Die 60er-Jahre markieren dann diesen nach außen hin als provozierend wahrgenommenen *gesellschaftlichen Umbruch*, der in seinen

---

[6] Vgl. R. Wiggershaus, Die Frankfurter Schule – Geschichte, theoretische Entwicklung, politische Bedeutung, München [3]1991.

[7] Der berechtigte Hinweis auf die satte und gesellschaftlich voll angepasste „Alt-68er-Generation", die mittlerweile staatliche Ämter innehat und Privilegien genießt, die sie vor über 30 Jahren noch bekämpft hat, relativiert die gemachte Aussage nicht, weil sie die Auswirkungen des ethischen Wertewandels, den sie damals unterstützt hat, heute noch bejaht: Autonomie, Emanzipation, Individualisierung, Befreiung von allem, was an autoritative Wertethik gemahnt, bei gleichzeitigem Genuss gesellschaftlicher und marktwirtschaftlicher Privilegien.

ethischen Auswirkungen gar nicht hoch genug eingeschätzt werden kann.

Eine wichtige Grundlage dieser Revolution bildeten u.a. die Gedanken Max Horkheimers, der in seinem Aufsatz „Egoismus und Freiheitsbewegung. Zur Anthropologie des bürgerlichen Zeitalters" bereits 1936 den Protest gegen die jüdisch-christliche Auffassung formulierte, der Mensch sei „böse von Natur". Auch Erich Fromm, der wie Horkheimer, Marx und Freud jüdische Wurzeln hatte, erkannte in der Verbindung von Freuds Erkenntnissen zur Trieblehre und Marx' Thesen zur Klassentheorie die Chance einer Synthese gegen Herrschaftsstrukturen. Er tritt für eine am Gegenteil des Absoluten formulierte relativistische Ethik ein, in der „tatsächlich der Mensch das Maß aller Dinge ist". In dieser konsequent „anthropozentrischen Ethik" weiß letztlich nur der Mensch, „was erlaubt ist". Das „ethische Problem der Gegenwart" sieht Fromm in der Herausforderung des Menschen, „er selbst und um seiner selbst willen zu sein *(to be himself and to be for himself)*"[8].

Man kann in dieser Epoche des 20. Jahrhunderts also das interessante Phänomen erkennen, dass „dem Judentum verfremdete Juden und dem Christentum verfremdete Christen ... in der ‚negativen Dialektik die Heimat der Vaterverlorenen'"[9] fanden und „auf dem Weg zu einer vaterlosen Gesellschaft"[10] gegen „patriarchale Strukturen" in der Gesellschaft kämpften.[11] Dieses interessante Phänomen kann im tiefsten Grund auch als eine Protestbewegung der Vaterverwundeten und -enttäuschten gesehen werden.[12]

---

[8] E. Fromm, Psychoanalyse und Ethik. Bausteine zu einer humanistischen Charakterologie, Stuttgart [1]1982, S. 225.

[9] G. Huntemann, Biblisches Ethos ..., S. 353.

[10] So der 1963 veröffentlichte programmatische Titel von Alexander Mitscherlichs Buch, in dem er die ethischen Konsequenzen des kritischen Ansatzes zieht.

[11] G. Huntemann hat in seinem 1995 erschienenen Werk „Biblisches Ethos im Zeitalter der Moralrevolution" (s.o.) diese Zusammenhänge in beeindruckender Weise dargestellt und einsichtig gemacht.

[12] Dies ist keine soziologische, sondern eine psychologische Interpretation, die aber vielfältig von solchen bestätigt wird, die den Zusammenhang zwischen der Abwesenheit des Vaters und auffälligem Verhalten erkennen und untersuchen. Vgl. den programmatischen Titel von: W. Wieck, Söhne wollen Väter: wider die weibliche Umklammerung, Frankfurt 1992, in dem er die Männer auffordert, sich endlich dem Problem des abwesenden Vaters zu stellen. Vgl. zu diesem Thema auch die hilfreiche

Nicht nur für die kritische Theorie der Neuen Linken ist biblisches Ethos – das ja den europäisch-abendländischen Wertekanon neben aufgeklärt-humanistischem Gedankengut maßgeblich beeinflusst hat – letztendlich heteronomes, also den Menschen fremdbestimmendes Ethos, das den Menschen unterdrückt. Gründliche Emanzipation von diesem angeblich restriktiven Denken ist ein erklärtes Ziel der Neuen Linken gewesen. Sie hat neben anderen Einflüssen dazu beigetragen, dass Werte, die bisher konsensfähig waren und für viele Menschen galten, sich grundlegend gewandelt haben.

Was den rapiden Wandel gesellschaftlicher Verhältnisse und Werteinstellungen[13] – man kann angesichts der ungeheuren Dynamik gar von einem „Wertwandelschub"[14] sprechen – in westlichen Industrieländern seit den 1960er-Jahren auszeichnet, ist vielleicht am besten als Freisetzung des Einzelnen aus sozialen ethischen Vorgegebenheiten einerseits und Zuwachs an individueller Selbstverwirklichung andererseits zu kennzeichnen.[15]

Studie von M. und H. Horie, Auf der Suche nach dem verlorenen Vater, Wuppertal/Zürich [1]1988.

[13] Vgl. U. Eibach, Individualisierung und der Wandel moralischer Werte, in: ders., Liebe, Glück und Partnerschaft: Sexualität und Familie im Wertewandel, Wuppertal [1]1996; ders., Menschenwürde an den Grenzen des Lebens: Einführung in Fragen der Bioethik aus christlicher Sicht, Neukirchen-Vluyn [2]2000.

[14] H. Klages, Werteorientierungen im Wandel: Rückblick, Gegenwartsanalyse, Prognosen, Frankfurt [1]1984; ders., Wertedynamik: Über die Wandelbarkeit des Selbstverständlichen, Zürich [1]1988. Vgl. weitere Literaturhinweise bei U. Eibach, a.a.O.

[15] W. Bittner erkennt in seinem Aufsatz „Der Verfall der Werte als Herausforderung an die Christen" in: H. Burkhardt (Hrsg.), Christliche Ethik im Wandel der Systeme, Gießen/Basel 1994, S. 88, dass im Zusammenhang mit dem Wertewandel nicht nur nebensächliche Orientierungen in Frage gestellt werden, sondern zunehmend „Grundwerte des Zusammenlebens". Er nennt „vier Felder: *die unbedingte Achtung vor dem Leben* wird offen diskutiert (Abtreibungsfrage; Euthanasieproblem); *Fragen um Partnerschaft, Lebensbeziehungen bis hin zur sexuellen Orientierung* scheinen offen zur Diskussion und zur Entscheidung anzustehen; *die Anerkennung von Autoritäten* auf allen Ebenen ist einem weitgehenden Misstrauen und einer substantiellen Kritik gewichen. Man kann durchaus von einem Wechsel vom Vertrauensvorschuss zum Misstrauensvorschuss sprechen; endlich sind in der *Frage der Rechtsbegründung und Rechtsbefolgung* (und damit des Rechts- und Unrechtsbewusstseins) weitgehend die bisherigen über- bzw. vorpositiven Grundlagen (Natur, Vernunft, Metaphysik) des Rechtes durch das Rechtsempfinden der Mehrheit bzw. der Öffentlichkeit ersetzt worden." (Hervorhebungen H. A.)

1.2.2 Das Zauberwort der Individualisierung

kann man tatsächlich als „Mega-Megatrend" des ausgehenden Jahrtausends bezeichnen.[16] Es scheint der „zentrale Code der Kulturentwicklung" zu sein, der „so gut wie alle wesentlichen soziokulturellen, wirtschaftlichen, politischen, demographischen Entwicklungen" deuten und verstehen lässt. „Ohne die Wirk-Kräfte der Individualisierung ergeben die Entwicklungen der modernen Welt – auch die meisten Trend-Evolutionen – keinen Sinn." Jeder Bereich der Gesellschaft ist mittlerweile davon geprägt. Werbebotschaften wie „Ich und mein Magnum", „Express yourself" oder „Endlich Zeit für mich!" u.v.a.m. werden verstanden. Ein Heer von „Singles", also singulär lebender Menschen, prägt die Wohn- und Gewohnheitslandschaft moderner Gesellschaften.[17]

In seinem Buch „The Culture of Narcissism"[18] beschreibt Christopher Lasch bereits 1979 den – wie er ihn nennt – „niedergehenden Lebensstil" einer Kultur des Individualismus. Er geißelt einen „neuen, dekadenten Ich-Kult", der die westlichen Industriegesellschaften lähmt, der „das Streben nach Glück in die Sackgasse einer narzisstischen Selbstbeschäftigung abgedrängt hat". Ähnlich wie Erich Fromm sieht er in diesem Ich-Kult mitsamt dem daraus erwachsenden Hedonismus Symptome einer kranken Gesellschaft.[19]

Noch immer beherrscht und verändert dieser Trend – und zwar stärker als je zuvor – die gesellschaftliche Szene. Anders als noch vor 25–30 Jahren scheint er nun aber nicht mehr nur negativ oder destruktiv beurteilt zu werden. Die Frage, „ob der postmoderne Ich-Kult nicht auch ein Schritt zur Beförderung der allgemeinen Humanität sein kann", wird offen gestellt und so aus der Not eine Tugend gemacht.

---

[16] M. Horx, Trendbüro, Megatrends für die späten neunziger Jahre, Düsseldorf 1995.

[17] Lt. den Aussagen des Statistischen Landesamts Berlin hat sich z.B. die Zahl der Single-Haushalte allein in der Hauptstadt in der Zeit von 1991–98 um 5,4 % auf 830.000 erhöht. (Statistik der Wohnungswirtschaft 06/99) Die Zahlen bundesweit sind ähnlich. Ca. 50 % aller Haushalte sind Single-Haushalte.

[18] Deutsch: C. Lasch, Das Zeitalter des Narzissmus, München 1982.

[19] E. Fromm, Haben oder Sein: Die seelischen Grundlagen einer neuen Gesellschaft, München [2]1979.

Auf jeden Fall ist „wie alle Prozesse der Moderne (...) auch die Individualisierung ambivalent"[20].

Den Kern dieses alle anderen Trends dominierenden und beeinflussenden Megatrends der Jahrtausendwende bildet das Streben nach Autonomie und Befriedigung individueller Bedürfnisse. Allen weit voran steht das Bedürfnis nach einem glücklichen Leben, für das Gesundheit und Freiheit von Leid wesentliche Voraussetzungen sind.

Autonome Selbstbestimmung und individuelles Glück werden zu konsensfähigen Werten in diesen Gesellschaften, so dass selbst in wesentlichen Grundfragen menschlichen Lebens – z. B. der Geltung des Tötungsverbots – keine Einigkeit mehr zu erzielen ist. Deshalb muss jeder selbst entscheiden, was seinem Glück dient. Das Streben nach autonomer Selbstbestimmung und individuellem Glück ist gepaart mit der Auffassung, das Leben müsse der Kontrolle des Menschen so unterworfen werden, dass es ganz nach seinen eigenen Vorstellungen planbar und gestaltbar wird. Individuelle Autonomie heißt absolute Selbstbestimmung in allen Bereichen menschlichen Lebens.

Eine daraus sich entwickelnde „Ethik der absoluten Selbstverfügung über das eigene Leben" (Eibach) und der Wahn, das Leben ganz nach seinen eigenen Plänen gestalten und beherrschen zu können, entspringen derselben geistigen Wurzel, nämlich der Selbsteinsetzung des Menschen als uneingeschränktem Herrn des Lebens. Beide leugnen die Tatsache der Geschöpflichkeit, der Endlichkeit, der bleibenden Abhängigkeit vom Unverfügbaren, von der Natur und von Gott, und das Unterworfensein aller Kreatur unter die Macht der Krankheit und des Todes (vgl. Röm 8,18ff).

Menschen, die sich dieser Einstellung verpflichtet wissen, kennen daher keine Ethik des Verzichts und des Erleidens, sondern nur eine Ethik der aktiven Lebensgestaltung, des Machens, des Herrseins des Ichs über die Natur und das Leben, letztlich nur eine „Ethik der Macht", die auch die Ohnmacht gegenüber der Übermacht von Krankheit und Tod durch Macht zu überspielen versucht.

---

[20] J. Strasser, Geschichte der Freiheit: Das doppelte Gesicht der Individualisierung, in: Zeitzeichen. Evangelische Kommentare zu Religion und Gesellschaft, 1. Jg., Stuttgart 11/2000, S. 20.

Sie kennen keine Ethik des „Seinlassens", der inneren Annahme des „Verfügten"[21].

Diese ethischen Grundeinstellungen können zu seltsamen Auswüchsen führen, wie neuste Trends zeigen. Die USA erlauben z.B. bereits die Adoption tiefgefrorener Embryonen. Weil Zehntausende befruchteter Eizellen in den Labors der Forschungsstätten lagern, sucht man nach Wegen, diese an den Mann bzw. die Frau und die Eltern zu bringen. Kinderlose Eltern bekommen wieder Hoffnung, nun endlich doch ein eigenes Kind zu erhalten per Implantation befruchteter Eizellen aus dem Kühlschrank. Um die vielen gefrorenen Embryos nicht vernichten zu müssen, bietet man sie Eltern zur Adoption an. Schon hat die kalifornische Agentur „Snowflake" zum Vermittlungspreis von $ 4.500,– bereits eine stattliche Anzahl Spender- und Empfängerpaare zusammengebracht.[22]

Welche bizarren Blüten der Machbarkeitswahn treiben kann, zeigt das Beispiel eines amerikanischen Ehepaares, das sich für eine Adoption eines italienischen Embryos entschieden hatte und – als sich herausstellte, dass das werdende Kind kein Mädchen war, wie sie es sich gewünscht hatten – auf Schadensersatz pochte!

Die Freigabe tiefgefrorener Embryos ist für viele, besonders für die Betroffenen, eine humane und konkret anwendbare Möglichkeit, die sie für ethisch legitim halten. Angesichts der ansonsten beängstigenden Gentechnik, die hinter meist verschlossenen Labortüren stattfindet und von der man nie weiß, was dabei herauskommt, sei das ein Segen. Sie ist aber nur auf den ersten Blick eine ethische Lösung. Tatsächlich ist die Freigabe gefrorener Embryos nur ein Symptom einer skrupellosen Reproduktionsmedizin, die Embryos auf Halde produziert und am Ende eiskalt vernichtet, ja vernichten muss! Die Adoption von Kindern im Reagenzglas schafft erst einen Markt für regelrechten Menschenhandel und führt zu einer Kommerzialisierung der Fortpflanzungsmedizin.

Eine Ethik der absoluten Selbstverfügung über das eigene Leben ist eine Folge des wissenschaftlich-technischen Fortschrittsglaubens und nur eine schein-ethische Lösung, die immer auf Kosten anderen Lebens geht!

---

[21] Vgl. die Aufsätze von U. Eibach zum Thema „Vorgeburtliche Diagnostik und Leidbewältigung".
[22] DIE WELT v. 27.02.01.

Kennzeichnend für den unaufhaltsamen Trend zur Individualisierung ist schließlich auch die *Betonung des Körpers als anthropologische Identität.* „Sein im Design" ist die neue Identifizierung des postmodernen Menschen. Der Körper dient als Inszenierung der individuellen Identität mit allen Mitteln. Die Begeisterung für die äußere Gestaltung und Inszenierung des eigenen Körpers nimmt quasi religiöse Züge an. Ob Piercing oder Tattoo, Schönheitschirurgie oder das mittlerweile schon obligatorische Fitness-Studio, ob Bauchnabelfreiheit oder Marathonlauf – all das ist Ausdruck eines enormen Körperkults, dessen Ikonen Triathleten (Ironmen) und Models sind.

Fragt man nach dem Grund dieser seit Jahren zunehmenden Inszenierung des eigenen Körpers, der Begeisterung für den kollektiven Körperkult, bleibt als einzige Antwort nur übrig, dass andere Instrumente Rost angesetzt haben oder gar untauglich geworden sind, vor allem anscheinend Vernunft und Wissenschaft sowie Religion und Künste. „Wo rationale und moralische Gewissheiten schwinden, bleibt die körperliche Existenz als letzte Bastion der authentischen Selbst- und Welterfahrung für das Individuum."[23]

Der Körperkult ist Ausdruck zeitgeistiger Ästhetisierung des Seins. Ästhetik als Ersatz für Ethik? Das eigene Ich als einziges Kriterium ethischer Verantwortung – ist das nicht ein gefährlicher Gedanke, wenn man ihn zu Ende denkt? Wo der Schein wichtiger ist als das Sein, entsteht bald der „horror vacui", die Furcht vor der Leere.

Die Kehrseite dieses Körperkults ist die panische Angst vor dem Krank- und Behindertwerden, dem nutzlosen Ausgeliefertsein an ein schreckliches Schicksal, ist die gesellschaftliche Verdrängung alles Schwachen und Verwesenden. Es wird entweder als unwerte Existenz interpretiert oder – im Gegenteil – als Tabubruch wiederum inszeniert, wie die nicht unumstrittene Ausstellung „Körperwelten" in einigen Städten Deutschlands gezeigt hat. Wer Leichen als Exponate ausstellt und einer voyeuristischen Öffentlichkeit zugänglich macht, der versucht, den Spieß des Körperkults umzudrehen und offensiv die Hinfälligkeit des Körpers zu verdrängen. Die schockierenden Werbefotos brustamputierter Frauen oder sterbender Menschen zeigen den Zynis-

---

[23] H. Hemminger, „Sein im Design: Die körperliche Existenz wird zur letzten Bastion authentischer Welterfahrung", in: Zeitzeichen. Evangelische Kommentare zu Religion und Gesellschaft, 1. Jg., Stuttgart 11/2000, S. 30f.

mus einer Gesellschaft, die ihren eigenen Körper wie eine Ikone betrachtet und kein ethisches Empfinden mehr hat.

Durch diese äußerst knappe Skizzierung einiger für unser Thema relevanter Entwicklungen im 20. Jahrhundert wird bereits deutlich, dass der konsequente Individualismus gravierende ethische Auswirkungen hat, die mit den gängigen Wertvorstellungen eines „christlichen Abendlandes" und einer (ehemals) christlichen Kultur nicht mehr viel gemein haben. Dass in diesem Zusammenhang von Werteverlust bzw. *Wertewandel* gesprochen wird, ist nur zu einsichtig.

Ein weiterer Aspekt, der vom Wertewandel nicht zu trennen ist, ist das seit den 70er- und 80er-Jahren entstandene kollektive Bewusstsein, das globale Umwälzungen als *Krisen* deutete. Wirtschaftskrise, Wachstumskrise, Strukturkrise, Währungskrise, Beschäftigungskrise u.v.m. sind nur einige der am häufigsten wahrzunehmenden Wortmarken, die seit jener Zeit im Bewusstsein sind und mit dem Wertewandel verbunden werden.[24] Sie haben maßgeblichen Einfluss auf die Deutung herkömmlicher Werte, die offensichtlich nicht mehr greifen, sowie auf die Suche nach neuen Werten.

Diese „neuen Werte" bedeuten nach Friedrich Nietzsche nichts anderes als die „Entwertung aller Werte". Für Nietzsche besteht der Nihilismus, den er „nothwendig" heraufziehen sieht und der „mit der irdischen Cultur ein Ende macht", darin, „daß die obersten Werthe sich entwerthen"[25].

Freilich wird der Wertewandel heute von vielen zunehmend auch als Chance gesehen.[26] Man gelangt in diesem Prozess von konventionellen Wertbezügen – etwa auf Tradition, Autorität und religiöse Offenbarung – hin zur Berufung auf Gleichheit (Fairness) und Schadensvermeidung. Gleichzeitig wird dabei das gesamte Moralverständnis kontextabhängiger und flexibler. Darin sieht man Hinweise dafür, dass moralische Ressourcen durchaus nachwachsen könnten. Typisch für diese differenzierte und grundsätzlich positivistische Erklärung des

---

[24] Vgl. Karl-Heinz Hillmann, Wertwandel: zur Frage soziokultureller Voraussetzungen alternativer Lebensformen, Darmstadt ²1989.

[25] Fr. Nietzsche, Sämtliche Werke, Kritische Studienausgabe (KSA) in 15 Bänden, hrsg. von: G. Colli und M. Montinari, Berlin/New York/München 1980, Bd. 12, S. 350f.

[26] Vgl. G. Kruip, „Werteverlust oder Wertewandel? Bilanz über die Ressource einer postkonventionellen Moral", in: Herder Korrespondenz 55, Freiburg 2/2001, S. 76–80.

Wertewandels ist auch die Auffassung etwa von Detlef Horster[27], dass die neue postkonventionelle Moral zwar gleichzeitig auch eine postchristliche Moral sei, dabei aber durchaus kompatibel zu den entscheidenden Elementen der christlichen Ethos-Tradition bleibe! Interessant ist auch, dass Christen durchaus noch ein Beitrag zu dieser postkonventionellen Moraldebatte zugetraut wird, wenn auch nicht in missionarischer Hinsicht, sondern nur unter diakonischem Aspekt.

Auf jeden Fall kann es nicht darum gehen, den Wertewandel aus christlicher Sicht nur zu beklagen, sondern darum, ihn vielmehr als Herausforderung zu verstehen. Es ist die Herausforderung, in der sich Gottes Gebote als verlässliche Orientierungshilfe und als Hilfe und Schutz des Lebens erweisen müssen. Dieses Buch möchte helfen, einen ethischen Beitrag zu der im Wertewandel befindlichen Wertediskussion zu geben, ohne freilich die postkonventionelle bzw. postchristliche Prämisse zu übernehmen, sondern gerade aufzuzeigen, was genuin christliches Ethos ist und welche Chance es in der postkonventionellen Zeit hat! Wer nur auf Fortschritt zählt und ihn als alleiniges ethisches Kriterium anzuerkennen meint, der muss sich fragen lassen, wohin er fortschreitet. Wer die Konsequenzen nicht mitbedenkt, der handelt verantwortungslos. Biblische Ethik bedenkt immer auch die Konsequenzen des Tuns mit.

1.3 Die Welt der Postmoderne[28]

Zu Recht hat man den berühmten Text „Der tolle Mensch" von Friedrich Nietzsche[29] als die Geburtsstunde der Postmoderne in der Philo-

---

[27] Zitiert in: Kruip, Wertewandel, a.a.O.

[28] Der Begriff selbst taucht ebenfalls etwa in den 60er-Jahren auf und wird zunächst für die Entwicklung in Architektur, Kunst, Literatur und Musik verwandt. Später wird damit die auf die Moderne folgende geistes- und kulturgeschichtliche Epoche bezeichnet, die geprägt ist von „Subjektivismus, Stilpluralismus und spielerischem Umgang mit historischen Elementen" (G. Wahrig, Fremdwörterlexikon, München 1999, S. 745).

[29] Fr. Nietzsche, Die fröhliche Wissenschaft (1882), Aphorismus 125, in: ders., Sämtliche Werke, Kritische Studienausgabe ..., Bd. 3, S. 480f.

sophie bezeichnet.[30] Darin lässt Nietzsche einen „tollen" Menschen auftreten und auf dem Markt ausrufen: „Wohin ist Gott? ... Ich will es euch sagen. Wir haben ihn getödtet, – ihr und ich. ... Wer gab uns den Schwamm, um den ganzen Horizont wegzuwischen? Was thaten wir, als wir diese Erde von der Sonne losketteten? Wohin bewegt sie sich nun? Wohin bewegen wir uns? Fort von allen Sonnen? Stürzen wir nicht fortwährend? Und rückwärts, seitwärts, vorwärts, nach allen Seiten? Giebt es noch ein Oben und Unten? Irren wir durch ein unendliches Nichts?"

Was Nietzsche bereits am Ende des 19. Jahrhunderts in geradezu prophetischer (oder hellseherischer) Manier sieht, ist nach Verdun, Auschwitz und Hiroshima, ist nach der Moralrevolution der 1960er-Jahre, ist mitten in dem Mega-Mega-Trend des exzessiven Individualismus und seit dem Aufkommen des New-Age-Denkens Wirklichkeit geworden: Der Horizont ist verschwunden! Das, woran man sich orientieren kann, ist weg. Keiner vermag mehr zu sagen, wo oben und unten ist. Der Horizont als Bezugsgröße zum Navigieren ist abhanden gekommen. Es gibt keine Orientierung mehr. Alle Richtungen führen irgendwohin. Der Weg ist das Ziel. Alles ist möglich. Alles wird gleich gültig. Die ethischen Koordinaten, die den Bezugspunkt zum verantwortlichen Handeln bildeten, sind weg. Der Lebensraum heißt „Neverland"[31].

Während früher noch um die Wahrheit gestritten oder gerungen wurde, weil der Horizont der Wahrheit – theologisch gesprochen: Gott – noch von allen erkennbar und vorausgesetzt war, ist Gott nun tot, der Horizont ist weg. Die Wahrheit kann – gegenüber früheren Zeiten – nicht mehr ausgesagt werden. Der Streit um Wahrheit ist heute in der Postmoderne überflüssig geworden. Es gibt nicht mehr die Wahrheit. Es gibt deine und meine, es gibt hunderttausende ganz individuelle und persönliche „Wahrheiten". Aber es gibt keine übergreifende, keine überindividuelle Wahrheit mehr. Die für alle gültige ethische und weltanschauliche Orientierung kann man in der Postmoderne gar

---

[30] Siehe G. Vattimo, „Nihilismus und Postmoderne in der Philosophie", in: W. Welsch (Hrsg.), Wege aus der Moderne. Schlüsseltexte der Postmoderne-Diskussion, Weinheim 1988, S. 236; zitiert in: H. Hempelmann, „Wir haben den Horizont weggewischt (F. Nietzsche): Das Evangelium verkünden unter den Bedingungen der Postmoderne", in: Theologische Beiträge, 30. Jg., Wuppertal 3/1999, S. 32–49.

[31] So der Name der Ranch von Michael Jackson.

nicht mehr denken. Das ethische Koordinatensystem, der Horizont moralischer Werte ist so nicht mehr da. Es gilt als unverschämte Intervention, als unverantwortliche Einmischung in die Privatsphäre des Individuums, wenn jemand einem anderen sagt, wie er sich verhalten soll.

Ganz folgerichtig hat Nietzsche daher in einem anderen Text erkannt: „Das Individuum" ist „etwas Neues", „etwas Absolutes"[32]. Wenn Gott tot ist, tritt an seine Stelle der autonome Mensch, das Individuum. Wer Gott nicht als absolut anerkennt, der verabsolutiert sich selbst. Ganz richtig interpretiert Hempelmann: „Wo es kein Gegenüber von Gott und Mensch, kein Verhältnis von Allgemeinem und Individuellem mehr gibt, da wird der Mensch zu Gott; da wird das Individuelle zur Verpflichtung, zur einzig möglichen, weil einzig bleibenden Zielsetzung. Da wird der Mensch sich selbst letzter Zweck; da wird das Individuelle zum Allgemeinen."[33]

Der Verzicht auf eine absolute Bezugsgröße, der Verzicht auf einen überindividuellen Horizont, der Verzicht auf ein den Menschen transzendierendes Ethos führt in der letzten Konsequenz zur totalen Individualisierung, er führt letztlich in die ethische Beliebigkeit. Genau das hat Nietzsche vor 100 Jahren prophetisch erkannt: „Wenn man den christlichen Glauben aufgibt, zieht man sich das Recht zu den moralischen Werthurteilen des Christentums unter den Füßen weg ... Bricht man aus ihm den Glauben an den christlichen Gott heraus, so bricht man das ganze System seiner Werthungen zusammen: man hat nichts Festes mehr zwischen den Fingern!"[34]

Ein weiterer Aspekt der multioptionalen Welt sollte aufgezeigt werden, um den Hintergrund ethischen Verhaltens heute verstehen zu können.

[32] P. Gast (Hrsg.), F. Nietzsche: Der Wille zur Macht, Stuttgart [13]1996.
[33] H. Hempelmann, Wir haben ..., S. 34.
[34] F. Nietzsche, Gesamtausgabe, a.a.O., Bd. 12, S. 551.

1.4 Pluralisierung und Entscheidungsverhalten

Im Blick auf die Ethik kann man aus dem bisher Gesagten folgende Beobachtungen machen:

- Es gibt erstens in der multioptionalen Welt des Wertewandels eine nicht für möglich gehaltene *Zunahme der Verfügungsmöglichkeiten* und
- zweitens eine *zunehmende Unklarheit über die Verfügungsselbstverständlichkeiten.*[35]

Das heißt, die Optionen (Möglichkeiten), über die wir verfügen, haben enorm zugenommen, aber die Selbstverständlichkeit, mit der wir über vieles verfügen (müssen), ist unklarer geworden – ein nicht geringes ethisches Dilemma. Je größer das Angebot wird, aus dem wir auswählen können, desto schwerer können wir uns entscheiden, desto unklarer werden auch die „Werte" und die Kriterien, die unbewusst unsere Entscheidungsprozesse bestimmen. Auch wird jeder Entschluss bei der Fülle der Möglichkeiten kräfteraubender oder zufälliger.

Das Problem ist also nicht so sehr die (von vielen Christen heute beklagte) Säkularisierung (Verweltlichung), sondern die *Pluralisierung.* Darauf weist der Religionssoziologe Peter L. Berger in seinen Untersuchungen immer wieder hin.[36]

Alltägliche und banale Beispiele zeigen immer wieder neu die Relevanz der These: Das Warenangebot in den westlichen Ländern ist derart groß, dass man schier den Überblick verliert. Dass es in Deutschland heutzutage allein über 3000 Sorten Brot gibt und der Konsument jeden Tag vor die Frage gestellt wird, welches er aus der Fülle auswählen und kaufen soll, ist dabei noch das geringste aller Probleme. Viel schwieriger wird es für ihn schon, aus der Fülle der Telefontarife und Krankenkassenleistungen die billigste und für ihn beste Lösung herauszufinden. Und wenn er sich heute für den „gelben Strom" entschieden hat, kann er sich morgen schon für den „roten"

---

[35] Vgl. W. J. Bittner, „Der Verfall der Werte als Herausforderung an die Christen", in: H. Burkhardt (Hrsg.), Christliche Ethik im Wandel ...

[36] Siehe P. L. Berger, Sehnsucht nach Sinn: Glauben in einer Zeit der Leichtgläubigkeit, Frankfurt am Main/New York 1994. Ders., Der Zwang zur Häresie: Religion in der pluralistischen Gesellschaft, Frankfurt/M. 1980.

entscheiden, weil der noch billiger ist. Ständig muss der Konsument aus einem immer unübersichtlicher werdenden Angebot an Waren und Leistungen wählen. Er müsste dazu wissen, was er will und was nicht. Aber genau darin liegt letztlich seine Überforderung und der Grund seiner Desorientierung. Er weiß es einfach nicht. Und er kann es kaum wissen.

Heute muss jeder jeden Tag aus tausend Möglichkeiten wählen, welche Information er haben will. Er muss seine Lieblingssendung aus unzähligen Programmen auswählen und wird dazu verleitet, durch alle Kanäle zu „zappen". Die bunte Informations- und Bilderflut, die sich über ihn ergießt, wenn er die elektronischen Schleusen öffnet, verhindert letztlich „Bildung" und die Fähigkeit, ethisch verantwortlich zu entscheiden und zu leben.

Bildung in Zeiten des Wertewandels kann daher nur fragmentarisch sein. Die Fülle der elektronischen und der Printmedien lassen nur die Möglichkeit einer konsequenten Auswahl zu. Die technischen Möglichkeiten erlauben zwar, im Laufe eines Fernsehabends mehrere Filme gleichzeitig zu sehen – das Zappen und Selektieren ist eine konsequente Folge der maximalen Pluralisierung –, aber diese Selektion verhindert Ganzheit. Zusammengestückelte Informationen, selbst gemachte Patchworks bilden den Teppich der Orientierung.

Wer kommt schließlich ohne Navigator durch das atemberaubendste Medium, das Internet? Alles – Seriöses, Wissenschaftliches, Banales, Idiotisches, Krasses, Perverses – liegt nur einen Mausklick voneinander entfernt. In Abwandlung des bekannten Buchtitels von Neil Postman[37] kann man durchaus fragen: „Informieren wir uns zu Tode?"

- Das Wissen der Welt verdoppelt sich in unserer Zeit etwa alle 5–7 Jahre.
- Täglich erscheinen allein 20000 neue wissenschaftliche Aufsätze weltweit.
- Eine einzige Tageszeitung enthält heute so viele Informationen, wie ein Mensch im 13. Jh. während seines ganzen Lebens aufgenommen hat.

---

[37] N. Postman, Wir amüsieren uns zu Tode: Urteilsbildung im Zeitalter der Unterhaltungsindustrie, Frankfurt/M. ³1985.

- Allein in den letzten zehn Jahren wurde so viel Wissen produziert und aufgespeichert wie in den 2500 Jahren zuvor insgesamt.
- In den nächsten fünf Jahren wird sich dieser enorme Wissensbestand noch einmal verdoppeln.
- Wissen ist der Rohstoff der Zukunft. Wissen ist der Produktionsfaktor schlechthin. Wer etwas weiß, hat Chancen. Wer nichts weiß, ist out.

Obwohl wir noch nie so viel Wissen hatten wie heute, darf offen angezweifelt werden, ob wir auch wirklich weiser geworden sind.

Es kommt heute nicht mehr darauf an, möglichst viel Wissen zu erwerben, sondern das richtige Wissen! Es kommt darauf an, klug auszuwählen aus der Informations- und Wissensflut. Wer das Gute vom Schlechten zu unterscheiden weiß, das, was zum Leben taugt, und das, was Leben zerstört, der ist klug.

Das Dilemma der Pluralisierung und in Folge davon der Multioptionalität betrifft zwangsläufig auch den Bereich des Glaubens. Der „religiöse und ethische Markt der Möglichkeiten" ist unüberschaubar geworden. Wer soll sich in dem Überangebot an Heilsversprechen und ethischen Leitlinien noch zurechtfinden? Konkret: Wie sollen wir uns ethisch orientieren, wenn wir aus Tausenden von Angeboten auswählen können? Wie sollen wir uns orientieren, wenn der Horizont verschwunden ist?

Postmodernes multioptionales Bewusstsein zieht eine Bewegung vom Schicksal zur Wahl nach sich, so dass es nicht nur die Möglichkeit zur Wahl (das wäre Freiheit), sondern nur noch den Zwang dazu gibt (das ist Unfreiheit).[38] Das Subjekt, das Ich, das Individuum ist permanent zur Entscheidung herausgefordert und allzu oft überfordert. Dabei wird oft übersehen, dass manche sog. „freie Wahl" für die anderen Betroffenen eigentlich Wahllosigkeit bedeutet.[39]

---

[38] Darauf hat P. L. Berger, Der Zwang zur Häresie, a.a.O., S. 24, klug hingewiesen.

[39] „Wer aus freien Stücken eine Partnerschaft oder eine selbst gewählte Familie verlässt, nimmt dem Partner oder den eigenen Kindern die Wahl, in dieser Partnerschaft oder Familie weiterzuleben. Sie – die anderen – geraten nicht unter den Zwang der Wahl, sondern unter den Zwang, nicht mehr wählen zu können." So mit Recht K. O. Hondrich, „Zukunftsvorstellungen", in: Universitas 5 (1998), S. 405–417, hier S. 413. Lässt sich dasselbe nicht auch auf anderen Gebieten, etwa dem Feld der Organtransplantation oder Gentechnologie u.a. feststellen?

Diese Beschreibung der Pluralisierung trifft – wie schon angedeutet – natürlich auch auf das Verhältnis zu religiösen Orientierungen, zu Frömmigkeitsstilen, ethischen Überzeugungen und Gemeindezugehörigkeiten zu. Junge Erwachsene akzeptieren beispielsweise gewachsene Gemeindestrukturen nicht mehr ungefragt. Sie wählen selber aus, in welche Kirche sie am Sonntag gehen und welche Liturgie ihren Ansprüchen genügt. Dabei sind das Angebot der Gemeinde und der Frömmigkeitsstil für sie entscheidend. Die Vorstellung, dass man sich ein Leben lang an eine einzige Gemeinde oder an eine Konfession bindet, gibt es für junge Erwachsene kaum noch. Das Individuum bestimmt selbst, zu welcher Gemeinde es gehört und wie lang die Zugehörigkeit andauern soll.

Auch übernimmt man nicht einfach die von der Gemeinde oder Kirche vorgegebenen ethischen Leitlinien. Hier orientiert man sich zunächst an dem, was einem selber nützt. Spiritualität, Religion und Ethik gibt es nur noch im Plural.

Typisch sind einige wahllos herausgegriffene Beispiele junger Christen:

- Nicole[40], nach eigenen Angaben „überzeugte Christin", ist seit einiger Zeit mit einem Nichtchristen befreundet. Sie schläft mit ihm, weil sie ihn „wirklich gut kennt". Sonst würde sie „das nie machen". Ihre Eltern, ebenfalls überzeugte Christen, haben ihr lediglich den ethischen Ratschlag mitgegeben, auf sichere Verhütung zu achten.
- Andy, ein junger Mann von 22 Jahren und ebenfalls Christ, ist erstaunt, dass seine christliche Bekannte schon mit 22 Jahren geheiratet und ihre Freiheit verloren hat. Er genieße die Freiheit des Ausprobierens.
- Werner, freikirchlicher Christ, ist arbeitslos und arbeitet viel – schwarz. Er verdient ein Vielfaches an Geld von dem, was er sonst regulär kriegt, und hat dabei keine ethischen Skrupel.
- Susanne, verheiratet, zwei Kinder, Christin, hat einen Liebhaber, was aber ihre Familie nicht erfahren darf.

[40] Namen allesamt von mir geändert.

Der sich seit Gerhard Schulzes Kultursoziologie[41] eingebürgerte Begriff der „Erlebnisgesellschaft" zeigt ebenfalls ethische Relativierungen auf. In den gesellschaftlichen Milieus, die Schulze herausfindet – das „Niveaumilieu" der über 40-Jährigen mit höherer Schulbildung, das „Harmoniemilieu" der überwiegend über 40-Jährigen mit niedriger Schulbildung, das „Selbstverwirklichungsmilieu" der überwiegend Jüngeren mit höherer Schulbildung, das „Unterhaltungsmilieu" der überwiegend Jüngeren mit niedrigerer Schulbildung und das „Integrationsmilieu" des Mittelalters mit mittlerer Bildung –, entstehen eigene Lebensstile und Verhaltensmuster. Letztlich geht es in allen Milieus um unterschiedliche Erlebnisräume statt um ethische Standards. Im Zuge der Pluralisierungs- und Individualisierungsprozesse der multioptionalen Welt verlieren traditionsorientierte Institutionen ihre Bindekraft. Religiöse und ethische Deutungsmuster werden zunehmend durch individuelle Wahl gewonnen und in verschiedenen Milieus, die sich durchaus wieder ändern werden, ausgelebt.

Man mag dies als gefährliche Subjektivierung oder Pluralisierung des Glaubensvollzuges beklagen. Es wird vermutlich zunehmend der Kontext sein, auf den sich gemeindliche und kirchliche Arbeit in Zukunft beziehen muss.

Für die Ethik bedeutet der entstandene *Pluralismus* eine entscheidende Wende: Während Pluralität Vielfalt bedeutet, die bereichern kann und Einheit nicht ausschließt, können wir unter Pluralismus eine Haltung verstehen, „die prinzipiell auf die Wahrheitsfrage verzichtet und einander ausschließende Aussagen gleichberechtigt nebeneinander stehen lässt"[42]. Bezieht sich dieser Pluralismus auf die Werte – und das tut er in unserer Gesellschaft –, dann sprechen wir von einem *Wertepluralismus*, an dem Moral oder Ethik letztlich scheitern muss. Denn der Wertepluralismus lässt alles gleichwertig zu und stehen.[43]

Dazu kommt hinsichtlich religiöser Endgültigkeitsansprüche die Forderung nach Wahrheitsverzicht und Selbstrelativierung. Einige

[41] G. Schulze, Die Erlebnisgesellschaft: Kultursoziologie der Gegenwart, Frankfurt a.M./New York [8]2000.
[42] Was gilt in der Kirche? Veröffentlichungen aus der Arnoldshainer Konferenz, Neukirchen/Vluyn 1985.
[43] Vgl. R. Renschler, „Wertepluralismus – Orientierung durch Ethik?", in: Pluralismus und Ethos der Wissenschaft. 1. Symposium des Professorenforums, Gießen 1999, S. 193.

sprechen bereits von „Deabsolutierung von Wahrheitsansprüchen" und sehen ihre Gültigkeit nur noch für den privaten Bereich als legitim an.[44]

Ethik kann in diesem gesellschaftlichen Kontext scheinbar nur noch als eine Art *„Konsens-Ethik"* überleben, die versucht, plurale und unterschiedliche ethische Positionen gesellschafts- und konsensfähig zu machen. Das lässt sich an klassischen Werten wie Ehe und Familie[45], besonders aber auch an der Herausforderung durch die modernen Fragestellungen der Bioethik festmachen. Präimplantationsdiagnostik, Keimbahntherapie und Klonen sind die z.Zt. am häufigsten diskutierten Themen auf diesem Gebiet. Hier einen ethischen Konsens zu erreichen zwischen dem Forscher-Eros der Wissenschaftler auf der einen und Theologen, Philosophen und Betroffenen auf der anderen Seite, ist das Gebot der Stunde und gleichzeitig die schier unüberwindbare Schwierigkeit, ethische Maßstäbe zu koordinieren. Da ethische Ansätze so vielfältig und so unterschiedlich sind, bleibt nur die einzige Möglichkeit, einen Konsens zu finden, Ethik als Konsens- oder Diskursethik zu verstehen. Die Einsetzung von Ethikräten und Ethikkommissionen zeigt das Bemühen, unterschiedliche Interessen zu koordinieren und zu einem praktikablen Ergebnis zu führen. In diesem Prozess haben so genannte objektive Ansätze in der Ethik (religiös oder an der Tugendlehre orientierte)[46] kaum mehr eine Chance, konsensfähig zu sein. Denn ihre externen Begründungsmuster (Transzendenz, Offenbarung, Tugenden, Werte usw.) sind strittig und scheinen daher einfach nicht brauchbar für eine anwenderorientierte Ethik zu sein!

---

[44] Vgl. W. Welsch, Unsere postmoderne Moderne, Weinheim 1987.
[45] So z.B. der Ethiker Hermann Ringeling: „Ehen und Familien hat es schon immer in vielfältiger Gestalt gegeben. Nie zuvor aber gab es einen so großen Spielraum für die persönliche Wahl einer Lebensform wie in unserer Gesellschaft. Die geschichtliche Einsicht lässt es nicht zu, eine bestimmte Gestalt von Ehe und Familie als ein für alle Mal gut vor anderen auszuzeichnen." In: „Ehe und Familie 2000. Die neuen Selbstverständlichkeiten." In: Zeitschrift für Evangelische Ethik, 44. Jg., Heft 3, Juli–September 2000, S. 198.
[46] Vgl. weiter oben Pkt. 2.3.

1.5 Relativismus und Fundamentalismus

Ein weiteres Kennzeichen der postmodernen oder multioptionalen Wirklichkeit des Wertewandels ist das gleichzeitige Auftreten und Sich-Aufeinanderbeziehen von Relativismus und Fundamentalismus.[47]

Nicht erst seit der „neuen Unübersichtlichkeit" in der „postmodernen Welt des fröhlichen Durcheinanders"[48] suchen Menschen nach Orientierung und Beurteilungsmaßstäben für ihr Handeln. Das Überangebot der viel zu vielen Möglichkeiten erzeugt „bei immer mehr Menschen Multiphrenie: das frustrierende Gefühl, sich im Neben- und Durcheinander von Alltagsoptionen nicht mehr zurechtzufinden"[49].

Freilich gibt es auch das Gegenteil davon: Viele Menschen heute, besonders junge, suchen „im selbst gewählten Alleingang ihren Weg zum Lebensglück – ohne Leitvokabeln, Großtheorien oder quasireligiöse Heilsversprechen". Viele machen aus der Not der Orientierungslosigkeit einfach eine Tugend, die „Tugend der Orientierungslosigkeit"[50].

Tatsächlich kommen aber immer weniger Menschen mit der Multioptionalität zurecht. Sie entscheiden sich z.B. beim Konsumverhalten für Dinge, die sie gar nicht brauchen. Die Folge (oder die Ursache) ist entweder ein immer größer werdender Überdruss auf den materiellen Überfluss oder ein Suchtverhalten, das aus der Suche nach dem einen Wahren unter den vielen Möglichkeiten entsteht. Dass sich bei dieser Suche immer mehr Menschen überschätzen und übernehmen, zeigt die zunehmende finanzielle Verschuldung privater Haushalte, die nur eine, wenn auch schlimme, äußere Folge des Verhaltens anzeigt.

---

[47] Vgl. R. Hempelmann, „„Sie beobachtet die religiösen und weltanschaulichen Strömungen der Zeit ...""": Zum Kontext des christlichen Zeugnisses im 21. Jahrhundert, in: EZW-Texte Nr. 154, Berlin 2000, S. 27–40; hier S. 34–35.

[48] H. Keupp, „Auf der Suche nach der verlorenen Identität", in: Verunsicherungen: Das Subjekt im gesellschaftlichen Wandel (hrsg. von H. Keupp, H. Bilden), Göttingen 1989; vgl. auch Psychologie Heute 6/93, S. 50ff.

[49] H. Ernst, Das Ich der Zukunft, in: Psychologie Heute, 18. Jg., 12/1991, S. 25.

[50] So der Titel eines Buches von Johannes Goebel und Christoph Clermont über die neuen „Lebensästheten". Vgl. DER SPIEGEL 28/1999, vom 12.07.99 im Leitartikel „Die neuen Milden".

Auf der subjektiven Ebene treten immer häufiger Erscheinungen der Desorientierung, Verhaltensunsicherheit, des Fatalismus, der Apathie, des Pessimismus oder Gefühle der Sinnlosigkeit auf, die durchaus im Zusammenhang mit der Multioptionalität stehen.

Hinzu können – noch verstärkt und angetrieben durch soziale Notlagen, wirtschaftliche Nöte und berufliche Enttäuschungen – weitere Neigungen zur Aggression, Gewaltanwendung, Brutalität und Radikalismus kommen.[51] Ein fruchtbarer Nährboden für radikale Gruppierungen entsteht.

Das Aufkommen fundamentalistischer Strukturen wird gemeinhin als eine Antwort auf die Unsicherheiten der postmodernen Bewegungen gedeutet. Der Ruf nach klaren, einleuchtenden Verstehensmustern, der Rückzug auf bewährte Traditionen und Wertvorstellungen ist auf dem Hintergrund pluralisierender und relativierender Tendenzen durchaus verständlich. Je mehr sich ein weicher und unverbindlicher Beliebigkeitspluralismus ausbreitet, desto stärker werden fundamentalistische Tendenzen zunehmen. Insofern sind fundamentalistische Tendenzen Antwortversuche auf die Vergewisserungssehnsucht des Menschen in der multioptionalen Welt. Je unklarer die ethischen Lebensräume Einzelner sind, desto höher ist auch die Bereitschaft vieler, sich in religiöse Schutzräume zu begeben. Es ist sicher kein Zufall, dass sich z.B. immer mehr Menschen (besonders auch westliche Frauen!) zu islamisch-fundamentalistischen Strukturen hingezogen fühlen[52] oder zu christlichen Sekten konvertieren.

Notwendig erscheint in diesem Zusammenhang aber der Hinweis, Fundamentalismus nun nicht als pauschales Schlagwort zu missbrauchen und jede Art von dogmatischer und ethischer Vergewisserung als Fundamentalismus und „modernen Antimodernismus" zu bezeichnen.[53] Nicht alle, die fundamentale Werte suchen oder erhalten wol-

---

51 Vgl. Hillmann, a.a.O., S. 30.
52 Vgl. unser Buch: E. Schrupp/J. Al-Sain, Ich kämpfte für Allah. Eine Frau auf der Suche nach Wahrheit (Mit Exkursen von H. Afflerbach und U. Neuenhausen), Wuppertal ³2000, und unser Dialogforum unter www.deutsche-muslima.de, wo viele Frauen bekennen, innerlich zerrissen zu sein und hin und her zu schwanken zwischen Allah und Gott, Mohammed und Jesus.
53 G. Küenzlen, Feste Burgen: Fundamentalismus und die säkulare Kultur der Moderne, in: MD 55 (1992), S. 313–326, hier S. 316.

len, sind deshalb schon Fundamentalisten.[54] Zwischen dem Bemühen um fundamentale Leitlinien für Glauben und Leben und dem Reklamieren gesetzlich-fundamentalistischer Positionen, unabhängig von den modernen Lebensbedingungen, besteht ein großer Unterschied. Gesetzlicher Rigorismus und radikale Liebe, die sich in Verbindlichkeit zeigt, sind nicht identisch.

Zu betonen ist auch, dass die Suche nach „Gewissheit", nach festem Überzeugtsein von etwas nicht von vornherein etwas Negatives ist. Im Gegenteil, wer alles relativiert, verliert den Halt und schwimmt. Das Überzeugtsein von Tatsachen gehört wesensmäßig zum christlichen Glauben dazu. Eine Kernstelle über den Glauben im Neuen Testament heißt: „Es ist aber der Glaube eine feste Zuversicht auf das, was man hofft, und ein Nichtzweifeln an dem, das man nicht sieht" (Hebr 11,1).

So hat auch Martin Luther in der Auseinandersetzung mit Erasmus gesagt: „Denn das ist nicht Christenart, sich nicht an festen Ansichten zu freuen. Man muss vielmehr an festen Meinungen seine Freude haben oder man wird kein Christ sein. Eine feste Meinung (*assertio*) aber nenne ich (damit wir nicht mit Worten spielen): einer Lehre beständig anhängen, sie bekräftigen, bekennen, verteidigen und unerschüttert bei ihr ausharren. (...) Weiter: ich spreche davon, dass man eine feste Meinung haben muss in jenen Dingen, die uns durch Gott in den heiligen Schriften überliefert sind."[55]

Man muss in der heutigen Diskussion also unterscheiden zwischen echter *lebendiger Glaubensgewissheit*, die aus Wort und Geist Christi

---

[54] Zum Thema *Fundamentalismus* vgl.: T. Meyer (Hrsg.), Fundamentalismus in der modernen Welt: Die Internationale der Unvernunft, Frankfurt/M. 1989; H. Hemminger (Hrsg.), Fundamentalismus in der verweltlichten Kultur, Quell Verlag, Stuttgart 1991; G. Kepel, Die Rache Gottes: Radikale Moslems, Christen und Juden auf dem Vormarsch, München 1991; M. Riesebrodt, Fundamentalismus als patriarchalische Protestbewegung: Amerikanische Protestanten (1910–1928) und iranische Schiiten (1961–1979) im Vergleich, Tübingen 1990; F. Stolz/V. Merten (Hrsg.), Zukunftsperspektiven des Fundamentalismus, Freiburg (Schweiz) 1991; H. Kochanek (Hrsg.), Die verdrängte Freiheit: Fundamentalismus in den Kirchen, Freiburg i.Br. 1991; Stephan Holthaus, Fundamentalismus in Deutschland. Der Kampf um die Bibel im Protestantismus des 19. und 20. Jahrhunderts, Bonn 1993; Eckhard J. Schnabel, Sind Evangelikale Fundamentalisten?, Wuppertal/Zürich 1995.

[55] M. Luther, Vom unfreien Willen. Ausgewählte Werke, hrsg. von H. H. Borcherdt und G. Merz, Ergänzungsreihe 1. Bd., München 1975, S. 155-156.

sowie geistlicher Gemeinschaft mit anderen Christen gewonnen wird, und einer *konservativen Starrheit*, die nur formale Rechtgläubigkeit konserviert – aus welchen Gründen auch immer. Meistens wird Fundamentalisten Letzteres vorgeworfen. Das Motiv zu solch starrer Haltung wird meistens gleich mitgeliefert: Angst. Aus Angst vor dem Wertezerfall multipler Gesellschaftsereignisse ziehe sich der Fundamentalist in die Trutzburg seines theologischen Systems zurück, wo er sich sicher wähne. Bei dieser Beobachtung ist gewiss nicht alles unberechtigt. „Die Wandlung der Labilität in eine gesicherte Stabilität ist nicht nur heute, sondern immer, zumal in Krisenzeiten, Sehnsucht und Hoffnung vieler Menschen gewesen"[56], sagt ein ehemaliger Priester der katholischen Kirche.

Gerade in einer Zeit, die sich durch eine Meinungsvielfalt wie nie zuvor auszeichnet und in der Menschen genau an dieser Vielfalt leiden, weil sie hoffnungslos überfordert sind und sich entweder resigniert zurückziehen oder aggressiv auf der Suche nach Sinn durchs Leben hetzen, sind Hinweise auf die Fundamente des Glaubens und die ethischen Fundamente der Gesellschaft ein wichtiger Beitrag zur Orientierung und zum Frieden.

1.6 Herausforderungen

Auf einige Aspekte ist nun hinzuweisen. Ein Kennzeichen pluralistischer Gesellschaften ist, dass in ihnen *verschiedene religiöse und geistige Orientierungshilfen gleichzeitig nebeneinander* existieren, die in ihren Ausrichtungen allerdings oft stark divergieren. Ein einziges plausibles Erklärungsmuster gibt es nicht (mehr), da es viele gibt. Auch wenn es *eine* Wahrheit gegeben haben mag, so gibt es doch nicht nur viele Zugänge zu ihr, sondern viele Wahrheiten.[57]

[56] W. Th. Cleve, Evangelisch und katholisch: Die wesentliche Unterscheidung zwischen römischem Katholizismus und evangelischem Glauben, Witten/Ruhr ⁶1958, hier besonders das Kapitel: „Sicherheit und Gewissheit als die wesentliche Unterscheidung zwischen der Römischen und der Evangelischen Kirche", S. 17.
[57] Man kann in der abendländischen Kulturgeschichte im Hinblick auf das Wahrheitsverständnis „drei Phasen" unterscheiden: (1) Die Vormoderne, das Altertum bis zum Mittelalter, wo die Überzeugung bestand, es gebe nur eine Wahrheit, die auch zu er-

Dieses bereits in der Aufklärung entstandene Denken, das die sog. Moderne begründet hat, hat sich in der sog. Postmoderne noch weiterentwickelt. Nun gibt es nicht mehr nur keine *einzige* Wahrheit, sondern viele Wahrheiten. Auch gibt es nicht nur eine Plausibilitätsstruktur, sondern viele. Und es gibt nicht nur einen Weg, sondern viele Wege zur Lösung der ethischen Herausforderungen.

Die Folge davon ist bei vielen Menschen Verwirrung und Desorientierung bzw. ethische Ratlosigkeit. Abhilfe scheint nur der Zwang zum Konsens zu bieten. Ethik wird dadurch zur Konsens- oder Diskursethik degradiert. Anwenderfreundliche, sprich subjektive Maßstäbe werden in Zukunft höher bewertet werden als objektive Kriterien. Denn diese externen Beurteilungsmaßstäbe bleiben strittig. Allenfalls kann man sich hinter unklaren Begriffen wie „Menschenwürde", „Menschenrechtskonvention", „Recht auf Leben" usw. berufen, die aber äußerst dehnbar bleiben und Gesetzestexten einen ungeheuer großen Interpretationsspielraum lassen. Was angesichts des Vorstoßes der Medizin in Grenzbereiche des Lebens überhaupt noch unter „Leben" zu verstehen ist, bleibt völlig unklar, solange unklar bleibt, wann das menschliche Leben überhaupt beginnt. Sind in diesem Zusammenhang die anthropologischen Begriffe von „menschlichem Bewusstsein", „Person", „wertem bzw. unwertem Leben" usw. überhaupt noch hilfreich? Was soll man sich darunter vorstellen? Auch was „schöpfungswidrig" oder „natürlich" ist, vermag kaum einer mehr zu sagen. Die Konfusion ist weit fortgeschritten. Schon gibt es unter Theologen Stimmen, die biblisch-anthropologischen Begriffe und ethischen Grundsätze nicht so eng zu fassen. Es wird geklagt, dass eine „übergenaue Begriffsschärfe bei Grundbegriffen wie Menschenwürde und Menschenrechte" ebenso hinderlich ist wie „das Festhalten

---

kennen und genau zu definieren ist. In der Phase (2), der Moderne (Aufklärung bis zum 20. Jh.), gibt es eine Wahrheit, aber was diese Wahrheit ist, kann man nicht mit Bestimmtheit sagen. Die Phase (3) der sog. Postmoderne spricht auch noch von Wahrheit, meint damit aber keine exklusive eine Wahrheit, sondern viele Wahrheiten, die nebeneinander stehen. Jeder Mensch hat seine eigene, jede Religion hat ihre eigene Wahrheit. Da es keine Kriterien mehr für Wahrheit gibt, gibt es auch kein Ringen mehr um die Wahrheit, um das, was gilt! Es soll auch keinen Streit mehr um Wahrheit geben. Vgl. H. Hempelmann, Glauben wir alle an denselben Gott? Christlicher Glaube in einer nachchristlichen Gesellschaft, Wuppertal 1997, S. 56ff.

an einer abstrakten Gottesbeziehung, die die Komplexität der biblischen Imago die Vorstellung einzuengen droht"[58]!

Eine weitere Herausforderung liegt in der enormen *Beschleunigung des Wertewandels* in unserer Zeit. Sie lässt sich wiederum am besten an Fragen der Bioethik festmachen. Wo Heilsversprechen auftauchen oder Aussicht auf Lebensverlängerung besteht, da werden umstrittene Themen plötzlich akzeptabel. Aus einem klaren Nein wird innerhalb kurzer Zeit ein „Ja, aber" und schließlich ein selbstverständliches „Ja"! Was vor gut 20 Jahren noch als ungeheurer Vorgang empfunden wurde, nämlich die Geburt des ersten Retortenbabys 1978, ist mittlerweile Alltag geworden: Mehr als 300.000 Menschen „aus dem Reagenzglas" bevölkern inzwischen schon die Erde. Und die Entwicklung geht rasant weiter. Längst geht es nicht mehr darum, ob künstliche Befruchtung überhaupt zulässig ist, sondern bereits um die Frage, ob Gentests vor Einbringung der befruchteten Eizelle in die Gebärmutter (Präimplantationsdiagnostik) statthaft sind. Ethisch relevant scheinen nur noch die Fragen zu sein, ob z.B. Eispenderinnen, Leihmütter und Samenspender ihre Leistungen im Internet feilbieten dürfen und wie das dann geregelt werden kann. Fragen der Anwendung sind heute relevant, nicht so sehr grundsätzliche Fragen, ob oder ob nicht.

Nach der Geburt des geklonten Schafs „Dolly" ging ein Aufschrei um die Welt: Geklonte Menschen dürfe es nicht geben! Nur wenige Jahre später ist die Ablehnungsfront gebröckelt. Duplizierte Zellen, Gewebe und Organe seien nötig. Wer klonen will, fängt klein an. In Großbritannien z.B. wurde im Jahr 2000 die Forschung mit Embryonen erlaubt. Die Organzüchtung ist ein wichtiger Schritt zur Heilung chronischer Krankheiten durch Zell- und Gewebeersatz. Noch ist das sog. „reproduktive Klonen" (mit dem ganze Menschen vervielfältigt werden) verboten. Doch auch das ist schon geplant. „Was bleibt, ist das große Staunen: über die rasante Geschwindigkeit des Wertewandels in der Gentechnik und der Reproduktionsmedizin und über die

---

[58] J. Bindl/J. Taschner, „Protokoll der Tagung Menschenwürde und bioethischer Fortschritt im Horizont theologischer und sozialethischer Erwägungen", in: „Evangelische Theologie", 61. Jg., Sonderheft, Gütersloh 2001, S. 133.

krude Argumentation (Menschenrecht auf Kinder), mit der die Mediziner ihr Kopierwerk rechtfertigen."[59]

Angesichts dieser heutigen komplexen und sich rasant verändernden Wirklichkeit ist das biblische Ethos ganz und gar nicht überholt. Es ist im Gegenteil relevant wie nie zuvor! Das biblische Ethos – sowohl des Alten wie auch des Neuen Testaments – traf damals – ähnlich wie heute auch – ebenfalls auf einen multikulturellen und multireligiösen Kontext. Der antike Orient und die griechisch-römische Umwelt ist gekennzeichnet von vielen divergierenden religiösen Kulturen, Kulten und spirituellen Praktiken. Natürlich kann man Antike und griechisch-römische Umwelt nicht einfach mit modernen multioptionalen Gesellschaften und Welten vergleichen. Dennoch gibt es überraschend viele Gemeinsamkeiten für die Gläubigen heute und damals. Gesellschaftlicher Wertewandel war für die junge Urchristengemeinde ebenso der zeitgeschichtliche Kontext, wie er es für die Gemeinde heute ist. Multikulturelle Vielfalt gehörte ebenso zur gesellschaftlichen Wirklichkeit (etwa Korinths) wie ethischer Pluralismus (um nicht zu sagen Anarchismus). Mitten in dieser Welt lebten Menschen, die ihren Glauben an Christus bekannten und daraus ihre ethische Kraft bezogen, die zu einem konkreten Handeln führte, das anders war als die gängige Verhaltensstruktur ihrer Mitmenschen. Ihre Ethik gestaltete sich von ihren christlichen Prämissen her eindeutig als *Kontrast-Ethik*.

Christen waren immer wieder und zu allen Zeiten herausgefordert (gewesen), in den jeweiligen ethischen Entwürfen ihrer Zeit eine Ethik zu beschreiben, die einerseits dem Anliegen Christi entsprach (und daher den Namen christlich verdient!) und andererseits Lebensräume eröffnete, in denen sie mitten in der Welt leben konnten. Das hat sich bis heute nicht geändert. Auch sie sind herausgefordert, angesichts eines rasanten Wertewandels in einer multioptionalen Welt ihre christliche Ethik zu leben. Christen heute brauchen nicht einer vergangenen Welt nachzutrauern, in der „alles viel besser war". Erstens stimmt das nicht und zweitens will Christus, dass wir mitten in der Welt, in die er uns gesandt hat, leben sollen. Und diese Welt ist heute

---

[59] W. Bartens, Die Tyrannei der Gene, München 1999; ders: „Bei stets beschleunigtem Wertewandel ist der Menschenklon bloß eine Frage der Zeit", in: Die Welt v. 28.02.01.

die multioptionale oder postmoderne oder wie auch immer zu benennende Welt. Sie kann morgen schon wieder ganz anders aussehen und übermorgen schon wieder anders.

Christen brauchen und sollen sich also nicht in ein wie auch immer geartetes frommes Ghetto zurückziehen, um dort besonders heilig leben zu können, sondern ihren Glauben mitten in der Welt Gestalt gewinnen lassen. Sie sollen sich andererseits nicht so an die sie umgebende Welt anpassen, dass ihr geistliches Profil bis zur Unkenntlichkeit verloren ist. Sie sollen als Menschen, die *„nicht von der Welt"* sind, mitten *„in der Welt"* leben. Sie sollen ihren schmalen Weg der Freiheit zwischen Abgrenzung und Anpassung finden und Jesus nachgehen.

Eine christliche Ethik muss diesen schmalen Weg (von dem Jesus in der Bergpredigt spricht) zwischen relativierender Beliebigkeit einerseits und starrer, fundamentalistischer Gesetzlichkeit andererseits in Lebensräume weisen, in denen Leben sich nach den guten Vorstellungen Gottes entfalten und gelingen kann. Dabei erweist sich das biblische Ethos als die wichtigste Steuerungshilfe in der unübersichtlichen Landschaft des Wertepluralismus. Die Bibel als Grundlage aller christlichen Ethik ist ein für unsere Zeit bedeutungsvolles und relevantes Zeugnis. Sie ist „ein Licht auf unserem Weg" (Ps 119,105) und daher unaufgebbar.

Das biblische Ethos ist in seiner Ganzheit ein großer Segen für die Menschen.

- Wer angesichts der postmodernen oder multioptionalen Welt, angesichts der totalen ethischen Unübersichtlichkeit nur nach strengeren Gesetzen ruft, nach einer restriktiven „klaren Gesetzesethik" im Sinne des „du sollst nicht!" und „du darfst nicht!", der wird weder den Herausforderungen unserer Zeit noch auch den Menschen, die darin leben, gerecht, noch auch dem biblischen Ethos, das zu keiner Vermeidungsethik führt, sondern Erlaubnisethik ist.
- Wer – um die Gesetzesfalle zu vermeiden – nur auf Liebe und Mündigkeit der Gläubigen und der Gemeinde zählt, auf Geistesleitung und Liebesfähigkeit der Glieder, der wird der komplexen Herausforderung heute ebenso wenig gerecht und fällt der Schwärmerei anheim.

- Wer schließlich „radikale Jesus-Nachfolge" einklagt, auf Jesus verweist und direkt bei ihm einsetzt, ohne seine Stellung zum alttestamentlichen Gesetz und zu Gott mitzubedenken, wird ein weltferner oder weltuntauglicher Jünger werden.

Bevor wir nun versuchen wollen, eine Antwort zu geben, wie wir angesichts dieses unübersichtlichen Angebots ethische Orientierung gewinnen können, wollen wir uns vorher ethische Lösungsansätze anschauen, die bis heute gegeben wurden und werden. Es gibt sie (noch) – die ethischen Deutungsmuster und Begründungszusammenhänge, es gibt (noch) ethische Kriterien, nach denen Menschen heute verantwortungsbewusst leben wollen. Sie werden in einer Art großem geistigem Kaufhaus angeboten. Man bedient sich und stellt sich seine Ethik nach eigenem Gutdünken zusammen. „Alles ist möglich!", ist auch dabei vielfach die Leitlinie, nach der man auswählt und leben will.

Ohne Anspruch auf Vollständigkeit erheben zu wollen, sollen nun einige bekannte ethische Modelle wenigstens kurz erwähnt werden.

2. Auf Orientierungssuche

Auf dem oben gezeichneten Hintergrund scheint es dringend notwendig zu sein, Leitlinien und Bausteine zu finden, die Lebensräume ermöglichen, in denen richtiges Handeln und gutes Leben gelingt. Was aber ist gutes und schlechtes und was ist richtiges und falsches Handeln? Wer beurteilt, welches Verhalten richtig und dadurch dem Leben dienlich und welches falsch und daher lebenswidrig ist? Und nach welchen Maßstäben wird beurteilt?

Da die Frage nach richtig und falsch in der postmodernen Befindlichkeit gar nicht mehr zulässig zu sein scheint, Menschen aber dennoch Orientierung für gelingendes Leben suchen, tritt an die Stelle der ethisch-moralischen Frage, was richtig oder falsch ist, allzu oft nur noch die Frage nach der praktischen Relevanz für das individuelle Leben. Platt ausgedrückt: „Was bringt mir das?" Ethische Entscheidungen werden fast nur noch aufgrund dieses Kriteriums getroffen.

Unterschiedlich nebeneinander stehende und miteinander konkurrierende Werte und Normen prägen das Verhalten der meisten Menschen. Sowohl das individuelle als auch das kollektive Verhalten gleichen mehr und mehr einem ethischen Patchworkmuster. Unter Belastung reißen jedoch die Nähte der selbst gemachten Decke ethischer Lebensentwürfe schnell.

Auch wenn man scheinbar nur „pragmatisch" lebt, haben Menschen doch auch weiterhin „moralische" Fragen, nämlich ob etwas gut oder schlecht, richtig oder falsch ist. Wenn ein Kind missbraucht wird oder einem klinisch toten Menschen Organe entnommen werden, kann man gar nicht anders, als ethisch Stellung zu beziehen. Es wird von Regierungs- und Arbeitgeberseite nicht einfach hingenommen, dass dem Staat und der Wirtschaft jährlich Hunderte von Millionen Mark an Steuergeldern durch Schwarzarbeit verloren gehen und Arbeitsplätze gefährden.

Pragmatisches Denken kann auf moralisches Differenzieren nicht verzichten. Die Frage nach richtigem oder falschem Verhalten – die ethische Frage – kann also nach wie vor nicht verdrängt werden, wenn es um ein Mindestmaß an Gerechtigkeit und Würde im eigenen Leben und in dieser Welt geht.

Allerdings scheint die ethische Frage heute anders zu lauten als früher. Statt der klassischen Fragestellung: „Was sollen wir tun?", die nach klaren Kriterien und ethischen Weisungen als Antworten sucht, fragt man heute eher: „Wie können wir leben?" Dabei ist eine moralische Not gar nicht unbedingt Ausgangspunkt der Frage. Aus der Not ethischer Multioptionalität wird einfach eine Tugend gemacht.

Um sich die eigenen und auch die Wertvorstellungen anderer bewusst zu machen, sollen im Folgenden verschiedene ethische Ansätze kurz dargestellt und reflektiert werden. Sie können helfen, sich über das eigene Verhalten Rechenschaft zu geben und die ethischen Grundmuster zu erkennen.

Vorher sollte jedoch geklärt werden, woher der Begriff „Ethik" überhaupt kommt und was er bedeutet. Danach wollen wir versuchen, die Grundlagen einer christlichen Ethik kurz darzustellen und in einem zweiten Teil des Buches eine kleine Ethik der Zehn Gebote konkretisieren.

2.1 Herkunft von Ethik

2.1.1 Der Begriff „Ethik"

Das Wort „Ethik" ist gebildet von dem griech. Wort *ethos* bzw. *äthos*. Das wiederum ist abgeleitet von *etho* = „sich zu Eigen machen, gewohnt sein". Ethos heißt dann so viel wie
– Wohnung von Menschen und Tieren
(und im übertragenen Sinn),
– Gewohnheit oder Sitte.
Beide Bedeutungen haben mit der Gestaltung des Lebens zu tun. Ganz allgemein kann man also sagen, dass Ethik die *Lehre von der Gestaltung des Lebens ist.* Darüber hinaus wird der Zusammenhang zwischen Sein und Heimischsein deutlich. Einen Standort im Dasein zu haben, hat mit ethischer Existenz zu tun. Sich etwas zur Gewohnheit zu machen, hat zu tun mit Sitte und (im übertragenen Sinn) sittlichem Verhalten.

Nun geht es in der Ethik aber weniger um die einfache Beschreibung des Verhaltens oder der Lebensgestaltung des Menschen – das nennt man „deskriptive Ethik". Sie gibt Antwort auf die Frage: „Wie verhält sich der Mensch?" Vielmehr geht es um die Frage: „Wie soll sich der Mensch verhalten?" Diesen Ansatz nennt man „präskriptive Ethik", die normativ vorschreibt, was der Mensch zu tun hat. In beiden Fällen ist „Ethik *Reflexion auf das Ethos*". Man kann auch sagen: *„Ethik ist die Lehre vom verantwortlichen Verhalten des Menschen."*

Als *Aristoteles* (384–323 v.Chr.) eine Lehre vom sittlichen Verhalten des Menschen entwarf, nannte er sie *äthika theoria* („ethische Theorie"). Durch Weglassen des Wortes *theoria* entstand der Begriff „Ethik".

2.1.2 Ethische Begriffe und die Sprache der Bibel

Sitte

Begriffe und Sprache sind Ausdruck des Denkens. Auch ethische Begriffe zeigen eine bestimmte Struktur des Verständnisses auf.

Sitte, so könnte man mit A. Kuyper[60] sagen, ist dasjenige, wovon wir bei unserer ethischen Aktion ausgehen und wohin wir immer wieder zurückgehen. Man kann aus jemandes Betragen schließen, wo er zu Hause ist. Sitte und Sittlichkeit verweisen auf die Geschichtlichkeit des Menschen und auf seine Sozialität.[61]

Eng verbunden mit dem Begriff der Sitte ist der Begriff „Haltung".

Haltung (griech. *hexis*; lat. *habitus*)

Sie meint im aristotelischen Denken einen Dauerzustand, eine erworbene Beschaffenheit. Sie hat ihren Ursprung sowohl in einer inneren Anlage als auch im tätigen Umgang, im Tun des Gleichen, in der Gewohnheit, der Sitte.

Daneben bildet Aristoteles noch den Begriff ethismos, womit er die Tugendgewöhnung, das Einüben eines Lebensstils bzw. eine Art Dauerhaltung des Menschen bezeichnet, die ihm quasi zur „zweiten Natur" wird.

Wenn Ethos eher den objektiven Sinn von Gewohnheit bezeichnet, dann Hexis mehr die subjektive Bedeutung im Sinn des Antriebs-

---

[60] Zitiert in J. Douma, Einführung in die christliche Ethik, Kampen 1977.
[61] Vgl. H. H. Schrey, Einführung in die Ethik, Darmstadt [4]1991.

moments, der Motivation. Ethik hat immer mit diesen beiden Aspekten des Tuns und der Motivation zum Tun zu tun.

Moral

Der Begriff kommt aus dem Lateinischen (*mos, mores* – Sitten). Durch Cicero wird das Adjektiv *moralis* als Übersetzung des griechischen *äthos* eingeführt. Moral wird später als praktischer Teil der Philosophie oder als praktische Philosophie bezeichnet und umfasst neben den Prinzipien des Handelns auch die Rechtslehre und die Politik!

Moral hat eher deskriptiven Charakter und beschreibt ein vorhandenes Verhalten bzw. zeigt an, was Sitte und Brauch geworden ist.

In der römisch-katholischen Theologie heißt Ethik „Moraltheologie", weil sie sich im Unterschied zur Moralphilosophie auf die Offenbarung Gottes stützt. In ihr spielt der Gegensatz von Gut und Böse eine entscheidende Rolle.

Allgemein kann man sagen, dass Moral die Summe dessen ist, was den Sitten und Gewohnheiten der Menschen einer bestimmten Region oder eines Landes entsprungen und zur Norm erhoben worden ist.

Wert

Dies ist ein „moderner" Begriff, der heute besonders aktuell ist und eine zentrale Kategorie darstellt, dabei aber ein ganzes Spektrum von Überzeugungen bezeichnet. Sowohl in den Humanwissenschaften spielt er eine Rolle als auch in den Staats- und Rechtswissenschaften, in den Wirtschaftswissenschaften und zunehmend in den Politikwissenschaften sowie selbstverständlich in der Philosophie und Theologie. Da der Begriff aus der Sphäre des Schätzens und Tauschens – also des Handelns (!) – kommt, kann man ganz allgemein sagen, dass Werte „Orientierungsstandards und -maßstäbe für Richtung, Intensität, Ziel und Mittel des Verhaltens" sind.[62] Was ethisch oder moralisch „wert-voll" erscheint, wird mit Werten bezeichnet. Dabei bleiben individuelle und kollektive Überzeugungen und Wertmaßstäbe oftmals recht diffus. Wertvorstellungen sind, wie Sitten auch, einem ständigen Wandel unterworfen.

---

[62] Vgl. Hillmann, a.a.O., S. 54.

Noch viel radikaler hat es bereits 1922 der Philosoph Ludwig Wittgenstein formuliert: „In der Welt ist alles, wie es ist, und geschieht alles, wie es geschieht; es gibt in ihr keinen Wert und, wenn es ihn gäbe, so hätte er keinen Wert. Wenn es einen Wert gibt, der Wert hat, so müsste er außerhalb alles Geschehens und Soseins liegen ... Darum kann es auch keine Sätze der Ethik geben."[63]

Diese Auffassung wirft ein ganz neues Licht auf die Wertedebatte und den dramatischen Wertewandel unserer Zeit.

Tugend

Sie ist ein alter ethischer Begriff, der ethisch vorgegebene Einstellungen und Handlungsweisen, auch Motive bezeichnet, die gut sind. Tugenden sind z.B. Treue, Disziplin, Liebe usw.

Man unterscheidet auch gerne Primärtugenden von Sekundärtugenden, also unaufgebbare von aufgebbaren Tugenden. Auf jeden Fall ist das Verständnis von Tugenden ebenfalls einem gesellschaftlichen Wandel unterworfen. Was früher übereinstimmende Tugenden einer Gesellschaft waren (z.B. der preußischen), wie Disziplin, Treue, Pflicht, Ordnung usw., gilt heute für viele als unannehmbar.

Die Sprache der Bibel

Sie kennt den Begriff „Ethik" nicht, wohl aber die ihm zugrunde liegenden Begriffe *ethos* und *äthos*. „Schlechter Umgang verdirbt gute Sitten" (1Kor 15,33). Das Wort *ethos* findet sich im NT meistens im Blick auf die von Mose überkommenen Weisungen des AT, also im Zusammenhang mit dem Tora-Verständnis. Daher liegt dem biblischen Verständnis ein ganz anderes Bild zugrunde als dem philosophischen Verständnis der Griechen. Das griech. *ethos* und das hebr. *tora* unterscheiden sich wie „Haus" und „Weg" (vgl. z.B. 5Mo 5,32f; Ps 86,11; Jer 5,5 und 6,16; Mt 22,16; 1Kor 12,31, Joh 14,6 ...). Die hinter *ethos* stehende Vorstellung (gewohnter Aufenthaltsort = Haus) ist eher statisch: die gleich bleibende Gewohnheit oder Sitte, oftmals verbunden mit der unveränderlichen Ordnung des Universums oder

---

[63] L. Wittgenstein, Tractatus logico-philosophicus: Logisch-philosophische Abhandlung, Frankfurt/M. 1963 (erstmals 1922 erschienen); vgl. auch die Kommentierung von M. Honecker, Einführung in die theologische Ethik. Grundlagen und Grundbegriffe, Berlin/New York 1990.

der Ideen. „Das Bild, das hinter dem biblischen *tora* (Weg) steht, ist dynamisch: Das durch dieses Wort beschriebene Verhalten ist geschichtlich-situationsbezogen; es geht um Gehorsam gegenüber der Weisung Gottes, um Dienst, nicht Selbstverwirklichung ...“[64] Deshalb kann man statt von Ethos in der christlichen Ethik auch von „Lebensführung“ (K. Bockmühl) sprechen oder besser noch von verantwortlicher Lebensführung.

2.2 Definition und Aufgabe von Ethik

Wir wollen nun auf eine Definition von Ethik achten, die wir im Folgenden entfalten werden und auf die wir bei allen Einzelbeobachtungen immer wieder zurückkommen können.

> „Christliche Ethik ist die biblisch-theologische Besinnung auf das verantwortliche Handeln des Menschen Gott, seinem Nächsten, sich selbst und der Mitwelt gegenüber.“

Nicht jedes menschliche Handeln oder Verhalten ist Objekt für die Ethik. Die Herstellung eines Möbelstücks oder eines Werkzeugs als solches ist noch kein ethisches Handeln. Aber die Bedingungen, unter denen es hergestellt wird, und die Bestimmung, für die es hergestellt wird, können Objekt ethischer Reflexion sein. Autofahren als solches ist kein ethisches Handeln, aber wie ich Auto fahre, ist ethisches Handeln. Wenn ich im Ort mit 70 km/h Menschen gefährde, handle ich unverantwortlich. Wenn ich andere Menschen ausbeute, um ein Auto preiswert herzustellen, dann handle ich ebenfalls unverantwortlich.

Dabei ist zu beachten, dass selbst eine ethisch richtige Tat eine niederträchtige Gesinnung haben und deshalb wertlos sein kann. Wenn ich mich z.B. nur stur an die Geschwindigkeitsbeschränkung halte, um den Andern zu ärgern, dann geschieht mein an sich richtiges ethisches Verhalten (z.B. 40 km/h innerhalb des Ortes zu fahren) aus falschen moralischen Motiven heraus.

---

[64] H. Burkhardt, Einführung in die Ethik, S. 17.

Die *Motivebene* muss also bei der ethischen Reflexion immer auch im Blick sein. „Motive und Intentionen sind nicht weniger als Handlungen ethisch von Bedeutung."[65]

H. Thielicke geht z.B. auf die häufig vertretene Auffassung ein, dass es eigentlich gar keine spezifisch christlichen Normen gebe. Es gebe zwar keine spezifisch christlichen Normen, wohl aber eine spezifisch christliche Motivation zum Handeln. Es gibt tatsächlich eine „Verwechselbarkeit der Ethik", die ja leicht nachzuweisen ist. Die Verwechselbarkeit erreicht ihren Höhepunkt, wenn die nichtchristliche Ethik nur eine säkularisierte Form der christlichen Ethik ist. Man kann sogar rhetorisch fragen: „Lassen sich die Ziele christlichen Handelns ... nicht genauso ‚ohne Christus' und also im Rahmen einer säkularen Ideologie erreichen oder wenigstens anstreben?"[66] Man kann also zwischen einer „Tatschicht" und einer „Motivschicht" in der Ethik unterscheiden. „Das spezifisch Christliche wird vielmehr ausdrücklich und ausschließlich in der Motivation des Handelns zu sehen sein."[67] Allerdings darf christliche Ethik nicht als reine „Gesinnungsethik" missverstanden werden, bei der es lediglich auf die rechte Gesinnung und nicht so sehr aufs rechte Tun ankäme.

Drei Aspekte der Definition sind für unser ethisches Verständnis maßgebend:

2.2.1 Definition von christlicher Ethik

2.2.1.1 Ethik ist „biblisch-theologische Besinnung"

Im Unterschied etwa zur rein philosophischen, humanistischen oder humanwissenschaftlichen Reflexion auf das Ethos will biblisch-theologische Reflexion eine bestimmte Art und Richtung des Nachdenkens kennzeichnen. Sie geht von der Bibel als Quelle göttlicher Offenbarung aus und reflektiert diese auf dem Hintergrund konkreter Fragestellungen theologisch. Dabei hat sie durchaus auch andere ethische Ansätze mit im Blick. Sie prüft sie ernsthaft und hat durchaus die Freiheit, ethische Erkenntnisse, die ihr Paradigma nicht sprengen, zu

---

[65] A. F. Holmes, Wege zum ethischen Urteil: Grundlagen und Modelle, Wuppertal 1987, S. 115.

[66] H. Thielicke, Theologische Ethik, Band 1: Prinzipienlehre, Tübingen ³1965, S. 47.

[67] H. Thielicke, Theologische Ethik, S. 53.

übernehmen. Dennoch fühlt sie sich letztlich aber den biblisch-anthropologischen und theologischen Leitlinien der ganzen Heiligen Schrift in der ethischen Reflexion verpflichtet.

Biblisch-theologische Besinnung differenziert bei ihrem Bemühen um verantwortliches ethisches Handeln zwischen der Bibel als Wort Gottes und der theologischen Interpretation dieses Wortes. Diese sind nicht identisch. Sie begibt sich auf den schmalen Grat verantwortlichen Denkens, das auf der einen Seite liberal-kritische Denkweise vermeidet, die – nach welchen Kriterien auch immer – das Bibelwort nicht ernst nimmt und, auf der anderen fundamentalistische Sichtweise ausschließt, die es sich zu einfach macht, wenn sie biblische Texte einfach 1:1 übertragen will.

Schließlich meint biblisch-theologische Besinnung das Ernstnehmen der heilsgeschichtlichen Entwicklung des Wortes Gottes. Sie schlägt nicht alle biblischen Zeugen über einen Leisten, sondern unterscheidet Mose und Jesus, Gesetz und Evangelium, ohne ihren untrennbaren Zusammenhang aufzulösen.

Konkret muss biblische Ethik z.B. Hilfen auf die Frage geben, ob das Alte Testament heute noch für Christen ethische Relevanz besitzt oder nicht. Oder warum z.B. die Zehn Gebote zwar heute noch ethisch bedeutsam sind, die anderen Gesetze im selben Buch aber nicht mehr.

Oder welcher inhaltliche Unterschied zwischen dem Ethos Jesu und den apostolischen Weisungen besteht usw.

2.2.1.2 *Das verantwortliche Handeln des Menschen*

Christliche Ethik macht bewusst – und darin stimmt sie mit anderen ethischen Entwürfen durchaus überein –, dass Menschen in ihrem Handeln verantwortlich sind und dass sie daher verantwortungsbewusst sein und leben müssen. Sie ist also – um die bekannte Unterscheidung von Max Weber aufzunehmen – nicht nur Gesinnungsethik, sondern auch Verantwortungsethik. Man kann also durchaus von einer „Ethik der Verantwortung" sprechen.[68] Ethik macht sowohl

---

[68] Vgl. H. Jonas, Das Prinzip Verantwortung: Versuch einer Ethik für die technologische Zivilisation, Frankfurt/M. [1]1989. Dieser entwirft freilich keine christliche Ethik, sondern eine rein philosophische – in gewisser Weise auch sogar — utilitaristische Ethik.

die Motive als auch die Konsequenzen menschlichen Handelns bewusst.[69] Aus diesem Grund darf christliche Ethik keine Kasuistik sein, die für jeden Fall des Lebens von vornherein eine Antwort parat hat. Wer das will, braucht keine Verantwortung für sein Leben zu übernehmen. Sie wird ihm ja durch ein kasuistisches Geflecht ethischer Regeln abgenommen.

Gesetzliche Regelungen sind in gewisser Weise einfacher zu leben, weil sie alle Verhaltensweisen dem Menschen vorgeben. Dass sie den Menschen aber unfrei machen und dadurch nicht der Absicht Gottes genügen, wird im ethischen Eifer der Gesetzlichen leider allzu oft übersehen.

Auch in der Ethik gilt: „Zur Freiheit hat uns Christus befreit! Steht nun fest und lasst euch nicht wieder durch ein Joch der Sklaverei belasten!" (Gal 5,1)

Nach biblischem Verständnis ist der Mensch ein zur Freiheit berufenes Gegenüber Gottes. Dabei wird Freiheit eher verstanden als Freiheit zu etwas, nicht als Freiheit von etwas. Nur der Mensch als ein im Bild Gottes erschaffenes Beziehungswesen kann auf das an ihn ergehende Wort Gottes eine entsprechende „Ant-Wort" geben und also „ver-ant-wort-lich" sein. In Freiheit Gott verantwortlich zu leben, ist der ethische Ansatz, der uns aus der Bibel nahe gelegt wird.

2.2.1.3 Die vier Verantwortungsebenen

Die meisten Ethik-Entwürfe würden ohne zu zögern behaupten, der Mensch ist letztlich nur sich selbst gegenüber verantwortlich.[70] „Alle traditionelle Ethik ist anthropozentrisch."[71] Christliche Ethik bekennt,

---

[69] Und das durchaus auch im jonas'schen Sinne mit Blick auf die Zukunft. In gewisser Weise hat ja jede ethische Entscheidung Zukunftscharakter. Die Überzeugung des christlichen Eheverständnisses inklusive der lebenslangen Treue zu einem Partner hat z.B. gravierende Auswirkungen für die gemeinsame oder auch individuelle Zukunft, für die Zukunft der Kinder, ja sogar für die Zukunft eines ganzen Volkes. Auch die Fähigkeit der Vorhersehbarkeit ethischer Entscheidungen – im individuellen wie kollektiven Sinn – gehört zu einer Verantwortungsethik untrennbar dazu. Biblisches Denken ist nicht zuletzt auch eschatologisches oder teleologisches (zielgerichtetes) Denken.

[70] Vgl. z.B. E. Fromm, a.a.O., u.v.a.m.

[71] H. Jonas, Das Prinzip Verantwortung, a.a.O., S. 22.

dass der Mensch in erster Linie Gott verantwortlich ist, dem, der ihn geschaffen hat und der ihm Lebensräume anbietet, in denen Leben gelingen kann.

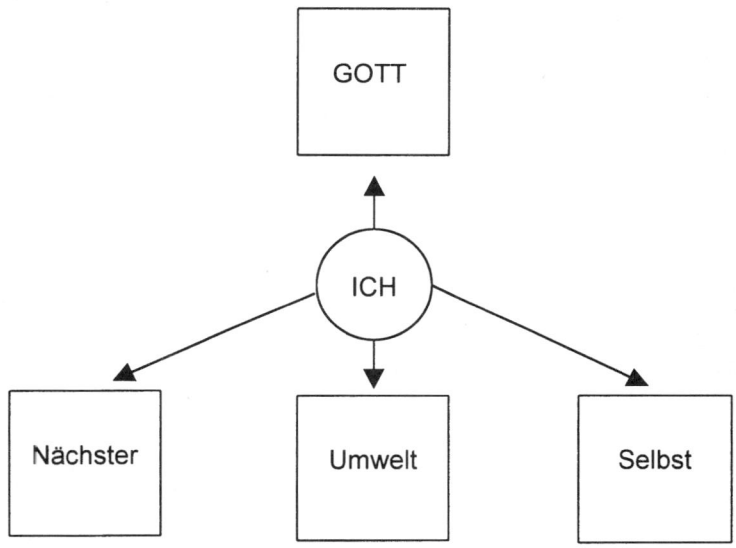

Die Präambel des deutschen Grundgesetzes „In der Verantwortung vor Gott und den Menschen ..." hat von daher eine eminente Bedeutung für die ethische Struktur des Grundgesetzes und der konkreten ethischen Implikationen.

Unsere Definition spricht von einer *Vierteilung der Beziehung.* Verantwortliches Handeln ist natürlich Gegenstand jeder Ethik. Christliche Ethik unterscheidet sich von allen anderen Ansätzen aber dadurch, dass sie an die erste Stelle ihrer Besinnung die Beziehung des Menschen zu *Gott,* seinem Schöpfer, Erhalter und Erlöser setzt. Diese Dimension ist allen anderen vor- oder übergeordnet. Der Mensch steht in einem übergeordneten Zusammenhang des Lebens. Die sog. „erste Tafel" des Dekalogs bezieht sich auf diese Relation.

Jesus hängt das ganze Gesetz an dem Liebesgebot, das sich auf Gott und den Nächsten bezieht, auf. Von daher ist das verantwortliche Handeln des Menschen *seinem Nächsten gegenüber* immer mit intendiert: „... und deinen Nächsten wie dich selbst!"

Dieses Gebot, und da gebe ich M. Luther, J. Calvin, K. Barth, J. Douma u.v.a. Recht, intendiert freilich nicht ein Gebot der Selbstliebe. K. Barth nennt die „Erfindung eines Gebotes der Selbstliebe trotz Augustin" einen „Kardinalirrtum"[72]. Hier verleiht Jesus dem Gebot der Nächstenliebe eine starke Intensität. Der Mensch soll mit derselben Liebe, mit der er sich sowieso selbst liebt, seinen Nächsten lieben. Obwohl hierdurch keine explizite Selbstliebe abgeleitet werden kann, muss dennoch betont werden, dass der Mensch natürlich sehr wohl *in Beziehung zu sich selbst* steht! Er kann zu sich selbst reden („Was betrübst du dich, meine Seele, und bist so unruhig in mir?" Ps 42), sich selbst aufmuntern („Wohlan, liebe Seele ..."), an sich selbst sündigen („Wer Unzucht treibt, der sündigt gegen sich selbst" oder gegen seinen eigenen Leib, 1Kor 6,18) oder sich selbst beherrschen (1Kor 9,27). Das verantwortliche Handeln sich selbst gegenüber bekommt für Christen noch zusätzliche Relevanz, da sie ihren Leib als einen „Tempel des Heiligen Geistes" sehen (1Kor 6,19).

Die vierte *Beziehung zur Mitwelt* bekommt in unserer Zeit eine nie gekannte Aktualität. Aber nicht aus der Aktualität oder der Vorhersehbarkeit zukünftiger schrecklicher Entwicklungen (H. Jonas) heraus, sondern aus dem Gebot des Schöpfers, „über die ganze Erde zu herrschen" und sie sich „untertan" zu machen, d.h. sie zu „bebauen und zu bewahren" (1Mo 1,26; 2,15), bekommt die Beziehung zur Mitwelt ihre Relevanz. Der Mensch – und ausdrücklich auch der Christ, der ja Mensch bleibt (oder eigentlich erst wird) – ist an keiner Stelle von dem von Gott gegebenen „Kulturauftrag" entbunden.

2.2.2 Die Aufgabe einer christlichen Ethik

Auf der einen Seite haben wir die Bibel, die eine Fülle „ethischen Materials" in unterschiedlichen literarischen Gattungen sowie unterschiedlichen historischen und kulturellen Kontexten bietet. Wir haben die knappe Zusammenfassung in dem „Zehnwort", den Zehn Geboten, eine umfangreiche Kasuistik (Fallanwendung) im mosaischen Gesetzeskodex, epigrammatische Weisheit in den Sprüchen, Reflexionen über Bedeutung und Wert des nichtigen (eitlen) Lebens im Buch des Predigers, die Predigt der sozialen Gerechtigkeit und die Kultpolemik

---

[72] KD I, 2, S. 427.

bei den alttestamentlichen Propheten, die berühmten Reden Jesu wie z.B. die Bergpredigt und die Apostellehre, in der ethische Weisungen für die Gemeinde prägnant zusammengefasst sind.

Auf der anderen Seite sehen wir uns Herausforderungen unserer Zeit gegenüber, die uns vor unlösbare Probleme zu stellen scheinen. Was kann, was soll eine christliche Ethik überhaupt leisten?

Ganz allgemein kann man sagen: „Die Aufgabe der theologischen Ethik besteht ... darin, deutlich zu machen, dass ein Gott sich den Menschen offenbarte, ihnen aus Liebe die Gebote gab, damit sie menschlich leben können."[73]

Spezifischer kann man drei Aspekte herausstellen:

> - Biblische Ethik soll Menschen ihre Verantwortung Gott, ihrem Nächsten, sich selbst und ihrer Mitwelt gegenüber bewusst machen.
> - Sie soll die im biblischen Ethos enthaltenen Strukturen verantwortlichen Handelns aufzeigen.
> - Sie soll Kriterien für die konkrete Lebensgestaltung geben.

Aufgabe einer christlichen Ethik kann es deshalb nicht sein, auf jeden Fall des konkreten Lebens von vornherein eine detaillierte Antwort zu wissen und zu geben. Die Bibel ist ja nicht – wie z.B. die Wachtturmgesellschaft der Zeugen Jehovas glauben macht – ein Buch, das auf jede Situation eine exakte Handlungsanweisung gibt, so dass man nur nachzuschlagen hätte und wüsste, wie man sich von vornherein in einer gewissen Situation zu verhalten hätte.

Christliche Ethik muss die spezielle Situation mitbedenken, die Umstände des Handelns und nicht zuletzt die Motive. Ethik ist auch deshalb nötig, weil die Bibel über viele ethische Fragestellungen, mit denen wir heute konfrontiert werden, schweigt. Wie sollen wir z.B. der Verantwortung ungeborenem Leben gegenüber nachkommen oder wie der Bevölkerungskontrolle? Wie sollen wir Schwarzarbeit bewerten oder voreheliche Sexualität? Was sollen wir von Protesten und Streiks halten oder von der „Pille danach"? Wie sollen wir das Internet und die neuen Medien gebrauchen? Sollen wir unsere Organe zur

---

[73] G. Huntemann, a.a.O., S. 60.

Transplantation freigeben oder einem kinderlosen Paar zur In-vitro-Fertilisation raten? Ist es richtig, sich Unrecht geschehen zu lassen, oder sollen wir vor Gericht prozessieren? Darf man als Christ am FKK-Strand baden oder an der Börse spekulieren? Darf ich das oder jenes? Fragen über Fragen, die keine direkt übertragbare Antwort aus der Bibel erwarten können.

Ganz zu schweigen von den vielen kleinen individuellen Fragestellungen, die die pietistische Gemeinde lange bewegt zu haben scheinen, z.B. ob es für eine Christin sittsam ist, Nylonstrümpfe zu tragen, oder ob Christen gestattet ist, zu rauchen oder Alkohol zu trinken, oder ob man als Christ tanzen, ins Kino gehen oder in die Disco darf.

Weil es auf diese und hundert andere Fragen keine direkten Weisungen aus der Heiligen Schrift gibt, muss christliche Ethik Strukturen verantwortlichen Handelns, wie sie im biblischen Denken enthalten sind, aufdecken und bewusst machen. Wir werden in den nächsten Kapiteln versuchen, diese Strukturen herzuleiten und sie zu begründen.

Schließlich muss man die Aufgabe einer christlichen Ethik auf zwei unterschiedliche Adressatengruppen beziehen: auf die Gemeinde und auf die Gesellschaft oder – um mit Karl Barth zu sprechen – auf die „Christengemeinde" und auf die „Bürgergemeinde". In beiden Fällen hat dieselbe christliche Ethik unterschiedliche Zielgruppen und Akzentuierungen.

Tatsächlich gibt es ethische Normen, die nur für Christen gelten können – wie etwa die Bergpredigt oder der Missionsbefehl oder apostolische Weisungen für die Gemeinde –, also eine spezifisch christliche Ethik. Daneben gibt es ethische Normen, die selbstverständlich von Christen anerkannt und gelebt werden, darüber hinaus aber für alle Menschen gelten und nützlich sind. Deshalb wäre es unverantwortlich, eine christliche Ethik nur auf Christen zu beschränken.

Eine komplizierte Frage ist, inwieweit Christen verantwortlich dafür sind, ihr aus der Bibel hergeleitetes Ethos anderen Menschen, die nicht Christen sind, zu kommunizieren oder für sie verpflichtend zu machen. Haben Christen z.B. ein ethisches Mandat ihrer nichtchristlichen Mitwelt gegenüber?

2.2.2.1 Aufgabe einer christlichen Ethik für die Gemeinde

K. Bockmühl nennt auf die Frage, warum Ethik überhaupt nötig ist, neben einer *allgemein menschlichen* (anthropologischen) Notwendigkeit, immer wieder Entscheidungen treffen zu müssen, um leben zu können, *drei spezifisch christliche* Gründe:

- Es ist Gottes Absicht für seine Erlösten, dass sie gemäß dem Evangelium heilig leben. Der Zweck der Erlösung ist die Heiligung (Jesus Christus gab sich selbst für uns, „damit er uns erlöste von aller Ungerechtigkeit und reinigte sich selbst ein Volk zum Eigentum, das fleißig wäre zu guten Werken", Tit 2,14). Ethik fragt: „Welche guten Werke?"
- Ein zweiter Grund ist der eschatologische Horizont des Gerichts Gottes, bei dem sich jeder Mensch verantworten muss für sein Tun (2Kor 5,19). Ethik fördert verantwortungsvolles Handeln.
- Der dritte Grund ist, dass Christen ein glaubwürdiges Zeugnis für ihre heidnische Umgebung sein sollen. Gute Werke und Reinheit der Lebensziele waren eindeutige Merkmale der ersten Christen.[74] Ethik als Hilfe zur missionarischen Glaubwürdigkeit.

Christen sind also – wie alle anderen Menschen auch – ständig herausgefordert, Entscheidungen verantwortlichen Lebens zu treffen. Sie sind darüber hinaus Gott, dem Herrn, als letzter Instanz verantwortlich. Das prägt ihre Ehrfurcht vor seinem Willen, der in seinem Wort offenbart ist, und seiner Schöpfung sowie seinen Geschöpfen.

Christliche Ethik will also Christen helfen, den Willen Gottes zu erkennen und zu tun. Sie will einsichtig machen, dass „Gottes Wille das Gute, Wohlgefällige und Vollkommene" ist (Röm 12,2), für das sein Leben einzusetzen sich lohnt.

2.2.2.2 Aufgabe einer christlichen Ethik für die Gesellschaft

Gottes Wille ist gut für alle Menschen. Darauf immer wieder hinzuweisen, zu überzeugen und aufzuklären, ist Aufgabe einer christlichen Ethik für die Gesellschaft. Die „Bürgergemeinde", innerhalb derer die

---

[74] Siehe K. Bockmühl, Christliche Lebensführung: Eine Ethik der Zehn Gebote, Gießen/Basel 1993, S. 13.

„Christengemeinde" lebt, kennt die guten Anordnungen und Gebote Gottes nicht. Sie profitiert aber davon, wenn sie sich von der „Christengemeinde" aufklären und sagen lässt, ohne gleich christlich werden zu müssen. Bis zu einem gewissen Grade ist sie sogar in der Lage, Grundordnungen Gottes zum eigenen Segen zu bejahen und anzuerkennen.

Weil die christliche Gemeinde weiß: „Gerechtigkeit erhöht ein Volk, die Sünde aber ist der Leute Verderben" (Spr 14,34), „erinnert" sie die Gesellschaft an die Gebote Gottes und nimmt ihr Wächteramt wahr. Sie darf und muss bei eklatanten Übergriffen und Gesetzlosigkeiten warnen und mahnen.

Ihre Absicht dabei ist aber nicht, die Welt zu verbessern, sondern Menschen auf die heilsamen Ordnungen und Gebote Gottes hinzuweisen und sie letztlich zu einem Leben mit Christus einzuladen und zur Umkehr zu rufen.[75]

2.3 Philosophisches und biblisches Ethos

Es gibt ganz unterschiedliche Möglichkeiten, ethische Ansätze zu unterteilen und zu verstehen.

Auf einer metaethischen, d.h. die Theorie der Ethik betreffenden Ebene kann man grundsätzlich zwei sehr unterschiedliche ethische Positionen unterscheiden, eine objektivistische und eine subjektivistische.[76]

- Unter *Objektivismus* versteht man die ethische Ausrichtung, die einen objektiven ethischen Maßstab anerkennt, der zu Verpflichtungen unseres Handelns und Unterlassens führt und über die subjektiven Bedürfnisse und Wünsche hinausreicht. Dazu gehören etwa alle Arten religiöser Ethik, die Tugendethiken, verschiedene Arten des Utilitarismus, materiale Werteethik usw.

---

[75] Vgl. D. Bonhoeffer, Ethik (a.a.O.), S. 353ff. Das Thema wird weiter unten ausführlicher behandelt.

[76] Zu dieser Unterscheidung vgl. F. v. Kutschera, Grundlagen der Ethik. Berlin ²1999, S. 59ff; J. Rachels (Hrsg.), Ethical Theory: The Question of Objectivity, Introduction, Oxford 1998.

- *Subjektivismus* nennt man die ethische Ausrichtung, die keinen objektiven Maßstab anerkennt, der zur Verpflichtung unseres Handelns und Unterlassens führt, weil jede Handlungsbestimmung abhängig ist von den je subjektiven und beliebigen Bedürfnissen und Wünschen.

Für objektive Ethik braucht man immer eine Begründung. Das Hauptproblem der objektivistischen Begründung einer Ethik liegt aber darin, dass externe Begründungen immer strittig sind, so dass man auf dieser Ebene kaum zu einer allgemein akzeptierten Basis gelangt.

Das Problem der subjektivistischen Ethik liegt darin, dass sie als Theorie unbefriedigend und im Ergebnis umstritten ist. Eigentlich ist sie eine Nicht-Ethik, weil sie objektive Kriterien ablehnt. (Noch schärfer wäre ein ethischer Nihilismus, der jede Begründbarkeit ethischer Werte grundsätzlich ablehnt.)

Aus diesem Grund hat man einen Kompromiss vorgeschlagen und ihn „objektiver Intersubjektivismus" genannt. „Es gibt einen objektiven ethischen Maßstab, der zu Verpflichtungen unseres Handelns und Unterlassens führt und abhängig von den je subjektiven und beliebigen Wünschen bzw. Interessen der je Beteiligten ist." Diesen paradoxen Ansatz nennt von der Pfordten auch „Ethik der Berücksichtigung anderer".[77]

Grundsätzlich kann und muss man bei allen durchaus festzustellenden Übereinstimmungen zwischen philosophischem und christlichem Ethos allerdings auch auf gravierende Unterschiede aufmerksam machen. Andererseits darf nicht verhehlt werden, dass sich biblische Theologie in dem Bemühen, das vielfältige und komplexe ethische Material der Bibel zu strukturieren, unvermeidlicherweise auch philosophischer Bemühungen zur Gestaltung der Ethik bedient.[78]

Aus diesem Grund sollen einige ethische Ansätze hier kurz vorgestellt werden, um sie dann abschließend dem biblischen Ethos gegenüberzustellen. Das soll in der Weise geschehen, dass einige Gegen-

---

[77] D. v. d. Pfordten, „Ethische Probleme gentechnischer Veränderungen des Menschen", in: Evangelische Theologie, 61. Jg., Sonderheft: Menschenwürde und bioethischer Fortschritt im Horizont theologischer und sozialethischer Erwägungen, München 2001, S. 82; ders., Ökologische Ethik, Reinbek 1996, S. 203ff.

[78] Vgl. A. F. Holmes, Wege zum ethischen Urteil: Grundlagen und Modelle, Wuppertal 1987, S. 10.

satzpaare ethischer Grundsätze vorgestellt werden, die jeweils etwas für sich und etwas gegen sich haben.

2.3.1 Präskriptive oder deskriptive Ethik?

Auf den Unterschied zwischen präskriptiver (vorschreibender) und deskriptiver (beschreibender) Ethik wurde oben schon kurz hingewiesen. Noch einmal im Überblick die Unterschiede:

präskriptiv	deskriptiv
vorschreibend	beschreibend
normativ	individuell
absolut	relativ
theonom	autonom
theozentrisch	anthropozentrisch

Viele – um nicht zu sagen die meisten – ethischen Entwürfe sind ihrem Ansatz nach deskriptiv. Sie beschäftigen sich mit der Beschreibung und Zuordnung von Sitten und Gewohnheiten. Die Humanwissenschaften (Soziologie, Psychologie, Anthropologie, Pädagogik u.a.) galten lange als Zweig der Philosophie, als Erweiterungen der ethischen Theorie. Erst im Verlauf des letzten Jahrhunderts entwickelten sie sich zu den sog. empirischen Wissenschaften, deren Interesse an moralischen Fragen zunehmend auf die Ursachen einzelner Probleme und die sozialen Konsequenzen des Handelns zielte. Obwohl man ihnen dafür sehr dankbar sein sollte, ist „die Ethik als solche weniger daran interessiert, was der Mensch tatsächlich tut, als daran, was er tun sollte, weniger daran, welche Werte er gegenwärtig vertritt, als daran, welche Werte er eigentlich vertreten sollte."[79]

Von daher will christliche Ethik nicht einfach nur beschreibende, sondern vorschreibende Ethik, also eine normative Disziplin sein. Sie beschäftigt sich mit der Gültigkeit theonomer (von Gott bestimmter) Werte.

[79] A. F. Holmes, a.a.O., S. 8.

Diesem biblischen Ansatz wird im Namen einer „humanistischen Ethik" heftig widersprochen. E. Fromm[80] z.B. will einer „objektivistischen Ethik" eine „subjektivistische Ethik" gegenüberstellen, bei der der Begriff „absolut" bedeutungslos wird. „Die ganze Vorstellung von ‚relativ' und ‚absolut' wurzelt im theologischen Denken, in dem ein göttlicher Bereich als das ‚Absolute' von dem unvollkommenen menschlichen Bereich unterschieden wird. Von diesem theologischen Zusammenhang abgesehen, ist der Begriff ‚absolut' bedeutungslos. In der Ethik wie im allgemeinen wissenschaftlichen Denken ist für ihn kein Raum." In der von Fromm entworfenen „relativen Ethik", die bewusst „anthropo-zentrisch" ist, geht es darum, dass der Mensch „tatsächlich ‚das Maß aller Dinge' ist".[81] Diese Haltung Fromms hat sich heute in der sog. postmodernen Wirklichkeit als Allgemeingut weitgehend durchgesetzt.

Auf der anderen Seite ist christliche Ethik aber auch nicht einfach nur präskriptiv (im formalistisch-gesetzlichen Sinn), weil dadurch die Verantwortung des Menschen ja verneint würde.

Sie hat einerseits zwar normativen Charakter, sie geht andererseits aber auch von der Freiheit und Verantwortung des Menschen aus.

Man kann die Spannung in der Ethik auch mit dem Zueinander von *Sein und Sollen* erklären. Es geht in der Ethik immer sowohl um das Sein (das, was ist) als auch um das Sollen (das, was sein soll). Beide sind nicht identisch, wie im Folgenden gezeigt wird.

2.3.2 Naturalistische oder idealistische Ethik?

Zwei weitere Möglichkeiten, ethische Ansätze zu unterscheiden, gehen von entgegengesetzten Prämissen aus: Die eine setzt bei der Natur an (dem Sein), die andere beim Ideal (dem Sollen). Für E. Brunner gibt es eigentlich nur diese zwei großen ethischen Systeme.

Die *naturalistische Ethik* versucht, das sittliche Leben aus Naturtatsachen zu erklären. Das Sollen ist dann nichts anderes als eine Form von Erfahrungsregeln, die dem Einzelnen helfen, die Verwirklichung eines natürlichen Interesses zu ermöglichen. Sie ist – nach ihrem theo-

[80] E. Fromm, Psychoanalyse und Ethik: Bausteine zu einer humanistischen Charakterologie, Stuttgart 1982.
[81] A.a.O., S. 26; a.a.O., S. 19f.

retischen Gehalt – „die natürlich-kausale Erklärung des angeblich geheimnisvoll-übernatürlichen ‚Sittlichen' und nach ihrem praktischen Gehalt: Klugheitslehre. ... Diese Ethik ist individualistisch, sofern sie nur vom isolierten Einzelnen aus denkt; sie ist egoistisch, insofern sie das Interesse dieses Einzelnen, des Ich, ganz allein im Auge hat; sie ist eudämonistisch, sofern sie einzig das Glück, das Wohlsein dieses Einzelnen zum Prinzip des Handelns macht."[82] Selbst wenn sie sich altruistisch (Rücksicht auf andere nehmend; selbstlos) gibt oder sozial, gehört auch die Befriedigung dieser Bedürfnisse zur „natürlichen Glückseligkeit".

Man kann den naturalistischen Ansatz auch den *naturrechtlichen* nennen: „Richtig handelt, wer der Natur entsprechend handelt."[83] Der Ansatz ist bereits sehr alt und geht auf die griechischen Philosophen im 5. Jh. v.Chr. zurück. Seit Plato und Aristoteles wird dieser Ansatz weiter verfolgt und modifiziert, bis es bei den Stoikern heißt: Richtig leben heißt „nach der Natur leben". Cicero (106–43 v.Chr.) übernimmt den Ansatz und beschreibt ihn so: „Das wahre Gesetz ist die richtige Vernunft, die mit der Natur in Einklang ... ist."[84]

In der *idealistischen Ethik* geht es um das pflichtgemäße Sollen. „Gut ist nicht, was ich tue, weil ich es mag, sondern was ich tue, weil ich soll, weil ich nicht anders darf."[85] Sie ist deshalb idealistisch, weil das Gesetz, das den Willen zum Guten qualifiziert, mit der Idee des Guten identisch ist. Ihr bedeutendster Vertreter ist *Immanuel Kant.*

Drei Aspekte zeichnen seinen Entwurf aus: Soll Ethik als Vernunftethik möglich sein, soll sie also nicht von einer transzendenten Offenbarung her erst möglich werden, dann muss jenes *Gesetz in meiner Vernunft* vorgegeben sein. Und soll es die Kraft des Gebietens haben, dann muss es als *ein allgemein gültiges gegeben sein.* Drittens müsste es jedem sagen können, was er *im einzelnen Fall* zu tun habe. Und genau davon ist Kant überzeugt.

In einem seiner Hauptwerke „Kritik der praktischen Vernunft" (1788) wirft er die Frage nach der sittlichen Norm unseres Handelns auf. Der Gedanke der Pflicht ist im menschlichen Bewusstsein zutiefst verankert.

[82] E. Brunner, Das Gebot und die Ordnungen: Entwurf einer protestantisch-theologischen Ethik, Zürich ⁴1978, S. 22.
[83] Vgl. H. Burkhardt, a.a.O.
[84] De republ. III, S. 22; vgl. Burkhardt, S. 42.
[85] Brunner, S. 24.

„Zwei Dinge erfüllen das Gemüt mit immer neuer und zunehmender Bewunderung und Ehrfurcht, je öfter und anhaltender sich das Nachdenken damit beschäftigt, der gestirnte Himmel über mir und das moralische Gesetz in mir." Dieses allgemein gültige Vernunftgesetz begegnet dem Menschen als Imperativ. Es fordert die Erfüllung der Pflicht nicht hypothetisch, sondern kategorisch (unbedingt). Von daher leitet Kant seinen berühmten „kategorischen Imperativ" ab: „Handle so, dass die Maxime deines Willens jederzeit zugleich als Prinzip einer allgemeinen Gesetzgebung gelten kann."[86]

Damit hat Kant die Maxime (höchster Grundsatz) des Ethos vom Gehorsam in den Willen, vom Wort Gottes in die Vernunft gelegt. Er vollzieht einen bewussten Schritt von der Heteronomie zur Autonomie des Ethischen: Die Sittlichkeit gründet sich auf die praktische Vernunft.

Kants Programm lautet also:

„Es gibt eine Vernunftreligion, die sich inhaltlich völlig mit der natürlichen Moral deckt. Moral ist Religion, und Religion ist Moral."[87]

Auch bei diesem Ansatz wird die Natur idealisiert.

2.3.3 Gesinnungs- oder Verantwortungsethik?

Der Soziologe Max Weber (1864–1920) hat die Unterscheidung von Gesinnungs- und Verantwortungsethik eingeführt.[88] Seiner Meinung nach kann Ethik nur eines von beiden sein, entweder Gesinnungs- oder Verantwortungsethik. Bei der Gesinnungsethik ist das höchste Motiv des Handelns eine wie auch immer geartete ideale Gesinnung, sei sie aus religiösen, rationalen, ideellen oder anderen Gründen intendiert. Für Kant z.B. gilt, dass nur die Gesinnung maßgeblich für die sittliche Beurteilung eines Verhaltens sein kann. Dabei komme es auf den „Erfolg" des Handelns nicht an.[89]

---

[86] O. Höffe (Hrsg.), I. Kant: Grundlegung zur Metaphysik der Sitten, Stuttgart ³2000, S. 52. (Es gibt unterschiedliche Zitationsweisen.)

[87] G. Huntemann, Der verlorene Maßstab: Gottes Gebot im Chaos unserer Zeit, Bad Liebenzell 1983, S. 16.

[88] Vgl. M. Weber, Gesammelte Aufsätze zur Wissenschaftslehre, Tübingen ³1968; ders., „Politik als Beruf", in: Gesammelte politische Schriften, Tübingen ³1971; ders., „Die protestantische Ethik und der Geist des Kapitalismus", in: Gesammelte Aufsätze zur Religionssoziologie I, Tübingen ³1963.

[89] I. Kant, Einleitung zur Metaphysik der Sitten.

Dem stellt M. Weber eine Verantwortungsethik gegenüber, die sehr pragmatisch die Konsequenzen des Handelns und ihre Vorhersehbarkeit in Rechnung stellt. Ihre Motivation ist die Verantwortung. „Keine Ethik der Welt kommt um die Tatsache herum, dass die Erreichung ‚guter‘ Zwecke in zahlreichen Fällen daran gebunden ist, dass man sittlich bedenkliche oder mindestens gefährliche Mittel und die Möglichkeit oder auch die Wahrscheinlichkeit übler Nebenerfolge mit in Kauf nimmt, und keine Ethik der Welt kann sicherstellen, wann und in welchem Umfang der ethisch gute Zweck die ethisch gefährlichen Mittel und Nebenerfolge ‚heiligt‘."[90]

Christliche Ethik ist demnach in erster Linie Gesinnungsethik, wobei noch nichts über die Art ihrer Gesinnung gesagt ist. Ihre Motivation zum Handeln liegt jedenfalls zuerst in der Beziehung zu dem persönlichen Gott, dann zweitens in der Verantwortung seinem geoffenbarten Wort gegenüber. Selbstverständlich impliziert Verantwortung auch die Fähigkeit, Konsequenzen des eigenen Verhaltens zu übersehen und entsprechend zu entscheiden.

Als Josef in Potifars Haus von dessen Frau zum Ehebruch animiert und gedrängt wurde, hat er zuerst in seiner Verantwortung Gott gegenüber, dann seinem Nächsten – in diesem Fall seinem Herrn – und nicht zuletzt auch sich selbst und seiner Zukunft gegenüber ethisch verantwortungsbewusst entschieden (1Mo 39,7–9).

2.3.4 Utilitaristische oder positivistische Ethik?

2.3.4.1 Utilitarismus

Utilitaristische Ethik ist Handlungsweisung nach dem Nützlichkeitsprinzip (von lat. *utilis* – nützlich): „Richtig handelt, wer nützlich handelt." Was nützlich ist, kann natürlich nur jeder selbst wissen oder ein wie auch immer geartetes Kollektiv. Man kann durchaus eine individuale und eine soziale Variante unterscheiden.[91]

[90] M. Weber, Politik als Beruf, Berlin 1921, S. 396–450.
[91] Vgl. H. Burkhardt, a.a.O., S. 34f; A. F. Holmes, a.a.O., S. 38ff.

Im *Individualutilitarismus* geht der Mensch nach der elementarsten Motivation für sein Handeln vor: „Was nützt mir persönlich am meisten?" Im Zuge dieser Ausrichtung kann man zwei weitere Varianten unterscheiden: Eudämonismus und Hedonismus.

Der *Eudämonismus* (von griech. *eudaimonia* – Glück) ist geprägt von der Auffassung, die die Erlangung individuellen Glücks zur Maxime ethischen Handelns erhebt. Dabei geht es um weit mehr als um die Befriedigung elementarer Bedürfnisse. Es geht um den Genuss alles Schönen und Klugen, des freien Spiels und der individuellen Zufriedenheit. Als Maßstab gilt: Was meiner umfassenden Zufriedenheit dient, ist gut.

Vertreten wird diese Auffassung eigentlich von der Mehrheit aller Menschen. Es ist die wahrscheinlich am weitesten verbreitete praktische Lebenshaltung.

Unterstützt wird sie vom klassischen Ideal des sich entfaltenden Menschen (Deutscher Idealismus: Goethe) und dem Existentialismus, für den die Verwirklichung seines Selbst das höchste Ziel darstellt.

Der *Hedonismus* (von griech. *hädonä* – Lust) ist schlicht ein Leben nach dem Lustprinzip. Spätestens seit H. Marcuses Unterscheidung von Realitäts- und Lustprinzip und einem Plädoyer für Letzteres hat sich diese platte Lebenseinstellung gesellschaftlich durchgesetzt. Allen Warnungen zum Trotz gilt für viele Menschen die Befriedigung ihrer Lust als höchstes ethisches Ziel. Nach A. Gehlen[92] ist unsere Gegenwartszivilisation eine hedonistische, also lustbetonte Zivilisation mit einem „Automatismus zunehmender Glücksgefräßigkeit", wobei der Staat stillschweigend als Versorger und Vermittler des kollektiven Glücksanspruchs verstanden wird.

Die Kehrseite der Medaille ist, dass Entbehrung und Leiden in der hedonistischen Gesellschaft als Unwerte bezeichnet werden. An die Stelle von Geduld, Leidensfähigkeit, Leistung und Gerechtigkeit tritt die „Sozialregulation" des Staates. Er muss es richten.

Im *Sozialutilitarismus* tritt neben das individuelle Streben nach Nützlichkeit der Instinkt des Versorgens (Vater- und Mutterinstinkt). Dieses Streben kann als Keimzelle sozialen Lebens und sozialer Verant-

---

92 A. Gehlen, Moral und Hypermoral, Frankfurt/M. 1970; vgl. auch E. Fromm, Haben oder Sein, s.o.

wortung bezeichnet werden. Natürlicher Gemeinschaftssinn und die Fähigkeit natürlichen Mitleidens können Motive sozialen Verhaltens sein.

Wenn der Utilitarist sich damit befasst, den „größtmöglichen Nutzen (Glück) für die größtmögliche Zahl von Menschen" zu erlangen (so der engl. Sozialphilosoph Jeremy Bentham), dann springt letztlich für ihn selbst auch ein nützliches Resultat dabei heraus.

Ganz gefährlich etwa wird der konsequent utilitaristische Ansatz des australischen Bioethikers Peter Singer.[93] Wenn er wertes von unwertem Leben unterscheidet und fragt, ob das Leben schwerst kranker Menschen, die nicht mehr selbst entscheiden können, noch lebenswert oder nützlich ist, dann wird das utilitaristische Kriterium buchstäblich tödlich!

2.3.4.2 Positivismus

Der positivistische Ansatz ist einer der ältesten überhaupt und ist fast das Gegenteil vom utilitaristischen. Er geht von bestimmten Normen und Werten aus, die als „gegeben" vorausgesetzt sind (lat. *ponere* – „setzen", „legen", „stellen"). Als geschichtlich vorgegebene Normen haben sie über lange historische Zeiträume Gültigkeit. Der Grundsatz lautet hier: „Richtig handelt, wer geltendem Recht und anerkannter Sittlichkeit entsprechend handelt."[94]

Das Problem ist hier die Tendenz zum Formalismus oder Legalismus.

2.3.5 Situationsethik oder Prinzipienethik?

Die *Situationsethik* will – das positivistische Defizit vermeidend – die konkrete geschichtliche Situation berücksichtigen. Jeder Mensch müsse jeden Augenblick neu, ohne Vorgabe von Normen, entscheiden, welches ethische Handeln der Situation angemessen ist.

---

[93] P. Singer, Praktische Ethik, Stuttgart ²1994; ders., Leben und Tod: Der Zusammenbruch der traditionellen Ethik, Erlangen ¹1998.

[94] H. Burkhardt, a.a.O., S. 31.

Einer der stärksten christlichen Verfechter der sog. „Situationsethik" ist Joseph Fletcher. Im Kern lautet sein Anliegen der „neuen Moral": keine ewigen Gebote und absolute Maßstäbe mehr für die Ethik, sondern eine rationale Entscheidung der Liebe in jeder einzelnen Situation.[95] Fletcher will den Konflikt von Liebe und Gesetz in der Theologie überwinden und „reduziert das Gesetz von einem festgelegten Normen-System auf den Grundsatz der Liebe allein", d.h. er erhebt die Liebe zur alleinigen Norm. „Die Liebe tritt an die Stelle des Gesetzes" oder, wie Bockmühl präziser übersetzt: „Die Liebe ersetzt das Gesetz."[96] Was auf den ersten Blick noch biblisch aussieht – Fletcher beruft sich auf Paulus, der gesagt hat, dass wir nun von dem Gesetz frei sind –, entpuppt sich bei genauerem Hinsehen als reiner Antinomismus. Das Gebot kann für ihn aus Liebe übertreten werden, ja es muss es sogar, wenn es die bestimmte Situation erfordert.

Auch wenn die Betonung der Entscheidung in Bezug auf eine konkrete Situation in ethischen Prozessen nicht unterbewertet werden darf, so muss man doch sagen, dass der Grundfehler der Situationsethik darin besteht, dass sie bei der Berücksichtigung der Situationen ohne Normen auskommen will.

Darauf wiederum kann und will eine *Prinzipienethik* unmöglich verzichten. Sie geht davon aus, dass man Normen bzw. Prinzipien unbedingt braucht, um in einer konkreten Situation richtig entscheiden zu können. Die Prinzipien müssen sich in der betreffenden Situation als ethisch relevant erweisen. Wer sich nie grundsätzlich über das Problem des Tötens Gedanken gemacht und übergeordnete Prinzipien gewonnen hat, kann sich in einer konkreten Situation ethisch nicht adäquat verhalten.

Vielleicht ist es an dieser Stelle angebracht, *vier Bestandteile einer Ethik* zu unterscheiden, die eigentlich jeden ethischen Entwurf ausmachen: Es handelt sich um (1) Fälle, (2) Regeln, (3) Prinzipien und (4) Grundlagen.[97]

Ethische Fragen haben alle mit (1) speziellen *Fällen* zu tun: Sind 20 Mark ein überhöhter Preis? Geschah Andreas Abtreibung wirklich

---

[95] Vgl. die Auseinandersetzung mit diesen Thesen in: K. Bockmühl, Gott im Exil? Zur Kritik der ‚Neuen Moral', Gießen 1984; vgl. auch: R. Mayer, „Ethik ohne Normen? Herkunft, Wesen und Kritik der Situationsethik", in: H. Burkhardt, op. cit., S. 147ff.

[96] K. Bockmühl, a.a.O., S. 56-57.

[97] Vgl. A. F. Holmes, Wege zum ethischen Urteil, S. 47f.

aufgrund einer medizinischen Indikation oder wurde sie von ihrem Partner gedrängt? Hätten Sie der Gestapo gegenüber gelogen, um einen Juden zu retten? Usw., usf.

Um solche Fälle zu bewerten, greifen wir auf (2) *Regeln* zurück, die auf verschiedene Lebensbereiche Anwendung finden. In den zitierten Fällen handelt es sich um Regeln des Geschäftslebens, den Wert ungeborenen Lebens und das Sagen der Wahrheit. Die Regeln sind abhängig von (3) *Prinzipien*. Sie werden auf verschiedene Bereiche des Lebens angewandt. Schließlich werden die Prinzipien logisch gerechtfertigt durch den Hinweis auf theologische oder philosophische (4) *Grundlagen* oder Prämissen. Dieses Muster ist praktisch in jeder Ethik festzustellen.

> Wenn wir z.B. die Zehn Gebote (2Mo 20,1–17) betrachten (sie werden weiter unten ausführlicher ausgelegt), dann enthalten sie Regeln für bestimmte Lebensbereiche: Unverletzbarkeit des menschlichen Lebens, der Ehe, des Eigentums usw. In den folgenden Kapiteln werden diese Regeln auf viele verschiedene Fälle des Lebens angewandt. Ihre Prinzipien wurden an anderer Stelle im Pentateuch bereits behandelt und gehen auf die Grundlagen zurück, dass Gott geredet und sich offenbart hat.

Eine wie auch immer gestaltete (philosophische oder theologische) Prinzipienethik will diesen untrennbaren Zusammenhang von Grundlage, Prinzip, Regel und Fall unter allen Umständen gewahrt wissen. Sie lehnt eine Ablösung des Falls (Situation) von der Regel und vom Prinzip ab.

2.3.6 Projekt Weltethos

Spätestens seit dem globalen Krisenbewusstsein der 70er-Jahre, verstärkt durch kritische und kompetente Stimmen wie die des „Club of Rome"[98], Carl Friedrich von Weizsäckers[99], Fritjof Capras[100], des

---

[98] D. Meadow u.a., Die Grenzen des Wachstums: Bericht des Club of Rome zur Lage der Menschheit, Stuttgart 1972.

[99] F. v. Weizsäcker, Möglichkeiten und Probleme auf dem Wege zu einer vernünftigen Weltfriedensordnung, München/Wien 1982.

[100] F. Capras, Wendezeit. Bausteine für ein neues Weltbild, Bern/München/Wien 1983.

amerikanischen Präsidenten[101] und vieler anderer, ist ein neues Fragen nach einem für alle Menschen verbindlichen Ethos entstanden. Symptomatisch für dieses Bewusstsein und die drängenden ethischen Konsequenzen daraus ist ein Satz aus dem Begleitschreiben zur Studie GLOBAL 2000 an den amerikanischen Präsidenten: „Es muss eine neue Ära der globalen Zusammenarbeit und der gegenseitigen Verpflichtung beginnen, wie sie in der Geschichte der Menschheit ohne Beispiel ist."[102] Mit anderen Worten, wenn nicht eine Bewusstseinsänderung und konzertierte Aktion aller Menschen gelingt, dann kann die Welt nicht mehr gerettet werden.

Seit Jahren arbeitet nun der katholische Theologe Hans Küng zusammen mit vielen anderen an dem „Projekt Weltethos". Anlässlich des 100-jährigen Bestehens des „Parlaments der Weltreligionen" wurde 1993 in Chicago unter starker Beteiligung von Vertretern aller Religionen und eines großen Publikums eine Erklärung zur Notwendigkeit eines Weltethos verabschiedet. Es ist unter dem Titel „Deklaration des Parlaments der Weltreligionen" erschienen.[103]

Darin wird die Notwendigkeit eines Weltethos, das heißt eines Grundkonsenses bezüglich verbindlicher Werte und unverrückbarer Maßstäbe als Voraussetzung für eine „bessere Weltordnung" dargelegt. „Die Welt liegt in Agonie. Diese Agonie ist so durchdringend und bedrängend, dass wir uns herausgefordert fühlen ..." Verurteilt werden explizit der „Missbrauch der Ökosysteme unserer Erde", die „Armut, die Lebenschancen erstickt", der „Hunger, der den menschlichen Körper schwächt", die „wirtschaftlichen Ungleichheiten, die so viele Familien mit Ruin bedrohen", die „soziale Unordnung der Nationen", die „Missachtung der Gerechtigkeit", die „Anarchie", der „sinnlose Tod von Kindern durch Gewalt" und insbesondere „Aggression und Hass im Namen der Religion".

Das Weltethos will den „gemeinsamen Bestand von Kernwerten" in den Religionen bergen und die „Gebote und Praktiken der Religionen

---

[101] GLOBAL 2000. Der Bericht an den Präsidenten., hrsg. vom Council of Environmental Quality und dem US-Außenministerium 1980. In Deutsch nur bei Zweitausendeins, Frankfurt a.M. 1980.

[102] GLOBAL 2000, S. 21.

[103] H. Küng/K. Kuschel (Hrsg.), Erklärung zum Weltethos. Die Deklaration des Parlamentes der Weltreligionen, München 1993; vgl. auch http://www.uni-tuebingen.de/stiftung-weltethos.

der Welt" aufnehmen. Es gibt bereits einen Grundkonsens unter den Religionen: einen minimalen Grundkonsens bezüglich verbindender Werte, unverrückbarer Maßstäbe und moralischer Grundhaltungen. Das Weltethos will die Religionen dabei nicht auf einen ethischen Minimalismus reduzieren, sondern es stellt das „Minimum dessen heraus, was den Religionen der Welt schon jetzt im Ethos gemeinsam ist". Gläubige wie Ungläubige hätten damit einen Konsens ethischen Verhaltens bekommen, den umzusetzen sich alle verpflichten sollten. „Wir laden alle Menschen, ob religiös oder nicht, dazu ein, dasselbe zu tun." Die Initiatoren verpflichten sich dabei „auf eine Kultur der Gewaltlosigkeit, des Respekts, der Gerechtigkeit und des Friedens". Die Verbesserung der Erde ist das Ziel. Es zu erreichen gelingt nicht ohne dieses Weltethos und „wenn sich nicht das Bewusstsein der Einzelnen zuerst ändert".

Gleichzeitig wird darauf hingewiesen, dass es sich mit dem Projekt Weltethos um die Auslösung einer Initialzündung für einen weiteren Prozess handelt, der das Verhalten der Menschen in den Religionen im Blick auf Verständigung, Respekt und Zusammenarbeit verändern soll. Es soll so etwas wie ein moralisches Gewissen der Völker werden.

Die *Grundforderungen* („Prinzipien") lauten im Einzelnen:

(1) **Keine neue Weltordnung ohne ein Weltethos.**
Alle Menschen hätten eine Verantwortung für eine bessere Weltordnung. Der Einsatz für Menschenrechte, für Freiheit, Gerechtigkeit und Frieden sei grundsätzlich geboten. Die religiösen Menschen hätten aber eine besondere Verantwortung „für das Wohl der gesamten Menschheit und die Sorge um den Planeten Erde".

(2) **Jeder Mensch muss menschlich behandelt werden.**
Als begründendes Prinzip wird die sog. „Goldene Regel" genannt, die vielen Religionen und ethischen Traditionen zu Eigen sei: Was du nicht willst, das man dir tu, das füg auch keinem andern zu. „Dies sollte die unverrückbare, unbedingte Norm für alle Lebensbereiche sein, für Familie und Gemeinschaften, für Rassen, Nationen und Religionen."

(3) **Vier unverrückbare Weisungen:**

(3.1) *Verpflichtung auf eine Kultur der Gewaltlosigkeit und der Ehrfurcht vor allem Leben.* (Darin wird auch die Tier- und Pflanzenwelt einbezogen.)

(3.2) *Verpflichtung auf eine Kultur der Solidarität und eine gerechte Wirtschaftsordnung.* Begründet wird dies mit dem Gebot: „Du sollst nicht stehlen!" Oder positiv: „Handle gerecht und fair!" Dienst am Menschen und gegenseitiger Respekt werden ebenso eingefordert wie Sinn für Maß und Bescheidenheit.

(3.3) *Verpflichtung auf eine Kultur der Toleranz und ein Leben in Wahrhaftigkeit.* Das Gebot: „Du sollst nicht lügen!" oder die positive Variante: „Rede und handle wahrhaftig!" soll explizit auf die Massenmedien, Kunst, Literatur und Wissenschaft, Politiker und politische Parteien und Repräsentanten von Religionen angewandt werden.

(3.4) *Verpflichtung auf eine Kultur der Gleichberechtigung und die Partnerschaft von Mann und Frau.* Weil es überall auf der Welt noch „verdammenswerte Formen des Patriarchalismus, der Vorherrschaft des einen Geschlechts über das andere, der Ausbeutung von Frauen, des sexuellen Missbrauchs von Kindern sowie der erzwungenen Prostitution" gibt, vernehmen wir aus den großen ethischen Traditionen der Menschheit das Gebot: „Du sollst nicht Unzucht treiben!" Oder positiv: „Achtet und liebet einander!" Die Lösung auf diesem Gebiet ist Partnerschaftlichkeit und Liebe.

Zum Schluss wird ausdrücklich auf die Notwendigkeit eines Bewusstseinswandels verwiesen, ohne den „unsere Erde ... nicht zum Besseren verändert werden" kann. Dieser Wandel des Bewusstseins wird als „Umkehr der Herzen" bezeichnet. „Gemeinsam können wir Berge versetzen."

Dieses „Projekt Weltethos" ist eine interreligiöse Konsensethik, die umzusetzen sehr viel Idealismus benötigt. Sie lebt von der Utopie, dass „alle Menschen Brüder" sind und sie die Rettung (Verbesserung) der Welt mit vereinten Kräften schaffen können. Sie übersieht dabei die faktische Macht des Bösen und berücksichtigt zu wenig die Unfreiheit des Menschen. Außerdem ist sie sich zu wenig bewusst, dass die Religionen stark in Kulturräumen verwurzelt sind, die z.T. völlig unterschiedliche Verständnisse von ethischen Normen haben und daher gar nicht einsehen, dass z.B. die westlich (durch jüdisch-christliches Ethos) geprägten Menschenrechte für sie gültig sein sollten.

2.3.7 Unterschied zwischen philosophischem und christlichem Ethos

Die vorausgehende Auflistung ethischer Ansätze erhebt beileibe nicht den Anspruch auf Vollständigkeit. Sie stellt einige wichtige Typen kurz vor, um Übereinstimmungen, aber auch unüberbrückbare Unterschiede bzw. Gegensätze deutlich zu machen. Vor allem will sie den fundamentalen Unterschied des philosophischen zum biblischen Ethos herausstellen. An drei Punkten soll das deutlich werden:

1. Im Gegensatz zu allen nur an die Vernunft oder den Willen appellierenden Moralphilosophien ist das Ethos der Bibel letztlich rational weder fassbar noch ableitbar, sondern nur gegeben durch *das Wort des sich in Schöpfung und Geschichte offenbarenden Gottes.*

2. Das Ethische der Bibel stellt grundsätzlich bereits *„einen Bruch am rein Natürlichen und eine Auswahl am faktisch Vorhandenen und in Willensfreiheit Möglichen"*[104] dar! Das heißt: Was sein soll, ist weniger oder etwas ganz anderes als das, was faktisch ist! Es geht theologisch gesehen dabei grundsätzlich um ein „In-Rechnung-Stellen der Sünde". Es wird in der Bibel immer wieder vorausgesetzt, dass der Mensch das Gebot Gottes übertreten hat und immer wieder übertreten will und dass dem Sollen ein hamartiologischer Widerstand beim Menschen entgegensteht. Nach biblischer Auffassung ist die Verwirklichung des Guten „ein Kampfgeschehen": Der Mensch muss der Macht zum Bösen entrissen und in den Machtbereich des Guten – also Gottes und seines Wortes und Geistes – gestellt werden.

3. Dieser biblische Realismus verhindert aber nicht eine *echte Möglichkeit ethischen Handelns* bei den Menschen, die Gott in Christus begegnet sind und ihn in Ehrfurcht und Liebe ernst nehmen.

---

[104] H.-G. Fritzsche, Dekalog IV. Ethisch, in: G. Müller (Hrsg.), Theologische Realenzyklopädie, Berlin/New York, Bd. 8, S. 425.

Vielleicht kann man den Unterschied zwischen philosophischem und biblischem Ethos auch mit der Verbindung zweier Eigenschaften kennzeichnen, die sich eigentlich auszuschließen scheinen: Klugheit und Einfalt. Dass die philosophische Ethik Klugheit auszeichnet, ist jedem sofort einsichtig. Dass die biblische Ethik von vielen als einfältig belächelt wird, ist bekannt. Dass aber *gerade Klugheit und Einfalt zwei wichtige Kennzeichen christlicher Ethik* sind, soll mit einem Zitat von D. Bonhoeffer abschießend vermerkt werden:

„Nur wer hier Einfalt und Klugheit miteinander zu verbinden vermag, kann bestehen. Aber was ist Einfalt? Was ist Klugheit? Wie wird aus beiden eins? Einfältig ist, wer in der Verkehrung, Verwirrung und Verdrehung aller Begriffe allein die schlichte Wahrheit Gottes im Auge behält, wer nicht ein $\dot{\alpha}\nu\dot{\eta}\rho$ $\delta\acute{\iota}\psi\upsilon\chi\sigma\varsigma$, ein Mann zweier Seelen (Jak 1,8), ist, sondern der Mann des ungeteilten Herzens. Weil er Gott kennt und hat, darum hängt er an den Geboten, an dem Gericht und an der Barmherzigkeit, die täglich neu aus Gottes Mund gehen. Nicht gefesselt durch Prinzipien, sondern gebunden durch die Liebe zu Gott, ist er frei geworden von den Problemen und Konflikten der ethischen Entscheidung. ... Weil der Einfältige nicht neben Gott auch auf die Welt schielt, darum ist er imstande, frei und unbefangen auf die Wirklichkeit der Welt zu schauen. So wird die Einfalt zur Klugheit. Klug ist, wer die Wirklichkeit sieht, wie sie ist, wer auf den Grund der Dinge sieht. Klug ist darum allein, wer die Wirklichkeit in Gott sieht. Erkenntnis der Wirklichkeit ist nicht dasselbe wie Kenntnis der äußeren Vorgänge, sondern das Erschauen des Wesens der Dinge. Nicht der Bestinformierte ist der Klügste. Gerade er steht in Gefahr, über dem Vielerlei das Wesentliche zu verkennen."[105]

---

[105] D. Bonhoeffer, Ethik (a.a.O.), S. 72-73.

3. Das biblische Ethos

Das folgende Kapitel will aufzeigen, dass das biblische Ethos sich zusammensetzt (1) aus dem Gebot und den Ordnungen des sich offenbarenden Gottes in Schöpfung und Geschichte, (2) aus dem Reich-Gottes-Ethos Jesu Christi und (3) dem Mandat des Heiligen Geistes. Damit legt sich *eine durchgängig trinitarische Struktur christlicher Ethik* nahe, wie sie K. Bockmühl im Anschluss an seine Würdigung des Erbes reformatorischer Ethik zu Recht vorgeschlagen hat.

1. *Zuerst* geht es um *das Wort des Schöpfers und Gebieters*, das jeweils identisch ist. Das Gebot schützt die Schöpfung Gottes. Die grundlegenden Gebote Gottes, die seine Ordnungen schützen, bilden so etwas wie ein moralisches Naturgesetz für alle Menschen. Ebenso wie das Gesetz der Schwerkraft in das Gewebe der physikalischen Welt eingewoben ist, so bilden z.B. die Zehn Gebote die Grundstruktur des moralischen Universums.

2. *Zweitens* geht es um *das Reich-Gottes-Ethos*, wie Jesus es als das Programm der Nachfolge für Erlöste verkündet und gelebt hat. Christen können sich nicht nur auf die atl. Gebote berufen, sondern müssen das Ethos als Reich-Gottes-Ethos erkennen und leben. „Die Christenheit bedarf einer ausgewogenen Lehre des Verhältnisses von Schöpfung und Erlösung auch in der Ethik."

3. Als *dritter* Aspekt soll auf ein dynamisches Element hingewiesen werden, das hilft, die Ethik vor Legalismus und Kasuistik zu bewahren: Es ist „die biblische Möglichkeit einer *individuellen Weisung des Heiligen Geistes* in der je gegebenen Situation. (...) An dieser Stelle muss vielmehr damit Ernst gemacht werden, dass die Christenheit in der Gabe des Heiligen Geistes etwas besitzt, das die Gabe der Zehn Gebote überragt."

Damit legt sich „eine durchgehende Relevanz der Trinität von Gott Vater, Sohn und Geist für die Ethik nahe: Sie besteht aus dem Gebot Gottes, der Weisung Jesu und, von ihm ausgehend, dem *mandatum concretissimum* des Heiligen Geistes."[106]

---

[106] Vgl. K. Bockmühl, Gesetz und Geist: Eine kritische Würdigung des Erbes protestantischer Ethik, Band 1: Die Ethik der reformatorischen Bekenntnisschriften, Gießen/Basel 1987, S. 111–120, hier: S. 119.

3.1 Die Gebote Gottes und die Ordnungen des Schöpfers

3.1.1 Das Gebot: die geschichtstheologische Begründung der Ethik

Beginnen wir mit der geschichtstheologischen Begründung der Ethik und fahren dann mit der schöpfungstheologischen fort. Im Gegensatz zu allen säkularen ethischen Entwürfen behauptet christliche Ethik, ihr Ethos nicht auf natürlichem Weg, auch nicht einfach auf übernatürlichem Weg, sondern aufgrund der Offenbarung des Willens Gottes erhalten zu haben. Die ethischen Kriterien sind rational zwar fassbar und verstehbar, ihnen eignet auch eine hohe Plausibilität, aber sie sind nicht ohne weiteres rational ableitbar. Sie sind weder ausschließlich aus der Natur (naturalistische Ethik) noch aus einem philosophischen Ideal (idealistische Ethik) noch einfach aus einem empirischen Wertekanon (positivistische Ethik) noch exklusiv aus einer Situation (Situationsethik) oder einfach aus einem allgemeinen Nutzen (utilitaristische Ethik) ableitbar, sondern letztlich allein aus dem geoffenbarten Willen Gottes.

Damit ist christliche Ethik im letzten Grund *Offenbarungs- und Willensethik*: „Richtig handelt, wer dem Willen Gottes entsprechend handelt."[107]

Wie dieser Wille Gottes erkennbar und woher oder aufgrund welcher Kriterien er ableitbar ist, das beschäftigt eine christliche Ethik. Dabei wird sie auf erstaunliche Schnittmengen zu anderen ethischen Entwürfen, besonders zu denen, die vom Naturrecht ausgehen, hinzuweisen haben.

Zunächst soll darauf eingegangen werden, was es heißt, christliche Ethik sei Offenbarungsethik.

---

[107] Vgl. H. Burkhardt, a.a.O., S. 49f.

3.1.1.1 Christliches Ethos als Offenbarungsethos

Wenn christliche Theologie von Offenbarung spricht, dann unterscheidet sie zwischen allgemeiner und spezieller Offenbarung Gottes.

(a) Vorfindliches Ethos – allgemeine Offenbarung
Allgemeine Offenbarung nennt man die Enthüllung und Erkennbarkeit Gottes in der Schöpfung und in ihren Werken. Hier kann nicht auf die ausführliche theologische Debatte eingegangen werden, ob oder inwieweit eine natürliche Gotteserkenntnis überhaupt möglich ist oder nicht oder wieweit sie möglich ist. Die römisch-katholische Theologie ist bis heute der Überzeugung, die sich auf Thomas von Aquin gründet, dass in Gott ein ewiges Gesetz (die *lex aeterna*) besteht, als dessen Abglanz in der Natur das Naturgesetz (die *lex naturae*) erkennbar ist, wovon der Niederschlag das geltende positive Recht (die *lex humana*) und als dessen Ergänzung das offenbarte Gesetz (die *lex divina*) gegeben sind.[108]

Die reformatorische Theologie übernahm weitestgehend die Auffassung des Naturrechtsgedankens, während in der reformierten Theologie, besonders seit Karl Barth, und im Gefolge in einem großen Teil protestantischer Theologie jede natürliche Gotteserkenntnis von vornherein abgelehnt wird.[109]

Das ändert nichts an der Tatsache, dass im Alten und Neuen Testament sehr wohl davon die Rede ist, dass Gott in seiner Schöpfung

---

[108] Zur katholischen Auffassung vgl. Neuner-Roos (Hrsg.), Der Glaube der Kirche in den Urkunden der Lehrverkündigung, neu bearbeitet von K. Rahner und K.-H. Weger, Regensburg [10]1971, Nr. 27–30.

[109] Zur Auseinandersetzung K. Barths mit E. Brunner vgl. K. Barth, Nein! Antwort an Emil Brunner, München 1934; E. Brunner, Natur und Gnade: Zum Gespräch mit Karl Barth, Tübingen 1934; ders., Dogmatik I, TVZ [6]1972, S. 136–140; ders., Dogmatik II; TVZ [3]1972, S. 32–35; ders., Offenbarung und Vernunft, Zürich 1961; vgl. zu der ganzen Thematik von Natur und Gnade, speziell auch zu der Kontroverse Barth – Brunner: H. Zahrnt, Die Sache mit Gott: Die protestantische Theologie im 20. Jahrhundert, München [2]1976; S. 63–82 und S. 107–116; ferner: C. Westermann, Karl Barths Nein: Eine Kontroverse um die theologia naturalis. Emil Brunner – Karl Barth (1934), in: Evang. Theologie, München 1987, 47. Jg., Heft 5, S. 386–395; ferner: K. Bockmühl, „Argumente für die Existenz Gottes", in: Theologie und Lebensführung, Gießen 1982, S. 30–42; „Alle Welt soll sein Wort hören": Lausanne-Dokumente, Bd. 1, Telos-Dokumentationsreihe Nr. 901, Neuhausen/Stuttgart 1974.

bis zu einem gewissen Grade erkennbar ist[110]: Einige Texte zunächst aus dem NT sollen das belegen:

Röm 1,19f: „... weil das von Gott Erkennbare unter ihnen offenbar ist, denn Gott hat es ihnen offenbart. Denn sein unsichtbares Wesen, sowohl seine ewige Kraft als auch seine Göttlichkeit, wird von Erschaffung der Welt an in dem Gemachten wahrgenommen und geschaut, damit sie ohne Entschuldigung seien."

Die Intention dieser Aussage ist die Unentschuldbarkeit der Menschen im Blick auf eine in der Schöpfung erkennbare Moralität: „... auf dass sie keine Entschuldigung haben" (V. 20). Wenn sie aber ohne Entschuldigung im Blick auf die Erkenntnis Gottes und seines Willens sind, müssen sie in der Lage sein, etwas von ihm zu wissen. Genau das sagt Paulus in V. 21a: „... obwohl sie Gott kannten ..." Dennoch haben sich die Menschen von Gott, dem Schöpfer, und seinem Schöpfungswerk abgewandt und sind in widernatürliche (der Schöpfung nicht entsprechende) Praktiken verfallen. Die ethischen Konsequenzen aus dem Ignorieren Gottes und seiner Schöpfung werden von Paulus ab V. 22 aufgeführt:

Den gleichgeschlechtlichen Verkehr zwischen Männern bzw. zwischen Frauen z.B. nennt er *para physin* (V. 26, wörtl.: „neben der Natur"), den heterosexuellen dagegen *physike chresis* (V. 26 wörtl.: „natürlicher Brauch"). Hier werden also Termini des Naturrechts aufgegriffen. Paulus setzt offensichtlich voraus, dass Gott dem Menschen als seinem Schöpfungswerk gewisse immanente Möglichkeiten der Erkenntnis mitgegeben hat. Er spielt auf den Genesis-Bericht über die Erschaffung von Mann und Frau an, wodurch ihr Leben und ihre Heterosexualität durch das Schöpfungsrecht geschützt sind (1Mo 1,26–31; 2,18–25; 4,8–16; 9,1–6).

Die zweite Stelle in Röm 2,14.15 bestätigt die grundsätzliche Erkennbarkeit des Schöpfungsrechts: „Denn wenn Nationen, die kein Gesetz haben, von Natur (*physei*) dem Gesetz entsprechend handeln, so sind diese, die kein Gesetz haben, sich selbst ein Gesetz. Sie bewei-

---

[110] Vgl. A. F. Holmes, Wege zum ethischen Urteil (a.a.O.), S. 60ff; H. Burkhardt, „Der Naturrechtsgedanke im hellenistischen Judentum und im Neuen Testament", in: ders. (Hrsg.), Begründung ethischer Normen, Wuppertal/Gießen/Basel 1988, S. 81–97; ders., Einführung in die Ethik (a.a.O.), S. 63ff; O. Michel, Der Brief an die Römer, in: Meyers kritisch-exegetischer Kommentar über das Neue Testament, Göttingen [14]1978, S. 117ff.

sen, dass das Werk des Gesetzes in ihren Herzen geschrieben ist, indem ihr Gewissen mit Zeugnis gibt und ihre Gedanken sich untereinander anklagen oder auch entschuldigen."

Es handelt sich hierbei um eine tatsächliche *Möglichkeit* des Erkennens, *nicht* um eine zwingende *Notwendigkeit*. Und es muss sich beim Tun des Gesetzes auch nicht um das Tun des ganzen Gesetzes handeln. „Vielleicht setzt Paulus stillschweigend voraus, dass das mosaische Gesetz auf einen Kern reduziert werden kann, der mit dem Dekalog oder mit dem Liebesgebot (Röm 13,9) identifiziert zu werden vermag." (O. Michel)

„Paulus rechnet in Röm 1 und 2 mit der Möglichkeit einer Orientierung menschlichen Handelns an der Natur, speziell der Natur des Menschen. Dabei wird man allerdings nicht so weit gehen dürfen und bei Paulus von einer Identität vom Mosegesetz und dem, was der Mensch von Natur erkennen kann, sprechen." (H. Burkhardt)

Sachgemäßer ist es, wie O. Michel es tut, von dem den Heiden verpflichtenden Gebot als einem *„Analogon zum mosaischen Gesetz"* zu reden.

Es geht Paulus letztlich darum zu zeigen, dass sich niemand vor Gott entschuldigen kann, sei er Jude (mit dem mosaischen Gesetz) oder Heide (ohne das Gesetz). Beide Menschengruppen können aus dem Schöpfungswerk Gottes moralische Grundsätze ableiten und ethisch verantwortlich handeln.

Auch an anderen Stellen bezieht sich die Heilige Schrift auf eine in der Schöpfung gründende Moralität (Mt 19,4–12; Mk 7,18–23; 1Tim 4,1–5; Jak 3,9).

Die alttestamentlichen Propheten zogen nicht nur das Bundesvolk Israel, sondern auch die Völker zur Rechenschaft, die das Gesetz Israels explizit nicht kannten.

Die Bibel zielt darauf ab, dass die Schöpfung Zeugnis gibt von einem moralischen Gesetz, das ihr inhärent ist, und dass die Menschen als Gottes Geschöpfe Gottes Recht kennen und praktizieren können.

(b) Offenbartes Ethos – spezielle Offenbarung
Neben der sog. Allgemeinen Offenbarung (der *revelatio generalis*) gibt es die sog. Spezielle Offenbarung Gottes (die *revelatio specialis*), mittels derer Gott konkret redet und Menschen seinen Willen enthüllt. Es handelt sich dabei um alle Formen seines Redens zu Menschen, um Auditionen und Visionen, um Träume und Erscheinungen, vor allem

aber um sein Wort, um die Gabe des Gesetzes. Der Höhepunkt spezieller Offenbarung ist das Wort Gottes schlechthin: Jesus Christus. Die spezielle Offenbarung markiert Gottes Heilsgeschichte in der Welt.

3.1.1.2 Christliches Ethos als Willensethos

Die ethischen Aussagen der Bibel weisen alle zurück auf einen bestimmten Willen!

Jesus sagt: „Meine Speise ist, dass ich den Willen dessen tue, der mich gesandt hat!" (Joh 4,34). Jesus sucht in allem den Willen Gottes zu tun: „Dein Wille geschehe wie im Himmel, so auf Erden!" (Mt 6,10; vgl. Joh 5,30; Mt 7,21; 26,39.42).

Auch Paulus fokussiert die ganze ethische Reflexion auf einen einzigen Nenner, den Willen Gottes: „das Gute und Wohlgefällige und Vollkommene" (Röm 12,2; vgl. Eph 5,17).

Während alle philosophisch-ethischen Entwürfe letztlich „im Vorletzten" stecken bleiben – und damit im Unklaren und Unverbindlichen –, gründet sich christliche Ethik „im Letzten"[111], alles Begründenden und Umfassenden, in Gott selbst! Gott redet in der Schöpfung universal für alle Menschen, am Sinai im Gesetz konkret für sein Volk und in Christus „zuletzt". Er offenbart seinen Willen. Christliche Ethik ist Offenbarungs- und Willensethik. Dadurch erhält sie letzte Klarheit und Verbindlichkeit.

Das, was letztlich gut ist, weiß der Mensch nicht aus sich selbst (aus seiner Vernunft, aus seinen Gefühlen, aus seiner Erfahrung) heraus, sondern nur von Gott her! Mi 6,8: „Es ist dir gesagt, Mensch, was gut ist und was der HERR von dir fordert ...!" Röm 12,2: „... der Wille Gottes, das Gute ..."

Der Widerstand gegen diesen Willen Gottes zeigt sich in allen anderen ethischen Entwürfen, auch in den idealistischen und „guten", etwa I. Kants. Letztlich ist in jeder nicht-christlichen Ethik die Autonomie des Willens oberstes Prinzip der Sittlichkeit. Anhand des Kategorischen Imperativs kann jeder sein eigener Gesetzgeber sein.

---

[111] Die hilfreiche Unterscheidung von „Letztem und Vorletztem" nahm D. Bonhoeffer vor.

Dem Willen Gottes als „ethisches Prinzip" entspricht beim Menschen grundsätzlich der Gehorsam. Dieser Beziehungsbegriff ist natürlich geschichtlich derart belastet, dass er stark interpretations- und ergänzungsbedürftig ist. Nicht verantwortungsloser Kadavergehorsam, sondern das Tun eines Liebenden aus Freiheit ist gemeint. „Ihr seid meine Freunde, wenn ihr tut, was ich euch sage" (Joh 15,14). Zum Gehorsam gehören Erkenntnis, Vertrauen und Liebe – Grundlagen einer freien Beziehung.

Deshalb trifft auch Friedrich Schillers Kritik an der Willensethik, hier werde ja (in der Form von Pflichten und Geboten) „wie zu Knechten, aber nicht wie zu Söhnen des Hauses gesprochen"[112], die Intention der Gebote nicht. Es geht nicht um eine alternative Ethik für Knechte (im AT) oder Söhne (im NT), sondern um eine „Ethik der Knechte und Söhne, d.h. für die Geltung der Gebote als der christlichen Fundamentalethik, und dafür, dass dieselben Christen, die auf diesem Fundament begonnen haben, weiter wachsen zu der Unterweisung Jesu, der zu seinen Jüngern spricht: ‚Ich sage hinfort nicht, dass ihr Knechte seid ... euch aber habe ich gesagt, dass ihr Freunde seid.'"[113]

3.1.1.3 Christliches Ethos als Gesetz für das Volk Gottes

Das Gesetz ist nach dem Zeugnis des AT zunächst dem Bundesvolk Israel am Sinai gegeben worden.

(a) Zum Sprachgebrauch
Im Deutschen kann man bei Gesetz leicht an das „Gesetzte", die festgeschriebene Norm denken. Dieser Gebrauch hat etwas Statisches, was nicht abwegig ist.

Der hebr. Tora-Begriff kommt (wahrscheinlich) von *jarah* = „werfen", und meint vermutlich die Richtung, in die der Gefragte seinen Finger „wirft", oder das Werfen der Lose (Wellhausen).

---

[112] Dies Wort findet sich in Schillers Schrift „Über Armut und Würde", Schillers Werke, Frankfurt/M. 1966, Bd. 4, S. 172.
[113] Bockmühl, Gesetz und Geist (a.a.O.), S. 119.

Auf jeden Fall hat *Tora* in der speziellen Bedeutung mit der *Weisung* zu tun. Folgende Varianten werden im Gebrauch des Wortes *tora* gesehen werden müssen[114]:

1. *tora* als Einzelgebot (2Mo 12,49 Passa-Ordnung)
2. *tora* als Gruppe von Einzelgesetzen (3Mo 6,2 Gesetz über das Brandopfer)
3. *tora* als das ganze Mosegesetz, also 2Mo 20–5Mo 26 (Hos 4,6; Mal 3,22; vgl. 1Kö 2,3; 2Kö 14,6; im NT z.B. Joh 1,17)
4. *tora* als literarische Größe, also die fünf Mosebücher als Teil der ganzen Heiligen Schrift neben den poetischen Büchern (Mt 5,16; Lk 24,44; Röm 3,21b)
5. *tora* bzw. *nomos* als Bezeichnung für das ganze AT (Joh 10,34; 12,34; Röm 3,19; 1Kor 14,21)

Variante 3 stellt den weitaus häufigsten, eigentlich theologischen Gebrauch des Wortes Gesetz dar.

(b) Inhalte

Zu den wichtigsten Inhalten des Gesetzes gehören die grundlegenden Gebote des Dekalogs (2Mo 20,2–17; 5Mo 5,6–21).

Die Bestimmungen des sog. Bundesbuches sind z.T. kasuistisch formuliert und beziehen sich auf das tägliche Leben.

- Sklavenrecht (21,2–11)
- Lebensrecht (21,12–32)
- Eigentumsrecht (21,32–22,16)
- todeswürdige Vergehen der Zauberei, der Sodomie und des Götzenopfers (22,17–19)
- Rechte der Schwachen (Fremdling 20; Witwe 21–23; Arme 24–26)
- Verschiedene Gebote der Gottesfurcht (V. 27)
- Das soziale Leben betreffende Gebote (Gerechtigkeit im Gerichtsverfahren 23,1–9)

Die sog. *„Heiligkeitsgesetze"* (3Mo 18–20) beziehen sich auf verschiedene Bereiche des Lebens:

---

[114] Vgl. H. Burkhardt, Einführung in die Ethik (a.a.O.), S. 54.

- Sexualethische Gebote (3Mo 18,6–23)
- Nächstenliebe (3Mo 19,18)
- Festordnung Israels (3Mo 23)
- Wirtschaftsethische Anweisungen zum Erlassjahr (3Mo 25)
- Kultus (2Mo 25–31; 35,4–40,33; 3Mo)

Die einzelnen Inhalte der Zehn Gebote werden im zweiten Teil des Buches erörtert.

(c) Heilsgeschichtliche Verwurzelung des Gesetzes im Bund
Der Gabe des Gesetzes voraus geht *das Heilshandeln Gottes*

- in der Berufung Abrahams als Vater eines Volkes, durch das Gott die ganze Erde segnen will (1Mo 12,2.3),
- in der Rettung Israels aus Ägypten (2Mo 1–18) und
- im Schließen des Bundes mit diesem Volk, das er zum Eigentum vor allen Völkern erklärt (2Mo 19,5f).

Auch im Aufbau des Bundesbuches zeigt sich die heilsgeschichtliche Struktur:

1.	2Mo 20,2a	Die Selbstvorstellung Gottes
2.	2Mo 20,2b	Die geschichtliche Begründung des Bundes
3.	2Mo 20,3–17	Die Grundverpflichtung (Dekalog)
4.	2Mo 21,1–23,19	Die ausgeführte Bundessatzung
5.	2Mo 23,20–33	Verheißung und Warnung

(d) Zum theologischen Verständnis

- Das Gesetz ist Ausdruck des Willens Gottes. Eine auf dieses Gesetz gegründete Ethik ist also theozentrische Ethik.
- Das Gesetz ist keine abstrakte zeitlose Norm, sondern Orientierung für das in Verantwortung vor Gott geführte Leben.
- In der geschichtlichen Begründung der Gebote in der Erwählung Gottes und der Voranstellung des „Ich bin ..." zeigt sich das Evangelium im Gesetz. „Das Gesetz ist nichts anderes als die notwendige Form des Evangeliums, dessen Inhalt die Gnade ist." (K. Barth)
- Das Gesetz ist Israels Freude (Ps 1; 19; 119).

3.1.2 Die Ordnungen: die schöpfungstheologische Begründung der Ethik

Neben der geschichtstheologischen Begründung des Gesetzes muss auch auf die schöpfungstheologische hingewiesen werden, weil sie untrennbar dazugehört. Das explizite Gesetz Gottes ist zuerst dem Bundesvolk Israel am Sinai gegeben worden. Dennoch steht es in einem weiteren Horizont.

3.1.2.1 Die Heils- und Segensabsicht Gottes gilt seiner Schöpfung

Schon die Erwählung Abrahams zeigt den universalen Horizont, den Gott in seinem Segenshandeln anpeilt: „In dir sollen gesegnet werden alle Geschlechter der Erde" (1Mo 12,3). Dieser Segen hängt nicht nur, aber auch mit der Gabe des Gesetzes zusammen. Auch Heiden können dem Gesetz zustimmen und dadurch gesegnet werden (5Mo 4,6). Die Aufforderung im Buch des Predigers: „Fürchte Gott und halte seine Gebote ..." kann mit der Feststellung begründet werden: „... denn das gilt für *alle* Menschen" (Pred 12,13).

Bereits im *Dekalog* finden sich Hinweise darauf, dass eine universale Zustimmung zum Gesetz möglich ist. In 2Mo 20,8–11 wird das Sabbatgebot universal von der Schöpfung her begründet: „... denn in sechs Tagen hat der HERR Himmel und Erde gemacht ... und ruhte am siebenten Tag."

Auch das *sechste Gebot* „Du sollst nicht töten!" bezieht sich auf eine grundsätzliche Aussage, die allen Geschöpfen gilt und von ihnen als einsichtig erkannt werden kann: „Wer Menschenblut vergießt, dessen Blut soll auch durch Menschen (oder: um des Menschen willen) vergossen werden; denn nach dem Bilde Gottes hat er den Menschen gemacht" (1Mo 9,6). Das ist nicht exklusiv israelitisches Gebot, sondern zeigt einen ethischen Zusammenhang für alle Menschen.

Auch die *Erfahrungsweisheit der Bibel* kommt zu gleichen Ergebnissen. Von daher kann auch ganz umfassend und allgemein festgestellt werden: „Wer das Gebot bewahrt, bewahrt das Leben" (Spr 19,16). Der Segen eines gelingenden Lebens hängt von dem Ernstnehmen der Gebote und Ordnungen Gottes ab.

„Nach der Überzeugung der Weisen hat Jahwe der Schöpfung offenbar so viel Wahrheit delegiert, ... dass der Mensch auf einen soliden ethischen Grund kommt, wenn er in diesen Ordnungen der Schöpfung lesen lernt und sein Verhalten auf die gewonnenen Erfahrungen einstellt."[115]

3.1.2.2 Der Mensch als Ebenbild Gottes

Der Hauptgrund für die schöpfungstheologische Begründung christlicher Ethik liegt allerdings in dem biblisch-theologischen *Verständnis des Menschen als Bild Gottes*. Hierin liegt das entscheidende Proprium jüdisch-christlichen Menschenverständnisses.[116]

Nach 1Mo 1,26.27 hat Gott den Menschen – im Unterschied zu allen anderen Geschöpfen und quasi als Krone der Schöpfung und als sein Meisterwerk – zu seinem Bild[117], als sein Gegenüber, ihm ähn-

[115] G. v. Rad, Weisheit in Israel. Neukirchen 1970, S. 119f; vgl. auch den späteren Zusammenhang von Gesetz und Weisheit in: E. Schnabel, Law and Wisdom from Ben Sira to Paul, Tübingen 1985.

[116] Zu dem ganzen Komplex des christlichen Menschenverständnisses vgl. u.a.: H. Berkhof, Der Mensch unterwegs: Die christliche Sicht des Menschen, Neukirchen 1967; E. Brunner, Der Mensch im Widerspruch: Die christliche Sicht. Lehre vom wahren und wirklichen Menschen, Zürich ³1941; ders., Dogmatik II, TVZ 1972, S. 57–88; H. Burkhardt, Einführung in die Ethik (a.a.O.), S. 66–107; W. Joest, Dogmatik, Göttingen 1986, Bd. 2, S. 345–486; S. Kettling, Wie der Mensch zum Menschen wird, Gießen/Basel ²1985; W. Kraus u.a. (Hrsg.), Bioethik und Menschenbild bei Juden und Christen: Bewährungsfeld Anthropologie, Neukirchen-Vluyn 1999; J. Rieger/V. Gäckle (Hrsg.), Der Mensch in Gottes Heilsgeschichte: Eine biblische Anthropologie für die Gemeinde, Neuhausen/Stuttgart 1996; P. Schütz, An den Menschen: Vom Verstehen zum Verwandeltwerden, in: Hans F. Bürki (Hrsg.), Gesammelte Werke, Moers 1985; H. Thielicke, Mensch sein – Mensch werden: Entwurf einer christlichen Anthropologie, München/Zürich 1976; ders., Wie die Welt begann: Der Mensch in der Urgeschichte der Bibel, Stuttgart ³1987; H. W. Wolff, Anthropologie des Alten Testaments, München 1973 u.v.a.m.

[117] Die hebräischen Begriffe in 1Mo 1,26.27 lauten *zäläm* und *demut*. Davon abgeleitet sind die griechischen *homoiosis* und *eikon* bzw. die lateinischen *similitudo* und *imago*. Diese Unterscheidung der Begriffe führte in der Theologiegeschichte von der Zeit der Alten Kirche bis heute zu unterschiedlichen Verständnissen. Die beiden Hauptunterscheidungen liegen in einem *substanzialen* (eher römisch-katholischen) und *relationalen* (eher reformatorisch-evangelischen) Verständnis. Bild Gottes ist der Mensch aber nicht aufgrund irgendeiner göttlichen Substanz (sei sie mit Vernunft, Wille oder Seele gleichgesetzt, woraus die Lehre von der *analogia entis*, der Seinsentsprechung des Menschen mit Gott folgt), sondern nur aufgrund seiner Beziehung (*relatio*) zu Gott! Diese Beziehung zu Gott ist durch die Sünde zerstört

lich, in Liebe und Freiheit geschaffen. Diese göttliche Erschaffung gibt dem Menschen eine herausragende Stellung in der gesamten Schöpfung. In diesem willentlichen Erschaffen Gottes liegt der Adel und die Würde allen Menschseins.[118] Das drückt der Psalmist in unüberbietbarer Weise aus:

> „Wenn ich sehe die Himmel, deiner Hände Werk, den Mond und die Sterne, die du bereitet hast: *Was ist der Mensch, dass du seiner gedenkst*, und des Menschen Sohn, dass du dich um ihn kümmerst? Du hast ihn *wenig geringer gemacht als Gott, mit Herrlichkeit und Pracht hast du ihn gekrönt!* Du hast ihn zum Herrn gemacht über deiner Hände Werk, alles hast du unter seine Füße getan" (Ps 8,4–7).

Der Mensch erschafft sich nicht selbst. Er ist und bleibt Geschöpf. Sein Leben ist geschöpfliches Leben und setzt immer gegebenes Leben voraus. Sein Leben ist daher Gabe und Aufgabe zugleich. Der Mensch gewinnt seine *Identität* daher nicht aus sich selbst heraus. Er bekommt und hat sie nicht aufgrund besonderer Fähigkeiten oder Eigenschaften, er bekommt und hat sie auch nicht aufgrund eines ontologisch wie auch immer definierten Verständnisses von Würde heraus, sondern er hat und findet sie in Gott allein, weil er in seinem Bild geschaffen worden ist. Der Mensch kann nicht ein umfassendes Bild von sich selbst gewinnen, denn er ist ein Bild, das Gott von ihm hatte, längst bevor er gemacht wurde. Ein realistisches und umfassendes Bild von sich bekommt er nur im Spiegel Gottes. Wahre Selbsterkenntnis erhält er nicht auf direktem, sondern auf indirektem, gespiegeltem Weg. Das ist der biblische Erkenntnisweg: „Erforsche mich, Gott, und erkenne mein Herz; prüfe mich und erkenne, wie ich's meine" (Ps 139,23.24).

Seine *Menschenwürde* hat der Mensch letztlich nur in dieser Gottesbildlichkeit. „Der Mensch ist für die andere Kreatur und für den Mitmenschen um Gottes willen und von Gott her kein Ding, sondern ein *sacrum*. (...) Jenes *sacrum* liegt indessen nicht im Menschen,

---

und bedarf der Erneuerung durch das Heilshandeln Gottes und durch den Glauben beim Menschen.

[118] Wie anders dagegen die Auffassung von „Zufall und Notwendigkeit" menschlicher Existenz. Wenn der Mensch nichts anderes ist als ein „ins Dasein Geworfener", dann kann er sich selbst nur als ein „Zigeuner am Rande des Universums" verstehen (J. Monod).

sondern in der besonderen Beziehung, die ihm der Schöpfer zu sich selber gewährt hat."[119] Von diesem Verständnis her ist der Mensch auch nach dem Sündenfall unantastbar und unverfügbar! So wird z.B. das Verbot, Menschenblut zu vergießen, mit der Ebenbildlichkeit Gottes begründet: „Wer Menschenblut vergießt, des Blut soll auch durch Menschen vergossen werden, denn nach dem Bild Gottes hat er den Menschen gemacht" (1Mo 9,6). Ebenso wird das Verbot, Menschen zu verfluchen, mit der Gottesbildlichkeit begründet (Jak 3,9). Alles Leben verdient von daher als von Gott gegebenes Leben Achtung. Eingriffe in fremdes Leben oder Entscheidungen über Sein und Nichtsein anderen menschlichen Lebens sind nicht selbstverständliches Recht des Menschen. Jedes Menschenleben ist von seiner Gottesbildlichkeit her von so grundsätzlicher Bedeutung, dass es an sich wertvoll, unersetzbar und schützenswert ist.

Einige weitere Aspekte, die aus diesem Grundverständnis folgen, seien aufgeführt.

(a) Der Mensch als Person und Beziehungswesen
Indem Gott den Menschen in seinem Bild geschaffen hat, ihm ähnlich, wird der Mensch wesenhaft ein *Beziehungswesen*, das in seiner *Individualität* in „responsorischer Aktualität" (E. Brunner) zu seinem Schöpfer steht. Weil er als einziges Geschöpf auf das Wort seines Schöpfergottes hören kann, kann er auch als einziger Ant-Wort geben. Er allein kann auf das Wort seines Gottes horchen und ihm gehorchen. Der Mensch steht in einer besonderen, in einer ethischen Beziehung zu seinem Schöpfer. Denn das Ja- und Nein-Sagen-Können ist Ausdruck ethischer Entscheidungsfreiheit. Er steht aber nicht allein in Beziehung zu seinem Schöpfer, sondern auch in Beziehung zu der Schöpfung, seiner Mitwelt, und in Beziehung zu seinem Nächsten. Insofern ist der Mensch von Anfang an ein Beziehungswesen, das in ethischen Beziehungen, in sittlichen Beziehungen steht. Er ist ver-ant-wort-lich in seiner Existenz.

Paulus weist im Römerbrief auf die grundsätzliche Unentschuldbarkeit – d.h. auf die Verantwortung – des Menschen dem Willen Gottes gegenüber hin. „Denn sein unsichtbares Wesen, sowohl seine ewige Kraft und Gott-

[119] O. Weber, Grundlagen der Dogmatik I, Neukirchen-Vluyn ³1962, S. 617.

heit wird von Erschaffung der Welt an in dem Gemachten wahrgenommen und geschaut, damit sie ohne Entschuldigung seien" (Röm 1,20).

Menschliche Existenz ist Beziehungsexistenz. Ohne Beziehungen kann menschliche Existenz nicht sein. Von daher kann man mit M. Buber zu Recht von einem *„dialogischen Prinzip"*[120] menschlicher Existenz sprechen. Der Mensch kann, um Mensch zu sein, eigentlich nur die beiden Grundworte bzw. die zwei Wortpaare sprechen: „Ich – Du" und „Ich – Es". Menschliche Existenz ist „zwiefältig" und nur möglich durch die von diesen beiden Grundworten bezeichneten Beziehungsebenen. „Es gibt kein Ich an sich, sondern nur das Ich des Grundworts „Ich – Du" und das Ich des Grundworts „Ich – Es". Wenn der Mensch Ich spricht, meint er eins von beiden."

Auf der *Ich-Es-Ebene* bezieht sich der Mensch zur Welt. Er kann sich zu vielen Welten in der Welt beziehen, auch zu Menschen und zu Gott. Aber sie bleiben auf dieser Ebene ein Es. Selbst wenn der Mensch nachdenkt und Gott und die Welt mit einbezieht, bezieht er sich sächlich zu ihnen. Sein Nachdenken über die Welt geschieht auf der Ebene des Es. Auch zu seiner Erfahrungswelt bezieht sich der Mensch als zu einem Es. Er reflektiert sie, seine Erfahrungen, Hoffnungen und Wünsche.

Ganz anders die *Ich-Du-Ebene*. Nur im Du wird der Mensch ein Ich. Darin liegt seine wesenhafte *Personalität* begründet, mit der er „Ich" und „Du" sagen, Entscheidungen treffen und wollen kann. „Das Grundwort „Ich – Du" kann nur mit dem ganzen Wesen gesprochen werden." ... „Ich werde am Du; Ich werdend spreche ich Du. Alles wirkliche Leben ist Begegnung."[121]

Seine Entsprechung zu Gott hat der Mensch nun aber nicht im ontologischen, im seinsmäßigen Sinn (*analogia entis*), sondern im wesenhaften Sinn der Beziehung und Freiheit (*analogia fidei*).[122]

---

[120] Martin Buber, Ich und Du, Heidelberg [10]1979.

[121] Ebd , S. 9 und 18.

[122] Auf die umfangreiche theologiegeschichtliche Auseinandersetzung des Imagoverständnisses im substanzialen oder relationalen Sinn, ob seine Imago also in der Substanz (Irenäus, Thomas v. Aquin und die römisch-katholische Auffassung) oder in der Beziehung (*relatio*) zu Gott liegt (die protestantische Theologie, K. Barth, E. Brunner, D. Bonhoeffer u.v.a.), kann hier nicht weiter eingegangen werden (s.o.).

Seine Individualität und Personalität findet ihre Entsprechung in seiner *Sozialität*. Der Mensch ist ein soziales Wesen: „Es ist nicht gut, dass der Mensch allein sei!" (1Mo 2,18). Die Frau, die ihm zur Seite gestellt wird, ist aus seinem Bein und Fleisch und genau wie er im Bild Gottes erschaffen. Beide sind der Liebe bedürftig und der Liebe fähig. So wie das Wesen Gottes Liebe und Freiheit ist, ist es das Wesen des Menschen auch. Aus dieser Freiheit heraus erwächst die liebevolle Verantwortung für die Beziehung. „Liebe ist Verantwortung eines Ich für ein Du." Und: „Beziehung ist Gegenseitigkeit."[123]

Die Grundbeziehung des Menschen ist die zu seiner Mutter, die ihn geboren hat, und zu seinem Vater, der ihn gezeugt hat, dann zu seinen Geschwistern, seinen nahen und fernen Nächsten, zu seinen Mitmenschen und Arbeitskollegen und schließlich zu allen Menschen. Leben ist Beziehung und Begegnung. Dazu ist der Mensch geschaffen und fähig. Dafür trägt er Verantwortung.

(b) Der Mensch als Beauftragter und Verantwortlicher

Die Erschaffung im Bild Gottes macht den Menschen beziehungsfähig. Er steht in Beziehung zu Gott, zu sich selbst, zu seinem Nächsten und zur Welt. Seine Beziehung zur Welt ist gleichzeitig Auftrag für die Welt. Dieser Auftrag gehört untrennbar und wesenhaft zur Ebenbildlichkeit des Menschen dazu. Er soll über die Welt herrschen und den Garten bebauen und bewahren (1Mo 1,28; Ps 8,7). Dieser Auftrag, über die übrige Kreatur zu herrschen und den Garten zu pflegen und zu bebauen (1Mo 2,5.15), verbunden mit dem Recht, die Erde für sich zu nutzen (2,16; 1,29f), ist zugleich *das übertragene Kulturmandat für den Menschen*. Diesen Auftrag kann der Mensch nur als Herrscher unter Gott ausüben, quasi als Gottes Vertreter auf Erden, als sein Statthalter oder Verwalter. Er hat nicht das Recht auszubeuten oder zu vergewaltigen, zu knechten oder zu zerstören.

Indem der Mensch über Tiere und Pflanzen herrschen und ihnen Namen geben kann (1Mo 2,20), zeigt sich die Freiheit und Verantwortung seines Tuns. In diesem freien Tun liegt gleichzeitig die Verantwortung des Menschen begründet. Diese Verantwortung kann er nicht abwälzen, auch wenn er es versucht (1Mo 3,12ff). Er wird von Gott selbst für sein Tun verantwortlich gemacht.

---

[123] Buber, a.a.O., S. 22 und 23.

Durch die ganze Bibel hindurch wird der Mensch dargestellt als ein Verantwortlicher. Die Geschichte der Menschheit und die Geschichte Israels zeigt die Menschen in ihrer Verantwortung Gott und ihrem Nächsten gegenüber. Immer wieder beschreibt sie auch die Versuche des Menschen, sich aus der Verantwortung zu stehlen, und zwar von Anfang an: „Die Frau, die du mir gegeben hast ..." ist schuld. Die anderen, die Umstände, die Verhältnisse, die Situationen, das Schicksal ...

(c) Der Mensch als Sünder und Ebenbild

Der Mensch wird seiner Verantwortung Gott und seinem Nächsten, sich selbst und seiner Mitwelt gegenüber nicht gerecht. Das ist seine Sünde. In seinem Bestreben, autonom zu sein, verliert er seine Gottesbestimmtheit und Gottesbestimmung. Er emanzipiert sich von Gott. Er sucht, von Gott loszukommen, und wird das Leben los. Er sucht das Leben und verliert es. Er sucht sein Leben und findet es nicht.

Schon sehr schnell hat in der Theologie die Auseinandersetzung darüber eingesetzt, ob der Mensch auch *nach* seinem Sündenfall noch Bild Gottes genannt werden könne. Die *Theologen der Alten Kirche* halfen sich durch die Unterscheidung der hebr. Begriffe *demut* und *zäläm* (1Mo 1,26f) und kamen zu dem Ergebnis, dass der Mensch seine Imago teilweise verloren habe und dass sie teilweise erhalten geblieben sei. Während Eigenschaften wie Vernunft oder Wille erhalten geblieben seien, seien Tugenden wie Gerechtigkeit, Weisheit oder Liebe abhanden gekommen.

Das führte in der *mittelalterlichen Theologie*, besonders bei Thomas v. Aquin, zu dem weiterentwickelten Gedanken, dass die Vernunft selbst etwas Göttliches sei und auch der freie Wille dem Menschen erhalten geblieben sei, so dass die Erlösung durch das Zusammenwirken von freiem Willen/Vernunft und Gnade/Offenbarung geschähe.

Diesen vorreformatorischen Synergismus lehnten die *Reformatoren* konsequent und in aller Schärfe ab. Während *M. Luther* in seinem Genesis-Kommentar noch verhalten argumentiert, die Gottesbildlichkeit sei *paene amissa* (beinahe verloren), nur der Name sei geblieben, nicht die Sache, formuliert er später drastisch, dass das Gottesbild dem Teufelsbild Platz gemacht habe: „Er (Adam) ist voll Weisheit und Liebe und ohne böse Lust gewesen, denn er ist Gottes voll gewesen ... Aber das ist nicht blieben ..., sondern aus Gottes Ebenbild ist des Teufels Ebenbild worden."[124]

Für *Calvin* ist „das Ebenbild Gottes in uns durch den Sündenfall zerstört" worden, „nur einige undeutliche Linien jenes Bildes sind uns geblieben, so verdunkelt und verzerrt, dass man von Vernichtung sprechen kann; denn kein einziges Gebiet blieb von der Sündenbefleckung frei".[125]

Während K. Barth[126] und ähnlich auch H. Thielicke[127] die Gottesbildlichkeit des Menschen bereits von seiner Schöpfung her ablehnen, kommt E. Brunner[128] zu dem Ergebnis, dass dem Menschen nach dem Fall seine Gottesbildlichkeit formal ganz (nicht teilweise wie in der Alten Kirche) erhalten geblieben sei, er sie aber material vollständig (und nicht teilweise wie bei Thomas und in der röm.-kath. Kirche) verloren habe. Die formale Gottesbildlichkeit des Menschen, also seine Verantwortlichkeit, seine bedingte Freiheit usw. hat der Mensch nicht verloren. Er ist in diesem Sinn auch nach dem Fall noch ganz und gar Bild Gottes, so wie die Schrift es in 1Mo 5,1; 9,6; 1Kor 11,7 und Jak 3,9 bezeugt. Die „materiale Füllung" dieser Struktur, das Sein in Gott, die Heilsbeziehung hat der Mensch allerdings total verloren! Sie wird ihm erst in der Annahme des wahren Gottesbildes, in Jesus Christus wieder geschenkt. „Die Wiederherstellung der Ebenbildlichkeit, die Neuschaffung des ursprünglichen Gottesbildes im Menschen ist identisch mit der vom Glauben ergriffenen Gottesgabe in Jesus Christus."[129]

Damit will Brunner die destruktive Macht der Sünde ernst nehmen (mit der reformatorischen, aber gegen die katholische Auffassung), gleichzeitig aber auch das Menschsein des Menschen mit seinen Fähigkeiten (anders als in der Reformation) festhalten. Der Mensch bleibt auch

---

[124] M. Luther, WA/XIV, 111, zit. in H. Ott, Die Antwort des Glaubens, Stuttgart/Berlin ³1981, S. 192.

[125] J. Calvin zu 1 Mo 1,26.

[126] K. Barth, Kirchliche Dogmatik, Gütersloh ³1976, S. 221ff.

[127] H. Thielicke, Theologische Ethik I (a.a.O.), § 781ff.

[128] K. Barth, Dogmatik II, S. 67ff. Die Kritik Burkhardts an Brunner (Einführung, S. 76) greift schon deshalb nicht, da Brunners Auffassung der formalen Imagostruktur gerade sehr gut deutlich macht, dass der Inhalt, das Eigentliche und Wesentliche des Menschen, seine Gottesbeziehung, *verloren* gegangen ist. H. G. Pöhlmann gebraucht stattdessen das Bild eines ausgebrannten Autos und spricht von der „ausgebrannten Imagostruktur" des Menschen (H. G. Pöhlmann, Abriss der Dogmatik, Gütersloh 1973, S. 166). Man kann genauso gut auch von einer unverlorenen *imago generalis* (nicht: *generaliter*, so Pöhlmann!) und einer durch die Sünde verloren gegangenen *imago specialis* (nicht *specialiter*) sprechen (Pöhlmann, a.a.O.; S. 166).

[129] K. Barth, a.a.O., S. 70.

nach dem Sündenfall ganz Mensch mit all seinen geschöpflichen Fähigkeiten, einer bedingten Handlungsfreiheit und Normgebundenheit. Er bleibt nach dem Sündenfall zwar „nicht mit Gott verbunden, aber an ihn rückgebunden"[130].

Die Konsequenz aus dieser Tatsache, dass *der Mensch Sünder und Ebenbild zugleich* ist, bedeutet, seine Gefährdung und Schutzbedürftigkeit auf der einen Seite zu berücksichtigen und an seinen schöpferischen Möglichkeiten und seiner ethischen Verantwortlichkeit auf der anderen Seite festzuhalten. Wo diese Spannung aufgelöst wird, wird man dem Menschen in seiner Freiheit und Unfreiheit, in seiner Gefährdung und seiner Verantwortlichkeit in letzter Konsequenz nicht gerecht.

Die Gefährdungen beziehen sich auf den grundsätzlichen Lebensraum des Menschen, aber auch auf die besonders zu berücksichtigenden Situationen und Zeiten menschlichen Lebens und menschlicher Entwicklung.

Als kreatürliches Leben ist menschliches Leben immer gefährdet.[131] Niemand ist gegen Krankheit und Unfall geschützt, und keiner entgeht dem Tod! Von diesen allgemeinen und grundsätzlichen Gefährdungen menschlicher Existenz in einer von der Fluchstruktur der Sünde gekennzeichneten Welt zu unterscheiden sind die vom Menschen selbst aktiv verursachten Gefährdungen wie

- die Zerstörung der natürlichen Grundlagen des Lebens (Vergiftung von Boden, Wasser und Luft; Klimaveränderungen; Beschädigung der schützenden Ozonschicht u.a.m.)
- immer höher werdender Konsum von Energie
- Risiken der Gentechnik
- Vernichtungspotenzial der Waffenarsenale
- Missachtung tierischen Lebens und der damit verbundenen Konsequenzen (BSE, Seuchen, Tierversuche usw.).

---

[130] H. G. Pöhlmann, a.a.O., S. 166.

[131] Vgl. die Denkschrift: Gott ist ein Freund des Lebens. Herausforderungen und Aufgaben beim Schutz des Lebens. Gemeinsame Erklärung des Rates der Evangelischen Kirche in Deutschland und der Deutschen Bischofskonferenz in Verbindung mit den übrigen Mitglieds- und Gastkirchen der Arbeitsgemeinschaft christlicher Kirchen in der Bundesrepublik Deutschland und Berlin (West), Gütersloh/Trier [5]1991.

Als innere Gefährdungen des Menschen kann man nennen:

- Suchterscheinungen (Alkoholismus, Drogenabhängigkeit und Beschaffungskriminalität)
- Kindesmisshandlungen
- Gewalt gegen Frauen
- Selbstmorde
- Abtreibungen
- Ansätze zur Euthanasie/sog. Sterbehilfe.

Es sind immer die Schwachen, die sich nicht wehren können im Kampf des Überlebens. Sie gilt es besonders zu schützen. Die Starken gilt es, besonders an ihre Verantwortung den Schwachen gegenüber zu erinnern!

Angesichts der massiven Bedrohungen menschlichen Lebens heute, die durch den Menschen selbst verursacht worden sind, gilt es, über diese Zusammenhänge neu und intensiv nachzudenken. Begrenztheit und Endlichkeit, Verletzlichkeit und Gebrechlichkeit, das Infiziertsein mit Sünde und Todesverfallenheit sind Merkmale kreatürlicher Existenz nach dem Sündenfall.

(d) Der Mensch im Sein und Werden

Ein letzter wichtiger Aspekt ist im Rahmen ethischer Überlegungen noch zu bedenken. Die Herausforderungen heute, die auf der einen Seite durch die Gentechnologie und auf der anderen durch die Möglichkeiten der Intensivmedizin gegeben sind, ziehen Fragen nach sich, die in besonderer Weise auf die grundsätzliche Verfügbarkeit des Menschen und – damit zusammenhängend – auf den Beginn und das Ende menschlichen Seins, auf sein Menschsein (*hominitas*) und seine Menschlichkeit (*humanitas*) zielen.

Die Frage, wann eigentlich menschliches Leben beginnt, ist naturwissenschaftlich gesehen bereits in den 60er-Jahren des 20. Jahrhunderts entschieden worden, und zwar durch die Embryonalforschung. Das Ergebnis ist „eine Art Negativdefinition" (J. Neander): Zwischen der Vereinigung von Samen- und Eizelle (also beim Akt der Zeugung) und der Geburt lässt sich keine einzige Zäsur finden, an der sich naturwissenschaftlich belegbar ein Entwicklungssprung von der Menschwerdung zum Menschsein festmachen lässt. Mit menschlichem Leben hat man es also „von Anfang an" zu tun.

Dem ist zwar nicht aus naturwissenschaftlichen, wohl aber aus philosophischen Gründen widersprochen worden mit dem Hinweis auf den Unterschied zwischen menschlichem Leben und menschlicher Person. Sowohl in der Frage nach Recht und Unrecht der Abtreibung spielt dieses Argument eine Rolle als auch im Zusammenhang mit der Genforschung und der aktiven Sterbehilfe.

Wenn man den Beginn der Persönlichkeit etwa mit dem Beginn des dritten Lebensjahres annimmt, nämlich wenn „Ich-Bewusstsein" und „unbedingter Überlebenswille" vorhanden seien (so der Philosoph Norbert Hörster), dann hat das natürlich Auswirkungen auf ethische Entscheidungen im pränatalen, im gentechnischen und im Euthanasie-Bereich. Wer so argumentiert, interpretiert die Schutzbedürftigkeit menschlichen Lebens anders als jemand, für den das ganze menschliche Leben „von Anfang an" schutzbedürftig ist. Wer die Würde des Menschen von seinen Eigenschaften oder seinen Bewusstseinszuständen abhängig macht, der kann keinen Schutzraum vom Anfang bis zum Ende feststellen. „Die Menschlichkeit des Menschen ist grundsätzlich nicht objektivierbar."[132]

Wer allerdings im Menschen den Entwurf des Schöpfers sieht, der kommt zu ganz anderen Ergebnissen im Blick auf Menschenwürde und schützenswerte Identität des Menschen. Der erkennt auch keine Unterscheidung zwischen wertem und unwertem Leben. Die Würde des Menschen gründet nicht in seiner Fähigkeit und seinem Bewusstsein, in seinem Nutzen und seinem Wert, sondern allein in dieser verliehenen Teilhabe an Gottes Schöpfungshandeln! Die Geschichte, in die Gott ihn beruft, macht Sinn und Ziel seiner Existenz aus.

Sowohl vom biblischen Menschenbild als auch von der Naturwissenschaft her gibt es keine Möglichkeit, über den Beginn des Menschseins in der Weise Klarheit zu gewinnen, dass man die Grenze zwischen bloßem Bios (menschlichem Leben) und werdender Humanitas (menschlicher Persönlichkeit) an irgendeiner Stelle objektiv fixieren könnte. Nach biblischer Auffassung ist der Mensch von der Zeugung und dem Wachsen im Mutterleib bis zu seinem Tod schützenswert, weil er aus den Händen Gottes hervorgeht und in seinem Bild erschaffen worden ist. Er hat nicht nur einen biologischen Anfang, sondern auch einen transzendenten Ursprung: „Deine Augen

---

[132] H. Thielicke, a.a.O., S. 102.

sahen mich, als ich noch nicht bereitet war, und alle Tage waren in dein Buch geschrieben, die noch werden sollten und von denen keiner da war" (Ps 139,16). Der biblische Mensch erkennt, dass er Geschöpf Gottes ist: „Du hast mich gebildet im Mutterleib ... es war dir mein Gebein nicht verborgen, als ich im Verborgenen gemacht wurde" (Ps 139,13.15).

Die Gottesbildlichkeit des Menschen ist auch deshalb unverlierbar, weil das von Gott geschaffene Menschenleben auf die Erfüllung der verheißenen Gottesbildlichkeit im ewigen Leben hin unterwegs ist.

(f) Folgen für die Ethik

Wenn der Mensch auch nach dem Sündenfall in der Heiligen Schrift noch Bild Gottes genannt wird (1Mo 5,1; 9,6; 1Kor 11,7 und Jak 3,9), dann ist er auch nach dem Fall für Gott noch schützenswert auf der einen und verantwortlich in seinem Handeln auf der anderen Seite. Verantwortliches Handeln ist ohne Freiheit aber nicht möglich. Wo es keine Freiheit gibt, da gibt es in der Konsequenz auch keine Verantwortung. Wenn der Mensch nur determiniert wäre, wo wäre dann seine Verantwortung? Nun ist aber der Mensch auch nach dem Fall noch Bild Gottes, d.h. er hat Handlungsfreiheit.[133]

Diese Handlungsfreiheit besteht nicht darin, alles zu dürfen, was man kann, sondern alles zu können, was man darf. Freiheit ist verantwortliche Freiheit: Gott, sich selbst, seinem Nächsten und seiner Mitwelt gegenüber. Der Mensch ist unantastbar von Anfang an bis zu seinem Tod. Die Würde des Menschen besteht nicht in irgendeiner objektivierbaren Größe, nicht in einer wodurch auch immer aufweisbaren Qualität, sondern in seiner besonderen Bestimmung für Gott. Erst Bestimmung und Verheißung Gottes geben dem Menschen einen ewigen Wert. Über einen messbaren Minderwert oder gar Unwert lässt sich von daher nicht mehr diskutieren.

Die Konsequenzen dieses anthropologischen Ansatzes müssen bis in die einzelnen ethischen Bereiche weiter ausgezogen werden. Man

---

[133] Das wird weiter unten (Pkt. 3.1.3.2) noch auszuführen sein. Es geht bei der Handlungsfreiheit des Menschen nicht um seine soteriologische Freiheit des Willens (vgl. die theologische Auseinandersetzung zwischen Augustin und Pelagius, Luther und Erasmus bis heute), sondern um die geschöpfliche Freiheit des Menschen, seine Kultur- und Gestaltungsfreiheit auf dieser Erde.

kann *fünf Problemfelder* herausstellen[134], auf denen sich heute die ethische Verantwortung dem Menschen gegenüber in besonderer Weise zeigt:

- die Forschung an Embryonen
- das ungeborene Leben während der Schwangerschaft
- das behinderte menschliche Leben
- die Organverpflanzung und
- das zu Ende gehende menschliche Leben.

Ob es sich um die gentechnischen, die Abtreibungs- oder die Euthanasiefragen handelt, um Fragen der Präimplantationsmedizin oder der Intensivmedizin, sie alle werden von einer christlichen Ethik im Blick auf die Gottesbildlichkeit des Menschen beantwortet. Eine Definition von menschlichem Leben, die den Menschen nur vom biologischen Aspekt aus versteht und nicht in der Ewigkeit Gottes verwurzelt sieht, kann letztlich keinen wirklichen Schutz gegen unwertes Leben bieten. Hier hat die christliche Ethik einen wesentlichen Beitrag in der aktuellen Ethikdebatte zu leisten.

„Wer die Dimension des ewigen Lebens verliert, gerät unter den Zwang, die Würde und den Lebenswert nach weltimmanenten Wertmaßstäben rechtfertigen und dabei die Würde und zuletzt das Lebensrecht schwerstbehinderter Menschen doch irgendwann preisgeben zu müssen."[135]

3.1.3 Die dreifache Anwendung des Gesetzes: die systematisch-theologische Begründung der Ethik

Neben der geschichts- und der schöpfungstheologischen Begründung der christlichen Ethik kann auch eine systematisch-theologische Begründung helfen, auf ihre komplexe Struktur hinzuweisen und sie zu verstehen. Dieser Ansatz geht auf die reformatorische Theologie zurück und will verschiedene Anwendungsmöglichkeiten und Verständ-

---

[134] Gott ist ein Freund des Lebens, a.a.O., S. 21.
[135] U. Eibach, Menschenwürde an den Grenzen des Lebens: Einführung in Fragen der Bioethik aus christlicher Sicht, Neukirchen-Vluyn 2000, S. 26.

nisebenen des Gesetzes deutlich machen, ohne das eine Gesetz Gottes künstlich aufzusplitten! Dabei bedient er sich der Struktur des Usus-Verständnisses der reformatorischen Theologie der lutherischen Bekenntnisschriften, ohne sie exakt für heute rezipieren zu wollen.[136]

3.1.3.1 Die erste Anwendung:
Gottes Gebote – die Erhaltungsstruktur der Welt

Die Reformatoren haben auf den dreifachen (Ge-)Brauch des Gesetzes, den *triplex usus legis*, hingewiesen. Wir gehen hier von diesem Verständnis- und Erklärungsschema aus und wollen es modifiziert weiterführen.

Der sog. *primus usus legis*, der erste Gebrauch des Gesetzes, versteht die Gebote im weitesten Sinn als Erhaltungsordnung der Welt. Er wird auch *usus politicus* (politischer Gebrauch) bzw. *usus civilis* (gesellschaftlicher Gebrauch) genannt und zeigt den weiteren Bedeutungsrahmen des Gesetzes, der über den Bereich des Volkes Gottes hinausgeht. Das *eine* Gebot Gottes gilt Gläubigen wie Ungläubigen gleichermaßen. Freilich gehen beide Personengruppen ganz unterschiedlich damit um. Durch den *primus usus legis* wird „äußerliche Zucht und Ehrbarkeit wider die wilden, ungehorsamen Leute erhalten" (Ep. VI, 1). Sein Zweck liegt in der Herstellung der *iustitia civilis*, der allgemeinen Gerechtigkeit für das Gemeinwesen, und in der Festigung eines ehrbaren Lebens der Einzelnen. Im ordnungsbestimmten Zusammenleben der Menschen tritt zwar eine große Vielschichtigkeit von normativen Werten auf, dennoch wird mit diesem politischen Gebrauch des Gesetzes die große Schnittmenge der Gebote Gottes

---

[136] Zur kritischen Würdigung der „Usus-Theologie" siehe: D. Bonhoeffer, „Die Lehre vom *primus usus legis* nach den lutherischen Bekenntnisschriften und ihre Ethik", in: ders., Ethik, a.a.O., S. 323–340. Ferner das umfangreiche Werk von K. Bockmühl, Gesetz und Geist: Eine kritische Würdigung des Erbes protestantischer Ethik, Gießen 1987; O. Weber, Grundlagen der Dogmatik, Neukirchen-Moers 1962, S. 427–447. Ob Luther selbst überhaupt einen dritten Gebrauch des Gesetzes gekannt hat, ist umstritten. Werner Elert z.B. hält alle Belege für einen dritten Gebrauch bei Luther für gefälscht! (Zeitschrift für Religions- und Geistesgeschichte 1, 1948, S. 168–170). Auch für Weber ist klar, dass Luther von einem dritten *usus* nichts weiß (Dogmatik II, S. 428).

mit diesen Werten festgehalten. Die Gebote Gottes haben freilich auch eine ganz andere Intention als naturrechtliche Werte und Auffassungen.

Zunächst soll noch einmal auf das *Zueinander von Wort und Schöpfung* hingewiesen werden. Man kann es als die „Achse allen Seins" bezeichnen. Alles Sein, die ganze Welt, das Universum wurde nach dem Zeugnis der Bibel durch das Wort Gottes geschaffen:

Ps 33,6.9: „Die Himmel, ... die ganze Erde ... ist durch das Wort des Herrn gemacht."

Hebr 11,3: „Durch Glauben erkennen wir, dass die Welt durch Gottes Wort bereitet worden ist."

Joh 1,3: „Alle Dinge sind durch dasselbe geworden und ohne das Wort ist auch nicht eines geworden, das geworden ist."

Das, was geschaffen worden ist, kann nur durch das Wort erkannt und durch das Wort erhalten werden. Schöpfung und Ethos, das Wort, das erschafft, und das Wort, das gebietet, sind das Wort ein und desselben Gottes. Der eine Gott, der „spricht und es steht da", ist derselbe, der gebietet, damit seine Schöpfung erhalten bleibt.

Von daher kann nicht stark genug betont werden, dass der, der gegen das Gebot des Schöpfers lebt, gegen die Schöpfung lebt, denn das Gebot ist die Ordnung der Schöpfung. Gebote quälen nicht, sie engen nicht ein, sondern sie schützen die Schöpfung, die Lebensordnungen Gottes. Daher ist es durchaus angebracht, offensiv zu sagen: „Die Gebote sind Gottes Kampf um die Schöpfung in der sündigen Zerfallenheit der Welt, Licht gegen Finsternis, Sein gegen Nihilismus."[137]

Dieses Denken setzt allerdings eine Weltsicht voraus, die realistisch die Tendenz der Selbstzerstörung in dieser Welt erkennt und daran festhält. Das biblische Zeugnis ist klar: „Die ganze Welt liegt im Argen!" (1Joh 5,19). „Die Schöpfung ist der Nichtigkeit unterworfen worden" (Röm 8,20). Jesus sagt: „Himmel und Erde werden vergehen, aber meine Worte werden nicht vergehen!" (Mt 24,35 par).

Mit Robert Spaemann kann man daher sagen: „Der universelle Trend der Welt wird formuliert durch den zweiten Hauptsatz der Thermodynamik. Er besagt, dass der Automatismus jeder nicht bewusst gesteuerten Entwicklung auf Entstrukturierung, auf Unordnung,

---

[137] G. Huntemann, Der verlorene Maßstab: Gottes Gebot im Chaos dieser Zeit, Bad Liebenzell 1983, S. 39.

auf Nivellierung und am Ende auf Tod hinausläuft. Alles Organische, alles Leben, alles Humane geht in umgekehrte Richtung."[138]

Das heißt: In dieser Welt gibt es ein Gesetz der umgekehrten Richtung zum Leben und Erhalt desselben. Überlässt man die Welt, die Menschheit, die „Zivilisation" sich selbst, wird sie am Ende zerstört. In dieser Welt-Wirklichkeit bedarf es sittlicher Kräfte, die gegen den Zerfall, gegen den Tod und gegen das Chaos wirken. Zu diesen sittlichen Kräften gehören in erster Linie die Gebote des Gottes, der die Welt und was in ihr ist geschaffen hat, und die deshalb die Ordnungen des Lebens darstellen.

Die Gebote beschreiben die Ordnung, die der Erhaltung der Schöpfung dient. „Sie sind sozusagen *die ethische Grammatik der Schöpfung*, die Grammatik der sozialen Welt."[139] An bedeutender Stelle, nämlich am Schluss der Wiederholung der Zehn Gebote (5Mo 5,30) und auch sonst öfter, heißt es: „Wandelt in allen Wegen, die euch der HERR, euer Gott, geboten hat, auf dass ihr leben möget und es euch gut geht ..."

Wohlergehen, Wohlstand, Ermöglichung des Lebens und gelingendes Leben sind im Alten Testament gekoppelt an die Einhaltung der Gebote Gottes. Das wird ausgedrückt durch die Verheißung des Segens, der dem Halten der Gebote folgt. Dieser erweist sich zunächst ganz plastisch in irdischem Wohlergehen. Zum Beispiel verheißt Gott in 3Mo 26 auf das Halten der Gebote und seiner Ordnungen reichen Ertrag des Landes, Regengüsse zur rechten Zeit, Frucht der Bäume des Feldes, lange Weinlesen und Erntezeiten sowie Frieden im Land und Schutz vor Feinden. Entsprechend bedeutet die Missachtung der Gebote Gottes mit der gleichen Wirksamkeit Fluch (vgl. 3Mo 26,14ff; 5Mo 28,15ff).

Dass diese *„Tat-Folge-Zusammenhänge"* nicht nur (natürlich aber in erster Linie!) auf das Volk Gottes begrenzt bleiben, zeigt ein Text aus Jes 24, der die globale Dimension der Wirkungen der Gebote und Ordnungen Gottes sehr klar anspricht:

---

[138] Vortrag von R. Spaemann: Schutz des Sonntags; vgl. auch: „Jenseits der alltäglichen Sachzwänge. Warum der Sonntag geschützt bleiben muss", in: Herder Korrespondenz 42, Freiburg 1988, S. 431–434.
[139] K. Bockmühl, Das größte Gebot, Gießen 1980, S. 13 (Hervorhebung H. A.).

> „Siehe, der HERR entleert die Erde und verheert sie und kehrt ihre Ober-
> fläche um und zerstreut ihre Bewohner. ... Völlig ausgeleert wird die Erde
> und geplündert, denn der HERR hat dies Wort geredet. Es vertrocknet, es
> welkt das Land, es schmachtet, es welkt der Erdkreis, es schmachten die
> Hohen des Volkes im Land. Und die Erde ist entweiht worden unter ihren
> Bewohnern. Denn sie haben die Gesetze übertreten, die Ordnungen über-
> schritten, den ewigen Bund ungültig gemacht. Darum hat der Fluch die
> Erde verzehrt, und es büßen, die auf ihr wohnen. Darum sind die Bewoh-
> ner der Erde dahingeschwunden und wenige Menschen bleiben übrig. ...
> Berstend zerbirst die Erde, brechend zerbricht die Erde, wankend wankt die
> Erde, taumelnd taumelt die Erde wie ein Betrunkener und schwankt hin
> und her wie eine Nachthütte. Und schwer lastet auf ihr ihr Treubruch: Sie
> fällt und steht nicht wieder auf."

In diesem Kapitel wird geschildert, wie Jahwe die Erde richtet. Er
entleert und verheert sie, kehrt ihre Oberfläche um, zerstreut ihre Bewohner und lässt nur wenige Menschen übrig, weil sie seine Gebote
und Ordnungen in großem Maß missachten. Der Text weist also die
Verantwortung nicht nur des Bundesvolkes Israel, sondern aller Menschen auf. Für alle Menschen gelten „die Gesetze und die Ordnungen". Sie alle sind letztlich unentschuldbar (vgl. die Argumentation
des Paulus in Römer 1).

Es werden die globalen ökologischen und soziologischen Folgen
der Übertretung und Missachtung der Gebote und Ordnungen Gottes
beschrieben. Die Auswirkungen des Umgangs mit dem Gebot Gottes
reichen tief in den Bereich seiner Schöpfung hinein. Jes 24 ist ein
Beleg dafür, dass die Ordnungen und Gebote Gottes als Erhaltungsordnung allen Menschen gelten.

Für die Ethik bedeutet das, dass Engagement für die Schöpfung
immer auch Engagement für ihre moralische Struktur, für das Gebot
und die Ordnungen Gottes implizieren muss. Wer Schöpfungsenga-
gement will ohne die Grundlage der Gebote Gottes, die sie erhalten,
trägt letztlich eben nicht zur Erhaltung der Umwelt bei!

Diese Zusammenhänge sind heute angesichts einer „grünen Weltverantwortung" und einer „ökologischen Erneuerungsbewegung" wieder neu
geltend zu machen. Die Schöpfung loszulösen vom Schöpfer und Erhalter,
sie umzudeuten und als „Natur" zu bezeichnen, sie gar neu zu beseelen, ist
Neuheidentum und Nihilismus. Hier muss *„die Weltverantwortung" der
Christen* einsetzen. Sie hat die Rückbesinnung auf den Schöpfer und Erhalter der Welt zum Ziel. Gegen den Antinomismus unserer Zeit sollten

gerade die Christen (wer sonst?) die Gebote verteidigen als Gottes guten Rat an den Einzelnen und die Gesellschaft und als gnädige Sicherung gegen das Chaos. „Die Behandlung des geschöpflichen Lebens, die Behandlung des Mitmenschen und der Natur ist nicht Sache unseres individuellen Meinens und Beliebens."[140] Um dem Missverständnis des gesetzlichen Moralisierens zu entgehen, muss immer wieder auf den untrennbaren Zusammenhang von Gebot und Ordnung hingewiesen werden. Hier liegt eine allgemeine missionarische Verpflichtung christlicher Ethik (s.o.).

In der Ethik der Reformatoren wird der „erste Gebrauch" des Gesetzes, der *usus civilis* oder *usus politicus* klar erkennbar. In der Vorrede zum „Kleinen Katechismus" sagt M. Luther: „Denn wiewohl man niemand zwingen kann noch soll zum Glauben, so soll man doch den Haufen dahin halten und treiben, dass sie wissen, was Recht und Unrecht ist ..."[141] Aus diesem Grund ließen die Wittenberger auch ihr Rathaus mit Bildern vom Dekalog ausmalen (erstaunlich: das Rathaus als nicht kirchliches Gebäude und Bilder bei der doch sonst vorhandenen reformatorischen Skepsis gegenüber Bildern), damit jedem, aber auch wirklich jedem die öffentliche (zivilisatorische bzw. gesellschaftliche und politische) Bedeutung der Gebote Gottes bewusst wurde.

Dies ist der äußerlichste Gebrauch des Gebotes, der *crassus usus praeceptorum*, den Luther in seinem „Großen Katechismus" für alle Menschen als gültig verstanden wissen will: Die Gebote „sind auch sonst in aller Menschen Herzen geschrieben". Jene Lehre „machet (zwar) ... noch keine Christen"[142], aber gute Bürger und Menschen. Das ist die Struktur, die Luthers „Lehre von den zwei Reichen" zugrunde liegt.

(a) Der Zusammenhang von Gebot und Ordnung
Zunächst ist das formale Zueinander von Gebot und Ordnung zu beachten. Der biblische Befund ist umfangreich. Als Auswahl seien nur genannt: 3Mo 26,3.14; 5Mo 4,40; 6,2.17; 8,11; 10,13; 11,1; 26,17; 27,10; 28,15; Ps 119,6.8.10.12.19.21.23.26.32.33.34.47.48.54.60.64. 66.68.71.73.83.86. usw.; Jes 24,5 u.ö.

Wichtiger als der formale Zusammenhang von Gebot und Ordnung ist aber der inhaltliche. Das führt zur näheren Bestimmung des Be-

---

[140] K. Bockmühl, Das größte Gebot, Giessen/Basel 1980, S. 15.
[141] Zit. in K. Bockmühl, Gesetz und Geist, S. 53.
[142] Zit. a.a.O.

griffs „Ordnung" bzw. „Schöpfungsordnung" und zur Frage, inwiefern Schöpfungsordnungen zur Begründung der Ethik herangezogen werden können, und weiter, ob man überhaupt aus der Schöpfung heraus Ordnungen erkennen kann (auf den Zusammenhang von natürlicher Theologie und Schöpfungsoffenbarung ist oben bereits eingegangen worden). Was ist Schöpfung und was sind Ordnungen dieser Schöpfung?

(b) Die so genannten „Schöpfungsordnungen"
Wer von Schöpfung spricht, setzt den Glauben an einen Schöpfer voraus, der alles ins Dasein gerufen hat. Die Qualifizierung des „Geschaffenen" ist dabei von großer Wichtigkeit. Moderne theologische Entwürfe haben das Thema „Schöpfung" wieder entdeckt. Sie zeichnen ein z.T. erstaunlich optimistisches Bild und entwickeln gar ein in ihrer Schöpfungstheologie panentheistisches Modell.[143] Dabei nehmen sie die Fluchstruktur der Sünde nicht ernst genug.

Wir verstehen unter Schöpfung die uns gegebene Wirklichkeit, die Welt, wie wir sie wahrnehmen und wie sie in der traditionellen Sicht der Weltwirklichkeit formuliert worden ist:

> Die *„alte Lehre von der dreifachen Qualifizierung alles Geschaffenen"*[144] scheint nach wie vor dem biblischen Denken am nächsten zu kommen.
>
> Sie sagt, dass *erstens* alles Geschaffene Gottes gutes Werk ist. So hat der Mensch z.B. darin seine Würde, Gottes Ebenbild zu sein.
>
> Aber *zweitens* ist die Welt, die wir kennen und wahrnehmen, eine gefallene und zwiespältige Welt. Alles seufzt unter der Fluchstruktur der Sünde (Röm 8). Damit ist das zuerst Gesagte aber nicht aufgehoben. Der Widerspruch von Leben und Tod, von Gut und Böse, von Sein und Nichtsein durchzieht den ganzen Kosmos.
>
> Ein *Drittes* kommt noch dazu. Die Tradition spricht von der Erhaltung Gottes. Diese von Gott geschaffene, aber durch die Sünde angenichtete Welt und Schöpfung wird von Gott in seiner Gnade erhalten. Diese Erhaltungsgnade Gottes ist zielgerichtet. Sie weist auf Erlösung hin und im weitesten Sinn auf Vollendung. Damit drängt alles zum NT, zu dem Neuen, das Gott in Christus hat anbrechen lassen, zum Reich Gottes.

---

[143] Vgl. J. Moltmann, Gott in der Schöpfung: Ökologische Schöpfungslehre, München 1985.

[144] F. Beißer, Biblischer Schöpfungsglaube und die Begründung ethischer Normen, in: H. Burkhardt, a.a.O., S. 31.

Auf diesem Hintergrund und in diesem Zusammenhang von Schöpfung ist nun *der Begriff „Schöpfungsordnung"* zu prüfen, der vom Neuluthertum geprägt worden ist. Man verstand darunter ein gewisses konstantes Grundgefüge in dieser Welt, so etwas wie anerschaffene Anlagen, die schöpfungsmäßig erkannt und verwirklicht werden könnten.

Hierbei glitt man allerdings in eine gewisse empirische Herleitung der Normen Gottes ab. Man konstatierte sog. Schöpfungsordnungen ohne den klaren Bezug zu den biblischen Geboten, die allem Leben vorgegeben und deshalb zu schützen sind. Wohin das führen kann, zeigt die folgende Dokumentation:

> Im sog. *„Ansbacher Ratschlag"* vom 11. Juni 1934 wird mit „genuin lutherischer Stimme" gesagt: „Die natürlichen Ordnungen ... sind ... zugleich die Mittel, durch die Gott unser irdisches Leben schafft und erhält. (...) In dieser Erkenntnis danken wir als glaubende Christen Gott dem Herrn, dass er unserem Volk in seiner Not den Führer als ‚frommen und getreuen Oberherrn' geschenkt hat und in der nationalsozialistischen Staatsordnung ‚gut Regiment' mit Zucht und Ehre bereiten will."[145]

Dieser irregeleitete Ratschlag hatte übersehen, dass die Welt, in der wir leben, zwar Gottes Schöpfung, zugleich aber auch von Gott gefallene Welt und Schöpfung ist, die sogar offen für den Zugriff des Dämons ist. Das Neue Testament enthält neben dem Hinweis auf obrigkeitliche Ordnungen, die von Gott eingesetzt sind (Röm 13), auch den Hinweis auf die antichristliche Perversion (Offb 13).

Es ist unmöglich, die Ordnungen einfach eindimensional positiv zu beurteilen. Genauso wie der Mensch Geschöpf und Sünder zugleich ist, sind auch die Ordnungen geschöpflich und sündig zugleich. Sie sind schöpfungsmäßig nicht einfach wertneutral, sondern „sie sind die Strukturform des gefallenen Daseins"[146]. Weil sie zwischen Schöpfung und Sünde stehen, tragen sie *sowohl* die Signatur des Schöpferstatus *als auch* die Signatur des menschlichen Aufstandes. „Die noachitische Welt verhüllt die Schöpfungsordnung. Wer diese Verhüllung übersieht und mit einer nicht existenten (nicht *mehr* existenten!) Welt

---

[145] Zit. in H. Thielicke, Theologische Ethik, J. C. B. Mohr Tübingen 1965, Bd. I, 2144ff.
[146] H. Thielicke, ThE I, 2161.

der ungebrochenen Eindeutigkeit rechnet, wird notgedrungen zum Schwärmer."[147]

> So sind z.B. Arbeit, Obrigkeit (d.h. politische und gesellschaftliche Ordnungsstrukturen), Ehe und Familie, Kultur und Spiel einerseits gute schöpfungsmäßig vorgegebene Ordnungen, die das Zusammenleben der Menschen erträglich und erst möglich machen. Sie sind gleichzeitig aber durch die Sünde angeschattete Wirklichkeiten, die nicht a priori die Garantie gelingenden Lebens enthalten. Sie sind eben erlösungs- und gestaltungsbedürftige Strukturen. Eine schöpfungstheologische Begründung der Ethik, die die Ordnungen ernst nimmt, muss sie in dieser Ambivalenz ernst nehmen. Das bewahrt sie vor folgenschweren Irrtümern, wie die o.g. und u.g. Beispiele zeigen.

Man muss also – wie H. Thielicke und W. Künneth – die Schöpfung als eine Wirklichkeit verstehen, die nur mit Hilfe der *„infralapsarischen Theologie"* gedeutet werden kann. Diese kann die gegenwärtige Weltlage nur interpretieren, indem sie darüber wacht, *„dass von Schöpfung und Sünde zugleich und gleich stark geredet wird"*. Deshalb kann in der gefallenen Welt „nicht mehr von ‚Schöpfungsordnungen' die Rede sein", weil sie den Eindruck erwecken, man könne „den Folgen des Falls entrinnen und in diesen Restbeständen des Urstandes Sicherung suchen".

Die Theologie muss der Versuchung widerstehen, „die Schöpfungsordnungen von der Welt des Falls zu trennen und innerhalb der Welt sie von der Sünde zu unterscheiden". Zwar gibt es nach dem Fall noch Gottesordnungen, aber sie sind *„Erhaltungsordnungen zur Sicherung der Welt vor dem Sturz in den Abgrund"*. Statt Schöpfungsordnungen sollte also besser von Erhaltungsordnungen gesprochen werden. „Die konkrete Ordnung, in der Gottes Erhaltung sich offenbart, ist deshalb stets von der Sünde durchwirkt."[148] Insofern ist eine Theologie der Ordnung realistisch und nicht schwärmerisch. Sie nimmt beide Faktoren, die Schöpfung Gottes und die Wirklichkeit der Sünde ernst, ohne sie durcheinander zu bringen. So muss man die Grundlagen der Ordnungen und ihre Erscheinungsweise unterscheiden. „Gut sind diese Ordnungen nicht nach ihrer irdischen Erschei-

---

[147] H. Thielicke, ThE II, 1. Teil, S. 917.
[148] W. Künneth, Theologie der Auferstehung, Gießen/Basel ⁶1982, S. 173f.

nungsform und historischen Gestalt, sondern weil sie in Gottes gnädigem Willen begründet und auf das Ziel der Welterlösung ausgerichtet sind. Durch solche Ordnungen zeigt Gott seine Barmherzigkeit der gefallenen Menschheit, die durch diese Maßnahmen Gottes vor dem Zerfall bewahrt wird."[149]

E. Brunner bleibt in seinem ethischen Entwurf[150] in einem merkwürdig dialektischen Schwebezustand, bei dem man nicht genau weiß, ob er Situationsethik oder Ordnungsethik ist.

Seinen zentralen Begriff der „Ordnungen" definiert Brunner als „solche Gegebenheiten des menschlichen Zusammenlebens, die allem geschichtlichen Leben als unveränderliche Voraussetzungen zugrunde liegen, darum in ihren Formen zwar geschichtlich variabel, aber in ihrer Grundstruktur unveränderlich sind und die zugleich in bestimmter Weise die Menschen aufeinander hinweisen und zusammenfügen"[151]. Kommt Brunner mit dieser Auffassung sehr nahe an die Vertreter lutherischer Ordnungsethik, so muss man doch sehen, dass er sich von ihnen absetzt. Er vermeidet die Eigengesetzlichkeit und den starren Gebrauch, der letztlich auf eine Stabilisierung der Verhältnisse hinausläuft, dadurch, dass er die Ordnungen nicht als „schicksalsmäßig-unabänderliche Gegebenheiten" versteht, sondern als „grundsätzlich variabel".

Die Schöpfungsordnungen werden bei Brunner grundsätzlich dadurch relativiert, dass sie nicht das Gottgeschaffene schlechthin bezeichnen, sondern „das Gottgeschaffene in seiner Brechung durch die Sünde". Das führt zu einem *„dialektischen Denken":* „Als der Schöpfer fordert Gott die Anerkennung seiner Ordnungen und die Einfügung in sie als Erstes; als der Erlöser fordert er zugleich, als Zweites, die Nichtanerkennung der gegebenen Ordnungen und ein neues Tun im Blick auf das kommende Gottesreich."[152]

Dieses Zweite, das vom Inhalt der Liebe geboten wird, führt bei Brunner nun zu einer sonderbaren Nähe zur Situationsethik! Er selbst

---

[149] W. Künneth, Politik zwischen Dämon und Gott: Eine christliche Ethik des Politischen, Berlin 1954, S. 101. Siehe dort auch seine umfassenden Ausführungen zum „Prinzip Ordnungen", zu den „politischen Erscheinungsformen der Ordnung und zur Entartung der Ordnung", S. 115–212; ders., Der Christ als Staatsbürger: Eine ethische Orientierung, Wuppertal 1985.

[150] Das Gebot und die Ordnungen. Entwurf einer protestantisch-theologischen Ethik, Zürich 1974.

[151] A.a.O., S. 194.

[152] A.a.O., S. 192.

nennt seine Ethik „Interimsethik"[153], weil der ethische Augenblick immer zwischen Schöpfungs- und Erlösungsordnung stehe.

Wie problematisch ein einseitiger und aus dem Zusammenhang losgelöster Gebrauch des Begriffs „Ordnung" sein kann, soll zum Schluss das folgende Beispiel zeigen: Eine Aufzählung ethischer Tugenden wird darin der sog. „Frucht des Geistes", wie Paulus sie in Gal 5,22 formuliert, gegenübergestellt:

„Es gibt einen Weg zur Freiheit! Seine Meilensteine heißen:	„Die Frucht des Geistes aber ist:
• Gehorsam	• Liebe
• Fleiß	• Freude
• Ehrlichkeit	• Friede
• Ordnung	• Geduld
• Sauberkeit	• Freundlichkeit
• Nüchternheit	• Güte
• Wahrhaftigkeit	• Treue
• Opfersinn	• Sanftmut
• Liebe zum Vaterland."	• Selbstbeherrschung."
Spruch auf einer Lagerbaracke des Konzentrationslagers Neuengamme[154]	*Paulus im Brief an die Gemeinden in Galatien (Gal 5,22)*

(c) Schöpfungstheologie als Grundlage einer christlichen Ethik
Der Gefahr, bei der Begründung einer christlichen Ethik die *Ebene der Schöpfung* zu überspringen und sofort mit dem *„geistlichen Bereich"*, der Erlösungsordnung des Neuen Testaments anzufangen oder gleich bei dem Reich-Gottes-Ethos Jesu einzusetzen, der Gefahr einer „christo-monistischen Engführung" also („außerhalb Christus gilt

---

[153] A.a.O., S. 108.
[154] Dass der Hinweis der Nazis auf ethische Tugenden einen nicht zu überbietenden Zynismus darstellt, braucht nicht besonders ausgeführt zu werden. Auch andere ethische Grundsätze sind bekannt: „Jedem das Seine" oder „Arbeit macht frei" usw. An sich richtige ethische Grundsätze werden durch einen bestimmten Kontext zur Perversion des Humanen.

nichts", Karl Barth) sind in der Theologie und auch in der Gemeinde-frömmigkeit leider immer wieder viele erlegen. Man will eine „christ-liche" Ethik haben, ohne an der schöpfungsmäßigen Grundlage fest-zuhalten, und verfängt sich oftmals in einer weltabgehobenen Ethik, einer Ghetto-Ethik, und eben dadurch in einer „fleischlichen" Ethik.

Bei der Begründung einer christlichen Ethik gilt es, den zweiten Schritt nicht vor dem ersten oder anstelle des ersten zu tun. Christliche Ethik darf keine von der Schöpfungsebene losgelöste Ethik sein. Wer eine christliche Ethik z.B. mit der Bergpredigt oder der Jüngerethik beginnen lässt, übersieht, dass Christus selbst bei der Begründung seiner ethischen Aussagen an den Anfang zurückgeht und beim Schöpfer anfängt.

Christus wird durch die Pharisäer herausgefordert, zum Problem der Scheidung Stellung zu beziehen. Die Ausgangsfrage, die sie ihm stellen, lautet: „Ist es einem Mann erlaubt, aus jeder Ursache seine Frau zu entlassen?" In seiner Argumentation „überspringt" Christus die geschichtstheologische Ebene und geht zurück auf die Schöp-fungsebene. Auf den Einwand der Pharisäer, Mose habe erlaubt zu scheiden (5Mo 24), entgegnet er, „ursprünglich" sei es nicht so gewesen.

> Mt 19,4ff: „Er aber antwortete und sprach: Habt ihr nicht gelesen, dass der, welcher sie schuf, sie von Anfang an als Mann und als Frau schuf und sprach: ‚Darum wird ein Mann Vater und Mutter verlassen und seiner Frau anhangen, und es werden die zwei ein Fleisch sein‘, so dass sie nicht mehr zwei, sondern ein Fleisch sind? Was Gott zusammengefügt hat, soll der Mensch nicht scheiden!"

Der Verweis Jesu auf den Schöpfer lässt erkennen, dass christliche Ethik schöpfungstheologisch begründet werden muss, ohne auf einem starren und engen Verständnis von „Schöpfungsordnungen" zu behar-ren. Wer für eine christliche Ethik plädiert, muss – wie Christus auch – die Ordnungen des Schöpfers, die explizit erst durch seine Gebote erkennbar und geschützt werden, ernst nehmen und einbeziehen.

Die schöpfungstheologische Begründung der Ethik muss aber auch weiterhin offen sein für eine gewisse aus der Natur erkennbare Moral (s.o).

Von daher leitet sich dann eine weitere Folgerung ab: die Ver-pflichtung eines Schöpfungsethos (oder in gewisser Weise: Natur-rechts) für alle Menschen.

(d) Das Recht aller Menschen auf Gottes Gebote und Ordnungen

Wenn alle Menschen aus der Schöpfung allgemeine Gebote Gottes und Ordnungen des Schöpfers erkennen können[155], dann ist es auch für alle Menschen in gewisser Weise möglich, moralisch zu leben. Wenn die moralische Erkenntnis vieler Menschen aber – aus welchen Gründen auch immer – getrübt ist (und sie ist bei sündigen Menschen getrübt!), dann sind ihnen die ethischen Maßstäbe oder Ordnungen aufgrund der Schöpfungsoffenbarung bekannt zu machen. Wir unterscheiden also zwischen einer tatsächlichen Schöpfungsoffenbarung (die eine gewisse Einsicht in ein Naturrecht und eine gewisse Fähigkeit, es umzusetzen, ermöglicht) und einer natürlichen Theologie (aufgrund derer man mittels der natürlichen Vernunft zu sicheren Erkenntnissen über Gott und das Ethos und ohne Gnade zu einem Tun desselben kommen kann).[156]

Christliche Ethik identifiziert also nicht einfach das Naturrecht mit den Geboten Gottes im Allgemeinen und den Zehn Geboten im Besonderen[157], sondern differenziert. Sie sieht eine große Schnittmenge und einen großen unklaren ethischen Rest. Da die Gebote als Offenbarung des Willensethos des Schöpfers und Erhalters der Welt klar sind, bringen sie helles Licht ins Dunkel trüber Naturrechtsgefilde.

Vier weitere Fragen sollen das bisher Gesagte vertiefen und präzisieren helfen:

(1) Wenn es ein allgemeines Schöpfungsethos gibt, worin besteht es?
Dass es ein allgemeines Schöpfungsethos gibt, ist oben ausgeführt worden. Schwerer zu beantworten ist die Frage, was *genau* darunter zu verstehen ist. Gemeinhin versteht man unter der Summe dessen, was Menschen als moralisch verpflichtend ansehen, allgemein das Gute! Was das Gute aber im Einzelnen ist, das kann freilich von Fall zu Fall sehr divergieren. Für den einen bedeutet es, z.B. in einer angespannten Situation seiner Beziehung auszuhalten und mit allen Mitteln

---

[155] ... aber nicht zwangsläufig müssen: vgl. Röm 1,18f und 2,15f und das oben dazu Gesagte!

[156] Mit E. Brunner gegen K. Barth auf der einen, aber auch gegen die röm.-kath. Auffassung auf der anderen Seite (s. o. Pkt. 3.1.1.1).

[157] Das ist wohl in der reformatorischen und der nachlutherischen Usus-Theologie oftmals geschehen.

daran zu arbeiten, um sie zu erhalten. Für den anderen bedeutet es in der gleichen Situation, den Partner zu verlassen. Dennoch scheint es eine erstaunliche Schnittmenge von Übereinstimmungen darüber zu geben, was gut für einen Menschen ist. Eine andere Konkretion des Schöpfungsethos oder des Naturrechts wird mit den Begriffen der *Ordnungen* und des *Rechts* bezeichnet (s.o.).

An drei Beispielen kann das Schöpfungsethos konkretisiert werden: Das erste kommt aus dem natürlichen Rechtsempfinden und findet seinen Niederschlag in den sog. Menschenrechten.

A. Die *internationalen Menschenrechte*, wie sie durch die Vereinten Nationen am 10. 12. 1948 proklamiert worden sind, werden als Ausdruck natürlicher Moral von den meisten Staaten anerkannt.[158] Und es besteht Einverständnis darüber, dass sie angewandt werden sollten. Darin wird u.a. festgehalten,

- dass alle Menschen die gleiche *Würde* haben (Art. 1),
- und jegliche Diskriminierung aufgrund von Rasse, Hautfarbe, Geschlecht, Sprache, Religion und politischer Überzeugung verboten ist (Art. 2).
- Jeder hat das Recht auf Leben und Freiheit (Art. 3),
- weswegen Sklaverei und Menschenhandel (Art. 4) ebenso wie Folter (Art. 5) verboten sind.
- Jeder Mensch hat das Recht auf Gleichheit vor Gesetz und Richter und darf nur aufgrund von vorher erlassenen Gesetzen und nachdem er gehört worden ist von Gerichten verurteilt werden (Art. 7–11).
- Jeder hat das Recht auszuwandern und seinen Wohnsitz frei zu wählen (Art. 13),
- oder in einem anderen Land um Asyl zu bitten (Art. 14).
- Jeder ist in der Wahl seines Ehepartners frei (Art. 16)
- und die Familie ist als „natürliche und grundlegende Einheit der Gesellschaft" durch Staat und Gesellschaft zu schützen (Art. 26).
- Es folgen das Recht auf Eigentum (Art. 17),
- das Recht auf Gewissens- und Religionsfreiheit, weswegen auch jeder seine Religion wechseln darf (Art. 18).

[158] Saudi-Arabien hat diese Deklaration z.B. nicht unterzeichnet.

- Jeder genießt Meinungs- und Informationsfreiheit (Art. 19),
- Versammlungs- und Vereinsfreiheit (Art. 20)
- und nimmt am allgemeinen Wahlrecht teil (Art. 21).
- Jeder Mensch hat Anspruch auf soziale Sicherheit (Art. 22 u. 25 u. 28),
- Arbeit mit gerechter Bezahlung (Art. 23)
- und Bildung (Art. 26)
- usw.

Grundvoraussetzung der Menschenrechte ist der Gedanke, dass jeder Mensch das Recht auf die Anerkennung als Person hat. Darin sind alle Menschen gleich – ungeachtet ihrer Rasse, ihrer Religion, ihres Geschlechts, ihres politischen, gesellschaftlichen, sozialen oder ökonomischen Status.

Dieses anthropologische Grundverständnis kann als Schnittmenge zwischen biblischem (jüdisch-christlichem) Verständnis, dass alle Menschen nach Gottes Bild geschaffen sind und darin ihre Einheit und Gleichheit haben, und einem allgemein humanistisch-aufgeklärten Verständnis von Freiheit – Gleichheit – Solidarität aller Menschen gelten.

Dass sowohl kommunistische Länder als auch solche mit anderen politisch-totalitären Systemen damit Schwierigkeiten haben, ändert nichts an der grundsätzlichen Tatsache. Der Islam hat z.T. eigene Auslegungen der Menschenrechte und daher eigene Menschenrechtserklärungen formuliert. Er ordnet Koran und Scharia (islamisches Gesetz) den westl. Menschenrechten grundsätzlich vor und räumt ihnen den höheren Rang ein![159]

B. Als weiteres Merkmal eines Schöpfungsethos oder des Naturrechts (oder einer schöpfungsimmanenten Moral) kann man neben der *Ethik des Rechts* auch die *Ethik der Vergeltung* nennen.[160] Das Recht und die Mittel der Durchsetzung des Rechts bzw. umgekehrt die Ahndung bei Verstößen gegen das Recht sind in allen Kulturen und Gesellschaftsformen bekannt.

[159] C. Schirrmacher, Menschenrechte – Wie der Islam sie versteht, Arbeitshilfe Nr. 7 der Lausanner Bewegung Deutschland, DEA, Jan 2000.
[160] Vgl. H. Thielicke, ThE III, 3, § 995–1774; A. F. Holmes, 90ff; G. Wünsch, Evangelische Ethik des Politischen, Tübingen 1936.

Man kann sagen, „dass sich am Beispiel der Naturrechtslehre und am Verhalten zu ihr die Überzeugung kundgibt, dass die Gerechtigkeit als eine Norm oberhalb des Menschen zu verstehen sei"[161].

Dieses Thema spricht heute eins der großen gesellschaftlichen Probleme unserer Zeit an und macht zugleich die ganze Hilflosigkeit auf diesem Gebiet deutlich. Die gesamte Rechtssphäre scheint in gewisser Weise im Umbruch zu sein. Was Gerechtigkeit ist und was nicht, kann oft kaum noch unterschieden werden. Dennoch ist das Bewusstsein für Gerechtigkeit da, wie zu allen Zeiten in allen Völkern. Dass das Rechtsempfinden in unterschiedlichen Kulturen und zu unterschiedlichen Zeiten sehr unterschiedlich ausgeprägt ist (siehe z.B. das Menschenrechtsverständnis), ändert freilich nichts an der grundsätzlichen Tatsache, dass Menschen von Natur aus ein Empfinden dafür haben, was Recht und was Unrecht ist.

Gerade beim Rechtsempfinden wird aber die doppelte Signatur der Schöpfung als gute und gleichzeitig durch die Sünde angeschattete Wirklichkeit erkennbar.

C. Als drittes Beispiel wollen wir den Bereich *der verantwortlichen Sexualität* nennen, weil hier – noch stärker als am vorherigen Beispiel – Veränderungen im gesellschaftlichen Empfinden wahrzunehmen sind. Auf diesem Gebiet scheint es noch unklarer zu sein, was als normal und was als unnormal zu beurteilen ist. Was früher als gesellschaftlicher Konsens galt und zum größten Teil naturrechtlich abgeleitet wurde, gilt heute als Ausdruck einer prüden und kleinkariertmuffigen Sexualmoral, von der man sich emanzipiert hat. Sexualpraktiken, die früher als schwerwiegend eingestuft und gesetzlich verboten waren wie Pornographie, Prostitution, Homosexualität usw., werden heute als gesellschaftliche normale Alternative zum klassischen sexualethischen Verständnis und zur Ehe angesehen.

Im Neuen Testament wird – wie wir sahen – eindeutig naturrechtlich bzw. von dem Schöpfungsethos her argumentiert (Röm 1,26; 1,27).

---

[161] H. Thielicke, a.a.O., § 1021. So auch Bonhoeffer, der das Recht als das „von außerhalb der Natur gesetzte Recht, und zwar als göttliches und weltliches positives Recht" versteht (Ethik, a.a.O., S. 162).

Heterosexuell verantwortliche Beziehungen zwischen Männern und Frauen werden als „natürlicher Verkehr" bezeichnet, Homosexualität wird entsprechend als „unnatürlich" verurteilt und als „Schande" und „Verirrung" gebrandmarkt.

Das zeigt, dass das Neue Testament eine naturrechtliche Begründung der Sexualität zwar kennt, gleichzeitig aber deutlich macht, dass diese nicht hinreichend für die ethische Gestaltung in concretu sein muss. Denn homosexuelle und perverse Praktiken werden als Ausdruck sündiger Verirrungen gekennzeichnet, denen das Gebot des Gottes gegenübersteht, der seine Schöpfung – und dazu gehören seine Menschen – schützen will. Das Gebot hat hier einen höheren Stellenwert als das Schöpfungsethos. Oder anders ausgedrückt, das Gebot tritt uns klarer als das Naturrecht entgegen, weil jenes im Unterschied zu diesem durch die Sünde nicht angeschattet und daher zwangsläufig ethisch evident ist.

Das führt uns zur zweiten Frage:

(2) Wie kann man vom bloßen Vorhandensein moralischer Werte in der Schöpfung zu ihrer ethischen Verpflichtung kommen? Oder wir können auch fragen: Wie können wir das Sollen vom Sein herleiten? Oder noch einfacher: Was ist die Motivation zum Sollen?

Die Antworten werden traditionell unter Hinweis auf eine anthropologische Instanz gegeben, die man jeweils mit „vernünftiger Einsicht", „Gewissen" oder „Normgebundenheit des Menschen" bezeichnet hat oder – um mit Kant zu sprechen – mit dem „gestirnten Himmel über mir und dem moralischen Gesetz in mir". Darin, so sagt man, läge die ethische Motivation des Menschen begründet.

Dennoch können wir niemals ein Sollen einfach aus einem vorausgesetzten Sein ableiten, „es sei denn, das Sollen ist bereits irgendwie in den Voraussetzungen enthalten"[162]. Ganz gleich, ob man meint, das Sollen sei selbst auferlegt (wie etwa im französischen Existentialismus J. P. Sartres, nach dem der Mensch ganz autonom in seinen Entscheidungen ist) oder es sei von der Gesellschaft auferlegt (es gäbe gegenseitige Verpflichtungen, den Generationenvertrag usw.) oder es sei von Gott auferlegt – immer ist eine Voraussetzung mit intendiert, die zum Sollen führt.

---

[162] A. F. Holmes, a.a.O., S. 68.

H. H. Schrey begründet seine Ethik[163] als „*Motivationslehre des Handelns*". In drei Hauptteilen unterscheidet er (1) *transzendentale Motivation*, zu der er die religiöse, die ontologische, die eudämonistische, die axiologische und deontologische Motivation zählt. Zur (2) *subjektiven Motivation* zählt er die rationale, die voluntative, die emotivistische und die personale Motivation und zur (3) *objektiven Motivation* rechnet er die soziale, die institutionelle und die geschichtliche Motivation.

Wahrlich, das ist eine beeindruckende Anzahl motivierender Möglichkeiten für ethisches Handeln. Und es scheint sie tatsächlich alle zu geben. Auf einen Handlungsantrieb, der bei Schrey als „personale Motivation" erscheint, soll hier noch näher eingegangen werden.

Unter personaler Motivation ist die Begründung des Sittlichen aus dem *Gewissen* zu verstehen. Das Gewissen kann man als „subjektives Bewusstsein von Gut und Böse, das Wissen um den sittlichen Wert des eigenen Tuns und Verhaltens"[164] bezeichnen. Es ist nach Bonhoeffer „der aus einer Tiefe jenseits des eigenen Willens und der eigenen Vernunft sich zu Gehör bringende Ruf der menschlichen Existenz zur Einheit mit sich selbst. (...) Es ist primär nicht auf ein bestimmtes Tun, sondern auf ein bestimmtes Sein gerichtet."[165] Damit ist es eine hohe Instanz des „Mitwissens" zur Einheit von Sein und Sollen. Gegen das eigene Gewissen zu handeln, kommt der Zerstörung der eigenen Identität und Glaubwürdigkeit gleich. Von daher genießt der Gewissensschutz eines Menschen einen hohen Stellenwert.

Dennoch ist das Gewissen keine absolute Größe, die dem Menschen unter allen Umständen das ethisch genau Gebotene anzeigt. Es ist ein relativer Indikator, der geeicht worden ist von der Erziehung, dem kulturellen und sozialen Umfeld, der Bildung und der ethischen Normengebundenheit eines Menschen. Das Gewissen kann sensibel reagieren oder abgestumpft („gebrandmarkt") sein (1Tim 1,5.19; 3,9; 4,2).

Dass es auch ein instrumentalisiertes oder formalisiertes Gewissen geben kann, zeigen erschütternde Beispiele von Menschen, die nicht mehr an ethischen Werten oder Inhalten ausgerichtet sind, sondern nur noch

---

[163] H. H. Schrey, Einführung in die Ethik, Darmstadt [4]1991.
[164] H. H. Schrey, a.a.O., S. 107.
[165] D. Bonhoeffer, Ethik (a.a.O.), S. 257.

an einer bestimmten Instanz, der sie blind gehorchen. Diese Menschen handeln, auch wenn sie schreckliches Unrecht begehen, in ihren Augen dann nicht „gewissenlos", sondern ganz gewissenhaft, weil sie einen Befehl konsequent ausführen. So bezeugt der Lagerkommandant von Auschwitz, R. Höß: „Ich stellte damals keine Überlegungen an – ich hatte den Befehl bekommen – und hatte ihn durchzuführen."[166]

Oder wir hören von Sinti-Kindern, die von ihren Eltern zum Stehlen angeleitet wurden und ein schlechtes Gewissen bekamen, wenn sie nicht gestohlen hatten.

Das Gewissen ist nach neutestamentlichem und frühjüdischem Verständnis ein Mitwisser (griech. *syneidesis*; lat. *conscientia*), ein Verkläger oder ein Beruhiger. Allgemein bedeutet es im NT ein sittliches Bewusstsein (2Kor 4,2; 5,11). Das Gewissen bezeugt ein ins Herz geschriebenes Wissen (Röm 2,15), ohne direkt mit der Stimme Gottes (*vox Dei*) gleichgesetzt werden zu dürfen.[167]

Das „reine Gewissen" steht im Alten Testament offensichtlich in inhaltlicher Nähe zum „reinen Herzen" (Ps 51,12; Mt 5,8). Das reine Gewissen kann im Neuen Testament auch mit dem guten Gewissen identifiziert werden (1Tim 1,5.19; 3,9; Apg 24,16).[168]

Nach alledem hat das Gewissen offensichtlich eine starke Kraft, vom Sein zum Sollen zu führen. Es kann das Sollen virulent machen.

---

[166] R. Höß, Kommandant in Auschwitz, dtv-dokumente 1963, 124, zit. in: Burkhardt, a.a.O., S. 83.

[167] Diese Einstellung ist beileibe keine genuin christliche. Schon der stoische Philosoph Seneca (4 v.Chr. bis 65 n.Chr.) schreibt an seinen Freund Lucilius: „Nicht zum Himmel braucht man die Hände zu erheben ... die Gottheit ist dir nahe, sie ist bei dir, sie ist in dir. Ja, mein Lucilius, das behaupte ich: Es wohnt in uns ein heiliger Geist, ein Beobachter und Wächter alles Guten und Bösen an uns." (Seneca, Vom glücklichen Leben: Auswahl, Stuttgart [14]1978, S. 221.) Auch ist das Gewissen der Ursprungsort des Gottesgedankens. Im Gegensatz zum biblischen Denken setzt Kant bei der Pflicht des Menschen ein und schließt von daher auf einen „göttlichen" Gebieter. Gerade weil Kant den „Ausgang des Menschen aus der selbst verschuldeten Unmündigkeit" propagiert, braucht er eine Letztinstanz bei der Beurteilung seiner ethischen Pflichten. Das ist die göttliche Vernunft, der „gestirnte Himmel über mir und das moralische Gesetz in mir", also das Gewissen.

[168] Zum Thema „Gewissen" siehe auch die gute Orientierung von S. Kettling, Das Gewissen: Erfahrungen, Deutungen, biblisch-reformatorische Orientierung, Wuppertal 1985; ferner H. H. Schrey, Einleitung in die Ethik, S. 107–118, dort auch weitere Literaturangaben; ferner Burkhardt, a.a.O., S. 78–85.

Zum Begriff „Gewissen" gehören auch die anthropologischen Kategorien der Ehre, der Scham, der Achtung und der Würde.

Das Bekenntnis Martin Luthers in Worms auf dem Reichstag vor dem Kaiser ist das Bekenntnis eines Mannes, dessen Gewissen gegründet ist im Überzeugtsein von der Wahrheit der Heiligen Schrift. Hier liegt die Kraft zum ethischen Sollen in einer inneren Überzeugung, die aus der Wahrheit Gottes geworden ist. Letztlich hat nur das Überzeugtsein von einem persönlichen Gott die Kraft zum Tun des Guten. Gegen allen Widerstand von außen seiner Überzeugung in seinem Gewissen treu bleiben kann letztlich nur, wer im persönlichen Gott gegründet ist. Kein Prinzip, kein Ideal, kein Ethos, kein Es hat letztlich die Kraft, vom Sein zum Sollen zu führen.

(3) Sollen auch Nichtchristen vom Wert der Gebote und Schöpfungsordnungen überzeugt werden?

Die Antwort kann nur lauten: Ja! Auf jeden Fall sollen die Gebote und Ordnungen Gottes einer nichtchristlichen Welt *be*zeugt werden. Ob sie zu *über*zeugen vermögen, ist eine andere Frage. Verpflichtend gemacht werden können sie nur, wenn eine Obrigkeit selbst sich ihnen verpflichtet weiß und sie zur Grundlage ihres Rechtsverständnisses nimmt.

Durch den ersten, den sog. „politischen Gebrauch" des Gesetzes motiviert, haben die Reformatoren in einer unvergleichlichen Weise ihre damalige Zeit mit dem Geist der Gebote Gottes durchdrungen. Sie haben es mit fast allen Mitteln versucht, „das gemeine Volk" zu unterrichten. Die systematische Unterweisung der Jugend durch die Katechismen, der Gebrauch von Tafeln und Bildern als pädagogische und didaktische Mittel, der Einsatz von Kirchenmusik und geistlichem Liedgut – das alles sollte dazu dienen, das Evangelium und die Gebote Gottes unter das Volk zu bringen und es zu unterweisen.[169] Luther konnte sagen: „Also sey die decalogus doctrina doctrinarum, ein lehre yber alle lehre, daraus Gottes willen erkandt, was Gott von vns fordert und was vns ermangelt."[170]

---

[169] Die hervorragende Arbeit von K. Bockmühl, Gesetz und Geist, Gießen 1987, erschließt und würdigt die Ethik der Reformatoren und ihre pädagogischen Implikationen in einer beeindruckenden Weise.

[170] WATR 5, 6288, zit. bei Bockmühl, S. 48.

Im Sinne des ersten Gebrauchs des Gesetzes gelten die guten Gebote Gottes wirklich allen Menschen, weil sie alle seine Geschöpfe sind und sie alle ein Recht auf die guten Lebensräume haben, die diese Gebote Gottes erschließen. Sie verbieten nicht in erster Linie, sondern sie erlauben. Sie sind nicht nur Ausdruck des Sollens, sondern auch des Dürfens. Die Gebote schützen die Schöpfung, sie erhalten die Welt, sie erweisen sich für alle Menschen als Lebensräume, die zu zerstören auf Dauer tödlich ist. Das beweist auch das sog. Naturrecht oder das Schöpfungsethos, das eine große Schnittmenge mit den Geboten Gottes bildet.

Aber gerade weil diese Schnittmenge ethischer Übereinstimmung in unserer *säkularen Gesellschaft* immer kleiner wird, das Empfinden für das, was Recht oder Unrecht ist, immer geringer und das Tun des Guten immer schwächer, gerade darum muss einer blinden Welt das Gebot Gottes als Erhaltungs- und Lebensordnung kommuniziert werden. Es ist die Aufgabe der Wissenden, den Unwissenden den Weg zu weisen. Weil „der Gottlosen Weg vergeht" (Ps 1,6), ist es die Aufgabe derer, die den Weg des Lebens kennen, ihnen den Weg zum Leben zu weisen und sie vor dem Verderben zu warnen.

Dass die Bezeugung des christlichen Ethos nicht immer leicht ist und sogar persönliche Nachteile für denjenigen mit sich bringen kann, der sie kommuniziert, zeigt in eindrücklicher Weise die offensive und mutige Verkündigung der Gebote Gottes durch die alttestamentlichen Propheten, besonders durch Elia und im NT durch Johannes den Täufer. Als Herodes, der Vierfürst, „von ihm zurechtgewiesen wurde wegen der Herodias, der Frau seines Bruders, und wegen all des Bösen, das Herodes getan hatte, fügte er allem auch dies noch hinzu, dass er Johannes ins Gefängnis werfen ließ", aus dem er bekanntlich nicht wieder lebend herauskam (Lk 3,19.20; vgl. Mt 14,1–12).

Auch bei Paulus zeigt sich die direkte Verkündigung des Willens Gottes an weltliche Autoritäten. Felix verkündigt er mutig die Auferstehung der Toten, den Glauben an Christus, Gerechtigkeit, Keuschheit und künftiges Gericht (Apg 24,14ff). Vor Festus gibt er einen klaren Hinweis auf das staatliche Recht gegen Willkür (Apg 25,8–11) und vor Agrippa spricht er zu seiner eigenen Verteidigung (Apg 26).

Die Gemeinde Christi hat den Auftrag, der Welt den *primus usus legis* zu verkünden, den Willen Gottes, wie er sich im Gebot und den Ordnungen niederschlägt. Das tut sie freilich nicht ohne die Verkündigung des Evangeliums. Die „Christengemeinde" muss der „Bürgergemeinde" sagen, was gut für sie ist, weil jene es von Natur aus nicht weiß[171]. Sie nimmt das ethische Grundlagenwort: „Es ist dir gesagt, Mensch, was gut ist" (Mi 6,8) ernst und sagt es denen weiter, die es nicht kennen und aus der Natur heraus nicht kennen können. Dieses „Erinnern" der Bürgergemeinde an die guten Gebote und Ordnungen Gottes gehört zum elementaren Verkündigungsauftrag der Christengemeinde unaufgebbar hinzu. Missionsauftrag und Kulturauftrag sind – wenn auch zu unterscheiden – so doch nicht voneinander zu trennen. Auf keinen Fall „kann sich die Gemeinde mit der Pflege ihres eigenen inneren Lebens begnügen, ohne ihren Herrn zu verleugnen"[172].

An dieser Stelle muss natürlich auch an die enorme sozialethische Herausforderung der Christengemeinde erinnert werden. Es genügt nicht, einfach nur Ethik oder Werte zu vermitteln. Wer moralisches Gewissen der Welt sein will – und Jesus sagt, dass wir Salz der Erde und Licht der Welt sind! (Mt 5,13.14) –, muss diesen Anspruch durch gute Werke legitimieren: „So soll euer Licht leuchten vor den Menschen, *damit sie eure guten Werke sehen* und euren Vater, der in den Himmeln ist, preisen" (Mt 5,16). Auf diese Herausforderung muss weiter unten in der missiologischen Begründung der Ethik (s. 3.2.3) eingegangen werden.

Auf eine spezielle Frage soll allerdings an dieser Stelle noch hingewiesen werden:

(4) Wie kann die Gültigkeit der Gebote Gottes in einer von Säkularisierung und Pluralisierung geprägten Gesellschaft noch länger aufrechterhalten werden?[173]

Beim *usus politicus legis* handelt es sich, wie bereits oben erwähnt, traditionell um „die Geltung der Gebote schlechthin und also auch außerhalb der Kirche"[174]. Sie haben „auch" – oder man könnte sogar

---

[171] K. Barth, „Christengemeinde und Bürgergemeinde", in: Theol. Studien, 104, Zürich 1984.
[172] Bonhoeffer, Ethik (a.a.O.), S. 336.
[173] E. Rommen, „Das Problem des usus politicus legis angesichts des Phänomens der Säkularisierung", in: H. Burkhardt (Hrsg.), Begründung ethischer Normen, Wuppertal 1988, S. 169–183; J. Stott, „Pluralismus – sollen wir unsere Überzeugungen durchsetzen?", in: ders., Christsein in den Brennpunkten unserer Zeit ... in einer nichtchristlichen Gesellschaft, Marburg 1987, Bd. 1, S. 71ff.
[174] H. Thielicke, ThE I, S. 1232f.

sagen „nebenbei" – sichernde und bewahrende Wirkung gegen die Tendenz zum Chaos und zur sozialen Auflösung einer Gesellschaft.

Unter *Säkularisierung* versteht man die Befreiung gesellschaftlicher Institutionen und Weltanschauungen sowie die Entlassung individueller Persönlichkeiten aus der Unterweisung durch kirchliche Autorität und aus der Verantwortlichkeit Gott gegenüber.[175] Dieser geschichtliche Prozess ist zu unterscheiden von dem bewussten Programm, das *Säkularismus* genannt wird. Dabei geht es um die Unterscheidung – und schließlich auch Trennung von sakralem und säkularem Bereich, von Staat und Kirche. Die Gefahren einer konsequenten Trennung liegen einmal in einer Isolation christlichen Gedankenguts oder allgemein des Religiösen und zum anderen in einer totalen Ideologisierung der Gesellschaft. *Eine* Möglichkeit, das Verhältnis von Sakralem und Säkularem zu gestalten, scheint in unserer Zeit und Gesellschaft das (noch) einigermaßen ausgewogene Einverständnis über fundamentale Wertmaßstäbe und das allgemeine Tolerieren des Christlichen zu sein. Dennoch ist unschwer zu beobachten, dass der Wind gegen christliches Gedankengut und Wertbewusstsein (nicht nur in den Medien) schärfer zu wehen beginnt. Auf jeden Fall ist der geistig-moralische Grundwasserspiegel in den letzten Jahren dramatisch gesunken und umgekehrt das säkulare Bewusstsein proportional gestiegen. Der Einfluss des Säkularismus auf die Gesellschaft ist heute viel nachhaltiger als der des Sakralen.

Die *Pluralisierung* ergibt sich nach J. Stott im Wesentlichen aus zwei Ursachen: dem Prozess der Verweltlichung (Säkularisierung s.o.) und aus „der liberalen Einwanderungspolitik der unmittelbaren Nachkriegsjahre", heute würde man sagen, aus dem Entstehen einer „multikulturellen Gesellschaft". Kulturelle Vielfalt einerseits und Konkurrenz zwischen den Religionen andererseits ergeben eine nicht ungefährliche Gemenge-Lage, die nur mit Toleranz und Verständnis füreinander stabil gehalten werden kann.

Wie kann in dieser Situation die Relevanz christlicher Gebote vermittelt werden? Rommen nennt drei Gründe, warum Säkularisierung es dem *usus politicus legis* schwieriger macht:

---

[175] K. Bockmühl, Das Evangelium und die Ideologien, Gießen 1986, S. 41f.

„(a) Weil sie jedes Gesetz und integrierende Ordnung in Frage stellt und trotzdem an Normen und ethischen Wertmaßstäben festhalten will.

(b) Weil sie jede religiöse Begründung jener Normen ablehnt, aber gleichzeitig Erbe der christlichen Ethik bleibt.

(c) Weil sie einerseits die fast absolute Autonomie des Einzelnen proklamiert, aber andererseits auf ein gesellschaftliches Miteinander nicht verzichten will."[176]

Dass sich angesichts dieser Schwierigkeiten eine einfache Antwort verbietet, liegt auf der Hand. Die Reaktion der Resignation scheidet ebenfalls aus. Als Ansatz zu Lösungen betont Rommen das gemeinsame Leben als legitimen anthropologischen Kontext der Ethik. Das heißt, dass gemeinsames christliches Leben, sei es in der Gemeinde oder in einer Kommunität, einen starken ethischen Faktor in der glaubwürdigen Begründung von Ethik darstellt. Außerdem ist die Gemeinde der Ort, an dem das Zeugnis des biblischen Wortes und das gelebte Leben zusammenkommen und nach außen ausstrahlen können.[177] Das alles klingt nicht sehr offensiv.

Ob es ein gangbarer Weg ist, kann erst entschieden werden, wenn wir uns zunächst zwei andere extreme Meinungen anschauen, die man wie folgt bezeichnen könnte[178]:

(1) Die eine ist für die *Durchsetzung des christlichen Ethos* und kämpft für eine zwangsweise Einführung christlicher Werte auf dem Weg der Gesetzgebung.

(2) Die andere Position vertritt die *Laisser-faire-Haltung*, also die Entscheidung, Leute mit einer nichtchristlichen Meinung in Ruhe zu lassen, nicht einzuschreiten oder sie in irgendeiner Weise zu beeinflussen.

Für beide Meinungen lassen sich viele geschichtliche Beispiele anführen.

Stott erwähnt für das Durchsetzungsmuster zwei historische Beispiele, die beide im Nachhinein als nicht nur nicht gelungen, sondern als extrem fragwürdig und beschämend bewertet werden müssen: die Inquisition in Europa· durch die römisch-katholische Kirche und die

---

[176] A.a.O., S. 180.
[177] A.a.O., S. 181–182.
[178] Vgl. im Folgenden J. Stott, a.a.O.

Prohibition in den Vereinigten Staaten, d.h. das gesetzliche Verbot der Herstellung von und des Handels mit alkoholischen Getränken.

- Die 300-jährige Geschichte der Inquisition hinterlässt eine unheimliche Spur von Blut und Tränen. Die spanische Inquisition, die erst gegen Ende des 15. Jh.s von Ferdinand und Isabella eingerichtet wurde und sich u.a. gegen Juden, Protestanten und Farbige wandte, war die grausamste von allen und wurde erst im Jahre 1834 endgültig aufgehoben! Unzählige unschuldige Menschen wurden in ihrem Verlauf getötet und ihrer Freiheit beraubt.
- Die Prohibition verlief zwar nicht so grausam, hat aber ihr Ziel, den Alkoholkonsum und die damit verbundenen schlimmen gesellschaftlichen Folgen einzugrenzen, nicht erreicht. Als Präsident Roosevelt im Jahre 1932 das von weißen Protestanten initiierte und durch Vorarbeit (u.a. durch die sog. „Anti-Kneipen-Liga Amerikas") auf den Weg gebrachte „ehrenwerte Experiment" nach 13 Jahren gesetzlich aufhob, war der Alkoholmissbrauch im Land keineswegs abgeschafft. Im Gegenteil: Es hatte massenhafte Gesetzesübertretungen geradezu provoziert. Alkohol wurde jetzt illegal hergestellt und auf dem Schwarzmarkt vertrieben. Der Markt war außer Kontrolle. Und die Gesetzgebung war in Misskredit geraten.

Bereits diese Beispiele zeigen (ohne an dieser Stelle die Kreuzzüge u.a. bemühen zu müssen), dass es keinen Sinn macht, Glauben (Dogmatik) oder Handlungsanweisungen (Ethik) Menschen mit irgendeiner Form von Gewaltanwendung aufzuzwingen. Ist es nicht ebenso unrealistisch, heute an eine Form der Rechristianisierung Europas zu glauben?

Fast zwangsläufig ergibt sich aus der einen extremen Haltung eine andere: die *Laisser-faire-Haltung*. Auch wenn der Begriff ursprünglich aus dem 18. Jh. stammt, als Bezeichnung für die Freihandelswirtschaft gebraucht wurde und die prinzipielle Nichteinmischung seitens der Regierung bezeichnete, so meint er heute im weitesten Sinn Gleichgültigkeit und Desinteresse. Man lässt die andern in Ruhe und will selbst in Ruhe gelassen werden.

Unter Christen ist diese Haltung heute sehr häufig anzutreffen. Sie scheint geradezu ein Kennzeichen vieler Gemeinden und Einzelner geworden zu sein. Die Privatisierung des Glaubens und die Ghettoisierung der Gemeinde haben vielerorts zu einer eigenen Subkultur und

Kuschelclub-Mentalität geführt, die äußerst gefährlich ist. Gemeindeinterne Probleme werden in dem Maß überhand nehmen, wie der gesunde missionarische Kontakt und Austausch mit Nichtchristen abnimmt oder gar eingefroren wird.

Das kann einmal Gründe wie geistliche Ermüdung und Schwäche, Lustlosigkeit und Sünde zur Ursache haben. Es gibt aber auch eine gewisse „Theologie der Absonderung", durch die diese Abgrenzungsmentalität gefördert wurde und die paradoxerweise auf der anderen Seite zu einer subtilen Anpassung an die Welt und zur Schwächung der eigenen Identität geführt hat.

Doch dürfen Christen eine tolerante Haltung gegenüber sündhaften Gesellschaftsformen und -entwicklungen einnehmen, die Gott widerwärtig oder ein Gräuel sind?

Einem nach dem Zweiten Weltkrieg Geborenen steht es nicht zu, pauschal das Versagen der Kirche im Dritten Reich anzuprangern. Im Nachhinein weiß man alles besser. Dennoch ist dies eins der folgenschwersten Beispiele einer christlichen Laisser-faire-Haltung, das nie in Vergessenheit geraten oder bagatellisiert werden darf. Das Kapitel über die Haltung der Christen im Dritten Reich darf nie abgeschlossen werden. Das Ausmaß des Schreckens ist zu groß und das Versagen zu unermesslich, als dass man je darüber schweigen dürfte.

Umso besser ist es, wenn Menschen, die Zeitzeugen waren und unter ihrem Versagen gelitten haben, bereit sind, ihre Geschichte aufzuarbeiten und den nachfolgenden Generationen mitzuteilen. Die Schuldbekenntnisse, oft lange nach der Beendigung des Krieges gesprochen, sind immerhin ein Versuch, mit sich ins Reine zu kommen und nachfolgende Generationen zu warnen. Wichtiger sind jedoch die Zeugnisse derer, die damals nicht geschwiegen und die Laisser-faire-Haltung der meisten nicht angenommen haben, die bereits damals widerstanden und gekämpft haben. Die Worte dieser Männer wie Dietrich Bonhoeffer, Martin Niemöller, Karl Barth, Walther Künneth, Paul Tillich u.v.a.m. sind es, die heute aus der gefährlichen Laisser-faire-Haltung herausführen und davor bewahren können. Die Zeugnisse der Männer und Frauen, die mutig gegen den Strom schwammen, Zivilcourage zeigten und ihre ethischen Überzeugungen durchgehalten haben, oftmals gegen die Mehrheitsmeinung ihrer Glaubensgenossen, nötigen höchsten Respekt ab.

Aus heutiger Sicht fällt es dennoch ungeheuer schwer zu verstehen, warum nicht mehr prophetischer Blick gerade bei *den* Christen auszumachen war, die durch ihre heilsgeschichtliche Erkenntnis den geistlichen Durchblick zu haben glaubten. Dass es unter ihnen solche gab, die nichts Wichtigeres zu tun hatten, als darüber zu streiten, ob z.B. Frauen Nylonstrümpfe tragen dürfen, während draußen die Synagogen brannten, ist kaum mehr nachvollziehbar. Dennoch scheint gerade das symptomatisch für eine völlig apolitische und auf individuelles Heil und Heiligung eingegrenzte Frömmigkeit zu sein. Die Lehre von der Absonderung vom Bösen hat dann auf der nach innen gewandten Seite keine anderen Fragen mehr.

Gerhard Jordy formuliert in seinem dreibändigen Werk über die Brüderbewegung[179] den grundsätzlichen theologischen Standpunkt der Brüder so, dass man „weniger an der Praxis des Christenlebens als an der Stellung des wiedergeborenen Menschen in Jesus Christus interessiert" war. Das wiederum hatte natürlich direkte Auswirkungen auf die Haltung „der Brüder zum Staat bis in die dreißiger Jahre":

„1. Der Christ hat sich nicht in die Politik einzumischen.
 2. Er hat jeder Obrigkeit als Dienerin Gottes ohne Abstriche zu gehorchen.
 3. Diese Unterordnung findet nur am Gehorsam gegenüber Gott ihre Grenze.
 4. Deshalb sollen die Christen für die Obrigkeit beten, damit ihnen ein Konflikt mit dem Staat möglichst erspart bleibt."[180]

Er zitiert Darby mit dem bekannten Diktum: „Wir mischen uns nicht in die Politik; wir sind nicht von der Welt; wir nehmen nicht teil an den Wahlen."[181] Diese Haltung hat sich bis tief in das Brüdertum hinein ausgewirkt.

Aber auch andere Freikirchen haben durch eine ähnliche Frömmigkeitsstruktur ähnliche Probleme mit dem Nichteinmischen gehabt.[182] Ob die Überzeugung der ausdrücklichen Trennung von Kirche und Staat (Laizismus) dieses Verhalten begünstigt, soll und kann hier nicht behandelt werden.

---

[179] G. Jordy, Die Brüderbewegung in Deutschland, 3 Bände, Wuppertal 1979, 1981, 1986.
[180] Ebd., Bd. 3, S. 17.19.
[181] In Darbys bekanntem Brief an die französische Zeitung „Le Français" (I, 38ff, 1878), zit. in Jordy, Bd. 3, S. 24.
[182] Vgl. die sehr gute Darstellung von A. Strübind, Eine unfreie Freikirche: Der Bund der Baptistengemeinden im Dritten Reich, Wuppertal/Kassel, ²1995.

Ansonsten ist das Phänomen des Nichteinmischens unabhängig von theologischen Überzeugungen ein grundsätzlich menschliches Problem. Es wird durch den Trend der Individualisierung und Privatisierung des Glaubens in unserer Zeit natürlich sehr verstärkt. Dagegen erfordert Zivilcourage Mut und Initiative, Tugenden, die leider eher selten geworden sind.

Wenn also weder das gewaltsame Durchsetzen christlichen Gedankenguts (und einer christlichen Ethik) noch eine „Laisser-faire-Haltung" (auf eine christliche Ethik zu verzichten) angemessene Möglichkeiten sein können, dann muss es einen dritten Weg geben. Das Spannungsverhältnis, das sich aus dem Anspruch der guten Gebote und Ordnungen Gottes für diese Welt ergibt, kann daher mit J. Stott zu Recht nur als Weg oder „Strategie der *Überzeugung* durch Argumente" überwunden werden.

Diese Strategie der Überzeugung durch Argumente entspricht sowohl dem christlichen Gottesbild als auch Menschenbild der Bibel. Wir sollen Menschen als Bilder Gottes respektieren, nach Gerechtigkeit streben, Ungerechtigkeit hassen, Bedürftigen helfen, Arbeit achten, die Notwendigkeit der Ruhe anerkennen, die Ehe heilig erhalten, Eigentum schützen usw. Das tut allen Menschen gut. Gott lässt in seiner Güte die Sonne sowohl über Gerechte als auch über Ungerechte aufgehen. Das Licht seiner Gebote (z.B. Ps 119,105) soll allen Menschen scheinen. Christen können also angesichts der Dinge, die Gott zuwider sind, nicht schweigen und angesichts der Dinge, die Gott wichtig sind, nicht gleichgültig sein.

Hoffnung darauf, dass Menschen offen für die Gebote und Gedanken Gottes sind, schöpfen Christen aus der Tatsache, dass auch Nichtchristen die Gebote in ihre Herzen geschrieben sind (Röm 2,14f) und sie eine Ahnung von dem, was Gut und Böse ist, haben.

Weil Gott Liebe und das Wesen der Liebe Freiheit ist, respektieren Christen das Gewissen anderer unbedingt, auch wenn es fehlgeleitet oder schwach sein sollte. Ein schwaches Gewissen kann gestärkt, ein irregeleitetes aufgeklärt werden, aber nie kann es vergewaltigt oder von anderen beherrscht werden. Gewissensfreiheit ist daher ein hohes Gut, für das Christen aller Zeiten sich immer wieder in besonderer Weise eingesetzt haben.

Wenn Christen also aufgefordert sind, ihre ethischen Grundüberzeugungen auch anderen mitzuteilen, ohne sie zu etwas zwingen zu wollen, dann können sie das am besten durch gute Argumente und ein hohes Maß an Plausibilität tun. (Das gilt freilich gleichermaßen für Evangelisation und soziale Verantwortung.) Um zu überzeugen braucht es eine Art ethischer Apologetik (Argumente für das Gutsein der Gebote Gottes).

Überzeugen ist eine offensive Tätigkeit, die sich mit dem ethischen und gesellschaftlichen Status quo nicht zufrieden gibt. Tatsächlich ermöglichen demokratische Gesellschaftsformen einen konstruktiven Beitrag zum öffentlichen Leben durch Beteiligung an der öffentlichen Meinungsbildung. Es besteht ein hoher Bedarf an engagierten Christen, die durch Interessensgruppen ihrer Überzeugung auf kommunaler und höherer Ebene Nachdruck verleihen.

So sehr man diesen Einschätzungen auch grundsätzlich zustimmen mag, so desillusionierend und enttäuschend sieht oft die Praxis aus. Während das Wahlrecht das absolute Minimum an Mitbestimmung darstellt, gibt es immer noch Christen, die noch nicht einmal das wahrnehmen. Selbst Christen, die bereit sind, sich einzumischen und einzusetzen, werden in ihrem Engagement oft genug gebremst, weil sie erkennen müssen, dass ihre Kraft zu klein, der Widerstand zu groß, die Gesellschaft zu pluralistisch und überhaupt die Hoffnung auf Veränderung der Gesellschaft vollkommen unrealistisch ist.

Besonders in einer nachchristlichen Gesellschaft werden Christen zwar immer noch geduldet, ihr Einfluss ist aber sehr gering. Sie werden fast überhaupt nicht mehr wahrgenommen. Meistens sind es nur die „beiden großen Kirchen", die noch über die finanziellen Mittel und informationstechnischen Strukturen verfügen, um sich überhaupt ins Gespräch zu bringen.

Dennoch bleibt das Wort Jesu vom Salz der Erde und Licht der Welt bestehen. Historische Beispiele in Europa zeigen, dass der Einfluss des Christentums auf Struktur und Layout der Gesellschaft ganz erheblich war: Das restriktive Strafrecht wurde geändert, Sklaverei und Sklavenhandel wurden gebrandmarkt und abgeschafft, Schulbildung und Gesundheitsfürsorge für alle ermöglicht, Haft- und Arbeitsbedingungen geändert usw. Natürlich sind nicht alle genannten Entwicklungen ausschließlich auf das Christentum zurückzuführen. Humanismus und Aufklärung waren weitere starke Quellen für diese Errungenschaften. Dennoch ist der christliche Einfluss unübersehbar. Das kann dazu ermutigen, dass Christen auch heute noch versuchen, sich auf der kleinsten gesellschaftlichen oder politischen Ebene einzubringen, sei es in der Mitverantwortung von Schulen, Vereinen, Behörden, kulturellen Foren und der öffentlichen Meinung.

Die stärksten Möglichkeiten von Christen, Salz der Erde und Licht der Welt zu sein, sind aber zweifellos sechs bekannte Wege: Gebet und Evangelisation, Zeugnis und Protest sowie glaubwürdiges Beispiel und gemeinsames Leben.[183] Sie wirken zwar und sind vielleicht schon sehr abgenutzt. Umso wichtiger ist es, sie neu zu entdecken und kreativ zu gestalten. Warum nicht neue Wege im Gebet und in der Evangelisation gehen? Öffentliche Fürbitte in Gottesdiensten für Politiker und gesellschaftliche Anliegen sollten selbstverständlich sein. Evangelisation soll und kann kulturrelevant sein. Warum keine neuen Formen von Zeugnis und Protest? Nehmen Christen alles als schicksalgegeben hin? Warum nicht nach kreativen Möglichkeiten suchen, das persönliche Beispiel und das des gemeinsamen und gemeindlichen Lebens neu zu nutzen? Orientierung ist gefragt. Lebensentwürfe, die echt überzeugen, sind begehrt. Viele Menschen sehnen sich nach authentischem Leben. Hier sind Christen heute herausgefordert, kreativ in der Liebe zu werden.

Der ganze Abschnitt soll enden mit einem Hinweis auf einen eschatologischen Ausblick, der die Weisungen Gottes für alle Völker und Menschen heilsam erscheinen lässt. Die eschatologischen Zeugnisse der Propheten Jesaja und Micha weisen auf eine kommende Zeit – „am Ende der Tage" – hin, in der Gott selbst durch seinen Messias Weisung ausgehen lässt, nämlich das Wort des HERRN für viele Völker (Jes 2,2–4; Mi 4,1–3). Erst in dem messianischen Friedensreich wird sich offensichtlich die umfassende Geltung des Willens Gottes für seine Menschen auf der Welt in einer nie gekannten Weise durchsetzen. Diese „eschatologische Zionstora" entspricht nach H. Gese[184] inhaltlich durchaus der Sinaitora. Neu ist sie in dem Sinne, dass in ihr „der heilige Wille des einen Gottes, der die Welt geschaffen und Israel zu seinem Eigentumsvolk erwählt hat, nicht mehr nur vorläufig, wie in der Tora des Mose, sondern ontologisch vollendet in Erscheinung tritt". Bis dahin ist es allerdings vornehmste Aufgabe derer, die

---

[183] Vgl. J. Stott, I, S. 101ff.
[184] Zit. in: P. Stuhlmacher, Biblische Theologie des Neuen Testaments, Göttingen ²1997, Bd. 1: Grundlegung: Von Jesus zu Paulus, S. 106.

schon jetzt vom Messias Jesus überzeugt sind, seine Weisungen zu vermitteln.

Bevor wir nun weiter das gute Gebot Gottes reflektieren – „es ist die Mitte und Fülle des Lebens" (Bonhoeffer) –; müssen wir vorher noch auf einen wichtigen Aspekt des Gesetzes, des „du sollst!", des ethischen Imperativs, des Sollens zu sprechen kommen, auf den sog. *secundus usus legis*.

3.1.3.2 Die zweite Anwendung: Das Gesetz als Erweis der Unfreiheit

Viele ethische Entwürfe erwecken einen unrealistischen oder idealistischen Eindruck. Sie übersehen die im letzten Grund zu konstatierende Unfähigkeit des durch die Sünde angenichteten Menschen ebenso wie die grausame Wirklichkeit der Welt. Sie beschreiben ethische Verhaltensmuster, geben idealistische ethische Vorgaben und glauben, dass das Wissen des Guten bereits identisch sei mit dem Tun desselben.

Diesem fast jede Ethik durchziehenden Idealismus – sei es im Positivismus, im Utilitarismus, Naturalismus oder in der Situationsethik – steht der zweite Gebrauch des Gesetzes entgegen, der deutlich macht, dass das Wissen des Guten noch lange nicht zu seinem Tun führt. Die zweite Dimension des Gesetzes erweist die Unfreiheit des Menschen, das Gute letztlich zu tun. Sie engt zumindest seine von der allgemeinen Ebenbildlichkeit her intendierte relative Freiheit und Fähigkeit, Gutes zu tun, stark ein. Sie überführt den Menschen der Sünde und des Sünderseins. Sie gibt ihm Hilfen zur realistischen Selbsteinschätzung und macht ihm seine Grenzen des Liebens bewusst.

Der *secundus usus legis*, der auch *usus elenchthicus* (von der Sünde überführender Gebrauch) oder *usus paedagogicus* (erzieherischer Gebrauch) des Gesetzes genannt wird, eröffnet das enorme Spannungsfeld von Unfreiheit und Freiheit des Menschen. An der Spannung dieser beiden Pole erweist sich letztlich das Verständnis des Menschen und der Ethik. Wie frei ist der Mensch wirklich, das Gute zu tun? Indem das Gesetz als Forderung an den Menschen herantritt, die er letztlich nicht erfüllen kann, wird seine Unfreiheit und seine Schuldverflochtenheit virulent. Er braucht Vergebung und Befreiung, um das Gute tun zu können.

Der *secundus usus legis* soll zu einer realistischen Selbsteinschätzung des Menschen verhelfen. Dass er das freilich nicht automatisch vermag und dass man im Blick auf das Gebot sehr wohl in einer Selbsttäuschung leben kann, zeigen zwei Beispiele aus dem Neuen Testament:

Als ein junger religiöser Mann zu Jesus kommt und ihn fragt, was er Gutes tun muss, um das ewige Leben zu erhalten, verweist Jesus ihn auf den Willen Gottes: „Du weißt die Gebote!" (Mt 19,16–22).

Interessant ist, dass Jesus zunächst zurückfragt: „Was fragst du mich über *das* Gute?" und ihn korrigiert: „Einer ist der Gute!" Jesus relativiert also „das Gute" im allgemeinen Sinn und bezieht es konkret auf den Guten, den Geber des Gebotes. Das Gute besteht für Jesus also nicht in einem diffusen Naturrecht, sondern eindeutig in dem, der die Gebote gibt, und in diesen Geboten selbst. Das Gute lässt sich für Jesus nur als der Wille Gottes definieren. (So auch Paulus: „... dass ihr prüfen mögt, was der Wille Gottes sei: das Gute ...", Röm 12,2.)

Die Nachfrage des jungen Mannes zeigt, dass er unsicher ist, welche von den vielen ihm bekannten Geboten es sind, die er halten muss. Jesus zitiert scheinbar wahllos aus dem Dekalog, den Zehn Geboten als der Zusammenfassung des Gesetzes, einige Gebote, ohne Anspruch auf Vollständigkeit zu erheben: „Du sollst nicht töten; du sollst nicht ehebrechen; du sollst nicht stehlen; du sollst nicht falsch Zeugnis geben; ehre den Vater und die Mutter; und: Du sollst deinen Nächsten lieben wie dich selbst." Die gesamte sog. „erste Tafel", die Gebote, die sich auf das Verhältnis zu Gott beziehen, lässt er aus.

Die Antwort des jungen Mannes zeigt, dass er sich selbst nicht kennt und dass er in einer Selbsttäuschung über sein ethisches Verhalten lebt: „Das alles habe ich befolgt. Was fehlt mir noch?" Die Antwort Jesu, hinzugehen und alles zu verkaufen, was er hat, und es den Armen zu geben, um ihm nachzufolgen, erschüttert ihn zutiefst. „Da ging er betrübt hinweg, denn er hatte viele Güter" (Mt 19,20.21).

Wer kann von sich sagen, alles gehalten zu haben, was Gott geboten hat? Vielleicht noch in einem äußeren, formalen Sinn. Aber selbst dann kann es letztlich keiner sagen! Der reiche Jüngling hatte viele Güter. Er war nicht frei von seinem Besitz. Er verstieß zumindest dauernd gegen das erste Gebot, keine anderen Götter neben Gott zu haben, indem er dem Mammon – seinem Besitz und Geld – diente.

Auch Paulus sagt von sich, dass er in seinem Leben als Pharisäer „nach der Gerechtigkeit, die im Gesetz ist, untadelig geworden" sei. Erst seit der Begegnung mit Christus achtet er diese Art der eigenen

Gerechtigkeit („meine Gerechtigkeit") als „Verlust" (Phil 3,6.7). Erst die Begegnung mit dem lebendigen Christus hat ihm eine neue Sicht auf die eigene Gerechtigkeit und das eigene Tun des Guten ermöglicht. Er erkennt sich in diesem Licht als jemand, der durchaus nicht den Willen Gottes getan, sondern das Gesetz nur äußerlich gehalten hat.

Es ist gerade von dieser außerordentlichen Biographie her verständlich, dass *in der paulinischen Theologie* dieser besondere elenchthische Aspekt der Sündenerkenntnis durch das Gesetz betont wird.[185] Drei Akzente sind es, die auffallen:

(a) Durch das Gesetz kommt Erkenntnis der Sünde
Röm 3,20: „Durch das Gesetz kommt Erkenntnis der Sünde" (*hamartia* – Zielverfehlung). Dieser Begriff kommt ca. 100-mal bei Homer vor, wenn ein Krieger mit dem Speer seinen Feind nicht trifft, oder bei Thukydides [um 450 v.Chr.], wenn jemand vom Wege abirrt. Erst später, seit Aristoteles [um 350 v.Chr.], wird er auf das geistige oder moralische Gebiet übertragen). Röm 4,15: „Wo kein Gesetz ist, ist auch keine Übertretung" (*parabasis*). Das Gesetz kam hinzu, damit „die Übertretung überströmend werde" (Röm 5,20). Röm 7,9: „Als aber das Gebot kam, lebte die Sünde auf." Die Sünde soll „überaus sündig werden durch das Gebot" (Röm 7,13). Das Gebot definiert die Sünde, es macht sie lebendig und entlarvt sie als eine Macht. Ohne Gesetz hätten wir die Sünde gar nicht erkannt (Röm 7,7).

(b) Durch das Gesetz kommt Selbsterkenntnis des Sünders
Das Gesetz zeigt dem Menschen gleichzeitig, wer *er selbst* ist. Seine Sündhaftigkeit wird am Gesetz erst richtig virulent. Weil er es nicht halten kann, wird es ihm zum Richter. Mit der Erkenntnis der Schuld verschwindet der Lebensgenuss. „Als ich noch ohne Gesetz war, da ‚lebte' ich; als aber das Gebot kam, lebte die Sünde auf; für mich aber kam – der Tod" (Röm 7,9.10). Das Gesetz, der Buchstabe hat „getötet" (2Kor 3,6). Obwohl es „heilig, gerecht und gut" ist, hat es sich als „Dienst des Todes und der Verdammnis" erwiesen (2Kor 3,7.9). Es hat den Todeszustand des Sünders bewirkt, ohne ihn zu verschulden.

---

[185] Zum Gesetzesverständnis bei Paulus vgl. P. Stuhlmacher, a.a.O., S. 253ff (dort auch ausführliche Literatur); H. Ridderbos, Paulus: Ein Entwurf seiner Theologie, Wuppertal 1970. Darin besonders: Sünde und Gesetz, S. 100–118; H. Hübner, Das Gesetz bei Paulus: Ein Beitrag zum Werden der paulinischen Theologie, Göttingen ³1982.

Weiter zeigt das Gesetz die Kraftlosigkeit des Sünders. Im Menschen regt sich jetzt das Wollen (Röm 7,18). Sein besseres Ich, seine Vernunft kämpft gegen das Böse und will es überwinden. Sie bejaht das Gute des Gesetzes. Der Mensch beginnt, sich noch mehr anzustrengen, um Gott zu gefallen. Aber stattdessen folgt eine Niederlage nach der anderen. „Denn nicht, was ich will, das tue ich, sondern was ich hasse, das übe ich aus. Wenn ich aber das, was ich nicht will, ausübe, so stimme ich dem Gesetz bei, dass es gut ist ... Denn das Wollen ist bei mir vorhanden, aber das Vollbringen des Guten nicht! Denn das Gute, das ich will, übe ich nicht aus, sondern das Böse, das ich nicht will, das tue ich" (Röm 7,15ff). Das Dilemma ist vollkommen: „Ich elender Mensch! Wer wird mich erretten von diesem Leib des Todes?" (Röm 7,24).

Mit diesem ergreifenden paulinischen Zeugnis wird das augustinische *non posse non peccare* („es ist unmöglich, nicht zu sündigen") erst richtig verständlich. Hier bleibt kein Raum mehr für ein *posse*, eine in irgendeiner Weise angedeutete Möglichkeit des Tuns des Gesetzes. Hier ist die Unfreiheit des Willens am klarsten ausgedrückt. Das Gesetz, das sich an den Menschen wendet, es zu tun, erweist – paradox genug – die Unfreiheit des Willens.

Wie lässt sich dieses Paradox erklären?

(c) Das Gesetz als paidagogos auf Christus hin (Gal 3,24)

Hier liegt sicher ein Hauptzweck des Gesetzes.[186] Dadurch, dass es dem Menschen Gottes Willen zeigt, aber selbst nicht die Kraft gibt, ihn zu erfüllen („was *dem Gesetz unmöglich* war, das hat Gott getan!" Röm 8,3), führt es zur Verzweiflung. Das Gesetz weiß, was gut und böse ist, und klagt den Menschen an. Dadurch treibt es ihn zum Erlöser.

Weil es nicht hilft, das Gute zu tun, treibt es den Verzweifelten zu dem, der ihn erlösen kann von dem „Leibe dieses Todes" (Röm 7,24). Der *paidagogos* im alten Griechenland war ein Sklave, der darauf zu

---

[186] So E. Sauer, Morgenrot der Welterlösung, Wuppertal [6]1976, S. 136: „Die Antwort der Schrift ist, dass der Hauptsinn des Gesetzes in der Ausgestaltung der Erlöserwartung durch Offenbarmachung der menschlichen Sündhaftigkeit bestehe und dass dadurch das Gesetz ein Zuchtmeister auf Christum sei, und zwar auf ihn als den Heiland der Sünder (Gal 3,19; 24; Röm 3,20; 7,7ff)."

achten hatte, dass die Kinder das Erziehungsziel erreichten. Notfalls griff er hart durch, wenn sie nicht den Anforderungen der Ideale entsprachen. Indem er sie strafte, trieb er sie zum Ziel. Das Gesetz „treibt" nun so zu Christus, wie der *paidagogos* seine Zöglinge zum „Erziehungsziel". Es bewirkt im Menschen die Sehnsucht zum Heil. Erst „in Christus" wird der Mensch frei vom „Fluch des Gesetzes" (Gal 3,13), in ihm erst erreicht er das Ziel seiner Bestimmung.

„So ist das Gesetz ein Geschenk des erlösenden Gottes; und wie in der persönlichen Heiligung die Gnade das Gesetz ausschließt (Röm 6–8; Gal 3–4), so schließt sie in der Heilsgeschichte das Gesetz in sich ein."[137] Das Gesetz bewirkt also eine wesentliche Voraussetzung zur Heilsannahme: die Erkenntnis der Sünde und die Unfreiheit des Willens. Damit treibt es, als *paidagogos*, zu dem, der sowohl Vergebung als auch Befreiung schenkt: Christus.

So kann das Gesetz nach dem *secundus usus legis* also niemals ad acta gelegt werden, weil es im Handeln Gottes einen wesentlichen Platz einnimmt.

Das von Gott verheißene Leben haben wir also nur, wenn wir den Tod unserer eigenen Möglichkeiten im Blick auf die Heilserlangung einsehen. Aus diesem Grund schreibt der holländische Theologe Hendrikus Berkhof ganz richtig: „Wenn wir in der Dogmatik unter Gesetz ganz allgemein das Wort Gottes verstehen, insoweit es in unsere Existenz eingeht und diese Existenz umsetzt, so müssen wir anerkennen, dass die lutherische Betonung der Vorordnung des Gesetzes eine unvergängliche Wahrheit verteidigt, nämlich dass das Wort Gottes nie lebendig macht ohne zu töten, ohne unseren Widerstand gegen Gott aufzudecken und uns zur Buße zu führen."[188]

Die faktische Macht des Bösen in dieser Welt und die anthropologischen Einsichten der Bibel lassen utopische ethische Entwürfe nicht zu. Der Realismus der Bibel zeigt, dass Ethik nicht einfach davon ausgehen kann, dass Menschen das Gute, das sie zu kennen meinen, auch ohne weiteres zu tun vermögen.

---

[187] E. Sauer, Morgenrot ..., S. 140.

[188] H. Berkhof, „Gesetz und Evangelium: eine niederländisch-reformierte Stimme", S. 58–75, in: E. Kinder, K. Haendler (Hrsg.), Gesetz und Evangelium: Wege der Forschung CXLII, Darmstadt, 1986, S. 71.

An dieser Stelle sollten wir noch einmal auf die Adressaten der ersten beiden *usus* (Gebräuche, Anwendungen, Aspekte) des Gesetzes zu sprechen kommen. Erster und zweiter Gebrauch des Gesetzes beziehen sich sowohl auf Ungläubige als auch auf Gläubige. Das Gebot gilt allen Menschen als äußerste Maßgabe des Guten und als Aufdeckung der eigenen Unfreiheit. Erst im dritten Gebrauch muss man die Adressaten unterscheiden. Das Gesetz halten können letztlich nur an Christus gläubige Menschen, die es als „Regel" und „aus Dankbarkeit" für das geschenkte Heil in Christus ansehen.

3.1.3.3 Die dritte Anwendung: Die Gebote als Ausdruck der Liebe

Wer Gott in Christus gefunden hat (Joh 14,6), wer in ihm das Leben selbst erhalten hat (Joh 10,10), wer Vergebung seiner Schuld, Erlösung von der Macht des Bösen (Eph 1,7) und durch die Auferstehung Christi von den Toten eine lebendige Hoffnung über den Tod hinaus erhalten hat (1Petr 1,3), der lebt anders. Dem wurden Lebensräume erschlossen, die weit größer sind als alle kleinlichen Räume gesetzlicher Pflicht- oder Vermeidungsethik. Wem durch Christus der Weg frei gemacht worden ist, der findet in ihm einen neuen Weg zum Leben (Joh 14,6). Wer begnadigt (Eph 2,8.9) und aus dem Kerker seiner Angst und Verzagtheit herausgeführt worden ist, der kann ethisch anders leben. Der darf leben in neuer Orientierung, Freiheit und Zielgebundenheit.

Das alles will der sog. *tertius usus legis*, der dritte Gebrauch des Gesetzes, zum Ausdruck bringen. In der Theologie der Reformatoren[189] spielt der „dritte Brauch" des Gesetzes eine wichtige Rolle, weil er die Folge einer strengen Rechtfertigungs- und Gnadentheologie ist. Sie äußert sich darin, dass der gläubige Mensch *simul iustus et peccator*, gerecht und sündig zugleich ist. Weil er also auch als Erlöster noch Sünder ist, benötigt er für seinen Wandel klare Regeln.

Martin Luther

Obwohl Luther den Begriff des *tertius usus legis* nicht explizit gebraucht, ist aber die Sache bei ihm zu finden. In vielen Schriften betont er die Relevanz der Gebote für den Gläubigen als Gestaltung

---

[189] Siehe im Folgenden K. Bockmühl, Gesetz und Geist (a.a.O.).

seines Lebens. Kann er von der Begegnung des natürlichen Menschen mit dem Gebot sagen, dass wir „mit jeder Art Unglück gedrückt wurden durch das Gesetz der Zehn Gebote"[190], so kann er von dem begnadigten Menschen sagen: „Wenn aber last nicht mehr last ist, so ists gut zu tragen, und wenn Gesetz nicht mehr Gesetz ist, ists gut zu halten, wie die Zehen gebot ..." D.h. aus dem harten Gesetz Gottes, das fordert, verbietet, anklagt und verflucht, ist, seit Christus den Fluch des Gesetzes auf sich genommen und weggetragen hat, das gute Gebot, die Weisung Gottes geworden.

Die Zehn Gebote sind für Luther und Melanchthon nützlich und Not als Führer zu guten Werken, die dem rechten Glauben überall folgen. Im Galaterkommentar von 1519 schreibt Luther: „Daher sind die Gebote notwendig, nicht so, dass wir durch die von ihnen verlangten guten Werke gerecht würden, sondern dass wir als schon Gerechte wissen, wie unser Geist das Fleisch kreuzigen und uns in den Dingen dieses Lebens dirigieren solle."[191]

Augsburger Bekenntnis und Apologie

Hier wird auf den Vorwurf der katholischen Gegner, die Protestanten hätten und lehrten keine guten Werke, gekontert mit dem Hinweis auf die Zehn Gebote. Diese führten zwar nicht zum Heil des Menschen, folgten aber dem Glauben nach. Deshalb lehne man die katholische Lehre von den guten Werken ab und betone die wahrhaft guten Werke, die aus dem Glauben heraus geschehen. Hauptbeleg ist Eph 2,8.9, sodann der Traditionsbeweis Augustins (*De spiritu et littera*) und drittens der Beweis aus Erfahrung. Abschaffung des Gesetzes könne man den Protestanten also nicht vorwerfen.

---

[190] W. A. 11, 31, 6ff; zit. in K. Bockmühl, a.a.O., S. 54.
[191] Zit. a.a.O.

Reformierte Bekenntnisschriften[192]

In ihnen wird überall die fortdauernde Geltung des Gesetzes betont. Das Gesetz verdammt den Christen zwar nicht mehr, zeigt ihm aber „die Gestalt der Tugenden und Laster"[193].

Gerade in der reformierten Ethik wird der dritte Gebrauch des Gesetzes, der *usus in renatis* (der „Gebrauch in den Wiedergeborenen") herausgestellt.

Als Beispiel soll hier der **Heidelberger Katechismus** dienen, der das Gesetz gleich an *zwei* Stellen behandelt: einmal am Anfang „Von des Menschen Elend" (Frage 3–6.9) und im dritten Teil „Von der Dankbarkeit" (Frage 91–115, wo dann auch die Auslegung der Zehn Gebote geschieht).

Erster Hauptteil:
Frage 3: Woher erkennst du dein Elend?
„Aus dem Gesetz Gottes."
Frage 4: Was fordert denn das göttliche Gesetz?
„Dies lehrt uns Christus in einer Summa Matthäus im 22. Kapitel: Du sollst lieben Gott, deinen Herrn, von ganzem Herzen, von ganzer Seele, von ganzem Gemüt und allen Kräften. Dies ist das vornehmste und größte Gebot. Das andere aber ist dem gleich: Du sollst deinen Nächsten lieben als dich selbst. In diesen zwei Geboten hängt das ganze Gesetz und die Propheten."
Frage 5: Kannst du dies alles vollkömmlich halten?
„Nein, denn ich bin von Natur aus geneigt, Gott und meinen Nächsten zu hassen."
Frage 6: Hat denn Gott den Menschen also böse und verkehrt erschaffen?
„Nein, sondern Gott hat den Menschen gut und nach seinem Ebenbild erschaffen, das ist, in wahrhaftiger Gerechtigkeit und Heiligkeit, auf dass er Gott, seinen Schöpfer, recht erkennete und von Herzen liebte und in ewiger Seligkeit mit ihm lebte, ihn zu loben und zu preisen."

---

[192] Zu denen gehören: (1) die „Confessio Tetrapolitana" von 1530, verfasst von Martin Bucer, Wolfgang Capito und Kaspar Hedio, (2) Calvins Genfer Katechismus von 1542/45, (3) die Confessio Gallicana von 1549, (4) die Confessio Scotica von 1560 (John Knox), (5) die Confessio Belgica von 1561, (6) die Kirchenordnung der Kurpfalz, 1563 mit dem „Heidelberger Katechismus" und (7) die Confessio Helvetica Posterior von Heinrich Bullinger von 1562/66. Zugänglich in: Bekenntnisse der Kirche, Wuppertal [2]1977.

[193] Zit. in Bockmühl, Gesetz und Geist, S. 316.

Frage 7: Woher kommt denn solche verderbte Art des Menschen?

„Aus dem Fall und Ungehorsam unserer ersten Eltern, Adam und Eva, im Paradies, da unsere Natur also vergiftet worden, dass wir alle in Sünden empfangen und geboren werden."

Im *zweiten Hauptteil* wird „von des Menschen Erlösung" (Frage 12–85), von „Gott, dem Vater" (Frage 26–28), von „Gott, dem Sohn" (Frage 29–52), von „Gott, dem Heiligen Geist" (Frage 53–64), und „von den heiligen Sakramenten" (Frage 65–85; Taufe und Abendmahl) gesprochen.

Der *dritte Hauptteil* handelt „von der Dankbarkeit" (Frage 86–128). Hier spielt nun das Gesetz wieder eine, aber eben eine ganz andere und neue Rolle (*tertius usus legis*).

Es wird erklärt, dass „wahrhaftige Buße oder Bekehrung des Menschen" in „zwei Stücken" bestehe: „In Absterbung des alten und Auferstehung des neuen Menschen".

Frage 90: Was ist die Auferstehung des neuen Menschen?

„Herzliche Freude in Gott durch Christus und Lust und Liebe haben nach dem Willen Gottes, in allen guten Werken zu leben."

Frage 91: Welches sind aber gute Werke?

„Allein die aus wahrem Glauben nach dem Gesetz Gottes ihm zu Ehren geschehen; und nicht die, die auf unser Gutdünken oder Menschensatzung gegründet sind."

Frage 92: Wie lautet das Gesetz des Herrn?

Dann folgen die Zehn Gebote, die ausgelegt werden. Am Ende heißt es in

Frage 115: Warum lässt uns denn Gott also scharf die Zehn Gebote predigen, wenn sie in diesem Leben niemand halten kann?

„Erstlich, auf dass wir unser ganzes Leben lang unsere sündliche Art je länger je mehr erkennen und darum desto begieriger Vergebung der Sünden und Gerechtigkeit in Christus suchen. Darnach, dass wir ohne Unterlass uns befleißigen und Gott bitten um die Gnade des Heiligen Geistes, dass wir je länger je mehr zu dem Ebenbild Gottes erneuert werden, bis wir das Ziel der Vollkommenheit nach diesem Leben erreichen."

Johannes Calvin

Calvin betont immer wieder mit Nachdruck, dass wohl der Fluch des Gesetzes (*maledictio*), nicht aber der Inhalt (*doctrina*) für die Gläubigen durch Christus aufgehoben ist. Die christliche Freiheit bestehe eben nicht in der Freiheit vom Zwang des Gesetzes; das Gewissen der Wiedergeborenen folge dem Gesetz und gehorche dem Willen Gottes aus freien Stücken.[194] So ist die dritte Anwendung des Gesetzes für Calvin die wichtigste. Auch bei ihm wird „die ganze christliche Ethik Ausdruck des *tertius usus legis*, Auslegung des Dekalogs."[195]

Am Ende des ersten Hauptpunkts soll noch einmal die erste Grundlage einer christlichen Ethik zusammengefasst und ein Ausblick auf die folgenden Grundlagen gegeben werden:

1. Die Wiederentdeckung und das Ernstnehmen der „Schöpfungsebene", d.h. der Geschöpflichkeit als einen auch nach dem Sündenfall nicht einfach zu eliminierenden wichtigen und notwendigen Lebensbereich für alle Menschen – eben auch für die Gläubigen – hat eine nicht zu unterschätzende Auswirkung auf das Leben der Christen. „Diese Wiedereingliederung der Schöpfung in Theologie und Ethik und die damit verbundene Heiligung des Alltags und der *civiles ordinationes* ist von unabsehbarer Bedeutung. Sie führt den Christen zurück zur Aufmerksamkeit auf den grundsätzlichen Kulturauftrag Gottes an den Menschen."[196] Das bedeutet, dass gerade Christen diesen elementaren Schöpfungsbereich nicht sofort grundsätzlich verdammen dürfen – weil er durch die Sünde verdorben sei –, sondern trotz Sünde ernst zu nehmen haben, weil Gott selbst als Schöpfer ihn ernst nimmt.

2. So wie Jesus das Gute nur auf den Willen Gottes bezog („... was fragst du mich über das Gute? Einer ist der Gute ... halte die Gebote!" Mt 19,16-17) und auch Paulus den Willen Gottes mit dem Guten identifizierte („... auf dass ihr prüfen könnt, was der Wille Gottes ist: das Gute", Röm 12,2), so wurde schon im Alten Testament das Gesetz als etwas ungemein Positives besungen und bekannt. Diese Wiederentdeckung der Gebotsethik in der Zeit der Reformation ist gerade heute von hohem Nutzen für die Ethik.

3. Dennoch kann eine christliche Ethik nicht in den Geboten allein aufgehen und auf eine pure Gebotsethik im Sinne des Dekalogs reduziert werden. Das nähme das revolutionär Neue, das Jesus mit dem

[194] Institutio III, 19, 4.
[195] K. Bockmühl, Gesetz und Geist, S. 324.
[196] K. Bockmühl, Gesetz und Geist, S. 209.

Anbruch des Reiches Gottes verkündet, nicht ernst. Aus diesem Grund ist das Ethos Jesu, wie er es als Ethos des Reiches Gottes neu gefasst hat, unbedingt hinzuzunehmen. Eine Ethik der Bergpredigt hat nichts mit Schwärmerei zu tun, sondern sie interpretiert das Reich Gottes als die mitten in der Welt sich ereignende Gottesherrschaft in den Menschen, die Gott in ihrem Leben Herr sein lassen. Dazu gehört das Wirken des Heiligen Geistes, ohne den das Leben und Verwirklichen des christlichen Ethos überhaupt nicht möglich wäre.

3.2 Das Ethos Jesu Christi

Christliche Ethik hat sich auf Christus zu berufen, oder sie darf sich nicht christlich nennen. „Christus" ist der messianische Hoheitstitel des Juden Jesus von Nazareth. Die im NT immer wieder auftauchende „Namensformel" „Jesus Christus" stellt einen Nominalsatz dar und bedeutet demnach: „Jesus (und kein anderer) ist der Messias!" (M. Hengel). Jesus selbst verstand sich als der messianische Menschensohn. Seine Jünger, und später alle Apostel und die entstehende Gemeinde, bestätigen und bekennen ihn als den von Gott verheißenen und gesandten Messias und Herrn.[197] Daher haben seine Worte für Christen eine konkurrenzlose und verbindliche Bedeutung. Das ist auch der Grund, warum wir hier nicht einfach vom Ethos Jesu sprechen[198], sondern sein Ethos ganz bewusst im Sinne seiner christologischen Bedeutung verstehen, auch wenn formal oft nur der Name Jesus genannt wird.

---

[197] Zu diesem ganzen Komplex des Selbstverständnisses Jesu und seiner Messianität vgl. P. Stuhlmacher, a.a.O.; L. Goppelt, Theologie des Neuen Testaments (hrsg. von J. Roloff), Göttingen ³1980; H. Marshall, Die Ursprünge der neutestamentlichen Christologie, Gießen 1985; M. Bockmuehl, Jesus von Nazareth – Messias und Herr, Wuppertal 1999.

[198] So z.B. W. Schrage, Ethik des Neuen Testaments, Göttingen 1982, u.a.

3.2.1 Das Reich Gottes als neue Wirklichkeit: die eschatologische Begründung der Ethik

3.2.1.1 Das zentrale Thema der Verkündigung Jesu ist die Herrschaft bzw. das Reich Gottes

Jesus hatte nur *ein* Thema, von dem sich alle seine Aussagen erschließen und auf die sich alle beziehen lassen: „Von da an begann Jesus zu predigen und zu sagen: Kehrt um, denn das Reich der Himmel ist nahe gekommen!" (Mt 4,17). Jesu Botschaft ist „Evangelium (frohe, gute Nachricht) des Reiches" (Mt 4,23).[199]

Wurzeln und Ursprung der Herrschaft Gottes liegen im Alten Testament und im Frühjudentum. Die *malekuta' di Jhwh* und die *malekut haschamajim* (mit ihren Varianten) bedeuten die Herrschaftsfunktion oder das Herrsein des Königs bzw. „die aktive Regentschaft Gottes, Gottes Herrschen als König"[200]. Schon seit den sog. „Jahwe-König-Hymnen" (Ps 47; 93; 96; 97; 98; 99) ist die Herrschaft Jahwes Ausdruck israelitischer Zukunftshoffnung. Sie wird z.T. näher bestimmt durch den Hinweis auf Jahwes Gesalbten (1Chr 17,11ff; Ps 2; 20f; 45; 72; 101; 110; 132). Der Gesalbte im Danielbuch wird Menschensohn genannt (Dan 7,13.14).

Auch das Judentum zur Zeit Jesu verwendete den Begriff der Gottesherrschaft und verknüpfte ihn mit einer konkreten Erwartung auf Gottes Herrschen.[201]

In diesem Kontext tritt Jesus auf und verkündet das Reich Gottes als angebrochen. Das vollkommen Neue und Provokante in seiner

---

[199] Der Begriff „Reich Gottes" (*basileia tou theou*) selbst und die Begriffsvarianten „Reich der Himmel" (*basileia ton ouranon*) kommen in den Synoptikern 67 x, bei Joh 2 x, Apg 4 x, Paulus 14 x vor und zählen zu den Kernbegriffen des NT und der Verkündigung Jesu und der Apostel.

[200] P. Stuhlmacher, a.a.O., S. 68.

[201] Man denke nur an die liturgische Formel „Gepriesen sei der Name der Herrlichkeit seiner Königsherrschaft für immer und ewig", die täglich im Tempel und der Synagoge benutzt wurde, die Sabbatlieder von Qumran, das tägliche Gebet (das *Sch^e ma Jisrael*: 5Mo 6,4–9; 11,13–21), den Kaddisch (Schlussgebet des synagogalen Gottesdienstes) und das *t^e fillah*, das 18-Bitten-Gebet, wo es in der 10. und 11. Benediktion heißt: „... sei König über uns, du allein!"

Verkündigung und seinem Wirken ist die Tatsache, dass er in seiner Person die Herrschaft Gottes verkörpert. „Wenn ich aber durch den Finger (Mt 12,28: Geist) Gottes die Dämonen austreibe, dann ist das Reich Gottes schon zu euch gelangt!" (Lk 11,20). Und: „Das Reich Gottes ist mitten unter euch!" (Lk 17,21). In seinen Heilszeichen, die Jesus in großer Vollmacht wirkt, bricht das Reich Gottes an: „Blinde sehen, Lahme gehen, Aussätzige werden rein, Taube hören, Tote stehen auf ..." (Mt 11,4). Das muss auch die Zweifelnden überzeugen, wie selbst Johannes den Täufer (Mt 11,2-6). Diese messianischen Heilszeichen[202] sind also nicht nur Vorzeichen (im Sinne von Hinweisen), sondern tatsächlich Anzeichen der längst angekündigten (Jes 29,18.19; 61,1) und nun in Christus bereits angebrochenen Gottesherrschaft.

Diese Gottesherrschaft geht aber nicht automatisch auf Menschen über. Gott zwingt seine Herrschaft niemandem auf. Sie kann nicht verdient, sondern nur empfangen werden. Der Schlüssel zu ihrem Empfang und zur ganzen Teilhabe an ihr ist aber die Umkehr, die Metanoia, zu der Jesus aufruft. Ohne Umkehr des Denkens, Wollens und der Gesinnung kann kein Mensch wissen, was Gott will. Denn die Lehre Jesu ist „nicht allgemeine ethische Weisheitslehre, sondern Konkretion des Umkehrrufs"[203]. Was Jesus vom Menschen eigentlich will, ist Umkehr zu Gott und nicht gute Werke! Jesus will die Bereitschaft, Gottes Reich zu empfangen, und nicht, es sich durch eigenes Tun zu verdienen. Sein Ethos ist also in erster Linie Konsequenz der Metanoia und Konkretion eines Lebens unter der guten und gnädigen Herrschaft Gottes.

Dieser Ansatz der Ethik Jesu war provozierend neu. Er musste zwangsläufig kollidieren mit der Ethik der Gesetzeslehrer aus dem Judentum.[204] Jesu Stellung zum Gesetz war daher Anlass lang anhal-

---

[202] Darunter versteht man gemeinhin die Tischgemeinschaft Jesu mit den Sündern (nicht als Armenspeisung verstanden, sondern als Antizipation der eschatologischen Tischgemeinschaft der *basileia*: Die bevorzugten Tischgäste sind nicht die Frommen aufgrund ihrer Taten, sondern Sünder!), den „Stürmerspruch" (Mt 11,12f; Lk 16, 16), die Predigt in Nazareth (Lk 4,16–30), die in dem Täufer genannten Taten des Messias (Mt 11,2–6), div. Heilungs- und Naturwunder u.a.

[203] H. Burkhardt, Ethik ..., S. 119.

[204] Vgl L. Goppelt, a.a.O., S. 129ff.

tender Auseinandersetzungen mit den Schriftgelehrten und Pharisäern[205]. Sie muss etwas genauer behandelt werden.

3.2.1.2 Jesu Stellung zum Gesetz

Das Gesetzesverständnis Jesu ist grundsätzlich wichtig für alle Christen. Wie können sie ein anderes Verständnis haben wollen als Christus selbst? Christliche Ethik muss Christus ganz ernst nehmen.

Neben dem oben (unter 3.1.1) bereits aufgeführten alttestamentlichen Verständnis vom Gesetz als Tora muss noch das Gesetz in seiner Komplexität von sinaitischen Geboten, mosaischen Ausführungsbestimmungen und rabbinisch-jüdischen Auslegungen erkannt werden, sonst versteht man Jesu Stellung zum Gesetz nicht.[206]

Für das Judentum z.Zt. Jesu sind mit Gesetz, „Tora" (als übergreifendem Terminus), die verschiedenen Willenskundgebungen Gottes im AT gemeint. Inhaltlich zählte man 613 Einzelgebote (*mizwot*), 248 Gebote und 365 Verbote.[207]

Jedes dieser Gebote wird mit einer Anzahl kasuistischer Anwendungsbestimmungen umgeben, die man *Halacha* („Wandel") nennt. Halacha ist also die Auslegung der Tora sowie ihr Gewohnheitsrecht, das nachträglich aus der Tora begründet wird. Diese mündlich tradierte und anerkannte Halacha wird erst 200 n.Chr. in der *Mischna* („Tradition") schriftlich niedergelegt. Insgesamt gibt es dann später im Rabbinat 15000 Ausführungsbestimmungen zur Tora, ein riesiges moralisches Gerüst, ein kasuistisches Netzwerk, in dem man unterzugehen droht.

Einen Grund, warum Jesus in Konflikt mit dem Gesetz geriet, kann man darin sehen, dass er eigentlich in erster Linie mit der Auslegung und den Auslegern des Gesetzes in Konflikt geriet, die es aus der

---

[205] Zu Pharisäer: R. Deines, Die Pharisäer im Spiegel christlicher und jüdischer Forschung seit Wellhausen und Graetz, WUNT I/101, Tübingen 1997.

[206] Zum Ganzen siehe: W. Schrage, Ethik des Neuen Testaments, Göttingen 1982, S. 54–69; L. Goppelt, a.a.O., S. 138–156; P. Stuhlmacher, a.a.O., S. 96–107.

[207] Diese Zählung entspricht jüdischer Anthropologie. Nach ihr ist der Mensch Gottes Geschöpf, der aus 613 Gliedern (248 Glieder und 365 Adern) besteht. Daher kann es heißen: „Jedes einzelne Glied spricht zum Menschen: Ich bitte dich, tu durch mich dieses (oder jenes) Gebot." Pesiq 101a, zit. bei Billerbeck 901e.

Perspektive der Halacha verstanden.[208] So richtig dieser Gedanke zweifellos ist, ist er doch unzureichend. Er greift auch deshalb schon zu kurz, weil Jesus sich dadurch nicht von den Qumranleuten unterscheiden würde, die das Gesetz noch radikaler auslegten als die Pharisäer.

Jesus legt das Gesetz, die Tora, nicht nur radikaler aus als die Pharisäer, sondern interpretiert es selbst anders. Er teilt freilich auf der anderen Seite auch nicht die liberalere Einstellung der Sadduzäer (Mt 22,23; vgl. 16,6). Er legt es nicht freier aus als die Sadduzäer, sondern befreit von einseitigen Interpretationen. Damit geht er sowohl über die Interpretation der Essener als auch über die der Sadduzäer und Pharisäer hinaus. Er steht also mit seinem Gesetzesverständnis jenseits von Pharisäern, Sadduzäern und Essenern.

Während die jüdische (pharisäische und essenische) Sicht des Gesetzes notwendig zur Kasuistik führt, schließt Jesu Sicht des Gesetzes dies vollkommen aus. Er hat einen völlig anderen Ansatz. Ihm geht es bei aller Wertschätzung und Hochachtung des Gesetzes als geoffenbarter Wille Gottes letztlich gar nicht einmal um das Gesetz als solches, sondern um den Geber des Gesetzes, um Gott selbst! Ihm geht es nicht um das formale Aufrechterhalten von Geboten, sondern um die sinnvolle Erfüllung der ursprünglichen Absichten und Gedanken Gottes, die sich im Gebot zeigen („... von Anfang an ist es nicht so gewesen ...", Mt 19,8). Ethisches Ziel Jesu ist nicht das Erreichen eines möglichst hundertprozentigen Limits des Gesetzes, sondern sein Ziel ist es, dass durch das Tun des Gesetzes Gott geehrt wird! „So soll euer Licht leuchten vor den Menschen, damit sie eure guten Werke sehen und euren Vater, der in den Himmeln ist, verherrlichen!" (Mt 5,16). Nicht die Vollbringer des Gesetzes sollen sich preisen lassen (wie die Pharisäer es taten: „wenn du betest, sollst du nicht sein wie die Heuchler, denn sie lieben es, in den Synagogen und an den Ecken der Straßen stehend zu beten, damit sie von den Menschen gesehen werden"; Mt 6,5), sondern Gott soll durch das glaubwürdige Tun des Gesetzes verherrlicht werden.

Es geht letztlich gar nicht um den frommen Menschen und seine weiße Weste, sondern um Gott und seine große Ehre!

---

[208] So z.B. W. G. Kümmel, Jesus und der jüdische Traditionsgedanke, 1934.

Wenn man Jesu Interpretation des Gesetzes richtig zu verstehen sucht, dann kann man zu dem Ergebnis kommen, dass Jesus den Willen Gottes so lehrt, „dass er die Tora vom Sinai gleichzeitig vertieft, hinterfragt und überbietet"[209].

Immer wieder wurde Jesus verdächtigt, ein gebrochenes Verhältnis zum Gesetz Gottes zu haben. Viele Diskussionen und Zusammenstöße der Pharisäer und Schriftgelehrten mit Jesus hatten nur dieses Ziel, seine Gesetzestreue und damit seine Autorität als Lehrer zu testen. Von einer Aufhebung des Gesetzes bei oder durch Jesus kann aber überhaupt keine Rede sein.

(a) Jesus hat die Gültigkeit des Gesetzes nachdrücklich bestätigt

Als Generalschlüssel zum Gesetzesverständnis Jesu muss man Mt 5,17–20 sehen: „Meint nicht, dass ich gekommen bin, das Gesetz oder die Propheten aufzulösen; ich bin nicht gekommen, aufzulösen, sondern zu erfüllen. Denn wahrlich, ich sage euch: Bis der Himmel und die Erde vergehen, wird auch nicht ein Jota oder ein Strichlein vom Gesetz vergehen, bis alles geschehen ist. Wer nun eins dieser geringsten Gebote auflöst und so die Menschen lehrt, wird der Geringste heißen im Reich der Himmel."

Damit zeigt Jesus unmissverständlich auf, dass er den Gotteswillen vom Sinai – die Tora – nicht nur nicht ignoriert oder gar auflöst, sondern ausdrücklich bestätigt und für gültig erklärt. Und zwar so lange, bis Himmel und Erde vergehen. D.h. es gibt für Jesus keinen Grund, das Gesetz aus irgendeinem Grund vorher aufzulösen.

(b) Jesus hat das Gesetz neu gedeutet

(1) Jesus hat das Gesetz allerdings auf seine ursprüngliche bzw. eigentliche Bedeutung zurückgeführt. In seiner Antwort z.B. im Blick auf Scheidung und Wiederheirat entgegnet er den Schriftgelehrten und Pharisäern auf ihren Einwand, Mose habe Scheidung doch ausdrücklich gestattet: „... von Anbeginn aber ist es nicht so gewesen!" (Mt 19,8).

Allein für den Sabbatfall finden sich in den Evangelien sechs

---

[209] P. Stuhlmacher, a.a.O., S. 104.

Streitgespräche Jesu mit den Pharisäern. Er fragt sie anlässlich einer demonstrativen Krankenheilung am Sabbat: „Soll man am Sabbat ... Leben erhalten oder töten?" (Mk 3,4). Dieses neue Handeln Jesu provoziert die Pharisäer derart, dass sie daran nichts Gutes erkennen können, sondern wutentbrannt hinausgehen und ratschlagen, wie sie ihn umbringen können. Für sie steht das Prinzip Gesetz über dem Menschen. Für Jesus ist der Sabbat für den Menschen gemacht, nicht umgekehrt! Die Pharisäer entwickelten eine ausgeklügelte Sabbat-Kasuistik, Jesus befreit davon und fordert mehr: den Willen Gottes zu erkennen, der im Sabbatgebot erkennbar wird, und aufzuatmen.

Jesus hebt auch das Reinheitsgebot auf. In dem Streitgespräch mit den Pharisäern über die Waschungen (Mk 7,14–23) zeigt Jesus, dass es nicht auf den äußeren Gebrauch von Waschungen ankommt, sondern auf die innere Reinheit eines Menschen: „Nichts, was von außen in den Menschen hineinkommt, vermag ihn zu verunreinigen, vielmehr, was aus dem Menschen herauskommt, das ist es, was den Menschen verunreinigt ... Denn von innen aus dem Herzen der Menschen kommen die bösen Gedanken hervor: Unzucht, Dieberei, Mord, Ehebruch, Habsucht, Bosheit, Arglist, Ausschweifung, Neid, Lästerung, Hochmut, Torheit; alle diese bösen Dinge kommen von innen heraus und verunreinigen den Menschen." Durch seinen Tod am Kreuz hat Jesus Menschen, die an ihn glauben, rein gemacht von aller Sünde. Sie brauchen keine äußeren Reinigungsrituale mehr.

(2) Jesus unterscheidet das ursprüngliche Gesetz von den menschlichen, rabbinischen Interpretationen des Gesetzes. Diese hatten in Talmud und Midrasch ein ausgeklügeltes nomistisches System erstellt, das aus dem Gesetz ein kompliziertes ethisches Gerüst machte. So gab es einen engen „Gesetzeszaun" von Tausenden von Gesetzen und Ausführungsbestimmungen, um die Gebote zu schützen. Jesus bricht diesen künstlich errichteten Zaun auf, indem er vollmächtig sagt: „Ihr habt gehört, dass gesagt ist ..., ich aber sage euch!"

In den sog. „Antithesen" der Bergpredigt stellt Jesus demnach seine eigene Lehre der Überlieferung gegenüber, die die Generation vom Sinai von Gott durch Mose empfangen hatte. Genau genommen können wir in den Antithesen eine Doppelbewegung[210] sehen: In der 1., 2. und 6. Antithese wird das bestehende Gebot der mosaischen Tora

[210] P. Stuhlmacher, a.a.O., S. 103.

vertieft und radikalisiert. Nicht erst der vollzogene Mord, sondern bereits der Zorn und die Beschimpfung des Bruders fallen unter das Gericht Gottes; nicht erst der vollzogene tatsächliche Ehebruch, sondern bereits das Begehren einer verheirateten Frau (= γυνη – *gynä*) erfüllt den Tatbestand des Ehebruchs; das Liebesgebot betrifft nicht nur den jüdischen Glaubensgenossen, sondern schließt die Feinde mit ein. Damit hat Jesus die „größte Entschränkung des Liebesgebotes ausgesprochen ..., die antik überhaupt denkbar war" (Stuhlmacher).

In der 3., 4. und 5. Antithese stellt sich Jesus aber gegen den Wortlaut der Tora und tastet damit die formale Autorität des Gesetzes an: Die von Mose gebilligte Scheidung (5Mo 24) wird von Jesus als gegen den Schöpferwillen verstoßend zurückgewiesen; das in 3Mo 19,12 verbotene falsche Schwören soll laut Jesus ersetzt werden durch die Eidesverweigerung und die immer ehrliche Rede; das Gesetz der Wiedervergeltung (die sog. *ius talionis*: 2Mo 21,24–25) widerspricht dem eigentlichen Willen Gottes.

(3) Jesus hat das Gesetz auf das Wesentliche reduziert. An dem sog. „Doppelgebot der Liebe" hat Jesus „das ganze Gesetz und die Propheten" aufgehängt (Mt 22,36–40). Er zeigt damit an, dass die Fülle der einzelnen Gebote des Gesetzes Ausdruck des einen großen Doppelgebots der Liebe ist: Gott von ganzem Herzen zu lieben und seinen Nächsten wie sich selbst. Die Liebe zu Gott ist sozusagen die Voraussetzung für die Nächstenliebe. Die zweite Tafel des Gesetzes kann man zur Not – quasi durch einen „begrenzten Gehorsam" – noch einhalten („das alles habe ich gehalten von Kindheit an" [Mk 10,20]), nicht aber die totale Forderung Gottes. Das Wesentliche ist die Liebe Gottes und die Liebe zu Gott.[211]

(c) Jesus hat das Gesetz erfüllt

Jesus begründet seine Sendung auf die Welt grundsätzlich und elementar damit, dass er gekommen ist, „das Gesetz und die Propheten zu *erfüllen*" (Mt 5,17).[212] Ganz praktisch beweist er das z.B. bei seiner

---

[211] Nur von daher kann Augustins Wort verstanden werden: „Liebe, und dann tu, was du willst!"

[212] Zum Bedeutungsspektrum von πληρόω (*pläroo*) an dieser Stelle vgl. U. Luz, Das Evangelium nach Matthäus (Mt 1–7), in: Evangelisch-Katholischer Kommentar zum

Taufe durch Johannes, dem er nach dessen Zögern sagt: „Es gebührt uns, *alle* Gerechtigkeit zu erfüllen" (Mt 3,15). Sein höchstes Ziel ist es, den Willen Gottes zu tun: „Meine Speise ist, dass ich den Willen dessen tue, der mich gesandt hat, und (dadurch) sein Werk vollbringe" (Joh 4,34). „Was der Vater tut, das tut ebenso der Sohn" (Joh 5,19b).

Jesus ist damit der Einzige, der den Willen Gottes nach Absicht und Intention vollkommen erfüllt hat. Das gibt ihm das Recht zu gebieten: „Ich aber sage euch!"

Damit stehen wir vor einem außerordentlich wichtigen Sachverhalt. Von Mt 5,17.21–48 her erscheint „Jesus als der messianische Vollender der Tora vom Sinai"[213]. Er ist quasi das letzte und vollendete Wort Gottes. In Hebr 1,1 heißt es, dass „nachdem Gott vielfältig und auf vielerlei Weise ehemals zu den Vätern geredet hat in den Propheten, er zuletzt zu uns geredet hat im Sohn". Die Weisung Jesu kann durch niemanden mehr überboten werden! Er spricht wirklich das letzte Wort zum Gesetz. Denn er hat es als Einziger erfüllt. So spricht Paulus in Gal 6,2 und 1Kor 9,21 vom νομος (του) Χριστου (*nomos tou Christou*), dem Gesetz (Weisung; Tora) Christi. Jakobus schreibt vom „vollkommenen Gesetz der Freiheit" (Jak 1,25) und meint damit die Lehre vom Willen Gottes, wie sie Jesus verkündet hat.

3.2.2 Das Ethos Christi vom Reich Gottes

Jesus verkündet nicht einfach ein steiles Ethos (obwohl es auf den ersten Blick so aussehen mag: Wer kann schon seine Feinde lieben?! Wer geht schon immer die zweite Meile?!) oder ein hohes Ideal israelitischer Frömmigkeit, das im Alltag nicht erreichbar ist (fasten, beten, Almosen geben), sondern er ruft Menschen (fromme wie nicht fromme) zur Umkehr, um das Reich Gottes zu empfangen: „Kehrt um, denn die Herrschaft Gottes hat begonnen!" Dass Gott in unserem

Neuen Testament, Bd. I/1, Zürich und Braunschweig/Neukirchen-Vluyn ²1989, S. 232. Bei allen Möglichkeiten ist doch bezeichnend, dass das Verb, anders als in den profanen Belegen und bei Paulus, „ein exklusiv christologisches Verb" ist. „Nur Jesus ... erfüllt das Gesetz. Es schwingt ein einzigartiges Moment der Ganzheit und Fülle mit."

[213] P. Stuhlmacher, a.a.O., S. 105.

Leben Herr sei, das ist das zentrale Thema der Ethik Jesu. „Trachtet zuerst nach der Herrschaft Gottes und nach seiner Gerechtigkeit!" (Mt 6,33). Das ist gleichsam auch der Schlüssel zur Ethik Jesu, wie sie z.T. in der Bergpredigt zusammengefasst wird.

Wir beginnen also, wenn wir die Ethik Jesu verstehen wollen, nicht einfach mit der Auslegung des Textes von Mt 5–7 (wie das immer wieder geschehen ist) oder mit anderen ethischen Einzelweisungen Jesu, sondern mit den Voraussetzungen der persönlichen Beziehung zu Jesus, in dem sich die Herrschaft Gottes konkret im Leben des Nachfolgers auswirken will.

3.2.2.1 Voraussetzungen

(a) Umkehr und Nachfolge

Zwei konstitutive Merkmale der Verkündigung Jesu sind einmal der Ruf zur Umkehr als Voraussetzung der Teilhabe am Reich Gottes und zum andern der Ruf in seine Nachfolge als ethische Konsequenz der Umkehr.

Zur **Umkehr** gehört das Armwerden, das Anerkennen der Sündhaftigkeit und das Vertrauen wie ein Kind. Der Apostel Johannes nennt als weiteres Kriterium die Wiedergeburt.

Geistlich arm werden (Mt 5,3)

In der ersten Seligpreisung weist Jesus auf einen programmatischen Grundsatz des Reiches Gottes hin. „Selig sind die Armen im Geist (πτωχοι εν πνευματι), denn ihrer ist das Reich der Himmel!"

Mit den Armen sind gemäß alter jüdischer Sprachtradition die *anawim* gemeint. Das sind nicht nur materiell Besitzlose, sondern es handelt sich bei ihnen vor allem um die aus der Nähe Gottes Verdrängten, einschließlich der reichen Zöllner.

Aber es werden nicht automatisch alle Armen glücklich gepriesen, sondern diejenigen, die sich in ihrer Armut und Bedürftigkeit (πτωχοι = Bettler im Geist) erkennen. Diese geistlich bettelarmen Menschen, diejenigen, die sich ihrer Bedürftigkeit bewusst sind, bekommen durch Jesus Anteil an der Gottesherrschaft. Als eine der beeindruckendsten Geschichten kann man die von dem geistlich reichen Pharisäer und geistlich armen Sünder nennen, die beide im Tempel beten. Der eine zählt Gott den Reichtum seiner guten Werke auf und bleibt arm bei sich selbst. Der andere bekennt seine Armut und wendet sich damit an Gottes Gnade. Er wird nach den Worten Jesu gerechtfertigt! (Lk 18,9–14).

Als Sünder umkehren dürfen (Lk 15,1; Mt 9,19)

Jesus macht etwas Neues deutlich, dass nämlich Menschen, die durchaus Sünder sind, die also (willentlich und unwillentlich) gegen den Willen Gottes verstoßen haben und ferne von ihm sind, doch nicht von Gott fallen gelassen werden. Jesus sah sich berufen, „zu suchen und zu retten, was verloren ist" (Lk 19,10). Die Verlorenen waren die Sünder, die von Gott und seiner guten Herrschaft getrennt waren. Gerade für die ist Jesus gekommen. Das hat ihm den Vorwurf eingehandelt: „Dieser nimmt die Sünder an!" (Lk 15,2).

Menschen, die sich ihrer Sündhaftigkeit bewusst sind, werden von Jesus nicht verstoßen, sondern angenommen. Als sich Petrus nach dem wunderbaren Fischfang in seiner Sündhaftigkeit erkannte und das öffentlich bekannte: „Geh aus von mir, denn ich bin ein sündiger Mensch", gibt Jesus ihm die Antwort: „Fürchte dich nicht! Von nun an wirst du Menschen fischen!" (Lk 5,8.9). Sogar große Sünder finden Aufnahme. „Ihre vielen Sünden sind vergeben" (Lk 7,47), sagt er im Blick auf eine stadtbekannte Sünderin.

Die Sünder – das sind die Kranken, für die Jesus gekommen ist. „Die Gesunden bedürfen des Arztes nicht, sondern die Kranken; ich bin nicht gekommen, Gerechte zu rufen, sondern Sünder zur Umkehr!" (Lk 5,31.32). Wenn solche umkehren, wird ihnen von Jesus die volle Teilhabe an Gottes Reich zugesichert! Am bekanntesten sind wohl die lukanischen Gleichnis-Erzählungen vom verlorenen Schaf, der verlorenen Drachme und vor allem vom verlorenen Sohn (Lk 15,1–32). Darin heißt es: „So wird Freude im Himmel sein über einen Sünder, der umkehrt, mehr als über neunundneunzig Gerechte, die keine Umkehr nötig haben" (Lk 15,7.10).

Wie ein Kind werden (Mt 18,2.3; 19,14)

Jesus fordert auf, die Kinder zu ihm kommen zu lassen und ihnen nicht zu wehren, denn „ihnen gehört das Reich der Himmel"! Dass Jesus immer wieder Kinder als Vorbild für die Teilnahme am Reich Gottes hinstellt, erstaunt die Jünger. „Wenn ihr nicht werdet wie die

Kinder, so könnt ihr nicht ins Reich Gottes hineingehen. Darum, wenn jemand sich selbst erniedrigen wird wie dieses Kind, der ist der Größte im Reich der Himmel" (Mt 18,2.3).

Kinder galten z.Zt. Jesu als nicht religionsmündig. Obwohl man im Judentum kinderlieb war und Kinder (im Gegensatz zur griechisch-römischen Antike!) achtete, galten sie doch im religiösen Sinn als unmündig.

Warum werden ausgerechnet Kinder von Jesus herangezogen als Vergleich zur Teilhabe am Reich Gottes? Hier in Mt 18,3 führt Jesus die Demut der Kinder als Beispiel an („wer sich erniedrigt wie dieses Kind ..."). Jesus preist seinen Vater an anderer Stelle, dass er das Reich Gottes „den Unmündigen geoffenbart" hat. Es kann auch an das Abba-Rufen der Kinder gedacht sein. Auf jeden Fall ist ein Kind abhängig von Hilfe und Versorgen und keinesfalls autark.

Von neuem geboren werden

Ein weiteres Geheimnis der Teilhabe am Gottesreich wird von Jesus im Gespräch mit Nikodemus durch die Neugeburt angezeigt: „Wahrlich, wahrlich, ich sage dir: Wenn jemand nicht von neuem geboren wird, kann er das Reich Gottes nicht sehen" (Joh 3,3.5). Nötig für die Teilhabe an der Herrschaft Gottes ist die Geburt „von oben", „aus Wasser und Geist". Erst dieses übernatürliche Geschehen gibt Teil an der göttlichen Natur (2Petr 1,4) und der Herrschaft Gottes. Fleisch und Blut können das Reich Gottes nicht erben (1Kor 15,50), sondern nur die, die durch den Willen Gottes „von oben" gezeugt worden sind.

Nachfolge

Ein besonderes Kennzeichen des Wirkens Jesu war, dass er Menschen in seine Nachfolge rief. Er trat nicht allein auf, sondern hatte – wie beim Rabbinat üblich – Schüler (Jünger). Im Unterschied dazu aber berief er seine Jünger selbst. Er berief sie, damit sie bei ihm seien (Mk 3,13f). Mit ihnen teilte er sein Leben. Sie folgten ihm nach (Mt 4,19.21.22; 8,22 u.ö.). Von ihm lernten sie (Mt 11,29) und er gab ihnen ein Beispiel des Lebens, das Gott ehrt (Joh 13,15).

Auch in der Urgemeinde wurde der Begriff der Nachfolge als Charakteristikum der an Christus Gläubigen beibehalten (Apg 6,1 u.ö.). Bei Paulus findet sich statt des Begriffs „Nachfolge" der Begriff

„Nachahmung". Er fordert die Christen auf: „Werdet meine Nachahmer, wie ich Christi!" (1Kor 11,1; vgl. 1Thes 1,6). „Ein jeder soll gesinnt sein wie Christus" (Phil 2,5).

Diese Aufforderungen dürfen freilich nicht einfach im Sinne der Nachahmung irgendeines Menschen missverstanden werden, den man sich zum persönlichen Vorbild machen kann. „Jesus ruft in die Nachfolge, nicht als Lehrer und Vorbild, sondern als Christus, der Sohn Gottes."[214] Nachfolge bedeutet im Sinn des Neuen Testaments Existenzveränderung, Richtungsänderung des Lebens, nachdem eine totale Umkehr im Denken und in der Gesinnung erfolgt ist. Bekehrung (*epistrephein*), Umkehr (*metanoia*) bedeuten eine Änderung des Lebens um 180 Grad. Sie ist wiederum verbunden (und nur möglich) aufgrund von Vertrauen in den, der ruft. Dieser Glaube schafft eine neue Existenz.[215]

Was hat Nachfolge mit Ethik zu tun? Die Antwort dessen, der von Christus ge- und berufen wird, ist nicht ein wie auch immer geartetes Glaubensbekenntnis, sondern gehorsames Tun. Der Nachfolger ist ein gehorsamer Jünger Jesu. Er tut, was dieser sagt, weil er versteht, warum er es sagt. Denn Christus behandelt ihn nicht wie einen Sklaven, sondern wie einen Freund (Joh 15,14.15). Das Wesen der Freundschaft ist Vertrauen. „Nur der Glaubende ist gehorsam, und nur der Gehorsame glaubt."[216]

Kennzeichen von Jüngern, die Jesus nachfolgen, sind nach dem Neuen Testament:

Berufung
Nachfolger Jesu sind Leute, die seinen Ruf persönlich gehört haben und ihm vertrauensvoll und gehorsam folgen (Mt 4,18ff; Mk 1,16ff; 3,13.14 u.v.m.). Sie treten mit diesem Schritt zu Jesus aus ihrer alten Existenz hinaus in eine neue Existenz mit ihm ein. Jesus stehen sie damit näher als ihren eigenen Verwandten (Lk 14,26).

Konsequenz und Verbindlichkeit
„Wer seine Hand an den Pflug legt und zurückschaut, ist nicht geeig-

---

[214] D. Bonhoeffer, Nachfolge, München [11]1976, S. 28/29.
[215] H. Afflerbach, Warum bekehren sich Menschen?, Kassel 1999.
[216] D. Bonhoeffer, a.a.O., S. 35.

net für das Reich Gottes", sagt Jesus (Lk 9,62). Die Antwort auf den Ruf in die Nachfolge kann – und das hat Bonhoeffer richtig erkannt – nur „einfältiger Gehorsam" sein.[217]

Kreuzaufnehmen

Jesus sagt: „Wenn mir jemand nachkommen will, der verleugne sich selbst und nehme sein Kreuz auf sich und folge mir nach!" (Mt 16,24f). Nach wie vor aktuell ist das Wort Dietrich Bonhoeffers: „Kreuz ist nicht Ungemach und schweres Schicksal, sondern es ist das Leiden, das uns aus der Bindung an Jesus Christus allein erwächst. Kreuz ist nicht zufälliges, sondern notwendiges Leiden. Kreuz ist nicht an die natürliche Existenz gebundenes Leiden, sondern an das Christsein gebundenes Leiden."[218]

Ethisch glaubwürdiges Verhalten als Jünger Jesu ist in dieser Welt ohne Leiden nicht möglich. Das haben auch die Apostel gewusst, als sie auf ihrer Rückreise die Jünger in den einzelnen Orten „befestigten und ermahnten, im Glauben zu verharren, und sagten, dass wir durch viel Trübsal ins Reich Gottes eingehen müssen" (Apg 14,22). Das Ethos Jesu scheint nicht in die Welt zu passen. Die Welt versteht nicht, warum Nachfolger Christi so leben, wie sie leben. Sie kann Ehrlichkeit, Reinheit, Gewaltverzicht, Treue im Kleinen nur Dummheit nennen. „So wird das Leiden zum Kennzeichen der Nachfolger Christi."[219]

In Jesu Wort bleiben

„Wenn ihr in meinem Wort bleibt, dann seid ihr wahrhaftig meine Jünger", sagt Jesus in Joh 8,31. Kennzeichen der Christus nachfolgenden Jünger ist ebenso das Bleiben in seinem Wort, das Suchen seiner Antwort in den Fragen der jeweiligen Zeit. Nicht Autonomie, sondern Christonomie, nicht Selbstbestimmung, sondern Christusbestimmung kennzeichnen das ethische Entscheidungsverhalten der Jünger Jesu. Das führt zu einem Weiteren:

---

[217] Wobei „einfältig" als alles andere als schlicht, dumm, unreflektiert oder beschränkt zu verstehen ist, sondern als die Bereitschaft des Jüngers, sich dem klaren Gebot Jesu gegenüber nicht in einen scheinbaren Konflikt zu flüchten, der ihm den Rückzug gestattet. Vgl. Bonhoeffer, Nachfolge, S. 53-60.

[218] D. Bonhoeffer, a.a.O., S. 64.

[219] D. Bonhoeffer, a.a.O., S. 66.

(b) Das neue Gebot

Jesus spricht von einem neuen Gebot, das er gibt: „Ein neues Gebot gebe ich euch, dass ihr einander liebt, damit, wie ich euch geliebt habe, auch ihr einander liebt, damit alle erkennen, dass ihr meine Jünger seid" (Joh 13,34). Die neue Existenz, die Jesus schenkt, erfordert ein neues Gebot. Sieht man es sich aber genauer an, findet man formal nichts Neues daran. Einander zu lieben wird schon im AT geboten. Auch die Liebe zu Gott ist ein genuin altes jüdisches Gebot. Johannes scheint das Problem zu erkennen, wenn er schreibt: „Geliebte, nicht ein neues Gebot schreibe ich euch, sondern ein altes Gebot, das ihr von Anfang an hattet ... Wiederum schreibe ich euch ein neues Gebot!" (1Joh 2,7).

Jesus präzisiert: „Wer mich liebt, der hält meine Gebote!" (Joh 14,23). Der Umgang mit dem Gebot Jesu gelingt danach nur in der Beziehung der Liebe zu ihm. Entsprechend gilt im Umkehrschluss: „Wer mich nicht liebt, der hält meine Worte nicht" (Joh 14,24).

Liebe ist kein abstrakter, sondern ein Beziehungsbegriff. Wer Liebe zum ethischen Prinzip erhebt[220], der hebelt damit das Gebot aus. Liebe ohne Gebot trifft in der Ethik genauso wenig den ganzen Willen Gottes wie Gebot ohne Liebe.

Das Neue im Gebot oder in der Ethik Jesu ist die persönliche Beziehung zu ihm selbst, die ihren Niederschlag in einer neuen Lebensgestaltung findet. Nicht die Liebe der Jünger zu Jesus, sondern die Liebe Jesu zu den Jüngern ist das Erste: „... damit, wie ich euch geliebt habe, ihr einander liebt!" Entsprechend sagt Johannes: „Lasst uns lieben, denn er hat uns zuerst geliebt" (1Joh 4,19). Nur wer selbst geliebt ist und sich wirklich geliebt weiß, der kann lieben!

Das Neue am Gebot Jesu besteht letztlich gar nicht im Tun, sondern im Glauben und Lieben! „Und dies ist sein Gebot, dass wir an den Namen seines Sohnes Jesus Christus glauben und einander lieben, wie er es uns als Gebot gegeben hat" (1Joh 3,23). Jesus selbst ist der Maßstab alles Liebens.

Was Lieben letztlich bedeutet, zeigt Jesus am Gebot der Nächsten- und Feindesliebe.

---

[220] Zur Problematik der Situationsethik vgl. K. Bockmühl, Gott im Exil? Zur Kritik der neuen Moral, Gießen 1984; R. Mayer, „Ethik ohne Normen? Herkunft, Wesen und Kritik der Situationsethik", in: H. Burkhardt, Begründung ethischer Normen, Gießen 1988, S. 147ff.

Ist schon seine Auffassung von der Nächstenliebe eine für jüdische Verhältnisse ungemein neue Perspektive, dann scheinen seine Aussagen zur Feindesliebe erst recht wie von einem anderen Stern zu sein.

Die klassische Beispielgeschichte für das, was Jesus unter Nächstenliebe versteht, ist seine Erzählung vom „barmherzigen Samariter" in Lk 10,30–37. Sie kann man durchaus als „veranschaulichte Ethik" (A. Schlatter) oder gar als „Modellfall" (G. Eichholz) bezeichnen, die mit den pharisäischen und frühjüdischen Vorstellungen kollidiert. Im AT ist das hebr. Äquivalent von „Nächster" der Angehörige des Bundesvolkes (3Mo 19,18). Das Gebot der Nächstenliebe erstreckt sich also auf das Volk Gottes und höchstens noch auf die im Lande wohnenden „Fremdlinge". In der späteren jüdischen Auslegung erfährt das Gebot eine starke Einschränkung, die sogar die gesetzesunkundige Bevölkerung davon ausschließen wollte.[221] Auf der anderen Seite gab es Versuche, das Gebot zu erweitern.

Auf diesem Hintergrund erscheint die Frage des Gesetzeslehrers, die Lukas Selbstrechtfertigung nennt, durchaus als legitim. (Wer als Nächster anzusehen ist, war zur Zeit Jesu nämlich umstritten.) Es ist die typische Frage nach der Reichweite und Grenze der Liebesverpflichtung. Wie weit kann oder soll ich gehen? Interessant ist, dass Jesus die Frage verschiebt bzw. umdreht, so dass der Nächste nicht mehr Objekt ist, sondern Subjekt wird: „Wer von den dreien ist dem unter die Räuber Gefallenen Nächster geworden?" Auf jeden Fall ergibt sich aus dieser Geschichte die Grenzenlosigkeit der Nächstenliebe. Dies umso mehr, als ausgerechnet ein Samariter, ein Feind oder Bastard des Gottesvolkes, sich des unter die Räuber Gefallenen erbarmt und von Jesus als Vorbild hingestellt wird – eine für Juden beschämende Sache. Die beiden lieblosen Juden und der Samariter werden jedenfalls nicht zufällig von Jesus gegenübergestellt.

Er zeigt mit dieser Geschichte dem jüdischen Gesetzeslehrer, dass die Liebe zum Nächsten entschränkt wird und zur Feindesliebe werden kann.

Die Feindesliebe gehört zu den radikalen und umstürzenden Weisungen Jesu, die von Natur aus nicht einleuchten und unter rein utilitaristischen Kriterien unsinnig erscheinen. Dennoch gibt es kein Missverständnis darüber, was Jesus meint.

Ausdrücklich setzt er seine Weisung dem gegenüber, was allgemein bekannt und ethisch plausibel ist: „Ihr habt gehört, dass gesagt ist: Du sollst deinen Nächsten lieben und deinen Feind hassen. Ich aber sage euch: Liebt eure Feinde, und betet für die, die euch verfol-

---

[221] Strack/Billerbeck II, S. 515ff.

gen, damit ihr Kinder eures Vaters im Himmel seid" (Mt 5,43f). Die lukanische Version meint genau dasselbe, konkretisiert aber noch stärker, indem sie Feinde definiert als solche, die „euch hassen", „fluchen" und „beleidigen" (Lk 6,27f).

Schon der Plural (im Unterschied zum Singular bei „Nächster") zeigt, dass sich Feindesliebe nicht auf eine bestimmte Kategorie einschränken lässt. Es kann sowohl der persönliche als auch der religiöse Feind gemeint sein, der Prozessgegner (Mt 5,25) wie auch jeder, „gegen den man etwas hat" (Mk 11,25).

Auch wenn es Anzeichen für Feindesliebe vereinzelt sowohl im Alten Testament (vgl. Spr 25,21; 24,29; 1Sam 24,18) als auch im hellenistischen Judentum gibt[222], so sind sie doch nicht zum expliziten Hauptgebot geworden, sondern Hinweise darauf geblieben, sich z.B. nicht über das Unglück des Feindes zu freuen oder auch den „Hasser nicht zu hassen". Was Jesus aber hier von seinen Jüngern verlangt, kann kaum einen größeren Gegensatz vom natürlichen zum geistlichen oder vom griechischen zum christlichen Denken markieren. Die Unterscheidung von Eros und Agape (sonst leider oft missbraucht und überzogen) kann allerdings hier durchaus herangezogen werden. Die Liebe Jesu, die gebietet, auch Feinde und Verfolger zu lieben, den Hassenden Gutes zu tun, die Fluchenden zu segnen und für Beleidiger zu bitten (Lk 6,27f), kann nicht meinen, in dem zu Liebenden noch etwas Liebenswertes zu erkennen (Eros). Vielmehr erwartet sie, selbst Nicht-Liebenswerte noch zu lieben (Agape). Wenn Eros Begehren des Wertvollen meint, dann Agape Wertschaffung des Unwerten.

Damit bezeichnet das Liebesgebot Jesu eine „letztlich unnatürliche, dem Wesen des empirischen Menschen zuwiderlaufende Forderung" (G. Bornkamm). Der Unterschied zwischen griechischer Ethik, die in Übereinstimmung mit der Natur ihr letztes Ziel hat, und der Ethik Jesu, die diese Natur überwindet, kann größer nicht sein! Selbst die Jünger Jesu haben das nicht sofort verstanden. Die Bitte der Zebedaiden, auf ein ungastliches Dorf Feuer vom Himmel regnen zu lassen, und der Drang des Petrus, den Feind mit dem Schwert zu traktieren, zeigen, dass sie zumindest damals, als sie mit Jesus gingen, noch nicht erkannten, was seine Liebe wirklich bedeutet. Erst nach seiner Aufer-

---

[222] W. Schrage, Ethik des Neuen Testaments, [4]1982, zitiert JosAs 23,9; 28,5.10.14 u.ö. sowie Billerbeck I, S. 370f u.a.

stehung wussten sowohl Petrus als auch Johannes, dass Gottes Liebe mehr kann als menschliches Lieben. Liebe ist nicht Vorliebe (S. Kierkegaard), sie geschieht nicht nach dem religiösen Prinzip *do ut des* („ich gebe, damit du gibst") und sie rechnet nicht, wie oft man etwas tun muss. Die Liebe, die Jesus fordert, hat er selbst gegeben! Er verkörpert und praktiziert Gottes Liebe, indem er sein Leben als Lösegeld dahingibt (Mt 20,28), für Sünder ans Kreuz geht, für seine Feinde betet, seine Hasser segnet und so das stellvertretende Opfer bringt, durch das Sünder gerecht werden (Röm 3,24–26; 5,6.8.10).

So hat Jesu Gebotsethik etwas sehr Positives, Lebensräume Erschließendes. Während die Pharisäer[223] mehr Verbote als Gebote kannten, tritt Jesus für eine Ethik des Erlaubten ein. Nicht die Verbotsstruktur einer Vermeidungsethik wie im pharisäischen Halacha-Verständnis, sondern die Überzeugung, dass Gott mit seinen Weisungen Lebensräume eröffnet, die in der Liebe gestaltet werden sollen, ist das Charakteristische am Ethos Jesu. Während für die Pharisäer die Frage nach dem Erlaubten und Verbotenen offensichtlich eine entscheidende war[224], geht es Jesus um etwas anderes: aus Liebe zu Gott ihm ganz zu vertrauen und sein Wort gerne zu tun.

Immer wieder fragen die Pharisäer, ob etwas erlaubt sei oder nicht. Es ist für sie die entscheidende ethische Fragestellung. Auf ihre Frage z.B.: „Ist es erlaubt, am Sabbat zu heilen?" (Mt 12,10), erwarten sie selbstverständlich eine verneinende Antwort, erhalten von Jesus aber eine ganz andere. Jesus argumentiert mit dem Wert des Menschen und kommt zum Ergebnis, „Gutes zu tun" (Mt 12,12). Gegen Gutestun, gegen die Liebe, gibt es kein Verbot! Durch sein Gebot, konsequent Liebe zu üben, überwindet Jesus die Vermeidungsethik der Pharisäer, die ängstlich fragt, ob etwas erlaubt oder verboten ist.[225]

---

[223] Vgl. R. Deines, „Pharisäer und Pietisten – ein Vergleich zwischen zwei analogen Frömmigkeitsbewegungen", in: JET, 14. Jg., Wuppertal 2000, S. 113–133.

[224] R. Deines, a.a.O., S. 127f.

[225] Weitere Beispiele pharisäischen Urteilens und Fragens: „Es ist *nicht erlaubt*, am Sabbat Ähren zu raufen!" (Mt 12,2 par; Mk 2,24; Lk 6,2). In seiner Antwort weist Jesus auf David hin, der die heiligen Schaubrote aß, „welche ihm *nicht erlaubt waren* zu essen" (Mt 12,4); Jesus heißt etwas Unerlaubtes gut! Im Blick auf Scheidung fragen die Pharisäer: „Ist es *erlaubt*, seine Frau zu entlassen?" (Mt 19,3). Die Antwort Jesu verweist auf den ursprünglichen Willen Gottes. Und ein letztes Beispiel: „Ist es erlaubt, dem Kaiser Steuern zu zahlen oder nicht?" (Mt 22,17). Wieder ist die

Die Liebesethik Jesu – oft missverstanden – überwindet die Vermeidungsethik der Pharisäer. Sie hat ihren Schwerpunkt nicht auf dem Verbotenen, sondern auf dem Gebotenen, nicht auf dem ängstlichen Fixiertsein auf die Übertretung, sondern auf dem engagierten Tun des Willens Gottes. Sie ist nicht Negation, sondern Position. Sie hat ihren Ursprung in der Liebe Gottes selbst und kann demnach letztlich nur von denjenigen praktiziert werden, die sich von Gott geliebt wissen und in deren Herz diese Liebe durch den Heiligen Geist ausgegossen worden ist (Röm 5,5).

Diese Liebe weiß tatsächlich, was in der jeweiligen Situation zu tun ist, auch wenn kein explizites Herrenwort vorliegt. Sie ist nicht auf das formale Ethos Jesu fixiert, sondern von der lebendigen Liebe Gottes zum Tun des Willens Gottes befreit. Sie „weiß, wem gerade ich gerade jetzt, unter diesen Umständen zu helfen aufgerufen bin, heute und hier – morgen kann die Lage völlig anders sein"[226]. Wohlgemerkt, die Lage, die Situation kann morgen völlig anders sein, nicht der Wille Gottes und die Liebe, ihn unter allen Umständen tun zu wollen.

Die Liebesethik Jesu ist allerdings oft fehlinterpretiert worden. Zum Beispiel durch die Situationsethik bei Fletcher: Er plädiert für ein Prinzip Liebe, das das Gesetz übertreten kann.[227] Im Kern lautet sein Anliegen der „Neuen Moral": keine ewigen Gebote und absoluten Maßstäbe mehr für

Antwort Jesu kein einfaches Ja oder Nein, sondern die weise Aufforderung, dem Kaiser, was des Kaisers, und Gott, was Gottes ist, zu geben!

Es ist hochinteressant zu sehen, dass der ehemalige Pharisäer Paulus gerade auf diese Frage nach dem Erlaubten sehr provozierend und souverän eingeht, wenn er den Korinthern sagt: „Mir ist alles erlaubt, aber nicht alles ist nützlich! Mir ist alles erlaubt, aber ich will mich von nichts gefangen nehmen lassen" (1Kor 6,12). Er überwindet das alte ethische Schema der Pharisäer mit der völligen Ausrichtung auf den Herrn (V. 13). Im selben Brief geht er noch einmal darauf ein, wenn er in Bezug auf das Götzenopferfleisch sagt: „Alles ist erlaubt, aber nicht alles ist dienlich; alles ist erlaubt, aber nicht alles erbaut" (1Kor 10,23f). Auch hier geht der Blick weg von dem nur Verbotenen hin auf das Gebotene.

[226] M. Dibelius, Das soziale Motiv im NT, in: Botschaft und Geschichte I, Tübingen 1956, S. 177–203, hier: S. 197.

[227] Vgl. zur Auseinandersetzung mit der Situationsethik: K. Bockmühl, Gott im Exil? Zur Kritik der ‚Neuen Moral', Gießen 1984. Im Folgenden stütze ich mich wesentlich auf seine Ausführungen. Vgl. auch: R. Mayer, „Ethik ohne Normen? Herkunft, Wesen und Kritik der Situationsethik", in: H. Burkhardt, a.a.O., S. 147ff.

die Ethik, sondern eine rationale Entscheidung der Liebe, neu in jeder einzelnen Situation. Fletcher will den Konflikt von Liebe und Gesetz in der Theologie überwinden und „reduziert das Gesetz von einem festgelegten Normen-System auf den Grundsatz der Liebe allein", d.h. er erhebt die Liebe zur alleinigen Norm. „Die Liebe tritt an die Stelle des Gesetzes" oder, wie Bockmühl präziser übersetzt: „Die Liebe ersetzt das Gesetz." Was sich auf den ersten Blick sogar noch als biblisch ansieht – Fletcher beruft sich auf Paulus, der gesagt hat, dass wir nun von dem Gesetz frei sind –, entpuppt sich aber bei genauerem Hinsehen als reiner Antinomismus. Das Gebot kann für ihn aus Liebe übertreten werden, ja es muss es sogar, wenn es die bestimmte Situation erfordert.

Berühmt geworden ist jene Geschichte, mit der Fletcher zu demonstrieren versucht, dass selbst „Ehebruch aus Liebe" notwendig sein kann. Es ist die Geschichte einer gewissen „Frau Bergmeier", die bei Kriegsschluss von ihrer Familie getrennt wird und in russische Gefangenschaft gerät. Dort erfährt sie, dass sich der Mann und Vater mit den kleinen Kindern mehr schlecht als recht durchschlage und dass die Heimkehr der Mutter dringendes Bedürfnis sei. Da aber nur kranke und schwangere Frauen vorzeitig entlassen werden, beschließt sie, aus Liebe den außergewöhnlichen Weg zu gehen. Sie bittet einen freundlichen Wachmann (der zufällig gerade auch noch deutschstämmig ist), ihr zu Gefallen zu sein, und kann tatsächlich wenig später schwanger zu ihrer Familie zurückkehren, wo sie angeblich mit großer Freude empfangen wird. Der „kleine Dietrich", der diesen Ereignissen sein Leben verdankt, wurde von der Familie „stets besonders wert und in Ehren gehalten".

Bockmühl kommentiert diese Story mit den Worten: „Und wenn sie nicht gestorben sind, dann leben sie heute noch ..." Fletcher, immerhin einer der bekanntesten theologischen Ethiker der USA, der maßgeblichen Einfluss auch auf die europäische Szene hat, überschreibt diese rührige Geschichte, die für ihn eminent wichtig scheint: „Ehebruch aus Opfer". Spätestens hier wird deutlich, dass „Liebe" ein reiner Formalbegriff ist, der „durch andere Begriffe nicht mehr weiter definiert werden kann". Sie entscheidet immer nur in der Situation. Aufschlussreich ist, was Fletcher über das Ziel der Liebe sagt: Sie „dient dem Menschen". Damit ist seine ethische Grundgröße, auf die die Liebe bezogen ist, der Mensch, genauer, das Wohl des Menschen. Was aber dem Menschen wohl tut, kann (und das als Kritik) kein Mensch, sondern nur Gott letztlich wissen! Wenn aber von ihm abstrahiert wird, verfällt Ethik zur Willkür, sei es die Willkür des Handelnden oder des zu Behandelnden. Die Parole „Nichts ist vorgeschrieben außer Liebe" ist unsinnig, wenn sie ohne konkreten Bezugspunkt bleibt. Ohne Erkenntnis Gottes und Bekenntnis zu Gott und seinem

Willen bleibt Liebe leer. Deshalb sagt Jesus: „Wer mich liebt, hält meine Gebote und Worte."

Im Letzten geht es der Situationsethik also um die Autonomie der Liebe bzw. um ein autonomes Verständnis von Liebe. Diese Liebe soll sich, so meint Fletcher in seinem Optimismus, gleichzeitig am eigenen Wohl und am Wohl des Nächsten orientieren. Damit wird die Situationsethik aber zu einer „Konsensethik in dem Sinne, dass die Partner des Handelns sich über den wechselseitigen Nutzen der Liebe einig werden. Die Liebe rechtfertigt sich dann durch den Erfolg. Es geht letztlich um das größtmögliche Glück der größtmöglichen Zahl. Absolute Normen sind hier fehl am Platz, weil sie nicht konsensfähig sind."[228]

Ein weiteres Beispiel ist Rudolf Bultmann: Er hat in der Geschichte vom barmherzigen Samariter denjenigen Menschen gesehen, „der im Gegensatz zu dem Gesetzeskundigen in der gegebenen Situation erfasst, was von ihm gefordert wird" (Jesus, S. 68). Jesus habe auch sonst nichts darüber gesagt, was man tun müsse, denn das würde – so Bultmann – den Menschen als gesichert in seiner Existenz ansehen, der über seine Möglichkeiten des Handelns verfüge. Jesus dagegen sehe den Menschen in völliger Ungesichertheit gegenüber dem, was ihm begegnet. Der Mensch könne sich im Augenblick der Entscheidung nicht auf Grundsätze oder irgendwelche Maßstäbe zurückziehen, sondern nur im Augenblick der Entscheidung je und je erkennen, was richtig sei. Weil Jesus dem Menschen zutraue, auch ohne konkretes Liebesgebot in der jeweiligen Situation zu wissen, was gut sei, sei es verfehlt, ihn nach konkreten ethischen Forderungen zu befragen. Denn konkret sage Jesus über den Inhalt der Liebe nichts! Jesus kann „die Entscheidung immer nur dem Menschen in seiner konkreten Situation überlassen ... Liebt der Mensch wirklich, so weiß er schon, was er zu tun hat" (Jesus, S. 67).

3.2.2.2 Die Konkretion des Ethos Christi

Jesus Christus hat keine umfassende und systematische Ethik vertreten. Er hat von seinem Hauptanliegen, Menschen für das Reich Gottes zu gewinnen, ethische Konsequenzen abgeleitet. So suchen wir die ca. 15 000 Einzelanweisungen der Halacha bei ihm vergeblich. Einige ethische Themen kann man aber systematisch zusammenstellen. Matthäus hat das in der berühmten Bergpredigt getan. Auch Lukas hat eine ähnliche Rede zusammengestellt. Diese Reden stellen aber nicht

---

[228] G. Huntemann in seiner Kritik an der Situationsethik in: Der verlorene Maßstab, a.a.O., S. 82.

den Anspruch auf formale Vollständigkeit der Ethik Jesu. Seine ethischen Aussagen sind über die Evangelien verteilt und in ganz bestimmten Kontexten zu beachten.

(a) Die Bergpredigt

Wenn wir uns zunächst dennoch mit der sog. Bergpredigt[229] beschäftigen wollen, dann hat das ganz bestimmte Gründe. Erstens hat sie vor ca. 20 Jahren wieder eine unerwartete Aktualität bekommen, die seitdem zwar etwas abgeklungen, aber dennoch nicht ganz verschwunden ist. Sie übt nach wie vor eine Faszination auf Menschen aus. Zum andern bietet sie tatsächlich eine beispiellose Zusammenfassung des Ethos Jesu, das zu ignorieren schädlich wäre. Und drittens kann man an verschiedenen Interpretationen dieser Bergpredigt sehr schön die unterschiedlichen Verständnisse dieser Rede erkennen, um dadurch besser zu einem eigenen zu gelangen.

Während die Bergpredigt für Menschen aller Zeiten schon immer eine Herausforderung darstellte, wurde sie zu verschiedenen Zeiten besonders herausgehoben und als ethisches Programm entworfen (vgl. die Montanisten, die Täufer, Mahatma Gandhi, Leo Tolstoi u.v.a.).

Vor etwa 20 Jahren – auf dem Höhepunkt der deutschen Friedensbewegung – ist die Bergpredigt besonders durch *Franz Alt* in das Interesse einer breiten deutschen Öffentlichkeit gerückt. In seinem Buch „Frieden ist möglich. Die Politik der Bergpredigt"[230] meint er, dass „unsere Zeit reif für die Idee der

---

[229] G. Hörster, „Die eschatologische Ethik der Bergpredigt", in: H. Burkhardt, a.a.O., S. 99ff; U. Luz, Das Evangelium nach Matthäus (Mt 1–7), in: Evangelisch-Katholischer Kommentar zum Neuen Testament, Bd. I/1, Zürich und Braunschweig/Neukirchen-Vluyn ²1989, S. 183–420 (dort weitere exegetische und dogmatische Literatur); H. G. Pöhlmann, „Gilt die Bergpredigt noch?", in: Wahrheit für Heute 2/88, S. 8ff; M. Hengel, „Wider den politischen Missbrauch der Bergpredigt", in: Wahrheit für Heute 4/83, S. 7ff; A. Strobel, „Die Bergpredigt als ethische Weisung heute", in: Theol. Beiträge 15/1984, S. 3–16; H. Burkhardt, „Kritische Anfragen zu dem Aufsatz von A. Strobel", in: Theol. Beitr. dto., S. 137ff; L. Goppelt, „Das Problem der Bergpredigt", in: ders., Christologie und Ethik, Göttingen 1968; ders., „Die Ethik Jesu", in: Theologie des NT, Göttingen ³1980, S. 128ff; A. Schlatter, Die Gabe des Christus. Eine Auslegung der Bergpredigt, Gießen ²1982; F. Grünzweig, Die Bergpredigt, Stuttgart 1985; O. Sanders, Maßstäbe, die herausfordern: Die Bergpredigt als Lebensprogramm, Gießen 1974; W. Schrage, a.a.O., dort auch mehr Literatur zur Bergpredigt auf S. 21.

[230] München 1983 (bereits im ersten Jahr 14 Auflagen!!).

Bergpredigt" sei. Die Frage „Warum Bergpredigt?" beantwortet er euphorisch: „Sie ist eine Chance zur Veränderung der Welt ... Die Bergpredigt ist der Weg zur Menschwerdung jedes Einzelnen und dadurch auch zur Menschwerdung der Menschheit."[231] Dass sie „kein Heimatroman" ist, sondern ein „menschliches Dokument", durch das Jesus die „Phantasie anregen (will), eine bessere Welt denken zu können", steht für ihn außer Frage, ebenso die Tatsache, dass man die Bergpredigt „nicht wollen kann", sondern „nur tun". Diese Idee hat für Alt politische und gesellschaftliche Konsequenzen, ja sie wird nur so recht verstanden, wenn man privaten und politischen bzw. öffentlichen Bereich nicht voneinander trennt. Er sieht die Anweisungen Jesu als ganzheitliches Konzept für eine ganzheitliche Wirklichkeit, das nur in diesem ganzheitlichen Denken von ganzheitlichen Menschen verwirklicht werden kann. Die Moral Jesu sei „nicht weltfremd, sondern weltverändernd".

Die Ausführungen Alts zeigen exemplarisch, wie wichtig die Frage ist, ob sich die Bergpredigt als Grundlage ethischer Normen und somit als Handlungsanweisung für alle Menschen eignet oder ob ihre Weisungen nur auf einen begrenzten Kreis von Menschen einzuschränken sind.

August Strobel z.B. ist nicht der Einzige, der den ersten Teil dieser Frage in vier Thesen bejaht hat[232]:

1. Das Zeugnis der Bergpredigt richtet sich gleicherweise an eine christliche und nicht christliche Öffentlichkeit. Sie will Provokation sein für die Unbelehrbaren und Verheißung für die Belehrbaren.
2. Die Bergpredigt hält das Wesentliche und das Grundsätzliche vor, das zu beachten für die Gestaltung des Lebens unerlässlich ist. Die heutigen Aporien öffnen uns das Verständnis für das sinnvolle Zeugnis Jesu, insofern wir es letztlich als berechtigt erkennen.
3. Die Bergpredigt kehrt unsere üblicherweise gültigen Maßstäbe um und eröffnet so eine vertiefte Lebenseinstellung, an der sich heute die Zukunft des Menschen in der Welt entscheidet.

[231] F. Alt, a.a.O., S. 29–30.
[232] Theol. Beiträge, 3/84, a.a.O., S. 3–16.

4. Das Zeugnis der Bergpredigt ist wie jedes Wort Jesu durch und durch lebensnah und praktikabel. Es ist auf Verwirklichung hin gesprochen, und es wäre verfehlt, wenn Christen auch nur die geringsten Einschränkungen vornehmen würden.

Helmut Burkhardt hat Strobel widersprochen und darauf hingewiesen, dass zwar seine Ausführungen von dem Anliegen der Dringlichkeit und der Verwirklichung dessen, was der Wille Gottes fordert, bestimmt sind, dass sie aber Probleme enthalten, die von grundlegender Bedeutung sind, nämlich im Hinblick auf die Adressaten und den Inhalt der Botschaft. Er kommt zu dem Fazit: „Wir werden, meine ich, mit gutem exegetischem und zugleich auch systematisch-theologischem Recht dabei bleiben müssen: Als Handlungsanweisung richtet sich die Bergpredigt nur an Jünger Jesu. Eben deshalb aber kann sie – wenn man wirklich auf ‚auch die geringsten Einschränkungen‘ verzichtet – auch für Jünger Jesu nicht zum erzieherischen oder politischen Programm werden."[233]

Wie die Bergpredigt nun für die Gemeinde zu verstehen sei, ist eine Frage, die recht unterschiedlich in ihrer langen Wirkungsgeschichte beantwortet worden ist. Einige wichtige Deutungsmodelle sollen kurz herangezogen werden, um zu einer eigenen Meinung zu gelangen.

Hermeneutische Fragen: verschiedene Deutungsmodelle[234]

(1) Die Zwei-Stufen-Ethik

Die Zwei-Stufen-Ethik der römisch-katholischen Theologie ist heute selbst in ihrer eigenen Kirche nicht mehr unumstritten. Man unter-

---

[233] Theol. Beiträge 3/84, a.a.O., S. 137–140. Auch U. Luz kommt in Mt I/1, 190 übereinstimmend mit Lohfink, Bornhäuser und Jeremias zu der grundsätzlichen Einschätzung: „Die Bergpredigt ist Jüngerethik." Dennoch schließt das für ihn ein, dass die Bergpredigt durch die Verkündigung der Jünger auch „die ganze Welt beansprucht". Seine Folgerung daraus kann ich nicht teilen: „Die Bergpredigt ist als Ethik für das Gottesvolk zugleich Gottes Wille für die ganze Welt, der sie verkündet wird." Dem kann ich lediglich unter der eschatologischen Perspektive zustimmen, die die Verwirklichung der Zionstora durch den Messias Jesus ernst nimmt und davon ausgeht, dass in dem messianischen Reich auf dieser Welt tatsächlich sein Wille geschieht „im Himmel wie auf Erden". Das ist aber eine Zukunftsaussage, keine Angabe für die Gemeinde des jetzigen Äons!

[234] Vgl. hierzu H. G. Pöhlmann, „Gilt die Bergpredigt noch?", in: Wahrheit für Heute 2/88, S. 8ff; G. Hörster, a.a.O., S. 103ff; A. Strobel, a.a.O., S. 13ff.

schied zwischen einem allgemeinen Ethos, das für das christliche Volk maßgebend sei und sich in den Zehn Geboten manifestiere, und einem Spezialethos der Bergpredigt, das nicht als „Vorschriften" (*praecepta*), sondern als „Vorschläge" (*consilia*) für den mönchisch-zölibatär lebenden Klerus gedacht sei. Diesen von der Welt und allen Anfechtungen abhold lebenden Christen könne dieses Spezialethos zugemutet werden.

In der Bergpredigt selbst sowie in der gesamten Verkündigung des NT gibt es keinen Anhaltspunkt für solch eine Zwei-Stufen-Ethik. Sie richtet sich an alle Christen, nicht an einen besonders heiligen Überrest hinter Klostermauern. Es geht in der Bergpredigt nicht um eine „hehre und steile Bergsteigermoral für eine esoterische Sondergruppe, sondern um die Härten und Plattheiten des Alltags". Man sucht in ihr vergeblich nach einem „höheren Sinn", sondern findet stattdessen eine Seligpreisung für die niedrigen Sinnes. Man findet keine „Hochethik, sondern niedrige Ethik, Ethik der Niedrigen" (Pöhlmann), nicht Ethik für einen exklusiven Jüngerkreis, sondern Ethos für alle Jünger zu allen Zeiten.

(2) Zwei-Reiche-Ethik

Luther hat sich nachdrücklich gegen das Zwei-Stufen-Denken des Katholizismus gewehrt. Er unterscheidet zwischen dem Reich Gottes und dem Reich der Welt, über die beide der eine Gott herrscht, aber mit unterschiedlichen „Mitteln": Im Reich der Welt regiert er mit dem Gesetz und der Gewalt der Obrigkeit einschließlich des Schwertes, im Reich Gottes mit dem Evangelium und dem Ethos der Erlösung, der Bergpredigt, mit dem Wort von der Vergebung, des Gewaltverzichts und der Versöhnung. Die Bergpredigt ist nach diesem Verständnis Handlungsanweisung für Jünger in ihrem privaten Leben, nicht Programm zur Weltgestaltung.

Daraus ist in der Folge eine strenge Reduktion der Bergpredigt auf den persönlichen Bereich erfolgt (etwa bei E. Troeltsch und G. Wünsch). Der Ansatz Luthers ist zu einer Art „Doppelmoral" entartet, bei der der Mensch in der Welt deren Gesetzmäßigkeiten gehorcht und im privaten Bereich die Bergpredigt befolgt.

Wenn die Bergpredigt auch sicher keine Handlungsanweisung für die Welt darstellt und nicht als Weltveränderungsprogramm missbraucht werden darf, so gilt ihre Herausforderung aber doch für

Christen in der Welt, die durch ihr privates und öffentliches Verhalten „Licht der Welt" und „Salz der Erde" sind. Also eine geheime, rein private erbauliche Moral wollte Jesus sicher nicht geben, sondern Herausforderungen eines Lebens unter der Herrschaft Gottes in dieser Welt.

(3) Politische Weisung

Aus Angst vor der Verkürzung des Ethos der Bergpredigt auf den privaten innerlichen Bereich des Jüngerlebens wurde das Verständnis der Bergpredigt als politisches Programm immer wieder betont. Einer der wichtigsten Vertreter dieser Auffassung ist L. Tolstoi gewesen. In neuerer Zeit nehmen auch Evangelikale wie J. Wallis, R. Sider, J. H. Yoder, R. K. Taylor u.a. das Anliegen gesellschaftlicher und politischer Verantwortung auf und reden z.T. einem konsequenten Pazifismus das Wort. Ihre Forderungen bestehen u.a. darin, die Aufforderungen Jesu in der Bergpredigt konsequent in der Gesellschaft als verändernde Kraft einzubringen. Dabei kann es – wie bei dem Moderamen (Kirchliche Leitung) des Reformierten Bundes[235] – zu Formulierungen kommen, die den *status confessionis* mit den Massenvernichtungsmitteln moderner Rüstung verbindet: „Die Friedensfrage ist eine Bekenntnisfrage." Wer nicht gegen atomare Rüstung auftritt, verleugnet den christlichen Glauben. Hier wird neben das Bekenntnis zu Jesus Christus, dem Herrn, das Bekenntnis gegen Massenvernichtungsmittel gestellt und u.a. mit dem Ethos der Bergpredigt begründet. Es biete die Handlungsanweisung für gesellschaftsverändernde Aktionen, wie die „linken Evangelikalen" immer wieder beteuern.[236]

Demgegenüber weist Martin Hengel zu Recht darauf hin, dass „dieser Text schwerlich für den politischen Tageskampf (taugt), selbst

---

[235] H. J. Kraus (Hrsg.), „Das Bekenntnis zu Jesus Christus und die Friedensverantwortung der Kirche", in: B. Klappert/U. Weidner, Schritte zum Frieden. Theologische Texte zu Frieden und Abrüstung, Neukirchen-Vluyn ²1983, S. 264ff.

[236] J. Wallis, Bekehrung zum Leben. Nachfolge im Atomzeitalter, Moers 1983; R. J. Sider, Jesus und die Gewalt, Witten 1982; J. H. Yoder, Die Politik Jesu - Der Weg des Kreuzes, Maxdorf 1981; R. J. Sider/R. K. Taylor, Abkehr vom Götzen. Biblische Hoffnung als Wegweiser aus dem atomaren Wahnsinn, Neukirchen-Vluyn 1985; F. Schwarz/C. A. Schwarz, Die Friedenslüge. Plädoyer für Wahrhaftigkeit, Gladbeck 1982.

dann nicht, wenn man gute Ziele vor Augen hat"[237]. Weil das Wort Jesu „nicht da ist zu unserer freien Verwertung, zum Mitnehmen und Bedenken" (Bonhoeffer), kann es auch „nicht unmittelbar politisch verwertbar sein. Es entzieht sich beharrlich politischer Argumentation und Agitation, selbst da, wo es um so lebenswichtige und brennende Fragen wie den bedrohten Weltfrieden und den Wahnsinn einer weltweiten Aufrüstung geht."

Hengel führt einen formalen Biblizismus ad absurdum. „Von allen Biblizismen ist der politische Biblizismus jeder Art am gefährlichsten." Wie können Politiker, so fragt er, die den Verfolgungen wehren sollen, Verfolgte auffordern, sich zu freuen? Kann von Wirtschaftsleuten und Politikern gefordert werden, dass „die linke Hand nicht wissen soll, was die rechte tut"? Soll der Finanzminister nicht „sorgen" und „Schätze sammeln auf Erden"? Soll eine Regierung nicht Vorsorge treffen für Vollbeschäftigung, soziale Absicherung und einen ausgeglichenen Haushalt? Soll man der Polizei, dem Bundesgrenzschutz und der Bundeswehr zurufen: „Du sollst nicht dem Bösen Widerstand leisten!" (Mt 5,39)? Die Liste der Absurditäten könnte beliebig verlängert werden. Es geht einfach nicht um politische Handlungsanweisungen, sondern um radikale Jesus-Nachfolge im begonnenen Reich Gottes.

(4) Ethik zur Sündenerkenntnis

In der lutherischen Orthodoxie wurde der schon bei Luther selbst sehr stark vertretene Gesichtspunkt noch weitergeführt, dass bei den radikalen Forderungen Jesu jeder Mensch und jeder Jünger scheitern müsse. Wer ernsthaft in der Nachfolge steht, wird diese Erkenntnis nicht leugnen können und an dem Eingeständnis, laufend versagt zu haben, nicht vorbeikommen!

Diese Deutung der Bergpredigt, also der elenchthische Gebrauch derselben, ist vollkommen richtig, reicht aber nicht aus. Wer sagt, das sei ihr einziger Sinn, der versteht Jesus offensichtlich falsch. Ihm geht es nicht nur um das Sündenbekenntnis, sondern um das Tun des Willens Gottes (Mt 7,21.24).

---

[237] M. Hengel, „Wider den politischen Missbrauch der Bergpredigt", in: Wahrheit für Heute 4/83, S. 7ff.

(5) Gesinnungsethik

Eine aus der oben genannten heraus weiterentwickelte Deutung ist die W. Herrmanns. Er machte am Anfang dieses Jahrhunderts darauf aufmerksam[238], dass Jesus in der Bergpredigt nicht allgemein gültige Gebote vorschreibe, denn die Weisungen Jesu seien fragmentarisch, sondern dass es darum gehe, durch sie exemplarisch die Gesinnung Jesu aufzuzeigen. Es komme darauf an, in der Gesinnung Jesu zu leben. Die Anordnungen Jesu zeigten lediglich beispielhaft, wie ein Leben in der Liebe aussehen kann. Es bleibe dem Gewissen des Einzelnen überlassen, wie er in einer bestimmten Situation zu handeln habe.

Herrmann hat damit sehr Richtiges erkannt. Es kommt in der Tat nicht auf eine gesetzliche Ausübung der Bergpredigt an, sondern auf die Gesinnung Jesu, auf das Herz, wie Jesus selbst deutlich macht (Mt 5,28 im Blick auf das andere Geschlecht, die Almosen, das Fasten usw.). Die Bergpredigt kann nicht als ein vollständiger, systematischer ethischer Entwurf missverstanden werden.

Dennoch geht es in ihr nicht nur um die Gesinnung Jesu, sondern auch um das konkrete Tun!

(6) Eschatologische Interimsethik

Sie wurde vor allem von Johannes Weiß und Albert Schweitzer vertreten.[239] In ihren Entwürfen weisen sie darauf hin, dass die Botschaft Jesu stark vom kommenden Reich Gottes geprägt sei, also einen eschatologischen Kern aufweise. Auf diesem Hintergrund könnten die Weisungen Jesu in der Bergpredigt in ihrer ganzen Radikalität verstanden werden. In der Zwischenzeit (Interim) vor dem baldigen Ende seien auch ungewöhnliche Handlungsweisen möglich. Überlegungen zur Weltgestaltung konnte man sich angesichts der Zwischenzeit sparen und den Nachdruck auf die radikale Jesusnachfolge legen. Mit der Verzögerung der Parusie habe sich diese Lage aber verändert. Die Fragen nach Weltgestaltung seien mehr in den Vorder-, die der Nach-

---

[238] W. Herrmann, Die sittlichen Weisungen Jesu, Göttingen 1904; ders., Ethik, Göttingen 1913.

[239] J. Weiß, Die Predigt Jesu vom Reiche Gottes, Göttingen ²1900; A. Schweitzer, Das Messianitäts- und Leidensgeheimnis. Eine Skizze des Lebens Jesu, Siebeck ²1929.

folge mehr in den Hintergrund getreten. Die eschatologische Ethik der Bergpredigt habe sich durch das Ausbleiben der Parusie erledigt.

Diese Deutung wird der Intention der Bergpredigt aber in keiner Weise gerecht. Auch wenn Jesus in ihr beten lehrt: „Dein Reich komme!" (Mt 6,10), begründet er seine Aufforderungen nicht mit dem baldigen Ende der Welt, sondern mit dem Anbruch des Reiches Gottes und der schenkenden Güte Gottes (Mt 6,33).

Dennoch kann im Blick auf die Bergpredigt von einer eschatologischen Ethik (nun freilich in einem anderen als von Schweitzer, Weiß und Bultmann aufgefassten Sinn) gesprochen werden. Wenn wir Eschatologie als die Lehre von der Heilszeit, die mit dem Kommen und Wirken Jesu Christi begonnen hat und in seiner Wiederkunft ihre Vollendung findet, verstehen, dann meint eschatologische Ethik eine Ethik, die der durch Jesus begonnenen Gottesherrschaft entspricht. Sie findet in der Bergpredigt ihren Niederschlag. Somit gilt die Bergpredigt jetzt definitiv für Menschen des Reiches Gottes.[240]

(7) Christologische Deutung

Besonders Eduard Thurneysen[241] und Karl Barth[242] haben eine konsequent christologische Deutung der Bergpredigt geliefert, die von ihrem Ansatz her auch verständlich ist. Ihnen geht es bei der Darstellung des Ethos Jesu um Evangelium, nicht um Gesetz. Der Schlüssel zum Verständnis liege in Mt 5,17–20. Demnach gebe es nur einen, der die Weisungen der Bergpredigt erfüllt hat, Jesus selbst! Er habe vorgelebt, was Gottes Herrschaft in dieser Welt bedeute. Er habe den neuen Menschen gezeigt, wie Gott ihn wolle. Im Mittelpunkt der Bergpredigt stehe der Bergprediger. Es gehe in erster Linie um ihn, nicht um seinen Anspruch, um sein Tun für uns, nicht um unser Tun für ihn.

---

[240] Abzulehnen ist demnach auch die vor allem in Kreisen der Brüdergemeinden anzutreffende, vom Dispensationalismus geprägte Meinung, die Bergpredigt gelte nur für das Tausendjährige Reich des Messias und habe für uns heute keine ultimative Bedeutung. Diese sog. „eschatologische" Interpretation verkennt die grundlegende heilsgeschichtliche Tatsache, dass das Reich Gottes mit Christus schon angebrochen ist und auch die Gemeinde im Bereich und als Teil dieses schon angebrochenen Gottesreiches lebt!

[241] E. Thurneysen, Die Bergpredigt. Theologische Existenz Heute, München 1963, S. 105.

[242] Kirchliche Dogmatik II, S. 766–782.

Die Grundregel „Widersteht nicht dem Bösen!" (Mt 5,39) sei durch Jesu Gewaltverzicht und wehrlose Liebe am Kreuz erfüllt worden.

Dass dies „eine bestechende Deutung" ist, die „Wahrheitsmomente enthält" (Pöhlmann), wird jedem, der um die richtige Auslegung bemüht ist, klar. Es ist das besondere Verdienst dieser Theologen, auf den untrennbaren Zusammenhang von Bergprediger und Bergpredigt hingewiesen zu haben. „In diesem Sinn ist die Forderung der Bergpredigt in nichts aufgelöst, wenn sie von ihrem Erfüller losgelöst wird."[243] Mit dem Bergprediger ist hier nicht „Jesus, der erste neue Mann", von Fr. Alt gemeint, sondern Christus, der Gekreuzigte. Dennoch zielt diese „christomonistische" Deutung an der Intention der Bergpredigt vorbei. Jesus meint in ihr nicht sich selbst, sondern uns!

Fazit: Eine einfache Lösung im Umgang mit der Bergpredigt gibt es tatsächlich nicht. Man muss M. Hengel sicher Recht geben, wenn er konstatiert, dass uns diese harte Rede „unweigerlich in schwere Aporien" führt.[244]

> „Ich wüsste nicht, wie man sich froh und frei sozusagen ‚guten Gewissens' auf sie berufen könnte. Sie richtet uns unbarmherzig. Sie bleibt – ob wir es wahrhaben wollen oder nicht – ein ‚Stachel im Fleisch der Christenheit'."

Aus diesem Grund war und ist die Gefahr der Relativierung und Verharmlosung der Worte Jesu immer groß. Der Mensch ist angesichts der steilen Forderungen geneigt, sie durch theologische Sophismen und Winkelzüge abzumildern oder umzudeuten.

> D. Bonhoeffer schreibt angesichts dieser Deutel- und Verdrehkünste: „Wo immer sonst in der Welt Befehle ausgegeben werden, sind die Verhältnisse klar. Ein Vater sagt zu seinem Kind: Geh ins Bett!, so weiß das Kind wohl, woran es ist. Ein pseudotheologisch dressiertes Kind aber müsste nun folgendermaßen argumentieren: Der Vater sagt: Geh ins Bett. Er meint, du bist müde; er will nicht, dass ich müde bin. Ich kann über meine Müdigkeit auch hinwegkommen, indem ich spielen gehe. Also, der Vater sagt zwar: Geh ins Bett!, er meint aber eigentlich: Geh spielen!"[245]

---

[243] K. Barth, a.a.O.

[244] [a.a.O., S. 9] Aporie: Die Unmöglichkeit, eine philosophische Frage zu lösen oder in einer bestimmten Situation die richtige Entscheidung zu treffen.

[245] D. Bonhoeffer, Nachfolge, München [11]1976, S. 55.

Von daher ist Horst Seebaß sicher zuzustimmen, wenn er sagt: „Es ist leichter, den Radikalismus Jesu in einen der uns bekannten Radikalismen dieser Welt umzumünzen, als ihn in seiner Fremdartigkeit stehen zu lassen und anzunehmen."[246] Die Fremdartigkeit ist die Fremdartigkeit des Reiches Gottes in dieser Welt.

Es genügt nicht, einfach etwas aus Liebe zu tun. Jesus fragt danach, *was* der Mensch aus Liebe tut. Die Einzelgebote sind gültig und normativ. Aber sie sind nicht Gesetz in dem Sinne, dass es vorschreibt, was ein Christ in jeder Situation zu tun hat. Sie sind, wenn auch gültige, so doch beispielhafte Forderungen Jesu, die zeigen, wie Gott Gehorsam verlangt oder wie sich die Liebe zu ihm ausdrückt. Also wollen sie nicht alle Fälle christlichen Lebens abbilden, sondern offen sein für weitere Beispiele gelebter Gnade.

Alle Auslegungsmodelle (außer 3 und 6) haben also richtige Aspekte gesehen. Aber sie haben oftmals Einzelbeobachtungen verabsolutiert und das Ganze der Verkündigung Jesu aus dem Blick verloren.

Die *Absicht der Bergpredigt* kann man vielmehr in Folgendem sehen:

1. Es geht Jesus um eine *Ethik der Gnade für Begnadigte*[247]. Als er in der Synagoge seiner Vaterstadt Nazareth predigte, „wunderten sich alle über die Worte der Gnade, die aus seinem Munde hervorgingen" (Lk 4,22). Die „Bettelarmen im Geist", die Jesus glücklich preist (Mt 5,3), sind Menschen, die sich ihrer Gottesbedürftigkeit bewusst sind. In der Erkenntnis ihrer eigenen Unfähigkeit, das Gute zu tun, bitten sie Gott um das, was sie bedürfen. Jesus ermutigt zu bitten: „Bittet, und es wird euch gegeben!" (Mt 7,7). Und: „Euer Vater weiß, was ihr bedürft, ehe ihr ihn bittet" (Mt 6,8). „Gottes bedürfen ist des Menschen höchste Vollkommenheit", sagt S. Kierkegaard. Er bekommt Anteil an der Herrschaft Gottes und kann leben.

2. Menschen, die aus der Gnade leben, brauchen nicht mehr das Gesetz als Leistungsnachweis ihrer Gerechtigkeit. Deshalb ist Jesu Ethik *keine Vermeidungsethik*, die nur fragt: „Was ist erlaubt? Was

---

[246] Zit. in: Wahrheit für Heute 4/83, S. 10.
[247] So auch U. Luz, der in Mt I/1, 188 vom „Evangelium der Tat (als) Ausdruck der Gnade" spricht. Freilich relativiert er das sogleich, wenn er sagt: „Christ ist, wer entsprechend den Geboten Jesu handelt." Gerade das kann eine christliche Ethik nie sagen.

darf ich noch? Was darf ich nicht?", sondern eine Erlaubnisethik. Wer Gnade erlebt hat, will anders leben zur Ehre seines Erlösers. Er ist befreit, in Lebensräume zu treten, die Jesus ihm eröffnet hat.

3. Jesu Ethik ist eine *Ethik für „Vollkommene"*. „Vollkommen" (τέλειος – *teleios*) bedeutet aber nicht „perfekt", fehler- oder sündlos, sondern „ganz", „ungeteilt" und „integriert". Deshalb kann niemand „zwei Herren dienen; entweder wird er den einen hassen und den andern lieben, oder er wird dem einen anhangen und den andern verachten" (Mt 7,24). Nur „ganze" Menschen – Menschen, die nicht bestimmte Bereiche ihres Lebens verdrängen und desintegriert lassen – können lieben und die Gebote Jesu halten. Menschen, die mit ihren Schatten, Defiziten und Ängsten, ihren Sünden und Verletzungen Vergebung und Heilung erfahren haben, können das tun, was Jesus will – wie der Vater vollkommen sein: dem Anderen vergeben und ihn lieben. Zerrissenheit verhindert Leben, behindert und lähmt, macht kraftlos und zum Heuchler. Jesus will echtes ganzes Leben: „Ich bin gekommen, dass sie das Leben haben und es im Überfluss haben" (Joh 10,10).

4. Jesu Ethik geht weit über das natürlich Mögliche hinaus. Insofern ist sie tatsächlich *„übernatürliche Ethik"*, ohne unnatürlich zu sein. Jesus zeichnete in seinem Leben und Wirken ja gerade eine heilige Natürlichkeit und eine natürliche Heiligkeit aus. Auch in der Ethik.

5. Weil Jesus weit mehr ist und gibt als Salomo und Mose, kann er weit mehr fordern als sie alle zusammen. Insofern ist seine Ethik eine *Ethik der zweiten Meile*, eine „Ethik des Mehr", ohne mehr als möglich zu erwarten.

6. Weil er gekommen ist, um Menschen ihre Sünden zu vergeben, kann er eine *Ethik des Vergebens* und eine *Ethik des Überwindens* fordern. „Wie kann man Gott am Altar dienen und gleichzeitig etwas gegen seinen Bruder haben?", fragt er, um gleich die Antwort zu geben: „Komm deinem Bruder schnell entgegen!" (Mt 5,24-26). Wie kann man seine eigene Frau lieben, wenn man im Herzen das Bild einer anderen begehrt (Mt 5,28)? Wie kann man den Kreislauf von Hass und Vergeltung überwinden, wenn man nicht bereit ist zu vergeben (Mt 5,25; 6,12.14.15)? Die einzige Bitte des Vaterunsers, die Jesus noch einmal besonders aufgreift, ist die des Vergebens! Die eigene Vergebung wird direkt abhängig gemacht von der Bereitschaft,

anderen zu vergeben. Wer nicht seinen Schuldigern vergibt, darf keine Vergebung für sich erwarten.

7. Schließlich zeigt die Bergpredigt deutlich, dass die Ethik Christi *Kontrastethik* ist. Im Reich Gottes gelten andere Maßstäbe als in der Welt. Von daher setzen Menschen, die nach dem Ethos Jesu leben, ein Zeichen des schon angebrochenen ganz anderen Gottesreichs in dieser Welt. Durch das konkrete Handeln der Jünger nach Jesu Willen wird die Welt infrage gestellt. Ihre Muster und Maßstäbe erscheinen neben dem Ethos Christi als schal.

Folgerungen für ein Leben mit der Bergpredigt

1. Die Bergpredigt ist also ohne den Bergprediger nicht zu haben. Genauer muss man sagen: Ohne eine persönliche Hingabe an Jesus, den Sohn Gottes, ist sie nicht zu haben. Diese Beziehung äußert sich in einer verbindlichen Nachfolge und im Glaubensgehorsam. Damit verbietet sich ein selektiver Gebrauch der Bergpredigt. Sie kann nur ganz oder gar nicht im Blick auf Jesus gelebt werden. So wie Jesus das Leben seiner Jünger ganz beansprucht, beansprucht es auch sein Ethos, sein Gebot ganz.

2. Die Weisungen Jesu gelten für Jünger Jesu heute. Sie gelten als Reich-Gottes-Ethos auch für die Gemeinde. Die ntl. Gemeindeparänese ist von den Worten Jesu geprägt. Man kann Jesus und Paulus oder Matthäus und Paulus nicht gegeneinander ausspielen, ebenso wenig wie Jakobus und Paulus. Eine sog. „Schriftteilung", die die Worte Jesu nur für Israel oder für das eschatologische Millennium (das Tausendjährige Reich) geltend machen will, ist abzulehnen. Die Verkündigung Jesu in der Bergpredigt ist im Zusammenhang mit dem sog. Missionsbefehl in Mt 28 zu sehen, in dem Jesus seinen Jüngern noch einmal als Vermächtnis einschärft: „... und lehret sie halten alles, was ich euch befohlen habe!" Ethik ist deshalb immer auch Inhalt der Mission.

3. Die Bergpredigt gibt den Jüngern Anleitung zum Handeln in der Welt. Sie ist nicht für den abgeschlossenen Raum des Klosters oder der Gemeinde weit weg vom Bösen der Welt gemeint, sondern zum Zeugnis für die Welt, in der Jünger Jesu leben. In den Widerwärtigkeiten, ja nur in ihnen, kann sich die Liebe Jesu entfalten. Feinde, Heuchelei, Ungerechtigkeit, Lieblosigkeit, Unreinheit, all das prägt diesen Äon. Jünger Jesu sollen so leben, dass die anderen Menschen ihre guten Werke sehen und den Vater im Himmel darüber preisen

(Mt 5,16). Ihr „Zeugnis" wird glaubwürdig nur durch das Handeln in den Geboten Jesu, d.h. im Tun des Willens Gottes.

4. Die Frage der Praktikabilität wurde in der Auslegungsgeschichte der Kirche immer wieder gestellt. Für Matthäus und die gesamte Gemeinde danach (bis zur Nachreformation) war das keine Frage. Die Bergpredigt ist praktikabel. Allerdings wurde bewusst kein Maß aufgestellt, wie viel praktikabel war und wie viel nicht. Es gab kein ethisches Minimum oder Maximum des zu praktizierenden Gebots. Auf die Frage: „Kann man nach der Bergpredigt leben?", kann man also einerseits nur unter der Bedingung der 5. Bitte des Vaterunsers antworten: „... und vergib uns unsere Schuld!" Gerade ernsthaft bemühte Jünger Jesu werden an ihren Unterlassungen, Versäumnissen und Übertretungen leiden. Sie ermuntert Jesus mit dieser Bitte in der Bergpredigt.

Andererseits gilt die Ermutigung Jesu, vollkommen zu sein, wie euer himmlischer Vater vollkommen ist (Mt 5,48). „Vollkommen" darf man – wie gesagt – nicht im Sinn von „perfekt" verstehen, sondern als Gegenteil von „zwiespältig". Man kann nicht „zwei Herren gleichzeitig dienen". Wer sich in dieser Weise ungeteilten Herzens an seinen Herrn hängt, wird von ihm in Bewegung gehalten, wird in ihm bleiben und wird seine Gebote halten. Auch wenn sein Glauben und Handeln angefochten und bruchstückhaft bleiben, kann er Licht vom Licht in dieser Welt sein und seinen Herrn auch durch sein Tun verherrlichen. Die rigorose Vollkommenheitsforderung Jesu führt zu einer Scheidung der Menschen: Die einen gehen auf dem breiten Weg ins Verderben, die andern auf dem schmalen Weg zum Leben. Dabei ist Letzteren bewusst, dass dieser Weg nicht ein ethisches Programm, ein Gesetz ist, sondern Jesus, ihr Heiland und Herr, selbst.

(b) Der Inhalt des Ethos Jesu

Dieser besteht nicht aus einflächigen Gesetzestexten, die ein ethisches Prinzip ergeben, oder aus Gebotsreihen wie etwa dem Dekalog im AT. Das Ethos Jesu besteht aus Einzelanweisungen, die zum konkreten Tun anleiten. Sie sind Aussagen, die die Beziehung des Menschen zu Gott in ganzer Radikalität infrage stellen und neu ordnen. Sie wollen die totale Umkehr zu Gott und das ganze Vertrauen in den, der allein mächtig ist zu vergeben und zum neuen Tun zu befähigen. Diese ethischen Weisungen Jesu beschreiben eine Beziehung der Jünger zum

Vater, die geprägt ist von tiefem Vertrauen, von dem Eingeständnis eigener Bedürftigkeit und von dem Unvermögen, den Willen Gottes in ganzer Weise zu tun. Deshalb ermutigt Jesus zum Vertrauen, zum Beten, Bitten und Empfangen und zum *Tun!* (Mt 7,21-27).

(1) Jesu ethische Weisungen sind *„unausweichlich konkret"* (Goppelt). Er spricht nicht allgemein über den Staat, sondern geht auf das Problem ein, ob man Steuern zahlen muss oder sie verweigern darf (Mt 22,15-22). Er hält keine schönen Reden über die Ehe, sondern spricht über die Not der Ehescheidung und über die Möglichkeit der Versöhnung (Mt 5,31f; 19,4–9). Er redet nicht erbaulich über die Beziehungen zwischen Brüdern, sondern über ihr Schuldigwerden und die Notwendigkeit, einander zu vergeben (Mt 6,14f).

(2) Jesus deckt auch die *verborgenen Motive ethischen Handelns* auf. So spricht er offen von der Herzenshärtigkeit seiner Zuhörer (Mt 19,8), von dem geheimen Begehren nach der fremden Frau (Mt 5,28), der Sucht der Pharisäer, von den Leuten bei der Ausübung ihrer Frömmigkeit gesehen zu werden (Mt 23,5ff), und deren Geldgier (Mk 12,40).

(3) Bei alledem sind Jesu ethische Weisungen immer *Aufforderungen zu einem neuen, dem Reich Gottes entsprechenden Handeln.* „Nicht jeder, der zu mir sagt: Herr! Herr!, wird in das Himmelreich kommen, sondern wer den Willen meines Vaters im Himmel tut" (Mt 7,21). Jesus vertritt also keine „extrem radikale Ethik", die zur „Entartung der Moral" führen muss, weil sie durch ihre „Überbetonung und Absolutierung auf Kosten der Wirklichkeit und Ausführbarkeit ... ordnungs- und rechtszerstörend" wirke. Andere meinen, das Ethos Jesu sei „überspannt, inpraktikabel und monströs" oder es handle sich um einen „himmelhohen moralischen Idealismus" oder um „die übermenschliche Ideal-Ethik eines Supermoralisten".[248] Alle diese Charakterisierungen treffen die eigentliche Bedeutung des Ethos Jesu nicht.

Inhaltlich kann man die vielen Einzelweisungen Jesu in drei Bereiche aufteilen.[249] Sie zeigen, dass Jesus zu individual- und sozialethischen Fragen Stellung nimmt:

---

[248] J. Klausner, G. Lindeskog, W. Kümmel, C. Montefiore, P. Lapide in dieser Reihenfolge in Schrage, a.a.O., S. 88.
[249] W. Schrage, a.a.O., S. 92–115; ähnlich, aber anders: Goppelt, a.a.O., S. 161–170.

1. Die Beziehung der Geschlechter / Mann und Frau / Ehe und Ehescheidung

Das Reich Gottes steht nach Jesu Überzeugung für Männer und Frauen gleicherweise offen. Auffallend ist *der Umgang Jesu mit Frauen* und seine Aufhebung ihrer tatsächlichen Minderbewertung im Judentum. Auf dem Hintergrund frühjüdischer Tora-Auslegung und Praxis (der fromme Jude sprach zweimal täglich u.a. im Gebet: „gepriesen sei, der mich nicht zum Heiden … und der mich nicht zur Frau gemacht hat") war es ein geradezu provozierendes Handeln, dass Jesus Frauen und Männer gleich behandelte und sie in seine Jüngerschaft berief. Er lässt seinen Ruf an Frauen und Männer ergehen, wendet sich Zöllnern und Sünderinnen gleichermaßen zu, heilt sowohl Männer als auch Frauen und stellt Frauen sogar als Typus rechten Glaubens vor (Mt 15,28 u.ö.). Jesus gibt Frauen die ihnen zustehende Würde wieder, nimmt sie ernst und schenkt ihnen Heilung, vergibt ihnen Sünden und macht sie zu Zeugen seiner Auferstehung.

Beeindruckend sind die typischen Heilungsszenen an Frauen aus dem Wirken Jesu: Er heilt am Sabbat in der Synagoge eine Frau, die „der Satan gebunden hat, siehe, achtzehn Jahre lang". Nachdem er ihr die Hände aufgelegt hatte, wurde sie „sofort gerade und verherrlichte Gott". Die Reaktion der Zuschauer spricht Bände: „Und die Volksmenge freute sich über all die herrlichen Dinge, die durch ihn geschahen" (Lk 13,10-17). Bewegend auch die Heilung einer blutflüssigen Frau, die sich zwölf Jahre vergeblich mit ihrer Krankheit und Isolation aufgrund kultischer Unreinheit gequält hatte und nun den Mut findet, Jesus anonym in der Menschenmenge zu berühren. Er gibt dieser fast unbemerkten und privaten Handlung eine große Öffentlichkeit, die die Frau zunächst erschrecken lässt. Als sie sich outet, spricht er zu ihr: „Tochter, dein Glaube hat dich geheilt. Geh hin in Frieden!" (Lk 8,43-48).

Jesu *Einstellung zur Ehe* ist – anders als im Judentum – von einer Freiheit und Verbindlichkeit geprägt, die neu ist. Wer sich verheiratet, tut dies nicht einfach aus privater Übereinkunft heraus, sondern er tritt damit in eine Ordnung Gottes ein, die die Ehe zum Bund macht von Anfang an (vgl. Mal 2,14). Das geschlechtliche Einssein braucht den verbindlichen Schutzraum der von Gott gestifteten Ehe (Mt 19,3–9). Hier greift Jesus auf den Schöpfer zurück und begründet Ehe schöpfungstheologisch. Sie gilt für ihn absolut verbindlich und ist unauflösbar: „Was Gott zusammengefügt hat, soll der Mensch nicht scheiden"

(Mt 19,6b). Auch die Wiederheirat ist in diesem Zusammenhang für Jesus untrennbar mit der Exklusivität der Ehe verbunden und daher nicht möglich, ohne Ehebrecher genannt zu werden (Mt 5,32; 19,9). Die matthäischen „Ausnahmeklauseln" oder „Unzuchtsklauseln" heben diese Einstellung nicht grundsätzlich auf. Sie sind Ausnahmen, die Ausnahmen bleiben, ohne die Ausnahme zur Regel zu machen.

Jesu Stellung zum *Ehebruch* wird gemeinhin als „ethischer Rigorismus" bezeichnet, was nicht falsch ist. Allerdings wird auch hier deutlich, dass es ihm nicht einfach um eine formale Verschärfung des Gesetzes geht (wie bei den Essenern), sondern um den Schutz der Würde der Frau und der Ehe! Jesus verurteilt nicht den Blick überhaupt (vgl. die Scheuklappen-Ethik der Pharisäer und der ethischen Rigorosen aller Zeiten), sondern die begehrliche Absicht. Die Frau wird damit aus ihrer Rolle als bloßes Lustobjekt männlicher Begierde befreit. Gleichzeitig zieht Jesus eine klare Grenze gegenüber einer sich verselbständigenden Sexualität. Sie gehört in den Schutzraum der Ehe. Dort hat sie ihre Bedeutung.

Jesus stellt Ehebruch mit *Ehescheidung* auf eine Ebene, was für das Judentum eine starke Provokation darstellt.[250] Durch das Verbot der Ehescheidung verleiht Jesus der damals weithin rechtlosen Frau einen Schutz, der über die Schutzfunktion der Scheidung, die der Frau immerhin das Recht auf eine neue Ehe einräumt, weit hinausgeht. Jesus ergreift also „Partei für die in Ehesachen damals rechtlich empfindlich benachteiligte Frau"[251].

Ehelosigkeit wird nicht als ethisches oder frömmigkeitstypisches Ideal vorgestellt. Man braucht freilich nicht zu heiraten (im Judentum übertrat ein Gebot Gottes bereits derjenige, der mit Zwanzig noch nicht verheiratet war), sondern kann um des Reiches Gottes willen frei bleiben. Der Zölibat wird nicht gefordert, denn das wäre ein „Verschnittensein von Menschen" (Mt 19,12). Stattdessen ist die Freiheit um des Reiches Gottes willen das ethische Kriterium: Man kann heiraten, muss es aber nicht. Man kann frei bleiben, muss es aber nicht.

Die *natürlichen Verwandtschaftsverhältnisse* treten hinter der neuen Gemeinschaft des Reiches Gottes zurück. Brüder und Schwestern sind jetzt diejenigen, die den Willen Gottes tun. Sie bilden eine neue

---

[250] Schrage, a.a.O., S. 97.
[251] Ebd.

Familie im Reich Gottes. Notfalls kann der Riss um Jesu willen zwischen Eltern und Kindern oder zwischen Ehepartnern verlaufen (Mk 3,31–35). Das hebt freilich die natürlichen Verwandtschaftsverhältnisse und die Sorge um Eltern oder Kinder in keiner Weise auf (vgl. das Wort Jesu am Kreuz, mit dem er noch im Sterben seiner Sohnespflicht der Mutter gegenüber nachkommt! Joh 19,26.17).

2. Die Beziehung zu Hab und Gut – Armut und Reichtum

Jesus selbst hatte kein Geld. Um die Tempelsteuer bezahlen zu können, ließ er Petrus in Kapernaum ein Wunder erleben (Mt 17,24–27). Er hatte noch nicht einmal einen Platz zum Wohnen: „Die Füchse haben Höhlen und die Vögel des Himmels Nester, aber der Sohn des Menschen hat nicht, wo er das Haupt hinlege" (Mt 8,20). Dennoch hat er viele so reich gemacht wie kein anderer.

Dabei war er kein Asket, der den entbehrungsreichen Lebensstil, die Armut als solche zum Ideal erhob. Aber er war frei, vierzig Tage zu fasten, um sich vorzubereiten auf sein großes und einzigartiges Werk (Mt 4,2). Seine Ausführungen zum Fasten atmen diese Freiheit (Mt 6,16–18). Nicht das Fasten ist das Ziel, sondern Gott. Das Fasten selbst ist nur der Weg zu dem Ziel, Gott näher zu sein.

Auf der anderen Seite konnte er mit Menschen feiern, essen und trinken. Einmal hat er auf einer Hochzeit ca. sechshundert Liter Wasser zu Wein gemacht (Joh 2,1–11). Er erzählt die Geschichte von der Heimkehr des verlorenen Sohnes mit dem Tanzen und Fröhlichsein so eindrücklich und lebensnah, dass man merkt, er kennt die Sitten aus eigener Anschauung.

War Jesus ein Lebenskünstler? Brauchte er kein Geld? Hat er sorglos in den Tag hineingelebt? Und, schlimmer noch, lehrte er etwa seine Jünger dasselbe? Ein flüchtiger Blick auf sein Leben und seine Worte scheint gerade das nahe zu legen. Etwa, wenn er sagt: „Sorgt euch nicht um euer Leben, was ihr essen und was ihr trinken sollt, noch für euren Leib, was ihr anziehen sollt. Seht die Vögel an, sie säen nicht und ernten nicht und euer himmlischer Vater ernährt sie doch!" (Mt 6,25.26). Sind das überspannte Worte eines weltfremden Menschen, die diejenigen, die sie hören, zu untauglichen Bürgern machen, weil sie ordnungszerstörend wirken?

Die Worte Jesu zum Thema Armut und Reichtum, Besitz und Besitzlosigkeit können und dürfen nur im gesamten Kontext der Verkündigung Jesu vom Reich Gottes gesehen werden. Dabei erweisen sie sich als erstaunlich konkret und lebensnah. Sie stimmen auch – stärker noch als seine Lehre zu Ehe und Ehelosigkeit – mit dem Ethos des Alten Testaments und der jüdischen Tradition überein. Dennoch geben auch sie im Blick auf das angebrochene Reich Gottes einen neuen Akzent.

Im *Alten Testament* sehen wir besonders bei den Propheten ein leidenschaftliches Eintreten für die Armen und eine entsprechende Anklage der Reichen, die ihnen das vorenthalten, was sie brauchen (Amos 2,6; Jes 3.5 u.ö.). Auch im Deuteronomium wird der Schutz der sozial Schwachen (Schuldenerlass, Sklavenfreilassung, Nachleserecht, Neuverteilung des Bodens u.a.) gefordert (5Mo 24,19ff; 15,1ff; 12ff; 3Mo 25,8ff). Aber es gibt auch andere Äußerungen (besonders in der Weisheitsliteratur), die Armut als übel und Reichtum als Ausdruck des Segens bezeichnen. Armut gilt als Folge von Faulheit (Spr 6,6ff), Zuchtlosigkeit (Spr 13,18) oder Genusssucht (Spr 21,17; 23,21). Aber auch Reichtum ist flüchtig und vergänglich (Spr 23,4f).

Im *Judentum* galt Reichtum als Segen und Armut als Plage. Daneben wird natürlich auch die Wohltätigkeit gegenüber den Armen betont. Wohltätigkeit und Liebeswerke wiegen alle anderen Toragebote auf.[252]

Die *Qumrangemeinde* nennt sich „Gemeinde der Armen" (1Qp Ps 37), wobei arm sowohl eine soziale als auch eine religiöse Niedrigkeits-Kategorie darstellt.

Der gewaltsame Freiheitskampf der *Zeloten* stand unter einem sozialen und politischen Vorzeichen.

Auf diesem frühjüdischen und komplexen Hintergrund sind Jesu Worte zu verstehen. Auffallend ist auch bei ihm die Kritik an den Reichen, ohne grundsätzlich Reichtum zu verbieten. Er sagt auch nirgendwo, wie reich ein Mensch sein darf, sondern warnt vor den Gefahren des Reichtums im Blick auf das Reich Gottes. So zeigt er die Gefahren des irdischen Schätzesammelns auf (Mt 6,19–21) und macht deutlich, dass man sein Herz nicht an den Mammon[253] und an Gott gleichzeitig hängen kann.

---

[252] Tos Pea 4,19, zit. in Schrage, a.a.O., S. 100.

[253] Unter Mammon versteht man nicht bloß Geld im eigentlichen Sinn, sondern die ganze Habe, alles, was Geldwert besitzt, das gesamte Vermögen. Es kommt auch nicht darauf an, wie viel das ist. Jesus bezeichnet Mammon faktisch als eine Gegenmacht zu Gott, weil er den Menschen beschlagnahmt und unfrei macht.

Einige Beispielgeschichten haben dies zum Thema. In der Geschichte vom reichen Kornbauern (Lk 12,16–21) beschreibt er einen Mann, der in trügerischer Selbsttäuschung Pläne für die Zukunft schmiedet und sein Vermögen genießen will. Er ist ein Narr, weil er noch in derselben Nacht stirbt und die Rechnung ohne den Tod und die Möglichkeit, sein Vermögen zu teilen, gemacht hat. Was nützt es, wenn man die ganze Welt gewönne und Schaden an seinem Leben nähme, fragt Jesus (Lk 9,25 par).

Die Reichen haben es generell schwer, ins Reich Gottes zu kommen. Es ist leichter für ein Kamel durch ein Nadelöhr als für einen Reichen ins Reich der Himmel zu kommen. Auf die entsetzte Reaktion der Jünger erklärt Jesus noch, dass es dennoch nicht unmöglich ist, weil bei Gott (!) alle Dinge möglich sind (Mk 10,23–27 par).

Die Geschichte vom reichen Mann und armen Lazarus (Lk 16,19–31) will sicher nicht den Schluss nahe legen, dass Reiche per se in die Hölle, Arme dagegen grundsätzlich in den Himmel kommen. Offensichtlich geht es Jesus darum, Menschen zu warnen, die wie die fünf Brüder des Reichen nicht Buße tun und umkehren.

Die Geschichte vom reichen Jüngling (Mk 10,17–22) zeigt, dass ein Mensch meinen kann, alle Gebote Gottes tatsächlich zu halten, ohne zu merken, dass er gegen das erste Gebot verstößt. Der entscheidende Satz Jesu: „Eins fehlt dir. Gehe hin und verkaufe, was du hast, und gib es den Armen, und du wirst einen Schatz im Himmel haben, und komm und folge mir nach" (V. 21) ist nicht eine Art elftes Gebot, sondern die Probe aufs Exempel für die Anerkennung des ersten Gebots. Das Übergeordnete ist der Ruf in die Nachfolge. Er macht frei. Eine generelle Pflicht zur Abgabe allen Besitzes kann man aus diesem Wort Jesu nicht ableiten.

In dem schwer zu verstehenden Gleichnis vom ungerechten Haushalter (Lk 16,1–13) sagt Jesus den Satz: „Macht euch Freunde mit dem ungerechten Mammon!" (V. 9). Das kann heißen, dass man den Mammon nicht egoistisch anwenden, sondern sich damit Freunde machen soll. Das würde bedeuten, dass Geld und Besitz nicht – wie in der Stoa – eine individualethische, sondern eine sozialethische Dimension hat.

Jesus warnt also vor der Gefahr des Reichtums („die Sorge des Zeitalters und der Betrug des Reichtums ersticken das Wort", Mt 13,22), ohne Besitz und Vermögen prinzipiell abzulehnen. Er erklärt, dass Eigentum sozial verpflichtet und dass die Armen immer im Blick bleiben müssen. Dabei entwirft er sozialethische Leitlinien aus der Perspektive des Reiches Gottes, ohne eine systematische Sozialkritik zu installieren. Besitz und Reichtum sind vergänglich und haben keinen Bestand. Das Entscheidende ist das eigentliche Leben aus Gott. Man kann nur in der Freiheit vom Materiellen und in der Bindung an Gott mit dem Materiellen richtig umgehen.

3. Die Beziehung zu Staat und Gewalt

Die Aussagen Jesu Christi über den Staat und die Gewalt muss man auf dem Hintergrund des Abschnitts der Zeitgeschichte hören, in dem er lebte. Das Land Israel war von den Römern okkupiert. Die Juden waren nicht frei. Es gab die starke Bewegung der militanten Zeloten[254], die den jüdischen Freiheitskampf gegen die römische Fremdherrschaft führten. Sie verstanden diesen Kampf als einen kompromisslos heiligen Krieg gegen die politische Abhängigkeit von Rom. Man könne nicht Gott und dem römischen Kaiser gleichzeitig untertan sein. Deshalb kämpften sie für ein theokratisches Ideal, bei dem Glaube und Politik identisch wurden. Im engsten Jüngerkreis Jesu gab es ein ehemaliges Mitglied der zelotischen Partei: „Simon, der Zelot" (Lk 6,15; Apg 1,13, wohl identisch mit Simon Kananaios[255]).

Demgegenüber gab es andere jüdische Kreise, die mit den Römern kollaborierten. Dazu gehörten die Steuereintreiber, wahrscheinlich auch die Sadduzäer. Im Großen und Ganzen wollte und musste man ihrer Meinung nach einen Modus Vivendi finden, der die Ausübung ihrer Religion unter der Besatzungsmacht Roms optimal gewährleistete.

---

[254] Siehe dazu: F. F. Bruce, Zeitgeschichte des Neuen Testaments, Bd. 1: Von Babylon bis Golgatha, Wuppertal 1975, S. 98–105; W. Rebell, Art. Zeloten, in: Das große Bibellexikon, Bd. 3, Wuppertal/Gießen ²1990; M. Hengel, Die Zeloten, Tübingen ²1976 und Schrage, a.a.O., S. 108. Das meiste über diese Bewegung wissen wir von Josephus, der allerdings ihr erklärter Gegner war. Demnach sind die Zeloten im Jahre 6 n.Chr. als Freiheitsbewegung entstanden. Sie rekrutierten sich vor allem aus Pharisäerkreisen und waren der Meinung, man dürfe nicht passiv auf die messianische Wende warten, sondern müsse sie aktiv herbeiführen. Sie schafften es schließlich, das Volk zum offenen Kampf gegen Rom aufzustacheln, der dann im Jahre 70 zum von Jesus prophezeiten Untergang Jerusalems und zur Zerstreuung Israels führte!

[255] *Kananaios* ist die aramäische Transkription für Zelot.

Jesus war, allen durchsichtigen Versuchen ihn als solchen darzustellen[256] zum Trotz, kein politischer Revolutionär oder Zelot. Es ist einfach nicht möglich, Jesu Einzug in Jerusalem zur sorgfältig geplanten Demonstration seiner Messiaswürde, seine Tempelreinigung zur mit Gewalt durchgeführten Provokation an die Römer, den Schwertstreich des Petrus zur bewaffneten Auseinandersetzung mit dem Establishment zu machen. All diese Versuche sind exegetisch und biblisch-theologisch als unseriös zu bezeichnen.

Jesu Aussagen zur Gewaltlosigkeit sind zu stark und zu überzeugend, als dass man sie ignorieren oder umdeuten könnte, ebenso sein ganzes Verhalten und sein Lebensweg. Als Petrus seinen Meister Jesus bei dessen Gefangennahme in Gethsemane mit dem Schwert verteidigen wollte und einem Knecht des Hohenpriesters im Getümmel das Ohr abschlug, wehrt Jesus ausdrücklich den Gebrauch von Gewalt ab (Lk 22,36–38). In Mt 26,52 sagt er ausdrücklich (mit einer indirekten Kritik an der Zelotenbewegung?): „Steck dein Schwert in die Scheide, denn alle, die das Schwert nehmen, werden durch das Schwert umkommen!" Dies Wort ist nicht nur auf die Gefangennahme Jesu zu beschränken, sondern meint – wie der Begründungssatz zeigt – die grundsätzliche Anwendung von Gewalt.

Auch die Aussagen Jesu in der Bergpredigt, dem Bösen nicht zu widerstehen, sondern die andere Wange hinzuhalten, wenn man geschlagen wird (Mt 5,38.39), zeigt die unüberwindbare Distanz zur Zelotenbewegung. Gewaltsamer Widerstand ist keine Option für Jesus. Gewaltverzicht als Mittel, den Kreislauf von Gewalt und Kettenreaktion zu durchbrechen, ist für Jesus ein Ausdruck von Stärke und Freiheit, nicht von Schwachheit und Passivität.

Auch die Tempelreinigung Jesu (Mk 11,15–17) war natürlich kein revolutionärer Gewaltakt, weil mit Sicherheit die Tempelwache und die römische Besatzung eingeschritten wären, wenn es so gewesen wäre. Vielmehr kann man darin eine Zeichenhandlung erkennen, in deren Verlauf Jesus sicher einige Tische umgestoßen und so für eine nicht geringe Provokation gesorgt hat. Der Grund war sein „Eifer für das Haus" Gottes, das zur

---

[256] Schrage nennt J. Carmichael, Leben und Tod Jesu von Nazareth, München 1965; S. G. F. Brandon, Jesus and the Zealots, Manchester 1967; P. E. Lapide, Der Rabbi von Nazareth, Trier 1974 u.a.

Räuberhöhle umfunktioniert worden war – ein geistlich-prophetisches Geschehen.

Zum Gewaltverzicht bei Jesus gehört positiv auch das Eintreten für den Frieden. Er preist die Friedenstifter glücklich (Mt 5,9). Damit sind konkrete Schritte des Friedens gemeint und nicht ein innerlicher Seelenfrieden.

Konkret verbietet Jesus *das Töten* und macht klar, dass schon der Hass des Bruders ein Töten im Herzen darstellt, das sich in der Gesinnung von der eines konkreten Mörders letztlich nicht unterscheidet (Mt 5,21–22). Die Motivebene findet hier eine starke Berücksichtigung.

Typisch für Jesus ist auch, wie er dieses Gebot verbindet mit der präventiven Ethik, seinem Bruder, der etwas gegen einen hat, einseitig entgegenzukommen, ihm zu vergeben und sich mit ihm zu versöhnen. Diese offensive Liebe kommt jeder naturalistischen Ethik zuvor und überbietet sie weit.

Auch die *ius talionis* „Auge um Auge, Zahn um Zahn" wird überwunden durch den völligen Verzicht auf Rache und Vergeltung (Mt 5,38–39) und überboten durch die Aufforderung zum Gehen der zweiten Meile (Mt 5,41.42). Das Ethos Jesu ist also weit von einer reinen Vermeidungsethik entfernt und gebietet mehr, als die natürliche Vernunft zu gehen bereit ist.

Die Feindesliebe schließlich ist Ausdruck vollkommenster Liebe (Mt 5,43–48).[257]

Heißt das nun, dass Jesus Christus Gewaltanwendung überhaupt und unter allen Umständen verbieten will? Hier kann nur so viel gesagt werden, dass der Gewaltverzicht Jesu die staatliche Gewalt und damit verbunden das staatliche Recht auf Tötung nicht aufhebt. Wie wir bereits oben gesehen haben, lässt sich das Ethos der Bergpredigt nicht zur Abschaffung staatlicher Ordnung und Gewalt heranziehen, ohne in der Theorie einer schwärmerischen Utopie und in der Praxis der Anarchie Vorschub zu leisten. Jesus selbst zeigt ja durch das Steuerwort (Mk 12,13–17) an, dass er sehr wohl das Recht des Kaisers auf Steuereinziehung, also letztlich sein Recht, Recht mit Macht auszuüben und zu sichern, nicht durch den Gottesgehorsam auflöst. Da

---

[257] S.o. unter dem zu dem „neuen Gebot" Gesagten.

durch die Kaisersteuer Polizei und Richter bezahlt werden, unterstützt Jesus damit diese Ordnung und löst sie nicht auf. Seine Worte von der Gewaltlosigkeit gelten nicht dem institutionellen Umsturz des Staates.

Auch in der Rede Jesu vom *Schwur* zeigt sich, dass er für ein neues Denken und Handeln im Blick auf die Wahrhaftigkeit eintritt (Mt 5,33–37). Er verurteilt nicht generell den Schwur vor Gericht. Er selbst hat ja in seinem eigenen Prozess an entscheidender Stelle vor dem Sanhedrin unter Eid ausgesagt, dass er Gottes Sohn ist (Mt 26,63f). Also hat Jesus den Eid vor der Obrigkeit nicht verworfen. Aber das Schwören bei allem und jedem untersagt er. „Ihr sollt überhaupt nicht schwören!" Das AT kennt das Schwören bei der Wahrheitsfindung vor Gericht (4Mo 5,19) oder bei Gelübden (4Mo 30,4; 5Mo 23,22). Allmählich ist das Schwören zu einer spitzfindigen Differenzierung entartet, die absurd und zu einem Laster in Israel geworden war. Die Pharisäer verstanden die Täuschung durch falsches Schwören perfekt (Mt 23,16). Dagegen geht Jesus an und fordert, dass ein Ja ein klares Ja und ein Nein ein klares Nein ist.

Das Verhältnis Jesu zum Staat lässt sich am besten an seinem erstaunlichen Wort zu einer schwierigen Fangfrage aufzeigen (Mk 12,13–17 par). Einige ausgewählte Pharisäer und Herodianer (Anhänger des Herodes Antipas) kommen zu Jesus und wollen ihn mit der Frage: „Ist es erlaubt, dem Kaiser Steuern zu geben oder nicht?" eine Falle stellen. Um die bekannte Antwort Jesu – „Gebt dem Kaiser, was des Kaisers, und Gott, was Gottes ist!" – überhaupt annähernd ermessen zu können, muss man sich die im Judentum sehr umstrittene Einstellung zur Besteuerung durch die Römer vergegenwärtigen. Die Kopfsteuer wurde neben den allgemein verachteten z.T. rabiaten Steuereintreibmethoden als bedrückende und demütigende Vergegenwärtigung der Abhängigkeit vom verhassten römischen Staat empfunden.

Die Frage der Fallensteller behandelt jedenfalls einen zentralen Punkt der damaligen politischen Ethik. Dazu kommt, dass sowohl Steuergegner (Pharisäer) als auch Römerfreunde (Herodianer) Jesus mit der Frage konfrontieren. Sagt Jesus Ja, so ist er für das Volk erledigt, das neugierig zuhört. Sagt er Nein, dann ist er für die Römer erledigt und seine Gegner haben einen Grund, ihn den Römern auszuliefern. Eine unausweichliche Falle. Das souveräne Handeln Jesu erstaunt immer wieder aufs Neue.[258] Er geht in die Offensive, demaskiert seine Gegner und lässt sich einen Denar bringen.

Der Denar ist die offiziell vorgeschriebene reichseinheitliche Steuermünze, eine kleine Silbermünze. Diese Münze in unserer Geschichte zeigt auf ihrer Vorderseite das Brustbild des Kaisers Tiberius, geschmückt mit dem Lorbeerkranz göttlicher Würde. Die Umschrift lautete: „Kaiser Tiberius, der anbetungswürdige Sohn des anbetungswürdigen Gottes." Auf der Rückseite heißt es weiter: Pontifex Maximus – „Hoherpriester". Außerdem ist die Kaiserinmutter Julia Augusta auf einem Götterthron zu sehen als Symbol irdischer Inkarnation des himmlischen Friedens.

Indem Jesus nun sagt: „Gebt dem Kaiser zurück, was dem Kaiser zusteht, und Gott, was Gott zusteht", formuliert er eine konkrete und grundsätzliche Antwort zugleich. Er gesteht dem Kaiser das Machtsymbol, die Macht, Steuern zu erheben, zu. Aber er verweigert ihm gleichzeitig den Kult, die Verehrung als Gott. Die steht alleine dem Gott Israels zu. Das ist Jesu grundsätzliches Ja zum Imperium Romanum bei gleichzeitigem Bekenntnis zu dem Gott Israels, eine Unterscheidung der Reiche, die die Zeloten in ihrem Kampf um die Theokratie nicht wahrnehmen wollten. Jesus stimmt jedenfalls mit der prophetischen und apokalyptischen Geschichtstheologie des Alten Testaments überein und überwindet sie zugleich. Dort heißt es: Jahwe „ändert Zeiten und Fristen, er setzt Könige ab und setzt Könige ein" (Dan 2,21). Oder Gott spricht: „Ich habe die Erde erschaffen und sie stets gegeben, wem es mir gefiel. Nunmehr aber gebe ich sie in die Hand meines Knechtes Nebukadnezar" (Jer 27,5ff).

Jesus steht grundsätzlich positiv zum Recht des Kaisers, ohne damit alles gutzuheißen, was dieser tatsächlich macht. Er sagt Ja zur Machtsymbolik und Nein zur Kultsymbolik. Er fordert eine grundsätzlich positive Haltung des Gottesvolkes zum Kaiserreich bei gleichzeitiger Relativierung seiner machtpolitischen Anmaßung. (Ähnlich auch später Paulus, der ganz im Sinne Jesu argumentiert.) Er fordert die ganze Hingabe an Gott. Beide Bereiche, sowohl das Kaiser- als

---

[258] Sehr schön und beeindruckend ausgeführt in dem Standardwerk von E. Stauffer, Christus und die Cäsaren, Hamburg 1952, S. 130–149.

auch das Gottesreich, sind aber weder völlig voneinander getrennt noch miteinander zu identifizieren oder gar gleichrangig auf einer Ebene zu sehen. Auch der Kaiser hat seine Macht nur von Gott geliehen bekommen und dient letztlich dem, dem alle Gewalt im Himmel und auf Erden gegeben ist. (Auch seine Antwort an Pilatus macht das sehr deutlich. Als dieser ihn fragt: „Weißt du nicht, dass ich Macht habe, dich loszulassen, und Gewalt, dich zu kreuzigen?", antwortet Jesus ihm: „Du hättest keinerlei Macht über mich, wenn sie dir nicht von oben gegeben wäre", Joh 19,10.)

Mit der klugen Antwort an seine Zuhörer weist Jesus einen souveränen neuen Weg durch die ihm vorgegebenen Alternativen. Denn er ist weder ein Pharisäer noch ein Herodianer, weder ein Zelot noch ein Sadduzäer. Er ist nach seinem eigenen Selbstverständnis der Christus. Sein Wort ist eine messianische Proklamation, denn er lehrt „den Weg Gottes in Wahrheit", wie seine Gegner anerkennen müssen (Mk 12,14).

> Ähnlich sind später immer wieder seine Jünger den von ihm vorgegebenen Weg gegangen.
> „Im Jahre 180 n.Chr. fordert der Statthalter des geistesschwachen Kommodus von den Christen in Karthago: Schwöret bei dem göttlichen Geist des Herrn, unseres Kaisers! Da antwortet der Angeklagte Speratus: Ich weiß nichts von dem Imperium dieser Welt, sondern diene dem unsichtbaren Gott. Eine Unterschlagung habe ich nicht begangen! Im Gegenteil, bei jedem Geschäftsvorgang zahle ich die schuldige Steuer. Denn ich kenne meinen Herrn, den König der Könige und Imperator über alle Völker. ... Die Christin Donata aber spricht: Ehre dem Kaiser, wie sie dem Kaiser gebührt – Furcht aber Gott. ... Der Statthalter fällt das Todesurteil. Da preisen die versammelten Zeugen ihren Gott mit einer Stimme und sprechen: Wir danken dir, dreimal Heiliger, und preisen dich, und dein Reich währet in Ewigkeit. Amen."[259]

Abschließend kann man festhalten, dass die ethischen Weisungen Jesu Christi eine Veränderung des Menschen veranlassen. Weil Jesus anderen Liebe erweist, die er selbst fordert, ändern sich Menschen in ihrer Gesinnung und ihrem Tun. Sie folgen Jesus nach und glauben an ihn als den Messias und Herrn (vgl. das Thomas-Bekenntnis: „Mein Herr

[259] Stauffer, a.a.O., S. 149.

und mein Gott!" Joh 20,28). Für den, der glaubt, wird auch das neue Verhalten, das Jesus fordert, eine konkrete Möglichkeit der Lebensgestaltung. „Wer mich liebt, hält meine Gebote", sagt Jesus. Dabei bleibt das Tun seines Willens in diesem Äon immer nur ein Zeichen des bereits angebrochenen, aber noch nicht vollendeten Gottesreichs. Gleichzeitig ist es oft ein durch Versagen verdunkeltes Zeichen, das die Bitte des Vaterunsers notwendig macht: „Vergib uns unsre Schuld!" Dennoch sollen und können Jünger an ihren guten Werken erkannt werden und so Salz der Erde und Licht der Welt sein.

3.2.3 Der Sendungsauftrag Christi: die missiologische Begründung der Ethik

Normalerweise wird christliche Ethik nicht missiologisch begründet. Sie wird geschichtstheologisch (Gesetz am Sinai) oder schöpfungstheologisch (Schöpfungsordnungen oder Naturrecht) oder eschatologisch (vom Reich Gottes her) hergeleitet. Das alles ist richtig und bezeichnet die vielfältigen Aspekte, Voraussetzungen und Auswirkungen einer christlichen Ethik. Dennoch sollte man auf die missiologische Begründung nicht verzichten, weil sie genuiner Ausdruck des Reich-Gottes-Ethos Christi ist. Die reale Gegenwart und Ausbreitung des Reiches Gottes hat immer starke ethische bzw. sozialethische Implikationen. Die Dynamik der Sendung der Gemeinde Christi in diese Welt (Joh 17,18; 20,21) hat stärkere Auswirkungen auf die Relevanz der Ethik als eine einseitige Begründung mit den eher statischen und unklar zu definierenden Schöpfungsordnungen.[260]

Nun ist es ein Streitpunkt unter Evangelikalen, ob man die christliche Sozialethik schöpfungstheologisch oder vom Reich Gottes her zu begründen habe.[261] Auf die Gefahren einer einseitig vom Reich Gottes

---

[260] S.o. Pkt. 3.1.3.1 (b).
[261] E. J. Schnabel hat die Diskussion wiedergegeben und Stellung bezogen in: ders., Das Reich Gottes als Wirklichkeit und Hoffnung, Wuppertal und Zürich 1993, S. 28–82. In diesem Abschnitt seines Buches, auf das wir uns hier beziehen, beschreibt er „sozialethische Perspektiven ... (der) *radikalen* Evangelikalen" (Hervorhebung H. A.).

her argumentierenden Begründung der Sozialethik weist E. Schnabel zu Recht hin.[262]

Wer das Reich Gottes lediglich innergeschichtlich und unscharf als eindimensionale Wirklichkeit beschreibt, die sich hier auf Erden ausbreitet, ohne auf die in Christus schon angebrochene Heilswirklichkeit und die noch ausstehende Erfüllung durch den wiederkommenden Messias zu verweisen, kann schnell einer Art „sozialem Evangelium"[263] oder einer „Theologie der Befreiung"[264] verfallen. In der lange sehr stark sozialpolitisch geprägten Theologie des Ökumenischen Rates der Kirchen wird das Reich Gottes gar als „die Utopie einer gemeinsam mit Vertretern anderer Religionen und Ideologien zu schaffenden neuen Weltordnung unter einer den Frieden garantierenden zentralen Weltregierung"[265] verstanden.

Wer das Reich Gottes dagegen nur als eschatologische (kommende) Größe sieht, ohne auf die gegenwärtige Realität der Herrschaft Gottes und seiner ethischen Implikationen hinzuweisen, löst die durch Christi erstes und zweites Kommen erzeugte heilsgeschichtliche Spannung der schon angebrochenen, aber noch nicht vollendeten Gottesherrschaft ebenso einseitig auf.[266]

Stattdessen muss auf die durch Christus begründete Gegenwart des Reiches Gottes ebenso verwiesen werden wie auf seine Zukunft, auf seine gegenwärtige Verwirklichung durch diejenigen, die ihn Herr sein lassen, ebenso wie auf die Konsequenzen seiner gegenwärtigen

---

[262] Ebd.

[263] Diese sozialtheologische Richtung geht auf die „„Social gospel"-Theologie des Baptistenpastors W. Rauschenbusch (1861–1918) zurück. Vgl. ders., Christianity and the Social Crisis, New York 1907; ders., A Theology for the Social Gospel, New York 1917.

[264] Hauptsächlich aus dem Kontext der römisch-katholischen Kirche der Dritten Welt, besonders Lateinamerikas, heraus entstanden und mit Namen wie Gustavo Gutierrez, José Porfirio Miranda, Juan Luis Segundo oder auch José Severino Croatto verbunden.

[265] P. Beyerhaus, Aufbruch der Armen: Die neue Missionsbewegung nach Melbourne, Bad Liebenzell 1981, S. 120.

[266] Dies geschieht in einer stark dispensationalistisch geprägten Theologie, bei der das Reich Gottes als Tausendjahrreich für Israel auf Erden gilt und nicht für die Gemeinde hier und jetzt. Auch die Bergpredigt wird als Ethos dieses eschatologischen Reiches als für die Gemeinde irrelevant bezeichnet!

Ausbreitung. Auch der Inhalt dieses Reiches, die Person und das soteriologische Wirken Jesu Christi muss unbedingt festgehalten werden.

Trotz der erwähnten Gefahren ist es aber nicht zwingend notwendig, die Begründung einer christlichen Ethik ausschließlich schöpfungstheologisch oder ausschließlich vom Reich Gottes her geschehen zu lassen. Das brauchen keine Alternativen zu sein.[267] Die christliche Ethik überhaupt nicht vom Reich Gottes her begründen zu wollen, ist trotz der bekannten Missverständnisse ebenso wenig überzeugend.[268]

Wenn man Schöpfungstheologie und Reich Gottes heilsgeschichtlich zu unterscheiden vermag, dann muss man beide Größen nicht voneinander trennen, weil sie beide ihre heilsgeschichtliche Berechtigung haben. Die Spannung zwischen Schöpfung und Reich Gottes, zwischen geschöpflichen Bedürfnissen und Forderungen Christi um des Reiches willen bleibt bestehen! Die Eltern zu ehren ist schöpfungsgemäßes Gebot (2Mo 20,12). Sie um des Reiches willen zu hassen, kann eine Konsequenz der Nachfolge Christi sein (Lk 14,26). Ehe und Familie werden dadurch nicht verneint, sie werden aber in die Reich-Gottes-Wirklichkeit integriert – und das kann zu Spannungen führen. Andererseits kann das schöpfungstheologisch begründete Sabbatgebot (2Mo 20,11) in der Perspektive des Reiches Gottes unter Umständen aufgelöst werden, weil „der Mensch nicht um des Sabbats willen, sondern der Sabbat um des Menschen willen gemacht" ist (Mk 2,27) und weil der „Menschensohn auch Herr über den Sabbat" ist (Mt 12,8 par).

Wenn man weiterhin Reich Gottes und Welt zu unterscheiden vermag, wenn man ein Drinnen und Draußen der Glieder des Reiches erkennen kann, wenn man weiß, dass das Reich Gottes nicht die Welt,

---

[267] Auch wenn ich mich damit dem Verdacht des Harmoniebedürfnisses aussetze (so Schnabel, a.a.O., S. 67).

[268] E. J. Schnabel, a.a.O. S. 67f, zitiert Howard Marshall und Oliver Barclay mit ihren dargelegten Bedenken: (1) Im Reich Gottes stehe das rettende Handeln Gottes im Vordergrund, das machtvolle rücke dagegen in den Hintergrund. (2) Das Königreich Gottes könne nur für Gläubige normierende Begründung haben. (3) Die sozialethische Verwendung des Begriffs „Reich Gottes" verwässere diesen. (4) Der Begriff sei in seiner sozialethischen Anwendung zu vage und führe zu widersprüchlichen Positionen. (5) Im NT komme der Begriff „Reich Gottes" außerhalb des jüdischen Kontextes kaum vor. Alle diese Argumente sind m.E. wenig überzeugend und werden dem komplexen Sachverhalt nicht ganz gerecht.

aber in der Welt ist, wenn man schließlich beachtet, dass es nicht möglich ist, aus dem Reich Gottes konkrete und direkte Handlungsanweisungen für ein politisches und gesellschaftlich wirksames Handeln in der Gegenwart abzuleiten[269], dann kann man nicht nur, dann muss man die missiologische Begründung der Ethik bejahen.

So wie Christus seine Herrschaft in denen ausübt, die ihn Herr sein lassen, so sendet er sie aus in die Welt, um Licht zu sein und die Dunkelheit zu erhellen. Diese Metapher „ihr seid das Licht der Welt" muss selbstverständlich konkretisiert werden. Die ethischen Auswirkungen der Nachfolge von Jüngern Jesu müssen unübersehbar sein: „Man zündet auch nicht eine Lampe an und stellt sie unter den Scheffel, sondern auf das Lampengestell, so dass sie allen, die im Haus sind, leuchtet. Genauso soll euer Licht leuchten vor den Menschen, damit sie eure guten Werke sehen und euren Vater im Himmel preisen" (Mt 5,15.16).

Diesen Sendungsauftrag Jesu müssen wir uns näher ansehen und die Konsequenzen daraus erkennen. Wir werden ihn in verschiedenen Varianten wahrnehmen. Zunächst soll der Missionsauftrag aus Mt 28,18–20, dann der Sendungsbefehl aus Joh 20,21, danach die Verheißung aus Apg 1,8 und schließlich die Übertragung des Wortes und Dienstes der Versöhnung nach 2Kor 5,18–20 betrachtet werden. Danach müssen ethische Folgerungen gezogen werden.

3.2.3.1 Als Jünger Jesu hingehen, um Menschen zu verändern (Mt 28,18–20)

Alle vier Evangelisten kennzeichnen den sog. Missionsbefehl als den zentralen Auftrag des auferstandenen Herrn Jesus Christus an seine Jünger (Mt 28,18–20; Mk 16,15–18; Lk 24,47. 48; Apg 1,8; Joh 20,22–23). Da Jesus seinen Jüngern auf unterschiedliche Weise und zu unterschiedlichen Zeiten erschienen ist, erklären sich die unterschiedlichen „Fassungen" seines Auftrags. Diese relativieren einander nicht, sondern ergänzen sich.

Die *Voraussetzung des Sendungsauftrags* Jesu ist seine fundamentale Aussage: „Mir ist gegeben alle Gewalt im Himmel und auf Erden!" Damit sagt Jesus aus, dass ihm von Gott, seinem Vater, alle

---

[269] Siehe das oben zu Pkt. 3.2.2 Gesagte!

Gewalt (ἐξουσία – *exousia*)[270] übergeben worden ist über die gesamte Schöpfung und Welt. Jesus ist somit der Sieger über alles, der Herr der Herren, dem alles untertan werden wird. Allerdings ist diese Macht noch nicht sichtbar. Erst wenn der Messias „wiederkommen wird mit den Wolken des Himmels" (Mk 14,62 par) „in großer Macht und Herrlichkeit" (Mk 13,26), um seine Herrschaft sichtbar aufzurichten, werden ihn alle Menschen sehen und erkennen.

Diese Unterscheidung von Jesu erstem Kommen zur *Lösung der Schuldfrage* (Versöhnung am Kreuz durch seinen stellvertretenden Opfertod als Lamm Gottes) und seinem Wiederkommen zur *Lösung der Machtfrage* (sichtbares Aufrichten seiner Friedensherrschaft über die ganze Erde) gehört zu den wichtigsten Einsichten heilsgeschichtlichen Bibelverständnisses und der Theologie.[271] Christus hat durch den Verzicht auf weltliche Macht und seinen Weg der Ohnmacht „bis zum Tod am Kreuz" (Phil 2,8) die Macht Satans gebrochen (der „Schlange den Kopf zertreten", 1Mo 3,15) und so „den Namen verliehen (bekommen), der über alle Namen ist", d.h. die Legitimation erhalten, die Machtfrage auszuführen bei seiner Wiederkunft. Nur er ist würdig, Ehre und Macht zu nehmen: „Würdig ist das Lamm, das geschlachtet worden ist, zu empfangen die Macht und Reichtum und Weisheit und Stärke und Ehre und Herrlichkeit und Lobpreis. Und jedes Geschöpf, das im Himmel und auf der Erde und unter der Erde und auf dem Meer ist, und alles, was in ihnen ist, hörte ich sagen: Dem, der auf dem Thron sitzt, und dem Lamm den Lobpreis und die Ehre und die Herrlichkeit und die Macht in alle Ewigkeit!" (Offb 5,12.13).

Zwischen diesem ersten und dem zweiten Kommen Christi, zwischen Weltversöhnung und Weltvollendung lebt nun die Gemeinde und ist von ihrem Herrn beauftragt, seinen Namen in die Welt zu tragen und Menschen zu Jüngern zu machen. Sie lebt in der Spannung von schon angebrochener und zeichenhaft sich zwar erfüllender, aber noch nicht voll-

---

[270] Dasselbe Wort wie in Mt 7,29; 9,6; 10,1; 21,23; aber auch in Mt 8,9; Röm 13,1 und Offb 12,10.

[271] Die Unterscheidung von Schuld- und Machtfrage hat K. Heim ausführlich und plausibel vorgenommen in: ders., Jesus der Weltvollender. Der Glaube an die Versöhnung und Weltverwandlung, Bd. 3 von: Der evangelische Glaube und das Denken der Gegenwart. Grundzüge einer christlichen Lebensanschauung, Wuppertal 1975 „Nach der biblischen Anschauung ist die Schuldfrage die Zentralfrage unseres Lebens. Erst wenn sie bereinigt ist, kann die Machtfrage gelöst werden" (S. 35). Und: „Christus ist also gekommen, um die Last zu heben, die die Welt in die bodenlose Tiefe der Gottesferne hinunterzieht. Das ist seine erste Aufgabe. Alles andere wird demgegenüber zurückgestellt" (S. 47).

endeter und sichtbar hereinbrechender Macht Christi. Sie lebt „in Adam" noch im alten, „in Christus" aber bereits im neuen Äon (Gal 1,4; Eph 2,2; 2Petr 1,4). Sie lebt im Glauben und nicht im Schauen, da sie „nicht auf das Sichtbare, sondern auf das Unsichtbare" schaut, „denn das Sichtbare ist zeitlich, das Unsichtbare aber ewig" (2Kor 4,18).

Jünger Jesu leben in der Spannung eigener Ohnmacht und von Christus verliehener Vollmacht im Glauben: „als Arme, aber viele reich machend, als nichts habend und doch alles besitzend" (2Kor 6,10). „Also kann es nur Macht geben, die unmittelbar aus einem reinen Gewissen, somit aus der Gottesgemeinschaft fließt."[272] Alle anderen Versuche der Gemeinde, Macht anders auszuüben, als ihr Herr sie ausgeübt hat, nämlich anders als im Dienen und Lieben, pervertiert ihre Macht und macht sie der Welt und ihren Machthabern gleich. Deshalb warnt Jesus seine Jünger eindringlich: „Ihr wisst, dass die Machthaber der Nationen sie beherrschen und die Großen Gewalt gegen sie üben. Unter euch soll es nicht so sein; sondern wenn jemand unter euch groß werden will, wird er euer Diener sein, und wenn jemand unter euch der Erste sein will, wird er euer Sklave sein; gleichwie der Sohn des Menschen nicht gekommen ist, um bedient zu werden, sondern um zu dienen und sein Leben zu geben als Lösegeld für viele!" (Mt 20,25–28).

Nur diejenigen Menschen können Anteil bekommen an der Machtergreifung Christi, denen alle eigenen Machtbedürfnisse verschwinden gegenüber dem Reichtum Christi. „Selig die Bettelarmen im Geist, denn ihnen wird das Reich der Himmel gehören!" (Mt 5,3). Nur der, dem es nicht um seine eigene Macht und Seligkeit geht, sondern nur um Gott und sein Reich, hält diesen Zeitraum quälender Ohnmacht zwischen Weltversöhnung und Weltvollendung aus, ohne daran zu zerbrechen und ohne selbst zum Schwert zu greifen. „Der Sinn dieses Zwischenraumes zwischen Versöhnung und Weltvollendung ist also die Sammlung der Gemeinde. Nur aus dieser Spannung, die in diesem unvollendeten Zustand enthalten ist, können wir das Wesen der Gemeinde verstehen."[273]

Immer wenn Gemeinde also schon hier und jetzt zu den Waffen greift, um Macht auszuüben, verrät sie das Wesen ihrer Herkunft und Zugehörigkeit zu ihrem Herrn. Immer wenn Gemeinde schon hier und jetzt reich werden und Einfluss in dieser Welt gewinnen will, verrät sie ihre Identität als Gemeinde Christi. Immer wenn Gemeinde andere Menschen, mit welchen Mitteln auch immer, unterdrückt und beherrscht, Druck auf Gewissen ausübt und strukturelle Gewalt anwendet, verrät sie ihren Herrn, der

[272] K. Heim, a.a.O., S. 41.
[273] K. Heim, a.a.O., S. 54.

nur eine Macht kannte: die Macht der Liebe! Immer wenn Gemeinde andere Menschen knechtet und ihnen nicht dient, verleugnet sie den Sendungsauftrag ihres Herrn.

Dieser wichtigen Voraussetzung des Sendungsauftrags Jesu entspricht seine ebenso wichtige Zusage: „Siehe, ich bin bei euch alle Tage *bis zur Vollendung des Zeitalters!*" Von dieser Vollendung des Zeitalters (griech.: αἰών – *aion*) spricht Jesus schon in Mt 13,39.40.49; 24,3. Damit bezeichnet er das Ziel der Zeit, die Vollendung alles dessen, was in diesem Zeitalter Fragment geblieben ist. Dann wird die alte Geschichte beendet werden und durch Jesu Wiederkommen in Macht und Herrlichkeit ein neues Zeitalter in Gerechtigkeit und Frieden eingeleitet werden. Dann erst werden sich die alten messianischen Verheißungen der Propheten erfüllen, die von dem Weltfrieden und der Gerechtigkeit für alle Menschen sprechen. Dann erst werden sie „ihre Schwerter zu Pflugscharen umschmieden und ihre Speere zu Winzermessern ... und sie werden den Krieg nicht mehr lernen" (Jes 2,4). Dann erst wird der Menschensohn seine Herrschaft antreten „und alle Völker und Nationen und Sprachen dienen ihm. Seine Herrschaft ist eine ewige Herrschaft, die nicht vergeht, und sein Königtum wird nicht vergehen" (Dan 7,14). Dann erst wird der ganze Schalom Gottes die Erde regieren.

Bis dahin verspricht Jesus seinen Jüngern, alle Tage bei ihnen zu sein. Aus den johanneischen Abschiedsreden wissen wir, dass er im Heiligen Geist persönlich anwesend sein wird. Er wird in dem Herbeigerufenen, dem *paraklätos*, dem Beistand und Tröster, bei seinen Jüngern sein (Joh 16,7) und ihnen beistehen in ihrem wichtigen Auftrag, andere Menschen zu Jüngern zu machen!

Erst auf dem Hintergrund dieser Voraussetzung und Zusage Christi kann sein Sendungsauftrag verstanden und heilsgeschichtlich richtig eingeordnet werden. Es geht in erster Linie nicht um die Lösung der Machtverhältnisse in dieser Welt, sondern um das Herausrufen von Menschen unter die Gnadenherrschaft Jesu Christi. Es geht in erster Linie nicht um die Änderung politischer und gesellschaftlicher Verhältnisse, sondern um die Veränderung der Gesinnung und die Änderung der Herzen von Menschen. Es geht um die Sammlung der Gemeinde von Jüngern, die sich Jesus ganz verpflichten, ihr Leben ändern und dadurch Verhältnisse beeinflussen und verändern.

Der Imperativ Jesu in seinem Sendungsauftrag, alle Nationen zu Jüngern zu machen, wird näher ausgeführt durch zwei Partizipien, die deutlich machen, wie das geschieht: nämlich durch *Taufen und Lehren*.

1. Mir ist gegeben alle Gewalt im Himmel und auf Erden!
2. Geht nun hin und macht alle Nationen zu Jüngern,
2.1 indem ihr sie tauft auf den Namen des Vaters, des Sohnes und des Heiligen Geistes und
2.2 indem ihr sie lehrt, alles zu bewahren (zu halten), was ich euch geboten habe.
3. Und siehe, ich bin bei euch alle Tage bis an der Welt Ende (wörtlich: bis an die Vollendung des Zeitalters)!

Inhaltlich kann man in diesem Sendungsauftrag Jesu, alle Menschen zu Jüngern zu machen, zwei Glieder erkennen:

(1) Menschen sollen *getauft* werden als äußeres Zeichen und Bekenntnis der Hinwendung zu Christus, dem Herrn.

(2) Diese sollen *gelehrt* werden, alles zu halten (tun) oder zu bewahren, was Jesus geboten hat.

Durch die Taufe wird die Veränderung im Leben eines Menschen markiert, der Jesus als seinen Herrn anerkennt und bekennt. Er will damit nicht mehr selbst Herr sein, sondern Jesus in allem Herr sein lassen. Das zeigt sich in seiner geänderten Gesinnung und in seinem neuen Leben, das er nach den Geboten Jesu ausrichten will. Der Taufe voraus geht der Glaube an den Herrn Jesus Christus (Apg 2,38; 2,41; Röm 6,1–4; 1Kor 12,13; Eph 4,4f u.v.a.m.). Getaufte Menschen sind nach dem Willen Jesu und seiner Apostel also Menschen, die sich in ihrer Schuld erkennen, sie bekennen, durch die Bindung an Christus einen Herrschaftswechsel vollziehen und verbindlich in seiner Gemeinde leben.

Der Auftrag der Jüngergemeinde ist es also, weitere Jünger zu gewinnen und sie zu lehren, nach den Geboten Christi zu leben. Hier wurzelt die missiologische Begründung der Ethik.

Wenn Jesus seine Jünger unterweist, andere Menschen zu Jüngern zu machen und sie zu lehren, alles, was er ihnen geboten hat, zu halten, dann meint er damit ganz sicher seine Gebote, wie sie etwa als Ethos des Reiches Gottes in der Bergpredigt zusammengefasst sind.

Die Bergpredigt ist also „zentraler Inhalt auch der christlichen Missionsverkündigung"[274].

Mission ohne ethische Implikationen führt auf Dauer zu ihrem eigenen Ruin. Die Salzkraft der neuen Jünger ist ihre Bereitschaft, ganz nach den Geboten ihres Herrn zu leben.

3.2.3.2 Als Jünger Jesu sich wie Christus in die Welt senden lassen (Joh 20,21)

„Friede euch! Wie mich der Vater gesandt hat, sende ich auch euch!" Dieses Wort ist aus den sog. Erscheinungsgeschichten des Auferstandenen. Hier spricht der auferstandene Gekreuzigte, hier redet Jesus, der Herr und Christus zu seinen Jüngern, die sich vor Angst verkrochen und abgemeldet hatten. Er durchbricht die Mauer ihrer Angst und holt sie heraus aus ihrer resignativen Lähmung. Mit diesem Sendungswort gibt er ihnen nicht nur eine ungeahnte Perspektive, sondern einen Auftrag, der seinen eigenen fortsetzen soll. Die Jünger sollen seinen messianischen Auftrag erfüllen. Sie sollen aller Welt die Liebe Gottes, die sich im Messias offenbart hat, verkünden.

Jesus hat in seinem irdischen Leben keinen Zweifel darüber gelassen, dass er sich selbst in seiner Sendung als der messianische Menschensohn verstand. „Der Sohn des Menschen ist nicht gekommen, um sich bedienen zu lassen, sondern um zu dienen und sein Leben als Lösegeld für viele zu geben" (Mk 10,45). Schon vorher hatte er dreimal sein Leiden und Sterben angekündigt und seine Jünger auf seinen nahen Tod vorbereiten wollen (Mk 8,32; 9,30f; 10,32–34).[275] Dreimal hat er allerdings auch auf seine dann folgende Auferstehung hingewiesen. Als er dann den verängstigten Jüngern erschien, konnten sie es kaum fassen.

Seinen messianischen Auftrag entnahm Jesus u.a. dem Propheten Jesaja, wie Lk 4,17–21 erkennen lässt. In der Synagoge von Nazareth

---

[274] U. Luz, Mt I,1, S. 188.

[275] Zu der ganzen Thematik des Selbstverständnisses Jesu als messianischer Menschensohn vgl. P. Stuhlmacher, Biblische Theologie des Neuen Testaments, a.a.O., S. 107ff; ders., „Der messianische Gottesknecht", in: Jahrbuch für Biblische Theologie 8 (1993), S. 131ff; M. Hengel, „Jesus, der Messias Israels. Zum Streit um das messianische Sendungsbewusstsein Jesu", in: D. Flusser (Hrsg.), Messiah and Christos, Tübingen 1992, S. 156ff.

schlägt Jesus die ihm dargereichte Buchrolle auf und liest aus Jes 60,1.2: „Der Geist des Herrn ist auf mir, weil er mich gesalbt hat, Armen gute Botschaft zu verkünden; er hat mich gesandt, Gefangenen Befreiung auszurufen und Blinden, dass sie wieder sehen, Zerschlagene in Freiheit hinzusenden, auszurufen ein angenehmes Jahr des Herrn." Als er sich gesetzt hat, beginnt er: „Heute ist diese Schrift vor euren Ohren erfüllt" (Lk 4,21). Damit lässt er keinen Zweifel darüber aufkommen, dass er sich selbst als der Messias verstand und die messianischen Taten vollbrachte. Tatsächlich sind das die Taten, die vom Messias erwartet wurden.

Als Johannes der Täufer im Gefängnis von Zweifeln geplagt wird, sendet er seine Jünger zu Jesus und lässt ihn fragen, ob er der erwartete Messias sei oder ob sie nicht doch auf einen anderen warten sollten. Jesus antwortet ihnen: „Geht hin und verkündet Johannes, was ihr hört und seht: Blinde werden sehend und Lahme gehen, Aussätzige werden gereinigt und Taube hören, und Tote werden auferweckt, und Armen wird gute Botschaft verkündet. Und glückselig ist, wer sich nicht an mir ärgern wird!" (Mt 11,4.5).

Dabei machen die Evangelien deutlich, dass die mancherlei messianischen Wundertaten nur Hinweise sind auf die eigentliche und alles andere überragende messianische Tat, die zur Lösung der Schuldfrage am Kreuz führt. Christus macht das in der Geschichte von der Heilung des Gelähmten allen Anwesenden programmatisch deutlich. Er vergibt diesem Menschen die Sünden! Das ist sein eigentliches Werk, über das sich die Versammelten freilich aufregen und ihn der Gotteslästerung bezichtigen. Aber Jesus fragt sie: „Was ist leichter? Zu dem Gelähmten zu sagen: Deine Sünden sind vergeben, oder zu sagen: Steh auf, nimm dein Bett und geh umher? Damit ihr aber wisst, dass der Sohn des Menschen Vollmacht hat, auf der Erde Sünden zu vergeben – sprach er zu dem Gelähmten: Ich sage dir, steh auf, nimm dein Bett und geh in dein Haus!" (Mk 2,9-11 par). Die Vergebung der Schuld ist der eigentliche Sieg, auf den alles ankommt. Die Überwindung der Krankheit ist nur das sekundäre Symptom dafür, dass jener Sieg errungen ist. Somit kann man diese Heilungsgeschichte quasi als Paradigma messianischen Handelns ansehen. So wie Jesus dem Gelähmten zuerst die Last der Schuld abnahm, also die Schuldfrage löste, und ihm erst dann – als Bestätigung seiner Vollmacht und Legitimation – Gesundheit zuteil werden ließ, so ist der Messias Jesus zuerst gekommen, um die Schuldfrage der Welt zu lösen. Gerade der Machtverzicht bis zum Tod am Kreuz ist die Voraussetzung zur Machtergreifung in seiner Parusie.

Dennoch zeigt das Leben Jesu zur Genüge, dass er nicht ganz darauf verzichtet, seine messianische Macht auch auszuüben. Seine messianischen Zeichenhandlungen sind Zeichen für die kommende Klärung der Machtfrage bei seiner Wiederkunft.

Dieser messianischen Sendung Jesu in die Welt entspricht nach Jesu eigenen Worten also auch die Sendung seiner Jünger in die Welt. Schon in seinem hohepriesterlichen Gebet macht er das deutlich. Er betet zu seinem Vater: „Wie du mich in die Welt gesandt hast, habe auch ich sie in die Welt gesandt" (Joh 17,18). So wie es Jesus zutiefst um die Lösung der Schuldfrage, also um die soteriologische[276] Frage ging, genauso geht es auch seinen Jüngern zutiefst um das soteriologische Anliegen ihres Herrn. So wie Jesus es aber nicht bei der Schuldfrage bewenden ließ, sondern ganzheitlich lebte, so sollen auch seine Jünger es nicht nur bei der verbalen Proklamation des Evangeliums von der Vergebung der Schuld belassen, sondern zeichenhaft leben und handeln, indem sie die Menschen in ihrer Not ganzheitlich wahrnehmen.

Diese messianische Sendung der Jünger impliziert also den messianischen Auftrag Jesu, wie er ihn in Lk 4 auf sich bezogen hat: Armen gute Botschaft (das Evangelium von Gottes Heil) zu verkünden, Gefangenen Befreiung zu bringen, Blinden die Augen zu öffnen und Zerschlagene zu heilen. Diese Aufgaben beziehen sich sowohl und zuerst auf die soteriologische als dann auch auf die sozialdiakonische Herausforderung in der Welt.

3.2.3.3 Als Zeugen Jesu Christi in der Kraft des Heiligen Geistes wirken (Apg 1,8)

Unmittelbar vor seiner Aufnahme in die Herrlichkeit Gottes segnet der auferstandene Christus seine Jünger und verheißt ihnen: „Ihr werdet Kraft empfangen, wenn der Heilige Geist auf euch gekommen ist, und ihr werdet *meine Zeugen* sein sowohl in Jerusalem als auch in ganz Judäa und Samaria und bis an das Ende der Erde" (Apg 1,8).

---

[276] Soteriologisch (von griech. *sotäria* = Heil, Rettung und *logia* = Lehre); Soteriologie ist die Lehre vom Heil, die Rettung betreffend.

Zeugen sind Menschen, die dabei waren, als das Reich Gottes anbrach, die etwas mit Jesus erlebt haben, die ihn als Messias erkannt haben und darum nicht schweigen können, wie die Apostelgeschichte in ihrem weiteren Verlauf eindrücklich zeigt. Diese verwandelten Menschen bezeugen ihren gekreuzigten und auferstandenen Herrn unter allen Umständen. Die Kraft dazu ist der Heilige Geist, den sie an Pfingsten empfangen haben. In dieser Kraft überschreiten sie geographische (Judäa und Samaria), ethnische (die Samariter und der Äthiopier, Apg 8), kulturelle (der römische Hauptmann Kornelius, Apg 10) und linguistische Grenzen, um den Namen Jesu bis an die Enden der Erde zu bringen.

Dabei beginnt der Zeugendienst in der eigenen Gemeinde (Jerusalem) und weitet sich von innen nach außen aus. Das Verwurzeltsein in der Gemeinschaft mit anderen Christen bietet Schutz vor Selbsttäuschung und Irrtum. Die Glaubwürdigkeit und Legitimität des Zeugen hat hier ihren Sitz im Leben.

Als Zeugen sind Jünger glaubwürdige Nachahmer Christi. Ihr Zeugendienst für Christus besteht in einem ganzheitlichen Engagement. Wort und Werk, Gebet und Almosen, Verkündigung des Evangeliums und soziale Verantwortung, Bezeugen und Heilen, Proklamieren und Dienen in der Liebe gehören für sie untrennbar zusammen. Die Botschaft der Liebe und die sozialdiakonischen Werke bilden gemeinsam den Zeugendienst der ersten Jünger. Dieses ganzheitliche Zeugnis der Zeugen Christi, der immense Dienst der Gemeinde ist nur möglich in der Kraft des Heiligen Geistes.

Aber auch das macht die Apostelgeschichte deutlich, dass dieses Geheimnis der Kraft immer wieder von Menschen nachzuahmen versucht wurde. Sie handelten dabei in eigener Kraft und versagten. Ob es sich dabei um Hananias und Saphira handelte, die den Heiligen Geist betrogen hatten und umgekommen sind (Apg 5), oder um Simon, den Magier, der mit Geld die Taten der Apostel plagiieren wollte und verflucht wurde (Apg 8), oder um die sieben Söhne des Hohepriesters Skevas, die als jüdische Beschwörer versuchten, im Namen Jesu einen Exorzismus auszuüben, und unterlagen (Apg 19): Immer wird deutlich, dass die Wunderwerke und Krafttaten der Jünger im Heiligen Geist nicht nachzuahmen sind.

Im Vergleich mit den Taten der Apostel und ersten Zeugen scheinen wir heute die Kraft des Geistes sehr nötig zu haben, um den ganzheitlichen Zeugendienst vollmächtig auszuüben und dadurch Christus zu verherrlichen.

3.2.3.4 Als Gesandte Christi mit Wort und Dienst der Versöhnung betraut (2Kor 5,18–21)

Eine weitere missiologische Begründung der Ethik liegt in diesem paradigmatischen Wort von der Versöhnung: „Alles aber von Gott, der uns mit sich selbst versöhnt hat durch Christus und uns den Dienst der Versöhnung gegeben hat, dass Gott in Christus war und die Welt mit sich selbst versöhnt hat, ihnen ihre Übertretungen nicht zurechnete und in uns das Wort von der Versöhnung gelegt hat. So sind wir nun Gesandte an Christi statt, indem Gott gleichsam durch uns ermahnt; wir bitten an Christi statt: Lasst euch versöhnen mit Gott" (2Kor 5,18–20).

Mit diesen Versen ist das Zentralthema des Neuen Testaments prägnant von Paulus beschrieben worden. Man kann auch mit P. Stuhlmacher sagen: „Das Evangelium von der Versöhnung Gottes mit seiner Schöpfung durch die Sendung des Messias Jesus Christus ist das Herzstück des Neuen Testaments. Dieses Herzstück erstirbt, wenn man das Neue Testament vom Alten abtrennt."[277] Alle anderen Schriften im Alten und Neuen Testament beziehen sich in irgendeiner Weise auf dieses große Zentralthema der Bibel. Das ist bei den vielen Herausforderungen, die sich aus dem Anspruch des Wortes Gottes ergeben, eine feste Mitte, von der aus alle anderen Fragen beantwortet werden müssen.[278]

Gott hat in Christus Frieden gemacht mit der Welt. In einem einzigartigen Akt der Stellvertretung hat er in Jesus, dem Messias, die Sühne für unsere Sünden vollbracht. Wir sind mit Gott versöhnt

---

[277] P. Stuhlmacher/H. Claß, Das Evangelium von der Versöhnung in Christus, Stuttgart 1979, S. 44.

[278] Damit will ich mich nicht auf die Diskussion über die hermeneutischen Fragen nach Mitte und Rand der Schrift einlassen, wobei dann oftmals periphere Schriftaussagen als nicht verbindlich ausgeschieden werden, so z.B. bei der Frage der Jungfrauengeburt u.a. Hier geht es um die heilsgeschichtliche Mitte, von der aus alle anderen Fragen ihre letzte Bedeutung erhalten. Im Übrigen halten wir es mit Paulus: „Ich glaube allem, was im Gesetz und den Propheten geschrieben steht" (Apg 24,14).

worden durch den Tod seines Sohnes, „als wir noch Feinde waren" (Röm 5,10).

Dieses unglaubliche Faktum gilt es nun als „Gesandte an Christi statt" (V. 20) einer Welt zu kommunizieren, die wie nie zuvor zerrissen ist und diese Art der Versöhnung nicht kennt. Die werbende Bitte der Gemeinde „an Christi statt: Lasst euch versöhnen mit Gott!" (V. 20) ist die vornehmste Aufgabe der Gemeinde Christi zu allen Zeiten. Sie gilt allen Menschen aller Völker und Kulturen, Sprachen und politischen Systeme. Gerade heute ist wieder neu zu durchdenken, wie diese Bitte klar und zeitgemäß hörbar gemacht werden kann. Das „Wort von der Versöhnung" muss mit allen Mitteln auf allen Kanälen allen Menschen kommuniziert werden. Die besten Kräfte müssen mobilisiert, die kreativsten Köpfe und die begabtesten Glieder der Gemeinde ermutigt werden, dieses „Wort von der Versöhnung" zu predigen und zu vermitteln. Es ist die Aufgabe eines jeden Menschen, der in Christus versöhnt worden ist, dazu beizutragen, dass andere mit Gott versöhnt werden.

Das „Wort von der Versöhnung" geht nun aber eng einher mit dem von Christus übertragenen „Dienst der Versöhnung" (V. 18). Wort und Dienst der Versöhnung sind wie zwei Brennpunkte einer Ellipse. Sie gehören untrennbar zusammen. Glaubwürdig ist die Gemeinde nur, wenn sie nicht nur Worte macht, sondern Taten folgen lässt, wenn sie dem Wort von der Versöhnung durch ihren Dienst der Versöhnung den Weg bahnt.

Den „Dienst der Versöhnung" können letztlich nur solche leben, die selbst versöhnt sind: mit Gott, mit sich selbst, mit ihrer Vergangenheit und Gegenwart und mit ihrem Nächsten. Versöhnung kann nur geschehen in der Bereitschaft zu vergeben und im Verzicht auf Vergeltung. Sie kann nur als Initiative der Liebe, die nicht anrechnet, gelebt werden. Nur so kann der Kreislauf von Gewalt, Verletzung und Vergeltung durchbrochen werden. Lieben kann letztlich nur, wer sich von Gott bedingungslos geliebt weiß. Versöhnen kann nur, wer die Gewissheit der Vergebung kennt, wer frei ist von dem Druck, durch Leistung bei Gott und Menschen Anerkennung erhalten zu müssen.

Das einzuüben muss bereits in der Ehe und Familie geschehen. Paare können lernen, einander zu vergeben. Wo das nicht geschieht und eingeübt wird, wird das Wort von der Versöhnung Lügen gestraft. Eltern können ihren Kindern helfen, konfliktfähig zu werden und vergeben zu lernen bzw. zu lieben. Christen können und müssen zunächst in ihren Gemeinden lernen, den Dienst der Versöhnung zu leben, Konflikte kreativ zu lösen und mit Spannungen versöhnlich umzugehen. Erst wenn das geschieht, kann Gemeinde aus sich herausgehen und das Wort und den Dienst der Versöhnung in die Welt hinausbringen.

Wer könnte in den Brennpunkten der Gesellschaft besser diesen Dienst ausüben als Christen? Wer kann in Kindergärten und Schulen, in Ausbildungsorten und Sportvereinen, in Chefetagen und an Fließbändern den Dienst der Versöhnung tun, wenn nicht Christen? Wer kann der Welt Versöhnung zeigen, wenn nicht die Gemeinde der Versöhnten? Der Horizont des Versöhnungsdienstes ist für Christen nicht an den Mauern ihrer eigenen und der Gemeindehäuser zu Ende. Der Horizont der Versöhnung Gottes ist die Welt! „Gott war in Christus und versöhnte die Welt mit sich selbst." Keinen geringeren Radius dürfen wir als Christen anpeilen.

Man kann große und hehre Worte über den „Dienst der Versöhnung" in dieser Welt verlieren, ohne auch nur einen Schritt zur wirklichen Versöhnung beizutragen. Es gibt aber auch beeindruckende Zeugnisse gelebten Versöhnungsdienstes, wie das Beispiel von Johnny und Marlene Shahwan zeigt.

Als palästinensische Christen leben sie in Beit Jala (bei Bethlehem) im Brennpunkt der feindlichen Auseinandersetzungen zwischen Palästinensern und Israelis. Von den Palästinensern zunächst kritisch betrachtet, weil sie keine Moslems sind, und von den Juden nicht genügend berücksichtigt, weil sie Palästinenser sind, finden sich christliche Palästinenser buchstäblich zwischen den Fronten wieder und werden aufgerieben. Von der Welt vergessen, weil sie weder zu der einen noch zu der anderen Seite der befeindeten Gruppen im Nahen Osten gehören, über die regelmäßig in den Medien berichtet wird, leben sie im Schatten und in der Angst.

Inmitten palästinensischer Gewehrsalven und israelischer Raketen, zwischen Detonationen und berstenden Fenstern lebt das christliche Ehepaar mit seinen drei Kindern und hat eine beeindruckende Friedensarbeit aufgebaut: „Beit Al Liqa", ein christliches Friedens- und Kulturzentrum. Hier werden viele hundert Kinder und Erwachsene mit dem Wort und dem Dienst der Versöhnung erreicht. Sie erfahren Liebe und Angenommensein, unabhängig von ihrer Nationalität und ihrem Glauben. Mittlerweile ist Beit Al Liqa eine weithin anerkannte und respektierte Größe im kulturellen Schmelztiegel. Auch Muslime schicken ihre Kinder gerne zu den diversen Programmen, weil sie dort gut aufgehoben sind in der Atmosphäre des Friedens und des Vertrauens. Humanitäre Hilfe für sozial Benachteiligte, Lebensmittelpakete für Arme, konkrete Lebensberatung und Hilfe und vor allem das Wort von der Versöhnung in Christus treffen hier in einer organischen Einheit zusammen. Die Kraft zu diesem Dienst schöpft diese kleine Gruppe von Christen nicht aus einer allgemein schöpfungstheologischen oder humanistischen Erkenntnis heraus, sondern einzig und allein aus der Liebe Gottes in Christus zu allen Menschen. Stark ist auch das Zeugnis der Versöhnung, das durch die Hilfe messianischer Juden, christlicher Palästinenser und europäischer Christen ausgeht, die diesen Palästinensern helfen. Sie empfinden sich als versöhnte Geschwister an dem einen Leib des Messias Jesus.

3.2.3.5 Folgerung: Evangelisation und sozial-diakonische Verantwortung um des Reiches Gottes willen

Dass eine aus der Verkündigung des Reiches Gottes und dem Sendungsauftrag Jesu Christi hervorgehende *missiologische Begründung der Ethik* nicht leicht ist, muss jedem klar werden, der sich mit dem Thema des Reiches Gottes und dem Sendungsauftrag Christi ernsthaft beschäftigt.[279] Dass sie aber auch nicht unmöglich ist, zeigt bereits ein Blick in die Geschichte des *Pietismus*[280] und auf die Entwicklung der sog. *Lausanner Bewegung*, der weltweiten evangelikalen Missionsbewegung, die in der Tradition des Pietismus steht und die sich seit dem „Kongress für Weltevangelisation in Lausanne 1974" dem großen (inzwischen verloren gegangenen, aber) wieder entdeckten Thema der Verbindung von Evangelisation und sozialer Verantwortung neu verpflichtet weiß. Seit der Zeit des Pietismus geht es vermehrt darum, zu erkennen, welche konkreten ethischen Konsequenzen aus dem Evangelium um des Reiches Gottes willen zu ziehen sind. Das gehört zur Aufarbeitung des Erbes pietistisch-erwecklicher Frömmigkeit dazu. Echte Pietisten, die ihrem Herrn gemäß „zuerst nach dem Reich Gottes getrachtet" (Mt 6,33) haben, haben sich immer auch verantwortlich für diese Welt gezeigt.[281]

---

[279] Zur Darstellung verschiedener (lange nicht aller) Ansätze der Reich-Gottes-Theologie und ihrer kritischen Würdigung vgl. E. J. Schnabel, a.a.O.

[280] Vgl. unter vielen: M. Schmidt, Pietismus, Stuttgart/Berlin/Köln/Mainz 1972.

[281] Nach dem Urteil des Grafen Ludwig von Zinzendorf erreichte der Pietismus beim Tod August Hermann Franckes 1727 seinen eigentlichen Höhepunkt. Diese Einschätzung ergab sich daraus (und wird wirkungsgeschichtlich bestätigt), dass die „Franckeschen Anstalten" in Halle einen Einfluss auf Kirche und Gesellschaft aus-

Einige Vertreter dieser theologischen Richtung des Pietismus sind z.B.: Johann Hinrich Wichern (1808–1881: Rauhes Haus, Hamburg. „Die Kirche erkläre: Die Liebe ist mein wie der Glaube"), Theodor Fliedner (1800–1864: Kaiserswerther Diakonie), Wilhelm Löhe (1808–1872: Neuendettelsau und Nordamerika), Vater und Sohn Friedrich von Bodelschwingh (Vater 1831–1910; Sohn 1877–1946: „Stadt der Barmherzigkeit" in Bethel-Bielefeld), Gustav Werner (1809–1877: Reutlinger Anstalten), Vater Johann Christoph Blumhardt d.Ä. (1805–1880 Bad Boll) und Sohn Christoph Blumhardt d.J. (1842–1919: die sozialen Implikationen des Reiches Gottes; Einfluss auf die Schweizer Religiös-Sozialen und K. Barth), Hermann Cremer (1834–1903: einer der Pioniere der theologischen Besinnung auf die soziale Verantwortung der Christen) u.v.a.m.

Als ein wahllos herausgegriffenes, aber typisches und programmatisches Beispiel aus dem landeskirchlichen Pietismus jener Zeit kann auch *Andreas Bräm* gelten. Dieser 1797 in Basel geborene Handwerkersohn ist einer der Väter der Erweckungsbewegung am linken Niederrhein, war Pfarrer in Neukirchen und gründete 1845 den „Erziehungsverein zur Erziehung armer, verlassener und verwahrloster Kinder in Familien". In seinem Wirken als Prediger des Evangeliums, Seelsorger und Pädagoge zeigt sich die Leidenschaft für die Gestaltwerdung des Evangeliums in enger Verbindung mit sozialethischen Implikationen.[282]

Bräm sieht das Verhältnis von Kirche und Gesellschaft vom Reich Gottes her. Es gibt auf der einen Seite die Kirche, die er als Gemeinde der Gläubigen versteht, und das zu Christus berufene (aber keineswegs für ihn ent-

übten, der gar nicht hoch genug bewertet werden kann. Sie bildeten die bleibenden Grundlagen für die modernen christlichen Gemeinschaftswerke, die Innere und Äußere Mission, die Diasporafürsorge und für die sozialdiakonischen Einrichtungen aller Art. Schmidt sieht in ihnen sogar ein „Hauptelement im Entstehungsprozess des Preußentums" (a.a.O., S. 143). Die Waisenhäuser lieferten durch ihre fortschreitende Entwicklung wirtschaftspolitische Modelle einer zielbewussten Gemeinschaftsleistung. Darüber hinaus konnte Francke Einfluss auf die Gesetzgebung gegen den wirtschaftlichen Egoismus der Unternehmer in der Wollindustrie nehmen. Der Einfluss auf die Sozialpolitik Friedrich Wilhelm I. ist unbestritten (Schmidt, S. 144).

[282] A. Bräm, Prediger, Seelsorger, Pädagoge und Gründer des Erziehungsvereins 1797–1882. Eine Auswahl aus seinen Schriften, eingeleitet und herausgegeben von Rudolf Weth, Neukirchen-Vluyn 1982; dort auch der Hinweis auf die erscheinende Arbeit von Elsbeth Lohbeck, „Andreas Bräm und der Neukirchener Erziehungsverein. Eine Studie zur Pädagogik und Sozialgeschichte des 19. Jahrhunderts."

schiedene) Volk. Daraus folgt für ihn der dreifache Auftrag der Kirche. Er besteht (1) im evangelistisch-missionarischen Auftrag, (2) im Auftrag zur Pflege der Gemeinschaft und (3) im volksmissionarisch-politischen Auftrag der Kirche.

So schreibt er im Blick auf den ersten Auftrag, dass er „der erste (ist), weil er der grundlegende ist. Er darf auch nicht verändert oder etwas anderes untergeschoben werden". Der zweite Auftrag betrifft „die Pflege der Gemeinschaft", die allerdings nicht in Separation enden darf. Sie muss gefördert werden, weil sie die Grundlage der weiteren geistlichen Entwicklung der Gläubigen bildet.

Die Kraft für den dritten *volksmissionarisch-politischen Auftrag* bezieht Bräm aus der Tatsache, dass Christus, der zwar letzten Endes über alle herrschen wird, aber schon jetzt über immer mehr Menschen Herr sein will. „Es sollen also unsere Volkssitten, die allgemeinen Überzeugungen, der Verkehr, die Bildung, das öffentliche und private Leben von den falschen Prinzipien gereinigt und von den allein segensreichen und wahren *Grundsätzen Christi* (Hervorhebung H. A.) und seines Wortes geleitet und veredelt werden, worin denn auch das Glück der Völker besteht." Christus sei nicht nur der „Herr der himmlischen Dinge, sondern auch der Dinge auf Erden, und es gibt nichts wahrhaft Menschliches, das nicht im Dienst des Herrn stehe und nach dessen Wort entwickelt werden könnte und sollte".[283] Ausdrücklich nennt Bräm „die vielen modernen Erfindungen" (wie Dampfschiffe und Eisenbahnen), die alle keineswegs „bloße Produkte des Zeitgeistes sind, sondern Gaben Gottes, die er unserer Zeit gegeben hat". Es komme darauf an, wie diese Gaben angewendet, ob sie recht ge- oder missbraucht würden. Auch bei „Wissenschaft und Kunst" komme es darauf an, wie sie kultiviert würden. Der „Gesellschaftsbetrieb" solle der wahren Bildung des Menschen dienen und nicht eine Quelle der Versuchung sein. „Die Industrie" könne viel Gutes wir-

---

[283] Hier kommen die späteren sozialethischen Aussagen Karl Barths, die er in „Christengemeinde und Bürgergemeinde" entwickelt und (in: Theologische Studien, Zürich ³1984) 1946 erstmals veröffentlicht hat, ganz nah an den Brämschen Ansatz heran: Die Bürgergemeinde „hat also keine vom Reich Jesu Christi abstrahierte, eigengesetzlich begründete und sich auswirkende Existenz, sondern sie ist – außerhalb der Kirche, aber nicht außerhalb des Herrschaftskreises Jesu Christi – ein Exponent dieses seines Reiches" (Pkt. 6, S. 55). Die „Richtung und Linie" christlichen Handelns der Gemeinde „bezieht sich auf die Gleichnisfähigkeit und Gleichnisbedürftigkeit des politischen Wesens". Und schließlich sein Kernsatz: „Die Gerechtigkeit des Staates in christlicher Sicht ist seine Existenz als ein Gleichnis, eine Entsprechung, ein Analogon zu dem in der Kirche geglaubten und von der Kirche verkündigten Reich Gottes" (ebd., S. 65).

ken, wenn sie „statt des bloßen Egoismus die Liebe in ihre Etablissements (Fabriken) aufnähme". Auch der „Verkehr der Menschen" (Handel) gehöre zu Gottes Willen und zur Bildung der Völker. Schließlich sei die „Freiheit des Volkes" abhängig vom Grad seiner „Bildung", die „wohlproportioniert" sein sollte.

Im Folgenden sollen nun einige markante Positionen der *Lausanner Bewegung* nachgezeichnet und ihre Relevanz für heute sichtbar gemacht werden.

(1) Die Lausanner Verpflichtung

Vom 16.–25. Juli 1974 fand in Lausanne (Schweiz) der erste „Internationale Kongress für Weltevangelisation" statt. Es war in gewisser Weise der erste große und umfassende internationale evangelikale Kongress, auf dem sich Evangelikale aus mehr als 150 Nationen trafen, um über den unvollendeten Missionsauftrag Jesu zu sprechen, sich neu zu orientieren und gegenseitig zu ermutigen, für eine umfassende Evangelisation einzutreten.

Ergebnis dieser Konsultation war die sog. „Lausanner Verpflichtung", ein Dokument, in dem man sich zur Evangelisation der ganzen Welt mit allen Kräften im gemeinsamen Beten, Planen und Zusammenarbeiten verpflichtete.[284]

Die starke Herausforderung an diesem Kongress war neben der *Evangelisation* die *Sozialethik*, die mit drei großen Vorträgen zu

---

[284] Text in: J. Stott, „Die Lausanner Verpflichtung. Eine Auslegung und Erläuterung", in: Lausanne geht weiter. Lausanne Dokumente, Neuhausen-Stuttgart 1980, S. 113–200; vgl. weiter Lausanne Dokumente, Bd. 1 + 2, „Alle Welt soll sein Wort hören", Telos Dokumentation, je ca. 900 S., Neuhausen-Stuttgart 1974, hier: S. 10; K. Bockmühl, Evangelikale Sozialethik. Der Artikel 5 der Lausanner Verpflichtung, Theologie und Dienst, Heft 9, Gießen 1975, S. 7–51 (44 S.), noch einmal abgedruckt in H. Marquardt/U. Parzany (Hrsg.), Evangelisation mit Leidenschaft. Bericht und Impulse vom II. Lausanner Kongress für Weltevangelisation in Manila, Wuppertal/Neukirchen-Vluyn 1990, S. 320–328.

Zur „Konferenz über Verkündigung und soziale Verantwortung" („Consultation on Evangelism and Social Responsibility", CRESR 1982) K. Bockmühl (Hrsg.), Verkündigung und soziale Verantwortung. Eine evangelische Verpflichtung, Gemeinsame Veröffentlichung des Lausanner Komitees für Weltevangelisation und der Evangelischen Welt-Allianz, Gießen/Basel 1983. Im Folgenden orientieren wir uns im Wesentlichen an diesen Texten.

einem eigenen Thema wurde. Sie wurde aber nun nicht losgelöst von Evangelisation, sondern als deren Konsequenz verstanden!

Im ersten Vortrag betonte René Padilla die Notwendigkeit konkreter ethischer Konsequenzen aus der Evangelisation: *„Das ganze Evangelium für den ganzen Menschen und für die ganze Welt!"* Es dürfe keine Gegensätze zwischen Gottesliebe und Nächstenliebe, Glaube und Werken, Eschatologie und Ethik, Evangelisation und Diakonie, Bekehrung und sozialer Erneuerung geben.

Dieses Thema vertiefte auch Samuel Escobar, indem er auf das Versäumnis der Evangelikalen hinwies, die weiterführende Unterweisung und Belehrung aus der Evangelisation heraus zu praktizieren. Dies müsse vermehrt in den Blick kommen. Am besten geschehe das in der Gemeinde! Er betonte den „prophetischen Dienst" der Gemeinde, mit dem sie über den Kreis ihrer eigenen Verwirklichung der Lehre Jesu hinaus auch die Gesellschaft ansprechen soll.

Carl F. H. Henry bündelte noch einmal die Aussagen und betonte, dass das Evangelium und die Evangelisation notwendig in Beziehung zum öffentlichen Leben stehen. Die Änderung ungerechter sozialer Strukturen sei Aufgabe der Evangelikalen. Er begründet das ebenso wie Escobar mit dem Hinweis auf die Predigt Jesu in Nazareth (Lk 4/Jes 61).

Freilich muss hier bereits betont werden, dass sich eine Sozialethik mit Lk 4,26ff nicht begründen lässt. Das Reich Gottes verwirklicht sich in diesem Äon nur partikular, noch nicht universal (vgl. „nur eine Witwe in Sarepta" und „nur Naëman aus Syrien", Lk 4,26f). Das neue Leben in Christus gewinnt nur in einzelnen Fällen Gestalt („... ist jemand in Christus, so ist er eine neue Schöpfung", 2Kor 5,21), die zusammengenommen als Gemeinschaft der Versöhnten freilich mehr erreichen können.

Damals wurde eine Arbeitsgruppe eingesetzt, die folgende *Prämissen* für sozialethische Folgerungen formulierte:

1. Wiedergeburt ist die Voraussetzung aller christlichen sozialen Verantwortung.

2. Als Subjekt des Handelns kommen der einzelne Christ, die Gemeinde oder eine Gruppe von Christen in Frage.

3. Zum prophetischen Dienst der Gemeinde gehört die Anklage gegenüber dem Bösen, aber auch das Hervortreten mit positiven Alternativen!

4. Von Christen wird die beispielhafte Verwirklichung der christlichen Lehre gefordert.

5. Für den Umgang mit dem Besitz heißt die Losung: Haushalterschaft von nur anvertrautem Gut.

6. Christliche Sozialethik denkt auch an eine Veränderung zum Besseren auf der Ebene der Strukturen, d.h. der Gesetze und Institutionen.

7. Ein besonderer Einsatz der Gemeinde gilt der Stärkung von Ehe und Familie gegen jede Form von Rassismus und Pornographie.

Nun zu den Inhalten der Erklärung:

(1.1) *Art. 4* beschreibt das *Wesen der Evangelisation*:

> „Evangelisieren heißt, die gute Nachricht zu verbreiten, dass Jesus Christus für unsere Sünden starb und von den Toten auferstand nach der Schrift und dass er als der regierende Herr die Vergebung der Sünden und die befreiende Gabe des Geistes allen denen anbietet, die Buße tun und glauben. Für die Verkündigung des Evangeliums ist unsere Präsenz als Christen in der Welt unerlässlich, ebenso eine Form des Dialogs, die durch einfühlsames Hören zum Verstehen des andern führt. Verkündigung des Evangeliums ist ihrem Wesen nach Verkündigung des historischen, biblischen Christus als Heiland und Herrn. Ziel ist es, Menschen zu bewegen, zu ihm persönlich zu kommen und so mit Gott versöhnt zu werden. Wer die Einladung des Evangeliums ausspricht, darf nicht verschweigen, dass Nachfolge etwas kostet. Noch immer ruft Jesus alle, die ihm nachfolgen möchten, auf, sich selbst zu verleugnen, ihr Kreuz auf sich zu nehmen und sich mit seiner neuen Gemeinschaft zu identifizieren. Das Ergebnis der Verkündigung schließt Gehorsam gegenüber Jesus Christus, Eingliederung in seine Gemeinde und verantwortlichen Dienst in der Welt ein."

Deutlich wird hier die klare Mitte von der Versöhnung in Christus. Weiter fällt auf, dass ein kommunikativer Charakter der Evangelisation herausgestellt wird. Die Verkündigung des Evangeliums ist zugleich eine Begegnung des Evangelisten mit den zu Evangelisierenden. Die wichtigsten Eigenschaften des Boten des Evangeliums sind Treue gegenüber dem biblischen Wort und persönliche Glaubwürdigkeit. Kaum etwas wirkt so anziehend wie persönliche Integrität und nichts so abstoßend wie Heuchelei. Auch auf das Einfühlungsvermögen wird in dem Text hingewiesen als eine Notwendigkeit, den anderen ernst zu nehmen und ihn dort abzuholen, wo er sich befindet.

Diese neuen Töne geben dem Evangelisationsauftrag eine ganzheitliche Dimension, die in der Vergangenheit oftmals zu kurz geraten war.

(1.2) Art. 5 handelt konkret von der *sozialen Verantwortung der Christen.*[285]

Vorausgestellt wurden die Artikel 1: Der Plan Gottes, Art. 2: Die Autorität der Bibel, Art. 3: Die Einzigartigkeit und Universalität Jesu Christi, Art. 4: Wesen der Evangelisation. Es folgen weitere Artikel bis zu Art. 15: Wiederkunft Christi. – Der Text:

„Wir bekräftigen, dass Gott zugleich Schöpfer und Richter aller Menschen ist. Wir müssen deshalb seine Sorge um Gerechtigkeit und Versöhnung in der ganzen menschlichen Gesellschaft teilen. Sie zielt auf die Befreiung der Menschen von jeder Art der Unterdrückung. Da die Menschen nach dem Ebenbild Gottes geschaffen sind, besitzt jedermann ungeachtet seiner Rasse, Religion, Farbe, Kultur, Klasse, seines Geschlechts oder Alters eine angeborene Würde. Darum soll er nicht ausgebeutet, sondern anerkannt und gefördert werden.

Wir tun Buße für dieses unser Versäumnis und dafür, dass wir manchmal Evangelisation und soziale Verantwortung als sich gegenseitig ausschließend angesehen haben. Versöhnung zwischen Menschen ist nicht gleichzeitig Versöhnung mit Gott, soziale Aktion ist nicht Evangelisation, politische Befreiung ist nicht Heil.

Dennoch bekräftigen wir, dass Evangelisation und soziale wie politische Betätigung gleichermaßen zu unserer Pflicht als Christen gehören. Denn beide sind notwendige Ausdrucksformen unserer Lehre von Gott und dem Menschen, unserer Liebe zum Nächsten und unserem Gehorsam gegenüber Jesus Christus. Die Botschaft des Heils schließt eine Botschaft des Gerichts über jede Form der Entfremdung, Unterdrückung und Diskriminierung ein. Wir sollen uns nicht scheuen, Bosheit und Unrecht anzuprangern, wo immer sie existieren. Wenn Menschen Christus annehmen, kommen sie durch Wiedergeburt in Sein Reich. Sie müssen versuchen, Seine Gerechtigkeit nicht nur darzustellen, sondern sie inmitten einer ungerechten Welt auch auszubreiten. Das Heil, das wir für uns bean-

---

[285] Offizielle deutsche Übersetzung in: K. Bockmühl, Evangelikale Sozialethik, S. 14–15.

spruchen, soll uns in unserer gesamten persönlichen und sozialen Verantwortung verändern. Glaube ohne Werke ist tot."

(Apg 17,26.31; 1Mo 18,25; Jes 1,17; Ps 45,7; 1Mo 1,26.27; Jak 3,9; 3Mo 19,18; Lk 6,27.35; Jak 2,14–26; Joh 3,3.5; Mt 5,20; 6,33; 2Kor 3,18; Jak 2,20).

Bereits diese Formulierungen lassen erkennen, dass die sozialethischen Begründungen weder einseitig schöpfungstheologisch noch einseitig nur aus dem Verständnis vom Reich Gottes heraus formuliert werden, sondern sowohl aus dem einen wie auch aus dem anderen.

(1.3) Tatinhalte der sozialen Verantwortung. Aus der kurzen Formulierung des Artikels 5 kann man folgende Tatinhalte herausschälen.[286] Auch hier wird oft aus dem Alten Testament heraus begründet. Neutestamentliche Belege finden sich selten.

(1.3.1) Nach Gerechtigkeit trachten. Jes 1,17: „Trachtet nach dem Recht, helft dem Unterdrückten." Die Ableitung aus der Gotteslehre gilt allen Menschen: „Der HERR schafft Recht denen, die Gewalt leiden" (Ps 146,7). Auch der Messias wird das Recht zu den Völkern bringen: „Er wird das Recht unter die Heiden bringen; er wird das Recht wahrhaftig halten lehren" (Jes 42,1.3). Hier können wir die Brücke schlagen vom alttestamentlichen Ethos, das allen Menschen gilt, zum Reich Gottes, das in Christus bereits angebrochen ist. Das Recht und die Gerechtigkeit wird bereits zeichen- und anbruchhaft auch in und durch die Gemeinde gelebt.

(1.3.2) Für Versöhnung sorgen. Während Versöhnung unter den Menschen im AT häufig anzutreffen ist, meint der Begriff im NT natürlich das zentrale Heilshandeln Gottes in Christus (2Kor 5,19ff u.v.a.m.). Dennoch ist daneben auch explizit von der Versöhnung zwischen Menschen die Rede, etwa in 1Kor 7,11, wo Geschiedene sich versöhnen sollen, oder in Mt 5,24f, wo man aufgefordert wird, sich mit seinem Bruder zu versöhnen, wenn man seine Gabe zum Altar bringt.

(1.3.3) Nach Befreiung der Menschen von jeder Art Unterdrückung trachten. Das NT spricht von Freiheit in erster Linie in einem geistlichen, nicht in einem sozialethischen Sinn: „Zur Freiheit hat uns Christus befreit" (Gal 5,1; Kol 1,13; Joh 8,36). Auch finden wir nirgendwo

---

[286] K. Bockmühl, Evangelikale Sozialethik, S. 20ff.

Aufforderungen zur politischen Befreiung oder gar zum politischen Befreiungskampf! Die bereits erwähnte Stelle aus Lk 4,18 (Zitat aus Jes 61,1: „... den Gefangenen Befreiung zu verkünden und den Gebundenen, dass sie los sein sollen") lässt sich jedenfalls nicht als direkte Handlungsanweisung aus dem Reich-Gottes-Ethos ableiten. Interessant und auffallend ist die Formulierung, dass den Gefangenen „Befreiung verkündet wird" und dass in Nazareth zur konkreten Befreiung eben nichts unternommen wird. Jesus hat die Gefängnisse nicht geleert.

Die meisten Belege finden sich tatsächlich im Alten Testament, besonders 2Mo 21,2; 5Mo 15,12ff, aber auch in Jes 58,6: „Lass los, welche du mit Unrecht gebunden hast, lass frei, welche du beschwerst, gib frei, welche du bedrängst, reiß weg allerlei Last."

Dennoch gibt es schließlich auch im Neuen Testament das Beispiel des Philemon, der von Paulus persönlich, nicht öffentlich, gebeten wird, seinen Sklaven Onesimus freizugeben. Nirgendwo gibt es im NT die Aufforderung der Befreiung, höchstens der Freilassung.

(1.3.4) Keinen Menschen ausbeuten. Die Stelle in Jes 1,17: „Lernt Gutes tun, trachtet nach Recht!" weist zurück auf eine Bestimmung des Bundesbuchs in 2Mo 22,20: „Den Fremden sollst du weder unterdrücken noch bedrängen." Erinnert wird daran, dass Israel selbst einmal in Ägypten unterdrückt worden ist. Alle sozial Schwachen sollen nicht unterdrückt werden, also neben den Fremden auch nicht Witwen und Waisen und Arme. Konkret genannt werden im Kontext von 2Mo 22 alle Formen von Ausbeutung, z.B. Wucherzins (V. 24) oder Pfändungen, die dem Armen existenziell schaden. Ausbeutung ist ferner Rechtsbeugung (5Mo 24,17.19), Lohnschinderei, Verzug der Lohnauszahlung (5Mo 24,14; 5Mo 19,13; Jer 22,13; Jak 5,4), betrügerische Maße und Gewichte, Minderung der Warenqualität zwecks Erhöhung der Rendite, willkürliches Heraufsetzen der Preise und andere Mittel der Selbstbereicherung (Am 8,4–6; 2,6f; 5,12.15).

Hinter diesem Ausbeuten steht die Habsucht (πλεονεξία – *pleonexia*), eine Gier, die auch im Neuen Testament neben dem Geiz und der Unkeuschheit als eine Hauptsünde gegeißelt wird (1Kor 5,10f; 6,10; Eph 4,19; 5,3.5; Kol 3,5 u.a.m.).

(1.3.5) Die Würde des Menschen respektieren. Das ist eine Kernaussage, die aus dem biblischen Menschenbild heraus erwächst, das die Gottesbildlichkeit des Menschen als das wesentliche Charakteristikum betont (1 Mo 1,26.27; 5,1; 9,6; Jak 3,9; 1Kor 11,7).

Eine konkrete Auswirkung der Gottesbildlichkeit ist das Ehren des Menschen, das im NT sehr deutlich anzutreffen ist. In Mt 5,22 und 39 geht es darum, den anderen nicht zu verachten und dadurch seine Ehre zu schmälern. Vater und Mutter sollen geehrt werden (2Mo 20,12; Mt 15,6), ebenso die Alten (5Mo 19,36), der Untergebene soll seinen Herrn ehren, der Mann die Frau und umgekehrt, die Gemeinde ihre Ältesten (1Tim 6,1; 1Petr 3,7; 1Tim 5,17), und schließlich sollen alle Regierenden geehrt werden (1Petr 2,17). Zusammenfassend wird gefordert: „Ehre, wem Ehre gebührt!" (Röm 13,7) und schließlich „Tut Ehre jedermann!" (1Petr 2,17). Damit wird nicht alles gutgeheißen, was Menschen tun. Ausdrücklich wird im NT vor falschem Respekt und Menschendienerei gewarnt (Jak 2,14; 3,13ff; 1Kor 3,18ff u.a.m.).

(1.3.6) Den Menschen dienen. Auch wenn es weltliche Gruppen gibt, die religionsneutral arbeiten und sich den Slogan *we serve* gegeben haben[287], so ist dies doch ein zutiefst christliches Motiv, das eigentlich als Wesensmerkmal des Christentums bezeichnet werden müsste.[288] Auf jeden Fall hat Christus selbst mit seinem Leben das Vorbild gegeben: „Des Menschen Sohn ist nicht gekommen, sich bedienen zu lassen, sondern zu dienen und sein Leben zu geben als Lösegeld für viele" (Mt 20,28 par).

Dienen wird zu einem Grundzug der Gemeinde. Christen sind „bekehrt, um Gott zu dienen" (1Thes 1,9). „Durch die Liebe diene einer dem anderen", schreibt Paulus in Gal 5,13.

Konkret bedeutet Dienen, sich für die Schwachen und Hilflosen einzusetzen, damit es ihnen gut geht und ihre Existenz gesichert wird. Die Grundbedürfnisse der Menschen, die es selbst nicht mehr schaffen, sollen durch die Diakonie gesichert werden: Nahrung, Kleidung, Wohnung und die Gewährung von Recht und Gemeinschaft (Mt 25,31–46; Jak 2).

---

[287] So der Leitspruch der internationalen Lions-Club-Bewegung.

[288] So hat J. Stott diesen Begriff quasi zum Leitwort des Lausanner Kongresses gemacht. Es sei das Hauptwort der Mission. Mission sei Dienst nach dem Vorbild Jesu Christi, Evangelisation und Diakonie umfassend. Bockmühl weist auch auf Adolf Schlatter hin, der aus diesen Gründen nicht mehr von „christlicher Ethik", sondern vom „Dienst des Christen" sprechen will („Der Dienst des Christen in der älteren Dogmatik, 1897).

(1.3.7) Das Böse anprangern. Das ist ein schwieriger, von der Bibel nicht gedeckter Begriff.[289] Stattdessen sollte man Gott darum bitten, dass die prophetische Rede wieder geschenkt und eingesetzt wird. Bockmühl nennt folgende Merkmale einer prophetischen Gerichtspredigt:[290]

- Das Wort Gottes durch den Propheten ergeht immer an die Schuldiggewordenen selbst, also mit der persönlichen Anrede (Hos 9,1; 2Sam 12,7).
- Es ist Gott, der durch den Propheten spricht (Jes 58; Jer 10,1).
- Beschreibung der Sünde (Jes 59; Jer 7,8; 23,9 u.a.).
- Androhung des Gerichts oder der Strafe (Am 8,7; Jes 23,13).
- Aufruf zur Umkehr, die Forderung der Buße, der Ruf zurück zu Gott und seinen Geboten (Jer 7,3; Jes 58).

(1.3.8) Die Gerechtigkeit des Reiches Gottes darstellen. Inhaltlich geht es eigentlich um die *Verwirklichung* der Gerechtigkeit des Reiches Gottes, nicht nur um das äußerliche Zur-Schau-Stellen. Es geht darum, dass die Kraft des Reiches Gottes von innen nach außen dringt, dass der gute Baum gute Früchte trägt oder die Reben, die am Weinstock sind, Früchte tragen. Jakobus weist darauf hin, dass der „Glaube ohne Werke tot" ist (Jak 2,20), wie auch Paulus, der auf einen Glauben zielt, „der durch die Liebe tätig ist" (Gal 5,6). Der Glaube muss wirksam werden (Phlm 6). Aus all den vielen Stellen im NT, die davon sprechen, dass sich Gott ein Eigentumsvolk gereinigt hat, das fleißig wäre zu guten Werken (Tit 2,14), folgt, dass „die Dogmatik ihren Horizont in der Ethik hat, ferner, dass christliche Mission und Evangelisation niemals bloß auf die Erweckung von Glauben und Hoffnung oder die Gründung und das Wachstum von Kirchen gerichtet sein darf. Ihr Ziel muss vielmehr das Ziel von 2Kor 5,15; Röm 6,4 und Tit 2,14 sein, anders gesagt, dass mehr und mehr Menschen den Willen Gottes tun."[291]

---

[289] Hier weicht nach Bockmühl die Lausanner Erklärung von der Bibel ab. Das Engl. *to denounce* erinnert noch an das Denunzieren und hat eine stark negative Komponente. Es ist jedenfalls nicht mit der prophetischen Rede im Alten wie im Neuen Testament zu vergleichen.

[290] Bockmühl, a.a.O., S. 34f.

[291] Bockmühl, a.a.O., S. 39.

Es geht Jesus und den Aposteln tatsächlich um das Darstellen des Glaubens, „damit die Menschen eure guten Werke sehen und den Vater im Himmel preisen" (Mt 5,16), damit, wer klug ist, seine Weisheit „mit seinem guten Wandel in guten Werken (erzeige)" (Jak 3,13), „damit sie (die Heiden) eure guten Werke sehen und Gott preisen, wenn es denn an den Tag kommen wird" (1Petr 2,12). Petrus rechnet z.B. damit, dass Ehefrauen ihre ungläubigen Ehemänner ohne Worte, allein durch den überzeugenden Wandel gewinnen können (1Petr 3,1).

Besonders in Zeiten der Verfolgung und Unterdrückung ist es Christen oft nur möglich, durch ihren überzeugenden Lebenswandel ein lebendiger und laut redender Brief ihres Herrn zu sein, in dem andere ablesen können, was Gott will und wer Gott ist. Die Gemeinde missioniert mit dem Wort und Lebenswandel ihrer Glieder. Wenn beides divergiert, geschieht das, was man in der modernen Psychologie „ambivalente Kommunikation" nennt: Sie irritiert!

Stattdessen werden nicht nur Propheten „an ihren Früchten (erkannt)" (Mt 7,16.20). Diese Früchte, die Taten oder guten Werke sind der Echtheitserweis der Christen.

(1.3.9) Die Gerechtigkeit des Reiches Gottes ausbreiten. So unklar dieser Begriff auch sein mag, wir wollen ihn in dem Sinn verstehen, dass wir mithelfen sollen, dass das Wort vom Reich Gottes ausgebreitet wird. Denn nicht wir können das Reich Gottes ausbreiten, sondern nur der Herr selbst.

(2) CRESR, 19.–25.06.1982, Grand Rapids/Michigan, USA
Da unbefriedigende Defizite in den o.g. Formulierungen von Lausanne I blieben, wurde eine weitere „Konsultation über die Beziehung zwischen Verkündigung und sozialer Verantwortung" (*Consultation on the Relationship between Evangelism and Social Responsibility* = CRESR)[292] für den 9.–25. Juni 1982 in Grand Rapids/Michigan (USA) einberufen, die die bestehenden Fragen klären helfen sollte.

(2.1) Sie beginnt alle Überlegungen mit einem *Ruf zur Anbetung und Danksagung*, weil aus dieser anbetenden und liebenden Begegnung mit Gott „unmittelbar der Wunsch (erwächst), seine Liebe unseren Mitmenschen mitzuteilen; sowohl dadurch, dass wir ihnen sagen, wie

---

[292] Im Deutschen herausgegeben von K. Bockmühl, a.a.O.

Gott sie in Christus geliebt hat, als auch dadurch, dass wir ihnen mit Taten der Barmherzigkeit und Gerechtigkeit dienen."[293]

(2.2) Der Ruf zur Weltevangelisation wird noch einmal klar aufgenommen (Art. 4 der Lausanner Verpflichtung) und die Motive dazu genannt. Sie liegen einmal im Wesen Gottes selbst und in seinem Heilswerk begründet, zum anderen in der Autorität Christi und drittens im Heiligen Geist, der „ein missionarischer Geist" ist. Die umfassendste Motivation liegt im „missionarischen Herz Gottes, des Vaters, des Sohnes und des Heiligen Geistes".

(2.3) Dann ergeht der *Ruf zu sozialer Verantwortung* inkl. der Begründung der Motive. Da es der Art Gottes entspreche, Gerechtigkeit zu üben, zu helfen, Freiheit zu schenken und die Würde des Menschen zu achten, und da es ebenso die Art Jesu gewesen sei, herzliches Erbarmen zu haben, Mitgefühl mit den Hungrigen, den Kranken, den Trauernden, den Ausgestoßenen und den Massen, die keinen Hirten hatten, und da die erste Frucht des Heiligen Geistes die Liebe sei (Gal 5,22), so habe das Volk Gottes ebenfalls ein empfindsames, soziales Gewissen, das nach humanitärer Hilfe dränge. Schließlich:

(2.4) Das Verhältnis von Verkündigung und sozialer Verantwortung wird beschrieben.

(2.4.1) Der *geschichtliche Hintergrund* macht deutlich, dass sich die große Erweckung in Nordamerika, die pietistische Bewegung in Deutschland und die evangelikale Erweckung unter Führung Wesleys in Großbritannien als kräftiger Anstoß sowohl der Menschenliebe als auch der Verkündigung erwiesen haben.

Leider führte das Aufkommen des sog. Social Gospel (Soziales Evangelium), das aus der liberalen Theologie entwickelt wurde, zu einer Verunsicherung und zu einem starken Misstrauen vieler Evangelikalen gegen soziales Engagement überhaupt. „Aber das verantwortliche soziale Handeln, das das biblische Evangelium uns auferlegt, und das liberale Soziale Evangelium, das eine Perversion des

---

[293] A.a.O., S. 13.

wahren Evangeliums darstellte, sind zwei völlig verschiedene Dinge."[294] Auch die oft anzutreffende Zweiteilung unseres Denkens, die Seele und Leib, Individuum und Gesellschaft, Schöpfung und Versöhnung, Himmel und Erde trennt, muss überwunden und jedes dieser Paare in dynamischer und schöpferischer Spannung gehalten werden.

(2.4.2) Besondere Situationen und Gaben lassen freilich eine Trennung von Verkündigung und sozialer Tat, eine Konzentration auf das eine oder andere möglich sein. Es ist nicht falsch, eine Evangelisation ohne begleitendes Programm sozialer Dienste durchzuführen! Es ist auch nicht falsch, in einer Hungersnot zuerst die Hungernden zu speisen, ohne ihnen zuerst das Evangelium zu verkünden, denn „ein leerer Bauch hat keine Ohren" (afrikanisches Sprichwort).

Auch die Verteilung der Geistesgaben lässt eine Konzentration und Ergänzung der Dienste möglich werden. Nicht alle sind Evangelisten. Andere sind zum diakonischen Tun begabt. Sie müssen vielmehr zum gemeinsamen Auftrag und zum Nutzen aller genutzt werden. Eine Aufgabenteilung ist ausdrücklich vom NT her geboten!

(2.4.3) Drei verschiedene Beziehungen. Es gibt nicht nur eine, sondern mehrere Möglichkeiten, das Zueinander der beiden Elemente zu beschreiben:

(2.4.3.1) Soziales Handeln ist eine Folge der Evangelisation. Der Glaube soll „in der Liebe tätig" sein, sagt Paulus (Gal 5,6), Jakobus betont, dass Glaube und gute Werke zusammengehören und nicht zu trennen sind (Jak 2), und Johannes zeigt, wie die Liebe Gottes zum Bruder überfließt (1Joh 3,16–18). Man kann noch weitergehen und soziale Dienste nicht nur als Folge sehen, sondern sogar als eins der Hauptziele der Evangelisation. Christus hat sich dahingegeben, „um für sich ein Eigentumsvolk zu reinigen, das fleißig wäre zu guten Werken" (Tit 2,14). Gute Werke, zu denen wir erlöst sind (Eph 2,10), können uns nicht retten, sind aber „ein unerlässliches Zeugnis der Errettung"[295] (Jak 2,14–26).

Das soziale Handeln als Folge der Evangelisation ist nicht automatisch gegeben, sondern muss Gegenstand des Lehramtes der Gemeinde bleiben (oder werden).

---

[294] A.a.O., S. 21.
[295] A.a.O., S. 23.

(2.4.3.2) Soziales Handeln kann eine Brücke zur Verkündigung sein. Es kann Misstrauen und Vorurteile abbauen helfen und Menschen für das Evangelium öffnen.

Die ältere und neue Kirchen- und Missionsgeschichte zeigen eine Menge Beispiele, wie Menschen über den sozialdiakonischen Dienst zu den Herzen der Menschen vordrangen. Baptisten halfen beim Stadtbrand in Hamburg, Basler Missionare beim Staudamm in Nordghana, Tausende von ärztlichen Hilfsprogrammen in der Dritten und Vierten Welt bestätigen die These. Eigentlich ist Mission ohne humanitäre Hilfe oder sozialdiakonisches Engagement heute gar nicht mehr möglich.

Auf dem Weg des praktischen Dienstes an den Menschen ist es überdies möglich, von den Nöten, die ihnen selbst bewusst sind, zu jener tieferen Not vorzudringen, die ihre Beziehung zu Gott betrifft. Umgekehrt: „Wenn wir uns dem Leid, der sozialen Unterdrückung, der Entfremdung und Einsamkeit der Menschen gegenüber blind zeigen, dürfen wir uns nicht wundern, wenn sie sich unserer Botschaft vom ewigen Heil gegenüber taub stellen."

Es geht darum, keine Bestechung oder Abhängigkeit zu schaffen, sondern Brücken zu den Herzen der Menschen zu finden.

(2.4.3.3) Soziales Handeln begleitet die Verkündigung als Partner.

Beides, Verkündigung und sozialdiakonischer Dienst sind wie „zwei Schneiden einer Schere oder die beiden Flügel eines Vogels". Deutlich ist am öffentlichen Wirken Jesu zu erkennen, wie er das Evangelium predigte und dabei Kranke heilte, Hungernde speiste. In seinem Wirken gingen Kerygma (Verkündigung) und Diakonia (Dienst) Hand in Hand. Seine Worte erklärten seine Werke und seine Werke seine Worte („... dann glaubt mir doch um der Werke willen ...").

Jede evangelistische Verkündigung muss im Letzten eine soziale Dimension und jede soziale Tat eine evangelistische Dimension haben, wenn sie beide im Namen Jesu geschehen sollen.

(2.5) Die Frage nach dem Primat stellt sich, wenn die Beziehung zwischen Verkündigung und sozialdiakonischem Engagement nicht gleichgewichtig nebeneinander steht. Die Lausanner Verpflichtung bekräftigt: „Bei der Sendung der Gemeinde zum hingebungsvollen Dienst steht die Verkündigung an erster Stelle" (Art. 6).

Verkündigung des Evangeliums (und dazu gehört jede Form des evangelistischen Zeugnisses, privat und offiziell, als Rede oder im Gespräch) hat eine bestimmte Priorität vor jedem sozialdiakonischen Dienst. Denn sie handelt von der ewigen Bestimmung des Menschen, der soziale Dienst lediglich von der zeitlichen Not. „Deshalb ist das ewige geistliche Heil eines Menschen wichtiger als sein zeitliches materielles Wohl (vgl. 2Kor 4,16–18)." Bei der Prioritätenfrage geht es nicht um eine zeitliche, sondern um eine logische oder besser theologische Priorität.

In der Thailand-Erklärung (Schlussresolution der Konsultation für Weltevangelisation vom 16.–26.6.1980 in Pattaya, Thailand) heißt es, „dass keine der tragischen Nöte der Menschen größer ist als ihre Entfremdung von ihrem Schöpfer und die furchtbare Wirklichkeit des ewigen Todes all derer, die weder Buße tun noch glauben wollen"[296]. Aber diese Tatsache darf nicht gleichgültig machen gegenüber der Erniedrigung durch menschliche Armut und Unterdrückung.

(2.6) Praxisbeispiele
In der Praxis vermischen sich oftmals beide Dimensionen der Sendung der Christen in die Welt, die evangelistische und die sozialdiakonische. Und das ist gut so, wenn der Dienst im Namen Jesu geschehen soll. Es geht nicht um die Frage, was zuerst war, das Huhn oder das Ei, das Evangelium oder die sozialdiakonische Tat, sondern es geht um beides in der o.g. Priorität. Es werden bei Bockmühl einige Beispiele genannt, die man auf dieser Konferenz als „Fallstudien" studiert hat.

Aus nahe liegendem Grund möchte ich an dieser Stelle auf unsere eigene Missionsarbeit, die vom Missionshaus Bibelschule Wiedenest[297] verantwortet wird, eingehen. Sie zeigt, wie in der Praxis Evangelisation und soziales Handeln eine untrennbare Einheit bilden:
Evangelisation und Gemeindegründung bzw. -schulung unter unerreichten Volksgruppen wie auch unter Namenschristen, Gemeindeaufbau, Kinder-, Jugend-, Frauenarbeit, Literaturarbeit und Bibelkorrespondenzkurse gehen einher mit

---

[296] A.a.O., S. 27.
[297] Zu weiteren Informationen siehe die Internetseite: www.wiedenest.de

sozialdiakonischen Diensten und Entwicklungshilfe: medizinische Hilfsprogramme in Krankenhäusern und in öffentlichen Gesundheitsdiensten – kurativ oder präventiv, allgemeinmedizinisch oder spezifisch in der Lepra- oder Tuberkulosearbeit, landwirtschaftliche Projekte, Bildungs- und Ausbildungsprogramme für Jugendliche und Erwachsene, Waisenhausarbeit und Förderung der eigenständigen Entwicklung ganzer Gebiete.

Auch *unterstützende Dienste* wie Schulen für Missionarskinder, Verwaltungsarbeit, Informationsdienste, Instandhaltung und Flugdienste gehören zu dem ganzheitlichen Sendungsauftrag Christi dazu.

Was auch immer geschieht und wie auch immer das sozialdiakonische Handeln aussieht, es geschieht immer aus der Liebe Christi zu den Menschen heraus, denen die Botschaft von Gottes Liebe gilt. Die Herzen der Menschen werden für Gott erst durch die Liebe derjenigen geöffnet, die Gottes Herrschaft in ihrem eigenen Leben erfahren haben und aus dieser Kraft den anderen dienen können.

(3) Missiologische Begründung der Ethik: die evangelistische und sozial-diakonische Verantwortung der Jüngergemeinde

Man kann sagen, dass man das Evangelium zum einen als gute Nachricht vom Heil Gottes zu „unserer Errettung" (Eph 1,13) und zum anderen als die gute Nachricht vom Reich Gottes (Mt 4,23; Mk 1,14f; Lk 4,43) betrachten kann. Beides lässt sich zwar unterscheiden, aber nicht voneinander trennen. Das im AT angekündigte und in Christus angebrochene Reich Gottes wird zeichenhaft auf dieser Welt ausgebreitet, bis Christus in Macht und Herrlichkeit wiederkommt, um sein messianisches Friedensreich sichtbar auf dieser Erde aufzurichten. Alle biblischen Aussagen zum verantwortlichen sozialethischen Handeln sind daher letztlich auf dieses Reich zu beziehen und im Licht des bereits gekommenen und wiederkommenden Herrn Jesus Christus zu sehen.

Die Spannung zwischen der am Ende seines ersten Kommens gegebenen Proklamation Jesu: „Mir ist gegeben alle Gewalt im Himmel und auf Erden" (Mt 28,18) und der Verheißung seines Kommens „in Macht und Herrlichkeit" (Mk 13,26) bleibt bestehen. Christus ist über sein erlöstes Volk bereits *de facto* König, über die Welt hingegen „nur" *de jure*. Wäre er es *de facto*, dann wären die Kräfte des Bösen ausgeschaltet. Das sind sie aber noch nicht. Erst im Zusammenhang mit seiner sichtbaren Wiederkunft wird das geschehen.

Was heißt das für das Handeln der Jünger heute?

Ihr Handeln bleibt ein zeichenhaftes Handeln der Liebe angesichts einer finsteren, noch unter „dem Gott dieses Äons" (2Kor 4,4) leidenden Welt, in der Hoffnung auf den Anbruch des neuen Äons, der kommen wird. Diese Spannung durchzieht alle Bemühungen der Jünger hier auf Erden. Es muss alles im Glauben getan werden. Denn „jetzt sehen wir noch nicht, dass ihm (Jesus) alles unterworfen ist" (Hebr 2,8; vgl. Ps 110,1; Apg 2,35). Damit werden deutliche Grenzen des Reiches und seiner Zeichen markiert. „Wir haben diesen Schatz in irdenen Gefäßen" (2Kor 4,7) und „schauen nicht das Sichtbare an, sondern das Unsichtbare, denn das Sichtbare ist zeitlich, das Unsichtbare aber ewig" (2Kor 4,18).

(3.1) Unter dieser heilsgeschichtlichen Prämisse kann (und muss!) man *exegetisch* von den vielen biblischen Belegen im AT und NT ausgehen und die konkreten sozialdiakonischen Implikationen herausstellen. Das ist die eigentliche Vorarbeit. Ohne die Aussagen der Bibel zu kennen und auf das Reich Gottes zu beziehen, ohne von ihnen motiviert zu sein, ist alle soziale Arbeit für Christen umsonst, weil sie sich von säkularer Sozialarbeit nicht unterscheidet. Sicher gibt es in der Praxis kleine oder (oft erstaunlich) große Schnittmengen sozialen Handelns, aber die Motivation christlichen sozialen Handelns ist eine andere. Anleitung dazu gibt die gesamte Bibel. Sie ist voll von Aussagen, die auf die sozialdiakonische Verantwortung der Glieder des Volkes Gottes im AT und im NT hinweisen.

(3.2) Man kann das Zueinander von Sendung und sozialdiakonischem Handeln auch weiterhin *systematisch-theologisch* begründen, indem man anhand der einzelnen dogmatischen Topoi die sozialethischen Implikationen ausführt. Dabei greift man natürlich immer auf eine Fülle exegetischer Belege zurück und legt diese zugrunde.[298]

---

[298] Das tut R. Sider z.B. in: ders.; „... denn sie tun nicht, was sie wissen!" Die schwierige Kunst, kein halber Christ zu sein, Moers 1993, S. 150ff. Freilich teile ich nicht seine Überzeugung, dass Jesu Weg „ein politischer Weg" war und dass er die gesamte Gesellschaft, deren Kern eine neue Gemeinschaft von Jüngern sei, aufforderte, sich zu ändern (S. 165)!

Gehen wir von Gott aus, müssen wir feststellen, dass die Bibel uns bezeugt, dass der heilige, liebende Gott, den wir anbeten, „seine ganz besondere Aufmerksamkeit den Armen, Schwachen und Mittellosen widmet. Jeder, der diesen biblischen Gott liebt und ihm gehorchen will, muss sich diesem Anliegen stellen. Es gibt buchstäblich Hunderte von Bibelversen zu diesem Thema."[299]

Auch wenn man von der Schöpfungstheologie ausgeht, kommt man zu dem sozialen Anliegen, weil es schöpfungstheologisch begründet ist, dass alle Menschen in den Genuss der Schöpfungsgaben Gottes kommen sollen. Das Schöpfungsmandat (Verantwortung für die Schöpfung) ist für Christen durch das Missionsmandat nicht aufgehoben.

Argumentiert man anthropologisch und geht vom Menschen aus, wird deutlich, dass das biblische Menschenbild eine Einheit von Geist – Seele – Leib zeigt, die nicht auseinander gerissen werden darf. Eine lediglich auf den menschlichen Körper oder die menschliche Seele bezogene Hilfe ist zu wenig. Der geistliche Aspekt ist die Voraussetzung für die anderen. Ebenso wenig darf aber eine Reduktion auf den Geist des Menschen die anderen Bedürfnisse ausblenden.

Die biblische Lehre von der Sünde zeigt uns, dass nicht nur jeder einzelne Mensch von ihr befallen ist, sondern auch Systeme menschlichen Zusammenlebens und Umfelder, schließlich „die ganze Welt". Christen wissen, dass die Ursache der Sünde, das Böse und der Böse, am Kreuz überwunden ist und sie deshalb frei sind, mitzuarbeiten, dass die Folgen der Sünde beseitigt werden. Dabei bewahren sie sich vor utopischen Träumen und glauben an die Macht Jesu.

Die Christologie, die biblische Lehre von Person und Werk Jesu Christi, zeigt, wie Jesus das Evangelium vom Reich Gottes gelebt hat. Er rief Menschen zur Umkehr, zum Eingeständnis ihrer Schuld und zur Hinkehr zu Gott und seinen Gesetzen und Ordnungen im Reich Gottes.

Er war als der Sohn Gottes gesandt, Menschen zu retten und sie von der Macht Satans zu befreien. Das tat er ganzheitlich, indem er Kranke heilte, okkult und psychisch Gebundene befreite, Blinde se-

---

[299] Und dann nennt er „Cry Justice" (Hrsg. R. Sider), ein Buch von 200 Seiten, das fast ausschließlich Bibelstellen enthält, die sich auf Gottes Interesse an Armen beziehen! Intervarsity and Paulist, 1980.

hend machte, Tote auferweckte, Hungernde sättigte, Reiche ermahnte, Witwen half, Kinder segnete, Frieden und Unruhe stiftete und so das Reich Gottes verkörperte.

Jesu Lehre vom Reich Gottes in den vielen Gleichnissen und seine Lehre vom kommenden Weltgericht zeigen in großer Klarheit, wie eng soziale Verantwortung zu der Verkündigung des Reiches Gottes hinzugehört. Der reiche Mann „hat seinen Lohn dahin", der barmherzige Samariter wird als leuchtendes Beispiel hingestellt und diejenigen, die sich am Endgericht verwundert fragen, was sie denn getan haben, bekommen zu hören: „Ich war hungrig und ihr habt mich gespeist; mich dürstete und ihr habt mir zu trinken gegeben; ich war Fremdling und ihr nahmt mich auf; ich war nackt und ihr bekleidet mich; ich war krank und ihr besuchtet mich; ich war im Gefängnis und ihr kamt zu mir" (Mt 25,35–39).

Auch die Lehre von der Erlösung darf nicht auf das individuelle Seelenheil in einer jenseitigen Welt verkürzt, sondern muss ganzheitlich gesehen werden. Vergebung der Schuld, Befreiung von der Macht des Bösen und der Sünde, Versöhnung mit Gott und der eigenen Vergangenheit und den Nächsten, Erfülltwerden mit dem Geist Gottes – das alles setzt so viele kreative Liebeskräfte frei, dass im normalen Fall die sozialdiakonischen Auswirkungen, die guten Werke der Liebe, nicht ausbleiben können!

(3.3) Eine untrennbare Partnerschaft

Die moderne Kirche zieht es vor, „nur die Hälfte von Jesu Botschaft zu akzeptieren. Bereitwillig nehmen sie ihn entweder als Vorbild oder als Vermittler – aber nicht als beides. Einige drängen uns dazu, seinem Beispiel der Liebe und der sozialen Anteilnahme zu folgen, aber sie vergessen sein Kreuz. Andere betonen seinen Tod für unsere Sünden, leben aber nicht, wie er es tat. Das Christentum ist aber nur dann stark, wenn wir den ganzen Christus annehmen."[300]

R. Sider nennt neben den drei bereits in CRESR[301] genannten Zusammenhängen von Evangelisation und sozialem Handeln noch die Notwendigkeit einer biblischen Verkündigung, die die Untrennbarkeit

---

[300] Ronald J. Sider, Die Jesus-Strategie, Moers 1997, S. 29.
[301] S.o. Pkt. 2.

von beiden Aufgaben des Evangeliums betont. Er weist auf Charles Finney hin, der darauf bestand, dass Christen sich bei ihrer Bekehrung bewusst von der Sünde der Sklaverei lossagten. Ein Evangelist müsse sowohl von persönlicher als auch von sozialer Sünde sprechen, wenn er das Evangelium verkündige. Auch müsse er von Jesus sowohl als Heiland als auch als Herrn sprechen. „Die Herrschaft Jesu ist Teil des Evangeliums (2Kor 4,3–5). Ihn als Herrn anzunehmen bedeutet, ihm jeden Winkel des eigenen Lebens auszuliefern, nicht nur sonntags morgens und in der Familie. Ein bibelgebundener Verkündiger wird sagen müssen, dass die Herrschaft Jesu sich ebenso auf den Sitzungssaal wie auf das Schlafzimmer erstreckt."[302]

Als weiteren Punkt nennt er die Kraft des gemeinsamen Lebens in der Gemeinde, die die Gesellschaft formt. „Die Qualität ihres gemeinsamen Lebens zieht Nichtchristen zum Herrn der Kirche."[303]

Hier liegen tatsächlich große Herausforderungen für christliche Gemeinden. Ihr evangelistisches Zeugnis ist nur so glaubhaft, wie ihre Beziehungen, die sie untereinander und zu Menschen in der Nachbarschaft und am Ort leben, authentisch und offen sind.

Als wir in einer traditionell geprägten Gemeinde, die auf diese Art Beziehungen lange keinen Wert gelegt hat, stattdessen aber regelmäßig evangelisieren ließ, anfingen, uns zu öffnen und Beziehungen herzustellen zu Menschen, Kirchen, Schulen und Vereinen am Ort, entstand langsam eine positive Einstellung der Leute und eine Bewegung, die Menschen auch in die Gemeinde führte. Als wir dann noch begannen, sozialdiakonische Dienste (wie Hausaufgabenhilfe unter Asylantenkindern oder ein missionarisches Jugend-Café) als Ausdruck unserer Liebe zu Menschen einzurichten, entwickelten sich langsam freundschaftliche Beziehungen, und Menschen trauten sich (wieder), in unser Gemeindezentrum und schließlich in die Gottesdienste zu kommen. Durch die Öffnung für Menschen am Ort und die sozialdiakonischen Dienste wurden viele aufmerksam und änderten ihre ablehnende Haltung der christlichen Gemeinde gegenüber. Eine wichtige Voraussetzung zur Annahme des Evangeliums war gegeben.

Nicht verschwiegen werden darf freilich auch, dass die größten Widerstände dieser Öffnung einem ganzheitlichen evangelistischen Ansatz gegenüber aus der eigenen Gemeinde von solchen Gliedern kam, die da-

---

[302] In: „Sie wissen nicht ...", S. 188.
[303] Ebd., S. 192.

durch das Evangelium korrumpiert sahen, selbst aber wenig bis gar kein echtes Interesse an Menschen zeigten.

In gewisser Weise kann man sicher sagen: „Christliche Mission ist am effektivsten, wenn die Verkündigung des Evangeliums und das soziale Anliegen im Namen Jesu und in der Kraft Jesu Hand in Hand gehen."[304]

(4) Motivation zum ganzheitlichen Zeugendienst Jesu

Die eigentliche Begründung, die als Motivation zum konkreten Handeln führen kann, der Schlüssel zum ganzheitlichen Leben, liegt freilich auf einer persönlichen Ebene: *der existenziellen Betroffenheit durch die Liebe Jesu.*

Hier können wir nur von Jesus lernen und ihm nacheifern. Von ihm heißt es: „Und Jesus zog umher durch alle Städte und Dörfer und lehrte in ihren Synagogen und predigte das Evangelium des Reiches und heilte jede Krankheit und jedes Gebrechen. Als er aber die Volksmengen sah, wurde er innerlich bewegt über sie, weil sie erschöpft und verschmachtet waren wie Schafe, die keinen Hirten haben. Dann spricht er zu seinen Jüngern: Die Ernte zwar ist groß, die Arbeiter aber sind wenige. Bittet nun den Herrn der Ernte, dass er Arbeiter aussende in seine Ernte!" (Mt 9,35–38).

Die falsche Fragestellung, die Evangelisation und sozialdiakonischen Dienst als Alternativen sieht und um die Berechtigung des einen oder des anderen kämpft, wird hier bei Jesus überwunden durch die sehende Liebe und das integrierte Handeln.

Der Schlüssel für die Integration von Evangelium und sozialdiakonischem Liebesdienst ist letztlich die herzliche und erbarmende Liebe Gottes. Wer die „Güte und Menschenliebe unseres Heiland-Gottes ... und seine Barmherzigkeit" (Tit 3,4f) einmal erkannt und erfahren hat, wer die „heilbringende Gnade Gottes" (Tit 2,11) nicht nur theoretisch weiß, sondern am eigenen Leib erlebt hat, der kann nicht anders als wieder gnädig und barmherzig zu sein. Sein Herz ist entzündet von einer Kraft der Liebe, die nicht für sich bleiben kann. Das Wesen der Liebe ist es nun einmal, sich mitzuteilen. Genau das hat Gott in Christus getan. Nichts anderes wird von seiner Gemeinde erwartet.

---

[304] Ebd., S. 200.

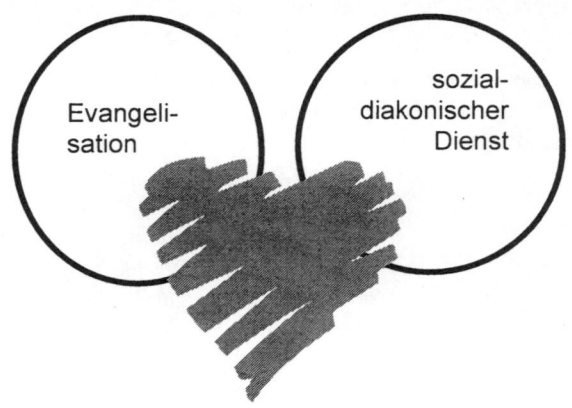

Der Schlüssel zu einem glaubwürdigen Zeugendienst der Jüngerinnen und Jünger Jesu ist die Integration von Wort und Dienst der Versöhnung! Eine der neutestamentlichen Zentralstellen macht dies deutlich: „Alles aber von Gott, der uns mit sich selbst versöhnt hat durch Christus und uns den Dienst der Versöhnung gegeben hat ... und in uns das Wort von der Versöhnung gelegt hat. So sind wir nun Gesandte an Christi statt" (2Kor 5,18–20).

Dienst und Wort von der Versöhnung bilden eine Einheit. Wir sind Gesandte (Missionare!) an Christi Stelle. Er will durch uns sein Werk, das er begonnen und vorgelebt hat, nun vollenden. Er hat kein anderes Programm! Keine Sozialprogramme oder Aktionen will er, sondern Menschen, die durch ihn mit Gott versöhnt sind und als Versöhnte das Wort und den Dienst der Versöhnung, der Befreiung, des Heils weitergeben und leben.

Die tiefste und reinste Motivation zu aller Verkündigung und allem Dienst kann letztlich nur die Liebe Gottes in Christus sein. Paulus gebraucht klare und ernsthafte Worte: „Ohne Liebe bin ich nichts. Selbst wenn ich in allen Sprachen der Welt, ja mit Engelszungen reden könnte, aber ich hätte keine Liebe, so wären alle meine Worte hohl und leer, ohne jeden Klang, wie dröhnendes Eisen oder ein dumpfer Paukenschlag. Könnte ich aus göttlicher Eingebung reden, wüsste alle Geheimnisse Gottes, könnte seine Gedanken erkennen und hätte einen Glauben, der Berge versetzt, aber mir würde die Liebe fehlen, so wäre das alles nichts. Selbst wenn ich all meinen

Besitz an die Armen verschenken und für meinen Glauben das Leben opfern würde, hätte aber keine Liebe, dann wäre alles umsonst" (1 Kor 13,1–3).

3.3   Das Wirken des Heiligen Geistes in der Ethik

Es ist schon merkwürdig. Musste man noch vor einigen Jahrzehnten die Frage nach dem Heiligen Geist in der Theologie überhaupt stellen bzw. nach dem Heiligen Geist in der Theologie suchen, so kann man heute den Eindruck gewinnen, dass man zumindest in der Praxis der Gemeinde (nicht in der Theologie!) bereits schon wieder zu viel bzw. zu einseitig und isoliert (losgelöst) vom Geist spricht und mit ihm umgeht.[305] Dass aber das Wirken des Geistes für die Ethik wichtig ist,

---

[305] Die Neubeschäftigung mit dem Heiligen Geist im 20. Jahrhundert kann man in drei Schüben oder Wellen verfolgen. In der sog. *„ersten Welle des Heiligen Geistes"* am Anfang des vergangenen Jahrhunderts, die 1905 aus Kalifornien nach Europa herüberkam und zu einer Belebung und Spaltung der pietistischen bzw. evangelikalen Christenheit führte (siehe die Berliner Erklärung von 1919), ging es im Wesentlichen um die Entstehung der klassischen Pfingstgemeinden. Es kam zur Bildung von Gemeinden, die vor allem den Geistempfang und die zweite Segnung bzw. Salbung durch den Heiligen Geist als entscheidendes Merkmal des Christseins verkündigten, um zu einem Leben in der Heiligung zu gelangen. Bekehrung allein reichte demzufolge für ein Leben in der Fülle des Geistes nicht aus. Die sog. *„zweite Welle"* wurde zur Initiation der sog. „charismatischen Bewegung" in den 60er-Jahren (ebenfalls aus Kalifornien kommend). In ihr wurde vor allem das Entdecken und Praktizieren der Charismen, der Gnadengaben, als entscheidendes Merkmal erwecklichen Christseins betont. Besonders die spektakulären Wort-Gaben wie Sprachenrede und prophetisches Reden, aber auch Charismen der Heilungen wurden herausgestellt und praktiziert. Erneuerung wurde durch das Praktizieren der Charismen erwartet als Gegengewicht zu einer einseitig am Wort orientierten und stellenweise verkopften Theologie. Eine sog. *„dritte Welle des Heiligen Geistes"* entstand Anfang der 80er-Jahre (ebenfalls in Kalifornien!) und läutete schließlich eine neue Ära ein, die sich vor allem durch den Gebrauch von Zeichen und Wundern, eine besondere Betonung des sog. „Power Evangelism" und die Erweisung spektakulärer Krafttaten auszeichnete und für nicht geringe Unruhe in der evangelikalen Welt sorgte. Im Zusammenhang damit wurden Phänomene des „Toronto-Segens" in vielen Kreisen erwartet und kultiviert, in anderen heftig abgelehnt. Alle drei Wellen führten nicht zu einer Integration der Evangelikalen, sondern führten zu einem fast unüberwindbaren Dissens in der Beurteilung der Gaben und „Manifestationen" des Heiligen Geistes.

wird bis auf wenige Ausnahmen heute immer noch nicht (oder jedenfalls zu wenig) erkannt.[306]

Die Beschreibung des christlichen Ethos ist das eine. Das Tun des Willens Gottes das andere. Wie kommt man nun dazu, den hohen Anspruch des christlichen Ethos, Gott „von ganzem Herzen, ganzer Seele und allen Kräften" zu lieben und seinen Nächsten wie sich

Neben den Evangelikalen entstanden die weltweit sehr schnell wachsenden charismatischen und pfingstlich geprägten Kirchen und Gemeinden.

Seit einiger Zeit kann man nun den starken Versuch namhafter christlicher Leiter beobachten, charismatische und evangelikale Christen zu vereinen. Sowohl durch theologische Argumentationen als auch durch gemeinsame Projekte, Kongresse und Tagungen werden Christen aus beiden Lagern (der Evangelischen Allianz und der charismatischen Bewegung) zusammengeführt. Neben dem Trennenden wird überwiegend das Gemeinsame ihres Glaubens und Wirkens betont. (Zu dem ganzen Komplex vgl. z.B. O. Föller, Pietismus und Enthusiasmus – Streit unter Verwandten, Wuppertal 1993; E. Beyreuther, Der Weg der Evangelischen Allianz in Deutschland, Wuppertal 1969; P. Fleisch, Geschichte der Pfingstbewegung in Deutschland von 1900 bis 1950, Marburg 1983; J. I. Packer, Auf den Spuren des Heiligen Geistes. Im Spannungsfeld zwischen Orthodoxie und Charismatik, Gießen/Basel 1989; S. Großmann, Haushalter der Gnade Gottes. Von der charismatischen Bewegung zur charismatischen Erneuerung der Gemeinde, Wuppertal und Kassel 1977; S. Großmann (Hrsg.) unter Mitarbeit von O. Föller, G. Hörster und G. Wenzelmann, Handbuch Heiliger Geist, Wuppertal 1999; H. Berkhof, Theologie des Heiligen Geistes. Mit einem Nachwort zur neueren Diskussion von U. Gerber, Neukirchen-Vluyn ²1988 u.v.a.m.)

In all dem ansonsten positiven Bemühen, die Einheit der Christen in ihrem Herrn darzustellen, Wort und Geist zusammenzuhalten und sich gegenseitig zu ergänzen und voneinander zu lernen, scheint die Bedeutung des Heiligen Geistes für die Ethik oder zumindest für das christliche Handeln weit(er)hin kein nennenswertes Thema zu sein. Einer der ersten Versuche ist die 1988 von R. Sider und M. Harper einberufene Konferenz in Pasadena gewesen, bei der das Anliegen „Worte, Werke und Wunder: Die Macht und die Gerechtigkeit des Reiches Gottes" als Titel gleichzeitig Programm war („Words, Works and Wonders: The Power and Justice of the Kingdom of God", Transformation 5 : 4, 1988, 1–2, zit. in: E. J. Schnabel, a.a.O., S. 56f).

[306] Soviel ich sehe, ist es im deutschsprachigen Bereich besonders K. Bockmühl zu verdanken, diesen Aspekt nicht nur wieder neu in der Ethik entdeckt und berücksichtigt, sondern als eigenständigen Faktor bei der Begründung einer christlichen Ethik eingebracht zu haben. Siehe: Klaus Bockmühl, Theologie und Lebensführung, Gesammelte Aufsätze II, Gießen/Basel 1982, S. 82; vor allem ders., Gesetz und Geist. Eine kritische Würdigung des Erbes protestantischer Ethik, Bd. 1: Die Ethik der reformatorischen Bekenntnisschriften, Gießen/Basel 1987; vgl. auch die interessante Beobachtung zu diesem Thema von Th. Schirrmacher, Ethik, a.a.O., Bd. 1, S. 715.

selbst, auch zu leben? Was motiviert letztlich dazu, Gott über alles zu stellen, den andern höher zu achten als sich selbst, ihm die Füße zu waschen und nicht den Kopf, zu segnen, wo man flucht, und überhaupt „Gutes zu tun allen Menschen, allermeist an des Glaubens Genossen" (Gal 6,10)?

Die Antwort kann nur heißen: „Die Überbrückung der Kluft zwischen Theorie und Praxis, zwischen Denken und Tun, zwischen Dogmatik und Ethik geschieht durch das Wirken des Heiligen Geistes. Er vermittelt eine neue Motivation, die in unser Leben kommen kann, sodass wir in Bezug auf das Gute Dinge tun, von denen wir, was unsere vorfindlichen Motive betrifft, uns niemals etwas hätten träumen lassen."[307]

Oder anders ausgedrückt: „Die gutbürgerliche, moralisch unanstößige Befolgung des Dekalogs ist noch nicht die Verwirklichung von Gottes Plan in der Welt. Der Dekalog ist der Rahmen des Guten ... nicht das Ziel. ... Das Ziel ist die Vollkommenheit des Menschen nach dem Bilde Christi, zu dem zu wachsen, in das verwandelt zu werden die Bestimmung jedes Menschen ... ist."[308] Dieses Ziel erreichen kann kein Mensch ohne den Heiligen Geist, ohne „Christus in euch" (Röm 8,10; Kol 1,27) oder den gegenwärtigen Herrn. Ohne die Kraft des Geistes, der in uns wirkt, kann keiner auch nur annähernd das tun, was Gott wirklich will und liebt.

Ich sehe im Wesentlichen vier Gründe, den Heiligen Geist als wesentlichen und unverzichtbaren Faktor in der Ethik und im christlichen Handeln zu berücksichtigen.

---

[307] K. Bockmühl, Theologie ..., a.a.O., S. 82.
[308] K. Bockmühl, Glauben und Handeln ..., a.a.O., S. 57.

3.3.1 Das erneuernde Wirken des Heiligen Geistes: die pneumatologische Begründung der Ethik

3.3.1.1 „Was dem Gesetz unmöglich war, das hat Gott getan" (Röm 8,3)

Obwohl das Gesetz Gottes „zum Leben gegeben" (Röm 7,10), obwohl es „heilig, gerecht und gut" (7,12), obwohl es „geistlich" (7,14), zustimmungswürdig und „gut" (7,16) ist, obwohl es „das Gute" und „das Böse" definiert (7,19.21) und „Wohlgefallen" bei dem auslöst, der seine Weisheit erkennt (7,22), fehlt ihm doch das Entscheidende: die Kraft, es zu tun! Es zeigt den Weg, hilft aber nicht, ihn zu gehen. Es definiert den Willen Gottes, hilft aber nicht, ihn zu praktizieren. Insofern ist das Gesetz kalt und hart, in Stein gemeißelt.

Auf diesen fundamentalen Aspekt des Gesetzes hat Paulus in besonderer Weise hingewiesen.[309] Die falschen Folgerungen aus diesem Sachverhalt, das Gesetz für ungültig zu erklären, zieht Paulus nun aber gerade nicht. Nicht das Gesetz muss abgeschafft oder verändert werden, sondern der Mensch braucht Veränderung, um das Gesetz halten zu können. Er braucht eine Erneuerung, er braucht neue Voraussetzungen, er braucht Kraft, die er in sich selbst nicht vorfindet.

Das Gesetz ist und bleibt also gut, wird aber durch die Wirklichkeit der Sünde wirkungslos beim Bemühen des Menschen, es zu halten. Die „Leidenschaften der Sünde" werden nicht etwa gedämpft, sondern geradezu „erregt" (Röm 7,5). Das Dilemma des religiösen Menschen, der sich mit dem Gesetz abgibt und versucht, es zu tun, kann größer nicht sein: „Das Gute, das ich will, tue ich nicht und das Böse, das ich verabscheue, übe ich aus!" (7,15). Der Aufschrei nach Erlösung geht ins Mark eines jeden Aufrechten: „Ich elender Mensch, wer wird mich erlösen von diesem Leib des Todes?" (7,24).

Das Problem ist also nicht das Gesetz, sondern „dieser Leib des Todes", der das Gesetz zwar tun will, aber daran scheitert. Sündige Leidenschaften, Begierden, Schwachheiten, charakterliche Defizite, kurz, die gesamte durch die Sünde angeschattete Wirklichkeit hindert Menschen, das Gesetz tatsächlich zu halten, so wie es Gottes ur-

---

[309] Vgl. den *secundus usus legis* und das unter Pkt. 3.1.3.2 Gesagte.

sprünglicher Absicht entspricht. Das Gesetz kann den Menschen nicht verändern. Es hat nicht die Kraft, ihn zu erlösen von seinem Leib des Todes. Es hat nicht die Macht, die Begierden zu löschen und die Gesinnung zu ändern.

Das alles kann nur Gott selbst. Und – das ist das Evangelium – er hat es getan, „indem er seinen eigenen Sohn in Gleichgestalt des Fleisches und der Sünde und für die Sünde sandte und die Sünde im Fleisch verurteilte, *damit die Rechtsforderung des Gesetzes erfüllt wird in uns*" (Röm 8,3.4).

Die Sendung Jesu in der Gleichgestalt des Fleisches der Sünde ist die Antwort auf die Frage, die das Gesetz virulent macht: „Wer es tut, wird leben" (Röm 2,13), wer es übertritt, wird verurteilt werden (Röm 3,19). Wer kann dann leben? Das Fazit ist niederschmetternd: „Die ganze Welt ist dem Gericht Gottes verfallen."

Erst durch die Sendung und Dahingabe Jesu Christi wird Heil und Gerechtigkeit möglich bei denen, die glauben. Gerecht werden Menschen nicht aus Gesetzeswerken, sondern allein aus Glauben an das vollbrachte Heilswerk Christi (Röm 3,22.24.26.28). Das ist die grundsätzliche Botschaft des Evangeliums.

Durch dieses rechtfertigende Gnadenhandeln Gottes wird das Gesetz aber nicht aufgehoben. „Heben wir denn das Gesetz auf durch den Glauben? Das sei ferne! Sondern wir richten das Gesetz auf!" (Röm 3,31), betont Paulus in voller Übereinstimmung mit Jesus (Mt 5,17). Das Gesetz steht also. Es bleibt bestehen, bis Himmel und Erde vergehen. Aber schwache Menschen können nun durch den Glauben an Christus die Voraussetzung erhalten, das Gesetz zu tun. „Nicht das Gesetz wird verwandelt, sondern der Mensch neu gemacht", erkennt A. Schlatter ganz richtig.[310]

Die Erneuerung des Menschen geschieht nach dem Zeugnis des Neuen Testaments allein durch das Handeln Gottes in Christus! Entsprechend heißt es in 2Kor 5,17: „Ist jemand in Christus, so ist er eine neue Schöpfung. Das Alte ist vergangen. Siehe, Neues ist geworden." Diese Neuschöpfung, dieses „In-Christus-Sein" ist ausschließlich ein Wirken des Heiligen Geistes: „Als aber die Güte und Menschenfreundlichkeit unseres Heiland-Gottes erschien, errettete er uns, nicht

---

[310] A. Schlatter, Gottes Gerechtigkeit. Ein Kommentar zum Römerbrief, Stuttgart 1935, S. 230.

aus Werken, die wir, in Gerechtigkeit vollbracht, getan hätten, sondern nach seiner Barmherzigkeit durch die Waschung der Wiedergeburt und die Erneuerung des Heiligen Geistes. Den hat er durch Jesus Christus, unseren Heiland, reichlich über uns ausgegossen" (Tit 3,4f).[311]

Durch dieses soteriologische Handeln Gottes in Christus wird die Voraussetzung geschaffen, den Willen Gottes wirklich zu tun. Der Mensch, der glaubt, wird gerecht! „Jetzt aber ist ohne Gesetz (ohne Mitwirkung des Gesetzes) Gottes Gerechtigkeit offenbart worden ... Gottes Gerechtigkeit aber durch Glauben an Jesus Christus" (Röm 3,21.22).

Zu diesem *soteriologischen Handeln* Gottes gehört auch sein *pneumatologisches Handeln* in der Gabe des Heiligen Geistes. Erst durch die geistliche Wiedergeburt erhält ein Mensch Anteil am Reich Gottes (Joh 3,3.5). Erst durch die Erneuerung durch den Heiligen Geist wird er Christ. Erst jetzt hat er eine neue Voraussetzung, zum Gesetz in Beziehung zu treten. Es ist für ihn kein Weg mehr zur Gerechtigkeit. Die hat er in Christus durch den Glauben erlangt. Jetzt ist er ein im Gesetz Christi Befindlicher, ein *ennomos Christou* (ἔννομος Χριστοῦ 1Kor 9,21), der „das Gesetz des Glaubens" (Röm 3,27) verstanden hat und leben will und kann.

Aber selbst als Gerechtfertigter ist der Christ nicht automatisch in der Lage und willens, das Gesetz zu tun! Seine Stellung als Gerechter bringt er nicht automatisch und von sich aus zur Darstellung, die Gott ehrt. Das zeigt Röm 7 mit aller Deutlichkeit. Der Mensch, der sich aus eigener Kraft mit dem Gesetz abgibt, scheitert gnadenlos![312]

---

[311] Ich verstehe den Ausdruck „Waschung der Wiedergeburt" als Genetivus epexegeticus, nach dem die Waschung die Wiedergeburt bedeutet und nicht die Wiedergeburt durch eine Waschung (etwa die Taufe) geschieht! In der Formulierung „Erneuerung des Heiligen Geistes" sehe ich einen Genetivus auctoris, der besagt, dass der Heilige Geist der Urheber der Erneuerung ist.

[312] Hier kann und soll nicht in die umfangreiche Debatte um *das Verständnis von Röm 7*, bzw. wer dort gemeint ist (ein autobiographisches oder ein rhetorisches Ich) und für wen die Aussagen gelten (für den Ungläubigen oder den Gläubigen), eingegriffen werden. Man müsste erhebliche exegetische und systematisch-theologische Studien sowie eine doppelte theologiegeschichtliche Entwicklung berücksichtigen, die ein reformatorisches und ein erweckungstheologisches Verständnis beschreiben. Auch wenn von der Beantwortung dieser Frage abhängt, ob ein Christ das Gesetz wirklich halten kann oder nicht, sind sich doch beide Auslegungen darin einig,

Obwohl wir – so die Argumentation des Paulus – „vom Gesetz losgemacht (sind), da wir dem gestorben sind, worin wir festgehalten wurden" (Rückbezug auf Röm 6!), kann das Paradox eintreten, dass wir eben nicht „in dem Neuen des Geistes dienen" (wie es jetzt aufgrund des Mitgestorben- und Mitauferwecktseins mit Christus möglich wäre), sondern „in dem Alten des Buchstabens" (Röm 7,6). Die Folge ist der verzweifelte Versuch, das Gesetz aus eigener Kraft zu halten, ist das klägliche Eingeständnis, es nicht zu schaffen.

Die Ausführungen in Römer 8 bestätigen die neue Situation in Christus als Voraussetzung zu einem neuen Tun des Gesetzes: „Das Gesetz des Geistes des Lebens in Christus Jesus hat dich frei gemacht von dem Gesetz der Sünde und des Todes" (Röm 8,2). „Die Gesinnung des Geistes" (8,6), das neue Sein „im Geist" (8,9), das Wohnen von „Gottes Geist in euch" (8,9) ist die Voraussetzung dazu, „auch eure sterblichen Leiber lebendig zu machen" (8,11) und die so Erneuerten zu einem neuen Tun zu befähigen (8,13).

Zum Tun des Willens Gottes, zum Tun des Guten, zum Tun des Gesetzes benötigt der Mensch den Heiligen Geist! Das ist das deutliche Fazit (nicht nur) aus dem Römerbrief.

---

dass er auf jeden Fall den Heiligen Geist dazu benötigt! Wer, wie die reformatorische Auslegung, das „simul iustus et peccator", also die bleibende Sündhaftigkeit des Gerechten betont und damit die grundsätzliche Unfähigkeit, das Gesetz effektiv zu halten, kommt genauso zu der Geistesbedürftigkeit wie derjenige, der an eine effektive Heiligung glaubt und/oder sogar zum Perfektionismus neigt. Wie auch immer, es geht in Röm 7 gar nicht um die Frage, ob mit dem „Ich" der gläubige oder der ungläubige Mensch gemeint ist (die Begriffe erscheinen gar nicht!), sondern um die paulinische Beschreibung eines Menschen, der sich aus eigener Kraft mit dem Gesetz abgibt („Ich" und „das Gesetz" – *diese* beiden Begriffe ziehen sich durch das gesamte Kapitel und bilden das Thema!). Sowohl der natürliche, aber religiös motivierte Mensch als auch der durch den Geist bereits erneuerte Mensch können aus eigener Kraft das Gesetz nicht halten und tun! Der Mensch braucht die Kraft und Innewohnung des Heiligen Geistes, wie Paulus sie anschließend in Röm 8 beschreibt. Vgl. zu diesem Komplex die exegetischen Ausführungen und die z.T. erheblichen Literaturangaben von etwa A. Nygren, Der Römerbrief, Göttingen 1965; O. Michel, Der Brief an die Römer, Göttingen [5]1978; P. Stuhlmacher, Der Brief an die Römer, Göttingen [15]1998 und U. Wilckens, Der Brief an die Römer. VI/2 (Röm 6–11), Neukirchen [3]1993, sowie als dogmatische Studie eines erweckungstheologischen Ansatzes die Dissertation von E. Mauerhofer, Der Kampf zwischen Geist und Fleisch bei Paulus, Frutigen (CH) 1981; vgl. auch T. Schirrmacher, Ethik I, a.a.O., S. 671–675.

3.3.1.2. Das verändernde Wirken des Heiligen Geistes

(a) Gesetz und Geist

Gesetz und Geist gehören für Paulus untrennbar zusammen. Nicht das Gesetz ist das Problem, sondern die Sünde im Menschen, auch im Christen. Alles sündige Wesen, das Gott nicht meint, alle natürlichen und menschlichen Gesinnungen, die dem Willen Gottes widersprechen, nennt er mit einem Wort „Fleisch". Nicht das Gesetz steht dem Geist konträr gegenüber, sondern das Fleisch!

„Fleisch" (hebr.: *basar*) [313] kommt im AT 273-mal vor und bezeichnet dort das Fleisch der Tiere und der Menschen, auch spezielle Körperteile wie das männliche Glied und den Körper des Menschen im Ganzen. Sodann wird der Begriff als Rechtsterminus für die Verwandtschaft gebraucht und als Terminus für das menschliche Leben im Allgemeinen in seiner Hinfälligkeit und Schwachheit. Nicht zuletzt wird durch den Begriff das für die Sünde anfällige Wesen der Menschen bezeichnet. Zur kreatürlichen Hinfälligkeit kommt auch die ethische. In Qumran ist vom „sündigen Fleisch" die Rede.

Von den insgesamt 147 Belegen im NT finden sich alleine 91 bei Paulus, dort die meisten im Römer- und Galaterbrief.

Jesus macht deutlich, dass Fleisch und Blut nicht in der Lage sind, göttliche Dinge zu erkennen. Er antwortet Petrus auf dessen richtiges Bekenntnis: „Glückselig bist du, Simon, Bar Jona; denn Fleisch und Blut haben es dir nicht geoffenbart, sondern mein Vater, der in den Himmeln ist" (Mt 16,17). Auch in Joh 3,6 werden beide Wirklichkeiten unüberbrückbar gegenübergestellt: „Was aus dem Fleisch geboren ist, ist Fleisch, und was aus dem Geist geboren ist, ist Geist." Fleisch kann also nicht in Geist übergehen! Fleisch kann nicht „veredelt" werden. Fleisch kann nicht den Himmel öffnen. Deshalb wird ganz klar betont, „dass Fleisch und Blut nicht das Reich Gottes erben" können (1 Kor 15,50).

In Joh 6,63 wird von Jesus sehr deutlich gesagt, dass nur der Geist lebendig macht: „Der Geist ist es, der lebendig macht; das Fleisch nützt nichts. Die Worte, die ich zu euch geredet habe, sind Geist und sind Leben."

---

[313] Vgl. E. Mauerhofer, Der Kampf zwischen Fleisch und Geist bei Paulus, Frutigen 1980 und H. Walter Wolff, Anthropologie des Alten Testaments, München 1990, Artikel *sarx* – Fleisch von H. Seebaß im Begriffslexikon zum Neuen Testament, Wuppertal 1967, Bd. I, und die Artikel über *sarx, sarkikos, sarkinos* von Schweizer, Baumgärtel und Meyer in: Theologisches Wörterbuch zum NT, begr. von G. Kittel, hrsg. von Gerh. Friedrich, Bd. VII, und andere Artikel in div. Lexika.

Dass auch Paulus die Bedeutungen des AT übernimmt, verwundert nicht. Das griech. *sarx*, Fleisch, wird als Bezeichnung des Körpers, der ehelichen Gemeinschaft, der irdisch-verwandtschaftlichen Beziehung, als Sammelbegriff für alle Menschen, als Ausdruck der menschlichen Vergänglichkeit gebraucht.

Am stärksten benutzt er den Begriff jedoch für die sündige, dem Geist und Wesen Gottes widerstrebende Art des Menschen. „Die Gesinnung des Fleisches ist Feindschaft wider Gott!" (Röm 8,7) oder: „Denn das Fleisch begehrt gegen den Geist auf, der Geist aber gegen das Fleisch" (Gal 5,17). Deshalb soll sich vor Gott „kein Fleisch rühmen!" (1Kor 1,29).

Wer nach Paulus „im Fleisch" lebt, ist offen für „die Leidenschaften der Sünden" (Röm 7,5). Sie prägen seinen Lebensstil. Bei ehrlicher Betrachtung kann man nur zur folgenden Bewertung kommen: „Denn ich weiß, dass in mir, das ist in meinem Fleisch, nichts Gutes wohnt; denn das Wollen ist bei mir zwar vorhanden, aber das Vollbringen des Guten nicht. Denn das Gute, das ich will, übe ich nicht aus, sondern das Böse, das ich nicht will, das tue ich" (Röm 7,18.19). Hier wird eine erschütternde Diskrepanz zwischen Wollen und Können, zwischen Anspruch und Wirklichkeit offenbar und zugleich eine Ohnmacht, konsequent Gutes tun zu können. Nicht besser wird das geistgewirkte Urteil: „Die aber im Fleisch sind, können Gott nicht gefallen" (Röm 8,8).

So kann man mit Paulus sehen, dass es auch im Leben des Gläubigen „eine ernste Auseinandersetzung gibt zwischen dem Herrschaftsanspruch des Heiligen Geistes über das neue Leben und den Begierden des Fleisches, die seinen Leib, seine Glieder und seine Psyche (mit dem Denken, Fühlen und Wollen) als Operationsbasis benützen möchten, um ihn wieder in ihre Abhängigkeit zu bringen. Diese Auseinandersetzung zeigt sich vor allem in Röm 8 und Gal 5 als Kampf zwischen Fleisch und Geist. Dieser Kampf stellt einen wesentlichen Teil unseres Heiligungslebens dar."[314]

Eine Gegenüberstellung beider „Existenzweisen" gibt uns Paulus in Röm 8 (s. Kasten S. 226).

Für Paulus ist klar, dass der Geist Gottes im Menschen so wirken will, dass er das Gesetz Gottes, die bleibend gültige Tora, also den Willen Gottes, gerne tun will. Der Mensch braucht den Heiligen Geist für das Tun dieses Willens Gottes. Man kann sagen, dass Gott

---

[314] Mauerhofer, a.a.O., S. 55. Freilich muss hier ein Missverständnis abgewehrt werden, als ob sich diese Auseinandersetzung irgendwo geographisch oder mystisch oder magisch im Menschen abspiele (so mit Schirrmacher, a.a.O., Ethik I, S. 683).

(Christus) sein eigenes „Gesetz in uns" durch den Heiligen Geist erfüllen will (Röm 8,4).

Text	„im Fleisch"	Text	„im Geist"
8,5	sich nach dem Fleisch ausrichten	8,5	sich nach dem Hl. Geist ausrichten
8,6	Gesinnung (Ausrichtung, Trachten) des Fleisches = Tod	8,6	Gesinnung des Geistes = Leben und Frieden
8,7	Gesinnung des Fleisches = Feindschaft wider Gott	8,14	Geistesleitung = Kennzeichen der Gotteskindschaft
8,8	Im Fleischsein kann man Gott nicht gefallen	8,15	Im Besitz des Geistes = herzliches Verhältnis zum Vater im Himmel
8,9	Im Fleisch zu sein = kein Geistbesitz	8,9	Im Geist-Sein = Jesu Eigentum
8,13	nach dem Fleisch leben = sterben	8,12	nicht mehr nach dem Fleisch leben zu müssen

(b) Das motivierende Wirken des Heiligen Geistes
Von sich aus ist der Mensch (auch der in Christus erneuerte Mensch) nicht in der Lage, das Gesetz Gottes zu erfüllen. Er will es auch gar nicht. Ausdrücklich wird von Paulus darauf hingewiesen, dass sowohl das Wollen als auch das Vollbringen von Gott selbst gewirkt werden muss. „Gott ist es, der *in euch* wirkt sowohl *das Wollen* als auch das Vollbringen" (Phil 2,13).

Damit wird ganz stark die Motivationsebene in der Ethik angesprochen. Einfach das zu wollen, was Gott will, will kein Mensch von Natur aus. Der natürliche Mensch will nur sich selbst. Er will sich verwirklichen, seinen Willen durchsetzen, seine Wünsche erfüllen und Gott dabei höchstens noch um seine Hilfe bitten. Und weil „der natürliche Mensch nichts vom Geist Gottes vernimmt" (1Kor 2,14), setzt der Heilige Geist hier an. Er bewirkt überhaupt erst das Wollen des Willens Gottes im Menschen. Er ist es, der die „Lust am Gesetz des Herrn" bewirkt.

Bereits im Alten Testament hat Gott angekündigt, dass er sein Gesetz in das Herz der Menschen schreiben wird. Ein nur von außen herangetragenes Ethos hat letztlich nicht die Motivationskraft, es auch zu tun. Da ein extrinsischer Glaube aber nicht dauerhaft wirkt und auch nicht zu einem authentischen Handeln führt, kündigt Gott eine neue intrinsische Dimension des Gesetzes im Zusammenhang mit einem neuen Geisteswirken für eine spätere Zeit an.

- „Und ich werde euch ein neues Herz geben und einen neuen Geist in euer Inneres geben. Und ich werde das steinerne Herz aus eurem Fleisch wegnehmen und euch ein fleischernes Herz geben. Und ich werde meinen Geist in euer Inneres geben. Und ich werde machen, dass ihr in meinen Ordnungen lebt und meine Rechtsbestimmungen bewahrt und tut" (Hes 36,26–27).
- „Und ich werde ihnen ein anderes Herz geben und werde einen neuen Geist in ihr Inneres geben, und ich werde das steinerne Herz aus ihrem Fleisch entfernen und ihnen ein fleischernes Herz geben, damit sie in meinen Ordnungen leben und meine Rechtsbestimmungen bewahren und sie befolgen. Und sie werden mir zum Volk, und ich werde ihnen zum Gott sein" (Hes 11,19-20).
- „Sondern das ist der Bund, den ich mit dem Haus Israel nach jenen Tagen schließen werde, spricht der Herr: Ich werde mein Gesetz in ihr Inneres legen und werde es auf ihr Herz schreiben. Und ich werde ihr Gott sein, und sie werden mein Volk sein" (Jer 31,33).
- Ein interessantes Wort ist auch Ps 40,9, das in Hebr 10,5–7 auf Jesus gedeutet wird: „Da sprach ich: Siehe, ich komme; in der Rolle des Buches steht über mich geschrieben. Dein Wohlgefallen zu tun, mein Gott, liebe ich; und dein Gesetz ist tief in meinem Inneren."

Diese alttestamentlichen Aussagen weisen auf eine Zeit, in der Gott durch ein besonderes Wirken seines Geistes (nach Jer 31 im Zusammenhang mit dem neuen Bund) zu einem neuen Handeln bei denen führt, die ein neues Herz bekommen werden. In Jesus Christus schließt Gott diesen neuen Bund (Lk 22,20). Jesus ist der Erste und Einzige, der aus ganzem Herzen den ganzen Willen des Vaters gewollt und getan hat (Joh 5,19.30). Diejenigen, die ihm gehören und seinen Geist empfangen haben, werden nun ebenso in die Lage versetzt, den Willen Gottes zu wollen und zu tun.

Auch Paulus schreibt, dass nicht der ein Jude ist, „der es äußerlich ist", sondern derjenige, „der es innerlich ist", dass also nicht die äußere Beschneidung „im Fleisch" entscheidend ist, sondern die „innere", durch den Geist gewirkte, „die Beschneidung des Herzens, im Geist, nicht im Buchstaben". Ein Mensch, der das erkennt und will, dessen „Lob kommt nicht von Menschen, sondern von Gott" (Röm 2,28.29).

Hierbei geht es aber nicht um eine verinnerlichte, mystische Frömmigkeit, die sich unsichtbar nur im Inneren des Herzens abspielt, sondern um eine geistgewirkte Motivation im Inneren des Herzens, die zum Tun des Willens Gottes führt.

Ganz deutlich kann man diese Veränderung der Menschen sehen, die den Heiligen Geist empfangen haben und nun ein ganz anderes und neues Leben führen. Das Evangelium und die Apostelgeschichte beschreiben das erneuerte Handeln derer, die den Heiligen Geist empfangen haben. Sie sind ein lebendiger Kommentar der Verheißung, die Jesus seinen Jüngern kurz vor seiner Auffahrt in den Himmel gegeben hat: „Ihr werdet Kraft empfangen, wenn der Heilige Geist auf euch gekommen ist; und ihr werdet meine Zeugen sein!" (Apg 1,8). Dies wurden seine Jünger durch ihr Wort und ihr verändertes Leben: Sie bezeugten Jesus von Nazareth als den verheißenen Messias. Sie redeten und handelten in seinem Namen (Apg 4,17–20.31.33; 5,12–16; 5,28–33), sie verteilten ihren Schmuck und ihre Äcker (Apg 4,34), um andere zu versorgen, sie kümmerten sich um die Armen (Apg 6,1–7) und Reichen, und sie taten überhaupt viele gute Werke (Apg 9,36).

(c) Das Wirken des Geistes als kausatives Handeln

Neben dem verändernden Handeln durch den Heiligen Geist kann man mit Bockmühl auch auf „ein kausatives, verursachendes, veränderndes Handeln" hinweisen: „nicht selber gut sein, sondern gut machen, nicht gesund oder fromm sein, sondern gesund und fromm machen ist sein Interesse"[315].

Damit wird ein weiteres wichtiges Merkmal im Wirken des Heiligen Geistes beleuchtet. Man könnte es auch sein transitives Handeln nennen, das zum Ziel kommen will und muss. Der gläubige Mensch hat sich nicht einfach bekehrt, damit er in den Himmel kommt, sondern „um Gott zu dienen" (1Thes 1,9) und den Menschen (Gal 6,9)! Er hat nicht die Gaben des Geistes bekommen, um sich selbst darin zu sonnen, sondern um Licht zu werden für andere. Das Ziel ist nicht die Veredelung seiner eigenen Frömmigkeit abseits der bösen Welt, wo er wie ein Braten im Saft schmort, sondern als veränderter Mensch ein verändertes Leben in dieser Welt zu führen, das andere ansteckt und zur Ehre Gottes gereicht. Nicht seine eigenen Bedürfnisse allein, sondern

---

[315] K. Bockmühl, Theologie ..., S. 80.

die der anderen soll er in den Blick bekommen: „Ein jeder sehe nicht auf das Seine, sondern auch auf das der anderen" (Phil 2,4).

Immer geht es in der neutestamentlichen Paränese um diesen transitiven Aspekt! Gott hat Menschen durch seinen Heiligen Geist begabt, nicht um für sich selbst zu leuchten, sondern für andere, nicht um sich selbst zuzurüsten, sondern um „die Heiligen zuzurüsten zum Werk des Dienstes, zum Aufbau des Leibes Christi" (Eph 4,12).

Auch dem Timotheus vermittelt Paulus dieses „Prinzip": Er soll das, was er von ihm in Gegenwart vieler Zeugen gehört hat, treuen Menschen anvertrauen, die „wiederum fähig sein werden, auch andere zu lehren" (2Tim 2,2).

Es geht um ein durch den Geist gewirktes verursachendes Handeln, denn Gott will „mehren und nicht mindern" (Jer 30,19). Das ist sein Prinzip. Leben vermehrt sich. Das Samenkorn, das in die Erde gesenkt wird und stirbt, bringt Frucht, dreißig-, sechzig-, hundertfältig (Mk 4,8; Mt 13,23). Das vermehrende Wirken des Heiligen Geistes wird auch bei dem nächsten Aspekt deutlich.

3.3.1.3 Das „Plus" in der Ethik: die opera supererogationis

Natürliche Ethik kann im zwischenmenschlichen Bereich höchstens dazu auffordern, „jedem das Seine"[316] zu geben oder „Gleiches mit Gleichem" zu vergelten. Das ist angesichts eines Handlungsprinzips, das das Böse eindämmen will, schon sehr viel! Aber bei Jesus geht es nicht darum, „Gutes mit Bösem" zu vergelten (das wäre teuflisch) oder einfach „Böses mit Bösem" und „Gutes mit Gutem", also „Gleiches mit Gleichem" (das wäre das natürliche Prinzip oder die im AT geforderte *ius talionis*: „Auge um Auge, Zahn um Zahn"), sondern um viel mehr. Dieses „Mehr" bezieht sich nicht auf das, was Christus getan hat, als ob es zu seinem soteriologischen Handeln noch irgendetwas hinzuzufügen gäbe. Das Heilshandeln Christi ist vollkommen genug. Keiner kann dem etwas hinzufügen. Das „Mehr" bezieht sich auf die ethischen Möglichkeiten des erneuerten Menschen, die durch die Befähigung des Heiligen Geistes eröffnet werden. In diesem

---

[316] Dieser griech.-philosophische Grundsatz ist von den Nazis in zynischster Weise missbraucht worden und als Losung über die Eingangsportale vieler Konzentrationslager gesetzt worden. Jeder, der als Opfer hineinging, wurde dadurch doppelt gedemütigt, jeder Täter doppelt abgestumpft und verstockt.

Zusammenhang kann man auf den Terminus der *opera supererogationis*, der „überpflichtigen Werke", hinweisen. Damit sind Werke und Taten gemeint, die nicht nötig gewesen wären, um ethisch gut zu handeln. Sie bilden das Plus, das Tüpfelchen auf dem „i".

Der Begriff *supererogatio*[317] stammt aus der lateinischen Vulgata-Übersetzung von Lk 19,35, aus dem Gleichnis Jesu vom barmherzigen Samariter. Dort sagt der Samariter zu dem Wirt: „Und wenn du noch mehr ausgeben wirst (*supererogare* = darüber hinaus zahlen, ausgeben), so will ich es dir ersetzen."

Der Samariter tut mehr, als von ihm erwartet wird. Er beschränkt sich nicht auf eine Erste-Hilfe-Leistung, die objektiv geboten wäre, er verpflichtet sich selbst darüber hinaus zur völligen Wiederherstellung des Verwundeten, der ihm persönlich auch noch fremd ist, für dessen Versorgung er nach allgemeinem Urteil keine Verantwortung hätte.

Was der Samariter hier tut, ist ihm weder durch den Dekalog noch durch Pflichten seines Berufs oder Standes geboten. Sein Tun geht auch über das hinaus, was man gemeinhin mit der „goldenen Regel" bezeichnet hat: „Wie du mir, so ich dir" oder „Gleiches wieder nehmen" (Lk 6,34).

Wir haben hier *eine erste Kategorie* dieser „überpflichtigen Werke", die wir auch in der Aufforderung Jesu zum Gehen der zweiten Meile oder in Beziehung auf das damit zusammengehende Wort: „Wer dir den Rock nimmt, dem lass auch den Mantel!" (Mt 5,40) sehen können.[318] Es geht um mehr als ein passives Verhalten, nämlich um ein positives, aktives Handeln im Geist Jesu, das weit über das bloße Erdulden von Unrecht hinausweist. Es geht um „Lieben, Segnen, Wohltun und Fürbitte" (Mt 5,44).

„So dich jemand nötigt *eine* Meile" – das ist die Forderung der Pflicht und der Rat der Vernunft, aber: „So gehe mit ihm zwei!" – das ist das Besondere, das Mehr, das, was man von niemandem verlangen kann. „Diese zweite Meile, dies über Widerstand und Ergebung hinausgehende Handeln, ist das Außerordentliche, dazu das Charakteristische und Eigentümliche, wenn nicht sogar das Einzigartige der Ethik

---

[317] Zu der Sache der *opera supererogationis* vgl. Bockmühl, Gesetz und Geist, S. 291–313.
[318] Siehe das unter 3.2.2 Gesagte im Blick auf das Verständnis der Bergpredigt.

Jesu. ... Die zweite Meile repräsentiert das Prinzip des Schenkens und damit der Liebe. Das ist das revolutionäre Handeln, das die erstarrten Zustände in Bewegung setzt und sowohl die sittliche Schwerkraft des gefallenen Menschen überwindet als auch das sie parierende Gesetz überbietet."[319]

Als weiteres Beispiel sagt Jesus seinen Jüngern: „Wenn ihr nur zu euren Brüdern freundlich tut, was tut ihr Besonderes? Tun das nicht auch die Zöllner?" (Mt 5,47). Auch dies zeigt unterschiedliche Ebenen sittlichen Handelns.

Eine *zweite Kategorie* überpflichtiger Werke betrifft die auch den Gläubigen nicht allgemein gebotenen, individuellen freiwilligen Handlungen. Im AT kann man an Rebekka erinnern, die nicht nur auf die Bitte Eliesers diesem zu trinken gibt, sondern darüber hinaus fortfährt, Wasser zu schöpfen, bis die Tröge voll sind und die Kamele getrunken haben (1Mo 24,19). Oder man denke an Nehemia, der auf ein ihm zustehendes Recht auf Unterhalt zugunsten anderer verzichtet (Neh 5,14–19).

Durchaus kann man auch auf das ntl. Beispiel des Zachäus hinweisen, der, nachdem er Jesus aufgenommen hatte, verspricht: „Die Hälfte meiner Güter gebe ich den Armen, und wenn ich jemanden betrogen habe, gebe ich es vierfältig wieder" (Lk 19,8). Auch hier stehen Pflicht und freiwilliges Handeln nebeneinander. Das atl. Gesetz schrieb Wiedergutmachung bei Diebstahl zwar vor, aber die Abgabe der Hälfte des Besitzes war nirgendwo gefordert. Zachäus tut, veranlasst durch die Begegnung mit Jesus, etwas Überschwängliches, das durch kein Gesetz und keine Standespflicht geboten ist, sondern sich am Ende nur aus der „Freude der Buße" erklären lässt.

Auch Paulus stellt Pflicht und Freiwilligkeit als zwei Quellen des Guten nebeneinander, wenn er Philemon um Wiederaufnahme und womöglich sogar um Freilassung des Sklaven Onesimus bittet (Phlm 14.21). Dieser Rechts- und Besitzverzicht war nirgends gefordert, noch gehörte er zu den regelmäßigen Unterweisungen der christlichen Gemeinde.

---

[319] K. Bockmühl, a.a.O., S. 301. Er weist aber auch auf Lenins „kommunistischen Subbotnik" hin, der ein säkularer Ausdruck der Idee der zweiten Meile ist, und sagt: „Lenin müsste lauter Nachfolger Jesu haben, um den Kommunismus verwirklichen zu können."

Das schönste Beispiel „überpflichtiger Werke" ist sicher die Salbung Jesu in Betanien von Maria (Mt 26,6ff). Jesus nennt die Tat der Frau ein „schönes Werk". Darüber hinaus ist die Tat eine prophetische Handlung im Kontext der Heilsgeschichte Jesu. Calvin, der wie Luther die überpflichtigen Werke ablehnt, muss hier doch zugeben, dass das, was die Frau tut, „nicht durch Gesetz oder Standespflicht zu erklären (ist), wohl aber durch die Leitung des Heiligen Geistes und die Liebe"[320].

Ein Spitzenbeispiel ist sicher auch das „Scherflein der Witwe" (Mk 12,42ff). Diese Frau, die wahrlich ihre zwei Groschen nicht hätte abzugeben brauchen, legt alles, was sie hat, in den Opferstock des Tempels.

Eine *dritte Kategorie* überpflichtiger Werke kann man in der paulinischen Unterscheidung von der durch den Missionsbefehl Jesu allen Jüngern aufgetragenen Pflicht der Evangeliumsverkündigung und einem freiwilligen Handeln sehen.

Das Evangelium zu predigen, ist für ihn ein heiliges „Muss" (1Kor 9,16). In dieser Hinsicht tut er, was er schuldig ist. Aber die freie, kostenlose Darbietung des Evangeliums geht über die Pflicht hinaus. Denn es wäre nicht mehr als recht und billig, wenn er für seine Arbeit Lohn empfinge. „Der Arbeiter ist seines Lohnes wert."

Bei Paulus werden also zwei Arten von Handlungen unterschieden: Die einen geschehen aus freiwilligem Entschluss, die andern aus einem christlichen Muss heraus.

Schließlich lässt sich noch eine *vierte Kategorie* erkennen, in der das Müssen oder der göttliche Auftrag individuell wird. So hat 1Kor 9,16 wahrscheinlich schon diesen Klang. Unzweideutiger sind andere Beispiele wie die persönliche Berufung zum Heidenapostel (Eph 3,8), die Berufung, „vor den Kaiser zu treten" (Apg 27,24), oder auch sein

---

[320] Calvin schreibt: „Es geschah ohne Zweifel durch eine geheime Eingebung des Geistes, die Maria veranlasste, Jesus zu salben. Es ist ja gewiss, dass, so oft die Heiligen zu einem außerordentlichen Werk gerufen werden, sie durch außergewöhnliche Antriebe bewegt werden; sie versuchen nichts ohne Gottes Leitung und Führung. Kein Befehl wurde erteilt, dass Maria diese Salbung vornehmen sollte; es brauchte auch kein Gesetz für eine einmalige Aktion erlassen zu werden. Die himmlische Berufung ist das einzige Aktionsprinzip. Sie (Maria) wurde vom Atem des Geistes geführt, damit sie dies in gewisser Zuversicht als Pflicht gegenüber Jesus täte" (Evangelienharmonie zu Mt 26,10).

weiter reichender Plan: „Ich muss auch Rom sehen!" (Apg 19,21). Dieses individuelle Müssen findet sich bekanntlich auch in der Biographie Jesu. „Zachäus, ich muss heute in deinem Haus einkehren!" oder: „Er zeigte, wie er hinauf nach Jerusalem gehen müsse" (Mt 16,21).

Diese Stellen scheinen auf ein inneres Drängen des Wortes Gottes, des Heiligen Geistes oder der Liebe hinzuweisen. „Die Liebe Christi drängt uns!" (2Kor 5,14), bekennt Paulus. Und Lukas schreibt: „Der Geist drängte Paulus, den Juden Jesus als den Christus zu bezeugen" (Apg 18,5). Gerade in der Apostelgeschichte finden sich viele Beispiele für das Instruieren des Heiligen Geistes.

Das führt zu einer weiteren, nicht unwichtigen Frage im Zusammenhang mit der situativen Ethik: Gibt es so etwas wie eine Geistesleitung als ethisches Prinzip neben dem Gebot Gottes und der Weisung Jesu? Oder anders gefragt, kann man neben der Weisung durch das Wort einer Weisung durch den Geist in der Ethik zustimmen? Kann man neben einer Prinzipienethik, wie es die christliche Normen- oder Gebots- oder Willensethik ja zweifellos ist, auch einen situativen Aspekt in der Ethik als normativ festhalten? Die Antworten darüber sind sehr geteilt.

3.3.1.4 Individuelle Weisung durch den Heiligen Geist?[321]

Es geht bei dieser Frage also um das Erkennen des Willens Gottes mit dem Ziel, ihn zu tun.[322] Die Frage lautet auf die Praxis bezogen: „Wie erkennen wir den Willen Gottes?"

---

[321] Zu diesem ganzen Komplex vgl. T. Schirrmacher, Ethik, a.a.O., Bd. 1, S. 713–768 (dort eine sehr ausführliche kritische Erörterung des Themas und eine Fülle von Literaturangaben); H. Burkhardt, Ethik, a.a.O., S. 147–161; K. Bockmühl, Gesetz und Geist, a.a.O., S. 242–248, 372–440 (der aus der reformatorischen Theologie her die Frage behandelt); G. Friesen, J. R. Maxson, Decision Making and the Will of God. A biblical Alternative to the traditional View, Portland (OR) ³1983 (eine kritische Auseinandersetzung mit der „Führungstheologie" im pietistischen Lager. Die deutsche Ausgabe erscheint 2002 im Jota-Verlag.

[322] In der Dogmatik der reformierten Orthodoxie unterschied man die *voluntas Dei beneplaciti* (Gottes wohlgefälligen Willen) von der *voluntas signi* (dem Willen Gottes, den er von uns getan haben will). Vgl. H. Heppe/E. Bizer, Die Dogmatik der

Die Antworten darauf gehen grob in zwei Richtungen:

- Die eine große Richtung in der theologischen Tradition verweist auf das einzig und allein geoffenbarte Wort Gottes, wie es uns im Alten und Neuen Testament, im Gesetz und den Propheten sowie in den Weisungen Jesu und der Lehre der Apostel vorliegt. Dieser Wille ist klar und unmissverständlich. Daneben gibt es keine speziellen Offenbarungen durch den Geist oder übernatürliche Wirkungen, die den Willen Gottes neben dem Wort erkennbar machen. Das Wirken des Heiligen Geistes beschränkt sich darauf, dieses Wort im Gläubigen zur Wirkung zu bringen.
- Die andere theologische Tradition betont in auch sehr einseitiger Weise die unmittelbare Leitung durch den Heiligen Geist, der ethische Erkenntnis auch ohne das Wort vermittelt. „Was ich zu tun habe, sagt mir der Heilige Geist."
- Zu beiden Traditionen gibt es verschiedene Variationen, auf die hier nicht im Einzelnen eingegangen werden kann.

M.E. ist die angeführte Alternative, dass nur das Wort oder nur der Geist richtige Erkenntnis des Willens Gottes gibt, falsch. Beide – Wort und Geist Gottes – sind nicht voneinander zu trennen. Der Heilige Geist wirkt nicht ohne das Wort Gottes und das Wort Gottes ist ohne den Heiligen Geist nicht entstanden und nicht zu erkennen und zu verwirklichen. Wer das eine vom andern löst, verfällt einer Einseitigkeit, die auf der einen Seite entweder als Orthodoxismus (nur das Wort) oder auf der anderen Seite als Schwärmerei (nur der Geist) bezeichnet werden muss.

Festhalten muss man schon zu Beginn, dass es eine ethische oder moralische Erkenntnis des Willens Gottes am Wort Gottes vorbei tatsächlich nicht geben kann. Wer Geistesleitung neben dem Wort, oder – noch schlimmer – ohne oder gar gegen das Wort versteht, der irrt!

Um was es bei der Frage geht, ist noch etwas anderes: Es gibt neben dem *universellen* Willen Gottes, der uns in seinem Wort offenbart worden ist und der für alle Gläubigen zu allen Zeiten Gültigkeit besitzt, einen *individuellen* Willen Gottes für den einzelnen Gläubigen.

evangelisch-reformierten Kirche, Neukirchen 1958, S. 73ff, in: Burkhardt, Ethik, S. 148).

Als z.B. Petrus Johannes sieht und Jesus fragt: „Herr, was soll aber dieser?", antwortet Jesus ihm: „Wenn ich will, dass er bleibe, bis ich komme, was geht es dich an? Folge du mir nach!" (Joh 21,21). Die Nachfolge Jesu gilt für alle Jünger. Die individuelle Wegführung Jesu mit den Seinen gilt Einzelnen unterschiedlich. Er kann den einen so, den anderen anders führen. Der eine weiß sich zum Militär geführt, der andere zum Zivildienst – und beide bezeugen, den Willen Gottes zu tun. Der eine heiratet, der andere nicht – und beide wissen sich im Willen Gottes. Der eine entscheidet sich zu einem vollzeitlichen christlichen Dienst, der andere nicht, und beide wissen sich im Willen Gottes.

Man kann auch zwischen einem „konstanten" und einem „variablen" Element in der Erkenntnis des Willens Gottes[323] oder zwischen dem allgemein gültigen und dem speziell zu erfahrenden Willen Gottes unterscheiden.[324]

Der *allgemein gültige Wille Gottes*, sowohl der Heilswille als auch der moralische Wille Gottes, ist in seinem Wort offenbart. Er bedarf keiner – wie und wodurch auch immer – erweiterten Geistoffenbarungen. Wenn es solche geben sollte, dann sind sie sicher nicht vom Heiligen Geist, sondern von einem anderen Geist. „Und wenn aber auch wir oder ein Engel aus dem Himmel euch etwas als Evangelium entgegen dem verkündigten, was wir euch als Evangelium verkündigt haben: er sei verflucht!" (Gal 1,8). Daher hat kein Mensch und keine Kirche das Recht, neben dem offenbarten Willen Gottes und den Geboten Gottes Menschensatzungen und -gebote in den Rang göttlicher Gebote zu erheben.

Aber der *spezielle Wille Gottes* für den Einzelnen, was Gott für dieses und jenes seiner Kinder in dieser und jener Situation will, ob der eine Missionar in Tansania oder ein anderer Lehrer an der Bibelschule oder eine dritte Jugendleiterin in der Jugendgruppe x und eine vierte

---

[323] So K. Heim, Christliche Ethik, Tübingen 1955, S. 92–104.

[324] Schirrmacher unterscheidet noch zwischen dem „souveränen" („Gottes geheimer Plan", „weitgehend verborgen") und dem „moralischen" Willen Gottes („Gottes geoffenbarte Gebote", „vollständig offenbart"), ohne allerdings für eine individuelle Weisung durch den Geist offen zu sein. Er sagt: „Darüber hinaus hat Gott meines Erachtens dem Menschen Verstand und Weisheit gegeben, *selbst zu entscheiden*, wie er handeln soll" (Ethik I, S. 718. Hervorhebung H. A.).

Musikerin in einer christlichen Band werden kann, ob der eine dies und der andere jenes zu dieser oder jener Zeit tun soll – dieser spezielle Wille Gottes kann und darf nicht allein dem menschlichen Verstand überlassen, sondern sollte unbedingt der Führung durch den Geist anempfohlen werden (was wiederum ohne den Gebrauch des Verstandes nicht gelingt).

Dabei muss man unbedingt festhalten, dass sowohl die „objektiv" gegebene Weisung durch das Wort nicht ohne die Leitung durch den Geist erkannt und umgesetzt als auch die unmittelbare Leitung durch den Heiligen Geist nicht vom Wort losgelöst werden kann.[325]

Genauso wenig wie eine einseitige „mittelbare Leitung durch das Wort" die rechte Gotteskenntnis und das richtige Tun des Willens Gottes garantiert, genauso wenig ist eine einseitig verstandene „unmittelbare Leitung durch den Heiligen Geist" Ausdruck eines geistlicheren Weges der Heiligung, der dem Willen Gottes entspricht.

Die Frage, wie der Willen Gottes konkret erkannt und gelebt werden kann, lässt sich eben nur an dem gleichzeitigen Festhalten und in der richtigen Zuordnung des konstanten und des variablen Elements darin beantworten. Sowohl das Wort wie auch der Geist leiten Menschen zum Tun des Willens Gottes an.

(a) Die Leitung durch den Geist im individuellen Bereich christlichen Lebens

Obwohl Gott durch sein Wort klare ethische Maßstäbe setzt und klare Gebote und Ordnungen gibt – oder, um theologisch zu sprechen, die

---

[325] Wie sonst ist es möglich, dass Menschen mit einer angeblich hohen (oder tiefen) Schrifterkenntnis doch in der konkreten Situation gewaltig irren und die Stunde Gottes verpassen können und andere, die nicht eine solche Schriftkenntnis haben, doch unter der Leitung durch den Geist den Willen Gottes in einer bestimmten Situation genau und unbedingt tun? Wie konnten Menschen z.B. im Dritten Reich so irren und sich gleichzeitig einer hohen Gottes- und Schriftkenntnis rühmen? Wie können wir heute prophetisch leben, wenn nicht mit dem Wort und Geist zusammen? Andererseits kann man fragen, ob Menschen, die den Heiligen Geist nicht haben, also nicht wiedergeboren sind, überhaupt zu einer rechten Schrifterkenntnis gelangen können. Sicher können sie zu teilweise richtigen theologischen (exegetisch und systematisch-theologischen) Einsichten gelangen, aber ob sie den Heilsratschluss Gottes erkennen können, bleibt doch mehr als fraglich. Auf die Thematik einer *theologia regenitorum* (Theologie der Wiedergeborenen: Nur wiedergeborene Menschen können wirklich den Willen Gottes erkennen) kann hier nicht weiter eingegangen werden.

claritas scripturae[326] außer Frage steht –, bleibt doch die Frage bestehen, „wer denn nun wann was wie tun soll"[327]. Entweder werden diese Fragen gesetzlich reglementiert, dann führt das zu einer wuchernden Kasuistik wie im pharisäischen Frühjudentum. Davon hat uns Christus befreit. Oder die Fragen werden rein rational geklärt – „ich weiß schon, was vernünftig ist" oder „Gott hat uns ja den Verstand gegeben" –, dann gleiten wir in eine Art natürliche Ethik ab, die die Vernunft überschätzt. Dabei wissen wir, dass Verstand allein noch lange nicht ausreicht, um das Angemessene in einer bestimmten Situation zu tun! Das wäre „kühle rationale Ethik", die dem Neuen Testament fremd, vielmehr dem griechischen Denken zu Eigen ist.[328]

Bereits im Alten Testament sehen wir individuelle Führungen von Menschen Gottes. Immer wieder wurden Einzelne von Gott aus seinem Volk besonders herausgerufen und zu konkreten Diensten bestimmt, die nur sie tun konnten. Ob es sich dabei um einzelne Richter oder um einzelne Propheten handelte[329] – sie warteten auf Gottes Reden, obwohl sein Wort ja objektiv feststand! Es gab sowohl die Gesetze als auch z.T. die Schriften. Dennoch wurden diese Menschen vom Geist geführt (Simson), erbaten sich Zeichen zum Handeln (Gideon), warteten „auf die Hilfe des Herrn" (David) oder warfen das Los (vgl. das priesterliche Losorakel 2Mo 28,30; 1Sam 14,41), um den Willen Gottes zu erfragen.

Auch im Neuen Testament lesen wir, wie Jesus in einzigartiger Weise den Willen seines Vaters im Himmel suchte: „Meine Speise ist, dass ich den Willen dessen tue, der mich gesandt hat, und sein Werk vollbringe!" (Joh 4,34). Obwohl (oder gerade weil!) er das Wort und den Willen Gottes wie kein anderer kannte und verstand („alle aber, die ihn hörten, gerieten außer sich über sein Verständnis und seine Antworten", Lk 2,47), gab es immer wieder Situationen, die nicht von vornherein für ihn klar waren. So hat er sich nicht selbst entschlossen, eine Auszeit in der Wüste zu nehmen, sondern wurde „vom Geist in

---

[326] Die Klarheit der Schrift, ein Ausdruck aus M. Luthers Schriftverständnis.

[327] Burkhardt, Ethik, S. 157.

[328] Burkhardt nennt solch eine Auffassung, die das unmittelbare Wirken des Geistes bestreitet – ohne explizit auf T. Schirrmacher einzugehen –, „eine Art ethischer Deismus" oder „eine Art praktischer Atheismus" (Ethik, S. 159).

[329] Daneben gab es auch ganze Gruppen von Propheten, sog. Prophetenschulen, die offensichtlich keine speziellen Aufträge erhielten.

die Wüste getrieben" (Mt 4,1). Auch suchte er immer wieder den rechten Zeitpunkt für sein Handeln. Seiner Mutter konnte er einmal barsch entgegnen, dass seine „Stunde noch nicht gekommen" sei (Joh 2,4). Seinen Brüdern sagte er: „Meine Zeit ist noch nicht da!" (Joh 7,6.8), und als er hörte, dass sein Freund Lazarus todkrank sei, „blieb er noch zwei Tage an dem Ort, wo er war" (Joh 11,6).

Auch die ersten Christen lebten in dieser erstaunlichen Unmittelbarkeit. Die Apostelgeschichte ist voll von Beispielen, wie Menschen auf Antrieb des Geistes im Namen Jesu Christi redeten und handelten. Petrus sprach „erfüllt mit dem Heiligen Geist ..." (Apg 4,8), die betenden Gemeindeglieder „wurden alle mit dem Heiligen Geist erfüllt und redeten das Wort Gottes mit Freimütigkeit" (4,31). Danach wird berichtet, wie sie ihre Habe teilten (4,32ff) und wie gewaltige Zeichen und Wunder gewirkt wurden (5,12–16). Propheten treten auf (11,27ff) und der Heilige Geist spricht zur Gemeinde: „Sondert mir nun Barnabas und Saulus zu dem Werk aus, zu dem ich sie berufen habe!" (13,2). Der Heilige Geist bezeugt Paulus, was ihn erwartet (20,23), und Jünger sagen Paulus „durch den Heiligen Geist, er möge nicht nach Jerusalem ziehen" (21,4).

Durch Gesichte und Zeichen erkennen die ersten Christen, was Gott von ihnen will. So weiß Hananias, dass er Saulus dienen soll (9,10ff) und Petrus erkennt, dass Gott auch die Heiden angenommen hat und zu seinem Volk hinzutun will (10,3ff).

Eine schöne Formulierung zeigt in Apg 15,28 das Ineinander von Geist und Verstand: „Es hat dem Heiligen Geist und uns gut geschienen", das und das zu tun.

Zusammenfassend kann man durchaus zwischen außerordentlicher Geistesleitung durch Weissagung und innerer Geistesleitung als persönlicher Gewissheit unterscheiden.[330]

(b) Geistesleitung heute

Die erste Frage lautet meist, kann man die Verhältnisse der ersten Christen, die noch keine vollständige Bibel hatten, überhaupt einfach eins zu eins auf unsere Zeit heute übertragen? Einfach sicher nicht. Die Antwort liegt – wie so oft – zwischen den theologischen Extremen, die einerseits die Geisteswirkungen auch ohne ausdrückliche

[330] Burkhardt, a.a.O., S. 158–159.

Berücksichtigung des Wortes etablieren wollen (die charismatologische Engführung) und andererseits die Geistesleitung (aus unterschiedlichen Gründen[331]) ganz ablehnen (anticharismatologische Engführung).

Ist einem aufgrund der biblischen Einsicht allerdings das grundsätzliche Ablehnen geistlicher Gaben verwehrt, dann ergibt sich die Frage, wie die Gaben heute eingesetzt und gelebt werden können. Hier ergeben sich auf der o.a. Grundlage des prinzipiellen untrennbaren Zueinanders von Wort und Geist Christi die konkreten Fragen nach ständig gesuchter Geistesleitung im persönlichen Leben des Christen und der Gemeinde, die Fragen nach der Praxis der Geistesleitung in besonderen Situationen und natürlich die Frage nach dem rechten Gebrauch der prophetischen Gabe heute.

Neben dem grundsätzlichen Verständnis der Predigt als prophetische Rede[332], das heute wieder entdeckt werden muss und dringend der Erneuerung bedarf (nicht jede Predigt ist sui generis prophetische Rede!), muss auch eine Offenheit für prophetisches Reden und ein Einüben prophetischer Impulse aufgrund des Wortes Gottes neu gelernt werden.[333] Der Weg zwischen Missbrauch und rechtem Gebrauch ist allerdings so schmal, dass viele ihn von vornherein gar nicht erst suchen und lieber auf den ausgetretenen Pfaden ihrer Gewohnheit bleiben. Erneuerung, Bevollmächtigung und Hingabe bleiben dabei

---

[331] Hier ist vor allem die sog. Cessationstheorie zu nennen, die das Aufhören der geistlichen Gaben aufgrund eines bestimmten exegetischen Verständnisses von 1Kor 13,8 reklamiert. Das Vollkommene wird mit dem „Kanon" identifiziert, eine freilich sehr tendenziöse Interpretation! Es sind überwiegend dispensationalistische Gründe, aus denen man alle übernatürlichen Wirkungen des Heiligen Geistes sowie direkte Prophetie und Heilungen für heute ablehnen zu müssen meint.

[332] Vgl. H. Bullinger, K. Barth, H. J. Kraus u.a.

[333] Zu der Praxis prophetischen Redens vgl. z.B. S. Großmann, Haushalter der Gnade Gottes. Von der charismatischen Bewegung zur charismatischen Erneuerung der Gemeinde, Wuppertal und Kassel 1977, S. 110ff; ders.; Weht der Geist, wo wir wollen? Der Toronto-Segen und der Weg der charismatischen Bewegung, Wuppertal und Kassel 1995, S. 46; ders. (Hrsg.) unter Mitarbeit von O. Föller, G. Hörster und G. Wenzelmann, Handbuch Heiliger Geist, Wuppertal 1999, S. 34; W. Lohrmann, Frucht und Gaben des Heiligen Geistes. Theologie und Dienst, Bd. 13, Gießen/Basel 1978, S. 36f; D. Scheunemann ..., und führte mich hinaus ins Weite. Studien über das Wirken des Heiligen Geistes in Indonesien und anderswo, Wuppertal 1980, S. 99f u.a.

oft genug aus. Nachfolge bleibt leidenschaftslos. Die Früchte des Geistes verkümmern oder wachsen erst gar nicht. Das ethische Handeln bleibt profil- und konturenlos. Gute Werke sind nicht erkennbar.

Das geoffenbarte und vorliegende „objektive" Wort Gottes will aber durch den Heiligen Geist „geöffnet", aktualisiert und angewandt werden. Es will neben seiner allgemeinen Relevanz zu einer persönlichen Betroffenheit und Unmittelbarkeit beim Hörer werden. Darum benötigen wir beides, den „objektiven Zugang zur Schrift" (Exegese und methodisches Mühen in der wissenschaftlichen Erforschung der Schrift) und das subjektive Hören auf das, was Gott mir und der Gemeinde heute, hier und jetzt sagen will. „Wer ein Ohr hat, höre, was der Geist den Gemeinden sagt!", so heißt es immer wieder in den Sendschreiben des erhöhten Herrn an seine Gemeinden in Kleinasien (Offb 2,7.11.17.29; 3,6.13.22). Das Ohr muss geöffnet werden für das Reden Gottes. Das geschieht nicht ohne den Heiligen Geist. Er will Ohren und Augen öffnen für die Wirklichkeit Gottes im Leben der Gläubigen und der Welt.[334]

Die Praxis der sog. „Stillen Zeit", das Hörenlernen auf Gott auch unabhängig von direkter Bibellektüre, das betende Nachdenken und Vorausdenken, das Stillewerden und Aufmerken auf geistgewirkte Impulse, das Beraten mit anderen Christen, das Überdenken bisheriger Wegführungen Gottes im eigenen Leben – das alles sind unaufgebbare Haltungen und Tätigkeiten, die unter der Leitung des Heiligen Geistes zu konkreten ethischen Entscheidungen führen können.

(c) Gefahren der Betonung unmittelbarer Geistesleitung
Freilich gibt es Gefahren. Sie zu verharmlosen, wäre absolut töricht. Seit der Montanismus die frühe Kirche heimgesucht hat (2.–5. Jh.) und die Schwärmerei während der Reformationszeit (Münster und anderswo) die üppigsten Blüten getrieben hat, hat es immer wieder größere und kleinere Auswüchse und Einseitigkeiten spiritueller Praktiken gegeben, die Gemeinden gespalten und Menschen in persönliches Unglück getrieben haben. Was im Laufe der Zeit alles auf Antrieb des Geistes geschehen sein soll, kann nur verwundern. Oft waren es nicht die heiligen Triebe des Geistes, sondern die unheiligen des Fleisches,

---

[334] Vgl. J. Deere, Überrascht von der Stimme Gottes. Wie Gott auch heute noch durch Träume, Visionen und Prophetie spricht, Wiesbaden 1997.

die Menschen angetrieben und verführt haben. Nicht alles, was als Geisteswirken ausgegeben wird, kommt auch vom Heiligen Geist!

Hier kann und muss man nun auf die vielen Unklarheiten hinweisen, die sich aus einer prinzipiellen Offenheit für „innere Geistesleitung" ergeben können. Demgegenüber führt Schirrmacher eine riesige Fülle von Beispielen und Dilemmata an, die ihn in der totalen Ablehnung der Geistesleitung bestätigt und stattdessen für den „souveränen Willen Gottes" eintreten lässt, der mit dem Verstand erkannt werden kann.[335]

Es geht bei beiden Auffassungen um die schmale Gratwanderung zwischenn Missbrauch und rechtem Gebrauch. Man kann sowohl die Geistesleitung wie auch die vernünftige Erkenntnis des souveränen Willens Gottes missbrauchen oder recht gebrauchen. Deshalb muss man keinen theologischen Überbau errichten, um das eine abzulehnen und das andere zu befürworten. Hier gilt wie andernorts auch: *abusus non tollit usum* (der Missbrauch hebt den rechten Gebrauch nicht auf)!

Wenn Menschen also nach Zeichen suchen, auf Stimmen achten, Gefühlen nachspüren und Bilder sehen und innere Empfindungen wahrnehmen, dann können sie mit alledem gründlich täuschen im Blick auf den Willen Gottes! Sie sind Schwärmer, die ausgeben, den Willen Gottes zu tun, letztlich aber nur die eigene geistliche Selbstbefriedigung praktizieren, die sie bei sich selbst bleiben, aber nicht zu Gott kommen lässt.

Genauso gut können aber auch die Menschen, die mit kühlem Kopf und glasklarer Vernunft ihren Weg gehen, den Willen Gottes verpassen und im praktischen Atheismus und falsch verstandener Freiheit selbstverwirklicht leben.

Die falsch verstandene Alternative zwischen der Überzeugung innerer Geistesleitung auf der einen und der Überzeugung von der genügenden äußeren Klarheit der Schrift auf der anderen Seite kann überwunden werden im Blick auf die verengende Interpretation der Ansätze. Meistens gibt es m.E. beide Auffassungen in Reinkultur so gar nicht.[336] Wenn die innere Führung durch den Geist gesichert

---

[335] Schirrmacher, Ethik I, S. 733ff.

[336] Auch Schirrmacher muss zugeben, dass es schwer ist, das Verhältnis von Wort und Geist theologisch wirklich exakt zu bestimmen. Denn auch die Reformatoren haben die Gabe des Geistes bei der Verwirklichung des Willens Gottes betont. Aus diesem

werden kann durch das Korrektiv des Wortes und wenn das Insistieren auf dem objektiven Wortcharakter relativiert werden kann durch das Aufmerken auf die Notwendigkeit des Geistes bei der Aktualisierung des Willens Gottes, dann besteht die Möglichkeit, beide Aspekte tatsächlich zu verbinden, ohne falsch zu harmonisieren.[337]

Es gibt eine tatsächliche und effektive Führung und Leitung durch den Heiligen Geist. Sie darf nicht als eine soteriologische „Ergänzung" zum offenbarten Willen Gottes oder als eine „zweite" oder „höhere Stufe" für besonders Heilige (Geistbegabte) verstanden werden, sondern als das transitive Wirken des Geistes, der Gottes Willen im individuellen Leben der einzelnen Christen und seiner Gemeinden zur Tat werden lassen will.

Es ist wichtig, auch aus dem Grund an der Führung durch den Geist festzuhalten, weil es Situationen gibt, für die kein explizites Wort Gottes vorliegt und wir dennoch wissen müssen, was Gottes Wille hier und jetzt ist. Die Vernunft, die eine große Gabe Gottes ist, die aber durch die Sünde angeschattet und daher versuchbar und irrbar ist, reicht dafür nicht aus, sondern bedarf der fortwährenden Erleuchtung durch den Heiligen Geist. So kann Paulus sehr deutlich betonen, dass jeder Vernunftgedanke gefangen genommen und unter den Gehorsam Christi gebracht werden muss (2Kor 10,5). Die Vernunft muss unter die Herrschaft Christi, des Geistes und des Wortes!

Da das Wort Gottes für jede Situation, in die wir gestellt werden, von Bedeutung ist und für jede Situation und jeden Umstand unseres Lebens Relevanz besitzt, will uns der Heilige Geist in die Lebensräume hineinführen, die durch die Gebote und das Gesetz Gottes markiert sind. Da das Gesetz nicht kasuistisch ausgelegt werden darf, denn es ist das „königliche Gesetz" (Jak 2,8), das „Gesetz der Freiheit" (Jak 2,12), das „Gesetz des Geistes des Lebens in Christus Jesus" (Röm 8,2), das der Heilige Geist initialisiert, bleibt die Leitung durch den Heiligen Geist.

Grund benutzt er viele Beispiele, an denen er den Missbrauch auf der einen und den rechten Gebrauch der anderen Seite demonstrieren will. Ethik I, S. 742.

[337] Diesen gelungenen Versuch unternimmt im evangelikalen Bereich m.E. zuerst K. Bockmühl in seinem Werk „Gesetz und Geist" (a.a.O.), der von Schirrmacher allerdings kritisiert wird, weil er im Wirken des Geistes immer nur eine (soteriologische) „Ergänzung" (Ethik I, S. 753.756) und nicht eine notwendige Aktualisierung und das applizierende Wirken des Geistes sehen kann!

(d) Das *testimonium spiritus sancti internum*

Was Calvin mit diesem Begriff (das innere Zeugnis des Heiligen Geistes)[338] gemeint haben mag, ist nicht ganz unumstritten. Nach O. Weber[339] scheint er damit auf jeden Fall aber nicht eine neben oder außerhalb der Schrift sich ereignende Gotteserkenntnis durch den Geist zu meinen, sondern das Wirken des Geistes, das die Antwort des Gläubigen auf das Wort Gottes im Leben des Gläubigen bewirkt. Das geht auch aus dem übernächsten Abschnitt Institutio I,9 deutlich hervor, wo Calvin den Erweis bringt, dass „der Geist nicht wider das Wort" ist. Er attestiert denjenigen, die sich ohne die Schrift den Weg zu Gott erträumen, dass sie nicht nur an Irrtum, sondern an „Wahnsinn" leiden! Außerdem fragt er, was das für ein Geist sei, der ohne das Wort auskäme. „Jeder Geist dagegen, der die Weisheit des göttlichen Wortes beiseite schiebt und uns eine neue Lehre anbietet, wird in uns mit Recht den Verdacht erwecken, dass er ein Schwindel- und Lügengeist ist."[340]

Der Geist wirkt jedenfalls so, dass „das Wort wirksam durch den Geist in die Herzen geprägt wird; wenn es Christus darbietet, ist es ein Wort des Lebens, das die Seelen bekehrt und die Albernen weise macht usw."[341]. Vor allem wirkt der Geist so, dass das, was Christus ist und getan hat, unser Eigentum wird. Calvin will „tiefer eindringen und die Frage nach dem verborgenen Wirken des Geistes stellen, durch welches es zustande kommt, dass wir Christum und alle seine Güter genießen"[342]. Weil der Geist „die Wurzel und der Same des himmlischen Lebens in uns ist" und er „uns durch sein verborgenes Einfließen fruchtbar macht ..., wird er oft als Wasser beschrieben (Jes 55,1)". Der Geist „wirkt göttliches Leben in uns" und wir werden „durch seinen Antrieb geleitet". Summa: „Es ist allein der heilige

---

[338] Institutio I.7, S. 4.

[339] So O. Weber, Grundlagen der Dogmatik, Bd. 1, Neukirchen-Vluyn ³1967, S. 267: „Nicht nur im gehörten Wort, sondern auch darin, dass dies Wort bei uns Antwort findet, ist Gott im Heiligen Geist der Wirkende. Das Letztere ist gemeint, wenn namentlich seit Calvin vom *testimonium spiritus sancti internum (arcanum)* die Rede ist."

[340] Institutio I.9, S. 2.

[341] Institutio I.9, S. 3.

[342] Institutio III.I, S. 1.

Geist, durch welchen er (Christus) sich mit uns vereinigt"[343]. ... „Er ist der inwendig wirkende Lehrer."[344]

Auch H. J. Kraus[345] weist darauf hin, dass sich die Gabe des Geistes, vom Alten Testament angekündigt, „als die Verwirklichung innigster Gemeinschaft Gottes mit dem beschenkten, erleuchteten und zur Gewissheit geführten Menschen" ist. „Das *testimonium spiritus sancti internum* wird effektiv." Er zitiert in diesem Zusammenhang K. Barth, der sagt, dass dies zunächst *testimonium externum* sei, „sofern es in ihm ja zuerst und vor allem um die Erschließung des dem Menschen an sich objektiv Verschlossenen und Verborgenen geht, dann und daraufhin dann in der Tat auch *testimonium internum*, sofern es in ihm auch um die Erschließung des Menschen selbst für das ihm objektiv Erschlossene geht ..."[346]

Mit alledem ist noch nichts Konkretes über das Verständnis des *testimonium spiritus sancti internum* als Geistesleitung gesagt. Wenn Gott (oder neutestamentlich auch Christus!, Joh 14,18; 15,26) in seinem Heiligen Geist gegenwärtig und eben auch im Gläubigen gegenwärtig (Röm 8,9) ist, dann lässt sich von daher durchaus, ohne schwärmerisch zu sein, eine Geistesleitung des Gläubigen festhalten. Sie geschieht aber, ganz im Sinne Calvins, nicht gegen oder ohne das Wort, sondern immer im Sinne des Wortes Gottes, indem es seine Absicht in concreto erfüllt. Unter dieser Prämisse des untrennbaren Zusammenhangs von Wort und Geist kann auch das abschließende Urteil Kraus' verstanden werden: „Im *pneuma* tritt Gott als handelndes, wirkendes Subjekt hervor und wendet sich dem Menschen in der Weise zu, dass er ihm, bis ins Innerste seines Lebens und seine ganze Existenz durchdringend und erfüllend, gegenwärtig ist – schöpferisch gegenwärtig als der Creator Spiritus, der die befreiende Geschichte seiner Selbstmitteilung und Versöhnung wirksam und wirklich werden lässt: nicht nur vor, sondern in seinem Geschöpf, nicht im Bewusstsein allein, sondern in der Ganzheit menschlichen Seins."[347]

---

[343] Institutio III.I, S. 3 (Hervorhebung H. A.).
[344] Institutio III.I, S. 4.
[345] Systematische Theologie im Kontext biblischer Geschichte und Eschatologie, Neukirchen-Vluyn 1983, S. 451.
[346] K. Barth, Kirchliche Dogmatik IV, 2, S. 140.
[347] H. J. Kraus, a.a.O., S. 452.

In diesem Abschnitt sollte deutlich geworden sein, dass in der Ethik auf den Heiligen Geist auf keinen Fall verzichtet werden kann. Er ist die Kraft, die Menschen befähigt, den Willen Gottes zu tun und dadurch Zeugen Christi in dieser Welt zu sein (Apg 1,8). Ohne diese Kraft und ohne die Leitung durch den Geist wären Menschen nicht in der Lage, den ursprünglichen Willen Gottes in dieser Welt zu erkennen und zu tun.

Nicht nur die Ethik, auch die Pneumatologie muss die Bedeutung des Zusammenhangs von Gesetz und Geist wieder neu erkennen und betonen.

Es war Adolf Schlatter, dessen Ethik ganz von der Pneumatologie bestimmt war. Seine Lehre vom Geist gehört „zu den ausdrücklichen dogmatischen Voraussetzungen seiner Ethik".[348] Ohne die Voraussetzung des Heiligen Geistes ist die christliche Ethik nach Schlatter gar nicht denkbar.

Durch den Geist werden die Weisungen und Ziele der christlichen Ethik erst erfüllbar. Weil der Geist die notwendige Kraft zum Guten schenkt, sind die Gebote jetzt durch den erneuerten Menschen grundsätzlich erfüllbar. Da der neue Mensch das Werk des Heiligen Geistes ist, ist auch das neue Tun eine Auswirkung des innewohnenden Geistes. Die Frucht des neuen Seins äußert sich im neuen Tun. So kann man durchaus von einer „pneumatischen Ethik" sprechen, weil sie umfassend Auskunft darüber gibt, wie sich der neue „Wandel im Geist" vollzieht.

Es ist Bockmühl Recht zu geben, der Gesetz und Geist als das „Doppelprinzip der christlichen Ethik" hervorgehoben und es der protestantischen Ethik als Aufgabe mitgegeben hat, dies in dieser Verbindung umzusetzen und zu berücksichtigen.[349] Norm und Situation bilden das Spannungsfeld, das den Lebensräumen entspricht, in denen wir leben können. Weder eine Verstümmelung der Pneumatologie auf Geisterfahrungen noch auch eine Verkürzung des biblischen Ethos auf Gesetzerfüllung kann die Regel sein. Erst die Versöhnung

---

[348] Das wieder neu herausgestellt zu haben, ist W. Neuer zu verdanken, der in seiner Dissertation „Der Zusammenhang von Dogmatik und Ethik bei Adolf Schlatter. Eine Untersuchung zur Grundlegung christlicher Ethik", Gießen 1986, die wesenhaft pneumatologische Begründung der Ethik hervorgehoben hat. S. 205–237.
[349] K. Bockmühl, Gesetz und Geist, a.a.O., S. 51–531.

von Objektivem und Subjektivem, von Pflicht und Neigung, Verantwortung und Selbständigkeit, Tradition und Innovation, Gehorsam und Liebe, Gesetz und Geist weist den Weg zu Lebensräumen, die uns Gott erschließen will. Erst der Zusammenhang von Dogmatik und Ethik, von Gnade und Gehorsam, von Bindung und Freiheit ergibt die ganze Wirklichkeit christlicher Ethik.

Das Kapitel soll angesichts einer paradoxen Spannung von Geistversessenheit auf der einen und Geistvergessenheit auf der anderen Seite der Christenheit mit dem Hinweis auf ein Wort Jesu enden, mit dem er am Ende der Bergpredigt die Dringlichkeit des neuen Tuns vor Augen stellt: „Nicht alle, die zu mir Herr, Herr, sagen, werden ins Himmelreich kommen, sondern die den Willen meines Vaters im Himmel tun!" (Mt 7,21). Ob ein Mensch voll Geistes ist, zeigt sich eben nicht an seinem frommen Reden, sondern am Tun des Willens Gottes.

3.4 Die Weisungen der Apostel: die ekklesiologische Begründung der Ethik

Das Wirken des Heiligen Geistes führt neben der Erneuerung des Einzelnen immer auch zur Bildung von Gemeinde. „Denn wie der Leib einer ist und viele Glieder hat, alle Glieder des Leibes aber, obgleich viele, ein Leib sind: so auch der Christus. Denn in einem Geist sind wir alle zu einem Leib getauft worden, es seien Juden oder Griechen, es seien Sklaven oder Freie, und sind alle mit einem Geist getränkt worden" (1Kor 12,12f).

In dem einen Geist werden unterschiedliche Menschen in den einen Leib Christi hineingetauft. Glied Christi kann man nicht ohne Glied am Leib Christi sein. Christ kann man nicht ohne Gemeinde sein. Das neue Leben ist ohne neues Zusammenleben unvorstellbar. Das ist die Botschaft des Neuen Testaments. Glied der Gemeinde kann man nicht ohne den Heiligen Geist sein. „Wer Christi Geist nicht hat, der ist nicht sein" (Röm 8,9b). Insofern gehören die pneumatologische und die ekklesiologische Begründung der Ethik untrennbar zusammen. Geist und Gemeinde lassen sich nicht trennen. Das Wirken des Geistes im

Leben des Christen und das Wirken des Geistes in der Gemeinde korrespondieren miteinander.[350]

Der Heilige Geist schafft neue Menschen und eine neue Gemeinschaft, in der die erneuerten Menschen leben dürfen. Sie lernen nach den neuen Weisungen zu leben, zu denen sie ihr Herr befreit hat und zu denen sie der Heilige Geist befähigt. Weil dieser Heilige Geist im Einzelnen und in der Gemeinde wirkt, bildet sich ein gemeindliches Ethos, das sich stark von dem der „Welt" unterscheidet. Das den Gemeinden zu vermitteln, war das Anliegen der Apostel. So schreibt Paulus an seinen jungen Mitarbeiter Timotheus: „Dies schreibe ich dir in der Hoffnung, bald zu dir zu kommen; wenn ich aber zögere, damit du weißt, wie man sich verhalten muss im Haus Gottes, das die Gemeinde des lebendigen Gottes ist, der Pfeiler und die Grundfeste der Wahrheit" (1Tim 3,14.15).

Hier in der Gemeinde ist und entsteht der neue Lebensraum erneuerter Menschen. Hier können in Christus erneuerte Menschen lernen, neu zu leben, sich neu an seinen Geboten zu orientieren und aufzutanken oder Heilung zu erfahren. Hier werden aber auch neue Maßstäbe des Handelns vermittelt und eingeübt. Hier geschieht der Wille Gottes „wie im Himmel, so auch auf Erden" (Mt 6,10). Hier wird Korrektur und Hilfe angeboten und geleistet. Hier werden Menschen im besten Sinn des Wortes sozial-, beziehungs- und konfliktfähig. Die Gemeinde ist der von Gott geschenkte Lebensraum für vom Geist erneuerte Menschen, die „zugerüstet werden zum Werk des Dienstes, zum Aufbau der Gemeinde" (Eph 4,12) und die befähigt werden zum Zeugendienst an und in der Welt. Welttüchtig werden kann nur der, der gemeindetüchtig geworden ist und umgekehrt. Die Gemeinde ist mitten in der Welt und doch nicht von der Welt. Sie ist gesandt in die Welt (Joh 17,18).

Die ekklesiologische Begründung der Ethik zeigt sich in der „Lehre der Apostel" (Apg 4,42). Diese bildet den theologischen Lebensraum

---

[350] Damit soll nicht gesagt werden, dass der Geist nicht auch außerhalb der Gemeinde wirkt. Seit Pfingsten hat sich jedenfalls die Verheißung des Propheten Joel erfüllt, und der Geist Gottes ist „ausgegossen über alles Fleisch" (Apg 2,17). Empfangen kann die Welt den Geist allerdings nicht, wie Jesus sagt (Joh 14,17), „weil sie ihn nicht sieht noch ihn kennt. Ihr kennt ihn, denn er bleibt bei euch und wird in euch sein".

der Gemeinde und ist unverzichtbar. Aus diesem Grund müssen wir in besonderer Weise auf die Apostellehre eingehen und sie im Blick auf ihre ethischen Implikationen für die Gemeinde entfalten.

3.4.1 Die christologische Ethik der Apostel

Ansatz aller apostolischen – und daher ekklesiologischen – Ethik ist ihre christologische Verwurzelung im Ethos Jesu.

Man hat in der theologischen Wissenschaft lange einen Dissens zwischen der Lehre des irdischen Jesus von Nazareth und der Lehre der Apostel sehen wollen. Letztere sei Ausdruck der nachösterlichen „Gemeindetradition", die oft genug im Widerspruch zur Lehre des Jesus von Nazareth stehe und einen neuen Ansatz dazu bilde. Diese Grundthese lässt viel Raum für ein breites Spektrum von liberalen bis hin zu konservativen Variationen.

Wir sehen allerdings keinen plausiblen Grund, diese Hypothesen aufrechtzuerhalten und einen Grunddissens zwischen der Lehre Jesu von Nazareth und der Lehre der Apostel, respektive der Gemeinde zu konstruieren. Stattdessen gibt es zwingende Gründe, ein Personen- und Traditionskontinuum zwischen Jesus und seinen Gemeinde-Aposteln zu erkennen, wie aufgrund der Forschungen etwa von H. Schürmann, B. Gerhardsson[351] und R. Riesner[352] nachgewiesen werden kann. „Die Anfänge der Jesusüberlieferung liegen dann in dem Unterricht, den Jesus selbst seinen Jüngern bzw. Schülern (μαθηταί) erteilt hat. Die Männer und Frauen in Jesu Umgebung haben seine Worte nach frühjüdischem Muster (auswendig) gelernt, (im Gedächtnis) bewahrt und weitergegeben. Da dieselben Männer und Frauen nach Apg 1,13–14 den Kern der Urgemeinde von Jerusalem bildeten, lässt sich die von Schürmann postulierte Traditionskontinuität zwischen dem vorösterlichen Jüngerkreis und der nachösterlichen Gemeinde personal direkt greifen."[353]

[351] B. Gerhardsson, Die Anfänge der Evangelientradition, Wuppertal 1977.
[352] R. Riesner, Jesus als Lehrer. Eine Untersuchung zum Ursprung der Evangelien-Überlieferung, Wissenschaftliche Untersuchungen zum Neuen Testament, 2. Reihe, Tübingen ³1988.
[353] Stuhlmacher, Biblische Theologie, a.a.O., S. 44.

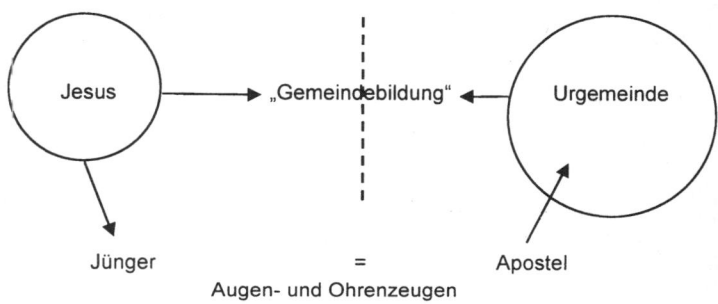

So lässt sich also die (künstlich) konstruierte und scheinbare Diskrepanz zwischen nachösterlicher Gemeindebildung und authentischen Worten des irdischen Jesus überwinden. Die Glaubwürdigkeit der Verkündigung des irdischen Jesus ist gewährleistet durch die Glaubwürdigkeit der
Jünger Jesu, die als Augen- und Ohrenzeugen gleichzeitig zum größten
Teil auch die Apostel der Urgemeinde wurden.[354] Dass ihr vielfältiges
Zeugnis nicht konkurrierend, sondern ergänzend aufgenommen werden
muss, dass man synoptisches Traditionsgut von johanneischem zwar unterscheiden muss, aber nicht trennen darf, das bleibt dabei unzweifelhaft
bestehen. Und auch die Übereinstimmung zwischen Worten Jesu und der
Apostellehre ist dadurch gewährt. „Wenn jemand anders lehrt und sich
nicht zuwendet den gesunden Worten unseres Herrn Jesus Christus und
der Lehre, die gemäß der Gottseligkeit ist, so ist er aufgeblasen und weiß
nichts" (1 Tim 6,3).

Die Grundvoraussetzung aller christologischen Ethik der Apostel ist
die Tatsache der Auferstehung Jesu Christi. Die Identität des auferstandenen mit dem irdischen Jesus Christus steht für sie und das gesamte Neue Testament außer Frage! Die Auferweckung Christi von
den Toten gilt allen Zeugen als Bestätigung und Ja Gottes zu Person,
Botschaft und Werk Jesu.

Von daher sind die ethischen Aussagen Jesu nicht zu trennen von
den christologischen Bekenntnissen der Gemeinde. Sie gehören genuin zum Evangelium und zur Apostellehre hinzu. Ja, sie bilden erst
zusammen das Evangelium Christi. Die Gemeinde hat sich daher nie

---

[354] Es ist erfreulich, dass Stuhlmacher dies aufgrund der Forschungen erkennt und
mutig gegenüber anders lautenden Ansätzen der Formgeschichtler bezeugt.

vom Ethos Jesu verabschiedet, wenn sie ihn als den Christus auf vielfältige Weise bekannt hat. Die christologischen Titel gehören ebenfalls untrennbar zum Ethos Jesu hinzu und bilden das identische Evangelium.

Dass unter den Aposteln Christi der ehemalige zilizische Diaspora-Pharisäer Saulus von Tarsus eine besondere Rolle sowohl in der Reflexion und theologischen Gestaltung des Evangeliums als auch in der Wirkung auf das Wachstum der jungen Gemeinde spielt, ist unbestritten. Wir kennen keinen Glaubenszeugen des Urchristentums historisch genauer als ihn. Er hatte eine einzigartige Stellung in der Urgemeinde und bekam – nicht zuletzt durch seine Missionsreisen und seine Missionstheologie[355] – einen nachhaltigen Einfluss auf die werdende Gemeinde Christi. Man kann also durchaus sagen, dass „zusammen mit der Verkündigung Jesu" diese Missionstheologie des Paulus „die Achse, an der sich die Theologie des Neuen Testaments zu orientieren hat", bildet.[356] Von daher sind auch seine ethischen Weisungen nur im Kontext seiner Missionstheologie zu verstehen und also christologisch, missiologisch und ekklesiologisch begründet.

Wir werden daher in unseren folgenden Überlegungen einen Schwerpunkt auf die ethischen Aussagen des Paulus legen, ohne die anderen Apostel ganz auszublenden, sie aber auch nicht zu ausführlich berücksichtigen.[357]

Ein wesentliches Kennzeichen der paulinischen Theologie und Ethik ergibt sich aus dem theologischen Spannungsfeld von Gesetz (Tora) und Christusgeschehen, das sich als Affinität in der Biographie des Paulus widerspiegelt. Wie kein anderer der Apostel war er durch seine Herkunft (Tarsus in Zilizien) und Ausbildung bei Rabbi Gamaliel (Apg 22,3;

---

[355] 13 kanonische Briefe sind allein von ihm im NT aufgenommen. (Auf die theologischen Fragestellungen bzgl. der Proto- und Deuteropaulinen soll hier nicht eingegangen werden. Für uns gibt es keine überzeugenden Gründe, nicht an der authentischen Verfasserschaft aller 13 Paulusbriefe festzuhalten.) Dazu kommt die Apostelgeschichte als ein wesentliches historisches Zeugnis von Leben und Lehre des Apostels. So erhalten wir über die Person und das Wirken des Paulus tatsächlich die im NT ausführlichsten Informationen über eine Person neben Jesus selbst.

[356] Stuhlmacher, a.a.O., S. 222.

[357] Spezielle Ausführungen zur paulinischen Theologie und Ethik vgl. W. Schrage, Ethik des NT, S. 155ff; Stuhlmacher, Biblische Theologie des NT; Ridderbos, Paulus; W. Vorländer, Christus erkennen u.a.

Phil 3,4–6; Gal 1,13–14) geradezu dafür prädestiniert, diese Verbindung von rabbinischem Gesetzesverständnis und dem Christusgeschehen theologisch zu reflektieren und mit dem urchristlichen Bekenntnisgut des vorpaulinischen Christentums zu verbinden. Seine Grunderfahrung war die vor Damaskus erlebte Rechtfertigung des Gottlosen (Röm 4,5; 5,6), d.h. des sich Gottes Willen in Christus widersetzenden Frevlers, der wider Erwarten begnadigt und als Apostel eingesetzt wird (vgl. 1Kor 9,16; 15,8–10; 2Kor 2,14–17). Über dieses Wunder, wie Christus ihn trotz seiner Vergangenheit und seiner Blindheit eingesetzt hat, spricht Paulus z.B. in Phil 3,5–8; 1Tim 1,12–17, über seinen Dienst u.a. in 2Kor 11,23–29. Vor seiner Bekehrung war die Tora vom Sinai sein Lebensinhalt, danach das Evangelium von Christus. Nun gelten für ihn beide als Offenbarung des einen Gottes (Röm 1,1; 2,20; 7,12.14; 9,4). Seine Herausforderung bestand darin, beide Offenbarungsweisen theologisch zusammenzudenken. Das hat er wie kein anderer Apostel getan und das ist ein wesentliches Kennzeichen seiner Theologie geworden. Er löst das Gesetz (ebenso wie sein Herr Jesus Christus) nicht auf, sondern interpretiert es im Licht des Christusereignisses und der Christusoffenbarung neu und zieht die ethischen Konsequenzen daraus. Ebenfalls von diesem Christusgeschehen her entwickelt Paulus seine gesamte Theologie, seine Anthropologie und Ekklesiologie, Pneumatologie und Missiologie, vor allem seine Soteriologie und Eschatologie neu.

Nur so ist es zu verstehen, dass Paulus auch seine globale Missionskonzeption von dieser Christusbegegnung her in Röm 1,1–7; 11,13–32; 15,15–24 skizziert, ohne sie systematisch zu entfalten. Aus diesem Zentrum seines Denkens entwickelt er auch seine Ekklesiologie und – verbunden damit – seine Ethik. Insofern hat Schlatter ganz Recht, wenn er in Paulus den „Boten Jesu" sieht, der ganz im Sinn seines Herrn dessen Botschaft weiterführt.

Die Voraussetzung für seine neu gewonnene Ethik ist für Paulus das neue Leben, das nur „in Christus" und nicht auf dem Weg des Gesetzes und der damit verbundenen „eigenen Gerechtigkeit" (Phil 3,9) erhalten werden kann. Es ist dies eine Existenz des Glaubens, die das Einssein mit Christus als ein „Mitgestorbensein" und „Mitauferwecktsein" begreift (Röm 6,5–8). Das eröffnet ein Leben „im Geist" und „durch den Geist" (Röm 8,9–15), das den „neuen Menschen" kennzeichnet. Freilich steht es in der Spannung mit dem „Fleisch", das überwunden werden muss und kann, um den Willen Gottes zu erfüllen (Röm 8,4–9; Gal 5,16–25). Aus diesem neuen Leben in Christus erwächst dann der neue Gehorsam Christus gegenüber, der sich in allen Bereichen des Lebens erweist. Dies wird konkret noch zu entfalten sein.

3.4.1. Der Ansatz apostolischer Ethik

Ausgangspunkt aller apostolischen Weisungen ist das umfassende Heilswerk Jesu Christi (Christologie), das den Glaubenden zugute kommt (Soteriologie) und konkrete Auswirkungen auf ihr Leben (Ethik) und ihre Zukunft (Eschatologie) hat. Sowohl die forensischen Aspekte des Rechtfertigungshandelns Gottes als auch die effektiven, die sich durch „die Gabe des Heiligen Geistes" in der Heiligung und in einer „lebendigen Hoffnung durch die Auferstehung Jesu Christi aus den Toten" (1Petr 1,3) erweisen, kennzeichnen die in Christus erneuerten Menschen.

Sie sind die „Geretteten, die der Herr täglich hinzu (zur Gemeinde) tat" (Apg 2,47). Sie sind diejenigen, „die sich bekehrt haben von der Finsternis zum Licht und von der Macht des Satans zu Gott, damit sie Vergebung der Sünden empfangen und ein Erbe unter denen, die durch den Glauben an (Jesus) geheiligt sind" (Apg 26,18). Sie sind „in einem Geist zu einem Leib getauft worden, es seien Juden oder Griechen, Sklaven oder Freie und sind alle mit einem Geist getränkt worden" (1Kor 12,13). Sie sind „mit dem Christus lebendig gemacht" (Eph 2,5) und sind „erschaffen zu guten Werken, die Gott zuvor bereitet hat" (Eph 2,10). Da sie „einst Finsternis" waren, „nun aber Licht im Herrn" sind, werden sie aufgefordert, auch „als Kinder des Lichts zu wandeln" (Eph 5,8).

D.h., die in Christus erneuerten Menschen leben ein erneuertes Leben nach dem Willen ihres Retters und Herrn Jesus Christus in dieser Welt, aber nicht nach den Maßstäben dieser Welt (Röm 12,2).

Diese christologische Grundlegung ist den Aposteln so wichtig, dass sie geradezu auch zu einer Begründung der Ethik führen kann. Ohne Christus, d.h. (1) ohne das, was er für die Seinen getan und erwirkt hat und (2) ohne seine Gegenwart in ihrem Leben, aber (3) auch ohne ihr Sein „in Christus" können Christen nicht wie Christus leben. Johannes zitiert Jesus: „Ohne mich könnt ihr nichts tun!" (Joh 15,5).

Nach 2Kor 5,15 ist „Christus für alle gestorben, damit die, für die er gestorben ist, nicht mehr sich selbst leben, sondern dem, der für sie gestorben und auferweckt worden ist". Dieses Sterben und Auferstehen Christi hat konkrete ethische Implikationen bei den Gläubigen. Sie leben nicht mehr sich selbst, sondern Christus. Selbst solche scheinbar notwendig gewordenen Mahnungen, seinen Leib nicht der Hurerei hinzugeben, werden damit begründet, dass er „für den Herrn" eingesetzt werden soll (1Kor 6,13). Das gesamte Leben gehört diesem Herrn, der sein Leben gegeben hat: „Leben wir, so leben wir dem Herrn!" (Röm 14,8).

Wie eng für die Apostel die sich in Christus erwiesene Liebe Kriterium ethischen Verhaltens geworden ist, zeigen folgende Beispiele: „Jeder von uns gefalle dem Nächsten zum Guten, zur Erbauung. Denn auch der Christus hat nicht sich selbst gefallen ..." (Röm 15,2f). Ähnlich auch: „Deshalb nehmt einander auf, wie auch der Christus euch aufgenommen hat" (Röm 15,7).

Ethische Handlungsweisen werden eingeleitet oder begründet mit dem Hinweis auf Christus: „Ich ermahne euch aber, Brüder, durch unseren Herrn Jesus Christus ..." (Röm 15,30). Ähnlich auch in Röm 12,1: „Ich ermahne euch nun, Brüder, durch die Erbarmungen Gottes ..."[358] Auch in 2Kor 10,1 ermahnt Paulus „durch die Sanftmut und Milde Christi", was auf die christologische Voraussetzung und den ethischen Grund der Ermahnung hinweist. Die Thessalonicher werden erinnert: „Ihr wisst, welche Weissagungen wir euch gegeben haben durch den Herrn Jesus. Denn dies ist Gottes Wille, eure Heiligung" (1Thes 4,2f).

Sehr eng wird der ethische Zusammenhang im Zueinander von Mann und Frau mit der Liebe Christi zu seiner Gemeinde hergestellt: „Ihr Männer liebt eure Frauen genauso wie Christus die Gemeinde geliebt und sich für sie hingegeben hat" (Eph 5,25), „... er nährt und pflegt es (sein eigen Fleisch) wie auch Christus ..." (5,29), und schließlich: „Ich deute es (das große Geheimnis) auf Christus und die Gemeinde" (5,32).

Was Paulus „jetzt im Fleisch" lebt, lebt er „im Glauben an den Sohn Gottes, der mich geliebt und sich selbst für mich hingegeben hat" (Gal 2,20). Christus ist also nicht nur Bezugspunkt allen ethischen Handelns, sondern auch Grundlage und Ziel. Das wird noch weiter zu entfalten sein.

---

[358] Damit sind nicht in allgemeiner Weise die Erbarmungen Gottes gemeint, sondern die in Christus geoffenbarten Erbarmungen Gottes, über die Paulus in Kap 1–11 geschrieben hatte! (So ganz richtig Schrage, S. 163.)

3.4.1.2 Strukturelemente apostolischer Ethik

(1) Gnade und gute Werke

Dass die Gnade, das unverdiente Geschenk des Heils von Gott, vor allem Tun des Menschen steht, ist Kennzeichen aller apostolischen Weisungen. Werke, und sind sie noch so gut und eifrig getan, können nie und nimmer die Gerechtigkeit vor Gott erwirken. Damit darüber keine Missverständnisse aufkommen, betonen die Apostel, allen voran Paulus, dieses Faktum stark.

(1.1) Keine Werke aus dem Gesetz

Hierzu einige Aussagen des Paulus:

Röm 3,20: „Aus Gesetzeswerken wird kein Fleisch vor Gott gerechtfertigt werden." Röm 3,28: „Denn wir kommen zu der Schlussfolgerung, dass ein Mensch durch Glauben gerechtfertigt wird, ohne Gesetzeswerke." Röm 9,11: „... damit der nach freier Auswahl gefasste Vorsatz Gottes bestehen bliebe, nicht aufgrund von Werken, sondern aufgrund des Berufenden." Röm 11,6: „Wenn aber durch Gnade, so nicht mehr aus Werken; sonst ist die Gnade nicht mehr Gnade!" Gal 2,16: „Wir wissen, dass der Mensch nicht aus Gesetzeswerken gerechtfertigt wird, sondern nur durch den Glauben an Christus Jesus." Gal 3,10: „Alle, die aus Gesetzeswerken sind, die sind unter dem Fluch!" Eph 2,8.9: „Denn aus Gnade seid ihr errettet durch Glauben, und das nicht aus euch, Gottes Gabe ist es; nicht aus Werken, damit niemand sich rühme."

Kein Werk, und sei es noch so gut gemeint und fromm getan, kann Menschen vor Gott angenehm oder wohlgefällig machen. Auch nicht die Werke, die man als „Gläubiger" tut! Wohlgefällig vor Gott werden Menschen niemals durch ihr Tun, durch ihre guten Werke, sondern allein durch den Glauben (Hebr 11,6)! „Wenn ich die größten Werke täte, die höchsten Erkenntnisse hätte, in den Sprachen der Menschen und Engel redete und hätte der Liebe nicht", so wäre alles nichts, sagt Paulus in 1Kor13. „Alles, was nicht aus Glauben ist, ist Sünde" (Röm 14,23).

Insofern hat K. Barth Recht, wenn er auf die Frage der Ethik: „Was sollen wir denn tun?" die lapidare Antwort gibt: „Ihr werdet glauben!" Ohne Glauben ist alles Wirken Sünde!

Aber die andere Seite muss genauso betont werden: Ohne Wirken bleibt jeder Glaube tot! Deshalb spricht apostolische Ethik (nicht nur der Apostel Jakobus!) auch und sehr stark eben von den Werken.

(1.2) Werke aus dem Glauben

Die Kernstelle ist sicher Jak 2,14–26: „Was nützt es, meine Brüder, wenn jemand sagt, er habe Glauben, hat aber keine Werke? Kann etwa der Glaube ihn retten? (...) So ist auch der Glaube, wenn er keine Werke hat, in sich selbst tot. (...) Du siehst, dass der Glaube mit seinen Werken zusammenwirkte und der Glaube aus den Werken vollendet wurde. (...) Ihr seht, dass ein Mensch aus Werken gerechtfertigt wird und nicht aus Glauben allein. (...) Denn wie der Leib ohne Geist tot ist, so ist auch der Glaube ohne Werke tot."

Hier sind Aussagen, die synergistisch missverstanden werden können: „... dass ein Mensch aus Werken gerechtfertigt wird." Es könnte vordergründig tatsächlich ein Widerspruch zum Evangelium von der Gnade, wie es Paulus unübertroffen offenbart wurde, vorliegen. Die Schwierigkeiten, die bekanntlich die Reformatoren, allen voran Luther, mit seinem „Jäckel", dieser „strohern Epistel" hatten, weisen in diese Richtung.[359]

So viel sei allerdings gesagt: Der Schlüssel zum Verständnis dieser Ausführungen liegt m.E. in V.14: Es geht um den „Glauben ohne Werke". „Kann dieser Glaube retten?" Jakobus will zeigen, dass „Glaube an und für sich" tot ist! Echter Glaube, lebendiger Glaube erweist sich in Werken, in Lebensäußerungen, in konkreten Glaubenshandlungen. Damit liegt Jakobus voll auf der Linie, die Paulus in seinen Briefen aufzeigt und ebenso das gesamte übrige NT. Es geht im Evangelium nie um einen „abstrakten" Glauben, der keine Äußerungen hätte.

Der „transitive Aspekt des Glaubens" wird allenthalben deutlich. Aufgrund der Heilsindikative werden in den Briefen an ntl. Gemeinden die daraus resultierenden Imperative entfaltet. Die Stellung des Glaubens in der Gnade soll im Leben zur Darstellung gebracht werden. Aus dem Heil entfaltet sich die Heiligung. Gottes Werk vollendet sich geradezu in den Glaubenswerken seiner Kinder, die sein Werk

---

[359] Auf die theologische Debatte – Jakobus contra Paulus, „heidenchristliches" gegen „judenchristliches" Evangelium – kann hier nicht eingegangen werden.

sind. Als paulinische Kernstelle für dieses Ineinander von Gnade und guten Werken, vom Wirken Gottes und verantwortlichem Handeln des Menschen, sei Eph 2,8–10 genannt: „Denn aus Gnade seid ihr errettet durch Glauben, und das nicht aus euch, Gottes Gabe ist es; nicht aus Werken, damit niemand sich rühme. Denn wir sind sein Werk, in Christus Jesus geschaffen zu guten Werken, die Gott zuvor bereitet hat, damit wir in ihnen wandeln sollen." Wir sind gerettet also „nicht aus Werken", aber geschaffen „zu guten Werken, dass wir darin wandeln sollen." Die Absicht von Gottes Wirken (und Gott offenbart sich ja gerade in seinem Wirken, nicht in seinem abstrakten Sein!) ist, dass es in seinen „Gebilden" weiterwirkt.

Das Ziel der Heilsabsichten Gottes ist also, dass sein Wesen, sein Wirken, seine Art in seinen Erlösten weiterwirkt, sich in ihnen weiter erweist. Von daher können Gottes Kinder nicht etwas Eigenes neben Gott stellen, etwa ein gesetzliches Gerüst, sondern nur in dem wandeln, was Gott selbst zuvor bereitet hat. Aber dieses Wandeln geschieht in guten Werken. Dafür betet der Apostel, dass die Gläubigen erfüllt werden „mit aller Weisheit und geistlichem Verständnis, um des Herrn würdig zu wandeln zu allem Wohlgefallen, fruchtbringend in jedem guten Werk!" (Kol 1,9.10). Nicht nur „ausgewählte Werke", einzelne „Fetzen"[360], mit denen man handelt, sind gefragt, sondern Fruchtbarkeit in jedem guten Werk. Paulus kann gar sagen, dass sich die Vollkommenheit des Gottesmenschen darin erweist, dass er „zu jedem guten Werk völlig zugerüstet" ist (2Tim 3,17).

Das Ziel der Errettung wird auch in Tit 2,14 deutlich: „Christus hat sich selbst für uns gegeben, damit er uns loskaufte von aller Gesetzlosigkeit und sich selbst ein Eigentumsvolk reinigte, das eifrig sei in guten Werken." Der Apostel ermahnt, ja darauf zu achten, „damit die, welche Gott geglaubt haben, Sorge tragen, gute Werke zu betreiben" (Tit 3,8). Auch der Schreiber des Hebräerbriefes ermahnt die Gläubigen: „Lasst uns aufeinander Acht haben, um uns zur Liebe und zu guten Werken anzureizen" (Hebr 10,24). Darauf wird deshalb so viel Wert gelegt, weil die Vollendung des Glaubens in den guten Werken gesehen wird. „Der Gott des Friedens ... vollende euch in jedem guten

---

[360] So die eindrückliche Formulierung K. Barths in seiner Abhandlung „Evangelium und Gesetz", a.a.O.

Werk, damit ihr seinen Willen tut, indem er in uns schafft, was vor ihm wohlgefällig ist" (Hebr 13,21).

Aus diesen Belegen wird überdeutlich, dass gute Werke zum Glauben notwendigerweise dazugehören. Gläubige sollen sich guter Werke befleißigen, um so ihren Glauben zu vollenden. Das sollen sie nicht aus sich heraus tun, sondern aus Gott, aus seiner Kraft, aus seinem Tun heraus. Das wird in der apostolischen Lehre auch durch das Zueinander von Indikativ und Imperativ ausgedrückt. [361]

(2) Indikativ und Imperativ[362]

Man geht dabei von der auffälligen Tatsache aus, dass besonders bei Paulus einige Briefe eine deutliche Zweiteilung erkennen lassen, die hauptsächlich von dogmatischen im ersten und ethischen Aussagen im zweiten Teil gekennzeichnet sind.[363] Die „Ethik" folgt also der „Dogmatik" oder geht aus der Dogmatik hervor. Oder anders ausgedrückt: Das Heilshandeln Gottes in Jesus Christus (Indikativ) ist Grund und Voraussetzung allen christlichen Handelns (Imperativ). Jeder Imperativ an den Christen, jede Aufforderung also, etwas Bestimmtes zu tun, erwächst aus dem, was Gott bereits getan hat. Der Imperativ bezieht sich also immer auf das Handeln Gottes. Beides wird im NT so kräftig ausgedrückt, dass man von einer „dialektischen Paradoxie" und „Antinomie" gesprochen hat.[364] Klassische Stelle ist wohl wegen ihrer Deutlichkeit Phil 3,12: „Bewirkt euer Heil mit Furcht und Zittern! Denn Gott ist es, der in euch sowohl das Wollen als auch das Vollbringen wirkt."

Interessant ist nun weiterhin, dass die Aufteilung von Indikativ und Imperativ nicht nur eine Struktur des Nacheinanders in den jeweiligen Briefteilen, sondern ebenso des Nebeneinanders in den jeweiligen Briefabschnitten hat. Das wird besonders aus den paränetischen Teilen der Briefe ersichtlich. Noch komplizierter scheint der Sachverhalt

---

[361] So hat es sich in der Theologie eingebürgert, das Verhältnis von Soteriologie und Ethik unter den Stichworten Indikativ und Imperativ auszudrücken.

[362] Vgl. auch Ridderbos, a.a.O., S. 176–180; Schrage, a.a.O., S. 156–161 u.a.

[363] Vgl. z.B. Römer 1–11 dogmatische – Röm 12–16 ethische Aussagen; Epheser 1–3 dogmatisch – Eph 4–6 ethisch u.a., wobei diese Aufteilung natürlich nicht formal konsequent durchgehalten werden kann.

[364] E. Stauffer, Theologie des NT, S. 160.

dadurch zu werden, dass inhaltlich zum Teil dieselben Aussagen einmal indikativisch, ein andermal imperativisch ausgedrückt werden.

Als ein Beispiel von vielen sei Kol 3,1–12 erwähnt. Hier wird von Paulus den Gläubigen in einer fast „symmetrischen Struktur" der Zusammenhang von dem „Ist des Handelns Gottes" und dem „Soll des Menschen" aufgezeigt. In klarer Parallelität wird die Darstellung des Wandels aus der Stellung des Gläubigen entfaltet. Weil „ihr mitgestorben seid" (V. 3), „tötet nun die Glieder" (V. 5), und weil „ihr den alten Menschen ausgezogen habt" (V. 9), „legt nun alles ab!" (V. 8). Andererseits kann Paulus auf die Auferstehungswirklichkeit hinweisen und sagen: Weil „ihr mitauferweckt seid" (V. 1), „sucht, was droben ist!" (V. 1) und weil „ihr den neuen Menschen angezogen habt" (V. 10), „zieht nun an!" (V. 12).

Den richtigen Begründungszusammenhang zwischen Indikativ und Imperativ zu erkennen, ist hier wichtig. Weil die Wirklichkeit des Glaubens da ist – sie ist zwar „verborgen mit dem Christus in Gott" (V. 3) – kann sie der Gläubige nun konkret in seiner Lebensgestaltung verwirklichen. Die Imperative, die Ermahnungen, werden nicht losgelöst von der neuen Wirklichkeit in Christus. Man kann also durchaus das alte Pindarwort „Werde, der du bist!" – freilich hier in einem ganz anderen und soteriologischen Zusammenhang – zum Verständnis des Paradoxes heranziehen. Der Christ soll tatsächlich das werden, was er bereits in Christus im Glauben ist. „Der Gerechte wird seines Glaubens (oder: ‚im Glauben' oder: ‚aus Glauben') leben" (Röm 1,17). Und: „Christus lebt in mir; was ich aber jetzt im Fleisch lebe, lebe ich im Glauben an den Sohn Gottes" (Gal 2,20). Oder: „Die Sünde wird keine Herrschaft über euch haben; ihr steht ja nicht unter dem Gesetz, sondern unter der Gnade" (Röm 6,14). Weil Gott gewirkt hat, deshalb kann der Mensch im Glauben auch handeln.

Mit den Imperativen wird also weder etwas Nachträgliches oder Zusätzliches zum Indikativ einfach hinzugefügt, noch wird andererseits der Indikativ automatisch einfach als Ermöglichungsgrund des neuen Tuns verstanden. Der Imperativ ist ganz in den Indikativ integriert und kann nicht davon gelöst werden. Diesen Begründungszusammenhang kann man z.B. bei den Überleitungen von den dogmatischen zu den ethischen Teilen der Briefe sehr schön sehen. Wenn Paulus zu seinen paränetischen Abschnitten kommt, gebraucht er die Folgerungspartikel „also", „folglich" (Röm 12,1; 1Thes 4,1;

Gal 5,1 u.ö.). So ist die apostolische – insbesondere paulinische – Ethik keine autonome oder finale, sondern eine „konsekutive Ethik".

Insofern unterscheiden sich die paränetischen Teile des NT auch fundamental von den antiken „Haustafeln" und „Tugendkatalogen", die den „Lasterkatalogen" gegenübergestellt wurden und eine antik-humanistische Aufforderung zu einem tugendhaften Leben bildeten. Auch bei z.T. formaler Übereinstimmung (was die Anweisung betrifft; es wird ja nichts völlig Neues gesagt!) wird der Unterschied dennoch in der Glaubenswirklichkeit des Handelns Gottes zu sehen sein. Apostolische Ethik des NT ist also keine „Soll-Ethik", sondern eine „Ist-Soll-Ethik", eine Ethik, die das Handeln des Gläubigen aus seiner neuen Stellung ab- und herleitet. Auch hier gilt wieder: Das Tun erwächst aus dem Glauben, bzw. es ist der Echtheitserweis des Glaubens.

Die Imperative bei Paulus sind also kein „Rückfall in das Gesetz", wie einige Theologen meinen glauben zu müssen, sondern die folge-richtige Konsequenz des Heilsindikativs. Er steht damit völlig auf dem Boden des Verständnisses Jesu.

Dieses Zueinander von Indikativ und Imperativ zeigt aber auch, dass wir noch nicht automatisch den Willen Gottes tun. Insofern ist der Imperativ immer auch ein Prüfstein des Indikativs: „Prüft euch, ob ihr im Glauben seid, untersucht euch!" (2Kor 13,5). Auch als Geist-getaufte haben wir nicht automatisch den „Sieg über die Sünde", tun wir nicht automatisch den Willen Gottes. Wir müssen immer wieder ermahnt werden, das zu tun, was Gott in uns bereits angefangen hat zu tun. „Der ein gutes Werk in euch begonnen hat, der wird es auch voll-enden bis auf den Tag Jesu Christi" (Phil 1,6).

Eine theologisch zwar anders formulierte, inhaltlich aber ähnliche Ak-zentuierung erfährt das Zueinander von Indikativ und Imperativ durch die Verhältnisbestimmung von Gesetz und Evangelium oder, wie K. Barth es betont umgekehrt hat, von Evangelium und Gesetz.[365] Das ist genau das

---

[365] K. Barth in: „Theologische Existenz Heute", Heft 32, München 1935. Hier zitiert in E. Kinder, K. Haendler (Hrsg.), Gesetz und Evangelium. Beiträge zur gegenwärtigen theologischen Diskussion, Darmstadt, 1968, S. 1–29. Die Reihenfolge von Gesetz und Evangelium ist in der Theologie eine Zeit lang Gegenstand engagierter Erörte-rungen gewesen. Wie so oft in alternativ diskutierten Fragen, lassen sich tatsächlich beide Aspekte gleichzeitig festhalten, insofern sie zwei unterschiedliche Gesichts-punkte markieren. Heilsgeschichtlich würde man der Reihenfolge „Evangelium –

Spannungsfeld, in dem Paulus seine theologische Ethik entwickelt. Ihm geht es ja um nichts anderes als um das Evangelium vom Sohn (Röm 1,1–5.9.15.16.17; vgl. Gal 1,11–23; 2Kor 4,1–6). Wie Paulus und die anderen Apostel dieses Spannungsfeld von Evangelium als der Offenbarung Gottes in Christus mit der alttestamentlichen Gesetzesoffenbarung vom Sinai zusammenbekommen, kann mit dem von K. Barth formulierten und berühmt gewordenen Satz gekennzeichnet werden: *„Das Gesetz ist nichts anderes als die notwendige Form des Evangeliums, dessen Inhalt die Gnade ist.*"[366]

(3) Die Liebe

Die Motivkraft des neuen Lebens und der Inhalt des neuen Gehorsams finden ihren zentralen Ausdruck in der Liebe. Gerade hier wird deutlich, wie sehr Paulus in Übereinstimmung mit seinem Herrn steht. Die Liebe wird als Existenzweise des neuen Lebens verstanden. In ihr verwirklicht sich die Freiheit von der Sünde und die Freiheit zum Dienst (Gal 5,13). Liebe und Freiheit sind die beiden Ingredienzien verantwortlichen und christusgemäßen Tuns.

Die Liebe der Christen spiegelt die Liebe Gottes am deutlichsten wider. So kann in der Liebe des Mannes zu seiner Frau die Liebe Christi am klarsten zum Ausdruck gebracht werden. Wenn ein Mann seine Frau liebt wie Christus die Gemeinde, dann wird etwas von der Art Jesu in irdischen und menschlichen Beziehungen deutlich (Eph 5,25–33).

Das Wesen dieser Liebe ist die Hingabe: „Seid nun Nachahmer Gottes als geliebte Kinder. Und wandelt in der Liebe, wie auch Chris-

---

Gesetz" den Vorrang geben, weil Gottes Schöpfungs-, Heils- und Gnadenhandeln am Anfang steht! Das Gesetz ist ja in der Tat später hinzugekommen (nach Paulus 430 Jahre nach Abraham; Gal 3,17), es ist „dazwischen hinein gekommen" als ein „Zuchtmeister auf Christus hin" (Gal 3,24), um Menschen zu ihm hin zu treiben und im Evangelium zu lassen. (In diesem Sinn ist K. Barths „Sandwich-Modell": „Evangelium – Gesetz – Evangelium" zu verstehen.) Aber auch die andere – besonders in der Theologie der Reformatoren entstandene – Reihenfolge von „Gesetz und Evangelium" kann einen wichtigen Aspekt verdeutlichen, der – besonders in der paulinischen Theologie – zu erkennen ist. Das Gesetz führt zur Erkenntnis der Sünde und des Sünders. Ohne die Verurteilung durch das Gesetz kann die Erlösung durch das Evangelium gar nicht erkannt und anerkannt werden.
[366] A.a.O., S. 9.

tus euch geliebt und sich selbst für euch hingegeben hat" (Eph 5,1; vgl. auch 5,25).

Lieben kann nur, wer eine andere Sichtweise bekommt, wer mit den Augen Gottes den anderen sehen lernt. Liebe macht nicht blind, sondern öffnet die Augen für die Bedürfnisse des anderen. Die Bedürfnisse des anderen nicht nur wahrzunehmen, sondern auch zu erfüllen, kann wiederum nur der, der ganz frei dafür ist. Frei ist aber nur der, der sich von Christus dazu hat befreien lassen (Gal 5,1.6.13). Dieser Zusammenhang von „Freiheit – Liebe – Dienst" ist unübersehbares Kennzeichen der durch Christus erneuerten Menschen.

Auf diese Liebe kommt nun alles an. Ohne sie ist alles nichts. Selbst wenn ein Mensch die Gabe der Weissagung und sichere Kenntnis aller göttlichen Geheimnisse hätte, wenn er sich durch hohe Erkenntnisse auszeichnete und einen starken Glauben hätte – wenn er ohne Liebe wäre, wäre er nichts. Was die Liebe ist, wird unübertroffen von Paulus[367] formuliert:

„Die Liebe ist langmütig, die Liebe ist gütig;
sie neidet nicht; die Liebe tut nicht groß,
sie bläht sich nicht auf, sie benimmt sich nicht unanständig,
sie sucht nicht das Ihre, sie lässt sich nicht erbittern,
sie rechnet Böses nicht zu,
sie freut sich nicht über die Ungerechtigkeit,
sondern sie freut sich mit der Wahrheit,
sie erträgt alles,
sie glaubt alles,
sie hofft alles,
sie erduldet alles.
Die Liebe vergeht niemals." (1 Kor 13,4–8)

Hier wird in Reinkultur die Gesinnung Jesu beschrieben, die auch zur Gesinnung der Jünger werden soll (Phil 2,5). Diese Gesinnung der Liebe soll Lebenselement der Gemeinde werden. In der Liebe wird der Leib, dessen Haupt Christus ist, aufgebaut (Eph 4,15f). In der Liebe sind die Gläubigen verwurzelt und gegründet (Eph 3,17). Die Liebe ist

---

[367] „Zweifellos liegt hier kein gängiges oder überliefertes Schema vor, sondern eine eigene, eindringliche Auslegung des Liebesgebots durch Paulus selbst." (Ridderbos, a.a.O., S. 208).

das Band der Vollkommenheit (Kol 3,14), die die Einheit der Gemeinde bildet (Kol 2,2).

Schon hier wird erkennbar, dass sich die Liebe in erster Linie auf den Bruder und die Schwester, d.h. auf die Gemeinde bezieht. Wir sollen einander durch die Liebe dienen (Gal 5,13), einander nichts schuldig sein außer Liebe (Röm 13,8), nichts aus Eigennutz oder eitler Ruhmsucht tun, sondern den anderen höher achten als uns selbst (Phil 2,3).

Die Liebe ist auch die einzige Chance, das in der Gemeinde oft als notvoll und schwierig empfundene Verhältnis zwischen „Schwachen und Starken" im Frieden und auch sinnvoll zu leben. An sich richtige Erkenntnis steht nun der Liebe gegenüber: „Die Erkenntnis bläht auf, aber die Liebe baut auf!" (1Kor 8,1). Oder: „Wenn um einer Speise willen dein Bruder in Betrübnis gerät, wandelst du nicht mehr der Liebe gemäß" (Röm 14,15). Schon diese wenigen Beispiele lassen erkennen, dass das diffizile Verhältnis unterschiedlich geprägter Menschen letztlich nur in der Liebe gelebt werden kann, die nicht das eigene Verständnis durchsetzen will, sondern frei ist, den anderen zum Zuge kommen zu lassen. Nicht Gesetze, Regeln und Ordnungen helfen hier weiter, nicht das Durchsetzen richtiger Erkenntnisse, nicht das Recht der Stärkeren, sondern nur die Liebe. Sie will den anderen nicht zur Sünde verführen, sondern für Christus gewinnen.

Die Liebe erweist damit ihre beziehungsstiftende und versöhnende Kraft, die in der Welt fehlt. Es fällt auf, dass sich die meisten apostolischen Aussagen zur Liebe auf die Gemeinde selbst beziehen und weniger auf „die, die draußen sind". Auch sie kommen freilich in den Blick (1Kor 5,12; Kol 4,5; 1Thes 4,12). Gegenüber ihnen soll man „in Weisheit wandeln" und „anständig". (Keine genuin christlichen Begriffe!)

Dennoch gilt die Liebe „jedermann" (1Thes 3,12; 5,15[368]). Sieht man sich einen paränetischen Abschnitt wie Röm 12,9–21 an, dann fällt auf, dass die Liebe (V. 9) als Überschrift für die weiteren Einzelparänesen gelten kann. Der Horizont weitet sich dann und führt über die Gemeindegrenzen hinaus: „Seid bedacht auf das, was ehrbar ist vor allen Menschen. Wenn möglich, so habt mit allen Menschen Frieden" (Röm 12,17.18).

---

[368] Wobei „dem Guten nachjagen" sachlich nichts anderes bedeutet als zu „lieben".

Selbstverständlich ist es nicht nur Paulus, der über die Wichtigkeit der Liebe schreibt. Besonders der Apostel *Johannes* widmet ihr als Grundmotiv christlichen Verhaltens viele Aussagen. Weil „Gott Liebe" ist (1Joh 4,8), können diejenigen, die von ihm geliebt sind, nicht anders als lieben. Besonders auf den engen Zusammenhang von Lieben und ethischer Konsequenz legt Johannes seinen Nachdruck: „Wer sein Wort hält, in dem ist wahrhaftig die Liebe vollendet" (1Joh 2,5). Ob jemand in der Liebe Gottes lebt, zeigt sich, wenn er seine Gebote hält (1Joh 2,4; 2Joh 6). Darin besteht geradezu „die Botschaft, die ihr von Anfang an gehört habt, dass wir einander lieben sollen" (1Joh 3,11). „Wir sind schuldig, für die Brüder das Leben hinzugeben" (1Joh 3,16), das Herz nicht vor dem Mangel des Bruders zu verschließen – „wie bliebe die Liebe Gottes in ihm?" (1Joh 3,17) – und überhaupt „nicht mit Worten noch mit der Zunge" zu lieben, sondern „in Tat und Wahrheit" (1Joh 3,18). Die Liebe ist das Kennzeichen derer, „die aus Gott geboren" sind (1Joh 4,7). „Wer nicht liebt, hat Gott nicht erkannt!" (1Joh 4,8) Letztlich können wir nur lieben, „weil er uns zuerst geliebt hat" (1Joh 4,19). Eindeutig wird die Liebe zum Bruder mit der Liebe zu Gott gekoppelt bzw. aus ihr abgeleitet: „Hieran erkennen wir, dass wir die Kinder Gottes lieben, wenn wir Gott lieben und seine Gebote befolgen" (1Joh 5,2). Das Wesen der Liebe ist Wahrheit (2Joh 3).

Auch *Petrus* weist in seinen Briefen auf die vorrangige Notwendigkeit der Liebe hin, wenn er z.B. sagt: „Vor allen Dingen aber habt untereinander eine anhaltende Liebe! Denn die Liebe bedeckt eine Menge von Sünden" (1Petr 4,8). Außerdem kommt bei ihm der Aspekt der Nachhaltigkeit hinzu. In 2Petr 1,5 wird die Liebe als letztes von verschiedenen Gliedern in der Kette ethischer Vollkommenheit genannt: „Eben deshalb wendet aber auch allen Fleiß auf und reicht in eurem Glauben die Tugend dar, in der Tugend aber die Erkenntnis, in der Erkenntnis aber die Enthaltsamkeit, in der Enthaltsamkeit aber das Ausharren, in dem Ausharren aber die Gottseligkeit, in der Gottseligkeit aber die Bruderliebe (*philadelphia*), in der Bruderliebe aber die Liebe (*agape*)!"

Interessant ist hier einmal die Mischung aus christlichen und allgemein ethischen Begriffen (Tugend, Erkenntnis, Enthaltsamkeit). Außerdem haben wir ein schönes Beispiel dafür, wie auch hier der Imperativ aus dem Indikativ erwächst: „Nachdem seine göttliche Kraft

uns alles zum Leben und zur Gottseligkeit geschenkt hat" (2Petr 1,3)
„... deshalb wendet allen euren Fleiß auf und reicht dar ..." (2Petr 1,5).

Jakobus bringt alles kurz und bündig auf den ethischen Nenner,
wenn er sagt: „Wenn ihr wirklich das königliche Gesetz ‚Du sollst
deinen Nächsten lieben wie dich selbst‘, nach der Schrift erfüllt, so tut
ihr recht" (Jak 2,8).

(4) Eschatologische Begründung

Mit dem ersten Kommen Christi auf die Erde hat die Zukunft bereits
begonnen. Die eschatologischen Verheißungen des Alten Testaments
erfüllen sich in ihm. Die schon begonnene, aber noch nicht vollendete
Gottesherrschaft ist in ihm begründet. Christus selbst versteht sich als
der gekommene Kommende. Den in Niedrigkeit gekommenen messianischen Menschensohn werden sie „kommen sehen in Wolken mit
großer Macht und Herrlichkeit" (Mk 13,26), verrät er seinen Jüngern.
Vor dem Sanhedrin bekennt er auf die Frage des Hohepriesters mutig,
dass er der „Christus, der Sohn des Hochgelobten" ist, den sie „sitzen
sehen zur Rechten der Macht und kommen mit den Wolken des Himmels" (Mk 14,61f). Über seine Wiederkunft in Macht und Herrlichkeit
lässt Jesus seine Jünger und seine Feinde nicht im Zweifel.[369]

Die Parusie (Wiederkunft) Christi ist auch der heilsgeschichtliche
Zielpunkt aller apostolischen Belehrung. Gerühmt werden in ganz
Mazedonien und Achaja z.B. die Thessalonicher, die, nachdem sie
sich von den Göttern weg zu Gott bekehrt haben, „dem lebendigen
und wahren Gott" dienen „und seinen Sohn aus den Himmeln ... erwarten" (1Thes 1,9.10). Die „Ankunft des Herrn" und die Entrückung
der Gemeinde ist ein wichtiges Thema, über deren Zeitpunkte aber
nicht spekuliert zu werden braucht (1Thes 4,13–18; 5,1–3).

Wichtig zu erkennen ist nun, dass die Beschäftigung mit der Parusie Christi nicht zu passiver Welthaltung und Weltfremdheit führt,
sondern zu einer engagierten und hoffnungsvollen Erwartung, die
ethische und missionarische Kräfte in der Gemeinde freisetzt. „Also
lasst uns nicht schlafen wie die Übrigen, sondern wachen und nüchtern sein" (1Thes 5,6). Immer wenn eschatologische Weisungen der
Apostel ausgegeben werden, werden sie umrahmt von ethischen Er-

---

[369] Vgl. auch die sog. Endzeitreden Jesu in Mk 13,1–37; Mt 24,1–25, 46; Lk 21,5–36
und die Aussagen in Apg 1,6–11.

mahnungen: „Übrigens, Brüder, bitten und ermahnen wir euch in dem Herrn Jesus, da ihr ja von uns Weisung empfangen habt, wie ihr wandeln und Gott gefallen sollt ..." (1Thes 4,1f). Es folgen konkrete ethische Handlungsanweisungen bezüglich der Heiligung, Warnung vor Unzucht, Mahnungen zur Reinheit und zu ehrbaren Geschäften (1Thes 4,2–12).

Es geht den Aposteln bei allen eschatologischen Aussagen darum, „die Zeit (zu) erkennen, dass die Stunde schon da ist, dass ihr aus dem Schlaf aufwacht", also nicht um Spekulationen (vor denen Jesus schon gewarnt hatte), sondern um die ethischen Konsequenzen des Wartens auf den wiederkommenden Herrn. Das Licht dieses wiederkommenden Herrn wirft seine Schatten bereits voraus und führt zu einer ethischen Verpflichtung, diesem Ereignis gemäß zu leben. Und das bedeutet: „Die Nacht ist weit vorgerückt und der Tag ist nahe. Lasst uns nun die Werke der Finsternis ablegen und die Waffen des Lichts anziehen. Lasst uns anständig wandeln wie am Tag, nicht in Schwelgereien und Trinkgelagen, nicht in Unzucht und Ausschweifungen, nicht in Streit und Neid, sondern zieht den Herrn Jesus Christus an!" (Röm 13,11ff).

Auch Petrus ermahnt die Gläubigen im Zusammenhang mit seiner Einschätzung: „Es ist nahe gekommen das Ende (Ziel) aller Dinge: Seid nun besonnen und seid nüchtern zum Gebet. Vor allen Dingen habt untereinander eine anhaltende Liebe" usw. Es folgen eine weitere Anzahl von Einzelparänesen (1Petr 4,7ff). In seinem zweiten Brief geht er auf das Problem der sog. Parusieverzögerung ein, indem er klarstellt, dass es sich nicht um eine Verzögerung handelt, sondern um die Absicht Gottes, noch viele zu retten. Nach der Beschreibung des Endes ermahnt er die Gläubigen: „Da dies alles so aufgelöst wird, was für Leute müsst ihr dann sein in heiligem Wandel und Gottseligkeit, indem ihr die Ankunft des Tages erwartet und beschleunigt. (...) Deshalb, Geliebte, da ihr dies erwartet, befleißigt euch, unbefleckt und tadellos vor ihm im Frieden erfunden zu werden" (2Petr 3,9ff).

Angesichts der Wiederkunft Christi sollen sich die Christen heiligen und eines ethisch guten und verantwortlichen Lebens befleißigen. Die Parusie ihres Herrn ist ethischer und missionarischer Ansporn zugleich. Bewährung ist Implikat und Folge der Erwartung auf das Kommen des Herrn. Hoffnungslosigkeit lähmt, Hoffnung aber motiviert zu ethischem Tun.

Damit stehen die Apostel in großer Übereinstimmung zu Jesus selbst, der das „Warten" auf seine Wiederkunft genauso mit einem ethischen Appell verbunden hat. Am Ende seiner Endzeitrede ermahnt Jesus: „Hütet euch aber, dass eure Herzen nicht etwa beschwert werden durch Völlerei und Trunkenheit und Lebenssorgen und jener Tag plötzlich über euch hereinbricht. ... Wacht nun und betet allezeit!" (Lk 21,34f). Das Warten auf jenen Tag führt nicht zu passivem Dahindämmern und undiszipliniertem Leben nach dem Lustprinzip, sondern zu einem wachsamen und ethisch verantwortlichen Lebensstil. Gerade in seinen Himmelreichs-Gleichnissen betont Jesus angesichts des Ausbleibens der Parusie immer wieder die ethische Bereitschaft zum Handeln: „Selig jener Knecht, den sein Herr, wenn er kommt, bei solchem Tun finden wird!" (Mt 24,46). Dieser Aspekt wird gerade auch im Gleichnis von den „anvertrauten Talenten" (Mt 25,14–30) virulent. Es werden diejenigen gelobt, die dem wiederkommenden Herrn einen positiven Rechenschaftsbericht vorlegen können, d.h. die das anvertraute Gut vermehrt und durch ihr Handeln „mehr Kapital" erwirtschaftet haben. Getadelt und bestraft wird derjenige Knecht, der sein Talent vergraben und nichts getan hatte, um es zu vermehren. Die ethische Handlungsanweisung bedeutet hier den tätigen Einsatz für den Herrn.

Andererseits gibt es im Blick auf die futurische Eschatologie und die damit verbundene Spannung von der „schon angebrochenen und noch nicht vollendeten" Gottesherrschaft wiederum ethische Konsequenzen. Die Interimszeit „zwischen den Äonen" oder das Leben „in zwei Äonen zugleich" hat konkrete ethische Auswirkungen, die zu einer inneren Freiheit und Distanz zur Welt führen. Weil „die Gestalt dieser Welt vergeht", sollen die Gläubigen „die Welt nutzen, als nutzten sie sie nicht". „Weil die Zeit begrenzt" ist, sollen diejenigen, „die Frauen haben, sein, als hätten sie keine, und die Weinenden, als weinten sie nicht, die sich Freuenden, als freuten sie sich nicht, und die die Welt Nutzenden, als nutzten sie sie nicht" (1Kor 7,29–31).

Hier wird die Vorläufigkeit alles Tuns der Christen beschrieben, die im Blick auf das Eschaton das Binden an Güter und Menschen verhindern soll. Wer frei ist, handelt ethisch anders als der, der an diese vergehende Welt gebunden ist und kein eschatologisches Ziel des Lebens kennt. Denn wenn es keine Auferstehung der Toten gäbe, „so lasst uns essen und trinken, denn morgen sind wir tot", zitiert Paulus kynisch-stoische Weltsicht und setzt sich davon ab. Stattdessen ermahnt er, nicht einem Irrtum zu erliegen, denn „böser Verkehr verdirbt gute Sitten" (1Kor 15,32f). Auch hier wird vom Eschaton her auf die ethische Verhaltensweise im Hier und Jetzt gefolgert. Das große Ziel hat ethische Auswirkungen auf bzw. Konsequenzen für den Weg dorthin.

Auf einen letzten Aspekt muss noch hingewiesen werden. Neben der Freude auf den wiederkommenden Herrn und die Vereinigung mit ihm („glückselige Hoffnung", Tit 2,13) steht die ernste Erwartung auf die *Vergeltung nach den Werken*:

> „Darum setzen wir auch unsere Ehre darein, ob einheimisch oder ausheimisch, ihm wohlgefällig zu sein. Denn wir müssen alle vor dem Richterstuhl Christi offenbar werden, damit jeder empfange, was er durch den Leib vollbracht hat, es sei Gutes oder Böses" (2Kor 5,9–10). Ebenso wird darauf hingewiesen, dass die Werke der Gläubigen an dem „Tag" offenbar werden: „So wird das Werk eines jeden offenbar werden, denn der Tag wird es klar machen, weil er in Feuer geoffenbart wird. Und wie das Werk eines jeden beschaffen ist, wird das Feuer erweisen. Wenn jemandes Werk bleiben wird, das er darauf gebaut hat, so wird er Lohn empfangen, wenn jemandes Werk verbrennen wird, so wird er Schaden leiden, er selbst aber wird gerettet werden, doch so, wie durchs Feuer" (1Kor 3,13–15).

Worauf bereits Jesus deutlich hingewiesen hat, nämlich auf das Gericht nach Werken und die Abrechnung nach dem Gewirkten, das wird von Paulus scheinbar aufgenommen und in einen nun für die Gemeinde heilsgeschichtlich relevanten Zusammenhang gestellt. Die apostolischen Aussagen, als Gerechtfertigter nicht mehr ins Zorngericht zu kommen (1Thes 1,10; 5,23–24; Röm 5,9.16–21; 8,31–39), die durch Jesu eigene Worte ausdrücklich gedeckt sind („Wahrlich, wahrlich, wer mein Wort hört und glaubt dem, der mich gesandt hat, der hat ewiges Leben und kommt nicht ins Gericht, sondern er ist aus dem Tod in das Leben übergegangen", Joh 5,24), geraten durch die beiden o.a. Aussagen aus dem Korintherbrief in eine schier unerträgliche Spannung.

Diese Spannung kann nur erklärt und ausgehalten werden, wenn man tatsächlich mindestens zwei eschatologische Gerichte[370] an-

---

[370] E. Sauer unterscheidet freilich gar drei eschatologische Gerichte: (a) Das Gericht über die Gemeinde vor dem Richterstuhl Christi: *vor* dem Tausendjährigen Reich, (b) das Gericht über die Völker, d.h. über die dann Lebenden: vor dem Thron seiner Herrlichkeit *zu Beginn* des Tausendjährigen Reichs (Mt 25,31) und (c) das Gericht über die Allgemeinheit, d.h. über die Toten (Offb 20,12): vor dem „großen weißen Thron" *nach* dem Tausendjährigen Reich." In: E. Sauer, Der Triumph des Gekreu-

nimmt: ein Gericht für alle Menschen, bei dem es um Tod und Leben geht. Dies ist das letzte große Weltgericht, das nach dem Untergang der alten Welt abgehalten wird. Es ist Gott selbst, der auf dem „großen weißen Thron" (θρονος – *thronos*) sitzt, und „vor dessen Angesicht die Erde entfloh und der Himmel und keine Stätte für sie gefunden wurde" (Offb 20,11). Vor diesem Thron werden alle Toten erscheinen und nach ihren Werken gerichtet werden. „Und wenn jemand nicht geschrieben gefunden wurde in dem Buch des Lebens, so wurde er in den Feuersee geworfen" (Offb 20,15).

In dieses Gericht kommen Christen nicht mehr hinein, weil ein anderer für sie das Zorngericht Gottes bereits getragen hat. Weil Christus stellvertretend für sie am Kreuz gelitten und „unsere Sünden an seinem Leib selbst an das Holz hinaufgetragen hat" (1Petr 2,24), kommen alle, die an ihn glauben, nicht mehr ins Gericht. Sie sind in und mit Christus im Glauben bereits „vom Tod zum Leben übergegangen" und brauchen daher kein eschatologisches Verdammungsurteil mehr zu fürchten. „Wer will verdammen? Christus ist hier ..." (Röm 8,34). Die Auswirkungen des rechtfertigenden Handelns Gottes an den Gläubigen hat Paulus im Römerbrief stringent entfaltet und erklärt: „Da wir nun gerechtfertigt worden sind aus Glauben, haben wir Frieden mit Gott durch unseren Herrn Jesus Christus, durch den wir mittels des Glaubens auch Zugang erhalten haben zu dieser Gnade, in der wir stehen, und rühmen uns aufgrund der Hoffnung der Herrlichkeit Gottes" (Röm 5,1.2).

Dennoch haben auch Christen noch ein Gericht zu erwarten. Das von Paulus in 1Kor 3,13; 2Kor 5,10 und Röm 14,10 erwähnte Gericht entscheidet nicht über ewigen Tod oder ewiges Leben. Es ist nicht das Endgericht Gottes (was mit „Thron" bezeichnet wird), sondern die „βημα Χριστου – *bäma christou*", der „Richterstuhl Christi" (2Kor 5,10) oder nach Röm 14,10 auch die „βημα θεου – *bäma theou*", der „Richterstuhl Gottes". Vor diesem Richterstuhl (oder „Gerichtstag", 1Joh 4,17) geht es um eine Art „Preisgericht", das „Lohn" oder

---

zigten. Ein Gang durch die neutestamentliche Offenbarungsgeschichte, Wuppertal 1937, S. 116.

Von diesen eschatologischen Gerichten Gottes zu unterscheiden ist freilich noch einmal die Einsicht, „dass das Gericht anfange am Haus Gottes" (1Petr 4,17). Dies stellt kein eschatologisches Endgericht dar, sondern ein Richten, das zur Heiligung der Gemeinde hier und jetzt führt.

„Schaden" (1Kor 3,14.15), nicht aber ewige Herrlichkeit oder ewige Verdammnis bei den Gerichteten zur Folge haben wird.

Paulus spricht im Zusammenhang mit dem Richterstuhl Christi vom „Schrecken des Herrn" (2Kor 5,11), von der Möglichkeit des Verbrennens des gesamten Lebenswerks (1Kor 3,13.15) und von jemandem, „der bei einem Brand nur mit dem nackten Leben davonkommt" (1Kor 3,15). Die Personen, die dieses Gericht zu erwarten haben, sind „wir alle" (2Kor 5,10; Röm 10,14), die „Einheimischen" und die „Ausheimischen", d.h. alle Erlösten, die dann Lebenden und die bereits Entschlafenen (2Kor 5,6–10). Maßstab des Richtens ist „die Treue" (1Kor 4,1; vgl. Mt 25,21.23), das Ganze des Lebens der Christen, ihr Lebenswerk.

Im Blick auf unser Thema bedeutet das, dass die Betonung des „Letzten" also nicht zu einem Ausblenden des „Vorletzten"[371] führt, sondern zu einer verantwortlichen ethischen Gestaltung desselben. Weder soll Weltflucht, noch Weltsucht das Leben derjenigen prägen, die auf ihren wiederkommenden Herrn warten und mit seiner Parusie rechnen. Das Wissen um das große Ziel führt erst zu einem angemessenen ethischen Verhalten, so die durchgängige Lehre Jesu und seiner Apostel.

3.4.2 Ekklesiologisch-apostolische Ethik

Das bisher Gesagte ist nun nicht als Ausgestaltung einer streng individualethischen Paränese zu verstehen, sondern im ekklesiologischen Kontext der Gemeinde. Die Einzelanweisungen der Apostel richten sich nicht an Einzelne im luftleeren Raum, sondern an Gemeindeglieder, die verantwortlich in der Gemeinde und der Welt leben.[372] Im Folgenden sollen daher einige Beispiele gemeindlicher Paränese aufgeführt werden, die als apostolische Weisungen das ethische Verhalten im Miteinander der Gemeindeglieder formulieren.

Dabei darf nicht außer Acht gelassen werden, dass die materialen ethischen Kriterien bei den Aposteln in der christologischen Veranke-

---

[371] Diese bekannte Verhältnis-Formulierung von Letztem und Vorletztem geht auf D. Bonhoeffer zurück (Ethik, München, div. Auflagen).

[372] Siehe das oben unter 3.4 Gesagte.

rung ihres Denkens und Handelns liegen. Dadurch haben sie eine große Freiheit gewonnen, sowohl jüdische als auch außerchristliche ethische Kriterien aufzunehmen und auf Christus zu beziehen. Der schmale Weg der Freiheit zwischen jüdischem Nomismus einerseits und antik-tugendhafter Ethik andererseits kann nur im strengen Blick auf Christus gefunden werden. Dabei werden Christen an ihre Berufung erinnert, weil „Christus für euch gelitten und euch ein Beispiel hinterlassen" hat, auch seinen „Fußstapfen nach(zu)folgen" (1Petr 2,21), d.h. „keine Sünde" zu tun, keinem Trug Raum zu geben und überhaupt ihn als Vorbild ethischen Handelns zu nehmen. Das alles hat sowohl Relevanz in der Welt (wie besonders die Petrusbriefe und Jakobus zeigen) als auch im Raum der Gemeinde (wie besonders die Paulusbriefe erkennen lassen).

3.4.2.1 Beispiele ekklesiologisch-apostolischer Ethik

Im Folgenden sollen einige Beispiele ethischen Verhaltens von Christen im Raum der Gemeinde (überwiegend von Paulus) aufgezeigt und bereits ausgewertet, bzw. angewandt werden.

(1) Die große Freiheit: „Es ist alles erlaubt, aber ..."
Dass die Freiheit Kennzeichen von durch Christi Geist befreiten Menschen ist, wird bei Paulus immer wieder soteriologisch entfaltet (vgl. Gal 3,13f; 5,1.13; Röm 8,15f). Welche Auswirkungen diese Befreiung auf das ethische Verhalten hat, zeigt er im Blick auf die Sünde (Röm 6) und das Gesetz (Röm 7).

Grundsätzlich gilt die von Christus geschenkte Freiheit, die Christen aber nicht missbrauchen dürfen (Gal 5,13; 1Petr 2,16). Die einen gebrauchen sie „zum Deckmantel der Bosheit", d.h. der Sünde, die anderen zum „Anlass für das Fleisch". Wieder andere lehnen sie mit dem Hinweis auf die gesetzlichen Bestimmungen, die oft genug jüdisch-nomistisch ausgelegt wurden (Problem der Beschneidung), ab. Auf diesem Hintergrund nimmt Paulus eine beliebte Argumentation der Korinther auf und bestimmt sie neu.

> „Alles ist mir erlaubt, aber nicht alles ist nützlich.
> Alles ist mir erlaubt, aber ich will mich von nichts beherrschen lassen" (1 Kor 6,12).

„Alles ist erlaubt, aber nicht alles ist nützlich.
Alles ist erlaubt, aber nicht alles erbaut" (1 Kor 10,23).

Die auffallend häufigen Wendungen mit „alles" können zum besseren
Verständnis dieses Wortes dienen. So wie Gott denen, die ihn lieben,
„alles zum Guten mitwirken lässt" (Röm 8,28) und er „uns mit Christus alles schenkt" (Röm 8,32), so wie er die Christen „in allem reich
gemacht" hat (1Kor 1,5; 2Kor 9,11), gilt nun entsprechend, dass „alles
euer" ist (1Kor 3,21). Wenn Christen „alles zur Ehre Gottes" tun
(1Kor 10,31), in „allem gehorsam" sind (2Kor 2,9), „alles in Liebe
geschehen" lassen (1Kor 16,14), dann macht auch dieser Satz Sinn,
dass „alles erlaubt ist". Aber nicht alles dient der Verherrlichung
Christi! Das ist der Bezugspunkt aller ethischen Aussagen.

Paulus gibt drei Kriterien der Freiheit:

Alles ist mir erlaubt,	aber *nicht alles ist nützlich.*
Alles ist mir erlaubt,	aber *ich will mich von nichts beherrschen lassen.*
Alles ist erlaubt,	aber *nicht alles erbaut.*

(a) Manches mag gar nicht mal „schlecht" sein, aber es ist nicht
„nützlich" für das Reich Gottes und für einen selbst. Zeit wird vertan,
Geld wird nicht richtig eingesetzt, Kraft wird falsch investiert.

(b) Er will sich nicht beherrschen lassen von nichts und nieman-
dem. Bekommen Menschen und Sachen Macht über mich? Habe ich
Gewohnheiten, die mich beherrschen? Nehmen mich Gedanken und
Phantasien gefangen? Das sind Fragen, die Unfreiheit markieren.

Gerade der Kontext in 1Kor 6,9–11 zeigt, dass Paulus um die Macht
der Sünde, aber noch viel mehr um die Macht der Vergebung und Erneuerung des Verhaltens „durch den Namen des Herrn Jesus und durch
den Geist unseres Gottes" weiß. Er zählt eine ganze Liste von Sündern
und sündigen Leidenschaften der Korinther auf und sagt offen: „Das
sind manche von euch gewesen; aber ihr seid abgewaschen, aber ihr
seid geheiligt, aber ihr seid gerechtfertigt worden ..." (1Kor 6,11).

Das neue ethische Kriterium ist nun nicht ein stark eingeengter
Raum des Gesetzes (wie man es angesichts solcher Menschen mit
solch einer sündigen Vergangenheit vielleicht hätte erwarten können),
sondern Freiheit, erlaubte Ethik, ein neuer weiter Raum ethischen
Verhaltens „im Namen unseres Herrn Jesus und durch den Geist unseres Gottes"!

Der neue schmale Weg der Freiheit (Mt 7,13–14) ist schwerer zu gehen als der enge Raum des Gesetzes. Er ist aber der Jesus angemessenere Weg als der des Gesetzes. Denn Christus hat uns erlöst vom Fluch des Gesetzes (Gal 3,13).

(2) „Fliehet!" – Flucht als ethisches Muster
prophylaktischen Handelns

Freiheit kann sich zeigen in der Flucht vor dem Bösen und der Sünde. Verantwortete Freiheit überschätzt sich nicht selbst und „flirtet" nicht mit der Sünde. Sie weiß um die eigene Gefährdung und kennt den prophylaktischen Aspekt ethischen Verhaltens. Die Apostel geben ethische Weisungen wider die Selbstüberschätzung! „Daher, wer zu stehen meint, sehe zu, dass er nicht falle!" (1Kor 10,12). Ebenso wird auf Gefahren aufmerksam gemacht: „... damit der Satan euch nicht versuche!" (1Kor 7,5). Auch erneuerte Existenz bleibt immer gefährdete Existenz. Daher gibt Paulus konkrete ethische Anweisungen im Blick auf zwei besonders „gefährliche" Bereiche bei den Korinthern:

„Flieht die Porneia (Unzucht, Hurerei, alle Formen vor- und außerehelicher Sexualität)!" (1Kor 6,17). Die Begründung ist nicht moralischer Natur, sondern pneumatischer: „Wisst ihr nicht, dass euer Leib ein Tempel des Heiligen Geistes in euch ist?" (1Kor 6,19). Man soll nicht gegen seinen eigenen Leib sündigen.

„Flieht den Götzendienst!" (1Kor 10,14). Hier redet Paulus „zu Verständigen" und stellt den Götzendienst in den Zusammenhang mit dem Tisch des Herrn. Gott und die Götter passen nicht zusammen. Wer Götzendienst treibt, kann nicht gleichzeitig den Herrn anbeten.

(3) Klare Gebote des Herrn

Paulus gebietet im Namen des Herrn, indem er die Gebote Christi als für die Gemeinde konstitutiv reklamiert. Im Blick auf das Zueinander von verheirateten Männern und Frauen sagt er ausdrücklich nicht seine eigene Meinung, sondern beruft sich auf das Gebot des Herrn:

„Den Verheirateten gebiete nicht ich, sondern der Herr!" (1Kor 7,10). Konkret bedeutet das Gebot des Herrn:

(a) Keine Scheidung!
(b) Das Unverheiratetsein nach einer Scheidung, wenn Versöhnung nicht möglich war.

272

Auch Jesus erklärt die Ehe für unauflöslich! „Was Gott zusammengefügt hat, soll der Mensch nicht scheiden!" (Mk 10,9; Mt 19,6). Nach Mk 10,1–2; 10,3–5; 10,6–9; 10,10–12 erklärt Jesus ganz klar, dass Scheidung nicht dem ursprünglichen Willen Gottes entspricht und Wiederheirat seitens des Mannes oder der Frau Ehebruch bedeutet. Bei Markus ist als einzigem der Synoptiker auch die Möglichkeit erwähnt, dass eine Frau ihren Mann entlässt. Diese Variante erklärt die heidnischen Adressaten, in deren römisch-griechischer Kultur solches möglich und bekannt war. Nach Lk 16,18 sagt Jesus: „Jeder, der seine Frau entlässt und eine andere heiratet, begeht Ehebruch; und jeder, der die von einem Mann Entlassene heiratet, begeht Ehebruch." Jesus will – und das zeigen alle Belege inklusive der matthäischen Aussagen mit der Ausnahmeformel (Mt 5,32; 19,6.9) – offensichtlich deutlich klarstellen, dass die eigentliche Sünde nicht in der Scheidung selbst liegt (im ganzen NT wird an keiner Stelle die Scheidung explizit als Sünde bezeichnet!), sondern in der Wiederheirat! Die Trennung einer Beziehung ist demnach, wenn auch nicht gutgeheißen, so doch in Ausnahmefällen möglich. Die Wiederheirat jedoch ist nach Jesu Worten gänzlich ausgeschlossen.[373] Damit macht Jesus deutlich, dass die Ehe vor Gott weiterbesteht – auch nach einer Trennung – und erst durch eine Wiederheirat unwiederbringlich gebrochen wird!

Paulus steht also auch in dieser ethischen Auffassung in Übereinstimmung mit Christus. Zusätzlich expliziert er das sog. *privilegium paulinum* in 1Kor 7,12–16, das sich auf Mischehen bezieht. Die Meinung trat auf, dass aus kultischen Gründen im Falle des Gläubigwerdens eines Partners die Scheidung notwendig würde. Das wehrt Paulus

---

[373] An dieser Stelle gehen die Meinungen der Exegeten auseinander. Während die einen die Ausnahmeregelung nur auf die Scheidung beziehen und nicht auf die Wiederheirat, beziehen die anderen sie auf beides: Scheidung und Wiederheirat. Wenn also ein Partner den anderen aufgrund von Porneia entlasse, dann deshalb, weil dieser bereits die Ehe durch seine Tat gebrochen habe. Aus dieser schuldlosen Entlassung heraus sei demnach eine schuldlose Wiederheirat möglich, weil er die Ehe nicht bräche, sondern weil die Ehe durch Porneia des anderen Partners bereits gebrochen worden sei. Vgl. zu diesem ganzen Komplex u.a. H. Baltensweiler, Die Ehe im Neuen Testament, Zürich 1967, S. 19–34; S. 87–101; S. 150–185; R. und H. Bräumer, Scheidung und Wiederheirat. Eine biblisch-seelsorgerliche Studie, Neuhausen-Stuttgart 1990; H. und J. Bräumer/J. Cochlovius/M. Dieterich, Eine zweite Ehe? Überlegungen zur Wiederheirat Geschiedener,Wuppertal 1992; J. Kuberski, Scheidung und Wiederheirat – was sagt die Bibel?, Bibel und Gemeinde 1/1988, S. 66–83; C.-D. Stoll, Ehe und Ehescheidung. Die Weisungen Jesu , Gießen/Basel 1983; J. Stott, Christsein in den Brennpunkten unserer Zeit, Bd. 4, Marburg 1988, S. 43–70; S. 110–130 u.v.a.m.

ab: „Wenn sie einwilligt, bei ihm zu wohnen, so entlasse er sie nicht" und umgekehrt, „wenn er einwilligt, bei ihr zu wohnen, so entlasse sie ihn nicht". Der gläubige Teil soll die Ehe zu erhalten versuchen. Im Fall der *desertio* aber, d.h. wenn der ungläubige Partner scheiden will, „dann scheide er", ist der Gläubige in diesem Fall nicht geknechtet, d.h. nicht verpflichtet, dem Ungläubigen zu dienen. Es geht hierbei um die Entbindung von ehelichen Pflichten, nicht um die absolute Freiheit, tun und lassen zu können, was man mag.[374]

(4) Ethische Zugeständnisse

(a) „Dies sage ich aber als Zugeständnis, nicht als Befehl!" (1Kor 7,6). Inhaltlich geht es darum, sich in der Ehe einander nicht zu lange zu entziehen. Paulus erzwingt oder befiehlt es nicht! Man kann ehelichen Verkehr nicht erzwingen. Das Entziehen soll freiwillig geschehen, aufgrund gegenseitiger Absprache und wegen des Betens.

(b) „Es ist gut für sie ..." (1Kor 7,8). Inhaltlich geht es um Menschen, die ledig bleiben sollten, aber nicht müssen! Es ist eine Gnadengabe, ledig zu sein, und eine Gnadengabe, verheiratet zu sein. Beide Möglichkeiten stehen ethisch gleichbedeutend nebeneinander, wenn auch Paulus persönlich meint, dass es besser sei, „alle wären wie ich", also ledig.

(c) „Wenn aber ein Ungläubiger sich scheidet, dann scheide er sich. Der Bruder oder die Schwester ist in solchen Fällen nicht geknechtet!" (1Kor 7,15).

Das Argument ist: Frieden!

(5) Persönliche Meinung des Apostels
„Über die Jungfrauen habe ich kein Gebot des Herrn; ich gebe aber meine Meinung als einer ..." (1Kor 7,25).

(6) Die Freiheit, die Welt zu gebrauchen, als gebrauchte man sie nicht
1Kor 7,29ff: „Dies aber sage ich, Brüder: Die Zeit ist begrenzt, dass künftig die, die Frauen haben, seien, als hätten sie keine, und die Weinenden, als weinten sie nicht, und die sich Freuenden, als freuten sie

---

[374] An dem Verb δουλοω – *douloo* entscheidet sich auch hier die unterschiedliche Auffassung der Exegeten. Das Verb „gebunden" wird dann in einem umfassenden Sinn verstanden, der die Freiheit zur Wiederheirat einschließt.

sich nicht, und die Kaufenden, als behielten sie es nicht, und die die Welt Nutzenden, als benutzten sie sie nicht; denn die Gestalt dieser Welt vergeht."

1Kor 7,35: „Dies aber sage ich zu eurem eigenen Nutzen, nicht, um euch eine Schlinge überzuwerfen, sondern damit ihr ehrbar und beständig ohne Ablenkung beim Herrn bleibt."

(7) Grenzen der Freiheit: Rücksicht auf Schwache
(1Kor 8–9; Röm 14–15)

Freiheit hat ihre Grenze: die Schwachheit des Bruders. Das Verhältnis der Schwachen zu den Starken und der Starken zu den Schwachen in der Gemeinde ist eins der spannungsvollsten. Wer definiert, wer schwach oder stark ist?

Die Liebe ist in der Lage, mehr zu tun als gefordert, d.h. auch auf Schwache Rücksicht zu nehmen.

(7.1) Das *Ernstnehmen der Schwachen* zeigt einen Wesenszug Gottes, der bereits im AT sichtbar wird. Er wird den „glimmenden Docht nicht auslöschen" und das „geknickte Rohr nicht zerbrechen" (Jes 42,3). Er nimmt sich in besonderer Weise der Armen und Schwachen an („Den Armen hob er empor aus dem Elend" Ps 107,41; „... der du den Elenden rettest ...", Ps 35,10), er ist ein Vater der Waisen und ein Anwalt der Witwen (Ps 68,6).

Auch Jesus hat sich den Armen in besonderer Weise zugewendet und so seinen messianischen Anspruch bekräftigt (Jes 61,1ff; Lk 4,17–19).

Dass auch die Apostel für die Gemeinde diese ethische Konsequenz der Liebe Gottes fordern, ist nur folgerichtig.

(7.2) *Die Schwachen im Glauben sind grundsätzlich anzunehmen (Röm 14,1).* Die Starken „sind verpflichtet, die Schwachheiten der Kraftlosen zu tragen und nicht sich selbst zu gefallen" (Röm 15,1).

Die Starken dürfen die Schwachen nicht richten, umgekehrt die Schwachen die Starken nicht verachten (Röm 14,10).

Stattdessen soll beiden bewusst sein, dass sie vor dem Richterstuhl Gottes Rechenschaft für ihr Leben abgeben müssen (Röm 14,10.12).

Die Konsequenz daraus heißt für Paulus, „dem Bruder keinen Anstoß oder Anlass zur Sünde zu geben" (Röm 14,13). Sünde ist aber „alles, was nicht aus Glauben geschieht" (Röm 14,23).

Wird der Schwache vom Starken verführt, etwas gegen seine Überzeugung zu tun, wird das, wozu der Starke zwar Freiheit hat, ihm jedoch zur Sünde (Röm 14,14.15.20).

Es ist „zwar alles rein" (Röm 14,20) und „nichts an sich selbst unrein" (Röm 14,14), dennoch wird es unrein, wenn jemand etwas gegen seine Überzeugung und „mit Anstoß" tut und sich so „selbst richtet" oder an seiner Handlung „zweifelt" (Röm 14,14.20.22.23).

(7.3) *Konkret kann sich die „Schwachheit" zeigen*
(a) beim Essen des (Götzenopfer-)Fleisches. D.h. man isst, obwohl man von seinem Gewissen her nicht sollte. Andere verzichten ganz auf das Essen von Götzenfleisch und verschreiben sich der vegetarischen Lebensweise (Röm 14,2).

Das Essen von Götzenfleisch stellte in den ersten Gemeinden (besonders in Korinth) ein großes ethisches Problem dar (1Kor 8).

Die einen essen Götzenfleisch in dem Bewusstsein, dass es durch Götzendienst verunreinigt ist. Dadurch verunreinigen sie sich aber selbst, weil „ihr Gewissen schwach" ist und es dadurch „befleckt" wird. Ihnen schreibt Paulus, dass es in Wahrheit ja gar „keinen Götzen in der Welt gibt" (1Kor 8,4), sondern nur „einen Gott, den Vater, von dem alle Dinge sind und wir auf ihn hin und einen Herrn Jesus Christus, durch den alle Dinge sind und wir durch ihn" (1Kor 8,6).

Was die Speise angeht, zeigt er grundsätzlich, dass sie uns „nicht angenehm vor Gott macht". „Weder sind wir, wenn wir nicht essen, geringer, noch sind wir, wenn wir essen, besser" (1Kor 8,8).

(b) Die „Schwachheit" zeigt sich auch beim Ernstnehmen bzw. Halten der Feiertage (Röm 14,5). Einige Geschwister werteten einige Tage höher als andere, andere Geschwister hielten alle Tage gleich. Das führte natürlich in einer Gemeinschaft zu erheblichen Belastungen, wenn der eine an einem sog. Feiertag arbeitete, während der andere seine Andacht haben wollte.

(7.4) *Die Freiheit zum Verzicht um des Schwachen willen*
In 1Kor 8,9 ermahnt Paulus die starken Christen darauf zu achten, dass nicht etwa „diese eure Freiheit den Schwachen zum Anstoß werde!" Man kann durch seine eigene Freiheit das Gewissen des schwachen Bruders so verletzen (1Kor 8,12), dass der „Schwache umkommt" (1Kor 8,11), weil ihm die Freiheit des Starken „Anlass zur Sünde" wird.

Aus diesem Grund will Paulus, auch wenn er die Freiheit dazu hätte, „in Ewigkeit überhaupt kein Fleisch essen", damit er seinem Bruder keinen Anlass zur Sünde liefert!

Die Liebe Christi ist stark genug, sogar den Schwachen zu tragen und anzunehmen, mit ihm Gemeinschaft zu haben und ihn zu achten. Sie geht sogar so weit, dass sie sich ihm gegenüber „zum Sklaven machen" kann, um ihn „zu gewinnen" (1Kor 9,19).

(7.5) *Liebe um jeden Preis?*

Muss denn jede „Schwachheit" des Bruders oder der Schwester berücksichtigt werden? Kann diese Haltung nicht zu einer „Diktatur der Schwachen" führen? Muss jeder erdenkliche Anstoß gemieden und jede Beschwernis irgendeines Bruders oder einer Schwester berücksichtigt werden? Dürfen kulturelle oder soziologische oder bildungsmäßige Prägungen so aufgewertet werden, dass sie ethische Strukturen pauschal und auf Generationen prägen?

Diese Frage kann nicht ernsthaft bejaht werden. Es gilt sehr sorgfältig zu unterscheiden, wo ernsthafte Gewissensgründe von Geschwistern vorliegen und wo lediglich menschliche Konventionen unreflektiert übernommen und gesetzlich aufrechterhalten werden. Wo ein echter Austausch unter Geschwistern einer Gemeinde über unterschiedliche Erkenntnisse oder ethische Streitfragen nicht mehr möglich ist, wo Meinungen von Starken oder von Schwachen aus welchem Grund auch immer nicht mehr geäußert werden dürfen und unterdrückt werden, wo es ein autoritäres Verpflichten auf gewisse Standpunkte gibt, da ist in der Tat eine Situation entstanden, die unter Umständen eine Verweigerung aus Gewissensgründen bzw. eine Trennung von dem theologischen System einer Gemeinschaft nötig macht.

(8) *Freiheit zum Verzicht auf legitim Zustehendes*

Es gibt Anspruch auf gewisse Grundversorgungen und Rechte. In 1Kor 9,12 erklärt Paulus, dass er durchaus mit den anderen Aposteln das Recht habe, „vom Evangelium zu leben" (1Kor 9,14). Darauf verzichtet er aber aus Liebe und Freiheit.

Auch hätte er ein gewisses Verfügungsrecht über die Korinther. Dennoch verzichtet er darauf. „Wir haben aber von diesem Recht keinen Gebrauch gemacht, sondern wir ertragen alles, damit wir dem Evangelium Christi kein Hindernis bereiten."

(9) Freiheit zum Dienen, um andere zu gewinnen
1Kor 9,19: „Denn obwohl ich allen gegenüber frei bin, habe ich mich
allen zum Sklaven gemacht, damit ich so viele wie möglich gewinne."

Die Fähigkeit, sich mit den anderen zu solidarisieren – 1Kor 9,22:
„Den Schwachen bin ich ein Schwacher geworden, damit ich die
Schwachen gewinne. Ich bin allen alles geworden, damit ich auf alle
Weise einige errette."

1Kor 10,24: „Niemand suche das Seine, sondern das des andern!"

(10) Abwägen zwischen gut und besser
1Kor 7,38: „Also, wer seine Jungfrau (ver-)heiratet, handelt gut, und
wer (sie) nicht (ver-)heiratet, wird besser handeln."

1Kor 7,39–40: „Eine Frau ist gebunden, solange ihr Mann lebt;
wenn aber der Mann entschlafen ist, so ist sie frei, sich zu verheiraten,
an wen sie will, nur im Herrn (muss es geschehen).

Glückseliger ist sie aber, wenn sie so bleibt, nach meiner Meinung;
ich denke aber, dass auch ich Gottes Geist habe."

3.4.2.2 Materiale Kriterien apostolischer Ethik

(a) Nichtchristliche Verhaltensmaßstäbe
Es gibt zwar die häufig vertretene Meinung, dass es grundsätzlich
keine materialen Unterschiede zwischen christlichem und nicht-
christlichem Ethos gebe. Das genuin Christliche liege nicht im Inhalt-
lichen, sondern darin, dass mit neuer (christlicher) Motivation bzw.
neuer Kraft die altbekannten ethischen Maßstäbe gelebt werden
könnten.[375]

Sieht man sich aber die apostolischen Aussagen genau an, kann
man zuallererst eine deutliche Distanz zu außergemeindlichen Maßstäben erkennen. Eine Stelle wie Röm 12,1–2, von Paulus quasi als
Überschrift und Einleitung zu dem paränetischen Teil des Römerbriefs
formuliert, macht deutlich, dass man gerade nicht in Konformität mit
diesem Äon, d.h. dieser Welt, leben soll! „Seid nicht gleichförmig
dieser Welt, sondern werdet verwandelt durch die Erneuerung eures

---

[375] So z.B. R. Bultmann, Das Problem der Ethik bei Paulus, ZNW 23, 1924, S. 123–
140; H. Halter, Taufe und Ethos. Paulinische Kriterien für das Proprium christlicher
Moral, FThSt 106, 1977, S. 475.

Denkens, dass ihr prüfen mögt, was der Wille Gottes ist: das Gute und Wohlgefällige und Vollkommene."[376]

Auch die Mahnung in 2Kor 6,14 macht die Unvereinbarkeit christlicher mit nichtchristlicher Ethik und Lebensweise deutlich: „Zieht nicht am fremdartigen Joch mit Ungläubigen! Denn welche Verbindung haben Gerechtigkeit und Gesetzlosigkeit?" Gerade diese Stelle zeigt die inhaltliche ethische Diskrepanz zwischen einer Ethik Gläubiger und Ungläubiger überdeutlich. Sie passen nicht zusammen: „Oder welche Gemeinschaft hat Licht mit Finsternis?"

Dieses Nein der Heiligen zu dem weltlichen Wesen und zu weltlichen ethischen Handlungsweisen bedeutet aber nicht ein Nein zum Umgang mit Menschen dieser Welt überhaupt, „denn sonst müssten wir die Welt räumen" (1Kor 5,9). Es bedeutet aber eine unmissverständliche Absage an Lebensweisen dieser Welt, die mit dem Wort Gottes unvereinbar sind (1Thes 4,5; Phil 2,15). Auch das „Einst-jetzt-Schema" (1Kor 6,11; Eph 2,1ff; 2,11.13; 4,22–23f u.v.a.m.) bekräftigt diese Unvereinbarkeit weltlicher Verhaltensweisen mit den neuen Maßstäben der christlichen Ethik.

Auf der anderen Seite ergibt sich aus Röm 1 und 2 eindeutig, dass Paulus davon ausgeht, dass auch Heiden das „in die Herzen geschriebene" Gesetz kennen.[377] Damit ergibt sich zumindest ein partieller ethischer Konsens zwischen dem sittlichen Verhalten bei Christen und Nichtchristen. Wenn er z.B. in 1Kor 10,32 auffordert, „unanstößig sowohl für Juden als auch für Griechen als auch für die Gemeinde" zu sein, dann ergibt sich das interessante Faktum, dass er offensichtlich von gemeinsamen sittlichen Standards ausgeht. Nur ein solcher, alle drei Gruppierungen (Juden, Griechen, Christen!) verbindender Maßstab macht ja ein Urteil der Heiden erst sinnvoll. Auch die Aufforderung in 1Thes 4,11–12, seine Ehre darein zu setzen, „still zu sein und eure eigenen Geschäfte zu tun und mit euren Händen zu arbeiten ..., damit ihr anständig wandelt gegen die draußen", zeigt wiederum, dass

---

[376] Das μη συσχηματιζεσθε (*mä syschämatizesthe*) zeigt gerade den scharfen Kontrast zu dem ethischen Schema der Welt an! Es geht bei der Mahnung also nicht um einzelne ethische Anweisungen, in denen man sich unterscheiden soll, sondern um ein ganzes Schema, eine Struktur des Verhaltens, die im Gegensatz zur Welt steht.

[377] Vgl. das oben unter 3.1.1.1 Gesagte.

es übereinstimmende ethische Maßstäbe gibt, die von beiden Seiten verstanden werden.[378]

Dass Paulus und die anderen Apostel ethischen Mustern aus der Umwelt gegenüber aufgeschlossen waren, sie z.T. übernommen, dabei allerdings eine Auswahl getroffen und sie korrigiert haben, kann man vielerorts nachweisen.

Ein Beispiel mag genügen. In Phil 4,8 mahnt Paulus, „alles, was wahr, alles, was ehrbar, alles, was gerecht, alles, was rein, alles, was liebenswert, alles, was wohllautend ist, wenn es irgendeine Tugend und wenn es irgendein Lob gibt", zu erwägen! Er nimmt also Begriffe aus konventionellen Tugendkatalogen und stellt sie in seinen christlichen Kontext hinein. Dadurch werden sie in gewisser Weise geheiligt.

Die kritische Rezeption antiker ethischer Begriffe durch Paulus zeigt eine reife geistliche Art, nicht grundsätzlich alles Gute in der Welt abzulehnen, sondern für das Evangelium dienstbar zu machen. Es gibt also durchaus ethische Schnittmengen, die es zu beachten, aber kritisch auszuwählen gilt. „Prüft aber alles, das Gute behaltet!", gibt er entsprechend den Thessalonichern mit auf den Weg (1Thes 5,21).[379] Freilich gilt auch das andere direkt im nächsten Satz: „Von aller Art des Bösen haltet euch fern!" (5,22), gerade so, als ob alle wüssten, was alle Art des Bösen ist.

Man kann also feststellen, dass alle ethische Rezeption nicht einfach unkritisch geschah, sondern ausgewählt wurde und unter Vorbehalten in das christliche Muster der Ethik integriert wurde.

(b) Alttestamentlicher Schöpfungsglaube
Das Weltverständnis der Apostel geht natürlich auf das jüdische zurück, ist aber christlich modifiziert und völlig eigenständig. Es ist dialektisch zu deuten.

Einerseits sehen sie in der Welt Gottes gute Schöpfung. Es ist „Gott, der alle Dinge geschaffen hat" (Eph 3,9). Christus ist allerdings

---

[378] „Schon dass Paulus den Terminus ‚anständig' (euschämonos) seiner Umwelt für die sittlich einwandfreie Haltung übernimmt, deutet an, dass über das, was jeweils als anständig zu gelten hat, im Großen und Ganzen Übereinstimmung herrscht (vgl. H. Greeven, ThW II, 769)." Schrage, a.a.O., S. 191.

[379] Der Kontext legt freilich nahe, dass es sich hier in erster Linie um das Prüfen von Prophezeiungen handelt.

der Schöpfungsmittler: „Durch ihn und für ihn ist alles geschaffen worden" (Kol 1,16f). Andererseits erkennen sie in der Welt die dahingegebene Schöpfungswelt, die leidet und seufzt unter der Fluchstruktur der Sünde (Röm 8,20). Sie ist die durch die Sünde angenichtete Welt, die „im Argen liegt" (1Joh 5,19).

So wie die Welt einerseits Gottes gute Schöpfung ist („die Erde ist des Herrn und ihre Fülle", 1Kor 10,26), so sind auch alle Gaben gut und rein und unbedenklich zu gebrauchen („Ich weiß und bin überzeugt in dem Herrn Jesus, dass nichts an sich selbst unrein ist", Röm 14,14; vgl. auch Röm 14,20; 1Kor 10,23ff).

Andererseits ist die Welt ein System, das Gott zuwider ist und von dem man sich fern halten muss: „Habt nicht lieb die Welt noch was in der Welt ist. ... Und die Welt vergeht mit ihrer Lust, wer aber den Willen Gottes tut, bleibt in Ewigkeit" (1Joh 2,15.17).

Die Apostel beschreiben also das Verhältnis zur Welt weder ganz positiv noch ganz negativ, sondern dialektisch. Sie weisen den Christen der Gemeinde einen schmalen Weg der Freiheit zwischen Weltsucht und Weltflucht, zwischen Weltverachtung und Weltvergötzung.

Unter dieser Voraussetzung kann Paulus sich sehr deutlich von den sündigen Verhaltensweisen absetzen, die in der Welt gepflegt werden. Sie werden ausdrücklich als nicht schöpfungsgemäß beurteilt. In Röm 1 nennt er homosexuelle Praxis „unnatürlich", d.h. nicht schöpfungsgemäß (Röm 1,26) und deutet an, dass „der natürliche Verkehr" (φυσικη χρησις) Gottes Willen und seiner Schöpfungsordnung entspricht. Er wird durch diejenigen, die sich nicht an Gottes Willen halten, vertauscht in eine unnatürliche oder widergeschöpfliche (wörtlich παρα φυσις – neben der Natur) Verhaltensweise. Hier wird deutlich, dass die Sünde das ethische Verhalten pervertiert.

Auch die Stellungnahmen der Apostel zu Arbeit, Ehe und Staat zeigen, dass sie in ihnen Ordnungen des Schöpfers sehen, die auch im Bereich des Neuen Bundes ihre Gültigkeit nicht eingebüßt haben. Sie können nicht ungestraft einfach übergangen werden. Naive Schwärmer, die ihre Arbeits- und Berufspflicht aufgeben, bezeichnet Paulus als „Leute ohne Ordnung" (1Thes 5,14). Wer nicht arbeiten will, „soll auch nicht essen" (2Thes 3,10).

Auch im Durcheinander der Gemeinde in Korinth, wo man zwischen hoch geistlicher Askese einerseits und falsch verstandener Freiheit andererseits schwankte, hält Paulus seine schöpfungstheologische Linie durch. Die Ehe ist als Gottes schöpfungsgemäße Ordnung auch für Gläubige und Geistbegabte gut und heilig, Unzucht dagegen dämonisch und zerstörerisch. Der Geist überspringt nicht die von Gott gesetzten schöpfungsgemäßen Ordnungen. Der Ungeist dagegen löst die guten Ordnungen auf. „Gott ist nicht ein Gott der Unordnung, sondern des Friedens" (1Kor 14,33), hält Paulus fest und korrigiert damit das Geistverständnis einiger Superfrommen in Korinth.

Auch in Röm 13,1–7, wo er das Verhalten der Christen dem Staat und der Obrigkeit gegenüber beschreibt und ordnet, lassen sich ordnungstheologische Strukturen erkennen, ohne dass Paulus dadurch Schöpfungsordnungen verabsolutiert. Während er davon ausgeht, dass es keine Obrigkeit gibt „außer von Gott" (13,1), kann Petrus von ihnen als von „menschlichen Einrichtungen" (ανθρωπινη κτισις) sprechen (1Petr 2,13), was kein Gegensatz ist. Die Gestaltung gottgegebener Ordnungen durch Menschen entspricht ja gerade dem von Gott dem Menschen übertragenen Kulturauftrag (1Mo 2,15).

Die Apostel haben die Gewissheit, dass Gott seine Schöpfung trotz der Wirklichkeit der Sünde auf der einen und trotz des Anbruchs des Reiches Gottes auf der anderen Seite erhält bis auf das Ziel der Parusie Christi. Er überlässt sie als Schöpfer nicht dem Chaos, sondern zeigt ihr als Erlöser durch die Gemeinde seine „Weisheit" (Eph 3,10). Diese Weisheit ist nicht eine „irdische, seelische, teuflische", sondern eine, „die von oben herkommt" (Jak 3,15). Sie entspricht der ursprünglichen Schöpfungsweisheit Gottes und kann erst in Christus erfahren werden. Sie erkennt die schöpfungsgemäßen Strukturen und Ordnungen Gottes an und lässt sie im Geist Gottes leben und Gestalt gewinnen.

4. Die dialektische Existenz: In der Welt – nicht von der Welt

Wie oben bereits kurz angesprochen[380], versteht das Neue Testament die Welt als eine ambivalente Wirklichkeit und das Verhältnis der Christen zu ihr als ein streng dialektisches. Sie ist Gottes gute Schöpfung und bleibt es auch nach der Dahingabe an die Nichtigkeit bzw. Vergänglichkeit (*mataiotäs*) durch den, der sie unterworfen hat – auf Hoffnung hin! (Röm 8,20).

4.1 Was ist „Welt"?

Im NT werden – hauptsächlich bei Paulus – vier Begriffe verwandt, die im Deutschen mit Welt übersetzt werden können: *kosmos* (die den Menschen umgebende Welt, z.B. 1Kor 3,22) und *aion* (die zeitlich bestimmte Welt, z.B. Gal 1,4), sodann *ktisis* (die Schöpfungswelt, z.B. Röm 1,20) und *ta panta* (das von Gott geschaffene All insgesamt, z.B. Röm 11,36).[381]

4.1.1 Die Welt als von Gott geschaffene Wirklichkeit

An nur wenigen Stellen wird die Welt als die gesamte Schöpfungswelt verstanden: „Er war in der Welt, und die Welt wurde durch ihn, und die Welt kannte ihn nicht" (Joh 1,10). „Der Gott, der die Welt ge-

---

[380] Siehe 3.4.2.2 (b) Alttestamentlicher Schöpfungsglaube.

[381] Das hebräische AT kennt den Begriff „Welt" nicht. Stattdessen spricht es von „Himmel und Erde" (1Mo 1,1; 14,19.22; 24,3; Ps 89,12). Daneben kennt das AT das Meer („und was darinnen ist") und die Unterwelt (*scheol*; Hi 26,5–6; 38,16; Ps 18,5), die zur Welt dazugehören. Nur an wenigen Stellen spricht es auch vom „All" (hebr. *kol*, bzw. *hakol*; Ps 8,7; Jes 44,24; Pred 3,1). Jahwe hat die Ordnungen der Welt erstellt (Jer 33,25; Ps 148,6) und diese Ordnungen haben Beständigkeit (Ps 78,69; Pred 1,4). In der frühjüdischen Literatur wird der zeitliche Aspekt eingeführt und mit dem räumlichen verbunden (Weish 2,24; 6,24; 2Makk 3,12; 7,9.23 u.ö.).

macht hat und alles, was darin ist, er, der Herr des Himmels und der Erde, wohnt nicht in Tempeln, die mit Händen gemacht sind" (Apg 17,24). „Denn sein unsichtbares (Wesen), sowohl seine ewige Kraft als auch seine Göttlichkeit, wird seit Erschaffung der Welt in dem Gemachten wahrgenommen und geschaut, damit sie ohne Entschuldigung seien" (Röm 1,20).

An anderen Stellen wird von „Grundlegung der Welt" (Joh 17,24) oder „Anbeginn der Welt" (Mt 13,35) gesprochen, was den Beginn der sichtbaren geschaffenen Welt meint. Dazu gehört die Welt als Erde oder Erdkreis (Mt 4,8), die Erde im Gegensatz zum Himmel (Joh 6,14), die Welt als Wohnsitz der Menschen und schließlich auch die Welt als Menschenwelt oder als Menschheit selbst (Mt 18,7).

Hier in dieser von Gott gewollten und geschaffenen Welt leben auch Christen mit allen anderen Menschen zusammen. Sie gebrauchen die Welt wie alle andern auch: Sie gehen zur Schule, lernen Vokabeln und Grammatik, lassen sich ausbilden zum Schreiner oder Ingenieur. Sie bauen Häuser und richten sich nach dem entsprechenden Geschmack der Welt, in der sie leben, ein. Sie kaufen ein, essen und trinken, was alle essen und trinken, gehen zu McDonalds oder zum Chinesen. Sie heiraten und lassen sich heiraten, feiern Feste und arbeiten hart, um sich ihren Lebensunterhalt zu verdienen. Bei alledem genießen sie die „Segnungen der Technik", die ihnen ein angenehmes Leben erlauben. Sie nehmen teil an den die Welt erhaltenden Ordnungen, wie sie sich in ihrer politischen und kulturellen Welt herausgebildet haben und wie sie sie mitgestalten sollen: Sie zahlen Steuern und entrichten Sozialabgaben. Sie sind kranken- und sozialversichert, sie erhalten Renten und Beihilfen, wenn sie medizinische oder pflegetechnische Hilfe in Anspruch nehmen müssen. Sie akzeptieren die weltlichen Obrigkeiten und Ordnungen, die ihr Gemeinwohl strukturieren und ihnen in ihm Sicherheit geben. Sie genießen die Rechte als Bürger einer freiheitlichen Demokratie und nehmen die bürgerlichen Pflichten dieser Welt auf sich. Das alles ist für sie selbstverständlich und normal. In diesen weltlichen Lebensbezügen unterscheiden sie sich als Christen in nichts von allen anderen Menschen.

Das war damals so (Jesus: „Gebt dem Kaiser, was des Kaisers ist!", Mt 22,21; Paulus: „Seid untertan der Obrigkeit!", Röm 13,1 usw.), das ist heute so und das wird zu allen Zeiten dieser Welt so sein. Dabei lebten und leben Christen zu unterschiedlichen Zeiten in unterschiedlichen Welten: Die Welt des Mittelalters sah natürlich anders aus als die Welt der Antike und die wieder anders als die postmoderne Welt. Die asiatische Welt, in denen chinesische oder mongolische Christen heute leben, unterscheidet sich stark von der kulturellen Welt, in der deutsche oder amerikanische Christen leben. Und die wiederum unterscheidet sich von der Kultur der arabischen und muslimischen Welt. Aber alle diese Welten sind Teil der einen von Gott geschaffenen Welt, die von zugrunde liegenden Strukturen, Ordnungen und Gesetzmäßigkeiten geprägt ist.

Diese von ihm erschaffene Welt erhält Gott in seiner Gnade bis heute. Das ist das einmütige Zeugnis der Bibel. In dieser Welt dürfen Christen leben und sich freuen. „Denn jedes Geschöpf Gottes ist gut und nichts verwerflich, wenn es mit Danksagung genommen wird" (1Tim 4,4).

4.1.2 Die Welt als anti-göttliches System

Neben dieser Bedeutung gibt es im NT nun aber auch eine andere Bedeutung von Welt, die zum biblischen und realistischen Weltverständnis unbedingt dazu gehört. Es ist die von Christus und seinem soteriologischen Werk der Versöhnung her kommende Beurteilung, die – von Kreuz und Auferstehung her gesehen – die Welt als vergehendes, als ein unter den destruktiven Mächten der Sünde lastendes, antichristliches System versteht.

Diese „ganze Welt liegt im Argen" (1Joh 5,19). Sie „vergeht mit ihrer Lust" (1Joh 2,17). Sie ist ein gottfeindliches System, das beherrscht wird von dem „Gott dieser Welt" (2Kor 4,4) und geprägt ist von dem weltlichen Zeitgeist, „der jetzt in den Kindern des Ungehorsams wirkt" (Eph 2,2). Diese „ganze Welt ist dem Gericht Gottes verfallen" (Röm 3,19). Sie wird in ihrer Ganzheit – „Himmel und Erde", die nach biblischem Wirklichkeitsverständnis untrennbar zusammengehören – vergehen (2Petr 3,7.10). Diese Welt ist also vergänglich.

4.1.3 Die ambivalente Spannung und das soteriologische Handeln Gottes

Wie kann man diese scheinbar widersprüchlichen Aussagen über die Welt zusammen sehen? Nach dem biblischen Zeugnis ist ein schreckliches Unglück passiert, dessen Auswirkungen für die Schöpfung ungeheuer gravierend und prägend sind. Diese schöne von Gott geschaffene Welt (der Kosmos) ist unheilbar beschädigt worden. „Durch einen Menschen ist die Sünde in die Welt (Kosmos) gekommen und durch die Sünde der Tod und der Tod ist zu allen Menschen durchgedrungen" (Röm 5,12).

Seither prägt die Fluchstruktur der Sünde den gesamten Kosmos, die ganze Welt, die politische, gesellschaftliche, wirtschaftliche und kulturelle Welt, die Menschheit und die Umwelt, sogar die Tier- und Pflanzenwelt. „Die ganze Schöpfung seufzt" (Röm 8,22) „unter der Knechtschaft der Vergänglichkeit" (Röm 8,21) und wartet sehnsüchtig auf die neue Welt, die Gott herbeiführt. Kein Bereich ist von den Auswirkungen der Sünde ausgenommen. Es gibt keine paradiesische Nische in dem Universum. Alles ist angenichtet und dem Verderben anheim gestellt.

Aber Gott hat diese angenichtete Welt nicht sich selbst überlassen. Er hat einen Weg zur Rettung der angeschlagenen Welt gefunden. „Gott hat die Welt so sehr geliebt" (Joh 3,16), dass er mitten in dem alten, sündigen Weltlauf *etwas ganz Neues*, bisher nie da Gewesenes, begonnen hat: Er hat Jesus Christus auf die Welt gesandt und in ihm „die Welt mit sich selbst versöhnt" (2Kor 5,19)!

Mit Christus hat Gott eine neue Weltzeit, einen neuen Äon, eine neue Ära, eine neue Welt begonnen! Diese neue Welt vergeht nie! Sie kann nie mehr von Sünde, Hölle, Tod und Teufel beschädigt werden, weil Christus über diese Mächte am Kreuz gesiegt hat und in seiner Auferstehung neues Leben und unvergängliches Wesen ans Licht gebracht hat.

Jeder, der im Glauben sein Leben diesem Jesus Christus unterstellt, Vergebung seiner Schuld und Befreiung von der Macht des Bösen von ihm erhält, der bekommt Anteil an der neuen Welt Gottes. „Ist jemand in Christus, so ist er eine neue Schöpfung. Das Alte vergeht. Neues ist geworden" (2Kor 5,21)! Dieser Christus hat ihn herausgerissen „aus der gegenwärtigen bösen Welt" (Gal 1,4). Jeder, der im Glauben durch eine neue Geburt eins ist mit Christus, ist dem alten Äon, der alten Welt, entrissen und „hineinversetzt worden in das Reich des Sohnes Gottes" (Kol 1,13).

4.1.4 Konsequenzen für das Verhältnis der Christen zur Welt

Christen sind nicht von der alten bösen Welt direkt in den Himmel entrückt worden, sondern aus dem alten Äon herausgerissen worden. Die alte Welt hat jetzt kein Anrecht mehr an ihnen. Früher waren sie „unter die Elemente der Welt versklavt" (Gal 4,3), waren „ohne Gott in der Welt" (Eph 2,12). Jetzt aber sind sie „mit Christus den Elementen der Welt gestorben" (Kol 2,20) und frei für Gottes neue Welt, das Reich Gottes. Das ereignet sich „mitten unter euch" (oder auch „in euch") wie Jesus in Lk 17,21 sagt, mitten in dieser alten, sündigen Welt, nicht daneben!

Hier gilt es nun, das grobe Missverständnis, als ob Gott sein Reich, seine Gemeinde in gutem Sicherheitsabstand neben der Welt baute, abzuwehren. Er baut es mitten in der Welt, weil er will, dass dadurch viele Menschen aus der Welt gerettet werden und in seine neue Welt kommen. Er will, dass seine der bösen Welt entrissenen Christen sich nicht aus dieser Welt herausstehlen, sondern mitten in der alten Welt Hoffnungsträger der neuen Welt Gottes sind.

Einige „klassische Modelle" des Weltverständnisses können die Beziehung der christlichen Gemeinde zur Welt klären helfen. Wir wollen kurz auf M. Luthers, K. Barths, D. Bonhoeffers und H. Thielickes Welt-Modell und Weltverständnis eingehen.

4.1.4.1 Martin Luthers zwei Reiche[382]

Luther hat seine Zwei-Reiche-Lehre u.a. entwickelt, um den politischen Fehlentwicklungen der Fürsten auf der einen und der theologischen der Schwärmer auf der anderen Seite zu widerstehen. Sie ist Ausdruck seines theologischen Ansatzes, den man am besten in der Unterscheidung von Gesetz und Evangelium verstehen kann. Der eine Gott handelt unterschiedlich in unterschiedlichen Weisen, um zu seinem Ziel zu kommen. Er handelt mit dem Gesetz, das aufdeckt und Sünde definiert, und mit dem Evangelium, das zudeckt und in Gnade Sünde vergibt. Beide Weisen gehören zusammen und sind nicht voneinander zu trennen.

Im Blick auf das Verhältnis von Reich Gottes und Welt betont Luther, dass man beide (Be-)Reiche scharf unterscheiden muss, aber nicht voneinander trennen darf. Derselbe Gott regiert über beide Bereiche, allerdings auf unterschiedliche Weise. Auf diese doppelte Perspektive der Weltregierung Gottes kommt bei Luther alles an. Die beiden Regimente sind Gottes Anordnungen zur Rettung der Welt.

Das *weltliche Regiment Gottes*, sein Herrschen „zur Linken" ergeht über eine Welt der Sünde, die von Satan bedroht ist. Dieses Herrschen

---

[382] Es gibt keine systematische und ganzheitlich entwickelte Lehre von Martin Luther selbst. Am deutlichsten hat er sie in seiner Schrift „Von weltlicher Obrigkeit, wie weit man ihr Gehorsam schuldig sei" von 1523 entfaltet. Aber auch in vielen anderen seiner Schriften geht er immer wieder auf die Unterscheidung ein: „An den christlichen Adel deutscher Nation", 1520; leicht zugänglich z.B. in K. Aland, Luther Deutsch. Die Werke Martin Luthers in neuer Auswahl für die Gegenwart, Bd. 7, Der Christ in der Welt, Göttingen ³1983, S. 9–51; weiter: „Ob Kriegsleute auch in seligem Stand sein können", 1526; Ein Sendbrief vom harten Büchlein wider die Bauern, 1522/25; Ermahnung zum Frieden auf die 12 Artikel der Bauernschaft, 1525 u.v.a.m. Sogar in Weihnachtspredigten hat Luther darüber gepredigt, z.B. über Jesaja 9,1–6, wo er sagt: „Damit ist das geistliche und leibliche Reich trefflich unterschieden. Das weltliche Regiment soll ein solch Regiment heißen und sein, da wir den Herrn und König tragen. Denn der Welt ist Not, dass sie gedrückt und gezwungen werde. Aber das geistliche Regiment und Reich Christi soll heißen und ist auch ein solch Regiment, da der Herr und König uns trägt.", Luther Deutsch, Bd. 8, S. 35ff; zur gesamten Thematik vgl. auch: H. H. Schrey (Hrsg.), Reich Gottes und Welt. Darmstadt 1969. Dort finden sich auch mehrere profunde Artikel zum Thema, u.a. von E. Kinder (S. 40–69), H. Bornkamm (S. 165–195), P. Althaus (S. 105–141) u.a.; eine recht gute Darstellung findet sich auch in W. Künneth, Politik zwischen Dämon und Gott. Eine christliche Ethik des Politischen, Berlin 1954; dort besonders S. 72ff.

geschieht „geheim" oder „verhüllt", indem Gott als der *Deus abscon-ditus* (verborgener Gott) sich unter den „Larven", den weltlichen Herrschern und Potentaten versteckt. Dort regiert der verborgene Gott (a) durch sein Gesetz (*primus* und *secundus usus legis*, vgl. oben), (b) durch die Obrigkeit („darum ehrt Gott auch das Schwert so hoch, dass er's seine eigene Ordnung heißt ... denn die Hand, die solches Schwert führt, ist nicht mehr eines Menschen Hand, sondern Gottes Hand"[383]) und (c) durch das Geschichtshandeln Gottes. Darin wird das Handeln Gottes zur „Mummerei" und zum „Versteckspiel Gottes", weil Gott sich verhüllt und sein *opus alienum* (uneigentliches Werk) ausübt.

Im *geistlichen Regiment* herrscht Gott als der *Deus revelatus* (offenbare Gott) und übt sein *opus proprium* (eigentliches Werk) aus. Es besteht in seiner durch Christus offenbar gewordenen Gnade und Liebe, es geschieht im Evangelium und der Bildung seiner Gemeinde mitten in der Welt.

Immer wieder warnt Luther eindringlich vor einer *Vermischung der beiden Reiche*, die einer Vermischung von Gesetz und Evangelium gleichkommt. „... darum, ein ganzes Land oder die Welt sich überwinden, mit dem Evangelium zu regieren, das ist eben, als wenn ein Hirt in einen Stall zusammentäte Wölfe und Löwen, Adler, Schafe und ließ jegliches frei unter dem anderen gehen und spräche: Da weidet euch, und seid fromm und friedsam untereinander, der Stall steht offen, Weide habt ihr genug, Hunde und Keulen dürft ihr nicht fürchten. Hier würden die Schafe wohl Frieden halten, und sich friedlich also lassen weiden und regieren; aber sie würden nicht lange leben, noch kein Tier vor dem andern bleiben."[384]

Diese notwendige *Unterscheidung der beiden Reiche* darf aber nicht zu dem leider immer wieder entstandenen Missverständnis der beziehungslosen Trennung der beiden führen. Beide sind im Gegenteil aufeinander bezogen, weil

(1) in ihnen derselbe und eine Gott mit seinem heiligen Willen am Werk ist (der *Deus absconditus* ist identisch mit dem *Deus revelatus*),

(2) der Schnittpunkt beider Reiche der Mensch ist. Der Christ ist von beiden Reichen zugleich betroffen. Er lebt sowohl im Reich zur Linken als auch zur Rechten, im Reich Gottes wie in der Welt zu-

---

[383] In: Ob Kriegsleute auch in seligem Stand sein können, 1526.
[384] Von weltlicher Obrigkeit ..., a.a.O.

gleich. Das führt freilich im Christen zu einer großen Spannung, die er nur im Glauben aushalten kann. Im Blick auf sein ethisches Verhalten wird die Spannung noch größer, weil er als Person nach dem Reich der Barmherzigkeit, der Gnade und Liebe handelt, als Amtsträger aber nach dem Reich und den Gesetzen der Welt handeln muss. Einerseits soll der Christ „nicht allein barmherzig sein, sondern auch allerlei leiden, Raub, Brand, Mord, Teufel und Höll", andererseits ist „sein Handzeug nicht ein Rosenkranz oder ein Blümlein von der Liebe, sondern ein bloß Schwert; ein Schwert ist aber ein Zeichen des Zorns, Ernsts und der Strafe"[385].

(3) Damit will Luther keinem eigengesetzlichen Amtsvollzug das Wort reden. Auch wenn weltliche Obrigkeit aufgrund ihrer rationalen Einsicht richtig und gut handeln kann, so müssen es doch erst recht Christen, die solche Ämter innehaben! Nur sie können ein solches weltlich Amt in der Verantwortung vor Gott und seinem Willen ausüben. Daher setzte sich Luther für eine christliche Obrigkeit ein, weil letztlich nur sie gute Obrigkeit sein kann.

- Das geistliche Regiment hat im Raum des weltlichen Regiments eine kritische Funktion auszuüben. Luther wird nicht müde, gegen Amtsmissbrauch und Mutwillen zu protestieren: „Weil denn solcher Narren Wüten langt zur Vertilgung christlichen Glaubens, Verleugnung göttlichen Worts und zur Lästerung göttlicher Majestät, will und kann ich meinen ungnädigen Herrn und zornigen Junkern nicht länger zusehen, muss ihnen zum wenigsten mit Worten widerstehen."[386]

Das Ende der beiden Reiche wird mit dem Sieg des messianischen Reichs über das antichristliche erreicht sein. Bis dahin bezeichnen beide Reiche den Interimszustand und eine gewisse Vorläufigkeit in der Zeit zwischen dem ersten und zweiten Kommen Christi.

---

[385] Ein Sendbrief von dem harten Büchlein wider die Bauern, 1525, a.a.O.
[386] Von weltlicher Obrigkeit, a.a.O.

Man kann das Ganze noch einmal in folgender Skizze darstellen:

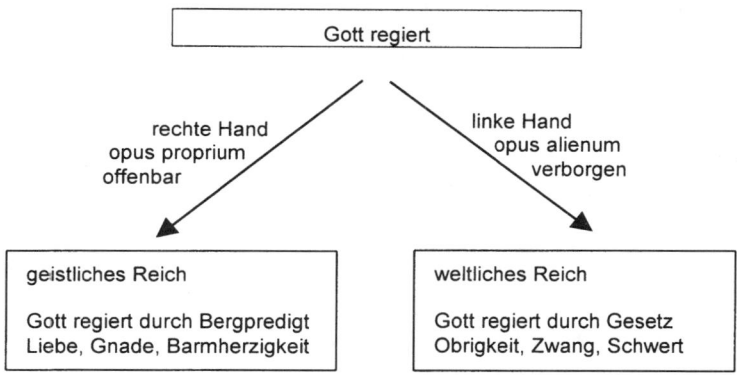

Trotz vieler Missverständnisse und praktischer Fehlentwicklungen, die sich auf Luthers Lehre von den zwei Reichen beziehen, stellt sie doch eine auf die Bibel selbst zurückgehende Lehre dar, die an ihrer grundsätzlichen Bedeutung nichts eingebüßt hat. Dass sie immer wieder modifiziert und ergänzt werden muss, steht dabei außer Frage. Die politischen, gesellschaftlichen und kulturellen Verhältnisse haben sich seit dem ausgehenden Mittelalter gewaltig geändert. Dennoch ist der Ansatz richtig. Sowohl das AT als auch das NT unterscheiden klar zwischen Gläubigen und Ungläubigen, zwischen dem Volk Gottes und den Menschen, die (noch) nicht dazugehören. Gläubige müssen sich bewusst werden, dass sie sowohl in der Gemeinde als auch in der Welt leben. Deshalb müssen sie immer wieder darüber nachdenken, wie sie in der Welt als Christ leben können und sollen. Die Zwei-Reiche-Lehre Luthers zwingt zum Nachdenken darüber, wie man – ohne schizophren zu werden – unterschiedliche Arten des Gehorsams Gott gegenüber lebt. Sie hilft, weder der Schwärmerei (mit der Bergpredigt die Welt regieren zu wollen) auf der einen noch dem Fatalismus (Schicksalsgläubigkeit aufgrund der Eigengesetzlichkeit der Welt) auf der anderen Seite zu verfallen.

4.1.4.2 Karl Barths „Christengemeinde und Bürgergemeinde"[387]

Auch K. Barth unterscheidet natürlich Gemeinde und Welt, als Eidgenosse freilich in der Form von „Christengemeinde" (Kirche) und „Bürgergemeinde". Die Christengemeinde (CG) als „Gemeinwesen derjenigen Menschen eines Ortes, einer Gegend, eines Landes, die als Christen durch die Erkenntnis und zum Bekenntnis Jesu Christi aus den Übrigen im Besonderen herausgerufen und vereinigt sind", lebt inmitten der Bürgergemeinde (BG), die allerdings „geistlich blind und unwissend" ist. Die BG hat nur „äußerliche, nur relative, nur vorläufige Aufgaben und Ziele". Dennoch weiß die CG, dass sie – „als innerer Kreis inmitten jenes weiteren ...[388] – im Schutz der Bürgergemeinde existieren darf".

Ähnlich wie Luther sieht auch Barth, dass die BG eine „Anordnung (*ordinatio*, Einsetzung, Stiftung), eine *exousia*" Gottes, d.h. dass sie ein „Instrument der göttlichen Gnade" ist. Sie ist „keine vom Reich Jesu Christi abstrahierte, eigengesetzlich begründete und sich auswirkende Existenz", sondern zwar „außerhalb der Kirche, aber nicht außerhalb des Herrschaftskreises Jesu Christi – ein Exponent dieses seines Reiches". Von daher schon kann sich die CG der BG gegenüber „auf keinen Fall gleichgültig, auf keinen Fall neutral" verhalten. Allerdings: „Kirche muss Kirche bleiben", sie darf ihre Identität nicht aufgehen lassen in der BG. Aber indem sie sich an ihrem ureigenen Auftrag, Jesus Christus als Herrn – und eben auch als Herrn der Welt – zu verkünden, beteiligt, beteiligt sie sich indirekt auch an der Aufgabe der BG, denn die Glieder der CG sind auch Glieder der BG. Weil die CG im Raum der BG „mit der Welt solidarisch" ist, hat sie diese Solidarität „ins Werk zu setzen", d.h. für die BG zu beten, sich ihr „unterzuordnen" nicht im lutherischen Sinn des Untertanen- und Ja-wohl-Gehorsams, sondern im Sinn des Vollzugs der „Mitverantwortung". Die Kirche „erinnert an Gottes Reich, an Gottes Gebot und Gerechtigkeit und damit an die Verantwortung der Regierenden und der Regierten" (Barmer These 5). Dazu gehört die fundamentale Unterscheidung „zwischen dem rechten und dem unrechten Staat", wenngleich die CG keine christliche Staatstheorie aufstellen und kein

---

[387] K. Barth, „Christengemeinde und Bürgergemeinde", in: Theologische Studien, Bd. 104, Theologischer Verlag Zürich ³1984 (ursprünglich als Heft 20, 1946 erschienen).

[388] Vgl. O. Cullmann, Königsherrschaft Christi und Kirche im Neuen Testament, 1941.

sozialethisches Programm entwerfen, sondern „von Fall zu Fall, von Situation zu Situation urteilen" soll. Damit dies nicht willkürlich geschieht, gibt es „eine unter allen Umständen zu erkennende und innezuhaltende Richtung und Linie der im politischen Raum zu vollziehenden christlichen Entscheidungen". Und die bezieht sich auf „die Gleichnisfähigkeit und Gleichnisbedürftigkeit des politischen Wesens". Da es aber weder eine Ineinssetzung von Kirche und Staat noch auch eine totale Beziehungslosigkeit zwischen Kirche und Staat geben kann, drängt sich für Barth nur die dritte Notwendigkeit auf, dass die Gerechtigkeit des Staates in christlicher Sicht „seine Existenz als ein Gleichnis, eine Entsprechung, ein Analogon zu dem in der Kirche geglaubten und von der Kirche verkündigten Reich Gottes" ist. Weil das so ist, bedarf die BG einer „heilsam beunruhigenden Gegenwart ... und also der politischen Mitverantwortung" der CG. Sie soll immer in der gleichnishaften Realisierung des Reiches Gottes geschehen. Ihr Engagement in der Welt soll immer eine Entsprechung des Reiches Gottes, ein Spiegelbild dessen sein, was der Inhalt ihrer Verkündigung ist. Die „Gestaltung der Bürgergemeinde zum Gleichnis des Reiches Gottes" ist „Ziel und Inhalt" der CG.

Konkret wird nun von Barth im Analogieschluss gefolgert, was das alles sein könnte: z.B. für den Rechtsstaat eintreten, weil Gott den Menschen gerechtfertigt hat, sich für das sozial Schwache einsetzen, weil Gott das auch tut, für Grundrechte auf Freiheit eintreten, weil Christus frei macht, für die Gleichheit aller Bürger, weil vor Gott alle gleich sind usw.

In aller Bescheidenheit und als ob er es geahnt hätte, bittet er, das „hier Gesagte durch größere Weite, Tiefe und Genauigkeit" zu überbieten. Und als Warnung: „Man wird dabei bestimmt gewahr werden, dass man nicht etwa Alles und Jedes begründen und ableiten kann". Genau das ist unter Berufung auf Barth aber leider geschehen, wenn man sich Parolen wie „Christen müssen Sozialisten sein" (Gollwitzer) ansieht oder eine Theologie der Befreiung, die auch vor Gewalt nicht zurückscheut, oder universalistische Tendenzen in der ökumenischen Theologie oder die „politisierende Kirche" und den sozialpolitischen Aktivismus mancher „Barthianer".

Barths abschließendes Votum „die Kirche existiere also exemplarisch" ist allerdings auch nach über 50 Jahren aktuell wie nie zuvor. Beispielhaftes Leben der Christen kann in einer gottlosen Zeit und

Gesellschaft tatsächlich ein starkes Zeugnis für entchristlichte Menschen und ein wichtiger Beitrag für die Gesellschaft sein.

Auch hier kann man an einer Skizze Barths Modell verdeutlichen:

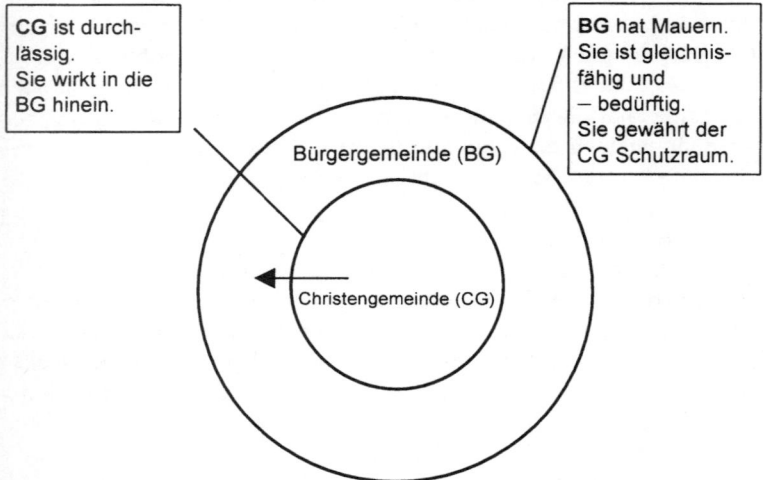

CG ist durchlässig.
Sie wirkt in die BG hinein.

BG hat Mauern. Sie ist gleichnisfähig und – bedürftig. Sie gewährt der CG Schutzraum.

Bürgergemeinde (BG)

Christengemeinde (CG)

Eine bemerkenswerte und eindrückliche „Vorlage" dieses theologischen Ansatzes ist die *„Barmer Theologische Erklärung von 1934"*[389], an der K. Barth maßgeblich beteiligt war und auf die er immer wieder in CG und BG hinweist. Dieses Dokument zeigt den Mut und die Klarheit, mit denen die Kirche sich und ihrem Herrn treu bleiben will und deshalb protestiert gegen die staatlich-ideologische Vereinnahmung und Identifizierung von Kirche und Staat.

Besonders die 5. These macht das deutlich: „ ,Fürchtet Gott, ehret den König' (1Petr 2,17). Die Schrift sagt uns, dass der Staat nach göttlicher Anordnung die Aufgabe hat, in der noch nicht erlösten Welt, in der auch die Kirche steht, nach dem Maß menschlicher Einsicht und menschlichen Vermögens unter Androhung und Ausübung von Gewalt für Recht und Frieden zu sorgen. Die Kirche erkennt in Dank und Ehrfurcht gegen Gott die Wohltat dieser seiner Anordnung an. Sie erinnert an Gottes Reich, an Gottes Gebot und Gerechtigkeit

---

[389] Die Barmer Theologische Erklärung. Einführung und Dokumentation. Hrsg. von A. Burgsmüller und R. Weth. Geleitwort von E. Lohse, Neukirchen-Vluyn [4]1984.

und damit an die Verantwortung der Regierenden und Regierten. Sie vertraut und gehorcht der Kraft des Wortes, durch das Gott alle Dinge trägt. Wir verwerfen die falsche Lehre, als solle und könne der Staat über seinen besonderen Auftrag hinaus die einzige und totale Ordnung menschlichen Lebens werden und also auch die Bestimmung der Kirche erfüllen. Wir verwerfen die falsche Lehre, als solle und könne sich die Kirche über ihren besonderen Auftrag hinaus staatliche Art, staatliche Aufgaben und staatliche Würde aneignen und damit selbst zu einem Organ des Staates werden."[390]

4.1.4.3 Weltverständnis bei Helmut Thielicke[391]

Auch Thielicke erkennt das Verhältnis der Christenheit zur Welt als „durch und durch dialektisch". Einerseits ist sie „der *conformitas* mit der Welt entnommen; sie steht in einem echten Gegenüber zu ihr, weil sie den Willen Gottes zu ihrem Bestimmungsgrund hat". Andererseits ist sie „zugleich in der Welt, und zwar wesentlich", weil der Glaubende weltbezogen ist und der Glaube wesentlich nur in der Welt gelebt werden kann (102). Weiterhin ist die Welt, insofern sie „ein beanspruchendes Gesetz enthält, insofern sie mich also in die *conformitas* mit sich hineinziehen will", das, „wider welches geglaubt werden muss". „So gewiss aber zum Wesen des Glaubens nicht nur das gehört, woran ich glaube, sondern ebenso das, wogegen ich glaube, gehört die Welt auch konstitutiv zum Glauben hinzu" (103). „Solange der Glaube gilt, gilt auch die Weltlichkeit: nämlich bis auf den Jüngsten Tag." (In diesem Zusammenhang zitiert Thielicke Bonhoeffer als den einzigen theologischen Ethiker der Gegenwart, „von dem ich sagen würde, dass er das mit aller Entschiedenheit gesehen und durchreflektiert habe".) Die Weltlichkeit des Glaubens wird also deutlich markiert: „Bis jener Tag hereinbricht, ist die Christenheit weltlich oder sie ist nicht" (105).

Aus diesem Grund wird jeder Versuch, sich im Namen des Glaubens „weltlicher Geschäfte zu entschlagen, Politik und Kultur zu verachten" zu einem selbst erwählten Gottesdienst, der wiederum eine neue Art Gesetz der Heiligung aufstellt, die an die Stelle der Rechtfertigung aus dem Glauben eine „Form des Schauens" ist: „das Schauen

---

[390] A.a.O., S. 38.
[391] H. Thielicke, Theologische Ethik, Tübingen 1965, Bd. II, I, 101ff.

nämlich einer realisierbaren und realisierten Heiligkeit, einer antizipierten Gestalt des Reiches Gottes. Das Gesetz, dem wir gehorchen müssen, tritt an die Stelle des Evangeliums, dem wir glauben dürfen" (106). Diese Aufhebung des Glaubens entsteht aber nicht nur bei „jenem asketischen Rückzug aus der Weltlichkeit", sondern ebenso, und das wird ausdrücklich eingeräumt, „wenn das Gegenüber zur Welt durch ein Aufgehen in der Welt aufgelöst wird".

Thielicke deutet den Begriff *aion* als die „vergängliche Weltzeit", die vergeht und die geradezu „die Stätte der Vergänglichkeit" darstellt. Sie wird von den „Herren dieser Weltzeit" beherrscht (1Kor 2,6.8), die aber auch vergehen wie die Gestalt der Weltweisheit. Der Begriff *kosmos* bezeichnet mehr die zwischen den Menschen bestehende Ordnung, vor allem im Sinne der in der Polis verfassten Lebensordnung.

„Welt" bezeichnet also keine neutrale Wirklichkeit oder ein neutrales Schema von ebenso neutralen Ordnungen und Machtsphären, sondern „die der Welt eingestiftete Macht samt ihren Organisationsformen ist immer eine auf dem Sprung liegende, mich in sich hineinsaugende und damit in die Entscheidung zwischen Gott und Satan hineinstellende Macht". Da die Welt also genauso zwischen Gott und Satan steht wie ich selber, ist sie somit nichts anderes als „meine Weltlichkeit ... der Makrokosmos des menschlichen Herzens", wie das Herz die „mikrokosmische Gestalt der Welt" ist. „Die Welt sind wir also selber" (122).

Die Beziehung zur Welt zeigt sich nun in einer zweifachen Gestalt. Es gibt „einmal eine Liebe zur Welt, in der das Verhalten Jesu zur Welt nachvollzogen wird: Es ist die Liebe zu ihrer göttlichen Bestimmung, also zum Ziel ihrer Heimsuchung, es ist das Erbarmen über ihre Verlorenheit" (124). Daneben gibt es aber „eine andere Liebe zur Welt, die aus der Feindschaft wider Gott stammt, weil hier die Welt um ihrer selbst willen geliebt wird". Werden diese beiden Verhältnisbestimmungen nicht unterschieden, ist die Gefahr gegeben, dass die Kirche ihre Bestimmung verfehlt, und zwar „diejenige ..., die sich im Sinne des *ek* aus der Welt herausrufen lässt, um sich dann von ihr zu distanzieren und in eine vermeintliche Absolutheit zurückzuziehen, wie auch diejenige Kirche, die – im Sinne des *en* – in der Welt aufgeht, indem sie sich in ihr zu Hause fühlt" (136). Die apostolische Erklärung: „Alles ist euer!" kann nur richtig verstanden werden, wenn der Nachsatz: „Ihr aber seid Christi!" mit dazu vernommen wird. Weltoffenheit findet ihre Grenze an Christus.

4.1.4.4 Dietrich Bonhoeffers Überwindung der zwei Räume[392]

Für Bonhoeffer stellt sich das Problem noch radikaler. „Das Problem der christlichen Ethik ist das Wirklichwerden der Offenbarungswirklichkeit Gottes in Christus unter seinen Geschöpfen" (202). Dies sieht er so ganzheitlich, dass er nicht zwischen Individuum und Gesellschaft trennen möchte und von daher gar zu einer Ablehnung einer eigenen Gattung Sozialethik gelangt: „Hier wird Untrennbares auseinander gerissen und jedes Teil, das als solches tot ist, für sich betrachtet. Die Folge ist jene vollendete ethische Aporie, die heute unter dem Namen der ‚Sozialethik' figuriert." Nicht trennen will er also, sondern zusammensehen, was von Gott her zusammengehört: „Das unteilbare Ganze, d.h. diese in Gott gegründete und erkannte Wirklichkeit; ... die Schöpfung heißt dieses unteilbare Ganze seinem Ursprung nach, seinem Ziel nach heißt es ‚Reich Gottes'." „In Jesus Christus ist die Wirklichkeit Gottes in die Wirklichkeit dieser Welt eingegangen."

Von daher ist „unsere Welt ... nicht irgendetwas außerhalb der Gottes- und Weltwirklichkeit, die in Christus ist", sondern unter der Wirklichkeit Gottes. Diese ganze Wirklichkeit Gottes gilt es zu sehen und das „Denken in zwei Räumen" zu überwinden. Es zeigt sich in der Grundvorstellung vom Aneinanderstoßen zweier Räume, von denen „der eine göttlich, heilig, übernatürlich, christlich, der andere aber weltlich, profan, natürlich, unchristlich ist" (209). Den ersten Gipfelpunkt erreicht diese Vorstellung im hohen Mittelalter, den zweiten im „pseudoreformatorischen Denken der Nachreformationszeit". Dadurch wird die Sache Christi zu einer „partiellen, provinziellen Angelegenheit innerhalb des Wirklichkeitsganzen". Da aber nicht mit Wirklichkeiten außerhalb der Wirklichkeit Christi gerechnet werden kann, gibt es auch keinen eigenen Zugang zu den anderen Wirklichkeiten. „Es ist eine Verleugnung der Offenbarung Gottes in Jesus Christus, ‚christlich' sein zu wollen, ohne die Welt in Christus zu sehen und zu erkennen. Es gibt daher nicht zwei Räume, sondern nur

---

[392] D. Bonhoeffer, Ethik, München [10]1984, S. 200ff.

den einen Raum der Christusverwirklichung, ·in dem Gottes- und Weltwirklichkeit miteinander vereinigt sind." Daraus folgt, dass, wie in Christus die Gotteswirklichkeit in die Weltwirklichkeit einging, so es auch „das Christliche nicht anders als im Weltlichen, das Übernatürliche nur im Natürlichen, das Heilige nur im Profanen, das Offenbarungsmäßige nur im Vernünftigen" gibt.

Die Frage, die sich nun aufdrängt ist, ob dadurch das Christliche nicht mit dem Weltlichen identifiziert wird. Bonhoeffer lehnt diesen Gedanken mit der Begründung ab, dass sich das Zueinander dieser beiden Bereiche „polemisch" gestalte, d.h. dass sich die Einheit beider dadurch bewahre, als sie sich gegenseitig „jede statische Verselbständigung des einen gegen das andere verbieten". Im Klartext bedeutet das, „dass es kein wirkliches Christsein außerhalb der Wirklichkeit der Welt und keine wirkliche Weltlichkeit außerhalb der Wirklichkeit Jesu Christi gibt" (213). Es gibt keinen „Rückzugsort des Christen von der Welt, weder äußerlich noch in der Sphäre der Innerlichkeit. Jeder Versuch, der Welt auszuweichen, muss früher oder später mit einem sündigen Verfall an die Welt bezahlt werden."

Für Bonhoeffer ist es eine „Erfahrungstatsache, dass dort, wo die groben Sünden der Sexualität überwunden sind, die ebenso grobe, aber von der Welt weniger verpönte Sünde der Habsucht, der Geldgier in Blüte steht". Auf eine wichtige Frage geht Bonhoeffer nun aber selbst ein: „Ist nicht die Kirche Jesu Christi ein solcher Raum, der von dem Raum der Welt geschieden ist?" In der Lösung dieses Problems räumt er zwar ein, dass die Raumvorstellung der Kirche nicht vermieden werden kann, ja, sich sogar selbst vom NT aufdränge, was auch gar nicht ohne Schaden zu leugnen sei, dass aber die Kirche Jesu der Ort, d.h. der Raum in der Welt sei, an dem die Herrschaft Jesu Christi über die ganze Welt bezeugt und verkündigt wird. Deshalb sei dieser Raum der Kirche nicht etwas „für sich selbst Bestehendes, sondern etwas immer schon weit über sich Hinausgreifendes, eben weil es nicht der Raum eines Kultvereins ist, der um seinen eigenen Bestand in der Welt zu kämpfen hätte, sondern weil er der Ort ist, an dem von der Begründung aller Wirklichkeit in Jesus Christus Zeugnis gegeben wird. ... Der Raum der Kirche ist nicht dazu da, um der Welt ein Stück ihres Bereichs streitig zu machen, sondern gerade um der Welt zu bezeugen, dass sie Welt bleibe, nämlich die von Gott geliebte und versöhnte Welt" (215).

Aus dieser Stellung der Kirche in der Welt leitet sich für Bonhoeffer auch ihre Bestimmung und ihr Auftrag ab, nämlich „nicht etwas für sich selbst zu sein, also etwa eine religiöse Organisation zu schaffen oder ein frommes Leben zu führen, sondern Zeugen Jesu an die Welt zu sein. (...) Dass ein solches Zeugnis an die Welt nur in rechter Weise geschehen kann, wenn es aus einem geheiligten Leben in der Gemeinde Gottes herkommt, ist dabei die selbstverständliche Voraussetzung." Heiligung wird hier recht verstanden, wenn sie zum Zeugnis an die Welt wird, nicht in der Abgrenzung von ihr.

Als letzten Einwand stellt Bonhoeffer die Frage, ob nicht die Welt, die unter der Gewalt des Teufels sich befindende „arge Welt" als ein gegen die Kirche, gegen das Reich Christi aufgerichteter Raum aufgefasst werden müsse. Er entkräftet das Argument mit dem Hinweis darauf, dass Christus und der Teufel zwar sich ausschließende Gegensätze sind, „doch so, dass auch der Teufel wider Willen Christus dienen muss und als der das Böse wollende immer wieder das Gute tun muss, sodass der Raum des Teufels immer nur unter den Füßen Christi ist". So kann man die Welt nicht aufteilen unter Christus und den Teufel, sondern sie ist ganz und gar die Welt Christi! Dennoch gibt es „eine Liebe zur Welt, die Feindschaft gegen Gott" ist (Jak 4,4), weil sie am Wesen der Welt an sich und nicht aus der Liebe Gottes zur Welt entspringt. Die Welt ‚an sich‘, so wie sie sich selbst versteht und wie sie sich gegen die Wirklichkeit der ihr geltenden Liebe Gottes in Jesus Christus wehrt, ja diese verwirft, ist dem Gericht Gottes über alle Christusfeindschaft verfallen. Sie steht mit der Gemeinde im Kampf auf Leben und Tod" (218).

Die in Christus begründete Zusammengehörigkeit von Gott und Welt, die eine statisch räumliche Abgrenzung nicht zulässt, hebt nun doch die Unterschiedenheit von Gemeinde und Welt nicht auf, sondern klärt ihr Verhältnis durch eine Beziehung auf Christus in den sog. Mandaten. Bonhoeffer nennt vier: die Arbeit, die Ehe, die Obrigkeit, die Kirche (220ff). Er spricht statt von „Ordnungen" lieber von „Mandaten", weil damit der göttliche Auftrag besser heraustritt als bei dem Begriff der Ordnung. Für den Christen gibt es also „keinen Rückzug aus einem weltlichen in einen geistlichen Raum, sondern es gibt nur ein Einüben des christlichen Lebens unter jenen vier Mandaten Gottes". Dabei versteht er nicht die ersten drei als weltlich, das letzte als göttlich, sondern alle vier als göttliche Mandate in der Welt. Alle

Mandate werden dann richtig ausgeführt, wenn sie im Glauben an Christus praktiziert werden. „Der Glaube an diesen Jesus Christus ist die alleinige Quelle alles Guten."

4.2 Wie sollen Christen in der Spannung leben?

Mit diesem Anbruch der neuen Welt Gottes mitten in der alten entsteht natürlich eine ungeheure Spannung für Menschen, die Christen werden. Sie werden von neuem geboren (Joh 3,3) und sind deshalb *nicht mehr „von der Welt"* (Joh 17,16). Aber sie sind von Christus berufen, ihm nachzufolgen und sich von ihm *„in die Welt"* senden zu lassen (Joh 17,18), die Gott ja immer noch liebt!

Die Spannung, von der Jesus im hohenpriesterlichen Gebet spricht, lässt sich so formulieren: „Ich bitte nicht, dass du sie aus der Welt wegnimmst" (Joh 17,15).

- „Sie sind nicht von der Welt, wie auch ich nicht von der Welt bin" (17,16).
- „Wie du mich in die Welt gesandt hast, habe auch ich sie in die Welt gesandt!" (17,18).

4.2.1 Die Spannung bejahen!

Paulus erinnert die Christen daran, dass sie als von Gott erlöste Menschen und „unbescholtene Kinder Gottes inmitten eines verdrehten und verkehrten Geschlechts" leben sollen, „unter dem ihr leuchtet wie Himmelslichter in der Welt" (Phil 2,15).

Genauso hat es Jesus gemeint: „Ihr seid das Licht der Welt!" (Mt 5,14). Diese Spannung gilt es auszuhalten und nicht nach der einen oder anderen Seite aufzulösen. Die einen tendieren dazu, sich so an die alte Welt anzupassen, dass kein geistliches Profil von Christus mehr in ihrem Leben erkennbar ist. Die anderen tendieren dazu, sich derart abzusondern, dass ihr geistliches Licht zwar leuchtet, aber „unter dem Scheffel" nur eine kurze Zeit, weil der Sauerstoff ausgeht und es keiner wahrnimmt! Jesus will dagegen, dass Christen ihr „Licht so leuchten lassen vor den Menschen, dass sie eure guten Werke sehen und den Vater im Himmel preisen!" (Mt 5,16).

Es geht also in der Nachfolge Christi gar nicht so sehr um die Frage: „Was ist Welt?", oder schlimmer noch: „Wo ist die böse Welt?" – sie ist ja überall, sogar in den Herzen, aus denen „böse Gedanken" aufsteigen und zur Verwirklichung drängen! –, sondern um die Frage: „Wie sollen Christen glaubwürdig in der Welt als erneuerte Menschen und Zeugen Jesu leben?"

Es geht nicht darum, Berührungsängste mit der Welt zu schüren und einen frommen Sonderweg weit weg von der bösen Welt zu suchen, sondern die Welt im Glauben zu überwinden (1Joh 5,4)!

Immer wieder gab und gibt es fromme Tendenzen, sich formal von der Welt abzugrenzen. Darauf fragt Paulus: „Was unterwerft ihr euch Satzungen, als lebtet ihr noch in der Welt: Berühre nicht! Koste nicht! Betaste nicht!" (Kol 2,20f). Er wehrt sich gegen das neuerliche Aufrichten einer gesetzlich alten Welt mit Mitteln, die Christus längst überwunden hat! Das Aufstellen von Gesetzen wäre – paradox – ja wieder weltlich! „Christus hat uns losgekauft vom Fluch des Gesetzes" (Gal 3,13). „Denn alle, die aus Gesetzeswerken sind, sind unter dem Fluch!" (Gal 3,10).

Es geht also darum, *den schmalen Weg der Nachfolge Jesu* (Mt 7,14) mitten in der Welt zu finden und mutig zu gehen, den Weg der Freiheit.

4.2.2 In der Freiheit leben

Das bedeutet, dass Christen einerseits „die Welt gebrauchen, als gebrauchten (sie) sie nicht, denn die Gestalt dieser Welt vergeht" (1Kor 7,31). Christen erkennen *diese alte Welt als vorläufig*, die neue Welt Gottes dagegen als endgültig. Das gibt ihnen eine große Freiheit im Gebrauch der Welt und der Güter dieser Welt. Die Beschreibung der christlichen, d.h. von Christus geschenkten Freiheit findet ihre imposante Darstellung in den Worten von 1Kor 3,22f:

„... denn alles ist euer, ... es sei Welt oder Leben oder Tod, es sei Gegenwärtiges oder Zukünftiges: Alles ist euer, ihr aber seid Christi, Christus aber ist Gottes."

Diese Freiheit erweist sich auf der einen Seite als Freiheit vom Fluch des Gesetzes und auf der anderen Seite als Freiheit von der Sünde und dem Sündigen müssen.

Für diesen neuen Weg der Freiheit gilt das ethische Kriterium: „Alles ist mir erlaubt, aber nicht alles ist nützlich (für das Reich Gottes und das ewige Leben). Alles ist mir erlaubt, aber ich will mich von nichts beherrschen lassen" (1Kor 6,12). Man muss also nach Aussage der Apostel die Freiheit verantwortlich leben! Man kann sie in Selbstüberschätzung missbrauchen oder „zum Deckmantel der Bosheit" machen (Gal 5,13). Wahre Freiheit lässt sich nur in echter Bindung an den finden, der von Sünde, Tod und Teufel befreit, in Christus also.

Die in gewissen Kreisen häufig gestellte Frage, was ein Christ noch darf oder was nicht, ist demnach falsch gestellt, weil sie sich an einem falschen Verständnis von Gesetz orientiert und nicht an der Liebe zu Jesus Christus. Es geht nun darum, in der Welt Christus nachzufolgen und alles zu tun, was ihn ehrt und der neuen Welt Gottes nützt und alles zu lassen, was ihn entehrt und einen Christen gefangen nimmt. Da muss und darf sich jeder selbst ehrlich prüfen! „Prüft euch, ob ihr im Glauben seid, untersucht euch!" (2Kor 13,5).

Kasuistische, für jeden Fall des Lebens von vornherein genau festgelegte Regeln, was zu tun oder zu lassen sei, helfen keinem. Sie verstricken Menschen ins gesetzliche Dickicht selbst erwählter Frömmigkeits-Kennzeichen der alten Welt. Der schmale Weg der Freiheit, den Jesus gehen heißt, den Paulus und die anderen Apostel bestätigen, ist auch heute noch in vielen Gemeinden umstritten. Viel lieber richtet man wieder Gesetze auf, um die Schäfchen auf dem rechten Weg zu halten. Man schreibt ihnen genau vor, wie sie zu leben haben und wie nicht. Das funktioniert nur deshalb, weil es auch solche geben muss, die sich etwas vorschreiben lassen wollen. Leider gibt es immer noch viel zu viele, die sich lieber genau vorschreiben lassen wollen, wie sie zu leben haben, anstatt Verantwortung zu übernehmen für ihr Leben mit Christus.

An der Freiheit eines Menschen zeigt sich seine Lebensqualität. „Wo der Geist des Herrn ist, da ist Freiheit!" (2Kor 3,17). Das ist das Kennzeichen neuen, vom Herrn geschenkten Lebens. Darin sollen sich Christen auszeichnen. Deshalb die deutliche und unüberhörbare Mahnung des Apostels an die durch Gesetzlichkeit Gefährdeten: „Für die Freiheit hat Christus uns frei gemacht!" (Gal 5,1). Und: „Ihr seid zur Freiheit berufen worden, Brüder!" Nur, missbraucht die Freiheit nicht zum Anlass für das Fleisch, d.h. das alte autonome Leben (Gal 5,13)!

4.2.3 Die Welt nicht lieben!

Die andere Seite der neu geschenkten Freiheit ist die, in der Liebe zu Gott eine Macht zu finden, die von der Welt und ihrem wahren Wesen frei macht. Die Aussage „Liebt nicht die Welt, noch was in der Welt ist! Wenn jemand die Welt liebt, ist die Liebe des Vaters nicht in ihm. Denn alles, was in der Welt ist, die Begierde des Fleisches und die Begierde der Augen und der Hochmut, ist nicht vom Vater, sondern von der Welt" (1Joh 2,15f), ist demnach ein Ausdruck von Freiheit. Liebe ist unteilbar. Wer neben Gott mit der Welt befreundet ist, wird zu einem geistlichen Ehebrecher, sagt Jakobus. „Wer ein Freund der Welt sein will, erweist sich als Feind Gottes" (Jak 4,4). Man kann nicht Gott lieben und gleichzeitig die Welt.

Geradezu tragisch zu nennen ist das überlieferte Beispiel von Demas, der als Mitarbeiter ausgeschieden ist und Paulus verlassen hat, weil er „die Welt lieb gewonnen" hat (2Tim 4,10).

Fazit: Das beste Mittel, die Welt nicht zu lieben, ist keine neue gesetzliche Regulierung, wie man die böse Welt meiden oder aus ihr aussteigen könnte, sondern einzig und allein, Gott zu lieben „mit deinem ganzen Herzen und mit deiner ganzen Seele und mit deinem ganzen Verstand" (Mt 22,37). Die Liebe zu Gott verhindert die ehebrecherische Liebe zur Welt am nachhaltigsten. Schon im AT ermahnt der Gläubige: „Habe deine Lust am HERRN, der wird dir geben, was dein Herz wünscht!" (Ps 37,4).

Dazu muss die Aufforderung aus Röm 12,2 kommen: „Werdet nicht dem Schema dieser Welt gleich, sondern lasst euch verändern durch Erneuerung eurer Gesinnung und Denkens, so dass ihr prüfen könnt, was der Wille Gottes ist: das Gute und Wohlgefällige und Vollkommene." Die Erneuerung des Denkens und der Gesinnung durch Wort und Geist Christi hilft zu einem neuen Handeln und einem neuen Lebensstil mitten in der alten Welt.

4.2.4 Das Anliegen, Menschen zu gewinnen, bekommen

Der Apostel zeigt auf, mit welchem Ziel er in der Welt lebt. Es geht ihm darum, immer mehr Menschen zu gewinnen. Wofür? Für das herrliche Leben mit Christus in der vergehenden Welt und für die bereits angebrochene neue Welt Gottes. Er sagt:

> „Denn obwohl (weil) ich allen gegenüber frei bin, habe ich mich allen zum Sklaven gemacht, damit ich so viele wie möglich gewinne. Und ich bin den Juden wie ein Jude geworden, damit ich die Juden gewinne; denen, die unter Gesetz sind, wie einer unter Gesetz – obwohl ich selbst nicht unter Gesetz bin –, damit ich die, welche unter Gesetz sind, gewinne; denen, die ohne Gesetz sind, wie einer ohne Gesetz – obwohl ich nicht ohne Gesetz vor Gott bin, sondern unter dem Gesetz Christi –, damit ich die, welche ohne Gesetz sind, gewinne. Den Schwachen bin ich ein Schwacher geworden, damit ich die Schwachen gewinne. Ich bin allen alles geworden, damit ich auf alle Weise einige errette. Ich tue aber alles um des Evangeliums willen, um an ihm Anteil zu bekommen." (1 Kor 9,19–23)

Die erste Voraussetzung, um Menschen zu gewinnen (und darum geht es, nicht um ein geschwätziges Überreden oder gar Aufnötigen oder Zwingen!), ist die Freiheit von Menschen. Die Formulierung „obwohl ich allen gegenüber frei bin ...", muss man eigentlich genau umgekehrt übersetzen: „Weil ich allen gegenüber frei bin ..."[393] Wer noch an die Bestätigung oder an das Lob von Menschen gebunden ist, wer emotional oder überhaupt sonstwie an Menschen gebunden ist, wer Angst vor ihnen hat oder ihnen wie auch immer gegenüber noch unfrei ist, der kann sie nicht für eine höhere Sache gewinnen. An anderer Stelle bekennt Paulus: „So bitten wir nun an Christi statt: Lasst euch versöhnen mit Gott!" (2 Kor 5,20).

Die zweite Voraussetzung, um seinen Weg in der Welt zu gehen und Menschen für Gott zu gewinnen, ist Solidarität mit den unterschiedlichen Menschen, ohne seine eigene Identität zu verlieren. Wer „denen, die unter Gesetz sind, wie einer unter Gesetz" wird – obwohl er nicht unter Gesetz ist – oder „denen, die ohne Gesetz sind, wie einer ohne Gesetz" – obwohl er nicht ohne Gesetz vor Gott ist (V. 20–21), der kann das nur, wenn er sich seiner eigenen Identität genau bewusst ist!

Hier liegt die große Herausforderung für Christen, anderen Menschen einer von ihnen zu werden, ohne ihre Einstellungen zu über-

---

[393] Im Griech. steht eine Partizipial-Konstruktion: „Ελευθερος γαρ ων ..."

nehmen. Einem Menschen ohne Gesetz einer zu werden wie ohne Gesetz, obwohl man nicht ohne Gesetz ist, gleicht einem Spagat, der einen fast zu zerreißen droht. Vielleicht geht es in erster Linie auch um die echt demütige Gesinnung und den Mut, einer von ihnen zu werden.

Am deutlichsten ist die Sendung Christi in die Welt, seine Inkarnation, seine Inkulturation, seine Bereitschaft und Fähigkeit, auf Menschen einzugehen, sie zu lieben, Beispiel für das, was Paulus ausdrückt, um Menschen zu gewinnen. Christus hat das Vertrauen von vielen gewonnen. Er hat Misstrauende überzeugen können, andere hat er nicht halten können und wollen.

Von ihm selbst gilt es also zu lernen, in der Welt zu leben bei gleichzeitigem Bewusstsein, nicht von der Welt zu sein. Das hat Christus immer wieder betont. Er kommt von oben, nicht von der Welt. Dennoch hat er Gemeinschaft mit den Menschen, er isst mit den Sündern und Zöllnern (Mk 15), wird einer von ihnen, ohne einer von ihnen zu werden.

Ein Diktum des afrikanischen Missionstheologen David Bosch kann das erklären helfen, was so schwer auszudrücken ist: *„Mission in kühner Demut"*.

Kühnheit brauchen Christen für ihre Sendung in die Welt und Demut! Ist es leider nicht oft so gewesen, dass wenn Christen kühn waren, sie gleichzeitig arrogant waren und wenn sie demütig waren, oft genug nicht kühn? Sind nicht vielerorts aus Gemeinden, die zwar in der Welt aber nicht von der Welt sein sollten, Gemeinden geworden, die nicht mehr in der Welt, aber wie die Welt sind? Abgegrenzt von der Welt pflegt man die persönlichen Beschaulichkeiten und Idyllen, die privaten Vorlieben und Heucheleien. Viele Gemeinschaften sind zu religiösen Vereinen für Gemeinschaftspflege verkümmert, anstatt missionarischer Leib Christi zu sein oder zu werden. Menschen für Christus und sein Reich zu gewinnen setzt voraus, Menschen wahr- und ernst zu nehmen, sie zu lieben, sie aufzusuchen und mit ihnen zu leben. Einer von ihnen zu werden, zuerst zu hören, was sie bewegt, anstatt Antworten zu geben auf Fragen, die sie nicht gestellt haben – das ist gemeint mit dieser Herausforderung, „immer mehr zu gewinnen". Dazu gehört als weitere Voraussetzung:

4.2.5 Sich seiner Identität als Mensch Gottes bewusst sein

Andere gewinnen kann nur, wer sich seiner Identität ganz bewusst ist. An zwei Beispielen von Menschen Gottes (Daniel und Mose), die in einer für sie ganz anderen Welt leben mussten, kann verdeutlicht werden, was gemeint ist.

Daniel

Als im 6. Jh. v. Chr. der babylonische Großkönig Nebukadnezar Jerusalem eroberte, deportierte er einen Großteil des Volkes und nahm die besten der jungen Leute mit an seinen Hof, um sie einem Umerziehungsprogramm zu unterziehen. Dazu gehörte zuallererst eine neue Namensgebung und die völlige Inkulturation der Deportierten (Dan 1,3ff). Die Bildung der jungen Männer nach der kulturellen und wissenschaftlichen Vorstellungswelt der Babylonier stand ebenso auf dem Programm wie eine Sprachschulung und die tägliche Versorgung mit dem Speiseplan der Babylonier.

Daniel und seine Freunde sollten, nachdem sie in eine für sie ganz andere Welt – Babylon – deportiert worden sind, durch die babylonische Namensgebung eine andere Identität bekommen. Aus Juden sollten Babylonier werden.

Daniel nahm zwar die für ihn ganz fremden Namen an, er ließ sich unterweisen in dem Wissen der Babylonier, er ließ sich erziehen und kleiden wie Babylonier es tun, er nahm aber nicht ihre – und damit eine andere – Identität an.

Mose

Von Mose heißt es im Hebräerbrief: „Durch Glauben weigerte er sich, als er groß geworden war, ein Sohn der Tochter Pharaos zu heißen (fremde Identität!) und zog es vor, mit dem Volk Gottes (eigentliche Identität!) Ungemach zu leiden, als den zeitlichen Genuss der Sünde zu haben, indem er die Schmach Christi für größeren Reichtum hielt als die Schätze Ägyptens; denn er schaute auf die Belohnung!" (Hebr 11,24f).

Mose, der jüdische Knabe, der von seinen Eltern im Schilf des Nil versteckt worden war, um dem sicheren Tod der verfolgenden Ägypter zu entgehen, ist von eben der Tochter des Pharao entdeckt und mit zum Hof ihres Vaters genommen worden. Dort am Hof des Pharaos wurde Mose aufgezogen. Er genoss die ägyptische Ausbildung der besten Lehrer und Professoren, wuchs in der ägyptischen höfischen Kultur auf, bekam ein Empfinden von Ästhetik und Schönheit und ist äußerlich ganz wie ein Ägypter gewesen. Er hat genauso ausgesehen wie ägyptische Männer damals aussahen und wie wir sie von Bildern kennen: geschminkt, mit Kleid, schwarzen langen Haaren usw. Aber Mose hat seine eigentliche Identität mitten in dieser so anderen Welt bewahrt!

Eines Tages wurde ihm bewusst, dass er kein Ägypter, sondern ein Hebräer war, dass seine Identität nicht in der ägyptischen Kultur, sondern in der Berufung Gottes begründet lag. Er fasste den Entschluss, zu entkommen und zu seinem Volk zu ziehen.[394]

Wenn Christen im NT aufgefordert werden, „als unbescholtene Kinder Gottes inmitten eines verdrehten und verkehrten Geschlechts als Himmelslichter in der Welt zu leuchten" (Phil 2,15), dann müssen sie sich ihrer Identität als „Kinder Gottes" bewusst sein. Wer sich seiner Identität als Kind Gottes nicht bewusst ist, kann den „Kindern dieser Welt" nicht begegnen, geschweige sie für das Reich Gottes gewinnen.

Immer wieder werden Christen im NT aufgefordert, ihren öffentlichen Wandel würdig des Evangeliums (also dem Evangelium adäquat) zu gestalten (Phil 1,27)[395], ihr Licht vor den Leuten scheinen zu lassen (Mt 5,16) und überhaupt als Christen identifizierbar zu bleiben (1Petr 2,12.15; 3,15). Christen sind ein „Brief Christi" und werden dadurch „erkannt und gelesen von allen Menschen" (2Kor 3,2.3).

---

[394] Die Exodus-Erzählung klingt freilich anders als die Aussagen des Hebräerbriefs. Danach hat Mose im Übereifer einen Mann erschlagen und musste vor Pharao fliehen (2Mo 2,11–15). Über einen langen Umweg nach Midian kam er schließlich zu seinem Volk.

[395] Der Imperativ πολιτευεσθε – (politeuesthe) meint das öffentliche Verhalten in einer Gemeinschaft.

4.2.6 Möglichkeiten, in der Beziehung zur Welt zu leben

Man kann die Beziehung von Christen zur Welt auf vier Ebenen zu beschreiben versuchen. Da sie einerseits Teil der Welt sind und andererseits doch wieder nicht Teil von ihr, einerseits Anteil an ihr haben und andererseits doch wieder nicht, ist die Gefahr groß, diese dialektische Spannung einseitig aufzulösen. Es hat immer wieder verschiedene Typen des Weltbezugs gegeben. Einige sollen, ohne Anspruch auf Vollständigkeit, aufgeführt werden. Beginnen wir mit zwei Extremen:

(a) Innere Anpassung – äußere Anpassung

Dieser Typus kann aus einem liberalen Weltverständnis oder theologisch-systemischen Rechtfertigungsverständnis heraus zu einer totalen Anpassung an die Welt oder Identifizierung mit ihr führen. Hierbei wird theologisch ein monistisches Weltverständnis kultiviert, das auf die grundsätzliche Unterscheidung von Gemeinde und Welt meint verzichten zu können. Begründet wird es mit der Herrschaft Christi über alles und einer missverstandenen Bonhoeffer-Interpretation der „Überwindung der zwei Räume".

Als ntl. Belege werden zur Begründung oft Stellen angeführt wie: „Alles ist euer, es sei Welt oder Leben oder Tod ..." (1Kor 3,22) oder: „... sonst müssten wir ja die Welt räumen" (1Kor 5,10) oder das dreifache paulinische und aus dem Zusammenhang gerissene: „Alles ist erlaubt!" (1Kor 6,12) oder „... die Welt Nutzenden als nutzten wir sie nicht ..." (1Kor 7,31) usw.

Es können aber auch Menschen auf dieser Beziehungsebene leben, die wie Demas einstmals Glieder der Gemeinde und Mitarbeiter derselben gewesen sind und dann, aus welchen Gründen auch immer, „die Welt lieb gewonnen haben" (2Tim 4,10) und zurückgekehrt sind in die Welt, d.h. nun ein weltliches Leben führen ohne geistliches Profil.[396]

---

[396] Vgl. T. Bisset, Wenn Christen den Geist aufgeben. Warum Menschen ihren Glauben verlieren und wie Eltern und Freunde helfen können, Asslar 1995.

(b) Äußere Abgrenzung – innere Abgrenzung

Hierbei kann, wie in der Gnosis, ein dualistisches Missverständnis vorliegen, bei dem die Welt, weil sie Materie ist, grundsätzlich als böse, die Welt Gottes dagegen, weil sie eine geistliche Wirklichkeit ist, als gut verstanden und interpretiert wird. Die Welt wird dann pauschal verneint. Da sie von der Finsternis beherrscht wird, muss sie gemieden werden. Berührungsängste mit der Welt und kasuistische Definitionen, was besonders weltlich und daher böse und was einigermaßen geduldet und was möglich ist, prägen diesen Frömmigkeitstypus. Oft sind es sehr ernsthafte Menschen, die völlig zurückgezogen im Kloster oder in der selbst gewählten Isolation leben, um „sich von der Welt unbefleckt" zu erhalten. Ihre Ethik ist überwiegend Vermeidungsethik.

(c) Äußere Abgrenzung – innere Anpassung

Bei diesem Frömmigkeitstypus leben Menschen äußerlich, d.h. nach einem bestimmten, festgelegten (meist gesetzlichen) Wertekanon „abgesondert" von der Welt, merken aber nicht, wie sie innerlich angepasst an die Welt leben. Sie entsprechen formal einem Muster nachprüfbarer Kriterien, was weltlich ist und was nicht, was man als Christ darf und was nicht, haben aber eine Gesinnung wie alle anderen Menschen auch. Indem sie Grenzen zur Welt oder innerhalb der Welt ziehen (lassen), merken sie nicht, wie willkürlich dieses Unterfangen eigentlich ist. Wer zieht also wo welche Grenze? Sind die Beatles weltlich, Beethoven oder Bach aber nicht? Sind es die sog. Adiaphora[397] (die „Mitteldinge") wie Kleiderordnungen, das Vermeiden von Rauchen, Alkohol, Kino, Internet, Vergnügungen aller Art, Tanzen usw., die einen Menschen in der Welt als Christen identifizieren? Viele dachten und denken so: Ein Christ ist jemand, der dieses und jenes nicht tut.

Das Fatale bei dieser Haltung ist, dass sich diese Christen nicht der gesetzlichen Falle bewusst sind, die zuschnappt, wenn sie bei all ihrer kasuistischen Absonderung von der Welt doch selbst auch weltlich gesinnt sind und leben. Indem sie sich mit anderen – ethisch nicht so hoch stehenden Menschen – vergleichen und dadurch besser dastehen,

---

[397] N. H. Soe, Christliche Ethik, München ²1957, S. 150–156.

werden sie auf ihre Frömmigkeit stolz und können Gott sogar dafür danken, dass sie „nicht so sind wie jene" (Lk 18,11). Überhaupt sind sie sich nicht bewusst, dass sie ihre Eitelkeiten nur tarnen unter dem Deckmantel einer selbst gewählten (oder vorgeschriebenen) Frömmigkeit.

Dieser Typus ist innerhalb des erwecklichen Katholizismus, des Pietismus und auch der charismatischen Frömmigkeit nicht selten anzutreffen.

(d) Äußere Anpassung – innere Abgrenzung

Was Jesus gewollt und vorgelebt hat, ist etwas anderes. Er hat sich selbst ganz klar als den verstanden, der „von Gott ausgegangen und gekommen" ist (Joh 8,42), als den messianischen Menschensohn, der von Gott gesandt und gesalbt war. Seine Speise war, den Willen seines Vaters im Himmel zu tun. Er lässt auch keinen Zweifel darüber, dass es das Entscheidende für einen Menschen ist, dass der Wille Gottes in seinem Leben geschieht. Er wusste genau, wo die Grenze verlief zwischen dem, was gut, und dem, was böse ist.

Als solch ein Mensch hat Jesus unter Menschen gelebt und ihnen gedient. Er war sich seiner Identität als Messias bewusst und konnte sagen, wer er ist, z.B.: „Ich bin der Weg, die Wahrheit und das Leben", oder: „Ich bin der gute Hirte". Seine Vollmacht zu reden und handeln hatte er aus diesem Bewusstsein, Gottes Sohn zu sein.

Aber im Unterschied zu den Pharisäern lebte er mit den Menschen, in ihrer Nähe und Gegenwart. Obwohl er sich von der Sünde abgrenzte, lebte er mit Sündern zusammen und liebte sie.

Dieser Weg innerer Abgrenzung vom Bösen und von der Sünde bei gleichzeitiger Bejahung der Welt, als die Wirklichkeit, in der Christen leben, ist der schmale Weg der Freiheit, den Jesus meint.

4.2.7 Den Willen Gottes als das einzig Wahre wollen

So wie Jesus nichts anderes wollte, als dass der Wille Gottes geschieht „wie im Himmel so auf Erden" (Mt 6,10), so wie er auch für sich selbst nichts anderes wollte, als diesen Willen seines Vaters zu tun („denn ich suche nicht meinen Willen, sondern den Willen dessen, der mich gesandt hat", Joh 5,30), so lehrte er auch seine Jünger, dasselbe zu wollen und zu tun („nicht alle, die zu mir Herr, Herr sagen, kommen ins Himmelreich, sondern die den Willen meines Vaters im Himmel tun", Mt 7,21).

Auch die Apostel mahnen die Christen: „Die Welt vergeht mit ihrer Lust, wer aber den Willen Gottes tut, der bleibt in Ewigkeit" (1Joh 2,17). Hier wird deutlich, dass der Wille Gottes – das Gute, Wohlgefällige und Vollkommene – nicht zu dieser Welt passt! Es ist grundsätzlich etwas anderes.

Deshalb die Mahnung: „Seid nicht gleichförmig dieser Welt, sondern lasst euch verändern durch die Erneuerung eures Denkens, damit ihr prüfen könnt, was der Wille Gottes ist: das Gute, Wohlgefällige und Vollkommene" (Röm 12,2).

Der Wille Gottes zeigt sich in seinen Geboten, Weisungen, Worten. Bereits das atl. Wort macht das deutlich: „Es ist dir gesagt, Mensch, was gut ist und was der HERR von dir fordert: das Recht zu üben, Gnade zu lieben und demütig zu gehen mit deinem Gott" (Micha 6,8). Erst recht die ntl. Paränese.

Das Wort Christi und die Lehre der Apostel sind die Kriterien, wie Menschen in dieser Welt leben sollen. Manche lassen Übereinstimmungen mit der die Christen umgebenden Gesellschaft zu, andere stehen in Widerspruch zu dem, was Gott will. Auf jeden Fall werden Menschen, die den Willen Gottes tun wollen, in eine Spannung hineingeraten, die sie im Extremfall zerreißen kann. Jesus klärt seine Jünger auf: „Wenn die Welt euch hasst, so wisst, dass sie mich vor euch gehasst hat. Wenn ihr von der Welt wäret, würde die Welt das Ihre lieben; weil ihr aber nicht von der Welt seid, sondern ich euch aus der Welt erwählt habe, darum hasst euch die Welt" (Joh 15,18–19).

4.2.8 Ein gutes Gewissen bewahren

Das Gewissen als Mitwisser (griech.: συνειδησις – *syneidäsis*) hilft Menschen, sie immer wieder auf den rechten Kurs zu bringen. Für Christen ist es ein Bedürfnis, das Gewissen vom Wort Gottes prägen und an ihm „eichen" zu lassen. Es „erinnert" sie immer wieder an das, was sie eigentlich wollen und sollen.

Dieses Gewissen ist ein feines Sensorium, das leicht ausschlagen, das aber auch abgetötet werden bzw. abstumpfen kann. Ein „reines

Herz und ein gutes Gewissen" gehören für einen Christen zusammen und sind lebensnotwendig (1Tim 1,5). Die apostolische Warnung heißt entsprechend, den „Glauben bewahren und ein gutes Gewissen, das einige von sich gestoßen und am Glauben Schiffbruch erlitten haben" (1Tim 1,19). Man kann auch am eigenen Gewissen „gebrandmarkt" (1Tim 4,2), d.h. im Gewissen desensibilisiert sein.

Angesichts der durch die Fluchstruktur der Sünde geprägten Welt mit ihren Problemen, Spannungen und ambivalenten Kräftefeldern, angesichts der Welt als antichristlichem System, stellt sich für Christen die Frage: Wie kann man in dieser Welt als Christ mit einem reinen und guten Gewissen leben? Kann man es überhaupt? Diese Frage führt uns zu einem weiteren wichtigen Thema.

4.3 Differentialethische Komponenten

Jede Ethik sieht sich früher oder später vor mindestens zwei grundsätzliche Probleme gestellt: einmal vor das Problem der Diskrepanz zwischen ethischem Anspruch und konkreter Wirklichkeit oder zwischen Ideal und Realität und zum andern vor das Problem der mangelnden Eindeutigkeit ethischer Handlungsanweisungen und der daraus folgenden Unklarheit ethischen Handelns, weil es mehrere ethisch „richtige" Möglichkeiten gibt. Bei beiden Problemfeldern geht es um Fragen des ethischen Konflikts.

4.3.1 Das Problem des Konflikts

Ein ethischer Konflikt meint den Zusammenstoß zweier ethischer Werte, zwischen denen man sich entscheiden muss. Insofern könnte man durchaus von einer Wirklichkeit des Konflikts sprechen, wenn das Reich Gottes mit seiner Wertigkeit auf die Wertigkeit der Welt prallt. Es muss zum Konflikt kommen, da eine einfache ethische Adaption gar nicht möglich ist. Zu unterschiedlich sind beide Bereiche im Grundsatz. Dennoch gibt es durchaus auch große ethische Übereinstimmungen, wie wir oben (im Zusammenhang mit dem *primus usus legis*) bereits gesehen haben.

Daher muss man von dieser grundsätzlichen konfliktreichen Wirklichkeit zwischen Reich Gottes und Welt den konkreten ethischen Konflikt unterscheiden. Erst wenn es sich um eine *collisio officiorum* (Zusammenstoß von Pflichten) handelt, spricht man gemeinhin von einem echten ethischen Konflikt. Nicht jede Kollision von Möglichkeiten ist auch ein ethischer Konflikt. Auf der anderen Seite darf auch nicht ein grundsätzlicher Widerspruch in dem, was Gott befiehlt, konstruiert werden, so dass man tragischerweise nicht anders könne, als immer gegen Gottes Gebot zu verstoßen. Wenn Konflikte auftreten, dann deshalb, weil die Welt ambivalent ist und zu Konflikten mit dem Gebot Gottes führt.

Da jeder Konflikt einzigartig ist, lässt er sich auch nicht von vornherein vorausberechnen. Ethik ist keine Kasuistik, die aus einer ethisch-kasuistischen „Kolossalspeicherung" Lösungen abrufen kann. Jeder Konflikt ist wiederum auch anders, weil jede Situation anders ist, in die unterschiedliche Menschen mit unterschiedlichen Fähigkeiten der Konfliktbewältigung hineingeraten, so dass allgemeine Lösungen nicht weiterhelfen.

Die objektive Struktur der Wirklichkeit zeigt nur allzu oft das Scheitern der reinen Ideale. Es gibt Situationen, in denen kompromissloses Handeln auch für ernsthafte Christen nicht möglich ist. Ihr Tun vollzieht sich ja nicht nur in der Intention einer reinen Gesinnung, sondern es ist zumindest in Motivation und Vollzug mitbestimmt durch konkrete „umweltliche" Faktoren und Situationen. Auf diese grundsätzliche Problematik macht z.B. die apostolische Aufforderung aufmerksam: „Wenn möglich, so viel an euch liegt, habt mit allen Menschen Frieden" (Röm 12,18). Zum Frieden gehören immer mindestens zwei Parteien. Wenn eine nicht will, ist Frieden nicht möglich. Dieses Beispiel zeigt bereits, welche Alteration unser Tun empfängt, wenn es die Sphäre der bloßen Gesinnung verlässt und „nach außen" tritt, wenn ein hehrer geistlich-ethischer Vorsatz in die Praxis umgesetzt werden will.

Aber nicht nur außen in der Welt, sondern auch in uns selbst liegen Gründe für das mangelnde Umsetzen des als richtig Erkannten.[398] Als Petrus seinem Herrn bis in den Tod folgen will, muss er schmerzlich erfahren, dass sein gut gemeinter Vorsatz bereits in der Sphäre des

---

[398] Vgl. den *secundus usus legis* und das dort zu dem Thema Gesagte.

Vorhofs des hohenpriesterlichen Palasts an der beiläufig gemachten Bemerkung einer einfachen Dienstmagd wie eine Seifenblase platzt.

Dieses „Außen" ist die Welt, in der wir leben. Sie ist kein neutraler Raum, sondern, wie oben gezeigt, in ihrem konkreten Zustand eben die Welt, die durch die Sündenwirklichkeit strukturiert ist. Die Gestalt dieser Schöpfung *post lapsum* (nach dem Sündenfall) ist von der Fluchstruktur der Sünde angeschattet. In ihr ist nicht nur Frieden so ohne weiteres nicht möglich, sondern auch das Umsetzen und Tun des radikalen Willens Gottes.

4.3.1.1 Ethische Entschiedenheit

Zum Wesen des Glaubens gehört Entschiedenheit. Immer wieder haben die alttestamentlichen Führer und Propheten das Volk Gottes zu bedingungsloser Entschiedenheit im Glauben an seinen Gott aufgerufen. „So fürchtet nun den HERRN und dient ihm in Aufrichtigkeit und Treue. Tut die Götter weg ... und dient dem HERRN!" (Jos 24,14). Es gibt nur ein „Entweder – Oder": „Erwählt euch, wem ihr dienen wollt, entweder den Göttern, denen eure Väter gedient haben, als sie noch jenseits des Stromes waren, oder den Göttern der Amoriter, in deren Land ihr wohnt. Ich aber und mein Haus wollen dem HERRN dienen!" (24,15). Die Propheten haben das Volk immer wieder vor Abfall und Kompromissen im Gottesdienst gewarnt. Sie haben das zwiespältige Wesen und den Götzendienst verurteilt und Israel zur Umkehr und ethischen Entschiedenheit aufgerufen. Der Prophet Elia fragt das abtrünnige Volk Gottes: „Wie lange hinkt ihr auf beiden Seiten?" (1Kö 18,21). Es gab Könige in Israel, die gut waren und nur Jahwe folgten. Es gab solche, die „taten, was böse war in den Augen Jahwes" (z.B. Joasch 2Kö 13,2; Jerobeam 2Kö 14,23f u.a.), und es gab eine dritte Kategorie von Königen, die dadurch hervortreten, sowohl Jahwe als auch den Götzen der Völker zu dienen (z.B. Jehu 2Kö 10,28–31; Amazja 2Kö 14,3 u.a.). Sie haben durch ihre Kompromisse den Grundstein für den weiteren Abfall des Volkes von Jahwe gelegt.

Auch zur Nachfolge Christi gehört Entschiedenheit. Jesus sagt: „Wer Vater oder Mutter mehr liebt als mich, ist meiner nicht wert; und wer Sohn oder Tochter mehr liebt als mich, ist meiner nicht wert; und wer sein Kreuz nicht aufnimmt und mir nachfolgt, ist meiner nicht wert" (Mt 10,37.38).

Diese radikale Entschiedenheit, die Jesus selbst fordert und die durch nichts abgeschwächt werden darf, ist nun aber nicht zu verwechseln mit Radikalismus im Sinne eines religiösen Extremismus oder Fanatismus! Dieser ist Ausdruck fehlgeleiteter Entschiedenheit, die zu Hass und Feindschaft führt, die Menschen unfähig macht zu lieben und sie zu gewinnen. Bei Jesus gehören ethische Radikalität (Entschiedenheit) und Liebe untrennbar zusammen.

Allein schon dieser doppelte Anspruch Jesu von Liebe und Entschiedenheit (nach Lukas: Liebe und Hass)[399] führt bei dem, der ihm gerecht werden will, zu einem fast unüberwindbaren Konflikt.[400] Entweder lebt er entschieden nach dem Gebot Christi und gerät damit in einen scheinbar unüberwindbaren Konflikt zu seinem ungläubigen Partner oder Familienangehörigen, den er auch liebt, oder er versucht einen Kompromiss und liebt sowohl Christus als auch seinen ungläubigen Partner oder Familienangehörigen. Gibt es einen Weg, beide zu lieben, ohne einen Kompromiss eingehen zu müssen? Oder ist ein ethischer Kompromiss möglich, ohne den Anspruch Christi zu kompromittieren? Jesus macht deutlich, dass es zu ihm und seinem Reich letztlich keine Alternative gibt. Damit will er aber nicht das Gebot der Elternliebe außer Kraft setzen.

Was bedeutet die von ihm geforderte Entschiedenheit?

Zunächst: Wenn Christus sagt: „Seid nun vollkommen, wie euer himmlischer Vater vollkommen ist" (Mt 5,48), dann meint er mit dieser Aussage keine Vollkommenheit im Sinn eines ethischen Perfektionismus oder einer ethischen Fehlerlosigkeit bzw. Sündlosigkeit! Dieses Wort steht in der Tradition alttestamentlicher Weisheits- und Rechtstexte. Wenn die Vorlage in 5Mo 18,13 sagt: „Vollkommen sollst du sein mit Jahwe, deinem Gott"[401], bedeutet das: „Du sollst

---

[399] Die Parallele in Lk 14,26 heißt: „Wer zu mir kommt und *hasst* nicht seinen Vater und seine Mutter und seine Frau und seine Kinder ... so kann er nicht mein Jünger sein!"

[400] Daran ändert sich auch grundsätzlich nichts, wenn mit Hinweis auf die Bedeutung von μισεω - *miseo* im übertragenen Sinn statt an emotionales Hassen daran zu denken sei, jemanden hinter einen anderen zurückzustellen oder zu vernachlässigen (wobei diese Bedeutung exegetisch nicht nachgewiesen werden kann, nur in gewisser Weise etymologisch), vgl. z.B. Menge-Güthling, Griechisch-deutsches Hand- und Schulwörterbuch, Berlin o.J.).

[401] Das griechische Wort τελειος – *teleios* nimmt das hebräische *tamim* auf, was soviel wie „ganz", „ungeteilt" bedeutet.

dich ungeteilt an Jahwe, deinen Gott, halten" oder „ganz" mit Jahwe, deinem Gott, sein. Die ethische Entschiedenheit, die Jesus fordert, bedeutet also die ganze und ungeteilte Zuwendung zu Gott, die ganze und ungeteilte Hingabe an den, der seinen Willen offenbart hat, die Liebe zu Gott „mit deinem ganzen Herzen, mit deiner ganzen Seele und allen deinen Kräften".

Wenn Jesus dem reichen jungen Mann in Mt 19,16–30 rät: „Wenn du vollkommen sein willst, dann geh hin, verkaufe deine Habe und gib den Armen!", dann will er ihm sagen, dass er Gott nur ganz, unter Einbeziehung seines Vermögens, dienen kann und nicht geteilten Herzens. Das Problem des jungen Mannes war nicht sein Kapitalvermögen, sondern seine zwiespältige Haltung, die ihn neben Gott den Mammon ehren ließ. Damit verstieß er gegen das erste Gebot, keine anderen Götter neben Gott zu haben. Das traurige Weggehen des jungen Reichen von Jesus zeigt seine mangelnde Entschiedenheit, Gott ganz zu folgen. Jesus erwartete von ihm keinen ethischen Rigorismus oder asketischen Moralismus, sondern „einfach" ganze Hingabe an Gott.

Wer ist zu solcher Entschiedenheit aber fähig? Wer kann solche Totalnachfolge überhaupt leben? „Wer kann dann selig werden?", fragen die Jünger Jesu entsetzt. Die Antwort Jesu: „Bei Menschen ist dies unmöglich, bei Gott aber sind alle Dinge möglich!" (Mt 19,26), lässt den Menschen nicht bei sich und seinen ethischen Möglichkeiten, sondern wirbt um ganzes Vertrauen und ganze Hingabe an den Gott, bei dem alles möglich ist. An anderer Stelle lädt Jesus in seine Joch- und Lerngemeinschaft ein, weil nur er in der Lage ist, das schwere Joch ethischer Entschiedenheit zu ziehen (Mt 11,29.30). Jünger Jesu können unter seinem sanften Joch und seiner leichten Last lernen, demütig und sanftmütig zu werden und ethische Entschiedenheit in der engen Bindung an ihn zu leben. Das ist eine ganz andere Ethik als der moralische Rigorismus und Moralismus der Pharisäer, die den „Menschen schwere Lasten aufbinden", die sie selbst aber nicht mit einem Finger anrühren (Mt 23,4).

Man kann also sagen, dass ethische Entschiedenheit der Entschiedenheit Gottes entspricht, mit der er in Christus seine Menschen liebt und begnadigt.[402] Wo diese „Macht der Liebe" Gottes erlebt wird, entzündet und befähigt sie Menschen, sich der Herrschaft Gottes in Christus zu unterstellen und wiederum entschieden Christus nachzufolgen. Interessant ist die lukanische Parallele zu dem Bergpredigtwort Christi bei Matthäus. „Seid vollkommen, wie euer himmlischer Vater vollkommen ist" (Mt 5,48) heißt bei Lukas: „Seid barmherzig, wie auch euer Vater barmherzig ist" (6,36). Das ist kein unüberwindbarer Gegensatz, sondern zeigt, dass „Entschiedenheit in der christlichen Ethik nichts zu tun hat mit unnachgiebiger Härte und Fanatismus".

> Ohne pauschalisieren und nun selbst wiederum Feindbilder aufrichten zu wollen, muss doch aus seelsorgerlichen Gründen auf ein Problem hingewiesen werden, das in der christlichen Gemeinde zu lange nicht erkannt worden ist: der Umgang mit Macht. Leider entpuppen sich oftmals Menschen mit einem sehr entschiedenen oder rigorosen Auftreten als Machtmenschen, denen es letztlich nur um Einfluss auf und Macht über andere geht und nicht darum, Menschen in entschiedener Liebe wirklich auf den Weg der Nachfolge Jesu zu locken. Diese ethischen und dogmatischen Hardliner benutzen dann ihren ethischen Rigorismus oft als Waffe, der keiner widerstehen kann, weil ihre Haltung ja „bibeltreu" ist. In kompromissloser Härte kämpfen sie für die reine Wahrheit des Evangeliums und verletzen Menschen durch ihre „klare" Haltung.[403]

4.3.1.2 Der Kompromiss als ethische Möglichkeit?

Auf dieser Grundlage der von Christus geforderten und durch nichts aufzulösenden Entschiedenheit ist nun aber doch zu fragen, ob es überhaupt keine Möglichkeit des ethischen Kompromisses gibt oder ob unter gewissen Bedingungen nicht doch eine Möglichkeit dazu gegeben oder gar geboten ist. Lassen Jesus und seine Apostel solche Möglichkeiten zu?

---

[402] Vgl. C. Wolf, „Der Kompromiss als Möglichkeit christlicher Ethik", in: Was hast du, das du nicht empfangen hast. Dr. Eduard Schütz zum siebzigsten Geburtstag, Berlin 1998, S. 90–104.
[403] Zu dem Thema Machtmenschen vgl. E. Løvas, Wölfe in Schafspelzen. Machtmenschen in der Gemeinde, Moers 1996; V. und M. Kessler, Die Machtfalle: Machtmenschen in der Gemeinde, Gießen/Basel 2001.

Auf den ersten Blick scheint es tatsächlich nur die Alternativen zu geben, die ganz klar zwischen „zwei Herren", zwischen „Gott und dem Mammon" (Mt 6,24), Freund der Welt oder Feind Gottes (Jak 4,4), Sklave der Gerechtigkeit oder der Sünde (Röm 6,16), Gast am Tisch des Herrn oder der Dämonen (1Kor 10,21), Licht oder Finsternis, Macht Satans oder Gott (Apg 26,18), im selben Joch mit Gläubigen oder mit Ungläubigen, Gerechtigkeit oder Gesetzlosigkeit (2Kor 6,14.15) unterscheiden. Es gibt nur schwarz oder weiß, tot oder lebendig, rechts oder links, Finsternis oder Licht. Im Blick auf die – geistlich gesehen – totale Unvereinbarkeit von Reich Gottes und Reich Satans, von Gerechtigkeit und Sünde, ist das grundsätzlich richtig und unaufgebbar. Hier gibt es keinen Kompromiss zwischen Licht und Finsternis. Gott ist heilig und kennt keine Kompromisse.

Gilt das aber auch für den Bereich der Ethik?

Natürliche oder ideelle Ethik, die vom griechischen Denken geprägt ist, kann sich das Umsetzen des „reinen Guten", des Ideals, in die Sphäre der materialen Welt oder des Bösen nur so vorstellen, dass es beim „Eintreten" in die Welt „gebrochen" oder „verunreinigt" wird, d.h. der ethische Kompromiss ist a priori möglich und nötig. Das sieht auch I. Kant in seiner Ethik als unaufgebbar an, auch wenn er offenbar explizit keine Lehre vom Kompromiss vorlegt. So kann man im Blick auf jede natürliche oder philosophische Ethik resümieren: „Der ethischen Weisheit letzter Schluss ist also der Kompromis."[404].

Anders biblische Ethik und biblisches Denken. Einerseits lebt auch der Christ in derselben Welt wie der natürliche Mensch. Er ist denselben Gesetzmäßigkeiten unterstellt und findet dieselben formalen Voraussetzungen vor. Andererseits hat er aber ganz andere materiale Voraussetzungen. Sein Glaube an den lebendigen Christus und die Kraft des Heiligen Geistes und seine Ethik gehen von anderen Voraussetzungen aus als griechisches oder natürliches Denken. So wie Christus leibhaftig ins Fleisch gekommen ist, ohne seine göttliche Natur aufzugeben, so kann auch der Wille Gottes, wenn er „inkarniert", wenn er in Kraft treten und geschehen soll, selbst unter widrigsten weltlichen Bedingungen, ja eigentlich gerade erst unter den widrigen Bedingungen der Welt, geschehen. Die geistliche Beurteilung Jesu lässt ja deutlich erkennen, dass sein Ethos gerade nicht für ein Schönwetterchrist-

---

[404] H. Thielicke, ThE II. 1, S. 159.

sein gedacht ist, sondern sich im Gegenwind des Widerstands erweisen muss: „Wenn euch die Welt hasst, so wisst, dass sie mich vor euch gehasst hat" (Joh 15,18). Und: „Des Menschen Feinde werden seine eigenen Hausgenossen sein" (Mt 10,36). Auch von daher „ist dem Christen eine simple Bejahung des Kompromisses verwehrt, denn die Gebote Gottes fordern kompromisslos. Man sucht in ihnen vergeblich den Zusatz: Du sollst ... im Rahmen des Möglichen"[405].

Dennoch handelt aber auch „der Christ als Mensch" ständig in Form von kleineren oder größeren Kompromissen, was sich einfach aus der Struktur der Welt ergibt, in der er wie jeder andere auch lebt. Er muss tagtäglich Kompromisse schließen, z.B. zwischen Arbeitsaufwand und Zeit für die Familie, zwischen persönlichen Wünschen und tatsächlichen Möglichkeiten, zwischen eigenen Interessen und anderen „höheren" Sachzwängen, zwischen geistlichem Anspruch und tatsächlicher Verwirklichung. Ein Leben ohne Kompromisse ist demnach gar nicht möglich. Das weiß auch Jesus und das lehren die Apostel. „Wenn möglich, so viel an euch ist, lebt mit allen Menschen in Frieden!" (Röm 12,18).

Der Christ muss erkennen, dass ethische Ziele zwar meistens klar sind, aber die Wege zu diesen Zielen noch lange nicht. Er muss auch zugestehen, dass es Situationen gibt, die sich von idealen Bedingungen so stark unterscheiden, dass ein reines Umsetzen des Ideals nicht möglich ist. Und schließlich muss er sich vor Augen halten, dass es unterschiedliche Gewissensprägungen gibt, die den einen so, den anderen anders handeln lassen. Während der eine z.B. den Weg des Dienstes in der Bundeswehr beschreitet, um Frieden zu sichern oder zu erhalten, verweigert der andere eben diesen Weg mit der Begründung, den Frieden nur auf dem Weg der Gewaltlosigkeit erreichen zu können. Beide tun den Willen Gottes und gehen unterschiedliche Wege. Beide sind dabei im Frieden mit Gott und haben ein getröstetes Gewissen.

Damit ergibt sich die grundsätzliche Frage, ob die Wege der ethischen Kontrolle ebenso unterworfen sein müssen wie die Ziele selbst. Oder anders ausgedrückt, ob die Mittel, die der Christ zu ergreifen genötigt ist, in Einklang zu bringen sind mit dem Ziel, das ethisch geboten ist. Oder noch anders, ob der Zweck die Mittel heiligt.

[405] A.a.O., S. 172.

Durfte Tolstoi als Abstinenzler z.B. einem Freund um der Gastfreundschaft willen Alkohol anbieten? Heiligt in diesem Fall der Zweck (Gastfreundschaft) das Mittel (Alkohol)?

Durfte ein Christ während der DDR-Zeit mit der Stasi (Staatssicherheitsbehörde) als IM (inoffizieller Mitarbeiter) kollaborieren (Mittel), um Menschen letztlich zu helfen (Zweck)?

Durfte ein Mensch wie Oskar Schindler mit den Nazis zusammenarbeiten, um Juden zu retten? Musste er es nicht sogar? Steht das Leben eines Menschen nicht höher als die Zusammenarbeit mit einem Unrechtsstaat? Hier haben Christen Kompromisse gewagt und Menschenleben gerettet.

Darf man als Christ Gewalt anwenden, um schlimmere Gewalt zu verhindern?

Darf ein christlicher Unternehmer „Schmiergelder" bezahlen, um den wichtigen Auftrag zu erhalten und dadurch den Bestand seiner Firma und Arbeitsplätze zu sichern?

Darf ein Christ die Unwahrheit sagen, um ein geschäftliches oder ein anderes Ziel zu erreichen? Usw.

Theologisch ausgedrückt geht es bei der Frage des Kompromisses auch darum, ob es im Hinblick auf die Umsetzung des Gesetzes und des Evangeliums eine grundsätzliche Legitimation der Gebrochenheit alles ethischen Handelns geben kann.

Wer vom biblisch-heilsgeschichtlichen (oder biblisch-realistischen) Ansatz herkommt, wird anerkennen müssen, dass in diesem gegenwärtigen *„Äon post lapsum"*, also in dieser Welt nach dem Sündenfall, das Stadium des Kompromisses einerseits überhaupt nicht überwunden werden kann, eben weil dieser Äon von der Zwiespältigkeit der Sünde und der Vorläufigkeit geprägt ist, andererseits aber Kompromisslosigkeit um Christi willen geboten und auch punktuell möglich ist. Diesen Spagat können viele Christen nicht mitmachen. Sie lösen die Spannung in die eine (absolute Kompromisslosigkeit, was nur mit Blindheit und Selbsttäuschung möglich ist) oder die andere Seite (grundsätzliche Kompromissbereitschaft, was ein dauerndes Lavieren und eine geistliche Profillosigkeit zur Folge hat) hin auf. Beides ist demjenigen, der den schmalen Weg Jesu gehen will, verwehrt.

Dass angesichts dieser dialektischen Weltbeziehung dem Christen der Kompromiss als prinzipielle Lösung von vornherein also nicht gestattet ist, dass ihm die tragische Interpretation wie im griechischen

Denken, dass ihm der Versuch, aus der Not eine Tugend zu machen, grundsätzlich versagt ist, macht die Problematik nicht eben leichter.

Dass für ihn auf der anderen Seite der schwärmerische Radikalismus, der sich über die Ambivalenz dieser von der Sünde angeschatteten Welt hinwegsetzt und so tut, als ob der Wille Christi in allen Bereichen der Welt einfach eins zu eins umzusetzen sei, aber ebenso ausscheidet, scheint den Weg der Nachfolge Jesu gänzlich unbegehbar zu machen.

In der Tat ist der schmale Weg Christi mitten durch die Welt hindurch kein Zuckerschlecken. Der Christ muss sich klar darüber werden, dass dieser Weg ethischer Entschiedenheit auf der einen und unausweichlicher Kompromissbereitschaft auf der anderen Seite nur im Ertragen dieser ungeheuren Spannung begehbar ist. Er muss sich weiterhin klar darüber werden, dass er trotz der ungeheuren Spannung doch im Frieden leben und in der Gewissheit leben darf, den Willen Christi zu tun. Das kann er aber nur im Glauben an den, der ihn lehrt: „Wenn ihr in meinem Wort bleibt, seid ihr in Wahrheit meine Jünger" und: „Vergib uns unsere Schuld!" „Der Gerechte wird seines Glaubens leben!" (Röm 1,17), auch in der Ethik! „Was ich aber jetzt im Fleisch lebe, lebe ich im Glauben an den Sohn Gottes" (Gal 2,20b). Dieser Glaube an den lebendigen Christus ist das Vertrauen, dass dieser Herr führt und durch sein Wort und seinen Geist die Weisung gibt, die Not tut. Es ist gleichzeitig das Vertrauen, bei Versagen und dem Eingeständnis der Schuld Vergebung zu erhalten und hoffnungsvoll zu leben.

Um gewisse Ziele zu erreichen, kann man nicht immer die direkten und kürzesten Wege gehen. Um Zwecke zu verwirklichen, muss man sich gewisser Mittel bedienen, die nicht immer dem Zweck angemessen sind. Damit stehen wir vor einem eminent wichtigen Thema in der Ethik: Auch Christen leben in einer Welt, in der bestimmte Zwecke immer nur mit bestimmten Mitteln erreicht werden können. Welche Mittel allerdings welchen Zwecken dienlich oder angemessen sind, kann nicht immer pauschal und von vornherein gesagt werden (siehe das Bejahen von Gewalt bei einem Christen bei der Polizei, der Bundeswehr oder dem Bundesgrenzschutz).

So wie Gott selbst in Gericht und Gnade handelt, wie er weltliche Wege geht, um heilsgeschichtliche Ziele zu erreichen, wie sein heilsgeschichtlicher Zweck weltliche Mittel heiligt (er macht z.B. einen

Heiden zu seinem Messias [Gesalbten], wie die Geschichte von Kyros in Jes 45,1 zeigt), so ist auch der Weg des Glaubenden diesem Gott nach nur möglich durch Sterben und Auferstehen. Dieses „Prinzip" göttlichen Handelns lässt sich in der Bibel immer wieder nachweisen: „Ich werde Israel ... erlösen ... durch große Gerichte" (2Mo 6,6), „Jahwe tötet und macht lebendig, er führt in den Scheol und wieder herauf, Jahwe macht arm und macht reich, er erniedrigt und erhöht" (1Sam 2,6.7). Wenn Jesus sagt: „Wenn das Weizenkorn nicht in die Erde fällt und stirbt, bleibt es allein; wenn es aber stirbt, bringt es viel Frucht. Wer sein Leben liebt, wird es verlieren; und wer sein Leben in dieser Welt hasst, wird es zum ewigen Leben bewahren. Wenn mir jemand dient, folge er mir nach!" (Joh 12,24f), dann meint er damit eben, dass Nachfolge nicht ohne Sterben und Opfer möglich ist, dass man den Willen Gottes nicht ohne äußerste Anspannung und Bereitschaft zum Verzicht tun kann. Und er meint sicher auch im Blick auf ethische Verhaltensweisen, dass Nachfolge nicht ohne Sterben an dem eigenen Ideal gelingen kann (siehe Petrus). Jesus mutet seinen Jüngern also nichts anderes zu als eine leidende Auflösung des ethischen Konflikts, der sich aus der Nachfolge in der Welt ergibt. Nachfolge ohne Leiden, Ethos ohne Leiden, Lieben ohne Leiden ist angesichts der ambivalenten Weltwirklichkeit nicht möglich. Erst auf dieser Grundlage kann man nun von der Möglichkeit eines Kompromisses sprechen.

4.3.1.3 Verschiedene Formen des Kompromisses

Nicht jeder Kompromiss menschlichen Handelns ist auch ein ethischer Kompromiss. Wer zwischen zwei oder mehreren Möglichkeiten des Handelns wählen kann (oder muss) und dabei einen Kompromiss eingeht, der steht damit noch nicht in einem ethischen Konflikt. Solchen Konflikten ist jeder jeden Tag immer wieder ausgesetzt.

Wer den starken Wunsch hat, endlich nach Hause zu kommen, um noch den Rest des Geburtstages seines Kindes mitfeiern zu können, jedoch im Büro vom Chef festgehalten wird, weil eine Arbeit unbedingt erledigt werden muss, der ist zwar zerrissen und kämpft um einen praktischen Kompromiss. Dennoch würde man hier noch nicht von einem ethischen Kompromiss sprechen, weil es sich beim Kindergeburtstag nicht um absolut notwendige ethische Forderungen handelt. Dennoch kann auch ein Kindergeburtstag unter Umständen eine solch absolut notwendige Forde-

rung darstellen, die der Chef nicht beurteilen kann, die sich aber für das
Elternteil aufgrund der Kenntnis der Situation zwangsläufig ergibt. Wie
soll man sich verhalten?

Wer als Elternteil mit einem Teenager ein paar Turnschuhe kaufen
will und sich in fünf Geschäften mit einer Auswahl von 228 Paaren konfrontiert sieht, dabei selber aber auch gewisse Vorstellungen hat, wie ein
Schuh für den Alltag beschaffen sein müsste und was das finanzielle Bud-
get hergibt, der kann nicht anders, als kompromissbereit zu sein oder zu
verzweifeln. Dennoch geht er keinen ethischen Kompromiss ein, wenn er
einen praktischen Kompromiss mit seinem Kind erzielt.

Was kann man als Kompromiss bezeichnen? Ganz allgemein kann
man sagen: Ein Kompromiss ist die notwendige Akzeptanz von „weniger" Verwirklichung, als was man aufgrund der eigenen ethischen
Erkenntnis anstreben kann. Aufgrund dieser Definition ist ein Leben
ohne Kompromisse nicht möglich! Und das trifft auch auf das geistliche Leben zu. Oder wer kann von sich selbst ernsthaft behaupten,
nicht dauernd hinter den eigenen geistlichen Ansprüchen zurückzuste-
hen? Das muss man ehrlicherweise zugeben. Auch bei den Menschen
des Glaubens in der Bibel erkennen wir das.

Ein häufig genannter Konflikt im AT ist z.B. der, der zwischen dem
fünften und sechsten Gebot entstehen kann. Da das Gebot, Leben zu
schützen, offensichtlich „höher" steht als das Gebot, nicht zu lügen,
darf im äußersten Notfall eine Lüge ein Menschenleben retten.

Zahlreiche Beispiele belegen dies.

- 2Mo 1,15–21: Gott segnet die Hebammen, weil sie dem Befehl
  des Pharao, alle hebräischen Babys zu töten, nicht nachkommen
  und ihn stattdessen belügen, sie kämen immer zu spät zur Geburt.
- 2Mo 2,3–9: Jochebed, die Mutter Moses sowie ihre Tochter und
  Moses Schwester Miriam „lügen", als der im Körbchen schwim-
  mende Mose von der Tochter des Pharaos gefunden und Jochebed zur Amme ihres eigenen Sohnes herangezogen wird.
- Jos 2,1–22: Die Hure Rahab belügt den König von Jericho, dass
  die Kundschafter schon fort und aus der Stadt seien. Sie wird sogar in Hebr 11,31 als Glaubensheldin erwähnt und in Jak 2,25 als
  Vorbild guter Werke gerühmt.
- Ps 34: Ein Psalm Davids, als er sich vor Abimelech wahnsinnig
  stellte (damit dieser ihn nicht tötete). David lügt also (gibt bewusst etwas anderes vor).

- 1Sam 16,2: Samuel bringt (auf Befehl Gottes) ein Opfer zur Tarnung dar, damit er nicht von Saul umgebracht wird.
- 1Sam 19,9–17: Michal rettet ihrem Mann David das Leben durch eine Lüge.

4.3.1.4 Grenzen des Kompromisses

Wie bereits aus dem Gesagten erkennbar, können Grenzen des Kompromisses schnell überschritten werden. Wenn ein echter ethischer Konflikt entsteht[406], kann es unter Umständen einen Kompromiss geben. Wer aber leichtfertig Kompromisse schließt, verfängt sich bald im Gestrüpp des Bösen.

Es gibt Situationen, in denen Kompromisse nicht möglich sind und wo schon der erste Schritt der falsche ist. Oft hat man erst hinterher gesehen, wie falsch man gehandelt hatte, als man einen Kompromiss schloss. Erst hinterher haben Menschen erkannt, dass der erste Schritt der Zusammenarbeit mit der Macht des Bösen der falsche war.[407]

Es gibt auf der anderen Seite Situationen, in denen man um Kompromisse nicht herumkommt. Hier muss jeder selbst vor Gott Entscheidungen treffen, die er ernsthaft bedacht hat und dann ausführt. Die Geschichte von dem Syrer Naëman in 2Kö 5 zeigt auf geradezu „klassische" Weise, dass gläubige Menschen in totalitären Systemen nicht um einen Kompromiss äußerer Anpassung herumkommen. Dennoch ist die Grenze zur Anpassung ungeheuer schmal und daher schnell überschritten. Wie immer man zur Beurteilung Naëmans steht, eine Verurteilung des anderen ist dem Christen gerade bei Gewissensfragen nicht gestattet.

Das Problem Naëmans ist heute das Problem vieler Christen nicht nur in Unrechtsstaaten. Auch westliche Gesellschaften beginnen, in

---

[406] Nicht jedem Kompromiss liegt auch ein echter ethischer Konflikt zugrunde. Kennzeichen eines echten Konflikts sind nach Douma erstens die Kollision ethischer Wertungen und zweitens die Notwendigkeit zum Handeln. Wenn man gezwungen ist zu handeln, kann man einem Kompromiss manchmal nicht ausweichen.

[407] Immer wieder sind ansonsten aufrechte Leute diesem falschen Kompromiss verfallen. Ob es sich um Kollaborateure mit den Nazis oder um inoffizielle Mitarbeiter in dem Stasi-Geflecht der ehemaligen DDR handelte, immer wieder hat sich herausgestellt, dass am Ende der Schaden größer war als der Nutzen.

mancher Hinsicht totalitäre Züge anzunehmen. Die Grenze des Kompromisses für Christen in der (post)modernen Welt ist in dem Augenblick gegeben, wenn das Bekenntnis ihres Glaubens auf dem Spiel steht. Da ihr ethisches Handeln als Gehorsam dem einen Gott gegenüber verstanden werden muss, wird auch zunehmend ihr Verhalten in dieser Welt zu einem Bekenntnis zu ihrem Herrn. Jede Handlung, die eindeutig Gott, den Herrn, verneint, also gegen das erste bis dritte Gebot verstößt, ist demnach Verrat an dem Gott, dem sie ihr Leben verdanken.

Das Verhalten des Syrers Naëman im polytheistischen Staatskult war noch kein Verleugnen des Gottes Israels. Erst wenn er sich deutlich und für alle unmissverständlich zu den Göttern Syriens in Gebärden und Worten bekannt hätte, hätte er Jahwe verleugnet.

Als ein ähnliches Problem in Korinth unter den jungen Christen im heidnisch-multikulturellen und multireligiösen Kontext auftrat, als einige Götzenopferfleisch aßen, riet Paulus der jungen Gemeinde Folgendes: Wenn jemand Götzenopferfleisch isst, dann kann es ihm nicht schaden, da es ja gar keine anderen Götter gibt. Wenn es aber andere gibt, die ausdrücklich darauf hingewiesen haben, dass es sich um Götzenopferfleisch handelt, dann verzichte aus Freiheit um ihrer Gewissen willen darauf (1Kor 8,4.7–13). Damit weist Paulus wieder den schmalen Weg der Freiheit! „In der altheidnischen und neuheidnischen Welt geht der Christ frei durch die Riten und Marotten gottferner Erfindungskraft hindurch. Hier kann er (hoffentlich ruhig) schlafen, essen, trinken und arbeiten. Nur eines kann er nicht: Er kann die Götzen und Ideologien nicht anbeten, das heißt er kann sie nicht in einer Weise bejahen, die Christus verleugnet!"[408]

Zusammenfassend könnte man mit G. Huntemann auch von einer „dialektischen Telos-Ethik" sprechen. Mit diesem Ausdruck versucht er zu verdeutlichen, dass die Auflösung eines Konflikts nicht einfach und von vornherein in einem Kompromiss enden darf, sondern einem Ziel (telos) zuzuführen ist, das Gott setzt.[409] Folgende Elemente bestimmen die Telos-Ethik:

---

[408] G. Huntemann, Der verlorene Maßstab: Gottes Gebot im Chaos dieser Zeit, Bad Liebenzell 1983, S. 124.
[409] G. Huntemann, a.a.O., S. 114ff.

- Ausgangspunkt ist der notwendige Konflikt zwischen zwei Möglichkeiten des Handelns, die eine Entscheidung unumgänglich machen.
- Die Entscheidung geschieht aus der Verantwortung nicht gegenüber einer Summe von Geboten, sondern gegenüber dem Gott, der diese Gebote gegeben hat. Die Entscheidung des Christen ist durch das Vertrauen in diesen Gott motiviert.
- Die Entscheidungsträger in der Überwindung eines Konflikts sind Glaube, Hoffnung, Liebe, weil sie aus der Offenbarung des liebenden Gottes erwachsen sind.
- Die Entscheidung angesichts eines Konflikts ist bestimmt durch das Ziel. Hier nennt Huntemann das Beispiel der Hure Rahab, die ihre Obrigkeit betrog, um dadurch dem Ziel des Heilsplanes Gottes Rechnung zu tragen. „Rahabs Entscheid im Konflikt zwischen Staatstreue und dem Heilshandeln Gottes war auf das Reich Gottes gerichtet."
- Ein Konflikt kann nicht ohne Schuld und damit auch nicht ohne Vergebung überwunden werden. „Sünde ist ja nicht ein Haben, sondern ein Sein." Dieses Schuldigwerden liegt u.a. mit daran, dass der Christ „immer noch durch das Fleisch mit motiviert" wird. Außerdem liegt das Schuldigwerden immer auch daran, dass die Entscheidungssituation „immer eine Situation aus der gefallenen Welt darstellt". Deshalb gibt es in der Lösung eines ethischen Konfliktes Gewissheit, aber nie Sicherheit. Sie entsteht aus dem Vertrauen auf die Barmherzigkeit Gottes. „Das Ergebnis der Lösung eines Konfliktes kann ja niemals im Voraus berechnet, sie kann immer nur der Fügung Gottes anvertraut werden."
- Im Unterschied zu Christus, der Konflikte nicht überwunden, sondern neue Wirklichkeiten geschaffen hat, offenbart sich die Schuldhaftigkeit unserer ethischen Entscheidung an der Vollmachtlosigkeit und Kraftlosigkeit unserer Existenz im Vergleich zu der weltverändernden Macht des Heilands. „Diese Schuld liegt eben darin, dass wir *simul iustus et peccator* sind." Deshalb können wir bei der Lösung eines Konflikts nur glauben und hoffen, „dass so viel wie möglich neue Reichsgotteswirklichkeit sich durchsetzt."
- Ein weiterer Aspekt im Konflikt-Ethos ist der Konflikt zwischen Nachfolge und Schöpfungsordnung. Ausgehend von Lk 14,26:

„Wenn jemand zu mir kommt und nicht seinen Vater und seine Mutter und sein Weib und seine Kinder und seine Brüder und seine Schwestern und dazu auch sein Leben hasst, kann er nicht mein Jünger sein", ergibt sich offensichtlich eine Diskrepanz von Schöpfungsordnung und Reichsgottes-Ethos. Jesus will mit diesen Ausführungen natürlich nicht die Schöpfungsordnung und das Gebot seines Vaters außer Kraft setzen, sondern Ehe und Familie „in eine neue Sinngebung hineinstellen", in die Nachfolgeordnung des Reiches Gottes. Ehe und Familie stehen im Reich Gottes eben unter der Wirklichkeit von Kreuz und Auferstehung. „Wenn sich diese Sinngebung in der Familie oder in der Ehe nicht erfüllt, dann muss sie eben gegen Familie und Ehe gesucht und gelebt werden."

- In der Konfrontation zwischen christlichem und modernem Ethos, die sich in allen Bereichen des Daseins zeigt, geht es zunächst nicht um den direkten Angriff auf das Christentum und auf seine Glaubenssubstanz, sondern „um eine indirekte Herausforderung in dem Sinne, dass Lebens- und Gesellschaftsstrukturen entstehen, die als solche mehr indirekt als direkt wegen ihrer antichristlichen Struktur die Zwiespältigkeit dieser Welt zur Eskalation treiben."

- Auf die Frage, wo die Grenze der Anpassung an das weltliche System zu suchen sei, muss geantwortet werden: „Der Konflikt des Christen in der modernen Welt in allen Bereichen seines Lebens ist in dem Augenblick gegeben, da das Bekenntnis seines Glaubens angesichts einer modernen atheistischen Zivilisation auf dem Spiele steht." Am Beispiel Naëmans (2Kön 5) kann gezeigt werden, wie es bei einem gewissen Maß äußerer Anpassung nicht um inhaltliche Anpassung an den Götzendienst seiner Umwelt ging.

- Ethos im Konflikt ist leidendes Ethos. „Die Auflösung eines Konfliktes, der sich aus der Spannung zwischen Reich Gottes und Welt herausfordernd ergibt, ist eine leidende Auflösung." Deshalb stellt sich unser Handeln als ein Handeln unter dem Kreuz dar mit der Verheißung, dass Gottes Kraft in den Schwachen mächtig ist und mit der Hoffnung, dass die Dialektik in der Vollendung des Reiches Gottes aufgehoben sein wird.

4.3.1.5 Die Einfalt des Gehorsams

Interessant und bedenkenswert ist auch D. Bonhoeffers Antwort auf das Problem des Konflikts: die Einfalt des Gehorsams.[410]

Anhand der Geschichte vom reichen Jüngling zeigt Bonhoeffer, wie sich dieser Mann letztlich dem Anspruch Gottes entziehen will und Fluchtversuche vor Jesus unternimmt. Der Antwort Jesu auf seine Frage: „Was soll ich Gutes tun, dass ich das ewige Leben möge haben?" – „Willst du zum Leben eingehen, so halte die Gebote!" folgt gleich eine weitere Frage: „Welche?" „In dieser einen Frage steckt der Satan selbst", meint Bonhoeffer. Und zwar deshalb, weil der Jüngling Jesus vorhält, dass die Offenbarung der Gebote Gottes unklar und vieldeutig sei. „Vom klaren Gebot Gottes zieht er sich zurück auf die interessante unbestreitbar menschliche Situation des ‚ethischen Konflikts'. Nicht dies ist daran falsch, dass er diesen Konflikt kennt, sondern dass dieser Konflikt ausgespielt wird gegen die Gebote Gottes." Dagegen seien die Gebote Gottes gerade dazu gegeben, „um den ethischen Konflikt zu Ende zu bringen".

Bonhoeffer nennt den ethischen Konflikt „das ethische Urphänomen des Menschen nach dem Fall", das sich im „Widerspruch des Menschen gegen Gott" zeige. „Die Berufung auf den ethischen Konflikt ist die Aufsage des Gehorsams. Es ist der Rückzug von der Wirklichkeit Gottes auf das Mögliche des Menschen, vom Glauben auf den Zweifel." Diese radikalen Aussagen werden im Blick auf die Lösung des ethischen Konflikts nicht abgemildert. „Die einzige Antwort auf die Not des ethischen Konflikts ist das Gebot Gottes selbst und damit die Forderung, jetzt nicht mehr zu diskutieren, sondern endlich zu gehorchen. Nur der Teufel hat eine Lösung des ethischen Konflikts anzubieten, und die heißt: Bleibe im Fragen, so bist du frei vom Gehorchen. (...) Gerade dort, wo der ethische Konflikt so ernst genommen sein will, wo er den Menschen quält und knechtet, weil er ihn nicht zur befreienden Tat des Gehorsams kommen lässt, gerade dort enthüllt sich seine ganze Gottlosigkeit, dort muss er in seiner ganzen ungöttlichen Unernsthaftigkeit als definitiver Ungehorsam offenbar werden. Ernst ist allein die gehorsame Tat, die den Konflikt beendet und zerstört, in der wir befreit sind zum Kinde Gottes."

---

[410] D. Bonhoeffer, Nachfolge, München [11]1976, S. 45–52.

Bonhoeffers Verdienst ist es, „die Unwahrheit des ethischen Konflikts" aufgezeigt zu haben, die darin besteht, Gottes Gebote gegeneinander und sich selbst gegen Gott auszuspielen. Vielfach wird in der Tat der ethische Konflikt nur als Ausflucht gesehen, Gottes Anspruch zu entkommen. Die Antwort Jesu auf die Fluchtversuche des Jünglings war wirklich eindeutig und klar: „Folge mir nach!" Diese Antwort ist in ihrer frappierenden Einfachheit vielleicht für viele Theologen zu naiv oder zu wirklichkeitsfremd. Vielleicht ist sie aber wirklich die Antwort auf die oft quälenden Fragen im Zusammenhang mit dem ethischen Konflikt. Wer sich an Jesus bindet, ihm vertrauend nachfolgt im Gehorsam, der wird auch im Konflikt in den Fußstapfen seines Herrn gehen können. „Aus dem Zwiespalt des Gewissens und der Sünde trifft uns der Ruf Jesu zur Einfalt des Gehorsams."

4.3.2 Gradualismus[411]

Ohne das zuletzt Gesagte von Bonhoeffer abmildern zu wollen, soll noch auf einen Aspekt hingewiesen werden, der im Zusammenhang mit Konflikt und Kompromiss wichtig ist. Innerhalb des biblischen Ethos selbst wird differenziert im Blick auf unterschiedliches Sündenmaß und im Blick auf die Wertigkeit von Geboten.

4.3.2.1 Zur Differenzierung des Gesetzes und der Sünde[412]

(a) Unterschiedliches Sündenmaß
Jede Sünde ist Gesetzesübertretung und daher Schuld gegen Gott. Jakobus weist darauf hin, wenn er sagt, dass derjenige „aller Gebote schuldig geworden ist", der „das ganze Gesetz hält, aber in einem strauchelt" (Jak 2,10).

---

[411] Vgl. C. Wolf, a.a.O., S. 94: „Gradualismus bezeichnet Wertstufungen innerhalb der Lebensvollzüge, das bessere Verhalten gegenüber dem auch möglichen guten." Im Folgenden wird der Begriff nicht nach den strengen Kriterien benutzt, sondern im allgemeinen Sinn, um Wertstufungen innerhalb des Gesetzes und des Verhaltens aufzuzeigen.

[412] Vgl. T. Schirrmacher, Ethik 1, a.a.O., S. 442ff.

Aber nicht alle Sünden wiegen gleich schwer. Es gibt Unterschiede. Die Schuld Judas' war eine „viel größere Sünde" als die des Pilatus, sagt Jesus in Joh 19,11. Der Ungehorsam Jerobeams war „schlimmer" als der aller Könige vor ihm (1Kö 14,8–10), doch Omri war noch „schlimmer" (1Kö 16,25). Manasse sündigte „schlimmer" als die aus Kanaan vertriebenen Heiden, ja Israel war „gottloser" als die Heiden. „Und es (Jerusalem) war widerspenstig gegen meine Rechtsbestimmungen, gottloser als die Nationen, und gegen meine Ordnungen, mehr als die Länder, die rings um es her sind" (Hes 5,6).

Wer sich nicht um seine eigene Familie kümmert, ist „schlechter als ein Ungläubiger" (1Tim 5,8). Wenn Christen sich wieder von Begierden und Ausschweifungen überwältigen lassen, dann ist für sie „das Letzte schlimmer als das Erste geworden" (2Petr 2,20).

(b) Unterschiedliche Wertigkeit der Gebote
(1) Gebote sind größer und wichtiger, wenn sie umfassender sind und die Motivation für andere Gebote enthalten. Auf die Frage, welches das „größte Gebot" (Mt 22,36) oder welches das „erste" Gebot sei (Mk 12,28), nennt Jesus in Mk 12,29 die Liebe zu Gott „das erste" Gebot, in Mk 12,31 die Liebe zum Nächsten das „zweite" Gebot. Er fügt hinzu: „Größer als diese ist kein anderes Gebot" (Mk 12,31).

(2) Gebote sind größer, wenn sie einen höheren Wert voraussetzen und verteidigen. In Mt 5 lehrt Jesus, dass er das atl. Gesetz nicht abschaffen, sondern erfüllen will. In diesem Zusammenhang sagt er: „Wer nun eins dieser geringsten Gebote auflöst und die Menschen so lehrt, der wird der Geringste im Himmelreich heißen. Wer sie aber tut und lehrt, der wird groß genannt werden im Reich der Himmel" (Mt 5,19).

Daraus wird ersichtlich, dass es zwar „geringe" Gebote gibt, dass Gott aber auch diese ernst nimmt.

Die Pharisäer nahmen zwar geringere Gebote ernst, ließen dafür aber „die wichtigeren Dinge des Gesetzes" außer Acht (Mt 23,23–24)!

(c) Unterschiedlicher Schweregrad von Sünden
(1) *Es muss zwischen Gedanken-, Wort- und Tatsünden unterschieden werden.* Gedankensünden (z.B. Mt 15,19–20), Wortsünden (z.B. Eph 4,29; 5,4) und Tatsünden (z.B. Gal 5,19–21) sind gleichermaßen Sünde und werden im Dekalog auch angesprochen. Dennoch besteht ein Unterschied zwischen Sünden in Gedanken, des Wortes und der Tat.

Zumindest sind die Auswirkungen sehr unterschiedlich. Es ist eben ein Unterschied, ob ich einen Menschen in Gedanken hasse oder ihn tatsächlich umbringe.

(2) *Es muss zwischen Tat- und Unterlassungssünden unterschieden werden.* Sowohl Übertretungssünden (Hos 6,7) als auch Unterlassungssünden (Jak 4,17 oder das Gleichnis vom barmherzigen Samariter Lk 10) sind gleich schwerwiegende Sünden. Man kann nicht die eine Kategorie gegen die andere ausspielen.

(3) *Es muss zwischen wissentlichen und unwissentlichen Sünden unterschieden werden.* Unwissenheit schützt nicht vor Strafe. Dieser allgemeine rechtliche Grundsatz trifft auch auf das Gesetz Gottes zu. Wenn man nicht erkannt hat (3Mo 5,17), dass es sich um Sünde handelt, ist es dennoch Sünde (3Mo5,2–7). Wenn einem Menschen erst nachträglich bewusst wird, dass es Sünde ist, darf er bekennen und Vergebung erfahren (3Mo 4,23).

Am deutlichsten hat Jesus auf den Unterschied hingewiesen. „Jener Knecht, der den Willen seines Herrn wusste und sich nicht vorbereitete, noch nach seinem Willen handelte, wird mit viel Schlägen geschlagen werden. Wer ihn aber nicht wusste, aber tat, was Schläge verdient, wird mit wenigen Schlägen geschlagen werden" (Lk 12,47).

(4) *Unterschied zwischen Sünden „aus Versehen" und Sünden in bewusster Rebellion gegen Gott.* Sünden mit „erhobener Hand" (3Mo 4,2; 4Mo 15,30–31) werden wesentlich schwerwiegender beurteilt als Sünden „aus Versehen" (3Mo 4,2.13; 5,15; 22,14; 4Mo 15,22.24.28).

> C. F. Keil schreibt zu 3 Mo 4: „Die Sünden ‚aus Versehen' sind Schwachheitssünden, aber nicht nur die aus Unwissenheit (V. 13.22.27; 5,18), Übereilung, Unbedacht oder Nachlässigkeit (5,1.4.15), unvorsätzlich (4Mo 35,22f), sondern auch die mit Vorbedacht und Vorsatz, mit Wissen und Willen, aber aus der Schwäche des Geistes im Kampf wider das Fleisch begangenen, zum Unterschied von den Sünden, die mit hoher (aufgehobener) Hand, d.h. in frecher, trotziger Auflehnung wider Gott und seine Gebote verübt werden."[413]

(5) *Unterschiedliches Strafmaß nach dem Schweregrad der Sünde.* Im AT stand auf Ehebruch, d.h. auf sexuellem Verkehr von Verheirateten

---

[413] C. F. Keil: Leviticus, Numeri und Deuteronomium, Gießen, [3]1987, S. 42.

oder Verlobten mit einem anderen als dem eigenen Partner, Todesstrafe (3Mo 20,10; 5Mo 22,20–23).

Vorehelicher Verkehr wurde dagegen nicht mit dem Tod bestraft, es sei denn, es handelte sich um inzestuösen Verkehr (3Mo 20,11–17). Nach 2Mo 22,15–16 und 5Mo 22,28–29 musste der beteiligte Mann entweder die Frau heiraten oder aber, falls der Vater nicht zustimmte, einen Geldbetrag bezahlen. Sexueller Verkehr zwischen zwei Verlobten ist zwar falsch, wird aber nicht unter Strafe gestellt und ist daher nicht so schlimm wie sexueller Verkehr vor der Verlobung.

Im AT wird ebenso deutlich, dass Verbrechen gegen Personen (Gott oder Menschen) wesentlich schwerwiegender beurteilt werden als gegen Dinge.

Alle mit der Todesstrafe belegten Verbrechen richten sich also gegen Gott selbst oder Menschen.

- Es ist interessant, dass z.B. die Keilschrifttafeln des Alten Orients die Todesstrafe auch auf Verbrechen gegen Besitz vorschreiben. Im AT finden wir solches nicht! Das Leben ist heilig, nicht die Dinge!
- Interessant ist auch die rechtliche Lage heute in unserer Gesellschaft. Es ist ohne weiteres möglich, dass man wegen Steuerdelikten wesentlich länger ins Gefängnis kommen kann als z.B. wegen Vergewaltigung, obwohl das eine Geld, das andere eine Person in ihrer ganzen Existenz betrifft. Aus biblischer Sicht besteht in den westlichen Staaten oft ein gravierendes Missverhältnis zwischen Straftat und Strafmaß!
- Den Deutschen ist z.B. der Schutz der Steuern und der Flagge wichtiger als der Schutz des ungeborenen Lebens oder der Schutz vor Inzest und sexuellem Missbrauch.

Auf Fahnenflucht in Friedenszeiten, die im AT als nicht so schwerwiegend angesehen wird, da ängstliche Männer sowieso nicht am Krieg teilzunehmen brauchten (5Mo 20,8) und die Soldaten in Friedenszeiten zu Hause blieben, steht in Deutschland eine Strafe bis zu fünf Jahren.

Auf Vergewaltigung, die im AT neben Mord steht, dagegen nur eine Strafe ab zwei Jahren, in „minder schweren Fällen" sogar nur ab sechs Monaten![414]

---

[414] StrGB §177 (1)–(2), München 251991, S. 92. Nur im Falle, dass das Opfer stirbt, ist die Strafe nicht unter fünf Jahren anzusetzen.

Auf Verunglimpfung der deutschen Flagge stehen genauso bis zu drei Jahren Gefängnis[415] wie auf Inzest mit den eigenen Kindern[416], einem der schlimmsten Verbrechen im AT!

(6) *Unterschiede in Stellung und Verantwortung.* Den heidnischen Städten Sodom und Gomorra wird es „erträglicher gehen am Tag des Gerichts" als jüdischen Städten, die die zwölf Apostel abgelehnt haben (Mt 10,15).

Die Schuld von Pilatus war nicht so groß wie die Schuld von Judas, der seinen eigenen Herrn verriet. Jesus sagt: „Darum hat der, der mich überliefert, viel größere Sünde!" (Joh 19,11).

Sünden im Hause eines Priesters wurden schwerer beurteilt als die anderer Glieder des Volkes Gottes (3Mo 21,9).

Auch Kleinkinder wurden anders beurteilt als Erwachsene. Als Gott die Generation der Wüstenwanderung strafte, wurden ausdrücklich die „Kinder, die heute weder Gutes noch Böses kennen", ausgenommen (4Mo 14,31; 5Mo 1,39).

Lehrer und andere Verantwortliche werden viel schwerer beurteilt als andere, weil sie die Verantwortung für Lehre und Leben übertragen bekommen haben. „Werdet nicht viele Lehrer, meine Lieben, weil ihr wisst, dass wir ein schwereres Urteil empfangen werden" (Jak 3,1).

Aus diesem Grund mahnen die Propheten auch immer die religiösen Führer und politischen Leiter, nicht zu sündigen. Die Wächter sind blind (Jes 56,10–11), sind falsche Hirten (Jer 10,21; 23,1–4; Hes 34,1–31), die sich selbst weiden. Die Führer sind Verführer (Jes 3,12), selbst die Propheten und Priester sind ruchlos (Jer 23,11).

Mose und David wurden ungleich härter bestraft als die übrigen vom Volk.

(7) *Das Maß der Sünden kann voll werden.* Gott übt Geduld und Langmut, aber nicht unendlich. In Neh 9,30 wird von Gott gesagt,

---

[415] StrGB § 90a (2), cit., S. 60.
[416] StrGB § 173 (1), S. 89. Im Falle leiblicher Verwandter in aufsteigender Linie beläuft sich die Strafe sogar nur auf bis zu zwei Jahren oder Geldstrafe (§173 (2)). Der Tatbestand des Inzests mit Adoptivkindern und der Schwiegerverwandtschaft wurde ganz abgeschafft.

dass er „viele Jahre Geduld mit ihnen hatte". Doch dann wurde das Maß der Sünde voll.

Jesus sagt den Pharisäern: „Wohlan, macht das Maß eurer Väter voll!" (Mt 23,32).

4.3.2.2 Gute und bessere Handlungen

Hierbei handelt es sich nicht um die ausschließliche Beurteilung von Handlungen als gut oder böse, sondern um den Vorrang der einen vor einer anderen Handlung. Auch das biblische Ethos kennt den Komparativ, wie er z.B. im weisheitlichen Sprichwort oder der allgemeinen Lebensregel begegnet. Spr 16,32: „Besser ein Langmütiger als ein Held, und einer, der sich selbst beherrscht, als einer, der die Stadt einnimmt." Hier wird nicht exklusiv unterschieden im Sinne einer ausschließenden Handlung, die ethisch als schlecht bewertet wird, sondern inklusiv im Sinne einer ethisch einschließenden Handlung, die auch nicht schlecht ist. Beide sind nicht im Sinne von gut und schlecht zu bewerten, sondern im Sinne der Bevorzugung.

Im NT werden von Jesus Menschen genannt, denen viel anvertraut und viel gegeben worden ist (Lk 12,48). Entsprechend wird viel von ihnen verlangt werden. Die Beurteilung eines Menschen, dem viel anvertraut worden ist, fällt schärfer aus als bei dem, dem wenig anvertraut worden ist.

Wie der ethische Komparativ wirken kann, zeigt Paulus im 1. Korintherbrief auf. „Wer heiratet, handelt gut; wer nicht heiratet, handelt besser", rät er in 1Kor 7,38. Begründet wird die bessere Variante ethischen Handelns mit der „bevorstehenden Not" (V. 26) und dem ungeteilten Sorgenkönnen „für die Sache des Herrn" (V. 32–35). Dennoch verabsolutiert Paulus die von ihm selbst favorisierte ethische Entscheidung nicht. Deshalb gibt er einen zweiten Komparativ: „Es ist besser zu heiraten als zu brennen" (1Kor 7,9). Nicht jeder kann sich freiwillig für die Ehelosigkeit entscheiden. Paulus differenziert also verantwortungsethisch und lässt verschiedene Möglichkeiten ethischen Handelns offen. Sein einziges Kriterium scheint zu sein: „Zum Frieden hat euch Gott berufen" (1Kor 7,15).

Ein weiteres Beispiel finden wir in 1Kor 6, wo der Apostel auf Rechtsstreitigkeiten eingeht. Der ethisch bessere Weg für ihn, als sich öffentlich vor Gericht und den Ungläubigen zu streiten, ist offensichtlich zu verzichten: „Warum lasst ihr euch nicht eher Unrecht tun? Warum lasst ihr euch nicht eher übervorteilen?" (6,7). Die gemeindeinterne Regelung ist besser als die öffentliche und zivilrechtliche. Noch besser ist freilich, um Christi willen ganz auf einen Rechtsstreit zu verzichten.

Gerade bei diesen ethischen Komparativen zeigt sich, dass es innerhalb der Gemeinde durchaus verschiedene Handlungsmöglichkeiten gibt, die nicht auf der Ebene gut oder schlecht, sondern gut oder besser angesiedelt werden müssen.

4.3.2.3 „Ausnahmen"

„Keine Regel ohne Ausnahme" – gilt das auch im biblischen Ethos? In dieser Absolutheit sicher nicht. Dennoch ist nicht zu übersehen, dass es im biblischen Ethos neben den klaren „Regeln", also den klar formulierten Geboten, tatsächlich Ausnahmen gibt.

Allerdings können Ausnahmen von der Regel leicht selbst zu einer Regel werden. Und wie schnell man in der Lebenspraxis für sich und seine Situation eine Ausnahme zu reklamieren bereit ist, ist unschwer zu erkennen.

Eine der bekanntesten und sicher auch am meisten missbrauchten ist die Ausnahme für die Ehescheidung und Wiederheirat. Als die Pharisäer Jesus gerade auf diesem Gebiet in eine Falle locken wollen, argumentieren sie mit einer Ausnahme, die sie bereits zur Regel gemacht hatten: „Warum hat denn Mose geboten, einen Scheidebrief zu geben und zu entlassen?" Jesus weist sie darauf hin, dass diese Regel nicht dem ursprünglichen Willen Gottes entsprach und ein Zugeständnis seines Vaters an ihre Herzenshärtigkeit darstellt. Daraufhin stellt er den ursprünglichen Willen Gottes klar, nicht ohne aber selbst eine Ausnahme zuzulassen, dass die Ehe für ihn unauflöslich ist: „Was Gott zusammengefügt hat, soll der Mensch nicht scheiden! ... Ich aber sage euch, dass, wer immer seine Frau entlassen wird, außer wegen Hurerei, und eine andere heiraten wird, Ehebruch begeht; und wer eine Entlassene heiratet, begeht Ehebruch" (Mt 19,3–9).

Ohne hier auch nur annähernd auf exegetische und ethische Fragestellungen eingehen zu können, muss zunächst anerkannt werden, dass Jesus eine klar formulierte Ausnahme für die Ehescheidung zulässt: Porneia – Hurerei. Aber schon hier beginnen die Probleme: Was genau ist mit Porneia gemeint? Bezieht sich die Ausnahme nur auf die Scheidung oder auch auf die Wiederheirat? Was ist mit gläubigen Partnern oder einer Scheidung vor dem Gläubigwerden? Usw.

Wenn Jesus diese konkrete Ausnahme zulässt, will er damit aber nicht sagen, dass Hurerei zwingend zu einer Scheidung führen muss. Ganz im Gegenteil, er spricht von der Möglichkeit der Vergebung und der Versöhnung. Die Unauflösbarkeit der Ehe, wie Jesus sie vertreten hat, darf auch durch die klar formulierte Ausnahme nicht zu einer von vornherein offenen Ehe führen. Die von Jesus genannte Ausnahme, und nur die, muss die Ausnahme bleiben. Wenn sie allerdings zutrifft, dann besteht kein Anlass, diese Ausnahme nicht ernst zu nehmen. Ernst zu nehmen ist auch die Vergebung, die Jesus anbietet. Für sie gibt es keine Ausnahme.

Auch das sog. *privilegium Paulinum* in 1Kor 7,15 zeigt, dass Paulus ganz in der ethischen Linie seines Herrn bleibt. Auch er lehnt wie Jesus Scheidung und Wiederheirat ab: „Den Verheirateten gebiete nicht ich, sondern der Herr, dass eine Frau sich nicht vom Mann scheiden lassen soll – wenn sie aber doch geschieden ist, so bleibe sie unverheiratet oder versöhne sich mit dem Mann – und dass ein Mann eine Frau nicht entlasse" (1Kor 7,10f).

Dennoch lässt Paulus auf dieser Grundlage eine Ausnahme bei einer gemischten Ehe zu, bei der ein Partner ungläubig, der andere gläubig ist: „Wenn aber der Ungläubige sich scheidet, so scheide er sich. Der Bruder oder die Schwester ist in solchen Fällen nicht gebunden; zum Frieden hat uns doch Gott berufen" (7,15). Man kann nicht unter allen Umständen an einer gescheiterten Ehe festhalten, sagt der Apostel. Wann die Umstände zutreffen, wird deutlich gesagt: Die Initiative zur Scheidung muss vom Ungläubigen ausgehen.[417]

---

[417] Zu der ganzen Problematik von Scheidung und Wiederheirat aus exegetischer und praktisch-theologischer Sicht siehe auch: R. und H. Bräumer, Scheidung und Wiederheirat. Eine biblisch-seelsorgerliche Studie, Neuhausen-Stuttgart 1990; R. und H. Bräumer/J. Cochlovius/M. Dieterich, Eine zweite Ehe? Überlegungen zur Wiederheirat Geschiedener, Wuppertal 1992; G. Chapman, Getrennt – für immer?, Ahnatal/Kassel; L. D. Eisenlöffel, Wenn Christen in der Ehe scheitern. Ein Plädoyer für Barmherzigkeit, Wiesbaden 1986; Evangelisch-Freikirchliche Gemeinde München: „Ein gemeindlicher Konsens zur Ehe- und Sexualethik", in: Theologisches Gespräch 1/1999, Kassel, BEFG in Deutschland, S. 2–9; J. Kuberski, Scheidung und Wiederheirat – was sagt die Bibel?, Bibel und Gemeinde 1/1988, S. 66–83; J. C. Laney, ... bis der Tod euch schei-

Das sind zwei Beispiele, die zeigen, dass an sich klare Gebote in der Unklarheit dieser Welt nicht ohne weiteres und nicht immer dem ursprünglichen Willen Gottes gemäß gelebt werden können. Aus Nachsicht hieraus werden sie modifiziert, ohne dadurch einer willkürlichen Relativierung Vorschub zu leisten. Christus selbst hat, wie schon bei Mose, Ausnahmen zugelassen, ohne damit ein grundsätzliches Recht auf Ausnahmen zu etablieren.

4.3.3 Die Adiaphora

Noch einmal müssen wir, wenn wir uns auf den Lebensraum Welt beziehen, auf die Fragen zurückkommen, die das christliche Leben im Verhältnis zur Welt regeln sollen, ohne dass es dafür explizite biblische Anweisungen gibt. Hier kennt die Ethik den Begriff Adiaphora[418], der zwar in modernen ethischen Entwürfen kaum mehr ernsthaft abgehandelt wird, der aber deshalb nicht weniger hilfreich sein muss.[419] Es geht also dabei um den weiten Lebensraum sog. „wertfreien" Handelns.

det? Scheidung u. Wiederverheiratung. Dillenburg 1988; McDowell, Kein Weg zurück? Sex, Schuld und Vergebung, Marburg 1992; G. Naujokat/G. Schröter, Noch allein? Wieder allein? Ledig. Verwitwet. Geschieden, Ahnatal/Kassel; C.-D. Stoll, Ehe und Ehescheidung. Die Weisungen Jesu, Gießen/Basel 1983; J. Stott, Christsein in den Brennpunkten unserer Zeit, Marburg 1988, Bd. 4, S. 43–70; S. 110–130 u.v.a.

[418] Er kommt aus dem Griechischen αδιαφορος – *adiaphoros* und bedeutet: gleichgültig (weder gut noch schlecht), indifferent, also wörtlich: „gleichgültige Sachen". Man bezeichnet damit das weite Feld des Handelns, das für eine ethische Beurteilung „gleichgültig" zu sein scheint.

[419] Zum Thema vgl. E. Brunner, Das Gebot und die Ordnungen, a.a.O., S. 104: „Darum kann man beides sagen: es gibt keine ‚Adiaphora', und es ist alles Adiaphoron – außer der Liebe. *Dilige et fac quod vis*"; J. Douma, a.a.O., S. 26ff; N. H. Soe, a.a.O., S. 150ff; H. Thielicke, a.a.O., I, 1251, 1847; I, 353; W. Trillhaas, a.a.O., S. 75ff weist auf die je eigene Geschichte dieses Begriffs und die der Zurückhaltung ihm gegenüber hin. Ursprünglich aus der Stoa in die christliche Ethik hineingekommen, wurde er vom Rigorismus kantischer Ethik zurückhaltend bewertet, da Kant keinen Bereich menschlichen Handelns aus der Pflicht entlassen wollte. Interessant ist, dass neben Kant ebenso der Pietismus gegen die Adiaphora war, aber aus völlig anderen Gründen. Er wollte keinen Bereich menschlichen Handelns sich selbst überlassen, sondern alles unter der Herrschaft Gottes sehen. Daher nimmt er Stellung zu Dingen, die in der Schrift explizit weder ver- noch geboten sind. Kant und Pietismus – sonst

Vereinfacht kann man sagen, dass es für eine juridische Betrachtung der Ethik nur drei Kategorien von Handlungsebenen gibt: (1) Was ist verboten? (2) Was ist geboten? Und (3) was bleibt der freien Entscheidung überlassen? Dabei haben wir aber schon darauf hingewiesen, dass diese Fragestellung dem christlichen Ethos nicht gerecht wird. Es geht natürlich um viel mehr[420] als um die Fragen, was erlaubt und was verboten ist. Dennoch ist die Frage nicht unberechtigt, da es in der christlichen Ethik um das Halten der Gebote oder das Tun des Willens Gottes geht. Wer darum ringt, den Willen Gottes zu verstehen und zu tun, der fragt natürlich einmal, ob es überhaupt einen Bereich des Lebens oder einen Zeitraum gibt, der dem Willen Gottes entzogen ist und zum anderen, wo im Einzelfall die Grenze verantwortlichen Handelns verläuft. Denn nicht alle Fälle verantwortlichen Handelns werden in der Bibel beschrieben, weil sie kein kasuistisches Gesetzbuch ist. Der Christ sieht sich also in der Spannung, einmal den Anspruch des Willens Gottes über alle Lebensbereiche zu bejahen, zum anderen den expliziten Willen Gottes für ein weites Feld des Lebens überhaupt nicht zu kennen. Wie lebt er in diesem „Freiraum"? Noch weiter gefragt: Ist das überhaupt ein Freiraum, den er ausfüllen kann wie er will?

Alle Gläubigen tun ständig Dinge, die nicht unmittelbar etwas mit dem Verhältnis zu Gott und dem Liebeswillen Gottes zu tun haben. In den vielen alltäglichen Dingen des privaten und beruflichen Lebens muss nicht dauernd krankhaft nach dem Willen Gottes gefragt werden, z.B. ob man dieses Kleidungsstück anziehen oder jene Pflanze in den Garten pflanzen soll, bei einem Spaziergang die rechte Abbiegung nehmen oder beim Einkaufen den linken Parkplatz benutzen soll, ob man diesen oder jenen Kunden besuchen, dieses Computerprogramm oder doch ein anderes wählen soll, ob man das Kind das Gymnasium oder die Realschule besuchen lassen soll usw.[421] Ist nicht gerade das

---

unvereinbar wie Feuer und Wasser – gehen an dieser Stelle der Ablehnung der Adiaphora eine überraschende Koalition ein.

[420] Vgl. nur das zu der pneumatologischen Begründung der Ethik Gesagte und dort z.B. auch die sog. „überpflichtigen Werke"!

[421] Das schließt selbstverständlich nicht aus, dass man auch für einen Parkplatz oder einen guten Einkauf, für die eigene berufliche Arbeit, für Gelingen und Bewahrung beten kann und sogar soll. Wenn Gott sich schon nicht zu groß ist, uns mit Sperlingen und Lilien zu vergleichen oder selbst unsere Haare auf dem Haupt zu zählen

ein Zeichen von Reife und Freiheit, die Gott seinen Kindern gibt, wenn sie in diesen Fragen ihren Verstand benutzen und freie Entscheidungen treffen können und sollen?

Und wie steht es um den Gebrauch der Güter dieser Welt, die den täglichen Grundbedarf betreffen oder ihn sogar übersteigen, also z.B. um Luxusgüter? Was ist überhaupt Luxus und wo fängt er an? Ist er für einen Christen erlaubt oder verboten, schicklich oder unschicklich? Darf ein Christ ruhigen Gewissens Porsche oder Mercedes fahren, teuren Schmuck oder exklusive modische Kleidung tragen? Wie anspruchsvoll darf er seine Wohnung einrichten? Hat das überhaupt etwas mit dem Glauben zu tun oder sind das für den Glauben gleichgültige Fragen?

Für Christen aus der pietistischen Tradition ergeben sich noch weitere Fragen, wie sie zu bestimmten Vergnügungen stehen oder zum kulturellen Leben überhaupt, zu den musischen und schönen Dingen wie Kunst, Kultur, Literatur und Wissenschaften. Dürfen sich Christen am Kartenspiel beteiligen oder das Theater besuchen (oder gar selbst Schauspieler oder Tänzer werden!?), Alkohol und Nikotin konsumieren, dürfen sie tanzen und in die Disko gehen?

Oder sollen sie sich stattdessen eines „schlichten Wandels" befleißigen? Was heißt das aber hier und heute im Deutschland des 21. Jahrhunderts? Sollen Christen „alternativ" sein und Energie sparen, Fahrrad fahren oder wenigstens eine Bahncard benutzen? Dürfen sie ein eigenes Haus oder zwei haben oder lieber doch nicht? Wie steht es mit Genussmitteln? Darf ein Christ Weinbrand trinken oder Sherry, Zigarren rauchen oder soll er völlig abstinent leben, kaffee-, nikotin- und alkoholfrei bleiben? Fragen über Fragen, auf die es keine direkten Antworten aus der Schrift gibt, die ein für alle Mal und für alle gelten.[422]

(Mt 10,30), wie viel mehr kann er uns aus einer kleinen alltäglichen Not helfen oder in unserem Berufs- und Familienleben. Auch hier ist es aber wichtig, im Geist der Freiheit zu leben und nicht in einer sklavischen oder gar krankhaften Zwanghaftigkeit oder Kleinkariertheit zu verharren.

[422] Verwirrend wirken auf andere z.B. solche Christen, die zwar einerseits klare enge Regeln bezüglich des Verhaltens eines Christen in der Welt aufstellen, sich im eigenen privaten Bereich aber erstaunlich großzügig verhalten, ihr Kapital gut anlegen und einen Lebensstil gehobenen Understatements kultivieren.

Bereits diese Fragen zeigen, dass sie erstens z.T. aus einer völlig anderen Zeit stammen und zweitens, dass es unmöglich und absurd ist, hier auch nur an einer Stelle anfangen zu wollen, Grenzen zu ziehen oder Regeln für alle aufstellen zu wollen. War früher Kaffee z.B. ein absolutes Luxusgut oder waren Seidenstrümpfe eine Rarität, die nicht nur teuer und exklusiv waren, sondern als verrucht galten, so sind diese Gebrauchsgüter heute so normal, dass es lächerlich wäre, ernsthaft darüber auch nur im Ansatz diskutieren zu wollen. Dass man ins Kino geht, was früher als das Schibbolet pietistischer Frömmigkeit galt, ist heute für die meisten (selbst konservativen Kreise) ebenso normal wie Fernseher und Videorecorder, Computer und Internet. Dass man grundsätzlich mehr Wert auf Bildung und Kultur legt, bedarf heute (zum Glück) keiner Diskussion mehr.

> Eine nette Geschichte, die über Dora Rappard überliefert wird, kann zeigen, wie sich Einstellungen von Christen zu weltlichen Dingen (zu Adiaphora) verändern können und müssen, weil sich die Welt verändert, in der wir leben. Als sie den ersten Menschen auf einem Fahrrad den Chrischonaberg heraufkommen sah, soll sie gesagt haben, dass jetzt der Teufel nach St. Chrischona käme.
>
> Ebenso gibt es manche anderen Überlieferungen von markanten Christen zu anderen technischen Neuerungen wie Radio, Telefon, Fernsehen, Raumfahrt usw., die heute selbstverständlicher Bestandteil weltlichen Fortschritts sind, ohne die auch kein Christ mehr leben will, sieht man von ganz extremen christlichen Gruppierungen wie etwa den Amischen[423] einmal ab.

Das Problem, um das es hier geht, liegt nun aber nicht in einer pauschalen Be- oder Verurteilung gewisser weltlicher Dinge, sondern woanders. Es geht um die Frage, ob es sich bei den Adiaphora tatsächlich um völlig wertneutrale Dinge oder Lebensbereiche handelt oder ob sie nicht doch etwas mit dem Glauben zu tun haben. Keine Regeln aufstellen zu wollen oder zu können, bedeutet auf der anderen Seite ja nicht, dass diese Dinge für einen Christen völlig gleichgültig wären oder gar keinen Einfluss auf seinen Glauben hätten.

Es ist z.B. ein großer Unterschied, ob ein Christ sich den schönen Dingen der Künste und Kultur grundsätzlich verschließt oder ob er sie

---

[423] Aber auch diese Christen verzichten nicht grundsätzlich auf moderne Technik. Auch sie benutzen Telefon, Computer und Internet. Nur nicht in ihrem privaten Leben.

dankbar als Bereicherung seines Gemütslebens erfährt und sich daran freuen kann. Aber gerade derjenige, der diesen Lebensbereichen gegenüber offen ist und weiß, dass er alles mit Danksagung nehmen kann (1Tim 4,4f), weiß um die Gefahr, wie schnell sich das selbstsüchtige Verlangen nach Wohlergehen und möglichst vielen Genüssen verselbständigen kann. Das NT lehrt zwar nicht die Askese (Kol 2,20ff), ist aber auf der anderen Seite voller Warnungen an die, deren Trachten nach einem angenehmen Leben die oberste Priorität hat. Wir sind nicht in erster Linie dazu da, um das Leben zu genießen, sondern um Gott, unseren Herrn von ganzem Herzen, ganzer Seele und allen unseren Kräften zu lieben. Wenn wir Gott so lieben, können wir auch das Leben genießen, aber wenn wir das Leben nicht genießen können – aus welchen Gründen auch immer – können und wollen wir dennoch Gott lieben. Das höchste Ziel ist nicht Lebensgenuss, sondern Gottesliebe. „Habe deine Lust am Herrn, der wird dir geben, was dein Herz wünscht!" (Ps 37,4), ist die rechte ethische Maxime im Blick auf die Adiaphora.

Eine gewisse Schwierigkeit besteht darin, dass Christen unterschiedlich darüber denken, wie sie die Adiaphora beurteilen sollen. Das kann in einer Gemeinde zu nicht geringen Spannungen führen. Paulus berührt diese Frage in Röm 14 und 1Kor 8–10 anlässlich des Streits um Götzenopferfleisch (oder Fleisch überhaupt). Seine Ermahnung geht dahin, dass der Ängstliche den Unbefangenen nicht verurteilen, dieser aber den Ängstlichen nicht verachten soll (Röm 14,3). Gerade das ist in der Praxis aber nicht einfach, da ja die Ängstlichen ein engeres Gewissen haben und kaum in der Lage sind, die die weiteren Herzens sind zu tragen. Hier ist die Freiheit der Starken gefordert, die aus Liebe bereit sind, um des schwachen Bruders willen auf Dinge, die sie persönlich zu tun in der Lage wären, zu verzichten. Christliche Ethiker sprechen hier von der „negativen Akkomodation"[424]. Von einer „positiven Akkomodation" spricht man, wenn man bereit ist, Dinge zu tun oder auf sich zu nehmen, die man selbst nicht für wichtig hält, also sich Bräuchen und Sitten zu unterziehen, die man für sich selbst als wertlos betrachtet.

---

[424] Soe, S. 154.

So hat Paulus, obwohl er die Beschneidung aus Glaubensgründen scharf ablehnte (Gal 5,3–4), doch um der Juden willen Timotheus beschneiden lassen (Apg 16,3). Und obwohl er frei war von den Reinigungszeremonien und Opfern des AT, hat er sich doch um der messianischen Juden willen eines Nasiräergelübdes unterzogen (Apg 21,23ff).

Ebenfalls schwer und nicht grundsätzlich zu beurteilen ist, wo die Grenzen der Akkomodation (Anpassung) liegen. Soll sich ein Christ bis zur Selbstaufgabe an die Schwachen anpassen? Soll er sich gar der Diktatur der Schwachen unterwerfen? Sollen sich Christen um jeden Preis an die Meinung anderer anpassen, um sie zu gewinnen oder Frieden zu erhalten? Die Grenze liegt sicher da, wo ein Nachgeben als ein Verrat an der eigenen Erkenntnis aufgefasst werden könnte.

Interessant ist, dass in der Geschichte der Kirche mindestens zweimal ein adiaphoristischer Streit geführt worden ist. Im ersten handelte es sich um das „Leipziger Interim" von 1548, das eine Abmilderung des Augsburger Interims von 1548 war und in dem es um die Akkomodation der Evangelischen mit den Katholischen ging. Die Wittenberger Fakultät mit Philipp Melanchthon, Johannes Bugenhagen u.a. hatte gemeint, um des kirchlichen Friedens willen der Wiedereinführung einer Reihe von katholischen Zeremonien (z.B. Messe ohne Gemeindekommunion, Bilder, alte kirchliche Festtage, klerikale Hierarchie mit ihrer Jurisdiktion) zustimmen zu können. Die strengen Lutheraner mit Flacius an der Spitze protestierten aufs Heftigste. An und für sich waren die Lutheraner durchaus der Auffassung, dass manche Bräuche zu den Adiaphora gehörten. Aber hier war für sie eine Grenze erreicht, die nicht überschritten werden durfte. Man traf eine interessante Entscheidung (Form. Conc. Art. X): Eine ethische Akkomodation kann unter friedlichen Verhältnissen berechtigt sein, aber in Zeiten, in denen „ein Bekenntnis der himmlischen Wahrheit gefordert wird, wenn nämlich die Feinde des göttlichen Worts darauf aus sind, die Lehre des Evangeliums zu unterdrücken", sei eine solche Nachgiebigkeit zu verwerfen.

Während Melanchthon erklärte: „Da die Lehre unangetastet blieb, habe ich es vorgezogen, dass sich die Unseren diesem drückenden Befehl unterordnen, als dass sie den Dienst des Evangeliums verließen", bestand Matthias Flacius auf dem Grundsatz: „Es gibt kein Mittelding, sobald es sich um das Glaubensbekenntnis oder die Verführung zum Bösen handelt" (*nihil est adiaphoron in casu confessionis et scandali*).[425]

Der zweite adiaphoristische Streit wurde am Ende des 17. Jahrhunderts von Pietisten eröffnet, die sich scharf gegen den Besuch der Oper,

---

[425] A. Adam, Lehrbuch der Dogmengeschichte, Gütersloh ²1972, Bd. 2, S. 364f.

das Kartenspiel, den Tanz und dergleichen wandten. In extremen Ausformungen missbilligte man sogar den Spaziergang als Äußerung eines nicht in Gott ruhenden Geists oder tabuisierte das Spiel für Kinder in einer Waisenanstalt in Halle.[426]

Als ein Resultat des adiaphoristischen Streits kann festgehalten werden: „Die Wahrheit des Evangeliums wird verdunkelt und geschwächt, sobald Adiaphora mit einem Befehl und mit Zwangsgewalt den Gewissen als strikt einzuhalten auferlegt werden."[427]

Dieses Resultat klingt für einige vielleicht unbefriedigend. Es ist aber der Sache angemessen. Auch im Bereich der Adiaphora kann man nur dialektisch sagen, dass einerseits Adiaphora für Christen keine Bedeutung mehr haben, weil Christus sie zur Freiheit bestimmt hat (Gal 5,1.13), dass es aber andererseits für einen Christen keinen rechtsfreien Raum geben kann, da sein ganzes Leben unter der Herrschaft des Geistes stehen soll. Der Verzicht auf Regulierung des weiten Feldes des Lebens, wofür es kein explizites Wort des Herrn gibt, entspricht der Freiheit Christi, die gleichzeitig enge Bindung an ihn selbst bedeutet. Nur in dieser engen Lebensgemeinschaft mit Christus kann man den schmalen Weg der Freiheit durch den Bereich der Adiaphora gehen.

4.3.4 „Bereiche" ethischer Herausforderung

Nach unserer einleitenden Definition von Ethik, muss sich das verantwortliche Handeln des Menschen auf vier Beziehungsebenen erweisen: Gott, sich selbst, seinem Nächsten und seiner Welt, bzw. dem Leben gegenüber. In diesen Beziehungsfeldern lebt der Mensch als Beziehungswesen. Zu alledem steht er in Beziehung. Sie im Vertrauen und im Gehorsam Gott gegenüber verantwortlich zu gestalten, ist seine Aufgabe.

Die Begründungen und Grundlagen der Ethik, wie wir sie in diesem ersten Teil des Buches skizziert haben, müssen nun in weiteren Überlegungen auf die verschiedenen Lebensbereiche angewandt werden. Das ist die eigentliche Aufgabe einer speziellen oder angewand-

---

[426] J. Douma, a.a.O., S. 27.
[427] BSLK, S. 1058, 28, in: Adam a.a.O., S. 389.

ten Ethik. Zur Systematisierung bieten sich mehrere Möglichkeiten an. Man kann von bestimmten sachbezogenen Lebensproblemen ausgehen, so wie es etwa das wohl bedeutendste ethische Schema, die Zehn Gebote, tut. Man kann aber auch von verschiedenen Verwirklichungsebenen des Menschen ausgehen und sich von daher den einzelnen Lebensbereichen systematisch nähern. Das ist meistens der Weg der angewandten Ethik.

Da dies aber nicht in der Intention des Buches liegt, sollen stattdessen in einem zweiten Teil in einer knappen Auslegung der Zehn Gebote exemplarisch die vierfachen Beziehungsebenen näher entfaltet werden, ohne dabei freilich auf alle ethischen Herausforderungen auch nur annähernd eingehen zu können.

TEIL II:

DIE ZEHN GEBOTE HEUTE –
SCHUTZRAUM DES LEBENS

Viele Menschen ertragen den Widerspruch zwischen ihrer Alltagswelt und dem täglich frei Haus gelieferten Bösen via Fernsehen, Zeitungen und Nachrichten kaum mehr. Die Hälfte aller Deutschen bekennt, die Welt nicht mehr zu verstehen. Als Ursache wird angegeben, dass scheinbar die individuelle Freiheit überbewertet, Normen auf der anderen Seite abgewertet und bindende Gemeinschaftsinteressen eklatant vernachlässigt werden.[428]

Meinungsforscher sprechen von den Folgen dieses gesellschaftlichen Wertewandels offiziell als „Orientierungsdefizit". Immer mehr Menschen finden sich ethisch nicht mehr zurecht. An die Stelle verbindlicher Ethik tritt eine weiche, der jeweiligen Situation angepasste, rein pragmatische Moral, die in erster Linie nur dem Individuum selbst nützen soll. Niemand scheint mehr zu wissen, was eigentlich in unserer sich schnell verändernden Welt gilt.

Wenn Staatsdiener in die eigene Tasche wirtschaften und Geschenken gegenüber nicht abgeneigt sind, wenn sie von sozialer Gerechtigkeit reden und die kleinen Leute benachteiligen, wenn sie öffentlich mit ihrem teuren Geschmack prahlen und gleichzeitig zum Sparen aufrufen – was soll dann, so fragt der Bürger, noch gelten?

Wenn in unserer Gesellschaft mittlerweile der Ehrliche der Dumme und der Lügner scheinbar der Schlaue und Erfolgreiche ist, wenn man für dumm gehalten wird, weil man die Steuererklärung exakt ausfüllt und für rückständig, wenn man die Haftpflichtversicherung nicht als Aufbesserung des Familien-Budgets benutzt, wenn man Schwarzarbeit offiziell ablehnt, sie aber für den eigenen Bedarf praktiziert oder

---

[428] Renate Köcher, Institut für Meinungsforschung in Allensbach 1993 (zit. in Wickert, S. 10)

praktizieren lässt – spätestens dann stellt sich die grundsätzliche Frage nach dem Sinn von Moral und Ethik. Wenn man schon so weit ist, dass nicht mehr klar ist, was eigentlich gut und was schlecht oder böse ist, dann haben wir es nicht mehr nur mit kleinen moralischen Problemen zu tun, sondern dann wird deutlich, dass die ethischen Wurzeln selbst betroffen sind. Wenn die Früchte faulen, sind die Wurzeln krank.

Und wenn in diesem Durcheinander nun auch noch die Kirchen, die jahrhundertelang als sinnstiftende Institutionen und Hüter ethischer Werte anerkannt waren, in der Beurteilung vieler Menschen auf der Vertrauensskala ziemlich in den Keller gerutscht sind, dann muss man sich fragen: Woran liegt das? Kann es nicht sein, dass sie z.T. selbst Schuld haben? Tragen sie nicht auch zur Konfusion der Werte bei, wenn sie in der Optik vieler einen ethischen Markt der Möglichkeiten anbieten, wenn sie gleichgeschlechtliche Paare segnen und sich für Tiergottesdienste stark machen, wenn sie Atompolitik einseitig vertreten und sexualethisch für Pluralismus und Toleranz eintreten, wenn sie Tagespolitik auf den Kanzeln verkünden und dabei die guten Gebote Gottes und das Evangelium verschweigen?

Wie sollen schließlich Kinder und Jugendliche in einer Welt zurechtkommen, deren Ab- oder Vorbild sie in einer durch die Medien vermittelten Einseitigkeit von Ehebruch und Gewalt, Raffgier und Anmache sehen und dadurch den Eindruck bekommen müssen, dies sei unbedingt lebensnotwendig? Wie sollen sie sich orientieren, wenn keiner mit ihnen über ethische Werte spricht und ihnen menschliche Tugenden vermittelt? Wenn sie höchstens über unangenehme Folgen aufgeklärt werden und über Techniken, sie zu vermeiden? Das riesengroße Kondom auf der Plakatwand ist mittlerweile zum Symbol minimalistischer Ethik-Aufklärung unserer Zeit geworden: „Pass auf, dass du es nicht vergisst und dann mach, was du willst!" Das ist alles.

Wo werden Kindern und Jugendlichen verbindliche Liebe, Treue und Enthaltsamkeit als erstrebenswerte Tugenden glaubwürdig vermittelt? Wo wird ihnen beim mühsamen Weg der Persönlichkeitsreife geholfen und Begleitung angeboten? Wo früher oft nur mit moralischen Verbotstafeln erzogen wurde, sieht man heute oft nur noch die Handbewegung des „alles ist erlaubt" oder lapidares Schulterzucken.

Warum wenden sich Menschen in ihrer Orientierungslosigkeit eigentlich nicht massenhaft an die Christen? Kann es sein, dass viele

Zeitgenossen deshalb nichts (mehr) von ihnen erwarten, weil sie ein ethisches Bild wahrgenommen haben, auf dem lediglich ein übergroßer moralischer Zeigefinger zu sehen war? Die Botschaft, die von außen wahrgenommen worden ist (obwohl sie von Christen natürlich so ausdrücklich nicht verkündet wurde), hieß: „Du sollst nicht Freude am Leben haben!" Alles, was Spaß macht, scheint verboten, alles, was Leid und Verdruss bringt, scheint fromm zu sein. Der häufig vermittelte arrogante Eindruck des moralisch besseren Menschen hat viele Zeitgenossen abgestoßen und kritisch werden lassen. Bewusste und unbewusste Heuchelei hat zur Unglaubwürdigkeit des Christentums beigetragen.

Auf der anderen Seite suchen viele heute ein klares ethisches Profil bei Christenmenschen vergeblich. Es scheint auf dem Gebiet der Lebensgestaltung gar keinen Unterschied mehr zu geben zwischen Christen und Nichtchristen. Auch Christen machen Schwarzarbeit, auch Fromme betrügen das Finanzamt, auch Gemeindeglieder lügen, brechen die Ehe, treiben ab usw.

Natürlich gibt es Versuche der Orientierungshilfe in unserer Zeit. Ethik ist zu einem unverzichtbaren Thema geworden.[429] Diskussionen um Werte und Tugenden sind längst an der Tagesordnung. Wirtschaftskonzerne und Wohlfahrtsverbände, Krankenkassen und Schulen, Journalisten und Wissenschaftler – sie alle sehen sich herausgefordert, über Werte und ethische Orientierungshilfen nachzudenken. Brisante Themen wie Klonen, Organspenden, Gentechnik, Wirtschaftskriminalität, organisiertes Verbrechen, Korruption u.v.m. machen ethische Leitlinien dringend erforderlich! Ethik-Kommissionen werden eingesetzt, Bücher über Wirtschaftsethik und Werte geschrieben, Symposien abgehalten und Seminare veranstaltet.

Was man bei all diesen löblichen Aufklärungshilfen heute allerdings auffallend vermisst, ist der konkrete und nachhaltige Hinweis auf die ethische Grundlage unserer christlich-abendländischen Kultur. Der Verzicht auf die Zehn Gebote oder ihr bewusstes Verschweigen kann nur als Ausdruck einer Generation gewertet werden, die „Pharao (bzw. Mose) nicht mehr kannte" oder kennen will. Interessant ist das Ergebnis einer Umfrage nach der Gültigkeit des Dekalogs in unserer Zeit. Dabei wird der Altersfaktor sehr deutlich:

---

[429] Vgl. 1. Teil, Pkt. 2.

„Für mich sind die Zehn Gebote gültig"[430]:

60 Jahre u. ä.	70,3 %
45-59	67,4 %
30-44	41,5 %
16-29	25,3 %

Die Menschen heute, besonders die jungen, suchen „im selbst gewählten Alleingang ihren Weg zum Lebensglück – ohne Leitvokabeln, Großtheorien oder quasireligiöse Heilsversprechen." Viele machen aus der Not der Orientierungslosigkeit eine Tugend, die „Tugend
der Orientierungslosigkeit"[431]. Spaß scheint dabei der erste und einzige „ethische" Faktor der Lebensgestaltung vieler (nicht nur junger)
Menschen zu sein. Dieser reine Hedonismus (konsequentes Lustprinzip) gilt spätestens seit E. Fromms Unterscheidung von „Haben oder
Sein"[432] als sozialunfähig und letztlich destruktiv.

Zeit also, sich neu auf das bekannteste und kompakteste Ethik-
Programm zu besinnen, die Zehn Gebote.

1. Die Wiederentdeckung der Zehn Gebote als konkrete Lebensgestaltung

Diese Wiederentdeckung wird eine befreiende Kraft bei den Menschen
entwickeln, die in ihnen Weisungen des guten Gottes wahrnehmen, der
will, dass ihr Leben nicht zerstört oder eingeengt wird, sondern gelingt.

1.1 Die alttestamentlichen Aussagen über die Zehn Gebote

Fasst man die alttestamentlichen Aussagen über die Zehn Gebote
zusammen, dann kann man mit Dt 5,33 resümieren: „Auf dem ganzen

---

[430] DER SPIEGEL 28/1999, 12.07.99 im Leitartikel „Die neuen Milden".

[431] So der Titel eines Buches von J. Goebel und C. Clermont über die neuen „Lebensästheten".

[432] E. Fromm, Haben oder Sein. Die seelischen Grundlagen einer neuen Gesellschaft,
Stuttgart 1976.

Weg, den der HERR, euer Gott, euch geboten hat, sollt ihr gehen, damit ihr lebt und es euch gut geht und ihr eure Tage verlängert in dem Land, das ihr in Besitz nehmen werdet."

Die Gläubigen des Alten Testaments waren fest überzeugt: Gott ist gut und seine Gebote sind Ausdruck seines guten Willens für die Menschen. Wer das erkennt, wird den Wert der Gebote – wie Psalm 119 zeigt – nicht nur verbal preisen, sondern er wird auch anders leben:

- An deinem Weg habe ich mehr Freude als an Reichtum (V. 14)
- Ich habe meine Lust daran (V. 16.77.92)
- Ich werde durch sie leben (V. 17)
- Ich habe Verlangen danach ... zu aller Zeit! (V. 20)
- Sie sind meine Lust und mein Ratgeber (V. 24)
- Sie können beleben (V. 25)
- Die Seele aufrichten (V. 28)
- Sie machen das Herz weit (V. 32)
- Ich habe Gefallen daran (V. 35)
- Lieber ist mir dein Gesetz als tausend Gold- und Silberstücke (V. 72)
- Deine Worte schmecken besser als Honig meinem Mund (V. 103)
- Die Freude meines Herzens (V. 111) usw.

Die (Zehn) Gebote sind Weisungen oder Unterweisungen Gottes (Ps 102) und gehören gesamthaft zum Gesetz Gottes (Ps 119, V. 1.153). Dies wiederum weist und bildet den Weg zum Leben (V. 1). Insofern sind die Gebote auch als moralische oder ethische Werte zu verstehen, die Ordnungen Gottes (V. 5.8.12.23 u.v.a.m.) schützen. Für den Menschen, der sie in ihrer heilsamen Bedeutung erkennt, werden sie zu Zeugnissen (V. 2.129 u.a.), die verständig machen (V. 99). Weil sie Gottes Wort sind (V. 9.11.16.81.105.107 u.v.m.), bekommen sie den Rang verbindlicher Vorschriften (V. 69.100 u.a.) und tröstlicher Zusagen bzw. Verheißungen (V. 50). Letztlich sind die Gebote „Bestimmungen deines Mundes" (V. 13) und somit „Bestimmungen von Gottes Gerechtigkeit" (V. 7), also Heilsgabe Jahwes, des Gottes Israels, der sein Volk rettet und führt.

1.2 Die Gebote als ethisches Merkmal des Judentums

In gewisser Weise kann man sagen, dass die Zehn Gebote das Geschenk des Judentums an die menschliche Zivilisation und Kultur darstellen. Obwohl auf den ersten Blick das Bekenntnis zur Erwählung der Juden als Volk Gottes exklusiv erscheint und auch ist, kann man darin aber auch einen anderen Gedanken erkennen: „Israel hat – das ist der tiefste Sinn seiner Begnadigung durch Gott – die Aufgabe, beispielgebend auf die Menschheit einzuwirken; es soll sein ethisches Gut nicht für sich behalten, sondern allen Völkern mitteilen, auf dass sie aufsteigen zu immer höherer Gesinnung"[433].

Will man also das Judentum verstehen, dann muss man erkennen, dass die sittliche (ethische) Forderung zu seinen grundsätzlichen Wesensmerkmalen gehört. Sie ist nicht alles, aber ein wesentliches Charakteristikum. „Die Ethik ist hier zur Religion nicht hinzugefügt, sondern ein Wesentliches in ihr. Ohne sie gibt es hier keinen Glauben an die Bedeutung des Lebens noch an das, was über das Leben hinausgeht. Das Neue, das der Glaube Israels der Welt gebracht hat, wurzelt in diesem bestimmten ethischen Charakter, der ihm eigen ist. Der Monotheismus Israels ist der ethische Monotheismus"[434].

In keiner anderen Religion ist der Glaube an Gott so eng mit dem Tun seines Willens verbunden wie hier. Die Tora ist der Weg zum Leben. Gott erkennen heißt, sein Walten zu erkennen, sein Tun und seinen Willen durch praktischen Gehorsam zu ehren. Das Leben des Menschen gewinnt nur darin seinen Sinn, wenn er in Übereinstimmung mit seinem Gott lebt. Dabei wird betont, dass die Weisheit identisch ist mit dem Schöpfungshandeln Jahwes und dass der Mensch als weise bezeichnet wird, der Jahwe ehrt. Umgekehrt ist der ein Narr, der in seinem Herzen spricht: „Es ist kein Gott!" Diese Grundeinstellung zeigt sich – wie nicht anders zu erwarten – in seinem Tun: „Sie haben Verderben angerichtet, sie tun abscheuliche Taten" (Ps 14,1ff).

---

[433] S. Hochfeld, in: Die Lehren des Judentums nach den Quellen. Neu herausgegeben von Walter Homolka, Bd. 1, Darmstadt 1999 (ursprünglich Gustav Engel Verlag Leipzig 1928–1930), XI. Hier in Bd. 1 werden die ethischen Grundlagen des Judentums nach seinen Quellen entfaltet und zugänglich gemacht.

[434] L. Baeck, a.a.O., S. 13.

Ethik ist im Judentum aber viel mehr als einfache Klugheitslehre, wie sie im Griechentum bekannt ist. Sie ist Ausdruck von Weisheit und lässt das Leben gelingen. Besonders wichtig ist das Verständnis von Ethik im Judentum als Weg. Es geht nicht um philosophische Prinzipien, sondern um den guten Weg, den Jahwe weist und den der Mensch getrost gehen kann. Deshalb gehören Vertrauen und Handeln so eng zusammen. Im Gehen dieses Wegs der Tora erkennt der Mensch seinen Gott. Im Gehen erkennt er seine Treue. Das Tun des Willens Gottes ist Ausdruck seines Glaubens.

Die Ethik des Judentums ist weiterhin Wille zum Leben. Der Wille zum Leben wird nicht nur gewürdigt, sondern gefordert. Alle ethischen Anweisungen dienen dem Leben. Das Leben als Geschenk und Gabe Gottes ist gleichzeitig die große Aufgabe, die der Mensch wahrnehmen soll. „Du sollst leben!" – auf diesem Gebot bauen alle anderen auf; „damit du lebest" – auf diese Verheißung gründen sich alle anderen. Wille zum Leben heißt auch Gestaltung des Lebens in Verantwortung Gott, seinem Nächsten, dem Volk und der Welt gegenüber. Ethische Gestaltung des Lebens ist Ausdruck des empfangenen Lebens.

Zum Leben gehört natürlich auch die Entbehrung und das Leiden. Aus diesem Grund schließt der Wille zum Leben diese Dimensionen des Lebens ein. Ethik muss sich gerade in diesen Herausforderungen des Lebens als tragfähig erweisen. Die Kraft zum Verzicht, zum Tragen und zum Ausharren zeigt sich bei den Menschen, die ihrem Gott auch unter widrigen Umständen vertrauen. Glaube und ethische Gestaltung des Lebens gehören also auch hier untrennbar zusammen.

1.3 Die Zehn Gebote heute

Diese Dimension der Gebote, wie sie im Alten Testament und im Judentum erkennbar wird, ist heute leider vielfach verloren gegangen (wenn sie überhaupt je da war!). Eindeutig gehören die Zehn Gebote (d.h. die jüdisch-christliche Ethik) neben dem Humanismus und den ethischen Maßstäben der Aufklärung (besonders der Ethik Kants) zu den ethischen Hauptpfeilern des sog. „christlichen Abendlandes". Sie haben die Moral und die Kultur der westlichen Länder Europas und Amerikas maßgebend geprägt.

Heute werden die Gebote allerdings vielfach nur als moralischer Zeigefinger und nicht als Gestaltung des Lebensraums gelehrt und verstanden. Das rächt sich.

Wenn die Gebote Gottes so gut und heilsam für das Leben der Einzelnen und für das Gemeinwohl sind, wie wir es in den biblischen Zeugnissen gesehen haben, warum fühlen sich dann so viele Menschen von ihnen nicht angesprochen? Die Anschlussfrage: Wem gelten sie überhaupt? Eine kleine Begebenheit mag das verdeutlichen:

„Im Eisenbahnabteil saß mir ein etwa 13-jähriger Schüler gegenüber. Er war mit seinem Gameboy beschäftigt, auf den er immer wieder drückte und dazu noch das Gesicht verzog. Da ich die Anzeige nicht sehen konnte, fragte ich, was er da spiele. Er meinte, es sei ein ziemlich brutales Spiel. Da müsse man den Gegner niederschlagen und dann auf ihm herumtrampeln.

Ich erkundigte mich nach seinen schulischen Interessen. – Was ihn überhaupt nicht interessiere sei Religion, dieses Fach finde er total blöd. Ich sagte, ich könne ihn gut verstehen, bei dem, was heute weithin im Religionsunterricht gebracht werde. Ich fragte ihn, ob er eine Bibel besitze – ‚Nein‘, ob er etwas aus der Bibel kenne, z.B. die Geschichte der Sintflut oder die von David und Goliat – ‚nichts davon‘. Ob er die Zehn Gebote kenne, ob er wenigstens eins davon nennen könne – ‚Nein‘. Ob er einmal die Zehn Gebote hören wolle – ‚Ja‘. Langsam zum Mitdenken sagte ich ihm auf, was Gott vor dreieinhalb Jahrtausenden dem Volk Israel für die ganze Menschheit gegeben hat: ‚Ich bin der Herr, dein Gott ... du sollst keine andern Götter neben mir haben ... ... Du sollst nicht die Frau deines Nächsten begehren, noch sonst etwas, was deinem Nächsten gehört!‘

Dann fragte ich: ‚Was meinst du, wie die Welt aussähe, wenn die Menschen sich daran hielten?‘

Ohne zu zögern und mit voller Überzeugung erwiderte er: ‚Dann wär’ die Welt perfekt!‘“[435]

Ein modernes Kind erkennt heute, was Gott mit seinen Geboten vorhatte und -hat.

[435] H. Schneider in: Mitwissen – Mittun. Pro Scientia-Infobrief Nr. 8 v. 20.07.98, Heidelberg 1998, S. 33.

2. Wem gelten die Zehn Gebote?

2.1 Die Zehn Gebote gelten dem Bundesvolk Israel

Gott erwählt sich ein Volk, dem er sich in einzigartiger Weise offenbart, das er segnen und durch das er alle anderen Geschlechter der Erde ebenso segnen will. Was mit Abraham begann und seine Fortsetzung im brennenden Busch mit Mose findet, hört auch im Sinaibund noch lange nicht auf. Ein Ausdruck der Segensgabe Jahwes ist also der Dekalog und die Tora, das Gesetz, die Weisungen Gottes. Jahwe schließt mit seinem Volk dort draußen am Sinai, weit weg von den anderen Völkern und ihren Erwartungen und Kulturen einen Bund und verpflichtet es auf seinen heiligen Liebeswillen. „Steig zu mir herauf, damit ich dir die steinernen Tafeln, das Gesetz und das Gebot gebe, das ich geschrieben habe, um sie zu unterweisen" (2Mo 24,12). Das Volk verspricht: „Alles, was der HERR gesagt hat, wollen wir tun!" (2Mo 19,8). Konkreter Ausdruck der Liebe des Volkes zu seinem Gott soll das Halten dieser Gebote sein. Ausdruck des Bundes Gottes mit seinem Volk sind die zehn Worte, die Zusage, dass Gott bei ihm sein will und wird (5Mo 4,13).

Gottes Heils- und Segensgaben entfalten aber erst dann ihren wahren Reichtum, wenn sie geteilt und anderen mitgeteilt werden. So sollen an Israel bereits die anderen Völker sehen, wie gut Jahwe ist und wie heilsam seine Ordnungen und Gebote.

2.2 Die Zehn Gebote gelten allen Menschen

Alle Menschen sind gut beraten, wenn sie die Zehn Gebote zur Grundlage ihres Verhaltens machen. Die Zehn Gebote sind in ihrer Aussagekraft so elementar, dass sie zur Gesetzgebung aller gelten können. Die Menschen haben sogar eine elementare Ahnung von diesen Geboten Gottes. Genau darauf weist Paulus hin, wenn er in Röm 2,14–15 sagt, dass „Nationen, die kein Gesetz haben, von Natur aus dem Gesetz entsprechend handeln, ... da sie beweisen, dass das Werk des

Gesetzes in ihren Herzen geschrieben ist". Und tatsächlich ist der Einfluss der Zehn Gebote auf die Gesetzgebungen der Völker unübersehbar. Wenn man z.B. die Erklärung der Menschenrechte, wie sie von den Vereinten Nationen (UN) am 10.12.1948 ratifiziert wurden, liest, kann man den Einfluss der Zehn Gebote nicht übersehen: Das Verbot von Sklaverei und Folter, die Gleichheit vor dem Gesetz, das Recht auf Freiheit und Eigentum, Erholung und Freizeit (Sabbat) usw. Alle Menschen haben das Recht, als Person behandelt zu werden, die Würde hat. Worin besteht diese aber? In der gleichen Erschaffung vor Gott und der Verantwortung vor ihm.

Auch wenn die Zehn Gebote primär Israel galten bzw. gelten, so wird doch bereits im AT deutlich, dass sie für alle Menschen, ja für die gesamte Schöpfung eine ethische Struktur darstellen, die, wenn man sie ignoriert, verändert oder abschafft, tödliche Folgen für das Zusammenleben der Menschen, ja universale Auswirkungen bis tief in den Bereich der Schöpfung haben.[436] Eine Stelle wie Jes 24 zeigt die Folgen bzw. Konsequenzen auf, wenn man die Gebote und Ordnungen Gottes ignoriert. „Siehe, der HERR entleert die Erde und verheert sie und kehrt ihre Oberfläche um und zerstreut ihre Bewohner. ... Völlig ausgeleert wird die Erde und geplündert, denn der HERR hat dies Wort geredet. Es vertrocknet, es welkt das Land, es schmachtet, es welkt der Erdkreis, es schmachten die Hohen des Volkes im Land. Und die Erde ist entweiht worden unter ihren Bewohnern. Denn sie haben die Gesetze übertreten, die Ordnungen überschritten, den ewigen Bund ungültig gemacht. Darum hat der Fluch die Erde verzehrt, und es büßen, die auf ihr wohnen. Darum sind die Bewohner der Erde dahingeschwunden und wenige Menschen bleiben übrig. ... Berstend zerbirst die Erde, brechend zerbricht die Erde, wankend wankt die Erde, taumelnd taumelt die Erde wie ein Betrunkener und schwankt hin und her wie eine Nachthütte. Und schwer lastet auf ihr ihr Treuebruch: Sie fällt und steht nicht wieder auf."

Hier zeigt sich in dramatischer Weise *die Relevanz der Gebote und Ordnungen als Erhaltungsordnung Gottes für seine Welt und Schöpfung!* Gott, der Schöpfer, ist gleichzeitig ihr Erhalter. Das ist der Sinn des reformatorischen *primus usus legis* (erster Gebrauch des Gesetzes). Die Gebote Gottes sind sozusagen „die ethische Grammatik der

---

[436] Vgl. den sog. „primus usus legis" in I. Pkt. 3.1.3.1.

Schöpfung, die Grammatik der sozialen Welt" (K. Bockmühl) oder „Gottes Kampf um die Schöpfung in der sündigen Zerfallenheit der Welt, Licht gegen Finsternis, Sein gegen Nihilismus" (G. Huntemann). Wer also für die Erhaltung der Umwelt (neuerdings: Mitwelt) eintritt, der muss an die Gebote erinnern als ihre erhaltende ethische Struktur. Man kann sich nicht für den Schutz von wandernden Kröten einsetzen und gleichzeitig den Schutz des ungeborenen Kindes im Mutterleib auflösen! Man kann nicht auf die Verschmutzung der Meere hinweisen und die Verschmutzung der Seele ignorieren. Andererseits kann man nicht nur das geistliche Leben fördern, ohne die Verantwortung für die Geschöpflichkeit und Geschöpfe wahrzunehmen.

Aber es gibt noch einen weiteren Aspekt. Gott ist nicht nur der Schöpfer und Erhalter der Welt und der Menschen, sondern auch ihr Erlöser und Vollender. Die Erlösungssehnsucht bei den Menschen kann durch das Gesetz geweckt werden, weil es seine Unfähigkeit aufdeckt, es ganz im Geist der Liebe Gottes zu halten. Der überführende Charakter des Gesetzes ist ebenso wichtig wie sein erhaltender. Das Gebot definiert Sünde! „Die Sünde hätte ich nicht erkannt als nur durch das Gesetz", bekennt Paulus in Röm 7,7.

Diesen Charakter des Gebots gilt es heute wieder zu betonen. Das Unrechtsbewusstsein unserer Tage ist enorm geschwunden. Wenn heute aber kaum einer mehr weiß, was gut und was schlecht bzw. böse ist, dann muss es gesagt werden. „Denn von der Lust hätte ich nichts gewusst, wenn nicht das Gesetz gesagt hätte: ‚Lass dich nicht gelüsten!'" (Röm 7,7). Wenn das Gebot ignoriert wird, schwindet das Rechtsbewusstsein!

2.3 Die Zehn Gebote gelten der christlichen Gemeinde

In diesem Zusammenhang muss auch die Gemeinde als neutestamentliches Gottesvolk als Adressat genannt werden. Sie – wer denn sonst? – hat die Welt auf die guten Gebote und Ordnungen Gottes, durch die Leben gelingt, hinzuweisen.

Die Gemeinde hat die Menschen auch an die Konsequenzen ihres Verhaltens zu erinnern und ihnen die Härte dieser Konsequenz nicht zu verschweigen. Sie selbst sieht für sich die Zehn Gebote (und das Gebot überhaupt) als ethische Konkretion der Liebe zu Gott und als Dank für das Erlösungswerk Jesu. Darüber hinaus hat sie als Christengemeinde den Auftrag, der Bürgergemeinde die Augen zu öffnen für das, was von Gott her gilt und was nicht.

3. Wie sind die Zehn Gebote zu verstehen?

3.1 Die neuen Weichspüler: „Gebote light"?

Vielleicht als Pendelbewegung zu einem moralisch-einseitigen und rein fordernden Verständnis der Zehn Gebote wird heute ihr Angebotscharakter häufig betont. Dieser Aspekt ist nicht unwichtig! Gott zwingt tatsächlich keinen, seinen Willen zu tun. Er bietet seinen Menschen gute heilsame Ordnungen und Gebote an, die sie zu ihrem eigenen Wohl und Heil halten können. Tun sie das nicht, tragen sie selbst die Auswirkungen eines verfehlten Lebens.

Über diesem Angebotscharakter darf aber der Gebotcharakter nicht übersehen werden. Es handelt sich bei den „zehn Worten" (so der eigentliche Name) in 5Mo 10,4, von dem der Begriff Dekalog (von griech. *deka logoi* [LXX]) herrührt, tatsächlich um Worte Gottes, die die Ant-wort des Menschen fordern. Das Wort Gottes und die Ver-ant-wort-ung des Menschen gehören untrennbar zusammen!

Vielfach fehlt wiederum bei der heutigen einseitigen Betonung des Angebotscharakters die Unbedingtheit der Gültigkeit der Gebote. Sie sind ja nicht als eine Option unter anderen gedacht, sondern als die eine unbedingte Notwendigkeit ethischer Entscheidung. Wer nur das Marktschema: „Angebot und Nachfrage" kennt, darf sich nicht wundern, wenn das Angebot im Laden verkümmert, weil es keiner mehr will.

3.2 Grenzen für die Freiheit

Gott will uns – ob uns das passt oder nicht – einen großen Freiraum zum Leben geben. Dieser wird durch die Grenzsteine und Grenzlinien seiner Gebote abgesteckt. Innerhalb dieses Lebensraums sollen seine Menschen sich verantwortlich und frei bewegen dürfen. Außerhalb dieses Schutzraums nehmen sie Schaden.

Die einen hätten diesen Lebensraum gerne noch weiter ausgedehnt, die Grenzbefestigungen anders verlegt oder sie gar ganz abgebaut. Sie möchten am liebsten die Grenzbefestigungen abbrechen und „grenzenlos" leben und lieben. Aber der Mensch braucht Grenzen. Sie sind ein Segen. Wer sich nicht abgrenzen kann, verliert seine Identität. Wer Grenzen nicht akzeptiert, wird zum Zerstörer anderer Lebensbereiche. Wer sich über Grenzen hinwegsetzt, der verletzt sich und andere. Wer den *point of no return* – die absolute Fallgrenze – bei den Niagarafällen ignoriert, ist unrettbar verloren. Wer den Grenzwert einer Dosis Gift missachtet, kann zum (Selbst-)Mörder werden.

Die ungeheure Maß- und Grenzenlosigkeit bzw. Missachtung der von Gott gesetzten Grenzen zeigt sich heute als zerstörerischer Akt der Menschheit.

Diese Grenzziehung ist der Sinn der sog. Negativ-Formulierung der Zehn Gebote, an der man sich so oft gestoßen hat. Sie scheinen ja eine Negativ-Sammlung alles dessen zu sein, was man bei Gott nicht darf und wogegen Gott ist. Außer dem dritten und vierten Gebot sind alle anderen ja keine Ge-, sondern Verbote. Ist Gott negativ? Ist Gott immer gegen alles? Muss sich christliche Ethik wirklich nur reduzieren lassen auf ein immer wiederkehrendes „Du sollst nicht ...!"?

Der Sinn ist ein ganz anderer. Gerade weil sich in Gottes Geboten sein unbedingter Liebeswille zum Lebensraum in Freiheit zeigt, will er nicht, dass jemand zu Schaden kommt. Deshalb setzt er Grenzen, über die er nicht mehr mit sich verhandeln lässt. An dieser ethischen Grenze gibt es für Gott dann allerdings nichts mehr zu diskutieren. Das ist der *status confessionis*, der Punkt, an dem man Gott nur noch vertrauen und ihn als den Herrn des Lebens bekennen oder ihm das Vertrauen verweigern und sich von ihm abwenden kann.

Schon einmal und mit schrecklichen Folgen haben sich die Menschen über die von Gott gesetzte Grenze hinweggesetzt, als sie von der Frucht nahmen, die für sie tabu war.

Die anderen wollen den von Gott geschenkten Lebensraum gerne noch enger fassen (Pharisäer aller Zeiten). Ihnen reichen die Grenzmarkierungen nicht aus. Sie entwerfen weitere „Schutzzäune" und entwickeln ein ethisches Gestell, das jeden Fall des Lebens detailliert reguliert. Dieses kasuistische Regelwerk des Gesetzes nimmt die Luft zum Atmen, weil es jeden Fall so eng beschreibt, dass keine eigene Gestaltung in Freiheit und Liebe möglich ist. Den Sabbat heilig zu halten, bedeutete bei den Pharisäern schließlich, 1521 verschiedenen Gesetzen zu gehorchen. Diesem ethischen Labyrinth konnte keiner mehr entrinnen. Man konnte nur blind gehorchen, aber letztlich keinen Sinn mehr darin sehen. Die Sinnlosigkeit menschlicher Schutzzäune um das Gesetz gleicht dem vergeblichen Versuch Usas, die Bundeslade eigenmächtig zu sichern. Das Ergebnis ist erschütternd. Er blieb tot auf der Strecke (2Sam 6,3–7)! Gott braucht keine menschliche Hilfe! Er braucht nicht zusätzliche Sicherungen für sein Vorhaben. Letztlich handelt es sich bei dem kläglichen Versuch, das Gebot gesetzlich zu sichern, um nichts anderes als „die Sünde der Furcht" wie Joy Davidman (die Frau von C. S. Lewis) in ihrem ausgezeichneten Buch[437] über die Zehn Gebote darlegt.

Die Gebote sind die Zusammenfassung des großen „Gesetzes der Freiheit" (Jak 2,12). An diesem Verständnis der Freiheit entscheidet sich das Verständnis Gottes und das Verständnis des Menschen.

Die Gebote bezeichnen die Beziehungsfelder, in denen Menschen leben, einmal die Beziehung zu Gott, sodann zueinander und zur gesellschaftlichen Welt.

[437] J. Davidman, Rauch über dem Berg. Eine Auslegung der Zehn Gebote, Lüdenscheid 1984.

4. Die Zehn Gebote in der Einzelbetrachtung

Man kann die Zehn Gebote – so wie Jesus es auch getan hat – als Doppelgebot der Liebe verstehen und entsprechend in „zwei Hälften" aufteilen: „Du sollst Gott deinen Herrn lieben und deinen Nächsten wie dich selbst!" Die ersten vier Gebote behandeln dann die Beziehung zu Gott als die Voraussetzung zum gelingenden Leben überhaupt. Die folgenden Gebote 5–10 behandeln die Beziehung zum Nächsten.

4.1. Die Beziehung zu Gott

4.1.1 Das erste Gebot

„Ich bin der HERR, dein Gott, der ich dich aus dem Land Ägypten, aus dem Sklavenhaus, herausgeführt habe. Du sollst keine anderen Götterbilder haben neben mir!"

4.1.1.1 Das Unterscheidungsmerkmal

An der *Präambel*: „Ich bin JAHWE, dein Gott, der ich dich aus dem Land Ägypten, aus der Knechtschaft, befreit habe! Du sollst keine anderen Götter haben neben mir!", entscheidet sich das gesamte Verständnis dieses „Gesetzes der Freiheit", der Zehn Gebote.

Diese Präambel unterscheidet die Zehn Gebote von den Gesetzen und Moralkodizes anderer Völker.
Es gibt allerdings durchaus formale Schnittmengen mit anderen heiligen Texten. Auch in anderen Kulturen gibt es beeindruckende Beispiele von Geboten der Nächstenliebe. Auch in Gesetzestexten wie dem Codex Hammurabi (Babylon), der Bhagavadgita (Hinduismus)

und dem Koran (Islam), auch bei den Persern, Griechen und Römern finden wir Aufforderungen, die inhaltlich der sog. zweiten Tafel des Dekalogs entsprechen.

Was den Dekalog aber von allen anderen unterscheidet, ist die erste Tafel, ist die Präambel, ist die Selbst-Vorstellung Jahwes als Bundesgott, Heiland und Erlöser, der geschichtlich gehandelt hat und handelt! Die formale Schnittmenge moralischer Werte darf nicht über den Unterschied zwischen Dekalog und dem Ethos der Völker und Philosophen hinwegtäuschen. Die Zehn Gebote sind deshalb nicht identisch mit den Geboten der Völker, weil sie von dem sich offenbarenden und geschichtlich handelnden Gott Israels gegeben sind und von ihm und seinem Anspruch und Zuspruch nicht gelöst werden können.

Die Zehn Gebote

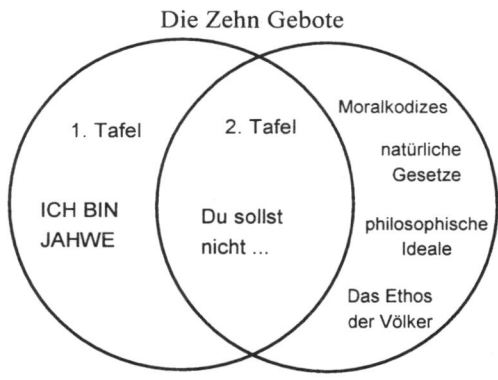

Zwar gibt es nach Paulus auch die erstaunliche Möglichkeit, dass einzelne Heiden in ihrer Geschöpflichkeit Teile des Gesetzes Gottes erfüllen können, weil sie dadurch „beweisen, dass das Gesetz in ihren Herzen geschrieben ist, indem ihr Gewissen mit Zeugnis gibt und ihre Gedanken sich untereinander anklagen oder auch entschuldigen" (Röm 2,15). Das bedeutet aber für sie keine Rechtfertigung vor Gott. Die Heiden kennen trotz des Wissens um ein moralisches Gesetz das Entscheidende nicht: „das Gesetz der Freiheit", genauer noch: den lebendigen Gott, der sich offenbart hat und den Menschen zum Tun seines Willens befreit. Der „gestirnte Himmel über mir und das moralische Gesetz in mir" (Kant) reichen einfach nicht aus, um die Fülle Gottes zu erkennen und in ihm zu leben.

4.1.1.2 Evangelium und Gesetz

Die Zehn Gebote Jahwes beginnen also nicht mit einem allgemeinen moralischen Imperativ: „Du sollst!", auch nicht mit dem kategorischen Imperativ des aufgeklärten Menschen. Sie beginnen überhaupt mit gar keiner Art ethischen Imperativs, sondern mit dem souveränen Indikativ Gottes: „Ich bin!" Sie beginnen nicht mit dem fordernden Gesetz, sondern mit dem schenkenden Evangelium. Sie stellen den Menschen nicht zuerst unter den Anspruch Gottes, sondern unter seinen wunderbaren Zuspruch: „Ich habe dich erlöst!" So ist „das Gesetz nichts anderes als die notwendige Form des Evangeliums, dessen Inhalt die Gnade ist" (K. Barth).

Die heilbringende Gnade Gottes hat sein Volk erlöst und aus der Knechtschaft befreit. Das steht am Anfang: die Befreiung oder die Errettung aus Ägypten. Am Anfang steht der Wille Gottes, seinem Volk gnädig zu sein und es zu befreien. Diese Gnade Gottes unterweist und erzieht es, damit es „die Gottlosigkeit und weltlichen Lüste verleugne und besonnen und gerecht und gottesfürchtig lebe in dem jetzigen Zeitlauf, indem es die glückselige Hoffnung und Erscheinung der Herrlichkeit seines großen Gottes erwarte" (vgl. dieses Wort aus Tit 2,11–13, das genauso auf das Heilshandeln Jahwes im Alten Bund bezogen werden kann!). Das ist der Sinn des Evangeliums und der Sinn der Zehn Gebote.

Die Gebote erwarten nicht blinden Gehorsam einem steilen Gesetz gegenüber, sondern dankbares Erinnern an den Gott – und das heißt immer Vergegenwärtigen des Gottes –, der gewaltig für sein Volk eintritt und handelt. Das unterscheidet die Gebote zutiefst von allen anderen Gesetzen, die ein moralisch hoch stehendes Ethos haben mögen, nicht aber die Zusage des einzigartigen Gottes, der Menschen aus der Sklaverei befreit und sie führt.

Deshalb sind die Gebote Weisungen des guten Hirten, der sein Volk damit durch die Wüste führt. Sie sind kein technisch-gesetzliches Gestell eines moralischen Zwingherrn, sondern Ausdruck eines beziehungsstiftenden Gottes, der sein Volk liebt. Diese Liebe ist es, die den Geboten die Kraft zur Umsetzung verleiht und sie von jedem idealistischen Ethos abhebt. Umgekehrt ist diese erwiderte Liebe zu Gott und zu dem Nächsten der Kern und die Zusammenfassung des ganzen Gesetzes, ja der Gottesbeziehung überhaupt. Lieben kann aber nur, wer sich selbst geliebt weiß. Und genau dies sagt Gott in seiner

Präambel dem Volk zu. Er erinnert an seine mächtige Heils- und Befreiungstat aus der Knechtschaft Ägyptens. Menschen, die befreit worden sind, werden nun durch Gottes Zusage selbst zu neuem Handeln befreit. Dieses Handeln orientiert sich an dem Gott, der befreit und liebt. Es orientiert sich nicht an den Maßstäben der Um- und Mitwelt, sondern an Gott selbst.

Deshalb wird derjenige, der Gott von Herzen liebt, einfach keinen anderen neben ihm lieben wollen. Und deshalb wird sich der, der Gott „mit allen seinen Kräften und mit seinem ganzen Verstand liebt", sich auch mit ganzer Kraft und mit Verstand für seinen Gott und seinen Nächsten, ob es sich dabei um seine Frau, seine Kinder, seine Eltern, seine Knechte und Mägde und schließlich um „die Fremden in deinen Toren" handelt, einsetzen.

Denn „Tugend ist nicht, das Böse zu vermeiden, sondern das Gute zu tun" (Calvin). So sind die Zehn Gebote auch nicht die Summe einer Vermeidungsethik ängstlicher Menschen, sondern als „Gesetz des Gegenteils" zum Guten und zu mehr gedacht. Die Liebe treibt die Furcht aus. Die Liebe tut mehr. Es geht ihr nicht nur darum, nicht zu töten, sondern mit allen Mitteln Leben zu erhalten und sich für das Leben einzusetzen; nicht nur nicht die Ehe zu brechen, sondern sich für eine starke dauerhafte Beziehung zweier Menschen lebenslang einzusetzen; nicht nur nicht zu stehlen, sondern mit seinen Händen viel Gutes zu tun, um anderen Gutes tun zu können; nicht nur nicht „falsch Zeugnis (zu) reden wider seinen Nächsten", sondern für seinen Nächsten aktiv einzutreten; nicht nur nicht das Haus und das Weib des Nächsten zu begehren, sondern tiefe Befriedigung in Gott zu haben, weil dort allein der Lebenshunger gestillt wird.

4.1.1.3 Die Ausschließlichkeit Gottes und seiner Gebote

Diese grandiose Schau der Zehn Gebote kann nur gelebt werden, wenn die Gebote selbst nicht in menschlicher Verfügungsgewalt stehen. Denn JAHWE ist unverfügbar. Seine Einzigartigkeit und Unbedingtheit zeigt sich in seiner Selbstkundgabe, in der Offenbarung seines Namens: „Ich bin, der ich bin!" (2Mo 3,14), ich bin der Einzigartige und Unvergleichliche. „Ich bin für dich da!"

Wie selbstverständlich folgt nun der zweite Satz als präsentische Aussage: „Du hast keine anderen Götter neben mir!" (Die gewohnte

Übersetzung „Du sollst ..." ist zu unscharf.) Wo Gott allein Herr ist, da haben andere Götter einfach keinen Platz mehr. Gott lockt in diese exklusive Liebe. Und die bedeutet Trennung von allen anderen. „Niemand kann zwei Herren dienen! Entweder wird er den einen hassen und den andern lieben, oder er wird einem anhangen und den andern verachten", sagt Jesus in Mt 6,24. Beides zusammen zerreißt den Menschen. Die Freiheit wird nur in der Treue zu dem Einen erlangt.

Leider ist genau diese Untreue Israels immer wieder sein Problem gewesen. Immer wieder muss Jahwe sein Volk daran erinnern, dass er unvergleichlich und einzigartig ist, dass er mit anderen Göttern überhaupt nicht zu vergleichen ist. Ja, dass er es hasst, andere Götter neben sich zu haben. Immer wieder muss er sein Volk vor den andern Göttern warnen und es zurückrufen aus seinem geistlichen (und konkreten) Ehebruch. Hier ist der exklusive Bewährungspunkt der Gottesbeziehung: Hab keinen anderen neben mir!

Wer an mehrere Götter glaubt, wird in seinem Herzen von ihnen zerrissen, er bleibt in der Angst und Ungewissheit. Er kann nicht stark und gewiss werden, weil er immer wieder entscheiden muss. Er schlängelt sich durch das religiöse Wirrwarr hindurch und kann Ethik nur relativieren. Erst auf dem alttestamentlichen Hintergrund der werbenden und warnenden Worte Gottes an sein Volk, keine andern Götter neben ihm zu dulden, erst im Blick auf die zerstörerischen Folgen des Treubruchs des Volkes an seinem Gott wird die Bedeutung dieses ersten Gebotes für heute bewusst.

Die Tragik des großen Königs Salomo war eben die, dass er viele Frauen liebte, die sein Herz „neigten". „Und es geschah, als Salomo alt geworden war, da neigten seine Frauen sein Herz anderen Göttern zu. So war sein Herz nicht ungeteilt mit dem HERRN, seinem Gott, wie das Herz seines Vaters David. Und Salomo folgte der Astarte nach, der Göttin der Sidonier, und dem Milkom, dem Scheusal der Ammoniter. Und Salomo tat, was böse war in den Augen des HERRN, und er folgte dem HERRN nicht so treu nach wie sein Vater David. Damals baute Salomo eine Höhe für Kemosch, das Scheusal der Moabiter, auf dem Berg, der Jerusalem gegenüber liegt, und für Moloch, das Scheusal der Söhne Ammon. Ebenso machte er es für all seine ausländischen Frauen, die ihren Göttern Rauchopfer und Schlachtopfer darbrachten. Da wurde der HERR zornig über Salomo, weil er sein Herz von dem HERRN, dem Gott Israels, abgewandt hatte." (1Kö 11,4–9)

Diese falsch verstandene Toleranz Salomos hatte Auswirkungen auf den Glauben und die Ethik! Die Gebote Gottes galten nicht mehr ungeteilt und exklusiv, sondern wurden relativiert und mit dem Aberglauben und Opferwesen fremder Götter vermischt. Das war der Anfang vom Ende der weiteren Segensentwicklung Israels. Nach Salomo brach das Reich Israel auseinander und zerfiel in ein Nord- und ein Südreich.

Die Spannung von Toleranz und Wahrheit[438] darf nicht aufgelöst, sondern muss ausgehalten werden. Die Proklamation und Entstehung einer „multikulturellen Gesellschaft" heute setzt die formale Toleranz anderer Götter und Religionen voraus. Dass Weltfrieden, der Frieden zwischen den Nationen und Kulturen, nur möglich ist aufgrund des Religionsfriedens, wie Hans Küng in seinem Buch „Weltethos" erkennt, ist durchaus richtig. Erst wenn Hindus, Christen und Muslime „Frieden" schließen, d.h. das Recht auf freie Religionsausübung gegenseitig anerkennen, kann auch politische, gesellschaftliche und kulturelle Ruhe einkehren. Für diese Glaubens- und Gewissensfreiheit aller Menschen haben sich Christen immer wieder vehement eingesetzt! Dieser Einsatz fordert aber zugleich auch das Recht auf geistlichen Widerstand gegen das Aufgeben des Ausschließlichkeitsanspruchs des einen Gottes, der sich in Christus offenbart hat. Der schmale Weg des Friedens geht also über die formale Toleranz anderer Gläubiger bei gleichzeitiger Nichtanerkennung ihrer Götter.

Echte Toleranz kann nur gelingen, wenn man zwischen formaler und materialer Toleranz oder zwischen Sach- und Persontoleranz oder Wissens- und Gewissenstoleranz unterscheidet.

Sachtoleranz kann ohne die Wahrheitsfrage nicht gelingen. Wer einen Kriminalfall lösen will, kommt um die Wahrheitsfrage nicht herum. Es darf nicht egal sein, wer der Täter ist. Er muss ermittelt wer-

---

[438] Zum ganzen Thema vgl.: H. Burkhardt, „Der Ausschließlichkeitsanspruch des christlichen Glaubens und der Dialog mit anderen Religionen", in: Theologische Beiträge 99-1/2, Wuppertal, März 1999, S. 9–22; H. Hempelmann, Glauben wir alle an denselben Gott? Christlicher Glaube in einer nachchristlichen Gesellschaft, Wuppertal 1997; ders., Wahrheit ohne Toleranz – Toleranz ohne Wahrheit? Chancen und Grenzen des Dialogs mit Andersgläubigen, Wuppertal ²1997; C. Herrmann, „Toleranz als Kampfbegriff. Überlegungen zum theologischen Sinn und Missbrauch des Toleranzbegriffs", in: Jahrbuch für Evangelikale Theologie (JET), 14. Jg., Wuppertal 2000; S. Kettling, Toleranz und Wahrheit, wie Hund und Katze?, Wuppertal 1981; J. Spieß, Aus gutem Grund, Wuppertal 1998.

den. Wer eine Brücke bauen oder ein Hochhaus konstruieren will, kann auf die knallharten Fakten nicht verzichten, ohne töricht zu handeln. Er muss die Wahrheit über die Umfeld- und Bodenbedingungen genau wissen. Ein Ingenieur oder Statiker, den die Wahrheit nicht interessiert, dem es gleichgültig ist, ob zwei mal zwei vier ist oder ob die Belastungsgrenze eines Materials erreicht wird, darf nicht an solchen Projekten beteiligt werden. Toleranz in diesen Wissens- und Sachfragen ist nicht möglich. Hier gibt es nur ein Entweder – Oder, hier gibt es keine Toleranz. A kann nicht gleich B sein. So wie Lyon nicht die Hauptstadt von Frankreich ist und die Donau nicht durch die Schweiz fließt, so ist es auch nicht gleichgültig, was die Wahrheit ist. An einigen alltäglichen Beispielen lässt sich das aufzeigen:

Auf einer Reise nach Basel fragte mich eine in mein Zugabteil zugestiegene Frau: „Sind Sie auch auf dem Weg nach Kiel?" – „Nein", sagte ich, „auf dem Weg nach Basel!" – Was jetzt? Wer hat Recht? Was ist die Wahrheit in dieser Situation? Wie tolerant sollte man sich verhalten? Hätte ich vornehm geschwiegen, wäre ich gleichgültig, aber nicht tolerant gewesen! Ich hätte die Dame beleidigt, wenn ich sie im Irrtum belassen hätte. Da ich mir sicher war, dass sie im falschen Zug saß, sagte ich es ihr auch freundlich, aber bestimmt! Sie glaubte mir – warum auch immer – und stürzte aus dem Zug. Ich reichte ihr ihren Koffer aus dem Fenster und der Zug fuhr los – nach Basel! Toleranz hätte in dieser Situation die andere Person nicht ernst genommen! Sie hätte sie verachtet! Sie wäre mir egal gewesen. Genau das sagte kein geringerer als J. W. von Goethe: „Dulden (tolerieren) heißt beleidigen."

Es gibt noch gravierendere Beispiele als das mit dem Zug: Wenn ich ein kleines Kind sehe, das dabei ist, eine Flasche Unkrautgift zu öffnen, kann ich unmöglich „tolerant" sein. Das wäre sogar nicht mal mehr beleidigend, sondern absolut unzulässig und strafbar! Ich würde fahrlässig eine schwere Vergiftung oder gar den Tod des Kindes in Kauf nehmen.

Wenn ein Lehrer in der Mathe-Arbeit seines Schülers liest: „Die Summe der Winkel im Dreieck beträgt 190°", dann kann er nicht tolerant sein, auch wenn er den Schüler sehr mag.

Wenn der Zollbeamte in den Pass schaut und feststellt: „Der ist abgelaufen und ungültig!", kann der Passagier zwar sagen: „Seien sie doch mal tolerant!", es wird ihm nichts nützen. Toleranz in Sach- oder Wissensfragen kann nicht sein.

Ganz anders die Toleranz in Person- oder Gewissensfragen. In der Begegnung mit anderen Menschen ist Toleranz unbedingt nötig! Toleranz (aus dem Lateinischen *tolerare* – tragen, ertragen, dulden) bedeutet im Grundsinn ein aktives Hochstemmen von Lasten, bedeutet, dass man eine Last trägt, indem man jemanden toleriert trotz unterschiedlicher Meinung. Insofern ist *Person- oder Gewissenstoleranz* als ein Ernstnehmen des Menschen von grundlegender Bedeutung. Sie ist Ausdruck der Menschenwürde. Vom biblischen Menschenbild aus gesehen, ist jeder Mensch im Bild Gottes erschaffen und daher grundsätzlich zu respektieren. Man darf eine Person und deren Gewissen – wie es auch im Grundgesetz verankert ist – nicht aufgrund ihrer religiösen, politischen, geschlechtlichen oder ethnischen Auffassung benachteiligen oder verfolgen. Man hat sie zu tolerieren, auch wenn man anderer Meinung ist.

Christliche Nächsten- und Feindesliebe ist die Basis jeder *interreligiösen* Begegnung. Die unbedingte Toleranz gegenüber der Person des anderen, auch wenn er mir feindlich gegenübersteht, ist eine Voraussetzung jeder sachlichen Auseinandersetzung. Das schließt allerdings sowohl den Verzicht auf Feindbilder als auch den „Verzicht auf das Feindbild der Feindbilder" ein[439]. Weder konfrontative Polemik noch ein alle Unterschiede und Gegensätze zudeckender „Schmusekurs" nach dem Motto: „Wir glauben doch letztlich alle an denselben Gott", können hier weiterhelfen. Geboten ist die sachliche Auseinandersetzung, die Bereitschaft, Unterschiede, Gegensätze und Konflikte auszuhalten und in Liebe den anderen in seiner Existenzberechtigung unbedingt als Person anzunehmen und zu tolerieren. Erst dieser Verzicht auf Nivellierung der Gegensätze und gleichzeitig die Bereitschaft zur Toleranz der Person als Geschöpf Gottes kann eine Begegnung mit Menschen anderer Kulturen und Religionen gewährleisten und voranbringen.

Ein interessantes und spannendes Beispiel für die Fähigkeit oder Unfähigkeit zur Toleranz, für die Fähigkeit oder Unfähigkeit zur Achtung der anderen Person und der fairen Auseinandersetzung mit ihrer Meinung ist der Dialog zwischen Muslimen und Christen auf der Homepage www.deutsche-muslima.de. Hier kann man – wie sonst in ähnlichen Foren auch – sehr gut sehen, wie unfair manche Auseinandersetzungen verlaufen, weil kein Unterschied zwischen Person- und Sachtoleranz gemacht

---

[439] H. Hempelmann, Wahrheit ohne Toleranz – Toleranz ohne Wahrheit? Chancen und Grenzen des Dialogs mit Andersgläubigen, Wuppertal ²1997, S. 47.

wird. Es gibt Beiträge, die weit unter der Gürtellinie verlaufen, die Gewalt androhen, die diffamieren und die die Sachauseinandersetzung gar nicht wollen (und können!), weil diese grundsätzliche Achtung des anderen und Fremden fehlt. Dieses Dialogfeld zwischen den Religionen ist ein Lernfeld für Geduld, Liebe und Toleranz. Einige bewundernswerte Zeugnisse gibt es von Menschen beider Religionen, die wirklich den anderen tolerieren, ohne seine religiöse Meinung zu übernehmen und die sich sachlich auf eine Auseinandersetzung tatsächlich einlassen.

Das alt- und neutestamentliche Volk Gottes kann keine andern Götter neben dem offenbarten Gott der Bibel haben, auch wenn es die Vertreter anderer Religionen liebt. Hier wird in Zukunft die geistliche Front verlaufen, so wie sie immer verlief: zwischen Jahwe und Baal, zwischen dem Gott Israels und den Göttern Ägyptens und Babyloniens, zwischen dem Vater unseres Herrn Jesus Christus und den Göttern der Völker, die Götzen sind, zwischen dem biblischen Gott und dem Gott der „Deutschen Christen"[440], zwischen dem Christus Gottes und den Heilanden anderer Religionen und Ideologien. Das Volk Gottes muss in der Spannung leben, einerseits andere Götter abzulehnen und andererseits die Menschen, die daran glauben, anzunehmen und zu lieben. Dies wird die Herausforderung im neuen Jahrhundert werden. Jesus hat seine Jünger in seiner Endzeitrede gewarnt vor dem Auftreten falscher Messiasse: „Wenn jemand zu euch sagt: Siehe, hier ist der Christus oder dort!, so glaubt es nicht! Denn es werden falsche Christusse und falsche Propheten aufstehen und werden große Zeichen und Wunder tun, um so, wenn möglich, auch die Auserwählten zu verführen. Siehe, ich habe es euch vorhergesagt!" (Mt 24,23f).

Das letzte Jahrhundert war ein Jahrhundert der christlichen Märtyrer. Allein im Jahr 1999 wurden weltweit 164.000 Menschen aufgrund ihres Bekenntnisses zu Jesus Christus umgebracht. Und es werden augenscheinlich mehr! Das neue Jahrtausend wird eine Zeit der großen Einigungsbemühungen auf allen Ebenen politischen, gesellschaftlichen, kulturellen und wirtschaftlichen Lebens werden. Die konvergenten Kräfte werden sich durchsetzen und die Menschheit zu einen versuchen. Da hat ein exklusives Bekenntnis zu dem einen Gott, der

---

[440] Die von den Nazis und ihrem Mythos infiltrierte und gekaufte Kirche, die unter dem Reichsbischof Müller angepasst an die Naziideologie nicht mehr Kirche nach dem Neuen Testament war, nannte ihre Glieder „Deutsche Christen".

sich am Sinai offenbart hat, der Mose erschienen ist, der in Christus die Welt mit sich versöhnt hat, keinen Platz mehr. Für Menschen mit einem solch ausschließlichen Bekenntnis wird der Platz in der intoleranten Toleranzgesellschaft der postmodernen Zeit enger werden.

Hier wird es sich erweisen, wie stark Christen sind. Hier wird es sich zeigen, ob sie den Mut und die Kraft haben, weiterhin zu bekennen, dass „in keinem andern das Heil ist und kein anderer Name unter dem Himmel den Menschen gegeben ist, als allein der Name Jesu (Jahwe rettet)" (Apg 4,12), oder ob sie klein beigeben und schweigen, die Mission und Evangelisation, die Christus geboten hat, einfrieren.

Wer in dem „HERRN, der dich erlöst hat" verankert ist, der wird keine anderen Götter neben ihm haben und so die geistliche Herausforderung im neuen Jahrtausend annehmen.

4.1.2 Das zweite Gebot: Die Warnung vor dem selbst gemachten Gott

„Du sollst dir kein Bildnis noch irgendein Gleichnis machen, weder von dem, was oben im Himmel, noch von dem, was unten auf Erden, noch von dem, was im Wasser unter der Erde ist: Bete sie nicht an und diene ihnen nicht! Denn ich, der HERR, dein Gott, bin ein eifernder Gott, der die Missetat der Väter heimsucht bis ins dritte und vierte Glied an den Kindern derer, die mich hassen, aber Barmherzigkeit erweist an vielen Tausenden, die mich lieben und meine Gebote halten." (2Mo 20,4–6)

Im Sommer 1999 fand in Köln im Museum für Ostasiatische Kunst eine viel beachtete Ausstellung statt. Zum ersten Mal wurden weltweit uralte Götterbilder aus dem berühmten buddhistischen Todaiji-Tempel aus Nara/Japan ausgestellt. Und nicht nur das. Sie wurden in originalem Kultus verehrt. Unter Anleitung der eigens angereisten Mönche wurde einer staunenden Öffentlichkeit unter dem hohen Anspruch der Kunst und Kultur schlichter Götzendienst zelebriert. Die Figuren, die vor der langen Reise im Nara-Tempel entseelt werden mussten, wurden dann im Kölner Museum durch spirituelle Riten der Mönche reanimiert, damit ihre Kraft und Ausstrahlung erhalten blieben. Diese Ausstellung galt als Wegbereiterin einer neuen Epoche für das gegenseitige Verständnis von Menschen, Religionen und Kulturen aus Ost und West. Sie wurde ein voller Erfolg!

Was in der Moderne längst überwunden schien – die Entzauberung und Entmythologisierung der Welt – das feiert nun in der Postmoderne wieder ‚fröhliche Urständ'. Götter- und Götzenbilder, exotische Rituale und mystisch-geheimnisvolle Kulte werden von Menschen, die den wahren Gott verloren haben, angenommen und suchend verehrt. Wo der Glaube verschwindet, da steigt der Aberglaube durch die Hintertür ins Zimmer, wusste schon Goethe. In unserer heutigen nachchristlichen Epoche nähern wir uns wieder den heidnischen Umständen wie zur Zeit des alten Israel und der von Göttern und Götzendienst geprägten Umwelt des Neuen Testaments. Aberglaube und Verehrung von Göttern aus allen Religionen ist gesellschaftsfähig geworden. Wie selbstverständlich trägt man religiöse Symbole an Hals und Ohr. Amulette in jeder Form schmücken Arm und Brust des post-modernen Zeitgenossen. Für viel Geld lässt man sich von modernen Gurus und Priestern in geheimnisvolle Kulte einführen. Neue „Kirchen" entstehen – wie die von Thorwald Dethlefsen in München –, in denen Bilder und Symbole, Riten und Kulte eine große Rolle spielen. Der Zulauf überrascht. Der Erlebniswert scheint hoch und alle Kosten zu rechtfertigen. „Gebildete" Menschen sind bereit, sich taufen zu lassen im heiligen Wasser der schwarzen Macht, sich Riten zu unterwerfen, um Anteil an kosmischer Kraft zu bekommen und Bilder von Dämonen anzubeten, die sie schützen sollen in den mannigfachen Millennium-Ängsten. Je mehr der Glaube an den einen wahren Gott schwindet und seine prägende Kraft verliert, desto mehr steigt die Bereitschaft, sich selber Bilder von Göttern zu machen und zu verehren.

Die Folgen werden uns in der Bibel nicht verschwiegen. „Indem sie sich für weise hielten, sind sie zu Narren geworden und haben die Herrlichkeit des unverweslichen Gottes verwandelt in das Gleichnis eines Bildes vom verweslichen Menschen und von Vögeln und von vierfüßigen und kriechenden Tieren. Darum hat Gott sie dahingegeben in den Gelüsten ihrer Herzen in Unreinheit, ihre Leiber untereinander zu schänden, sie, welche die Wahrheit Gottes in Lüge verwandelt und dem Geschöpf Verehrung und Dienst dargebracht haben statt dem Schöpfer, der gepriesen ist in Ewigkeit. Amen." (Röm 1,22–25)

Hier im NT werden uns die Konsequenzen für die Menschen, die das Bilderverbot ignorieren, aufgezeigt: Sie zerstören letztlich sich selbst. Sie, die Gott verlassen haben, indem sie dem Unsichtbaren misstrauen und sich stattdessen selbst und ihre gemachten Götterbilder verehren, verdunkeln ihr Herz und gehen ethisch in die Irre. Sie schaden sich selbst. Nirgends werden die ethischen Konsequenzen eines irregeleiteten Glaubens deutlicher aufgezeigt als hier in Röm 1. Wer die Herrlichkeit des unverweslichen Gottes verdreht, dessen Herz wird verfinstert und dessen Handeln pervertiert. Er übt nicht allein das Böse aus, sondern hat sogar noch Gefallen an denen, die es auch tun (Röm 1,32). Anstiftungen zum Bösen und Perversen, zum ethisch Problematischen und Gewagten ist kennzeichnend für unsere Zeit.

Das Bilderverbot des Dekalogs und sonst im AT ist im Alten Orient herausragend und einmalig. Dort wimmelte es nämlich von Göttern und Götterbildern. Man kann die vielfältigen Götterbilder, die Statuen, Stelen und Steinmale, ja alle kultisch verehrten Gegenstände geradezu als das Charakteristikum der alt-orientalischen Religionen nennen. In ihnen gehörte die Sichtbarmachung der Götter in aller Art von (gemalten und geschnitzten, behauenen und reliefartig gefertigten, gegossenen und geschmiedeten) Bildern und die Anschaulichkeit ihrer Wesensart untrennbar zum heidnischen Glauben dazu. Das Schaffen eines sakralen Raumes zur Begegnung durch monumentale Tempel- und Grabstätten-Architektur prägte das Layout der heidnischen Umwelt im AT und NT. Auch im persönlichen Alltag – quasi zur praktischen Handhabe zu Hause – gab es Götterfiguren und Amulette aller Art. Sie dienten den Besitzern der Sicherheit. So stahl z.B. Rahel bei ihrer Flucht den „Hausgott" ihres Vaters Laban (1Mo 31,19.30.34). Bilder repräsentierten im Alten Orient die abgebildete Sache oder Person in materieller Gestalt. Im Bild ist die Gottheit gegenwärtig. Deshalb wird sie mittels des Bildes verehrt, angefleht, besänftigt oder mit ins Alltagsleben hineingezogen. Für jeden Zweck – Saat und Ernte, Fruchtbarkeit und Schutz – kann man sie, im wahrsten Sinn des Wortes, handhaben, in der Hand haben.

Genau das aber ist des einzigen, in seinem Namen JAHWE offenbaren Gottes unwürdig! Der Grund für das strikte Bilderverbot liegt in der Unsichtbarkeit und Unvergleichbarkeit und somit Unverfügbarkeit Gottes. Kein Abbild darf für Gott benutzt werden, „denn ihr habt keinerlei Gestalt gesehen an dem Tag, als der HERR ... zu euch redete" (5Mo 4,15). Weil Gott unsichtbar ist, kann er von Menschen nicht sichtbar gemacht oder in eine sichtbare Gestalt gebracht werden. Das Geheimnis der wahren Gottesverehrung ist das Nichtsehen und doch glauben. Gott wird im NT als der bekannt, „der allein Unsterblichkeit hat und ein unzugängliches Licht bewohnt, den keiner der Menschen gesehen hat noch sehen kann" (1Tim 6,16).

Im Bilderverbot und im Verbot des Götzendienstes eröffnet Gott den Weg für eine Religion des Glaubens und Vertrauens, des Glaubens an sein lebendiges Wort und sein rettendes Handeln. Gott erinnert sein Volk an sein Heilswerk: „Deine Augen haben alles gesehen, was der Herr, euer Gott ... getan hat" (5Mo 3,21). „Das Volk Gottes soll die Realität Gottes nicht in toten Bildnissen suchen, sondern in den Tatsachen der Heilsgeschichte und im Werk seiner Schöpfung" (K. Bockmühl).

Leider hat Israel trotz des rigorosen Verbots von Bilder- und Götzendienst genau dies immer wieder getan. Der Sog, das Geheimnis der Person Gottes zu verdinglichen, den Unsichtbaren sichtbar zu machen, das Unfassbare anzufassen, den Ewigen in die Zeit zu bannen, zu schauen statt zu glauben, war und ist zu groß. Immer wieder hat sich das Volk Gottes an fremdreligiöse Inhalte und Praktiken angepasst und sie von anderen Völkern übernommen. Der Einfluss ägyptischer (Stier – Kalb), babylonischer (Aschera) und kanaanitischer (Baal) Götter war unübersehbar. Sogar von Gott zugestandene oder selbst verordnete „Hilfsmittel", die zur Veranschaulichung geistlicher Wahrheiten dienen sollten, wie z.B. die „eherne Schlange" (4Mo 21), wurden verselbständigt und im Nehuschtan-Kult verehrt. Erst Hiskia hat im Zuge seiner Reform diesen Götzendienst beendet (2Kö 18,4). Selbst die Bundeslade (der Thronsitz für den unsichtbaren Gott), die im Allerheiligsten im Dunkel stand und der sich der Hohepriester einmal im Jahr nur aufgrund von Sühne nahen durfte, wurde als Talisman (Glücksbringer) zweckentfremdet und missbraucht (1Sam 3,3–11).

Was bedeutet das Verbot des Bilder- und Götzendienstes? Jesus lehrt in Joh 4,21–24: „Gott ist Geist, und die ihn anbeten, die müssen ihn im Geist und in der Wahrheit anbeten!" Gott will letztlich keinen äußeren Gottesdienst mit Dingen und Formen, mit von Menschen dargebrachten Gaben und Leistungen, sondern einen Gottesdienst des empfangenden und anbetenden Herzens. Er will eine Verehrung im Glauben und in der Liebe, die so nur im Geist möglich ist. Gott gefällt ein Gottesdienst, der seine Kraft im Alltag entfaltet und der in der Liebe wirksam wird. Schon die Kultpolemik der alttestamentlichen

Propheten spricht eine deutliche Sprache. Erst recht macht Jesus deutlich, wer Gott ist und was er will.

Das einzig normative Bild von Gott hat er selbst gegeben: „Jesus Christus ist das Bild des unsichtbaren Gottes!" (Kol 1,15). Dieser Jesus sagt: „Wer mich sieht, der sieht den, der mich gesandt hat" (Joh 12,45). Deshalb dürfen wir Jesus anbeten und in ihm den Vater. Wer ihn anbetet, braucht keine anderen Bilder.

Die unheimliche Gefahr heute wie zu allen Zeiten sind aber eigentlich nicht die materiellen Bilder, sondern die geistigen Bilder, die wir uns von Gott machen. Im geistigen Bild stelle ich mir Gott vor und mache ihn mir zurecht! Das ist das Gefährliche. Ich mache mir Gott zum Bilde nach meiner Vorstellung. Wir erinnern uns mit Schaudern, wie die Juden den Messias ablehnten, weil er ihren theologischen Bildern und Vorstellungen nicht entsprach! Sie hatten einen politischen Messias erwartet, einen, der die Machtfrage klärt. Darunter ist das Bild vom leidenden Gottesknecht verdunkelt worden.

Wie oft kann man z.B. das seit der klassischen Ablehnung des Zornes Gottes im 19. Jh. durch Schleiermacher vorgebrachte Argument hören: „Das kann ich mir nicht vorstellen, dass Gott im Gericht Menschen verdammt." Was ich mir vorstellen kann oder nicht, ist nicht entscheidend. Meine Vorstellung ist immer kleiner und selektiver als Gott selbst ist. Die Tendenz des Gottesbildners ist immer, Gott und sich selbst kleiner zu machen als er ist. Hier müssen Theologie und Kunst immer wachsam bleiben, weil gerade in ihren Werkstätten das geistige Zeichnen und Schnitzen oftmals dazu geführt hat, das Bild von Gott aufzufrischen oder abzudunkeln, zu verzerren oder zu verändern.

Letztlich sollen nicht wir Bilder von Gott anfertigen, sondern Gottes Bild von uns erkennen. Er sieht uns, wie wir wirklich sind: „Der Herr schaut vom Himmel ... da ist keiner, der Gutes tut ..." (Ps 14,1–3; Röm 3,1–12). Gott sieht uns in unserem realistisch schlechten und erlösungsbedürftigen Zustand. Aber Gott sieht uns auch so, wie wir sein sollen. Er sieht uns vom Ziel her. Christus ist das wahre Bild von Gott und das Urbild des neuen Menschen, der Prototyp des neuen Menschen. Gott hat uns „verordnet, dass wir gleich sein sollten dem Ebenbild seines Sohnes ..." (Röm 8,29; 2Kor 3,18; Kol 3,10). Gott will uns in und durch Christus bilden, damit wir ihn abbilden. Diese lebendige Beziehung ist ein spannender Prozess der Liebe.

4.1.3 Das dritte Gebot:
Den Namen Gottes nicht missbrauchen

„Du sollst den Namen des HERRN, deines Gottes, nicht zu Nichtigem aussprechen, denn der HERR wird den nicht ungestraft lassen, der seinen Namen zu Nichtigem ausspricht" (2Mo 20,7).

Der Antrag eines Bundestagsabgeordneten der Grünen vor einigen Jahren, den Namen Gottes doch überhaupt aus dem Grundgesetz zu streichen, schlug im konservativen Lager Wellen. Sind wir schon so weit gesunken? Immerhin ist Toleranz gegenüber religiösen Gefühlen zu wahren – das haben richterliche Beschlüsse in letzter Zeit wiederholt bei einigen provokanten Medien- und Werbekampagnen bewirkt. Man solle nicht über die Stränge schlagen.

Aber als eine relevante ethische Weisung scheint das dritte Gebot nicht in unsere Zeit zu passen. Der Name Gottes? Welche Rolle spielt er bei uns? Er scheint wie der Name eines bekannten Fürsten aus alter Zeit zu sein, den man aus Gründen des Allgemeinwissens zwar kennen sollte, der aber keine wirkliche Bedeutung mehr hat. Nur noch bei kirchlichen Anlässen, die zugleich als gesellschaftliche Verpflichtungen gerne wahrgenommen werden (wie etwa die Taufe des Patenkindes oder die kirchliche Trauung), kann man ihn noch entdecken. Da hört man schon mal etwas vom „Namen des Vaters und des Sohnes und des Heiligen Geistes", in dem der Priester oder Pfarrer die interessante (oder langweilige) Liturgie vollzieht. Offensichtlich gehört das dazu, genauso übrigens wie die obligatorische Feststellung des Standesbeamten oder Richters, der „im Namen des Volkes" eine Handlung vollzieht oder sein Urteil fällt. Ja, es ist beruhigend, bei solchen Gelegenheiten um eine übergeordnete Instanz zu wissen. Aber praktische Bedeutung scheint das alles in unserer Zeit nicht mehr zu haben, denn ansonsten wird im Namen des Volkes geschlampt, im Namen des Gesetzes betrogen, im Namen der Wissenschaft abstruse Dinge behauptet und im Namen der Ehre gelogen. Wem oder was soll man noch glauben?

Wer im Namen einer bekannten Behörde oder eines bekannten Unternehmens oder einer ehrenwerten Persönlichkeit auftritt, dem öffnen sich Türen. Beziehungen zeigen ihre wohltuenden Auswirkungen gerade hier. Umgekehrt kann ein Name seinen guten Klang und seine Bedeutung vollständig verlieren.

4.1.3.1 Die Realität des Gottesnamens

Dass der Gottesname Kraft hat, hat Mose erfahren. Als er in diesem Namen zum mächtigen Pharao ging und ihn bat, sein Volk ziehen zu lassen, hat der sich zwar zuerst hartnäckig gesträubt, konnte aber seinen Widerstand gegen den starken Namen Gottes nicht aufrechterhalten. Vor dem Namen Gottes und seiner unheimlichen Kraft, vor dem Einfluss dieses Jahwe-Gottes musste er kapitulieren. Keine Chance. Was hätte er gegeben, auch in diesem starken Namen handeln zu können?

Faszinierend auch zu sehen, welche Macht der Name Jesus entfaltet. Als Paulus ungewöhnliche Wundertaten in diesem Namen wirkt, werden andere darauf aufmerksam und wollen ebenso in diesem Namen Jesu handeln und Einfluss bekommen. Sieben jüdische Beschwörer unternahmen es, über Menschen, die von bösen Geistern besessen waren, diesen Namen Jesu auszurufen. Etwas Außerordentliches geschah. Der Mensch, in dem der böse Geist war, sprang auf die sieben Söhne des Hohenpriesters Skevas und bemächtigte sich ihrer, so dass sie „nackt und verwundet aus diesem Haus entflohen. Dies aber wurde allen bekannt ..., die zu Ephesus wohnten, und Furcht fiel auf sie alle, und der Name des Herrn Jesus wurde erhoben" (Apg 19,11–18).

Ziemlich am Anfang seiner Gebote warnt Gott vor dem Missbrauch seines Namens: „Du sollst den Namen des HERRN, deines Gottes, nicht zu Nichtigem aussprechen, denn der HERR wird den nicht ungestraft lassen, der seinen Namen zu Nichtigem ausspricht."

Was bedeutete das damals im AT und was bedeutet es für uns heute?

Im Wesentlichen richtet sich das Gebot im AT gegen drei Hauptverstöße: den falschen Eid, die Gotteslästerung und die Zauberei.[441]

Innerhalb des Heiligkeitsgesetzes, das selbst bereits eine Auslegung des Dekalogs darstellt, heißt es: „Ihr sollt nicht falsch schwören bei

---

[441] Zum dritten Gebot und Thema „Namen Gottes im AT" vgl.: W. H. Schmidt, in Zusammenarbeit mit H. Delkurt und A. Graupner, Die Zehn Gebote im Rahmen alttestamentlicher Ethik, Darmstadt 1993, IX (dort viel weiterführende Literatur); J. v. Oorschot, Art. „Namen Gottes", in: Das große Bibellexikon, Wuppertal ²1990, Bd. 2, S. 1027–1029; W. H. Schmidt, Theologisches Handwörterbuch zum AT, hrsg. von E. Jenni, C. Westermann, ³1978, Bd. 1, S. 142–149, 153–167; Bräumer, a.a.O., S. 64ff.

meinem Namen und den Namen eures Gottes nicht entheiligen" (5Mo 19,12). Wer sich beim Ablegen eines Eides auf den Namen Gottes beruft und dabei lügt, der entheiligt und missbraucht den Namen Gottes.

Auch die Lästerung des Namens Gottes war schwerwiegender Missbrauch, auf dem die Steinigung, also Tötung, als Strafe stand (5Mo 24,16). Zauberei wurde ebenso als Gräuel bezeichnet und war den Israeliten bei Strafe verboten. Das fällt besonders auf in einem kulturellen Umfeld, in dem es von Zauberei und Magie im Zusammenhang mit Göttern und Götzendienst nur so wimmelte.

4.1.3.2 Was ist der Grund für dieses Gebot?

Der Hintergrund ist die Offenbarung des Namens Gottes in 2Mo 3,14. Dort tut Gott Mose seinen geheimnisvollen Namen kund als *„Ich bin, der ich bin!"* oder „Ich werde immer sein, der ich bin" oder „Ich war der, der ich sein werde". Der davon abgeleitete Gottesname „Jahwe" war der eigentliche Name des Gottes Israels und bedeutete so viel wie „Ich werde für euch da sein" (M. Buber). Gott stiftet und ermöglicht mit der Bekanntgabe seines Namens Gemeinschaft mit ihm selbst. Er bezeugt seine unbedingte Treue zu seinem aus allen Völkern erwählten Eigentumsvolk. Gott sagt mit seinem Namen: „Ich begleite euch durch eure Geschichte. Ich bin in allen Lagen der euch Nahe. Ich werde eingreifen und euch führen. Ich gehe mit euch! Ich bin für euch da! In meinem Namen bin ich nah."

In der Beziehung zu diesem Gott, im Vertrauen auf ihn, wird sein Name geehrt und geheiligt. In der Leugnung, zu diesem Gott zu gehören, in der Weigerung, ihm zu gehorchen, wird sein Name missbraucht. Die Gemeinschaft mit diesem Gott, das Vertrauen auf sein Handeln, das Ernstnehmen seiner Weisungen und Gebote, das Fürwahrhalten seiner Vergebung und seiner Treue, das Annehmen der von ihm verordneten Sühneopfer und ihrer Auswirkungen – das alles bedeutete das Heiligen seines Namens.

Bei Jesus erhält dieser Name Gottes eine hohe Gewichtung! Im Vaterunser lehrt er als erste, d.h. als vornehmste Bitte beten: „Geheiligt werde dein Name!" (Mt 6,9). Und im hohenpriesterlichen Gebet fasst er die Summe seines Wirkens mit den Worten zusammen: „Ich habe deinen Namen den Menschen offenbart, die du mir aus der Welt gegeben hast" (Joh 17,6). Damit sagt Jesus, dass er den Menschen den Willen und die Liebe Gottes kundgetan hat. Dadurch, dass er sich selbst in diesen Willen hineinstellte und ihn in Liebe vollbrachte bis zum Tod am Kreuz, offenbarte er den Namen Gottes in einer neuen und einmaligen Weise. Wie Jesus gelebt und geliebt hat, wie er Menschen begegnete, wie er sie lehrte und heilte, wie er ihnen durch seinen Tod am Kreuz den Weg zu Gott eröffnet hat – das alles offenbarte den Namen Gottes.

4.1.3.3 Was bedeutet das dritte Gebot konkret?

Martin Luther fasst es im Hauptstück seines Kleinen Katechismus ganz prägnant zusammen: „Wir sollen Gott fürchten und lieben, dass wir dabei seinem Namen nicht fluchen, schwören, zaubern, lügen oder trügen, sondern denselben in allen Nöten anrufen, beten, loben und danken."[442] Dass er selbst allerdings auch Anstifter war, in diesem Namen Andersdenkende zu diskriminieren und zu Tode zu bringen, ist eine der großen tragischen Momente der Theologiegeschichte.

Den Namen Gottes zu Nichtigem auszusprechen, ihn zu missbrauchen, geschieht nicht nur da, wo er leichtfertig und gedankenlos in Äußerungen des Erschreckens oder des Beteuerns ausgesprochen wird. Dazu gehören auch die heute immer wieder zu hörenden Verkleinerungsformen des Gottesnamens, die lustig klingen sollen, es aber überhaupt nicht sind!

Weit schlimmer ist es, im Namen Gottes Handlungen zu vollziehen, die dem Wesen und Geist Gottes, seiner Liebe und Heiligkeit, widersprechen: Wenn im Namen Gottes und der Kirche Menschen missbraucht und getötet werden wie im Zusammenhang mit den Kreuzzügen und der Inquisition, dann wird der Name Gottes missbraucht.

Wenn im Namen Gottes Waffen und Instrumente gesegnet werden, wenn Menschen wegen ihrer Hautfarbe, ihres Geschlechts, ihrer Rasse oder Religion unterworfen und unterdrückt werden, wenn zum Hass und zur Ausbeutung angeleitet wird, dann wird der Name Gottes missbraucht.

Wenn Handlungen, die Gott durch seine Gebote verbietet oder gar verwirft, in seinem Namen und im Namen der Kirche gutgeheißen,

---

[442] M. Luther, Der Kleine Katechismus, Gütersloh [20]1981.

also z.B. homosexuelle Paare in seinem Namen gesegnet werden, dann wird der Name Gottes missbraucht. Wenn die Gnade Gottes in pauschalen und billigen Segnungen über Menschen ausgeschüttet wird, die gar nicht in Beziehung zu ihm stehen und es auch gar nicht wollen, wenn also Heiden im Namen Jesu getauft, getraut, beerdigt und selig gesprochen werden, dann wird der Name missbraucht.

Wenn Menschen sich im Namen Gottes für ihr ungeistliches Tun rechtfertigen, dann wird der Name missbraucht.

4.1.3.4 Der rechte Gebrauch des Namens Gottes

„Wer den Namen des Herrn anruft, der wird gerettet werden" (Röm 10,13). Das Anrufen des Namens Gottes im Glauben wird erhört. Es ehrt Gott, der Sünder einlädt, zu ihm zu kommen. Den Namen Gottes und den Namen Jesu unter allen Umständen anzurufen, ist gut. Ihn zu bitten, anzuflehen, um Hilfe zu schreien und Hilfe zu erwarten, das ehrt ihn.

Den Namen Gottes und Jesu zu loben, ihn anzubeten und zu preisen, ist gut. Im Namen Gottes und Jesu zu handeln wie die ersten Christen in der Apostelgeschichte, ist gut. Denn: „Alles, was ihr tut, mit Wort oder Werk, tut alles im Namen des Herrn Jesus und sagt Gott, dem Vater, Dank durch ihn" (Kol 3,17).

Im Namen Gottes und Jesu Taten tun, die er will, das ehrt ihn und seinen Namen.

4.1.4 Das vierte Gebot: Der Tag zum Aufatmen nach der Mühe der Arbeit

„Denke an den Sabbattag, um ihn heilig zu halten. Sechs Tage sollst du arbeiten und all deine Arbeit tun, aber der siebte Tag ist Sabbat für den HERRN, deinen Gott. Du sollst [an ihm] keinerlei Arbeit tun, du und dein Sohn und deine Tochter, dein Knecht und deine Magd und dein Vieh und der Fremde bei dir, der innerhalb deiner Tore [wohnt]. Denn in sechs Tagen hat der HERR den Himmel und die Erde gemacht, das Meer und alles, was in ihnen ist, und er ruhte am siebten Tag; darum segnete der HERR den Sabbattag und heiligte ihn." (2Mo 20,8–11)

Die Sehnsucht nach Aufatmen, Entspannung und Ruhe scheint in unserer Zeit nach wie vor ungebrochen. Legionen von Zeitschriften und Büchern beschäftigen sich mit dieser Thematik. Ganze Marktzweige und Branchen kassieren zu diesem Thema ab. Ob Medienmogule, Musikbranchen oder Tourismusbörsen, sie alle profitieren von dem kollektiven Bedürfnis der Gesellschaft nach Entspannung. Man kann sich des Eindrucks nicht erwehren, dass alle Menschen nur abgehetzt, getrieben und auf der Suche nach einer schönen Ruheinsel seien. Es ist paradox: Noch nie hatten Menschen der westlichen Welt so viel freie Zeit wie heute. Und gleichzeitig haben noch nie so viele Menschen bekannt, gestresst zu sein und unter Druck zu stehen. Die „Rund-um-die-Uhr-Gesellschaft", die die Schöpfungs-Rhythmen von Tag und Nacht, Sommer und Winter, Ruhn und Tun nivelliert, leidet gleichzeitig an den Folgen ihrer permanenten Verfügungsmöglichkeiten. Die vielen Ferien- und Feiertage – in Deutschland übrigens die meisten im Weltvergleich – scheinen nicht die erhoffte Zufriedenheit, sondern eher Belastung durch Langeweile und Stress zu bewirken. Nun soll im modernen vereinten Europa noch die letzte Bastion einer kulturellen Ruhezone fallen und die Geschäfte auch sonntags öffnen. Was die einen euphorisch bejubeln und fordern, beklagen die andern und warnen vor den gesundheitsschädigenden und marktwirtschaftlichen Folgen. Dass sich Gewerkschaften und Kirchen in ihrer Beurteilung der Sonntagsarbeit plötzlich Seite an Seite finden, ist eine der interessanten Aspekte der Geschichte.

Dabei kaufen die Deutschen sonntagmorgens doch schon die frischen Brötchen beim Bäcker, holen sich mittags an der Tankstelle die tiefgefrorene Pizza und gehen abends noch zu McDonalds. Reicht das immer noch nicht? Offenbar nicht.

Der Erfolgsautor Patrick Süskind beschreibt in seinem Buch „Die Geschichte von Herrn Sommer" den Prototypen des gehetzten Menschen, der wie ein Hamster unterbrochen auf der Rolle ist. Zuletzt bricht er erschöpft und tot zusammen. Eine Parodie des modernen Lebens.

Als ob Gott von Anfang an gewusst hätte, wohin sich seine Menschen entwickeln, gebietet er im vierten Gebot Einhalt! „Sechs Tage sollst du arbeiten und alle deine Werke tun. Aber am siebten Tag ist der Sabbat des Herrn, deines Gottes. Da sollst du keine Arbeit tun!"

An den beiden Hauptstellen innerhalb des Dekalogs im AT wird dieses Gebot einmal von der Schöpfung her (2Mo 20,11), ein anderes Mal geschichtlich vom Auszug Israels aus Ägypten her (5Mo 5,15) begründet. Beide Male ist vom einzigartigen Handeln und der anschließenden Ruhe Gottes die Rede. Er selbst hat diesen Tag für sein Volk und für alle Menschen eingeführt. Das Sabbatgebot war sowohl damals in der Antike (es gab keine echte Parallele, auch nicht in Babylonien) als auch durch die Zeiten hindurch bis heute ein einzigartiger Ausdruck der Menschenfreundlichkeit Gottes. Was die Helden der Arbeiterbewegung nicht schafften, was im Zuge der französischen und russischen Revolution gründlich danebenging (die Einführung einer Dekade statt eines Sechs-Tage-Rhythmus), das hat Gott getan: einen Tag zum Aufatmen gegeben, der den Menschen dient. Nach sechs Tagen Arbeit sollte es einen Tag der Ruhe geben (das hebr. Wort *schabbat* kommt von dem Verb „ruhen"), des Erinnerns und der Pflege der Gottes- und Gemeinschaftsbeziehung, ein Tag der Erholung und des Auftankens geistlicher Kraft. Dazu gehörte zweitens auch das Erinnern an den Auszug aus der Knechtschaft, um sich nicht wieder in neue menschliche Joche spannen zu lassen. Und auch die dritte Bedeutung, Zeit für Gott zu haben, den Tag für Gott freizuhalten, war in dem Gebot, den Sabbat zu heiligen, intendiert.

4.1.4.1 Was ist aus dem Ruhetag geworden?

Israel hat in seiner langen und wechselhaften Geschichte dem Sabbat immer eine hohe Bedeutung beigemessen. Immerhin finden wir im AT das Sabbatgebot auch im Strafgesetz Israels wieder. Auf Nichtbefolgung stand Tod (2Mo 31,14–15; 35,2–3; 4Mo 15,32–35). Sabbat und Beschneidung waren die Zeichen des Bundes, die dem Volk auch in der Diaspora immer wieder die eigenständige Identifikation gegeben haben. Sie haben Israel zumindest nach außen hin die Unverwechselbarkeit als besonderes Volk Gottes im Lauf der Jahrhunderte erhalten. Von daher ist die hohe Bedeutung dieses Gebotes zu verstehen. Auch mit hohen eschatologischen Verheißungen war es verbunden: „Wenn Israel wenigstens einmal den Sabbat vollständig halten würde, könnte das Reich Gottes augenblicklich beginnen", lautete ein Glaubenssatz des späteren Judentums. Von daher ist die Wichtigkeit und Bestimmtheit dieses Gebotes zu verstehen.

Beim Sabbatgebot geht es aber um weit mehr als um das formale Einhalten von Regeln zwecks göttlich verordneter Sonntagsheiligung! Dieses typisch pharisäische Missverständnis, das es zu allen Zeiten unter Frommen jedweder Couleur gab und gibt, wird dem eigentlichen Anliegen des Tages nicht gerecht, sondern verzerrt es in sein Gegenteil. Ob es sich dabei um die Sabbat-Kasuistik der Pharisäer im Frühjudentum z.Zt. Jesu handelt oder um die gesetzliche Engführung von Puritanern und Pietisten, das Muster ist dasselbe. Man verstand den Sabbat nicht als Chance zum Aufatmen, zur Heilung und Wiedergewinnung von Kraft durch Erinnerung und Konzentration auf Gott, sondern als Möglichkeit der frommen Leistung durch Verzicht. Das asketische Missverständnis führte zu einem freudlosen Programm fromm auferlegter Pflichten, die es zu tun (Pflichtethik) oder zu lassen (Vermeidungsethik) galt und die zum Gegenteil der Absicht Gottes führten. Zum Teil skurrile Regeln zeigen die Detailbesessenheit orthodoxer Kasuistik: Mit Hunderten von Schutzgesetzen wurde das Sabbatgebot als das wichtigste umgeben: Eier durften nicht gekocht, Feuer nicht angezündet, eine bestimmte Strecke nicht zu Fuß zurückgelegt werden. Handarbeiten durften am heiligen Tag nicht aufgenommen, Arbeiten zur Nahrungsaufnahme nicht verrichtet, Ähren nicht gerauft und mit den Händen gerieben werden. Der Raum zum Leben wurde so eng, dass selbst offensichtliche Wohltaten an Menschen und Tieren verpönt waren und geahndet wurden.

Als Jesus am Sabbat eine Kranke heilte, „die achtzehn Jahre einen Geist der Schwäche hatte und zusammengekrümmt war" (Lk 13,10–17), war das in den Augen der Superfrommen Sünde. Jesus überführt die Sabbatisten der Heuchelei, indem er aufzeigt, dass sogar sie Tiere von der Krippe losbinden, um sie zum Wasser zu führen und sich gleichzeitig aufregen, wenn er eine Frau, die eine Tochter Abrahams und von Satan gebunden ist, am Sabbat erlöst von ihrer Gebundenheit und Pein! „Als er dies sagte, wurden alle seine Widersacher beschämt, und die ganze Volksmenge freute sich über all die herrlichen Dinge, die durch ihn geschahen." Das ist Sabbat: Menschen atmen auf, weil sie heil werden und ihnen wohl geschieht. Das einzige Wort Jesu über den Sabbat heißt denn auch: „Der Sabbat ist um des Menschen willen gemacht und nicht der Mensch um des Sabbats willen" (Mk 2,27).

Immer wenn der siebte Tag in der Geschichte der Kirche als gesetzliche Pflichterfüllung missverstanden wurde, wurde die Menschenfreundlichkeit und Liebe Gottes verdunkelt. Der daraus erfolgte Pendelschlag bei Menschen, die ganz ausbrechen wollten und den Sonntag pervertierten, war und ist die fast zwangsweise Folge.

4.1.4.2 Die Wiedergewinnung des Ruhetags und des Sinns der Arbeit

Im Sabbatgebot ist – oft vergessen und unterschlagen – *das Gebot zur Arbeit* enthalten (und nicht versteckt!): „Sechs Tage sollst du arbeiten und alle deine Werke tun." Aus diesem Grund kann man das Gebot des Ruhens nicht verstehen ohne das Gebot der Arbeit. Man kann umgekehrt aber auch den Stellenwert der Arbeit im biblischen Ethos nicht verstehen ohne das Sabbatgebot.

Hier gründen unter anderem die Tugenden wie Arbeitsamkeit, Fleiß, Disziplin und Ausdauer, die Juden und Christen in besonderer Weise auszeichnen. Ein recht verstandenes Arbeitsethos ist also Voraussetzung für eine Feierkultur, bei der Tun und Ruhn in ausgewogenem Verhältnis bleiben. Faulheit und Drückebergerei dagegen sind der Nährboden für Müßiggang und Langeweile, die wiederum bekanntlich aller Laster Anfang sind. Im NT werden Menschen, die sich zu Christus bekehren, angehalten, fleißig zu arbeiten und Gutes zu tun. Wer gestohlen hat, soll nicht mehr stehlen, sondern mit seinen Händen arbeiten, um Gutes tun zu können. Erst auf dem Hintergrund der Bejahung und des hohen Stellenwerts der Arbeit macht das Gebot des Ruhens Sinn. Anspannung und Entspannung, Tun und Ruhn, Arbeiten und Feiern, Säen und Ernten, die Früchte genießen und Gott loben – das alles gehört zu einem ausgeglichenen und ganzheitlichen Leben dazu, das Gott ehrt.

Wie steht die Bibel zur Arbeit?

Das im vierten Gebot enthaltene Gebot der Arbeit schützt nach unserem ethischen Verständnis das Grundrecht auf Arbeit, das bereits im Alten Testament enthalten ist.

Bereits in der Urgeschichte wird erwähnt, dass der von Gott erschaffene Mensch im Paradies das Gebot der Arbeit bekommt (1Mo 2,15). Arbeit ist also paradiesisch und gehört zum elementaren Menschsein dazu. Dass die Umweltbedingungen durch die Fluchstruktur der Sünde erschwert sind, ändert nichts an dieser Grundtatsache. Alle jüdischen Ausleger[443] sind sich darüber klar, dass nicht die Arbeit als solche verflucht

---

[443] Die Lehren des Judentums nach den Quellen, a.a.O., S. 195ff.

wird, sondern die Mühsal der Arbeit. Dornen und Disteln, Schweiß und Frust sind fortan Ausdruck des Fluches und immer mit Arbeit verbunden. Die Arbeit selbst tritt in der Bibel niemals als Fluch oder Strafe auf, sondern immer als Segen und als Erfüllung des sittlichen Berufs der Menschen. Wenn der Psalmist die Herrlichkeit des Schöpfers und seiner Werke beschreibt, dann vergisst er nicht zu erwähnen: „Der Mensch geht aus an sein Werk, an seine Arbeit bis zum Abend" (Ps 104,23).

Die Wertschätzung der Arbeit und die Verwerfung des Müßiggangs und der Faulheit gehen im Alten und Neuen Testament, im Judentum und Christentum Hand in Hand. Dabei wird nicht allzu selten Armut als Ausdruck von Faulheit und Reichtum als Ausdruck von Fleiß gewertet. Die Weisheitsliteratur ist voll mit Beispielen wie diesen: „Geh zur Ameise, du Fauler, und lerne von ihr. ... Wie lange, du Fauler, willst du liegen? Wann wirst du von deinem Schlaf aufstehen? Noch ein wenig Schlaf, noch ein wenig Schlummer, ein wenig die Arme verschränken zum Ruhen. Aber deine Armut kommt wie ein Begleiter und dein Mangel wie ein Schildträger" (Spr 6,6–11). Oder: „Arm ist, wer mit nachlässiger Hand schafft; aber die fleißige Hand macht reich" (Spr 10,4). Arbeiten gehört so zu den elementaren anthropologischen Bedürfnissen des Menschen. Sie gibt dem Menschsein Würde. (Entsprechend würdelos ist faules Herumlungern.)

Dieses Ethos steht in auffälligem Kontrast zur antiken und besonders zur griechischen Umwelt, in der handwerkliche Arbeit oft abgewertet wird. In der außerchristlichen Antike standen diejenigen in hohem Ansehen, die andere für ihren Lebensunterhalt arbeiten lassen konnten.

Dass Arbeit auch mit Mühe (auch Mühsal und Frust) verbunden ist, wird in der Bibel immer wieder deutlich herausgestellt (z.B. Mt 6,28; 11,28; Lk 5,5; 12,27). Aber die Mühe lohnt, weil Arbeit Sinn macht. Sie wirft auch materiellen und ideellen Gewinn ab. Was macht man damit? Die Bibel kennt das Recht auf Eigentum und Reichtum, auf ein Genießen der Mühen der Arbeit (Jes 65,21–23).

Allerdings wird ebenso deutlich, dass „Eigentum verpflichtet", ein Grundsatz, der bis in die Grundgesetze der Rechtsstaatlichkeit Eingang gefunden hat. Die Frage, ob Gewinne für weitere Investitionen und mit dem Ziel der Schaffung von Arbeitsplätzen eingesetzt oder für persönliche Zwecke abgeschöpft werden dürfen, wird so noch nicht explizit erwähnt. In dem Gleichnis von den Arbeitern im Weinberg, das Jesus erzählt, stellt er allerdings einen Hausherrn vor, der bis zur elften Stunde (eine Stunde vor Feierabend) noch Arbeiter einstellt und diesen Menschen Lohn und Brot gibt (Mt 20,1–8). (Die Fragen nach Profit und Investition, nach Arbeitsbeschaffung und Arbeitslosigkeit werden in den sozialrechtlichen Problemstellungen der Arbeitsethik weiter zu behandeln sein.)

Deutlich wird auch, dass Reichtum und Vermögen nie zum Selbstzweck missbraucht werden, sondern immer auch zum Ausgleich der Armen und Bedürftigen dienen soll (vgl. das Negativbeispiel von Nabal, der sich weigert, David etwas ihm Zustehendes abzugeben; 1Sam 25,2ff). „Einen fröhlichen Geber hat Gott lieb", erinnert Paulus die Korinther (2Kor 9,7). In der Gemeinde gilt das Gesetz des Ausgleichs, nach dem „euer Überfluss ihrem Mangel diene" (2Kor 9,14–15).

Geiz wird entsprechend als eine „Wurzel alles Übels" bezeichnet (1Tim 6,10), der auch „Abgötterei" ist (Kol 3,5) und der Christen überhaupt nicht nachgesagt werden soll (Eph 5,3).

Dass Arbeit allerdings auch zum Instrument der Ausbeutung und Unterdrückung missbraucht werden kann, wird in der Bibel ebenso wenig verschwiegen (2Mo 1,11–14; Jak 5,4 u.a.). Die Warnungen auch bei den Propheten zeigen, dass Arbeit nie nur eine Sache, eine Produktionsform ist und nie nur dem individuellen Lebenserwerb dient, sondern soziale Dimensionen hat und als Dienst am Mitmenschen verstanden wird. Wenn im Gesetz gefordert wird, die „Ränder des Feldes" nicht abzuernten und die Weinberge nicht nachzulesen (3Mo 19,9–10), dann wird daran deutlich, dass auch die Armen, Bedürftigen, Besitzlosen und Fremden ein Recht auf Leben haben.

Auch Jesus hat einen Beruf erlernt und als Zimmermann gearbeitet (Mk 6,3) und dadurch die gewöhnliche Arbeit geadelt. Paulus ging einem handwerklichen Gewerbe nach (Apg 18,3). Arbeit ist nach evangelischer Auffassung nicht weniger wert als die sog. geistliche Arbeit. Die wiederum darf der handwerklichen Arbeit gegenüber auch nicht abgewertet werden. Der ntl. Grundsatz: „Wer nicht arbeiten will, soll auch nicht essen!" (2Thes 3,10) kann geradezu als volkswirtschaftlicher Grundsatz herhalten. Auch Jesu bekanntes Wort: „Ein Arbeiter ist seines Lohnes wert!" (Lk 10,7), kann als ein betriebs- und volkswirtschaftlicher Grundsatz gelten, der die Grundlage einer gerechten Gesellschaft bildet.

Wenn ein Mensch zum Reich Gottes gehört, bekommt die Arbeit einen neuen Stellenwert. Er lebt nicht, um zu arbeiten, sondern arbeitet, um zu leben. Im Licht des Reiches Gottes hat Arbeit keinen Sinn oder Wert an sich, sondern wird um Gottes willen getan. Das Erste und Wichtigste ist das Reich Gottes, ohne dass dadurch die Arbeit in irgendeiner Weise abgewertet wird. Sie hat aber (mitsamt den Chancen des Gewinns) nicht mehr den höchsten Stellenwert im Leben eines Christen. Den nehmen Gott und sein Reich ein.

Dass Christen überwiegend[444] nicht mehr den Sabbat, sondern den *Sonntag* heiligen, liegt daran, dass Christus „am ersten Tag der Woche

---

[444] Freilich halten Adventisten am Sabbat als dem zu heiligenden Tag fest. (Auf die unterschiedliche Argumentation kann hier nicht näher eingegangen werden.)

auferstanden" und seinen Jüngerinnen und Jüngern erschienen ist (Mt 28,1ff; Mk 16,2; Lk 24,1; Joh 20,1). Die ersten Christen begingen diesen Tag als für sie konstitutiv. An einem „ersten Tag der Woche brachen sie das Brot" und Paulus verkündete das Wort (Apg 20,7). Auch ermahnt er die Christen in Korinth, „an jedem ersten Wochentag" etwas für die Sammlung für die Bedürftigen zurückzulegen (1Kor 16,2). In Offb 1,10 wird bereits vom „Herrentag" gesprochen, womit der Sonntag und nicht der „Tag des Herrn" gemeint ist.

Obwohl Christen nach Gal 4,9–10, Röm 14,5 und Kol 2,16 grundsätzlich frei davon sind, gewisse Tage einzuhalten, und obwohl es im NT kein ausdrückliches Gebot für den Sabbat oder Sonntag gibt, ist es ratsam, den siebten (bzw. ersten) Tag zu würdigen, weil Gott ihn uns als seinen Geschöpfen anbietet und eingerichtet hat.

Im Folgenden einige Hinweise für das Ernstnehmen und Einhalten dieses ersten Tages heute:

(1) Der erste Tag dient als Ruhetag. Damit ist das Gebot auch eine Kritik an unserer Lebensführung. Es ist eine Herausforderung an ehrgeizige Menschen innezuhalten und zur Stille zu kommen. Arbeit muss immer wieder von Zeiten kreativer Ruhe unterbrochen werden. Wer immer durcharbeitet, wird ineffektiv und verliert Profil. Er stumpft letztlich ab. Ruhen heißt, einen Schnitt zur Arbeit zu machen, Abstand zu gewinnen von dem, was einen beschäftigt. Eine neue Perspektive zu gewinnen auf das, was man gemacht hat. Das Werk der Hände anzuschauen und sich daran zu freuen! „Es war sehr gut!" Wer seine Arbeit nicht anschauen kann, der hat nie die Freude und Genugtuung darüber, etwas Gutes geleistet zu haben. Das gönnt uns Gott aber, wie er es sich selbst gönnt. Wer seine Arbeit nicht bewerten kann, der verfällt in einen rastlosen Aktionismus, der ihn schließlich ausbrennen lässt. Er ist nie zufrieden. Wie gut tut der Blick auf das Geleistete. Wie wohltuend ist der „Feierabend". Wie wichtig ist das Lernen, auch etwas nicht Vollendetes ruhen zu lassen. Der Perfektionismus ist zerstörerisch. Der moralische Perfektionismus erdrückt und zerstört Menschen.

(2) Der erste Tag dient der geistlichen Belebung und dem Blick auf das Ewige. Das Hören auf den Einen, der Worte der Wahrheit spricht, ist lebensnotwendig. Sich diese Worte in seinem Namen sagen zu lassen, sich diesem Wort zu stellen, sich davon herausfordern zu las-

sen, ist wichtig und unverzichtbar. Ruhen heißt auch, auf die eschatologische Ruhe schauen, das Diesseitige auch im Licht des Kommenden sehen zu lernen. Das hilft, Mut zum Unvollkommenen, zum Defizitären und zur Lücke zu gewinnen. Dieser Perspektivenwechsel hilft, mitten im Vorletzten auf das Letzte sehen zu lernen und sich aus dem Letzten trösten und ermutigen zu lassen.

(3) Der erste Tag dient der Gewinnung der Freude an Gott und seinen Gaben. Ein Feiertag ist zum freudigen Lob Gottes da. Gott steht im Mittelpunkt mit dem, was er schenkt. Sich dessen bewusst zu machen, dass nicht wir alles machen können, sondern dass wir Beschenkte, Begnadigte sind, führt zur Dankbarkeit und zum Lob Gottes. Die Gaben neu aus seiner Hand anzunehmen, führt zum bewussten Umgang mit Geld und Gut.

(4) Der erste Tag dient auch der gesegneten Gemeinschaft der Kinder Gottes untereinander. Füreinander da sein und eintreten, einander helfen, heilen, segnen und lösen – das alles kann neu durch den Tag des Herrn geschehen.

4.2 Die Beziehung zum Nächsten

Erst jetzt, im zweiten Teil, auf der „zweiten Tafel", finden wir die Gebote, die die Beziehung zum Nächsten behandeln. Diese Rangfolge finden wir überall in der Bibel. Das Weihnachtsevangelium hat diese beiden Teile: „Ehre sei Gott in der Höhe und Frieden auf Erden in den Menschen seines Wohlgefallens" (Lk 2,14). Das heißt, Frieden unter den Menschen kann es erst geben, wenn Menschen die Ehre Gottes suchen. Nur wer Frieden hat, kann Frieden geben. Auch Jesus selbst lehrt seine Jünger nicht umsonst in dieser Reihenfolge beten: „Vater unser im Himmel, geheiligt werde dein Name. Dein Reich komme. Dein Wille geschehe wie im Himmel so auf Erden." Und erst dann: „Unser täglich Brot gib uns heute" usw. (Mt 6,9–13). Wer zuerst nach dem Reich Gottes trachtet, dem wird alles zufallen, lehrt Jesus seine Jünger (Mt 6,33).

Also auch hier folgen die Gebote, die den Nächsten betreffen, auf die Gebote, die Gott betreffen. Beides ist nicht voneinander zu trennen. Denn wer den Nächsten nicht liebt, in dem ist auch nicht die Liebe des Vaters, sagt Johannes (1Joh 4,20–21).

4.2.1 Das fünfte Gebot: Vater und Mutter ehren – ein Gebot zum Frieden unter den Generationen

„Ehre deinen Vater und deine Mutter, damit deine Tage lange währen in dem Land, das der HERR, dein Gott, dir gibt" (2Mo 20,12).

Es steht außer Zweifel: Das Miteinander der Generationen klemmt. Und zwar so gewaltig, dass sich nicht nur Rentenfachleute Sorgen über die Zukunft des staatlichen Versorgungssystems machen, sondern auch Soziologen über das wachsende Auseinanderdriften der Blöcke „Alte" – „Junge" Alarm schlagen. Droht „der Krieg der Jungen gegen die Alten" wie der entlarvende Untertitel eines Buches von Reimer Gronemeyer verheißt? Tatsächlich lassen die Fakten aufhorchen: Auf der einen Seite scheint der Kindesmissbrauch in unserer Gesellschaft zuzunehmen. Was dabei besonders wütend macht, ist die abartige Tatsache, dass immer noch in den meisten Fällen Mädchen von ihren eigenen Vätern oder Verwandten missbraucht werden, selbst in christlichen Gemeinden. Auf der anderen Seite nimmt die Gewalt gegen alte Menschen in Heimen und in Wohnungen (auch von den eigenen erwachsenen Kindern) derart zu, dass diese Zahlen die des Kindesmissbrauchs bereits übersteigen. Schon schwappt das in den USA seit Jahren bekannte Phänomen des „Granny-Dumping" (Abkippen der Großmutter) nach Deutschland: Großmutter oder -vater werden kurzerhand vor der Notfallstation einer Klinik ausgesetzt, oder eine plötzliche Krankheit dient als Vorwand für die Einweisung und die Angehörigen verschwinden auf Nimmerwiedersehen.

Immer mehr Kinder erleben schlagende Väter und trinkende Mütter. Immer mehr alte Eltern erleben Vereinsamung und psychische (und physische!) Folter. Es mehren sich die Stimmen, dem Leben ab einer gewissen Altersgrenze oder ab einer gewissen Krankheitsintensität ein Ende setzen zu können – schon aus Gründen der Kostenexplosion und Unmöglichkeit der Finanzierung durch die Jungen, aber auch aus scheinbaren Gründen der Humanität.

Neben dieser dunklen, aber realen Folie unserer Gesellschaft gibt es allerdings auch das andere: Nach einer im vergangenen Jahr durchgeführten Untersuchung geben auf die Frage, zu wem sie das meiste Vertrauen hätten, immerhin 95 % der Befragten an: „zu den Eltern". Und auf die Frage „Was ist das Wichtigste für Sie im Leben?", antworten 62 % mit: „die Familie"! Auch die Erziehung kommt nicht gar so schlecht weg. Immerhin charakterisieren zwei Drittel sie als „liebevoll"! Also alles in Butter bei diesen Spitzenwerten? Wohl kaum, denn gleichzeitig steigt die Unsicherheit darüber, was Eltern überhaupt sind. Das Rollenverhalten ändert sich, so dass es mittlerweile viele Eltern-Typen gleichzeitig gibt: schwule Väter, allein erziehende oder gemeinsam erziehende hetero- oder homosexuelle Frauen, gemischte, zeitweise zusammenlebende Eltern, die aber nicht verheiratet sind ... Kinder können mehrere Väter und Mütter gleichzeitig haben. Wer findet sich da noch durch? Die klassischen Vater- und Mutterrollen sind bei der jüngeren Generation scheinbar nicht mehr so attraktiv. So outet sich die 16-jährige Schülerin Rixa Kroehl in einem Interview im Blick auf ihre eigene Mutterrolle und ihre Karriereaussicht: „Man hat seinen Computer, Internet, E-Mail *und nebenbei das Kind.*"

„Du sollst Vater und Mutter ehren!" – das klang in vergangenen Zeiten oftmals wie eine Drohung. Man erwartete von den Kindern absoluten Gehorsam und Loyalität den Eltern und Amtsträgern gegenüber. Widerworte gab es nicht. Am Tisch wurde geschwiegen. Dieses einseitige Extrem, das nur als Forderung der einen an die anderen gestellt wurde, gilt zum Glück nicht mehr. Autorität kann nicht angemaßt werden durch Amt, Bildung oder Stand, sondern sie wird erworben durch Vertrauen, Kompetenz und Bereitschaft zum Dienst. Aber auch das andere Extrem, Eltern überhaupt nicht (mehr) zu ehren, sie als gleichwertige Kumpel zu sehen, die man mit dem Vornamen anredet, sich aus der Eltern-Kinder-Rolle zu emanzipieren und streng individualistisch zu leben, greift offensichtlich auch nicht.

4.2.1.1 Was ist mit dem fünften Gebot gemeint? An wen richtet es sich?

Gott hat seinen Menschen, als er sie in seinem Bild erschuf, gleichzeitig die Würde und Verantwortung der Teilhaberschaft am Leben mitgegeben. Ein Mann und eine Frau bekommen, wenn sie Vater und Mutter werden, eine neue Identität im Miterschaffen eines neuen Lebewesens, für das sie Verantwortung tragen. Diese Verantwortung für das(die) ihnen anvertraute(n) Kind(er) zeigt sich nicht nur im materiellen Aufziehen und Pflegen, in der Befriedigung materieller Bedürfnisse – das können zur Not auch andere übernehmen –, sondern im Lieben, Fördern und Befähigen der Kinder. Dazu gehört an erster Stelle das Vermitteln eines gesunden Selbstwerts. Eltern müssen ihre

Kinder überzeugen, von Gott her einmalig gewollt, erschaffen und begabt zu sein. Eltern vermitteln ihren Kindern weiterhin immaterielle Werte und Ziele und verhelfen ihnen zur Selbständigkeit. Letztlich erziehen sie sie auch zum Verlassen. „Ein Mensch wird Vater und Mutter verlassen und seiner Frau anhangen" (1Mo 2,24).

Diese drei – Vater, Mutter, Kind(er) – sind in einer unvergleichlichen und unaufhebbaren Weise der Beziehung zusammengebunden, wie sonst nie Menschen zusammengehören. Diese Beziehungs-Dreiheit kann man mit E. Brunner „die menschliche Existenzstruktur" nennen. Auch wenn sich Kinder von Eltern trennen (müssen), um ihren eigenen Weg zu finden und unabhängig zu werden, bleiben sie doch in dieser ursprünglichen Weise miteinander verbunden. Das Verhältnis der Eltern zu ihren Kindern und das der Kinder zu ihren Eltern ändert sich zwar in den verschiedenen Lebens- und Entwicklungsphasen, nicht aber in der grundsätzlichen Zusammengehörigkeit. So ändert sich die Art und Intensität der Zuwendung der Eltern zu den Kindern abhängig von deren unterschiedlichen Bedürfnissen. Aber Kinder bleiben, auch als freie und unabhängige Erwachsene, Kinder ihrer Eltern. Was sie zeitlebens an ihre älter werdenden Eltern „bindet", ist das „Ehren". In dieser Gesinnung können sie lernen, „das Empfangene den Eltern zu vergelten" (1Tim 5,4). Im günstigen Fall fällt es leicht, im ungünstigen scheint es unmöglich. Aber was ist günstig und was nicht?

Was ist z.B. mit Kindern, die von ihren Eltern nie oder nicht genügend „geehrt", also geliebt wurden? Was ist mit solchen, die nie ein Lob vom Vater, stattdessen nur Kritik gehört, also ein negatives Selbstbild vermittelt bekommen haben? Was ist mit denen, für die die Eltern keine Zeit hatten? Was mit denen, die gar über Jahre hinweg missbraucht worden sind? Was ist mit erwachsenen Kindern, die durch die eigene familiäre Situation selber so beansprucht sind, dass sie unmöglich auch noch für ihre alten Eltern sorgen können?

Das Gebot gilt allen Kindern und kennt keine Ausnahme. Gott weiß, dass es keine Eltern gibt, die sündlos sind. Deshalb ergeht das Gebot auf dem Hintergrund, dass alle Eltern an ihren Kindern schuldig werden. So soll diese Weisung zum Vergeben und zum Ehren verhelfen. Gottes Gebot ist seine gute Absicht zum Frieden zwischen den Generationen. Er hilft durch diese Anweisung, den Kreislauf von Schuldigwerden und Versagen, Hass und Rache zu durchbrechen und

Neues im Geist seiner Liebe zu wagen. Das soll selbstverständlich werden in seinem Volk.

Im *Alten Testament* richtet sich das Gebot in erster Linie an *erwachsene Kinder*. So sollen diejenigen, die bereits finanziell starke Lasten tragen (die Tempelsteuer war für einen Mann zwischen 20 und 60 Jahren am höchsten), nicht vergessen, ihre Eltern zu versorgen. Das Wort „ehren" kommt vom hebr. *kabed* = schwer sein und bedeutet „ernst nehmen", „wertschätzen" und in der Praxis: versorgen und Gemeinschaft gewähren. In der alttestamentlichen Weisheitsliteratur wird öfter darauf hingewiesen, dass es sich lohnt, die alten Eltern zu ehren und ihnen nicht zu grollen (Spr 15,5; 23,22 u.ö.). Einen eschatologischen Ausblick enthält das AT, wenn es in Mal 3,24 die Versöhnung in der Familie als Wurzel zum Wohlergehen einer Nation bezeichnet.

Im *NT* wird diese Sicht grundsätzlich bestätigt – als Kennzeichen der letzten Zeit wird dort allerdings u.a. auf den zunehmenden Ungehorsam den Eltern gegenüber hingewiesen (Röm 1,30; 2Tim 3,2). Jesus bezichtigt außerdem die Pharisäer der Heuchelei, indem er ihre Ausflucht, um eines Dienstes am Tempel willen die Eltern zu vernachlässigen, als Ungehorsam entlarvt und nicht durchgehen lässt (Mt 15,3–9). In der Gemeinde zeigt sich die Glaubwürdigkeit des Christseins gerade daran, ob man seine Hausgenossen, d.h. auch seine alten Eltern, versorgt (1Tim 5,4.8). Wenn die Beziehungen untereinander nicht stimmen, wiegt das schwerer als ein Ungläubiger zu sein! Können Kinder ihre Eltern (Mutter als Witwe) – aus welchen Gründen auch immer – selbst nicht versorgen, dann tritt die Gemeinde ein (1Tim 5,4ff). Die Beziehung zwischen Kindern und Eltern beruht auf Gegenseitigkeit: Eltern sollen „ihren Kindern Schätze sammeln" (2Kor 12,14), sie nicht zum Zorn reizen, damit sie nicht mutlos werden (Kol 3,21), und sie ermutigen und fördern (Lk 11,11; Eph 6,4; 1Thes 2,11). Kinder sollen ihren Eltern „Empfangenes vergelten" (1Tim 5,4) und sie dadurch ehren.

Eine Spannung in dieser gegenseitigen Beziehung tritt da auf, wo Kinder an Christus gläubig werden und in Situationen geraten können, in denen sie sich zwischen dem Gebot der Eltern und dem Wort Jesu entscheiden müssen. Jesus selbst hat deutlich darauf hingewiesen, dass er gekommen ist, „den Menschen zu erregen wider seinen Vater ...!" (Mt 10,21). Dieser Widerspruch ist auch Teil seiner Nachfolge: „Wer

Vater oder Mutter mehr liebt als mich, ist meiner nicht würdig!" (Mt 10,37). Die Gebote Christi als Nachfolgeethik des Reiches Gottes überstimmen damit die Schöpfungsordnungen. Eltern dürfen von ihren Kindern nicht verlangen, dass sie mehr geliebt werden als Jesus. Petrus hat diese Kollision der Pflichten mit den klassischen Worten formuliert: „Man muss Gott mehr gehorchen als den Menschen!" (Apg 5,29).

Diese Spannung kann auch heute noch vor allem bei zwei Gelegenheiten deutlich werden: bei der Bekehrung eines Menschen und bei der Berufung in einen vollzeitlichen Dienst im Reich Gottes.

Im Leben Jesu selbst wird diese Spannung deutlich, als er seinen Eltern in den Tempel entweicht und fragt, ob es nicht wichtiger sei, im Haus seines Vaters als bei seinen irdischen Eltern zu sein (Lk 2,49), und als er seiner Mutter barsch widerspricht: „Weib, was habe ich mit dir zu schaffen?" (Joh 2,4).

Im Übrigen gründete Jesus eine neue Familie, als er sagte: „Wer den Willen tut meines Vaters im Himmel, der ist mir Bruder und Schwester und Mutter" (Mt 12,50).

Die Liebe zu Jesus muss aber nicht zwangsläufig in Spannung zu den geschöpflichen Eltern führen. Sie wird die Herausforderung annehmen, alles zu tun, um die eigenen Eltern zu ehren und sie zu Jesus zu führen. Eine ganz besondere Gnade ist es, wenn aus der kreatürlichen Familie eine geistliche wird, so dass die physischen Eltern gleichzeitig die geistlichen werden. Dieses doppelte Band sollte eigentlich halten.

4.2.2 Das sechste Gebot: Du sollst nicht morden!

Blankes Entsetzen macht sich immer dann breit, wenn die Medien wieder von einem grausamen Mord berichten. Völliges Unverständnis entsteht, wenn der Täter z.B. ein erst 15-jähriger Schüler war, der vorsätzlich seine Lehrerin erstochen oder wenn ein 12-Jähriger ein 11-jähriges Mädchen vergewaltigt und dann erwürgt hat.[445]

Dass jedes Jahr allein in Deutschland ca. 250 000 ungeborene Kinder im Mutterleib getötet werden, nehmen viele nur noch hilflos oder überhaupt nicht mehr zur Kenntnis. Die Zahl von Millionen getöteter

---

[445] Nur zwei von vielen Beispielen der letzten Zeit, über die die Medien berichteten.

Föten weltweit ist zu groß und zu abstrakt, als dass sie Menschen zum Handeln motivieren würde. Zu groß ist das Verbrechen, zu unheimlich die hohe Zahl ermordeter Menschen, als dass man noch über jedes einzelne Schicksal trauern könnte.

4.2.2.1 Die grausamen Fakten

Leben wir mittlerweile in einer „Kultur des Todes"? Auf jeden Fall erleben wir eine Un-Kultur des Tötens. Im 20. Jahrhundert sind die meisten Menschen in der Geschichte der Menschheit umgebracht worden. Ist es daher nicht verständlich, dass Menschen sich für grundsätzliche Gewaltlosigkeit einsetzen? Dass sie für die Abschaffung des Krieges auf die Straße gehen, den Dienst mit der Waffe verweigern, das Verbot von Feuerwaffen fordern, gegen die Todesstrafe demonstrieren, „Schwerter zu Pflugscharen" als Symbol der neuen Welt sehen und UNO-Resolutionen einfordern? Gleichzeitig umweht all diese Anliegen ein Hauch hilfloser Utopie. Die Wirklichkeit ist zu stark. Scheint ein Konfliktherd „befriedet" (kann man das überhaupt mit Waffengewalt?), brechen viele neue an anderer Stelle auf.

Trotz vielfältiger, notwendiger Appelle an die Humanität und trotz intensiver Friedensbemühungen, trotz Menschenrechts-Deklaration und der engagierten Arbeit von Amnesty International oder anderer Lebensrechtsgruppen wird auf dieser Welt seit Kain weiterhin getötet. Die Zunahme des internationalen organisierten Verbrechens wird von Experten als eine der größten Herausforderungen unserer Zeit bezeichnet. Das Drängen des Westens auf die Menschenrechte wird von asiatischen und arabischen Völkern z.T. heftig abgewiesen mit der Begründung der Heuchelei. Eine Verständigung zwischen unterschiedlichen Kulturen scheint kaum möglich.

4.2.2.2 Die Erhaltungsordnung des Lebens

Auf diesem dunklen Hintergrund wird das biblische Zeugnis verständlich, dass das Richten eines Menschen keinem anderen Menschen, sondern allein Gott zusteht! Weil der Mensch im Bild Gottes gemacht worden ist und darin seine Würde erhalten hat, darf keiner einem anderen Menschen fluchen (Jak 3,9) oder ihn gar umbringen: „Wer Menschenblut vergießt, dessen Blut soll auch durch Menschen (oder: um des Menschen willen) vergossen werden; denn Gott hat den

Menschen nach seinem Bild gemacht!" (1Mo 9,6). Das sechste Gebot: „Du sollst nicht töten!", erscheint auf diesem Hintergrund wie ein starker unerschütterlicher Pflock, der als Schutz des von Gott gegebenen Lebens eingeschlagen wird. .

Dennoch stehen in starkem Kontrast zu diesem Gebot die anderen Anweisungen im AT, Übertreter des Gesetzes zu töten oder Feinde, die sich Israel entgegenstellen, im Namen Jahwes auszurotten. Wenn sich das AT nicht selbst widerspricht, dann kann das sechste Gebot nicht alle Formen des Tötens überhaupt erfassen. Es greift von seiner Grundbedeutung drei wesentliche Bereiche nicht mit ein:

(1) die grundsätzliche Ächtung des Krieges,
(2) die Abschaffung der Todesstrafe (vgl. 2Mo 21,12ff; 5Mo 20; 5Mo 13) und
(3) das Verbot der Tiertötung und den Vegetarismus.

Das im sechsten Gebot gebrauchte Verbum (hebr.: *rasah*) entspricht nicht den üblichen Verben (wie *harag*, *hemit* oder *qatal*), die (a) für die Tötung des politischen Feindes im Kampf, (b) für die Tötung des nach dem Gesetz Strafbaren und (c) für das richtende Töten Gottes verwendet werden. Auch das Töten von Tieren wird im AT nie „morden" genannt und ist nach dem noachitischen Bund für den Menschen zur Nahrung erlaubt.[446] Die Freigabe der Fleischnahrung hat allerdings von Anfang an eine durch Gott gesetzte Grenze. Der Mensch soll das Fleisch nicht mit seiner Seele – nach atl. Verständnis dem Sitz des Lebens (5Mo 12,23) – essen. „Diese von Gott gesetzte Einschränkung im Zusammenhang mit dem Fleischgenuss wehrt jegliche Art von Tierquälerei, Brutalität und Verrohung" ab.[447]

Das sechste Gebot verbietet das rechtswidrige, das unrechtmäßige, gemeinschaftswidrige, ungesetzlich unbegründete, eigenmächtige Töten, und insofern auch das Vergießen unschuldigen Bluts.

Das schließt das Morden aus Leidenschaft (wie z.B. bei der „Schandtat von Gibea", Ri 20,4; Hos 9,9) ebenso ein wie das heim-

---

[446] Das Töten von Tieren wird, wenn sie zu Opferzwecken getötet werden, schächten (hebr.: *sahat*) genannt. Bei der profanen Schlachtung wird *tabah* gebraucht. Vgl. J. J. Stamm, „Sprachliche Erwägungen zum Gebot Du sollst nicht töten", in: H. Bräumer, Das Tor zur Freiheit – Die Zehn Gebote für heute ausgelegt, Holzgerlingen 2000, S. 112.
[447] C. Westermann, Genesis 1–11, S. 620–623, zit. in Bräumer, a.a.O., S. 113.

tückische Morden eines persönlichen Gegners (vgl. Uria, der von David ermordet wurde, weil er ihm im Begehren seiner Frau im Weg stand; 2Sam 11; 12,9; 1Kö 15,5). Auch die Ermordung Unschuldiger oder Schuldiggewordener ist verboten (vgl. den ersten Mord in der Bibel, der einen Unschuldigen trifft und der aus Neid geschieht; 1Mo 4,1–16). Im Mordverbot enthalten ist auch die Sicherung gegen die Blutrache. Gott schützt Kain ausdrücklich vor dieser Möglichkeit (1Mo 4,15). In Hi 24,14 und Ps 10,8–9 wird der Mörder beschrieben, der Unschuldige, Arme und Elende umbringt! Auch werden Gottlose erwähnt, die Witwen, Fremdlinge und Waisen umbringen (Ps 94,6). Immer wieder wurde und wird in der außerbiblischen und außerchristlichen Praxis Leben in wertes und unwertes unterteilt und entsprechend behandelt.

Auch leichtfertiges bzw. fahrlässiges Morden war im AT untersagt. Man musste ein Geländer am Dach eines Hauses anbringen, „damit du nicht Blutschuld auf dein Haus bringst, wenn irgendjemand von ihm herabfällt" (5Mo 22,8).

Das sechste Gebot untersagt aber nicht die Tötung überhaupt! Es lässt sich nicht zur Begründung eines pauschalen Pazifismus heranziehen. Zu realistisch ist die Bibel, als dass sie glaubt, mit der Abschaffung des Schwertes kehre automatisch Frieden auf Erden ein.

Die Schrift zeigt und beschreibt stattdessen die Wirklichkeit der Sünde und des Todes in der Welt. Seit dem Ungehorsam Adams und Evas ist „die Schöpfung ... der Nichtigkeit unterworfen worden – nicht freiwillig, sondern durch den, der sie unterworfen hat – auf Hoffnung hin" (Röm 8,20). Die Fluchstruktur der Sünde prägt alle und alles. Jesus weist auf einen unheimlichen Hintergrund hin: „Ihr seid aus dem Vater, dem Teufel, und die Begierden eures Vaters wollt ihr tun. Jener war ein Menschenmörder von Anfang an" (Joh 8,44). Die Menschen sind in ihrer Beziehungsfähigkeit zu Gott und zueinander unheilbar beschädigt.

In dieser von Sünde, Tod und Teufel geprägten Welt regiert aber letztlich nicht das (oder: der) Böse, sondern Gott! Er erhält die Welt auf sein Ziel hin: die Wiedergeburt der Schöpfung, die neue Welt Gottes, „in der Gerechtigkeit wohnt", den „neuen Himmel und die neue Erde". Von den Reformatoren haben wir gelernt, dass er auf zwei unterschiedliche Weisen seine Herrschaft über diese bestehende Welt ausübt. In seinem „Reich zur Linken" regiert nicht der Teufel (obwohl er in 2Kor 4,4 „Gott dieser Welt" genannt wird), sondern Gott mit den Mitteln Gesetz, Ordnung, Obrigkeit und Gewalt, die das Recht schützen und die Welt erhalten sollen. Im „Reich zur Rechten", dem Reich Gottes, der Gemeinde, regiert er durch Christus, die Liebe, die Gnade, die Barmherzigkeit, die Vergebung und Versöhnung. Diese neue Welt, das Reich Gottes hat mit Christus bereits begonnen und ereignet sich inmitten der alten Welt unter neuen Bedingungen. Hier gilt die Bergpredigt und das Gebot der Liebe. Dort gelten Vergeltung und Bestrafung der Bösen. Hier gilt vergeben, dort vergelten, hier nachgeben, dort widerstehen.

Die Berufung des Christen ist es, in zwei Welten zugleich zu leben. Das macht die ungeheure Spannung für ihn aus. Er lebt in einer Welt, in der Gewaltanwendung zur Sicherung des Rechts notwendig ist. Der „finale Rettungsschuss" eines polizeilichen Scharfschützen auf einen verrückten Geiselnehmer, der 14 Kinder in seiner Gewalt hat, ist legitim! Damit werden Menschen aus der Hand des Bösen befreit. Das Heer, das zur Verteidigung des Landes Männer einzieht, hat das Recht, zur Verteidigung mit der Waffe auszubilden. Die Obrigkeit „trägt das Schwert nicht umsonst, denn sie ist Gottes Dienerin, eine Rächerin zur Strafe", schreibt Paulus in Röm 13,4. So dürfen sich junge Christen, die in der Bundeswehr zum Dienst an der Waffe ausgebildet werden, um den Frieden zu sichern, im Willen Gottes wissen! Das Töten des Feindes im Krieg kann nicht ohne weiteres als Morden bezeichnet werden. Mord ist vorsätzliches und willkürliches Töten. Wenn allerdings wehrlose Gefangene oder Verwundete getötet werden, wenn Zivilisten – und nicht nur Frauen und Kinder und Alte – umgebracht werden, dann handelt es sich um Mord.

Auch Notwehr darf nicht als Mord bezeichnet werden. Wenn unter Einsatz von Gewalt ein Angreifer getötet wird, z.B. bei einem Tötungs- oder Vergewaltigungsversuch, dann darf man nicht einer Frömmigkeit des „An- oder Hinnehmens" das Wort reden. In diesem Fall wäre das letztlich „die Blasphemie eines Fatalismus", die „Sabotage der *providentia Dei*"[448] (Vorhersehung Gottes). Der Mensch bekam, so sagt Bonhoeffer, seinen Leib nicht in erster Linie, um ihn zu opfern, sondern zu erhalten.

---

[448] H. Thielicke, Theologische Ethik II, Bd.1, S. 834.

Neben der realen Weltwirklichkeit gibt es aber dennoch die reale Hoffnung auf die neue Welt Gottes, die mit Christus bereits angebrochen ist und sich unter völlig neuen Bedingungen ausbreitet. So wie Christus auf alle Gewaltanwendung verzichtete und stattdessen ans Kreuz ging, um Versöhnung zu erwirken, so folgen Christen ihm auf diesem Weg der Gewaltlosigkeit nach und greifen nicht zur Waffe. Sein Wort an Petrus: „Steck das Schwert in die Scheide!", gilt für sie ebenso wie das: „Wenn dich jemand auf deine rechte Backe schlägt, dem biete auch die andere dar!" (Mt 5,39). Ihr Friedenszeugnis mit der letzten Konsequenz zum Martyrium ist ein Hinweis auf die noch ausstehende neue Welt Gottes, die er durch Christus heraufführen wird, eine Welt, die bereits im AT angekündigt worden ist: „Dann (am Ende der Tage, wenn das Wort des HERRN ausgehen wird vom Berg Zion und er zwischen den Nationen richten und für die Völker Recht sprechen wird) werden sie ihre Schwerter zu Pflugscharen umschmieden" (Jes 2,4; Mi 4,3). Mit Christus hat „das Ende der Tage" vor zweitausend Jahren bereits begonnen. Mit ihm hat das neue Handeln Gottes in Liebe seinen Anfang genommen. Mit ihm hat Gott auch die Ethik einer neuen Gesinnung und eines neuen Handelns eingesetzt.

4.2.2.3 Was fordert das sechste Gebot unter den oben genannten Umständen?

Ein Christ ist jemand, der „sein Kreuz auf sich nimmt" und Christus unter allen Umständen nachfolgt. Das bedeutet für ihn persönlich und grundsätzlich den bewussten Verzicht auf jede Art von Gewaltanwendung, physisch, psychisch oder strukturell. Er ringt darum, als Person weder mit Gedanken, Worten (Mt 5,21ff) oder Taten Gewalt anzuwenden und sich stattdessen für Versöhnung einzusetzen. Er widersetzt sich der Versuchung, Menschen mit jeder Art von Gewalt zu unterdrücken oder gar zu töten. Er tritt mit allen Mitteln für die Erhaltung des Lebens ein. Besonders macht er sich zum Anwalt des schwachen, wehrlosen (ungeborenen!) und „unschuldigen" Lebens.

Dennoch – und das scheint paradox – kann es für einen Christen als Bürger noch in der alten Welt aber auch bedeuten, zur Bundeswehr oder zur Polizei zu gehen, um (notfalls mit Gewalt) für Gerechtigkeit einzutreten. Diese Spannung kann er nur ertragen, wenn er sich bewusst macht, in allen Lagen seinem Herrn Jesus Christus verpflichtet zu sein. Als Soldat oder Polizist kann er sich nirgends und zu keiner Zeit dem Anspruch seines Herrn entziehen. Er kann nur leben, wenn er weiß, dass er schon im neuen, aber noch nicht vollendeten Äon lebt und dass es Vergebung für alle Schuld gibt.

Exkurs: Die Problemfelder Abtreibung und Euthanasie (Sterbehilfe)

Ethische Herausforderungen im Zusammenhang mit dem Gebot: „Du sollst nicht morden!" zeigen sich heute besonders auf dem Gebiet der Abtreibung, der Euthanasie und der Biomedizin überhaupt.

(1) Abtreibung

Abtreibungen hat es wahrscheinlich in allen Kulturen zu allen Zeiten gegeben. In der heidnischen Antike wurde Abtreibung – von Philosophen wie Platon und Aristoteles empfohlen – als Mittel der Geburten- und Bevölkerungskontrolle praktiziert. Lediglich die Gruppe der dem hippokratischen Eid verpflichteten Ärzte lehnte Abtreibung und aktive Sterbehilfe ab. Dieser Eid bildet bis heute noch den verbindlichen Moralkodex vieler Ärzte.

Heute wird in allen Staaten der Welt abgetrieben. Die Zahl in Deutschland liegt nach Experten-Schätzungen bei ca. 250 000 (die offizielle Zahl für das Jahr 2000 wird vom Statistischen Bundesamt mit 134 600 angegeben).[449] Immer noch werden etwa 97 % aller Abtreibungen in Deutschland aufgrund der sozialen Notlage vorgenommen. Nur 3% geschehen aufgrund von medizinischen oder kriminologischen (Vergewaltigung) Indikationen.

Weltweit addiert sich die Zahl der abgetriebenen Föten auf jährlich ca. 48 Millionen.[450]

---

[449] Damit sind die Zahlen nach der Reform des § 218 StGB geringfügig gestiegen. Statistisches Bundesamt für 2000. Quelle: http://www.badische-zeitung.de/nachrichten/mantel/politik/2001/04/p.3773309.htm; 10.05.01, 11.45h.

[450] Genaue Zahlen sind natürlich nicht zu ermitteln. Rund 38 Prozent der weltweit 210 Millionen Schwangerschaften pro Jahr sind ungeplant. Etwa zwei Fünftel aller Schwangeren wollen somit entweder eigentlich kein Kind mehr, oder für sie kommt die Schwangerschaft zu einem unpassenden Zeitpunkt. Rund 22 Prozent aller Schwangerschaften enden jährlich mit einer Abtreibung. Dies geht aus einer aktuellen Studie des Alan Guttmacher Instituts (AGI) hervor. Demnach werden in den Ent-

wicklungsländern jährlich rund 182 Millionen Frauen schwanger, davon 36 Prozent ungeplant. 20 Prozent aller Schwangerschaften enden dort mit einer Abtreibung. In den Industrieländern liegt die Zahl der Schwangerschaften bei 28 Millionen, davon ist etwa die Hälfte ungewollt. In 36 Prozent aller Fälle entscheidet sich die werdende Mutter für eine Abtreibung. Hier fällt die Situation in Osteuropa besonders ins Gewicht: 63 Prozent aller Schwangerschaften sind ungeplant, 57 Prozent enden mit einem Abbruch. Insgesamt gesehen lassen weltweit 35 von 1000 Frauen im fortpflanzungsfähigen Alter jährlich einen Schwangerschaftsabbruch vornehmen. Trotz der Unterschiede in der Gesetzgebung zur Abtreibung liegen die Abbruch-- zahlen im weltweiten Vergleich recht nahe beieinander. In den Entwicklungsländern liegt die Zahl bei 34 pro 1000 Frauen im reproduktionsfähigen Alter. In den Industrieländern beträgt die Abtreibungsrate 39 pro 1000. Hier treiben die hohen Abbruchzahlen in Osteuropa (90 pro 1000) die durchschnittliche Rate in die Höhe. Rund 26 Millionen Frauen lassen jedes Jahr einen legalen Schwangerschaftsabbruch vornehmen. Demgegenüber stehen schätzungsweise 20 Millionen illegale Abtreibungen weltweit. Allein 19 Millionen davon finden in Entwicklungsländern statt, der Rest fällt mehrheitlich auf Osteuropa. Unsichere, d.h. nicht fachgerecht und unter unhygienischen Umständen durchgeführte Abtreibungen stellen in vielen Ländern ein schwerwiegendes Gesundheitsproblem dar. Komplikationen nach unsicheren Abtreibungen haben oft tödliche Folgen. Experten schätzen, dass sich bei ungefähr einem Drittel der Frauen, die sich einer unsicheren Abtreibung unterziehen, schwerwiegende Komplikationen ergeben. Jährlich sterben 78 000 Frauen bei unsicheren Abtreibungen. Nach Angaben der Weltgesundheitsorganisation sterben jährlich schätzungsweise 600 000 Frauen an Folgen von Schwangerschaft oder Geburt. Allein 13 Prozent oder 78 000 dieser Todesfälle lassen sich auf unsachgemäß durchgeführte Abtreibungen zurückführen. Die Sterblichkeit infolge von Abtreibungen liegt in den Entwicklungsländern (ohne China) mit 330 Todesfällen pro 100 000 Abbrüchen um ein Vielfaches höher als in den Industrieländern (0,2 bis 1,2 von 100 000). Allein in Indien sterben jährlich ca. 500 000 Frauen an illegalen Abtreibungen. In Afrika ist die Sterberate mit 680 Todesfällen von 100 000 Abtreibungen am höchsten. Quelle: http://www.dsw-online.de/NLtexte299.html; 10.05.01, 12.15h.

In Deutschland werden oft nur die bezahlten und die von Ärzten gemeldeten Abtreibungen registriert. Wie hoch die Zahlen wirklich sind, kann daher keiner richtig sagen. Das weiß auch das Bundesamt für Statistik. Quelle: http://members. aol.com/ungeborene/Abtreibungszahlen.html; 10.05.01, 12.06h.

Der UN-Bevölkerungsfonds (UNFPA) sieht in Abtreibungen bei weltweit fünf Millionen ungewollt schwangeren Mädchen pro Jahr und in der Immunschwächekrankheit AIDS die Hauptprobleme der sexuellen Entwicklung von Kindern und Jugendlichen. Besonders der Mangel an Aufklärung und Bildung sowie die Diskriminierung von Frauen hätten in einigen Entwicklungsländern große Auswirkungen auf das Sexualverhalten junger Menschen, sagte die UNFPA-Leiterin Nafis Sadik in Genf. Die Sterblichkeitsrate bei ungewollt schwangeren Mädchen im Alter zwischen 15 und 19 Jahren sei ein Drittel höher als die von Frauen im Allgemeinen, fügte Sadik hinzu. Etwa 40 Prozent aller Abtreibungen bei Mädchen und jungen Frauen fän-

Nach biblischem und jüdisch-christlichem Verständnis ist jeder Mensch vom Augenblick seiner Zeugung an ein von Gott gewollter, geschaffener und schützenswerter Mensch, eine menschliche Person, die in ihrer Gottesbildlichkeit Würde besitzt. Zwei der beeindruckendsten Zeugnisse dazu sind einmal Psalm 139,16ff, in dem es heißt: „Nicht verborgen war mein Gebein vor dir, als ich gemacht wurde im Verborgenen, gewoben in den Tiefen der Erde. Meine Urform sahen deine Augen. Und in dein Buch waren sie alle eingeschrieben, die Tage, die gebildet wurden, als noch keiner von ihnen da war" und: „Noch ehe ich dich im Mutterleib formte, habe ich dich ausersehen, noch ehe du aus dem Mutterschoß hervorkamst, habe ich dich geheiligt" (Jer 1,5).

Seit dem ersten Jahrhundert hat die (katholische) Kirche es für moralisch verwerflich erklärt, eine Abtreibung herbeizuführen. Diese Lehre hat sich nicht geändert. Eine direkte, das heißt eine als Ziel oder Mittel gewollte Abtreibung stellt ein schweres Vergehen gegen das sittliche Gesetz dar: „Du sollst ... nicht abtreiben noch ein Neugeborenes töten"[451] und: „Gott, der Herr des Lebens, hat nämlich den Menschen die hohe Aufgabe der Erhaltung des Lebens übertragen, die auf eine menschenwürdige Weise erfüllt werden muss. Das Leben ist daher von der Empfängnis an mit höchster Sorgfalt zu schützen. Abtreibung und Tötung des Kindes sind verabscheuenswürdige Verbrechen".[452]

Entsprechend gilt die Aufforderung an den Staat, dieses werdende Leben unter allen Umständen zu schützen: „Die unveräußerlichen Rechte der Person müssen von der bürgerlichen Gesellschaft und von der staatlichen Macht anerkannt und geachtet werden: Diese Rechte des Menschen hängen weder von den einzelnen Individuen noch von den Eltern ab und stellen auch nicht ein Zugeständnis der Gesellschaft und des Staates dar. Sie gehören zur menschlichen Natur und wurzeln in der Person kraft des Schöpfungsaktes, aus dem sie ihren Ursprung

den unter gesundheitsschädigenden Bedingungen statt. Quelle: http://www.aegis.com/news/afp/2000/AF000647_DE.html; 10.05.01, 11.47h.

[451] Didache 2,2 (vgl. Barnabasbrief 19,5; Diognet 5,5; Tertullian, Apol. 9) in: Karl Hörmann, Art. „Abtreibung", in: Lexikon der christlichen Moral. 1976, Sp. 3–15, S. 2271.

[452] GS 51,3, in: Lexikon der christlichen Moral, a.a.O.

genommen hat. Unter diese fundamentalen Rechte muss man in diesem Zusammenhang zählen: das Recht auf Leben und auf leibliche Unversehrtheit jedes menschlichen Wesens vom Augenblick der Empfängnis an bis zum Tod.«[453]

Individuelles menschliches Leben – da sind sich die meisten Wissenschaftler einig – beginnt mit der Befruchtung, mit der Verschmelzung von Sperma und Ei. Die Biologie zeigt die Vereinigung der väterlichen und der mütterlichen Chromosomen als den entscheidenden Anfang der Entwicklung auf die voll aktualisierte Person hin (E. Blechschmidt, F. Büchner). Da es in der embryonalen Entwicklung des Menschen keinen Punkt gibt, an dem ein Wechsel stattfindet von einem Nichts zu einem Etwas, von einer Unperson zu einer Person, ist dieses Leben zu achten und zu schützen. Es gibt keinen plötzlichen Umschlag bei der Entwicklung des Fötus, und deshalb ist das Leben ein kontinuierliches Spektrum von seinem Anfang bis zu seinem Ende. Die Zulassung der Abtreibung bedeutet demnach die planmäßige Zerstörung dessen, was unbestreitbar und eindeutig menschliches Leben ist. Dieses werdende Leben unbedingt zu achten und zu schützen, ist Auffassung christlicher Ethik.

In Deutschland ist die Abtreibung durch das Strafgesetz (§ 218 StGB)[454] grundsätzlich verboten. Doch kann unter gewissen Bedingungen eine Abtreibung vorgenommen werden, wenn bestimmte Indikationen vorliegen. Diese sind (bzw. waren bis zur Reform 1996):

(1) Eine medizinisch-soziale Indikation, wenn Gefahr für das Leben der Frau oder eine schwerwiegende Beeinträchtigung ihrer körperlichen und/oder seelischen Gesundheit besteht;

(2) genetische bzw. embryopathische Indikation, wenn eine nicht behebbare Schädigung für das Leben des Kindes besteht, dass von der Frau eine Fortsetzung der Schwangerschaft nicht erwartet werden kann;

(3) kriminologische Indikation, wenn dringende Gründe dafür sprechen, dass die Schwangerschaft aufgrund einer Vergewaltigung (Sexualdelikt) zustande kam;

---

[453] DnV 3, in: Lexikon der christlichen Moral, a.a.O.
[454] Der ganze Text des § 218 StGB bei U. Eibach, Abtreibung, a.a.O., S. 58–59.

(4) allgemeine Notlage (soziale Indikation), die auf andere zumutbare Weise nicht abwendbar ist und so schwer wiegt, dass von der Schwangeren die Fortsetzung der Schwangerschaft nicht verlangt werden kann.

Im Zuge der Reform des § 218 StGB (1996) hat sich nun eine merkwürdige Situation ergeben. Abtreibung gilt zwar weiterhin als rechtswidrig, wird aber nicht mehr strafrechtlich verfolgt. Ihr muss lediglich eine „zielgerichtete" und zugleich „ergebnisoffene" Beratung vorausgehen. Mit dem Beratungsschein wird nur bestätigt, dass diese Beratung stattgefunden hat – nicht mehr. Nur wenn eine Schwangere die Bestätigung einer „Konfliktberatung" vorweist, darf der Arzt nach Paragraph 218 des Strafgesetzbuches eine Abtreibung vornehmen. Rechtsgrundlage für die Konfliktberatung ist neben dem Paragraphen 218 und 219 des StGB das Schwangerschaftskonfliktgesetz (SchKG). In dem Beratungsgespräch soll die Frau laut Gesetz zur Fortführung der Schwangerschaft ermutigt werden. Die Berater sollen zudem Auswege aus Notlagen aufzeigen und Hilfen – etwa bei der Wohnungssuche – anbieten. Die Beratung soll „ergebnisoffen" geführt werden, sie soll „nicht belehren oder bevormunden", heißt es im SchKG. Nach der Beratung bekommt die Frau die vorgeschriebene Bestätigung, in der Name und Beratungsdatum stehen. Diese Regelung hat zu einer heftigen Kontroverse mit der katholischen Kirche geführt, die daraufhin in ihrer Beratungspraxis offiziell den Beratungsschein nicht mehr ausstellt, dennoch aber an der Beratung festhält und einen Weg gefunden hat, Frauen zu beraten.

Ebenso ist die spezielle embryopathische Indikation zum Schwangerschaftsabbruch entfallen. Dieser mühsame Kompromiss zwischen den Vorgaben des Bundesverfassungsgerichts und der Mehrheit des politischen Willens hat nun im Zuge der Reform des § 218 StGB dazu geführt, dass der Konflikt zwischen dem Selbstbestimmungsrecht der Frau und dem Lebensschutz des Embryos (bzw. Fötus) meistens zugunsten der Frau entschieden wird. Denn nach der rechtlichen Regelung ist praktisch die *„Zumutbarkeit der Frau"* das entscheidende Kriterium in diesem Konflikt geworden. Was zumutbar ist, bestimmen die Betroffenen selbst. So wird Ethik zu einer „Zumutbarkeitsethik" (Eibach). „Demnach kommt nur der Autonomie Würde zu und sind letztlich nur bewusste autonome Interessen und nicht das Leben an sich zu schützen."[455] Dies ist für Menschen, die an der biblischen Auffassung festhalten, eine verkürzte Auffassung.

Ohne nun auf die vielen ethischen (individual- und sozialethischen) Probleme im Zusammenhang mit dem Schwangerschaftsabbruch eingehen zu können, muss man sich doch über einige grundsätzliche Fragen immer wieder Rechenschaft geben, die mit der komplexen Abtreibungsproblematik und dem Gebot „Du sollst nicht morden!" verbunden sind: (1) *Was heißt überhaupt Menschenleben?* Davon abgeleitet: *Wann beginnt menschliches Leben?* Sowie: *Worin bestehen seine Würde und sein Wert?* Und: (2) *Was heißt töten?*

Die unterschiedliche Beantwortung dieser Fragen (mit ihren abgeleiteten Unterfragen) führt zu unterschiedlichen Auffassungen in der Abtreibungsproblematik. Grundsätzlich gibt es zwei Wege, die Tötung ethisch zu rechtfertigen: einmal durch die Relativierung und Außerkraftsetzung des Tötungsverbots für bestimmte Fälle (z.B. Notwehr) und zum anderen durch ein abgestuftes Schutzrecht. In Letzterem unterscheidet man wiederum zwischen einem Leben, das zwar biologisch gesehen menschliches Leben ist, dem aber noch nicht oder nicht mehr der moralische Status zukommt, Mensch im Sinne von Person zu sein, d.h. über Würde und Rechte zu verfügen. Bei der Abtreibung werden meistens beide Möglichkeiten miteinander verbunden, wobei meistens die Relativierung des Embryos als Person vorausgesetzt wird. Dadurch bekommt das Selbstbestimmungsrecht der Frau Vorrang vor dem Schutz werdenden Lebens. Auf den Punkt gebracht: Weil die Frau eine vollwertige Person ist, der Fötus aber noch nicht, steht das Selbstbestimmungsrecht der Frau über dem Lebensrecht des Fötus.

---

[455] U. Eibach, „Relativierung der Menschenwürde und des Lebensschutzes am Anfang des Lebens", in: ders., Menschenwürde an den Grenzen des Lebens, a.a.O., S. 92; Zum Thema vgl. weiterhin ders., Abtreibung – Lebensschutz contra Selbstbestimmung? Ethische Überlegungen zur aktuellen Diskussion, Wuppertal 1991; Gott ist ein Freund des Lebens. Herausforderungen und Aufgaben beim Schutz des Lebens. Gemeinsame Erklärung des Rates der Evangelischen Kirche in Deutschland und der Deutschen Bischofskonferenz in Verbindung mit den übrigen Mitglieds- und Gastkirchen der Arbeitsgemeinschaft der christlichen Kirchen, Gütersloh ⁵1991, bes. S. 65–89; Bundesärztekammer: „Erklärung zum Schwangerschaftsabbruch nach Pränataldiagnostik", in: Deutsches Ärzteblatt 95 (1998), A–3013–3016.

Die Frage, was eigentlich unter Menschenwürde zu verstehen ist, wird ganz unterschiedlich beantwortet. Die moderne Diskussion und auch das Grundgesetz sind durch die Auffassung I. Kants bestimmt, der die Würde des Menschen mit seiner Autonomie begründet. Weil und insofern der Mensch sittlich autonom und ein vernünftiges Wesen ist, hat er Würde. Sofern sich der Mensch also in Freiheit selbst gemäß dem Sittengesetz, das er durch die Vernunft erkennt, bestimmt, hat er Würde. Das trifft aber nur auf den Menschen als Vernunft- und Geistwesen zu, nicht auf den Menschen als Naturwesen! D.h. als Naturwesen, das sich seiner Vernunft und Entscheidungsfähigkeit nicht bedienen kann, kommt dem Menschen keine Würde zu. Die Achtung der Würde des Menschen fällt also mit der Achtung seiner Selbstbestimmung oder seinem Selbstbewusstsein (Julian Nida-Rümelin) zusammen.[456]

Wenn also ein werdendes menschliches Wesen – das nach der Einschätzung vieler von der Aufklärung, dem Rationalismus und Sozialdarwinismus geprägter Menschen – noch nicht oder nicht mehr eine menschliche Person mit Würde ist, dann ist folgerichtig nicht einzusehen, warum es absolut zu schützen sei. Der Konflikt verläuft also bei dieser Auffassung dann nicht mehr zwischen dem Leben zweier menschlicher Wesen, sondern zwischen dem Leben einer autonomen Person mit Würde einerseits (der Frau) und dem Leben eines nur biologisch-menschlichen, aber nicht personalen Wesens andererseits (dem Embryo). Das Leben der Person wiegt nach dieser Argumentation, die Abtreibung begünstigt, höher als das Leben eines einfachen Lebewesens. „Der Billigung der Abtreibung liegt also in der Regel ein negatives Lebenswerturteil zugrunde, das erst die Rechtfertigung für eine Tötungshandlung liefert."[457]

Ein Mensch dagegen, für den die Würde des menschlichen Lebens nicht ein empirisch abgeleiteter – also durch Bewusstsein oder Leistungsfähigkeit ausgewiesener – Wert ist, sondern grundsätzlich in der Gabe und Aufgabe Gottes besteht, achtet menschliches Leben nicht bloß als biologisches Leben, sondern als personales Wesen und ist bereit, es unter allen Umständen zu schützen. Die Würde des Menschen wird ihm nach diesem Verständnis nicht von irgendwoher im Zuge seiner Entwicklung beigelegt, sondern er bekommt sie von Gott

---

[456] I. Kant, Grundlegung zur Metaphysik der Sitten (1785); vgl. C. H. Ratschow, Sterbehilfe, S. 30f; Eibach, Grenzen, S. 143ff.

[457] U. Eibach, Grenzen, a.a.O., S. 93.

in der besonderen Bestimmung und Verheißung geschenkt. Das ist der Sinn der Rede von der Gottesbildlichkeit des Menschen. Sie schließt die Vollendung der Gottesbildlichkeit in der Ewigkeit mit ein. Ein Leben, das nur rein irdisch und materiell (immanent) verstanden wird ohne Perspektive auf die Ewigkeit (Transzendenz), kann tatsächlich unter gewissen Bedingungen als unwürdig interpretiert werden. Aber wenn es coram Deo – im Blick auf Gott und seine Ewigkeit – gesehen werden kann, kann man nicht mehr eine Unterscheidung von wertem und unwertem, würdigem und unwürdigem Leben machen. Dass es sehr wohl würdige und unwürdige Bedingungen für das menschliche Leben gibt, ist dabei eine ganz andere Sache.

Einige weitere Fragen, die sich aus dem Zusammenhang mit dem Problem der Abtreibung sowie dem Ge- oder Missbrauch von Föten ergeben und als solche meistens nicht sofort damit in Zusammenhang gebracht werden, müssen nun noch angeschnitten werden. Es handelt sich um die Problemkreise: (1) Heilung durch Föten (Fötenverbrauch), (2) pränatale Diagnostik, (3) prädiktive Medizin und (4) Präimplantationsdiagnostik, also Möglichkeiten, die im weitesten Sinn mit der sog. Gentechnik[458] zu tun haben.

Heilung durch Föten?
Experimente mit einer neuen Methode im Kampf gegen die Parkinsonsche Krankheit sind jüngst von einer Ethik-Kommission gutgeheißen worden. Dabei wurden Ende der 80er Jahre an der Ostberliner Charité Föten seziert. Die Ärzte warteten, bis sie kein Lebenszeichen mehr sahen, schnitten dann den Bauch auf und holten die Bauchspeicheldrüse heraus, zerkleinerten das Organ und gefroren es bei Minus 96 Grad tief. Aus den 200 Bauchspeicheldrüsen wurde nach ihrem Auftauen, Patienten fetales Gewebe übertragen. Ähnliche Versuche werden mit Hirngewebe gemacht. Die Überreste der 75 000 abgetriebenen Föten werden von den Wissenschaftlern als wertvoller Rohstoff betrachtet, der für den Mülleimer „zu schade" ist.

---

[458] Zum Thema Gentechnik vgl. U. Eibach, Gentechnik, Der Griff nach dem Leben, Wuppertal ²1988. Dort auch eine Fülle von weiterführender Literatur und Dokumentationen. Weiterführend: „Positionspapier der Gesellschaft für Humangenetik e.V.", abgedruckt in: Zeitschrift für medizinische Ethik 42 (1996), S. 326–338; M. Düwell/D. Mieth (Hrsg.), Ethik in der Humangenetik – Die neueren Entwicklungen der genetischen Frühdiagnostik in ethischer Perspektive, Tübingen 1998.

Bis heute wurde allerdings noch kein Patient geheilt. Nur 5 % des Gewebes schlug bei den Patienten an. Eine breite Anwendung der 60 000 $ teuren Transplantation ist ohnehin ausgeschlossen. Die 400 000 Parkinson-Kranken in der BRD müssten mit Millionen abgetriebener und gut erhaltener Föten versorgt werden. Der Bedarf ließe sich nur durch Importe aus China decken, wo eine radikale Bevölkerungspolitik mit Zwangsabtreibungen große Mengen „verwertbaren Materials" produziert. Auch Südkorea und Russland sowie die Ukraine fielen bereits mit Exporten auf. Der Handel mit Föten zeigt erste Konturen.

Es handelt sich aber nicht nur um die Behandlung von Parkinson-Krankheiten. Auch HIV-Infizierte, verstrahlte Atomarbeiter aus Tschernobyl wurden – mit wenig Erfolg – bereits behandelt. In China wurde Epilepsie-Patienten fetales Gewebe übertragen, Alzheimer und Schizophrenie werden als mögliche Einsatzfelder gehandelt. Immer häufiger werden abtreibungswillige Frauen gefragt, ob sie der Forschung nicht einen Dienst erweisen und „die abgebrochene Schwangerschaft nicht in den Dienst einer guten Sache stellen" wollten.

Sogar gegen Unfruchtbarkeit soll der Fötus helfen. Der Brite Gilian Bentley rechnet vor, dass ein weiblicher Embryo in der 20. Schwangerschaftswoche „sieben Millionen potenzielle Eizellen" angelegt hat, die allmählich absterben. Die Übertragung fetaler Eizellen auf eine Frau erscheint am medizinischen Horizont. Danach würden Frauen Kinder zur Welt bringen, deren genetische Mutter nie gelebt hat. So entwickelt sich der Fötus allmählich zu einem neuen Rohstoff der Medizin.

Dadurch wird die Grenze unseres moralischen Horizonts berührt. Die Bedenken sind berechtigt, dass Abtreibungen nachträglich legitimiert werden könnten oder gar als „lohnend" erscheinen. Schwangere könnten sich leichter für den Abbruch entscheiden, wenn er einer „guten Sache dient". Die Vision vom „nachwachsenden menschlichen Rohstoff", von bestellten und bezahlten Schwangerschaften, vom schwunghaften Fötenhandel steht damit im Raum und kann nicht mehr verdrängt werden.

Pränatale Diagnostik

So nennt man die (neue) medizinische Technik, die es erlaubt, vorgeburtliche Informationen zum Erbgut eines Embryos zu erhalten. Diese Möglichkeit, etwas über den eigenen zukünftigen Gesundheitszustand oder den des Kindes herauszufinden und das Leben mit einem behinderten Kind zu vermeiden, erzeugt den psychologischen und oft auch sozialen Wunsch (um nicht zu sagen Zwang), diese Methode auch anzuwenden. Eine Folge dieser Techniken ist das zunehmende Schwinden der Bereitschaft, ein behindertes Kind an- und aufzunehmen. In einem gesellschaftlichen Umfeld, in dem schon die Akzeptanz eines ungewollten gesunden Kindes als Zumutung empfunden wird, wird die Akzeptanz eines kranken und behinderten Kindes natürlich vollends unzumutbar. Der Grund für die freiwillige Inanspruchnahme einer vorgeburtlichen Diagnostik ist fast immer die Sorge, ein behindertes Kind zu bekommen und die Geburt eines solchen Kindes zu verhindern.

Diese vorgeburtliche Diagnostik ist deshalb nicht wertneutral (und von anderer medizinischer Diagnostik zu unterscheiden), weil sie nicht (nur) angewandt wird, um zu helfen, sondern auch um gegebenenfalls zu töten. Wenn ein negativer Befund den Eltern die Angst vor einem kranken Kind auch nehmen kann, so hat ein pathologischer Befund doch meistens die Abtreibung des Kindes zur Folge. Die Beratungspraxis sieht zwar so aus, dass die Berater sich weitestgehend „wertneutral" geben, d.h. die Entscheidung allein den Eltern oder der Mutter überlassen. Aber dieser Zwang zur autonomen Entscheidung ist allein schon eine Überforderung und eine erheblich verkürzte ethische Perspektive.

Neu und herausfordernd ist nun, was sich in der Praxis so darstellt, dass die faktische Konsequenz der pränatalen Diagnostik (PND) von Krankheiten meist die Abtreibung, also nicht die Therapie des Trägers, sondern seine Tötung ist.[459] Damit fordert die vorgeburtliche Diagnostik letztlich unabweisbar dazu heraus, ein Urteil über den Lebenswert zu fällen, von dem das Leben eines Kindes abhängt! „Letztendlich geht es bei der pränatalen Diagnostik ganz überwiegend darum, die Geburt kranker Kinder zu verhindern. Dies ist meist nur zu erreichen, indem man den Tod des Kindes verursacht."[460]

Wenn Eltern bereit sind, auch ein behindertes Kind anzunehmen, erübrigen sich solche Diagnostik-Verfahren von selbst. Unter diesen Umständen ist zu fragen, ob Eltern von der Möglichkeit der PND überhaupt Gebrauch machen sollten. Man möchte Eltern (und besonders solche, die Christen sind) geradezu darin bestärken und ermutigen, auf solche Verfahren überhaupt zu verzichten! Der Entscheidungszwang in der multioptionalen Welt verführt zu einem Handeln, das letztlich gegen die Würde des

---

[459] Das wird offiziell von der Bundesärztekammer anders ausgedrückt. Sehr vorsichtig heißt es in der Verlautbarung dieser renommierten Fachschaft: „Die grundsätzliche Anerkennung des elterlichen Wunsches nach einem gesunden Kind kann zu einem Konflikt mit der grundsätzlichen Anerkennung des Schutzbedürfnisses des Ungeborenen führen. Aus der pränatalen Diagnostik gewonnene Erkenntnisse und deren Bewertung rechtfertigen allein nicht, zu einem Schwangerschaftsabbruch zu raten, ihn zu fordern oder durchzusetzen. Hingegen ist die Entscheidung einer Schwangeren für einen Abbruch der Schwangerschaft vom Arzt zu respektieren." – http://www.bundesaerztekammer.de/ vom 11.05.01.

[460] U. Eibach, Menschenwürde, a.a.O., S. 116.

Lebens gerichtet ist. „Die aus biblischer Sicht problematische Begründung für die Abtreibung kranker bzw. behinderter Kinder ist, dass diese getötet werden, weil sie nicht vollwertige und daher unglückliche Menschen sind. Die Abtreibung von Kindern mit pathologischem Befund ist nichts anderes als eine Selektion und damit ein verfeinertes Euthanasiemodell."[461]

Schon ist der Fall eingetreten, dass eine Mutter vor Gericht Schadenersatzklage wegen ihres behinderten Kindes erhoben hat. Der höchste Gerichtshof Frankreichs, das Kassationsgericht in Paris, gab jetzt der Mutter Recht. Der 1995 geborene Lionel erhält eine Entschädigung dafür, dass er geboren und nicht abgetrieben worden ist.[462]

Prädiktive Medizin

Das Besondere der neuen medizintechnischen Möglichkeiten wie der Genomanalyse liegt darin, dass man mit ihnen nicht nur Krankheiten diagnostizieren kann, die sich vor, bei oder nach der Geburt ergeben, sondern auch Krankheiten, die sich erst im Laufe der Lebensentwicklung mit an Sicherheit grenzender Wahrscheinlichkeit ausprägen werden. Handelt es sich dabei um Krankheiten, die erst im höheren Lebensalter auftreten werden (wie etwa Chorea Huntington, monogen bedingter Brustkrebs oder Darmkrebs), dann kann man eine Abtreibung nur mit dem Argument rechtfertigen oder begründen, dass eine solche Belastung der betreffenden Person selbst oder der Gesellschaft nicht zugemutet werden könne. Damit bedient man sich aber eines Arguments, das ein eindeutig negatives Urteil über den Lebenswert eines Lebens mit einer solchen Krankheit fällt. Das Lebensrecht des Embryos wird also damit abhängig gemacht von der zu erwartenden später auftretenden Krankheit, die als Zumutung empfunden wird.

Durch diese Möglichkeiten findet – fast unbemerkt – eine gravierende Änderung im Krankheitsverständnis statt. Krank ist nicht mehr nur der, bei dem eine Krankheit effektiv auftritt, sondern bereits der, bei dem sie mittels genetischer Diagnostik als Anlage erkannt wird und später auftreten kann (aber nicht zwangsweise muss!). Das Risiko für eine genetisch bedingte Krankheit kann also bereits zu einer Tötung des Kindes führen.

Eine weitere unabsehbare Entwicklung liegt auch darin, dass die Feststellung eines genetischen Defekts bei einer Person gar nicht auf diese allein beschränkt ist, sondern durch die Verquickung des genetischen Verwandtschaftssystems auch bei anderen Personen aus der Verwandtschaft vorhanden sein kann. Das heißt, „bei der genetischen Diagnostik sind

---

[461] Bräumer, Zehn Gebote, a.a.O., S. 128.
[462] DIE WELT vom 29.11.2001, S. 1 u. 10.

notwendig gewollt oder ungewollt mehrere Personen zugleich die diagnostizierten Objekte, wenn auch mit unterschiedlicher diagnostischer Sicherheit."[463]

Präimplantationsdiagnostik (PID)[464]

So nennt man den speziellen Bereich der sog. „Fortpflanzungsmedizin", der offiziell[465] der Ermöglichung einer Schwangerschaft mit einem gesunden Embryo dient, die so – ohne weiteres (aus Gründen der Sterilität) – nicht möglich gewesen wäre. Dabei wird bewusst in Kauf genommen, dass überzählige Embryonen entweder konserviert oder (in Deutschland noch verboten, in anderen europäischen Ländern erlaubt) getötet werden.

Voraussetzung der PID ist die *„In-vitro-Fertilisation" (IVF)*, auch „extrakorporale Befruchtung" genannt, die dem englischen Embryologen R. G. Edwards zusammen mit dem Gynäkologen P. C. Stepptoe erstmals 1978 gelang. Darunter versteht man die Vereinigung einer Eizelle mit einer Samenzelle außerhalb des Körpers (extrakorporal) in einer Kulturschale (in vitro). Um „erfolgreich" arbeiten zu können, werden der Frau operativ mehrere befruchtungsfähige Eier aus dem Eierstock entnommen und außerhalb des Körpers in einer Nährlösung künstlich mit dem Samen des Mannes befruchtet.[466] Weil vorherzusehen ist, dass die Befruchtung eines einzigen Eis meistens nicht gelingt, wird eine größere Anzahl von Eiern der Möglichkeit der Befruchtung ausgesetzt. Dabei werden meist mehr Eier befruchtet, als in den Mutterleib zu übertragen sind. Dadurch ergibt sich die Frage, was mit den überzähligen befruchteten Embryonen geschieht. (Der größte Teil stirbt ab, die anderen werden meistens gefrierkonserviert. In den Labors der Welt lagern auf diese Weise Hunderttausende gefrierkonservierter Embryos.)

Die Einführung des Embryos in die Gebärmutterhöhle wird als *„Embryotransfer" (ET)* bezeichnet. Da bei diesem Vorgang nicht jede Einnistung gelingt, werden in der Regel mehrere Embryonen (meist drei)

---

[463] Eibach, Grenzen, a.a.O., S. 119.

[464] Die ebenso gebräuchliche Abkürzung PGD bezieht sich auf das englische: *preimplantation genetic diagnosis.*

[465] So in den Richtlinien der Bundesärztekammer vom 18.5.1985; komplett in: Eibach, Gentechnik a.a.O., S. 224ff.

[466] Auf die Frage, ob es ethisch vertretbar ist, dabei den Samen eines fremden oder nur des eigenen Mannes zu benutzen (was rein technisch keinen Unterschied macht), kann hier nicht eingegangen werden. Vgl. dazu die „Handreichung der Evangelischen Kirche in Deutschland zur ethischen Urteilsbildung", EKD-Texte 11, hrsg. vom Kirchenamt der EKD: „Extrakorporale Befruchtung, Fremdschwangerschaft und genetische Beratung", Hannover 1985.

transferiert, um die Chancen für den Eintritt einer Schwangerschaft zu verbessern. Oft kommt es vor, dass sich eine Frau mehrerer Versuche unterziehen muss, weil der ET nicht auf Anhieb gelingt. Gelingt der Transfer, kann es zu Mehrfach-Schwangerschaften kommen.

Ein grundsätzliches ethisches Problem besteht nun einmal darin, dass Embryonen nicht mehr nur mit der Absicht gezeugt und am Leben erhalten werden, um ihre Menschwerdung zu ermöglichen. Selbst wenn es ausschließlich um die Herbeiführung einer Schwangerschaft geht, wird in Kauf genommen, dass Embryonen verbraucht werden. Außerdem werden sie schon lange als Mittel der Forschung und der Verbesserung der Methoden der IVF, des ET und der Gefrierkonservierung gebraucht. Damit werden menschliche Embryonen letztlich als reine Gebrauchsobjekte behandelt, also als Mittel zum Zweck (der Wissenschaft, der Überwindung der Unfruchtbarkeit der Frau usw.) gebraucht. „Heiligt" dieser Zweck aber diese Mittel? Nach einem der wichtigsten ethischen Grundsätze darf menschliches Leben nie nur als Mittel zum Zweck betrachtet werden. Es ist – besonders nach jüdisch-christlichem Verständnis – ein Wert an sich und ist – abgesehen von allen Nützlichkeitserwägungen – in seiner Würde in sich selbst zu schützen.

Außerdem ist zu fragen: Ist die Unfruchtbarkeit der Frau wirklich eine „Krankheit", die solche Versuche mit menschlichen Embryonen nötig macht? Sicher stellt sie eine ernst zu nehmende Beeinträchtigung der Frau dar. Aber als Krankheit im eigentlichen Sinn kann sie nicht objektiv bewertet werden.[467]

Als weiteres grundsätzliches Problem muss festgehalten werden, dass bei der PID – anders noch als bei der IVF – Embryonen ausdrücklich „zum Zweck der Diagnose eines möglichen chromosomalen oder genetischen Defekts erzeugt (werden). Primäres Ziel der PGD [= PID] ist also die Selektion eines kranken Embryos".[468]

Diese Bestandsaufnahme wird offiziell zwar verschleiert durch die Argumentation, dass die „Verwerfung eines kranken Embryos" – gemäß der Lehre von der Doppelwirkung einer Handlung – nur eine dem „angestrebten Hauptziel" (= Schwangerschaft) untergeordnete und leider in Kauf zu nehmende ungewollte „Nebenfolge" sei. Da die erwünschte Schwangerschaft ein sittlich hoch stehendes Gut sei, rechtfertige dieses Ziel ein an sich ethisch problematisches Mittel wie die PID.[469]

[467] Eibach, Gentechnik, S.107ff.
[468] Eibach, Grenzen, S. 123.
[469] So die Argumentation der Bundesärztekammer: Diskussionsentwurf zu einer Richtlinie zur Präimplantationsdiagnostik. Deutsches Ärzteblatt 97 (2000), A 525–528, zit. und kommentiert in: Eibach, Grenzen, S. 123f.

Im Zusammenhang mit PID stellt die IVF nicht mehr nur ein Mittel zur Überwindung der Sterilität der Frau dar, sondern sie wird zum Mittel zum Test des Embryos auf seinen genetischen Zustand und seiner Selektion im Falle eines Defekts. „Die ethische Rechtfertigung für eine IVF besteht in der Bejahung des Rechts auf ein Kind. Im Falle der PGD wird dieses Recht ausgeweitet zu einem Recht auf ein gesundes Kind unter Einschluss eines Rechts auf die Selektion (Tötung) eines kranken Embryos."[470] Darin besteht also – auf den Punkt gebracht – die ethische Problematik der PID: Mit ihr notwendig verbunden ist die Bejahung eindeutiger negativer Qualitätsurteile (Lebensunwert) mit nachfolgender Selektion (Tötung) eines Embryos, dem dadurch die Teilhabe an der Menschenwürde abgesprochen wird. Dadurch wird das schwächste Glied in der Kette der Gesellschaft bedroht. Es darf kein Recht auf ein gesundes Kind mittels PID geben.

Wie die Möglichkeiten moderner Gentechnik im Blick auf Embryonenforschung beurteilt werden, zeigen die mittlerweile unzähligen Stellungnahmen verschiedener Persönlichkeiten und Verbände. Es vergeht kaum eine Woche, in der nicht kontrovers in bekannten und weniger bekannten Zeitungen und Journalen darüber diskutiert wird, Veröffentlichungen erscheinen und darauf Bezug genommen wird. Die öffentliche Diskussion ist in vollem Gang.

Hier sollen nur einige Beurteilungen zu Wort kommen, die aus unserer Sicht interessant sind.

Die Befürworter der PID lassen sich in mindestens zwei Gruppen einteilen: in eine, die grundsätzlich dafür ist und ein Recht auf Gesundheit und Autonomie ableiten will. Die andere, für die es dies Recht nicht grundsätzlich gibt, die aber dennoch für einen verantwortungsvollen Gebrauch der PID eintreten.

Bei der ersten Gruppe wird unterstellt, dass die moralische und rechtliche Grundorientierung unserer Gesellschaft auf irrationalen Überzeugungen von der Würde des Menschen und seiner unbedingten Schutzwürdigkeit ruhen, die in der modernen und aufgeklärten Welt angeblich nicht mehr als allgemein gültig anerkannt werden können. Damit soll der Weg für bestimmte zukünftige Möglichkeiten der Gentechnik geebnet werden, die nach heutigem Konsens abgelehnt werden müssen. Auf derselben Linie einer schrittweisen Untergrabung der moralischen und rechtlichen Grundorientierungen liegen Versuche, den Umgang mit erblichen Erkrankungen

[470] Eibach, Grenzen, S. 125.

und Behinderungen neu zu bestimmen. Es wird offen gegen die Geburt erblich behinderter Kinder votiert. Niemand, so wird dabei in scheinbarer Menschlichkeit argumentiert, dürfe gezwungen werden, ein Kind zu lieben und zu unterstützen, das niemals Anlass zur Hoffnung auf Erfolg gebe. Während der nächsten Jahrzehnte, so wird prophezeit, werde es einen immer stärkeren Konsens darüber geben, dass es moralisch gerechtfertigt und sogar geboten sei, dem Leben erbgeschädigter Föten ein Ende zu setzen. Mit diesen skandalösen Auffassungen wollen wir uns hier nicht länger beschäftigen, da sie in zu offensichtlichem Widerspruch zum christlichen Ethos stehen. Sie zeigen aber deutlich die Härte der Auseinandersetzung und auch die Tendenzen einer nicht geringen Minderheit.

Befürworter der zweiten Gruppe argumentieren verantwortungsethisch und betonen meist ebenso wie die Gegner der PID, dass auch für sie das Leben „einen Höchstwert" darstellt, das sogar „mit der Verschmelzung von Samen- und Eizelle" beginnt (R. Herzog). Im ersten Entwurf des sog. Rüttgers-Papiers z.B. wird ausdrücklich betont: „Die Würde des Menschen ist ein absoluter Wert. Sie kann nicht relativiert werden. Sie kann nicht mit wissenschaftlichen, technischen oder wirtschaftlichen Interessen abgewogen werden. Wer in dieser Frage Zweideutigkeiten zulässt, kennt die Grundprinzipien der Moral und des Rechts nicht oder stellt sie bewusst zur Disposition."[471] Diese Wertorientierung geht also vom unbedingten Gebot der Achtung der Menschenwürde aus. Es verlangt, dass man einen Menschen niemals bloß als Mittel für unsere Zwecke gebrauchen kann, sondern ihn immer zugleich als Zweck an sich selbst achten muss. „Das Gebot der Achtung der Menschenwürde hat seinen rechtlichen Niederschlag nicht nur im Grundgesetz und den jeweiligen Verfassungen anderer Länder gefunden, sondern auch in einer Fülle von internationalen Konventionen und Verträgen und in unzähligen einzelgesetzlichen Regelungen. Es ist das Fundament einer zivilisierten Welt." Auch die Freiheit der Forschung findet „ihre Grenze am absoluten Wert des Menschen".

Darüber hinaus verweisen Vertreter einer eingeschränkten PID aber z.B. darauf, dass „die totale Absolutstellung des ungeborenen Lebens" schwer zu begründen sei angesichts der Relativierung beim „fertigen Leben", die das Gesetz zu Recht in zahlreichen Fällen erlaube, in denen das Leben bedroht wird: gefährliche Einsätze der Polizei und Feuerwehr, Befreiungsschuss bei Geiselnahmen, Verteidigungsfall und Notwehrsituationen. Eine solche Notsituation liege auch bei erbgeschädigten Embryonen vor.[472]

[471] J. Rüttgers „Chancen nutzen – Werte achten" in: www.welt.de/go/cdu-genpapier. 26. Mai 2001.
[472] Prof. Dr. Roman Herzog in „Die Welt" v. 28.05.01.

Oder sie weisen darauf hin, dass „die moderne Wissenschaft und die moderne Technik sich in einem ungeheuren Ausmaß als lebensdienlich, lebenserhaltend und lebenserleichternd erwiesen" haben. Deshalb wollen sie die PID nur in „ganz engen Indikationsfällen" befürworten.[473]

Als weiteres Argument für einen eingeschränkten Gebrauch der PID wird auch auf den prinzipiellen Unterschied zwischen einem „In-vitro-Embryo" und einem im Mutterleib eingenisteten Embryo hingewiesen. Nur für einen im Mutterleib eingenisteten Embryo solle der Schutz des Grundgesetzes gelten. Der „In-vitro-Embryo" könne deshalb als „vogelfrei" angesehen werden – so wird von anderen argumentiert –, „weil ihm die Verbindung zur Mutter fehlt".

Die Gegner der PID begründen ihre Einstellung mit der grundsätzlichen Unverfügbarkeit menschlichen Lebens und dem Beginn menschlichen Lebens mit der Verschmelzung der väterlichen mit der mütterlichen Keimzelle bei gleichzeitiger Entstehung eines neuen Chromosomensatzes. Dieses Leben verdient den absoluten rechtlichen Schutz, weil jeder Embryo von Anfang an seine ganz bestimmte, einmalige und unverwechselbare Identität, seinen „genetischen Fingerabdruck", hat, der ihn genau zu diesem Menschen macht.

Der Vorstand der „Deutschen Evangelischen Allianz" spricht für den größten Zusammenschluss evangelikaler Christen in Deutschland. Er beurteilt die PID kritisch:

Resolution des Hauptvorstandes der Deutschen Evangelischen Allianz vom März 2001
„Verbrauchende Embryonenforschung verletzt die Menschenwürde und ist deshalb ein Verstoß gegen den obersten Verfassungsgrundsatz, Artikel 1, Absatz 1 des Grundgesetzes: ‚Die Würde des Menschen ist unantastbar. Sie zu achten und zu schützen ist Verpflichtung aller staatlichen Gewalt.' Im Unterschied zu anderen Artikeln der Verfassung ist dieser Artikel auch nicht durch eine verfassungsändernde Mehrheit im deutschen Parlament abänderbar (Artikel 79, Abs. 3).

Zunehmend wird von Philosophen und Juristen unterschieden zwischen bloß biologisch menschlichem Leben einerseits, dem die Menschenwürde abgesprochen wird, und der menschlichen Person andererseits, der diese Würde zuerkannt wird. Dagegen ist festzustellen: Menschliches Leben darf nicht getrennt werden vom Leben der Person. Es beginnt mit der Verschmelzung von Samen und Eizelle. Jede andere Festlegung im Blick auf den Beginn des Menschseins ist willkürlich. Das Leben

---

[473] J. Rüttgers „Chancen nutzen – Werte achten", a.a.O.

hat also von allem Anfang an Menschenwürde. Ein abgestufter Rechtsschutz ist deshalb nicht zulässig." Das vom biblischen Menschenbild und seiner Gottesbildlichkeit her begründete Verständnis der Menschenwürde verbietet es daher, anderen die Würde, Mensch im Sinn von Person zu sein, abzusprechen. „Daher steht es keinem Menschen zu, ein Urteil über den Lebenswert zu fällen, indem man zwischen ‚lebenswertem' und ‚lebensunwertem' Leben unterscheidet. Die Menschenwürde und das in ihr begründete Lebensrecht dürfen auch zu Zwecken therapeutischer Ziele nicht angetastet werden. Wir sehen dieses Verständnis von Menschenwürde, wie es im Grundgesetz verankert ist, durch folgende derzeit zur Diskussion stehende wissenschaftliche und therapeutische Methoden gefährdet:

1. Alle Methoden, bei denen embryonales Leben verbraucht wird. Dazu gehört die Forschung mit menschlichen Stammzellen, die aus menschlichen Embryonen gewonnen werden zum Zweck des so genannten ‚therapeutischen Klonens'. Ferner die ‚Präimplantationsdiagnostik', da sie notwendig zu ihrer Entwicklung auf eine verbrauchende Forschung mit Embryonen angewiesen ist und sie unvermeidlich Embryonen erzeugt, die nicht in den Mutterleib transferiert werden.

2. Alle Methoden, die dazu herausfordern, zwischen ‚lebenswertem' und ‚lebensunwertem' Leben zu unterscheiden. Dies ist eindeutig bei der Präimplantationsdiagnostik der Fall, da sie eigens zur Selektion kranker Embryonen durchgeführt wird. Diese Problematik liegt auch schon bei der pränatalen Diagnostik vor, weil nach der Diagnose einer Behinderung in der Regel ein Schwangerschaftsabbruch stattfindet.

Das Embryonenschutzgesetz steht in Übereinstimmung mit dem Grundgesetz. Es darf deshalb weder geändert noch durch Ausnahmeregelungen ausgehöhlt werden."

In einer *Stellungnahme der Arbeitsgemeinschaft christlicher Mediziner (ACM)*[474] vom 30.04.2001 wird ebenso vor den Gefahren der PID gewarnt:

Die ACM sieht die Gefahr, dass bei der PID „die Tötung von Embryonen im Blastomerenstadium zum Regelfall werden kann. Hierdurch würde dem bereits eingetretenen Dammbruch weiter Vorschub geleistet, menschliches Leben, das mit der Verschmelzung von Ei- und Samenzelle

---

[474] Die ACM ist ein Zweig der Akademikerarbeit der Studentenmission in Deutschland (SMD), Mitglied in der ICMDA (International Christian Medical and Dental Association) und wird von dem Vorstand Prof. Dr. I. Scharrer, Dr. R. Friedrich, Dr. C. Moser und Dr. D. Stein geleitet.

bzw. mit der Entstehung eines neuen Genoms beginnt, zur Tötung freizugeben.

Die Zulassung des PGD-Verfahrens wird dann nicht nur auf wenige Paare mit hohem genetischen Risiko beschränkt bleiben. Eine Ausweitung der Methode auf andere Gruppen birgt bei breiter Anwendung die Gefahr der genetischen Selektion.

Die mit der PGD verbundene Selektion und Verwerfung kranker Embryonen ist eine Missachtung des christlichen Schöpfungsgedankens.

Durch die Möglichkeit zur PGD-Diagnostik ist ein entsprechender Handlungsdruck auf werdende Eltern zu erwarten, der zur Abwertung derjenigen führen wird, die aus Überzeugung keine PGD durchführen lassen – mit allen medizinischen, wirtschaftlichen und sozialen Konsequenzen."

Dann fordert die ACM alle an der Entwicklung der PGD beteiligten Ärzte und Wissenschaftler auf, „Wege und Mittel zu finden, die Entstehung schwerer Erbfehler zu verhindern und gleichzeitig die Würde und Unantastbarkeit des menschlichen Lebens auch in der frühen Phase nach Verschmelzung von Ei- und Samenzelle zu achten".

Sie plädiert weiterhin dafür, größte Anstrengungen zu unternehmen, „jede Diskriminierung des Lebensrechts ungeborener und geborener Menschen mit Behinderungen nicht nur abzuwehren, sondern ihre bestmögliche Entfaltung zu fördern. Verhinderung von Leid und Solidarität mit Leid-Tragenden sollten auch in der Gesellschaft der Zukunft gleichberechtigt nebeneinander stehen und der Bewusstseinswandel in Richtung einer freien Verfügbarkeit menschlichen Lebens eingedämmt werden. Schon in den Schulen sollten diese komplexen Zusammenhänge zum Thema gemacht werden".

In seiner viel beachteten zweiten *Berliner Rede vom 18.05.2001* hat der Bundespräsident der Bundesrepublik Deutschland, *Johannes Rau*, unter dem Thema „Wird alles gut? – Für einen Fortschritt nach menschlichem Maß" klare Worte für die Verantwortung der Wissenschaft und Technik angesichts der ethischen Herausforderung gefunden.[475]

Bei allem Respekt vor dem wissenschaftlich-technischen Fortschritt, den er ausdrücklich respektiert und gefördert sehen will, fragt er gleichzeitig nach dem „menschlichen Maß" und den „Grenzen", weil wir als Menschen Maßstäbe brauchen. „Ethische Grundsätze zu formulieren, das bedeutet, sich auf Maßstäbe und auf Grenzen zu verständigen." Letztlich ge-

---

[475] Der vom Bundespräsidialamt freigegebene Text ist unter www.welt.de/go/ berlinerrede zu erhalten. (20.05.01)

he es bei der ganzen Diskussion gar nicht um technische Fragen, sondern um das Bild vom Menschen, das wir haben.

„Schwierig ist es, Grenzen da zu setzen und zu akzeptieren, wo man sie überschreiten könnte und sie sogar dann zu respektieren, wenn man dadurch auf bestimmte Vorteile verzichten muss. Ich glaube aber, dass wir genau das tun müssen. Ich glaube, dass es Dinge gibt, die wir um keines tatsächlichen oder vermeintlichen Vorteiles willen tun dürfen. Tabus sind keine Relikte vormoderner Gesellschaften, keine Zeichen von Irrationalität. Ja, Tabus anzuerkennen, das kann ein Ergebnis aufgeklärten Denkens und Handelns sein."

Zur Rangordnung der Argumente zwischen Forschung und Fortschritt auf der einen und Schutz des Lebens auf der anderen Seite sagt der Bundespräsident: „Wo die Menschenwürde berührt ist, zählen keine wirtschaftlichen Argumente." Daher ist auf den Schutz des Lebens zu achten: „Bei uns in Deutschland darf an Embryonen nicht geforscht werden. Das haben die Abgeordneten des Deutschen Bundestages aus ganz unterschiedlichen Überzeugungen heraus im Jahre 1990 beschlossen. Sie haben als Beginn des schutzwürdigen menschlichen Lebens die befruchtete Eizelle festgelegt. Wer die Auffassung nicht teilt, dass menschliches Leben mit diesem Zeitpunkt beginnt, der muss die Frage beantworten: Ab welchem anderen Zeitpunkt sollte menschliches Leben absolut geschützt werden? Und warum genau erst ab diesem späteren Zeitpunkt? Wäre nicht jede solche andere Grenzziehung willkürlich und dem Druck auf neuerliche Veränderung ausgesetzt? Bestünde nicht die Gefahr, dass andere Interessen dann höher rangierten als der Schutz des Lebens? Nicht jedem scheint klar zu sein, was das über diese spezielle Debatte hinaus bedeutet. Es würde bedeuten, das ethisch Verantwortbare stets neu den technischen Möglichkeiten anzupassen. Auch hochrangige Ziele medizinischer Forschung dürfen nicht darüber bestimmen, ab wann menschliches Leben geschützt werden soll." Daher beurteilt er auch die Präimplantationsdiagnostik kritisch und fragt: „Wäre eine solche Beschränkung (Argument der Befürworter auf einzelne Fälle der PID, H. A.) einzuhalten, wenn die Erlaubnis einmal grundsätzlich gegeben ist? Widerspricht das nicht aller Lebenserfahrung? Und muss man deshalb nicht die Befürchtungen jener verstehen, die glauben, dass mit dieser neuen Form von Diagnostik die Tür zu ganz anderen Zielen geöffnet wird oder geöffnet werden soll?"

Zu einer Argumentation, die PID mit dem § 218 auf eine Stufe stellen will, meint Rau: „Der Paragraph 218 ist kein Argument für die Präimplantationsdiagnostik, denn er zielt auf die unvergleichbare Konfliktsituation während einer Schwangerschaft. Er rechtfertigt keine Praxis, die das Tor für biologische Selektion, für eine Zeugung auf Probe, weit öffnet. Kinder sind ein Geschenk. Ich weiß, wie bitter es für viele ist, wenn sie keine Kinder bekommen können. Wenn es die Möglichkeit gibt, Kinder künstlich zu erzeugen oder die genetischen Anlagen eines Embryos zu testen – entsteht dann nicht leicht eine Haltung, dass jede und jeder, der eigene Kinder bekommen will, auch das Recht dazu habe – und zwar sogar ein Recht auf gesunde Kinder? Wo bisher unerfüllbare Wünsche erfüllbar werden oder erfüllbar erscheinen, da entsteht daraus schnell ein Anschein von Recht. Wir wissen aber doch, dass es ein solches Recht nicht gibt. Noch so verständliche Wünsche und Sehnsüchte sind keine Rechte. Es gibt kein Recht auf Kinder. Aber es gibt sehr wohl ein Recht der Kinder auf fürsorgliche Eltern – und vor allem das Recht darauf, um ihrer selbst willen zur Welt zu kommen und geliebt zu werden.

Ich erinnere immer wieder daran, dass die Geschichte uns hilft – nicht nur uns Deutschen – zu begreifen, was geschieht, wenn Maßstäbe verrückt werden, wenn Menschen vom Subjekt zum Objekt gemacht werden. Wer einmal anfängt, menschliches Leben zu instrumentalisieren, wer anfängt, zwischen lebenswert und lebensunwert zu unterscheiden, der ist auf einer Bahn ohne Halt. Die Erinnerung daran ist ein immer während Appell: Nichts darf über die Würde des einzelnen Menschen gestellt werden. Sein Recht auf Freiheit, auf Selbstbestimmung und auf Achtung seiner Würde darf keinem Zweck geopfert werden."

Die Stellungnahmen zeigen einen Konsens christlich-ethischer Argumentation, für die aus Gründen der Unantastbarkeit des Lebens die PID keine ethisch vertretbare Möglichkeit darstellen kann.

Die Diskussionen um die mit PID verbundenen Fragen im Zusammenhang der gentechnischen und biomedizinischen Möglichkeiten haben sich in unserer Gesellschaft längst zu einem „Kulturkampf um die Genforschung" ausgeweitet.[476] Es geht bei diesen Fragen nämlich nicht allein um medizintechnische Aspekte, die isoliert unter Fragen der Forschungsinteressen und pragmatischen – oder gar unter wirtschaftlichen – Gesichtspunkten gelöst werden könnten. Es geht tatsächlich um die Grundfragen menschlichen Lebens, um absolute Grenzfragen, die die Menschheit – und ihre unterschiedlichen Kulturen – in ihrem anthropologischen Grundwertesystem betreffen, auch wenn das oft abgewiegelt wird. Wo aber diese Grenzen genau verlaufen und wer sie definiert, das kann anscheinend keiner mehr sagen. Wir haben es mit Grenz- und Definitionsfragen zu tun, die – ethisch gesehen – tatsächlich sehr unterschiedlich beantwortet werden kön-

---

[476] So zu Recht der Präsident der Deutschen Forschungsgemeinschaft, Prof. W. Frühwald in DIE WELT vom 31.07.01.

nen. Die einen ziehen sie enger, die anderen weiter, je nach ethischer und kultureller Voraussetzung.

Mittlerweile sind wir in den westlichen Gesellschaften so weit, dass keine Übereinkunft mehr darüber zu erzielen ist, wo diese Grenzen menschlichen Lebens verlaufen, wo menschliches Leben beginnt und wo es endet, ab wann menschliches Leben zu schützen ist – ab der Verschmelzung von Same und Ei oder ab der Nidation (nach 14 Tagen) –, und bis wann menschliches Leben zu schützen ist, ob mit dem Hirntod oder dem Ganztod das Leben endet, ob man aktiv oder passiv Sterbehilfe leisten kann oder nicht, ob man ein Recht auf behindertes Leben hat oder nicht.

Für Christen gibt es absolute Grenzen, die sie achten. Von ihrem Verständnis des biblischen Ethos her, das für sie göttliches Willensethos ist und aus dem sie ihren ethischen Wertekanon ableiten, sind sie bereit, diese Grenzen zu respektieren. Da sie den Begriff „Menschenwürde" metaphysisch – d.h. nach biblischer Theologie und christlicher Tradition von der Erschaffung des Menschen im Bild Gottes her – begründen, diese metaphysische Begründung in der Gesellschaft aber schon lange nicht mehr konsensfähig ist, wird es zunehmend schwieriger werden, diese Grenzen aufrechtzuerhalten und sie nicht zu überschreiten. Ob sie als prophetische Rufer noch gehört werden?

(2) Euthanasie (Sterbehilfe)[477]
(2.1) Die aktuelle Situation

Im April 2001 hat das niederländische Parlament als erstes Land der Welt ein Sterbehilfe-Gesetz verabschiedet, das unter bestimmten Be-

---

[477] Der Begriff heißt wörtlich übersetzt: „schöner Tod" (griech. ευθανασια – *euthanasia*). Zum gesamten Thema vgl. U. Eibach, Sterbehilfe – Tötung aus Mitleid? Euthanasie und „lebensunwertes" Leben, Wuppertal ²1998-, ders., Menschenwürde an den Grenzen des Lebens. Einführung in Fragen der Bioethik aus christlicher Sicht, Neukirchen-Vluyn 2000; M. Herbst, Grenzen der Behandlungspflicht aus der Sicht des Theologen (Kolloquium-Vortrag): „Grenzen der Behandlungspflicht", Klinikum Karlsburg 29.9.1999; ders., Die Grundsätze der Bundesärztekammer zur ärztlichen Sterbebegleitung. Theologische Fakultät der Ernst-Moritz-Arndt-Universität Greifswald, Ringvorlesung „Der Mensch und sein Tod", 28. Oktober 1999; C. H. Ratschow, Wenn Sterbehilfe töten darf. Ethische Erwägungen zur Euthanasie, Wuppertal und Zürich 1992.

dingungen das Recht auf (aktive) Sterbehilfe sanktioniert. Damit ist nach der Einführung der Drogenfreigabe unter bestimmten Bedingungen und der sog. „Homo-Ehe" ein weiteres gesellschaftliches Tabu gebrochen worden, über das nun auch in Deutschland heftig gestritten wird.

Nach diesem Gesetz kann in den Niederlanden unter folgenden Bedingungen der Tod verlangt werden:

- Der Kranke muss freiwillig und wiederholt um Sterbehilfe bitten.
- Sein Zustand muss aussichtslos sein.
- Die Schmerzen müssen unerträglich sein.
- Der Arzt kann nicht allein entscheiden. Immer muss ein zweiter Arzt hinzugezogen werden.

Die Beurteilung der Sterbehilfe in Deutschland hat sich in den letzten Jahren geändert. Trotz ihrer Geschichte sind im Jahr 2001 bereits 78 % der Deutschen Euthanasie-Befürworter. Waren 1992 62 % für ein Sterbehilfe-Gesetz, so sind es 2001 schon 81 %. Ältere Menschen sind pessimistischer als jüngere.[478] Aufgrund der schrecklichen Erfahrungen in der Nazizeit kann Deutschland mit diesem Problem nicht umgehen, als sei es ein ganz normales Thema. Andererseits darf es sich aber durch seine dunkle Geschichte auch nicht hypnotisieren lassen. Dennoch: Die Erinnerungen an das „Gesetz über die Sterbehilfe bei unheilbaren Kranken" von 1939 dürfen nicht erlöschen. Damals wurde auf Drängen des nationalsozialistischen Justizministeriums und der am Vernichtungsprogramm gegen „Ballastexistenzen der Gesellschaft" beteiligten Ärzte, die eine rechtliche Grundlage für ihr Tun wollten, ein Gesetz formuliert, in dem es in § 1 hieß: „Wer an einer unheilbaren oder sicher zum Tode führenden Krankheit leidet, kann auf sein ausdrückliches Verlangen mit Genehmigung eines besonders ermächtigten Arztes Sterbehilfe durch einen Arzt erhalten."[479] Die Parallele zum niederländischen Text drängt sich im Kern geradezu auf.

---

[478] Die Zahlen sind vom Direktor des Meinungsforschungsinstituts Emnid, K. P. Schöppner, in: DIE WELT vom 12.04.2001, S. 5.
[479] Vgl. auch K. Nowak, „Euthanasie" und Sterilisierung im „Dritten Reich", Weimar ³1984.

Während eine wachsende Mehrheit Sterbehilfe fordert, gibt es ebenso klare Kritik, besonders aus der Ärzteschaft und den Kirchen. Die Ärzte, weil sie „menschenwürdiges" Sterben nicht als Sieg, sondern als Niederlage empfinden und weil gerade auf ihnen die Verantwortung lastet, über Menschenleben entscheiden zu müssen. Außerdem geraten sie in eine Grauzone, weil es klare Grenzen nicht geben kann und ein Ermessensspielraum immer bestehen bleibt.

Auch hier bei der Euthanasie wird – noch stärker als bei der Beurteilung der Abtreibung – von unwürdigem und würdigem Leben gesprochen, d.h. es wird mit dem Begriff der Menschenwürde argumentiert. Was genau darunter zu verstehen ist, wird unterschiedlich beurteilt (s.o.).

Wenn darunter die von Kant ausgelöste Wirkungsgeschichte des selbstbestimmten und freiheitlich entscheidenden Menschen verstanden wird, der dadurch Würde erhält, dann trifft Würde nicht mehr auf das Wesen zu, das diese Fähigkeiten nicht (mehr) hat. Dieser Ansatz, der dem modernen Denken letztlich zugrunde liegt (auch wenn Kant davon kein Recht auf Tötung abgeleitet hat), hat natürlich erhebliche Auswirkungen auf die ethische Beurteilung der Euthanasie! Da spielt es dann keine große Rolle mehr, wenn man, um die Euthanasie zu begründen und sie zu befürworten, vom Recht auf menschenwürdiges Sterben spricht – und darunter lediglich die menschenwürdigen Bedingungen versteht, unter denen ein Mensch stirbt! Wenn also ein nicht mehr freiheitlich und durch selbstbewusste Interessen bestimmtes Leben des Menschen unwürdig wäre, dann gäbe es tatsächlich ein „menschenunwürdiges" und „lebensunwertes" Leben und Sterben, und dann wäre es unverantwortlich, einen solchen Menschen dahinvegetieren zu lassen und ihn nicht zu töten. Eigentlich bestünde nach diesem Verständnis dann sogar eine ethische Pflicht, unwürdiges Leben zu töten!

Es muss ganz klar darauf hingewiesen werden, dass eine Gesellschaft, die die vorgeburtliche Tötung von menschlichen Lebewesen moralisch und rechtlich billigt, die weiterhin im Begriff ist, das deutsche Embryonenschutzgesetz internationalen (zumindest europäischen) Bedingungen anzupassen – d.h. die Selektion und die genetische Manipulation von Embryonen zuzulassen, auch den Lebensschutz endenden Lebens zu lockern bereit ist. „Argumentationen, die am Anfang des Lebens anerkannte ethische Begründungen für die Tötung des sich entwickelnden Lebens liefern sollen, können am Ende des Lebens nicht grundsätzlich falsch sein."[480]

(2.2) Die Beurteilung aus utilitaristischer, ärztlicher und christlicher Sicht

Der australische Bioethiker *Peter Singer* meint, dass „Euthanasie nichts Schreckliches an sich" hat[481]. Er unterscheidet zwischen freiwilliger Euthanasie, die erlaubt sein soll und unfreiwilliger Euthanasie, für die es keine Rechtfertigung gibt, wenn Menschen sich dafür entscheiden, weiterleben zu wollen. Eine dritte Kategorie schafft er durch den Begriff „nicht freiwillige Euthanasie", den er so definiert: „Wenn ein menschliches Wesen nicht fähig ist, die Entscheidung zwischen Leben und Tod zu verstehen, dann wäre die Euthanasie weder freiwillig noch unfreiwillig, sondern nicht freiwillig. In dieser Situation sind schwer missgebildete oder stark zurückgebliebene Säuglinge sowie Menschen, die durch Unfall, Krankheit oder hohes Alter die Fähigkeit auf Dauer verloren haben, das Entscheidungsproblem zu verstehen, ohne dass sie zuvor Euthanasie unter diesen Umständen gefordert oder abgelehnt hätten."[482] Es ist Bräumers Beurteilung zuzustimmen: „Singers ‚nichtfreiwillige Euthanasie' ist ein Mordprogramm, das eindeutig im Widerspruch zu dem Gottesgebot steht: ‚Du sollst nicht morden!' "[483]

Der Hintergrund für Singers provokante Aussagen liegt in seinem Menschenbild und in seiner utilitaristischen Ethik. „Ein Utilitarist wird Lügen unter gewissen Umständen als gut, unter anderen als schlecht beurteilen, je nach den Folgen."[484] Indem er menschliches Verhalten zur bloßen Funktion degradiert, braucht er verantwortliches Handeln nicht einzubinden in einen größeren Wertekanon, sondern

[480] Eibach, Grenzen, S. 141.

[481] P. Singer, Praktische Ethik, Stuttgart 1984, S. 174 (erste Erscheinung 1979 bei Cambridge University Press unter dem Titel „Practical Ethics"); eine gute Auseinandersetzung mit P. Singer liefert auch C. H. Ratschow „Vom Lobe der Mörder lebensunwerten Lebens: Eine Erörterung der Ethik von Peter Singer", in: ders., Wenn Sterbehilfe töten darf. Ethische Erwägungen zur Euthanasie, Wuppertal 1992, S. 34–53.

[482] A.a.O., S. 177f.

[483] Bräumer, Zehn Gebote, a.a.O., S. 118.

[484] Singer, a.a.O., S. 10.

kann es rein konsequentialistisch, im Hinblick auf einen Nutzen beurteilen. Eine Handlung wird ethisch also aus ihren Folgen bestimmt, ihre Moralität aus ihrer Wirkung.[485]

Die praktischen Folgerungen aus Singers Ansatz sind schnell aufgezeigt:

- Verbot der Tiertötung (es sei denn, das Tier leidet und „möchte" sterben);
- Anerkennung der Abtreibung ebenso wie der Kindestötung;
- Verteidigung der Euthanasie, insofern sie im Interesse und im Wunsch der leidenden Person liegt – Nichtpersonen darf man sowieso beseitigen;
- eine Erwägung von Arm und Reich, in der die Armut der sog. Dritten Welt als behebbar dargestellt wird.

Diese Ausführungen zeigen nur, wie weit man mit dieser utilitaristischen Ethik kommen kann, um menschliches Leben der Willkür preiszugeben.

Die Bundesärztekammer ist gegen (aktive) Sterbehilfe. In ihren Grundsätzen zur Sterbebegleitung heißt es:

„Aktive Sterbehilfe ist unzulässig und mit Strafe bedroht, auch dann, wenn sie auf Verlangen des Patienten geschieht. Die Mitwirkung des Arztes bei der Selbsttötung widerspricht dem ärztlichen Ethos und kann strafbar sein. Diese Richtlinie kann dem Arzt die eigene Verantwortung in der konkreten Situation nicht abnehmen. Maßnahmen zur Verlängerung des Lebens dürfen in Übereinstimmung mit dem Willen des Patienten unterlassen oder nicht weitergeführt werden, wenn diese nur den Todeseintritt verzögern und die Krankheit in ihrem Verlauf nicht mehr aufgehalten werden kann. Bei Sterbenden kann die Linderung des Leidens so im Vordergrund stehen, dass eine möglicherweise unvermeidbare Lebensverkürzung hingenommen werden darf. Eine gezielte Lebensverkürzung durch Maßnahmen, die den Tod herbeiführen oder das Sterben beschleunigen sollen, ist unzulässig und mit Strafe bedroht. ...

Bei Neugeborenen mit schwersten Fehlbildungen oder schweren Stoffwechselstörungen, bei denen keine Aussicht auf Heilung oder Besserung besteht, kann nach hinreichender Diagnostik und im Einvernehmen mit den Eltern eine lebenserhaltende Behandlung, die ausgefallene oder ungenügende Vitalfunktionen ersetzt, unterlassen oder nicht weitergeführt

---

[485] Ratschow, a.a.O., S. 38.

werden. Gleiches gilt für extrem unreife Kinder, deren unausweichliches Sterben abzusehen ist und für Neugeborene, die schwerste Zerstörungen des Gehirns erlitten haben. Eine weniger schwere Schädigung ist kein Grund zur Vorenthaltung oder zum Abbruch lebenserhaltender Maßnahmen, auch dann nicht, wenn Eltern dies fordern. Ein offensichtlicher Sterbevorgang soll nicht durch lebenserhaltende Therapie künstlich in die Länge gezogen werden. Alle diesbezüglichen Entscheidungen müssen individuell erarbeitet werden. Wie bei Erwachsenen gibt es keine Ausnahmen von der Pflicht zu leidensmindernder Behandlung, auch nicht bei unreifen Frühgeborenen.

Patienten mit einer lebensbedrohenden Krankheit, an der sie trotz generell schlechter Prognose nicht zwangsläufig in absehbarer Zeit sterben, haben, wie alle Patienten, ein Recht auf Behandlung, Pflege und Zuwendung. Lebenserhaltende Therapie einschließlich – gegebenenfalls künstlicher – Ernährung ist daher geboten. Dieses gilt auch für Patienten mit schwersten cerebralen Schädigungen und anhaltender Bewusstlosigkeit (apallisches Syndrom, so genanntes Wachkoma).

Bei fortgeschrittener Krankheit kann aber auch bei diesen Patienten eine Änderung des Therapiezieles und die Unterlassung lebenserhaltender Maßnahmen in Betracht kommen. So kann der unwiderrufliche Ausfall weiterer vitaler Organfunktionen die Entscheidung rechtfertigen, auf den Einsatz substituierender technischer Hilfsmittel zu verzichten. Die Dauer der Bewusstlosigkeit darf dabei nicht alleiniges Kriterium sein. Alle Entscheidungen müssen dem Willen des Patienten entsprechen. Bei bewusstlosen Patienten wird in der Regel zur Ermittlung des mutmaßlichen Willens die Bestellung eines Betreuers erforderlich sein."[486]

Die Ausführungen zeigen die schwierige differenziert zu behandelnde Situation und die Möglichkeiten, die einen ethischen und moralischen Ermessensspielraum bieten.

Die christlichen Kirchen sind gegen Euthanasie, weil es für sie aufgrund des Gebots: „Du sollst nicht morden!" grundsätzlich kein Recht auf Tötung gibt und die Überzeugung von der Unverfügbarkeit menschlichen Lebens als Grundgesetz christlicher Ethik bestehen bleibt. Keiner hat das Recht, über wertes und unwertes Leben zu entscheiden. Wer sich dieses Recht dennoch nimmt, muss eigenmächtig Kriterien finden, nach denen die Handlung ethisch legitimiert wird. Wer will aufgrund welcher Beurteilungen aber solche Kriterien auf-

---

[486] http://www.bundesaerztekammer.de/ (11.05.01, 21.20 Uhr).

stellen, die dem grundsätzlichen „Wert" Leben entsprechen? Wer will letztlich beurteilen, wann ein Mensch unerträgliche Schmerzen hat? Wer will unterscheiden zwischen körperlichem und seelischem Leiden? Wer will über das Leben eines anderen Menschen das Urteil sprechen? Wer darf es?

Bereits hier wird deutlich, dass man im Blick auf das menschliche Leben nicht von einem Wert sprechen kann, der „verhandelbar" wäre. Menschliches Leben ist grundsätzlich unverfügbar. Die im Grundgesetz verankerte Unantastbarkeit und Unverfügbarkeit menschlichen Lebens muss uneingeschränkt sowohl für vorgeburtliches Leben als auch für die letzte Lebensphase gelten.

In der *Stellungnahme des Vorsitzenden der Deutschen Bischofskonferenz, Kardinal Karl Lehmann, zur Legalisierung der aktiven Sterbehilfe in den Niederlanden* heißt es:

„Jede Form aktiver Sterbehilfe ist Tötung eines Menschen und deshalb aus christlicher Sicht unannehmbar. Das Leben ist uns nicht frei verfügbar, sondern ein Geschenk Gottes.

Niemand hat das Recht über den Wert oder Unwert eines menschlichen Lebens zu entscheiden. Jeder Mensch hat seine Würde und sein Lebensrecht von Gott her. Die Legalisierung der aktiven Sterbehilfe ist ein Dammbruch, der den Respekt vor dem menschlichen Leben relativiert. Es ist zugleich ein Kulturbruch, der gerade im werdenden Europa schädlich ist.

Wenn eine Gesellschaft glaubt, das Leiden sterbenskranker Menschen durch vorzeitige Tötung aus der Welt zu schaffen, handelt sie zutiefst unmenschlich. Wenn wir Menschen in Situationen, in denen sie am hilfsbedürftigsten sind, keine menschliche und medizinische Begleitung mehr geben und ihnen stattdessen selbst die Entscheidung aufbürden, sich vorzeitig töten zu lassen, sind wir bereits mitten in einer „Kultur des Todes". Angesichts der heutigen medizinischen Möglichkeiten, gerade auch im Bereich der Schmerztherapie, ist es unbegreiflich, dass sich Ärzte in den Niederlanden zur Verfügung stellen, den vorzeitigen Tod kranker Menschen gezielt herbeizuführen, statt sie in dieser schwierigen Situation zu begleiten.

Wir begrüßen, dass in Deutschland menschenwürdige Sterbebegleitung einen hohen Stellenwert hat. Die verschiedenen Initiativen von Kirchen und anderen Gruppen, besonders auch in der christlich orientierten Hospizbewegung, verdienen auf diesem Gebiet Aufmerksamkeit und unsere Unterstützung. Menschenwürdige Sterbebegleitung beinhaltet medizinische, menschliche und seelsorglich optimale Betreuung bis zum Ende, damit jeder Einzelne frei von Schmerzen, Angst und Unruhe seinen individuellen Tod sterben darf."[487]

Ebenso zeigt die Stellungnahme des EKD-Ratsvorsitzenden, Präses Manfred Kock, Düsseldorf, zur gesetzlichen Freigabe aktiver Sterbehilfe in den Niederlanden Übereinstimmung in der ethischen Beurteilung dieses Problems.

„Das ist ein Dammbruch", kommentiert er. „Erstmals wird ärztliches Handeln nicht als lebensbewahrend und leidensmindernd eingeordnet sondern als leidens- und lebensbeendend durch aktive Tötung." Zu Recht lehnt die ärztliche Standesorganisation in Deutschland eine solche Praxis ab. „Gottes Gebot ‚Du sollst nicht töten' und unsere christliche Überzeugung von der Unverfügbarkeit des menschlichen Lebens stehen der aktiven Sterbehilfe entgegen", stellt Kock fest.

„Hilfe beim Sterben – ja. Hilfe zum Sterben – nein!" Der Ruf nach dem erlösenden Tod sei nicht selten ein Schrei nach Nähe und Begleitung. Deshalb fordert Präses Kock, Sterbenden mit verbesserten Möglichkeiten der Schmerztherapie und zugleich mit menschlicher Nähe in der letzten Phase ihres Lebens zu helfen. „Hierbei hat sich die wachsende Hospizbewegung als Segen erwiesen", sagt Kock. Auch die Rechte der Patienten sollten stärker in den Mittelpunkt gerückt werden, zum Beispiel mit einer „Christlichen Patientenverfügung".

Solange aber sterbende Menschen auf Flure und in Abstellkammern geschoben werden, und solange Ärzte noch nicht umfassend in den Möglichkeiten der Schmerztherapie ausgebildet sind, „ist es zynisch, den Ärzten die Tötung zuzumuten", so Manfred Kock.[488]

Interessant sind die praktischen Erfahrungen mit Euthanasie aus den Niederlanden. Die Hoffnungen, dass sich durch genau formulierte Bedingungen die Praxis der Lebensverkürzung transparenter gestalten und damit kontrollierbarer würden, haben sich nicht erfüllt. Längst haben ausführliche Untersuchungen herausgestellt, dass auch solche Patienten getötet werden, die gar nicht darum gebeten haben. In einer Studie ist von 1000, in einer anderen von 900 Fällen „nicht freiwilliger" Euthanasie pro Jahr die Rede. Längst wurden auch offiziell Fälle von Sterbehilfe gutgeheißen, bei denen es fraglich ist, ob sie als auto-

---

[487] Internet: www.dbk.de vom 12.04.01.
[488] Düsseldorf/Hannover, 11. April 2001; Pressestelle der EKD.

nome Entscheidung des Patienten gewertet werden können.[489] All das zeigt, dass man das Töten von Menschen eben nicht „kanalisieren" kann, wie die Befürworter der Euthanasie immer meinen.

(2.3) Entscheidungshilfen

Da wir es bei der Sterbehilfe mit einem sehr sensiblen Thema zu tun haben, das Betroffene und Angehörige vor nicht geringe Probleme stellt, hilft zur Entscheidungsfindung vielleicht zunächst eine Begriffsklärung.[490] Es ist hilfreich, zunächst zwischen *Sterbebegleitung* und *Sterbehilfe* zu unterscheiden. Bei Sterbehilfe (der Begriff „Euthanasie" wird in Deutschland aus historischen Gründen nicht benutzt) muss geklärt werden, ob Hilfe *beim* Sterben geleistet wird oder Hilfe *zum* Sterben. Benutzt man diesen Begriff der Sterbehilfe (und so wird er meistens benutzt, da die andere Variante besser mit Sterbebegleitung bezeichnet wird), wird darum meistens unterschieden zwischen aktiver, passiver und indirekter Sterbehilfe.

Aktive Sterbehilfe ist ein ärztliches Tun, das die Tötung eines anderen Menschen beabsichtigt. Diese aktive Sterbehilfe kann „auf Verlangen" des Patienten geschehen. Sie kann aber auch als „nichtfreiwillige" Sterbehilfe geschehen etwa bei nicht mehr einwilligungsfähigen Patienten. Und sie kann als unfreiwillige Sterbehilfe gegen den Willen des Patienten geschehen, wobei diese Variante in der gegenwärtigen Diskussion durchweg verworfen wird.

Von diesen Formen der aktiven Sterbehilfe (und davon ist in den o.g. Stellungnahmen durchweg nur die Rede als Reaktion auf die in den Niederlanden erlaubte aktive Sterbehilfe) ist die *indirekte Sterbehilfe* zu unterscheiden. Sie hat nicht den Tod eines Menschen zum Ziel, sondern z.B. die Bekämpfung von Schmerzen. Dabei nimmt die indirekte Sterbehilfe aber billigend in Kauf, dass durch die Dosierung der Medikamente der Tod früher eintritt, als es sonst geschehen wäre. Hier geht es um das so genannte „Prinzip der doppelten Wirkung": Die Medikamentengabe kann z.B. sowohl die Schmerzstillung als

---

[489] A. Kuhlmann, „Hollands gefährliches Experiment", in: „DIE WELT" vom 12.04. 2001; ders., Politik des Lebens – Politik des Sterbens. Biomedizin in der liberalen Demokratie, Berlin 2001.

[490] M. Herbst, Die Grundsätze der Bundesärztekammer zur Sterbebegleitung. Theologische Fakultät der Ernst-Moritz-Arndt-Universität Greifswald, Ringvorlesung „Der Mensch und sein Tod" am 28. Oktober 1999.

auch die Lebensverkürzung zur Folge haben. Die indirekte Sterbehilfe wird von fast allen am ethischen Diskurs Beteiligten toleriert.

Neben der aktiven und der indirekten Sterbehilfe wird dann immer wieder von *passiver Sterbehilfe* gesprochen. Dabei ist vor allem an die Begrenzung von therapeutischen Maßnahmen gedacht. Der Arzt verzichtet angesichts der Aussichtslosigkeit der Erkrankung auf mögliche therapeutische Mittel: Er behandelt z.B. bei einem Wachkoma-Patienten die Niereninsuffizienz nicht mehr mit der durchaus denkbaren Dialyse. Es kann damit auch der Abbruch einer begonnenen Therapie gemeint sein, die aber ihr ursprüngliches Ziel nicht mehr erreichen kann. Es kann z.B. bei einem sterbenden Patienten die Beatmung abgebrochen werden. Dies alles wird oft zusammengefasst als „passive Sterbehilfe".

Dieser Begriff ist insofern irreführend, als diese Sterbehilfe gar nicht passiv geschieht, sondern aufgrund einer aktiven Entscheidung des Arztes, die Behandlung abzubrechen und so den Tod des Patienten willentlich und bewusst herbeizuführen. Ob es sich dabei um eine aktive Tötung durch den Arzt – wie in den Niederlanden möglich – oder um eine aktive „passive" Unterlassung weiterer Hilfe – wie in Deutschland – handelt, ist Ursache eines heftigen Streits zwischen Medizinethikern.[491]

Dennoch sollte man durchaus zwischen *Tötung* und *Sterbenlassen* unterscheiden.

Sterbenlassen ist das Eingeständnis des Arztes, dass wirklich alle Versuche der Therapie (auch einer dauernden) mit dem Ziel des Erhalts des Lebens und der Rekreation des Organismus nicht mehr möglich sind. Die Vergeblichkeit des ärztlichen Bemühens wird deutlich, der Organismus geht seiner endgültigen Desintegration entgegen, der Patient wird sterben. Dann ist eine kurative Therapie abzubrechen. Das Ziel ist ja nicht mehr zu erreichen, die Rechtfertigung für die Therapie ist damit entfallen. Jetzt kann der Arzt nur noch dem Sterben Raum geben. Er zieht sich nicht zurück, aber er hält den Sterbenden im Sterben auch nicht mehr auf. Er begleitet, indem er Schmerzen, Übelkeit und Atemnot bekämpft, für eine gute Pflege sorgt und menschlichen Beistand bietet. Stirbt der Patient nun, dann stirbt er an seiner Krankheit, die nicht mehr zu besiegen war. Auch wenn der Arzt

---

[491] M. Herbst, a.a.O., S. 4.

etwa die Beatmung abstellt, ist nicht das, sondern der Desintegrationsprozess des Organismus die Ursache für das Sterben.

Etwas ganz anderes ist es, wenn der Arzt den Patienten tötet. Dann wird nicht einem notwendigen inneren Prozess der Desintegration nachgegeben, es wird vielmehr der Organismus von außen attackiert, geschädigt und überwältigt. Die Negativität trifft den Organismus von außen; das Töten wendet sich direkt gegen den Organismus. „Die Unterschiede sind also gravierend: hier ein Nachgeben gegenüber einem Sterbeprozess, dort ein aktives Überwältigen. Hier ein Verzicht auf therapeutische Maßnahmen, die ihr Ziel nicht mehr erreichen können, dort ein Eingriff, der sich aktiv gegen den Organismus wendet. Hier das Nachgeben, dort die Absicht zu töten. Hier ein Eingestehen der ärztlichen Ohnmacht, dort ein Mächtigbleiben auch im Sterben. Hier ein Gewährenlassen, das dem Sterben Raum gibt, wann immer es eintritt, dort ein Bestimmen, das das Sterben in den Griff bekommt und dessen Erfolg der eingetretene Tod ist. Hier ein Ja zu dem verfügten Tod, dort ein Ja zu dem gemachten Tod. Hier der Verzicht auf ein ärztliches Urteil über den Wert dieses Lebens, dort das ärztliche Votum, dieses Leben sei besser nicht mehr und müsse darum auch beendet werden. Hier der Respekt gegenüber dem Leib des sterbenden Menschen als dem Wohnsitz seiner Persönlichkeit, dort aber die Unterscheidung zwischen der Persönlichkeit, der geholfen werden soll, und dem Leib, der aus genau diesem Grunde vernichtet werden muss. Kurzum: hier ein Sterbenlassen, dort ein Akt der Tötung."[492]

Diese differenzierten Ausführungen zeigen, wie schwer es ist, im Einzelfall zu entscheiden. Die medizinischen Möglichkeiten der Lebensverlängerung sind mittlerweile so weit fortgeschritten, dass nicht jede Lebensverlängerung unter allen Umständen dem Wohl und der Würde des Menschen dient. Also kann man sagen, dass es der Würde des Menschen entspricht, wenn man ihn sterben lässt, wenn alle medizinischen Möglichkeiten sein Leid nur mehren, statt es zu mindern. Wenn die Medizin dann den Kampf um das Überleben des Patienten aufgibt, dann tötet sie ihn nicht, sondern lässt dem verfügten Schicksal seinen Lauf. Sie respektiert die ihr gesetzte Grenze. Das steht ihr gut an. Aber sie zieht sich dann auch nicht vom Patienten zurück, sondern wahrt seine Würde als Person, indem sie seine Grundbedürfnisse be-

---

[492] M. Herbst, a.a.O., S. 5.

friedigt. Sie gibt also den Kampf um das Überleben auf und konzentriert sich auf die Bewahrung der Würde der Person, indem sie ihm beim Sterben hilft. Damit wird aber auch jedes Lebenswerturteil abgelehnt. Von der Nicht-Sinnhaftigkeit der medizinischen Bekämpfung einer Krankheit wird nicht auf die Sinn- und Wertlosigkeit des Lebens geschlossen, so dass etwa auf die Basispflege verzichtet oder der Mensch gar getötet werden könnte.

Das erfordert eine Verstärkung der Palliativmedizin, die besonders in ihrer schmerzlindernden Kompetenz angewandt werden muss, aber auch (erweitert werden muss) durch die seelsorgliche Sicht des Menschen, die ihn annimmt und pflegt. Ein Mensch, der in dieser Weise Geborgenheit erfährt, wird in der Regel nicht mehr nach der tödlichen Spritze fragen.[493] Hier sind christliche Diakonie-Fachleute gefragt, die Bedingungen für solche Hilfen zum würdevollen Sterben eines Menschen schaffen und die mit ihrer Motivation von Glaube und Liebe, ihrer fachlichen Kompetenz und reichen Erfahrung dazu beitragen, dass ein würdevolles Sterben angesichts der schrecklich kalten Atmosphäre der Euthanasie ermöglicht wird. Dieser Ethik der Barmherzigkeit ist aus christlicher Sicht einer Ethik der Stärke und der Verfügungsgewalt der Vorzug zu geben.

4.2.3 Das siebte Gebot: Du sollst nicht ehebrechen!

Bei keinem der anderen Gebote wird der sog. „Wertewandel" in unserer Gesellschaft so gravierend sichtbar wie bei dem siebten Gebot. Das Gebot, die Ehe nicht zu brechen, setzt ein Verständnis von Ehe voraus, das es so in großen Teilen der Gesellschaft schon lange nicht mehr gibt.[494]

Wenn die Entwicklung der Geburten, aber auch der Eheschließungen und -scheidungen die Einstellung der Gesellschaft zu Ehe, Familie und Kindern widerspiegelt, dann ist durch die seit Jahren zu beobachtende rückläufige Tendenz an Geburten und Eheschließungen auf der einen und die Zunahme der unverheiratet zusammenlebenden Paare

---

[493] M. Herbst, Grenzen der Behandlungspflicht aus der Sicht eines Theologen, 29. 9. 1999, Klinikum Karlsburg.

[494] Über den Wertewandel in der Sexualethik; vgl. U. Eibach, Liebe, Glück und Partnerschaft. Sexualität und Familie im Wertewandel, Wuppertal 1996.

sowie Scheidungen auf der anderen Seite eine sich wandelnde Einstellung zu der Institution Ehe und Familie zu konstatieren.[495] Den äußeren Zahlen der Statistik liegen – abgesehen vom demographischen Faktor, der nicht unerheblich ist – natürlich Motive zugrunde, die sich soziologisch, vor allem aber auch ethisch begründen lassen. Besonders die Einstellung von Frauen hat sich geändert. Ausbildung und Beruf sind weit höher gewertete Ziele als Hausfrau und Mutter. Die Selbstverwirklichung im Beruf stellt sich – vor allem für Frauen mit höherer beruflicher Qualifikation – als echte Alternative zur Familiengründung und schließlich auch zur Ehe dar. Die Folgen dieses Bewusstseinswandels sind hinreichend bekannt.

Neben diesen mehr soziologischen Entwicklungen sind es aber vor allem die moralischen Veränderungen, die – im Vergleich zu den Wertvorstellungen vergangener Jahrzehnte – ein neues Bild ergeben. Seit der sog. „sexuellen Revolution" der späten 60er-Jahre (ein starker Begriff, der in der Sache aber gerechtfertigt ist), die mit den kulturellen und gesellschaftlichen Veränderungen der damaligen Zeit einherging, hat sich eine Liberalisierung der Wertvorstellungen ergeben, die – im Zusammenhang mit dem starken Trend der Individualisierung – zu einem starken Streben nach Autonomie und Befriedigung individueller Bedürfnisse geführt hat.[496] Wenn konsequente Selbstbestimmung und – damit verbunden – individuelles Glücksstreben zu höchsten Werten des Lebens avancieren, dann darf man sich nicht wundern, dass das gravierende Auswirkungen auf die traditionellen Auffassungen von Ehe und Familie, auf Verbindlichkeit und Treue hat. Wenn gut nur das ist, was „mir gut tut", dann gilt das eigene Wohlbefinden mehr als das des Partners. Gerechtfertigt werden dann alle Arten von Lebensformen, die dem eigenen Glück dienen.

Ein zusätzlicher Faktor für die Liberalisierung sexueller Normen sind nicht zuletzt die „technischen" Voraussetzungen – chemische und andere Verhütungsmittel –, die die Voraussetzung dafür geschaffen haben, dass Sexualität – abgekoppelt von den biologischen Konsequenzen (Schwangerschaft) – als reines Lusterleben gesehen und praktiziert wird. Die einzige sexuelle Aufklärung für junge Leute

---

[495] Zahlen des Statistischen Bundesamtes im Internet: http://www.statistik-bund.de/basis/d/bevoe/bevoetxt/htm
[496] Vgl. H. G. Ziebertz, Sexualität im Wertepluralismus, Mainz 1991.

scheint heute lediglich darin zu bestehen, den richtigen Gebrauch von Präservativen zu lernen. Eheethik gilt für aufgeschlossene Zeitgenossen als überholt.

Nachdem die sexuelle Beziehung eines Ehepartners zu einer dritten Person während der bestehenden Ehe in Deutschland schon lange nicht mehr unter Strafe steht[497], gilt Ehebruch heute in unserer Gesellschaft nicht mal mehr als ein Kavaliersdelikt, sondern als eine von der Mehrheit akzeptierte Möglichkeit lustorientierten und selbstverwirklichten Lebens. In den Medien und der Werbung wird Ehebruch geradezu propagiert. Die Ehe wird dabei nur noch als ein Relikt längst vergangener Zeiten verstanden, dessen morsches Gerüst für moderne Lebensentwürfe schon lange nicht mehr trägt. Lebenslange, verbindliche und exklusive Treuegemeinschaften zwischen zwei Menschen gibt es offenbar nur noch unter einigen ganz wenigen Exoten, die vom Aussterben bedroht sind. Dieses konservative Modell, das jahrhundertelang einer der tragenden Grundwerte der abendländischen Geschichte war, wird konsequent abgebaut und durch neue Formen des Zusammenlebens ersetzt. Dabei muss man zwischen tatsächlich gelebten und juristisch sanktionierten Modellen unterscheiden. Denn dass Menschen unverheiratet zusammenleben, dass homosexuelle Partnerschaften, bi- und heterosexuelle mit und ohne Kinder, zeitweise oder auf Dauer längst gesellschaftliche Realität sind, ist jedem klar. Allein die gesetzliche Anerkennung schwuler Lebensgemeinschaften wird erst in unserer Zeit Wirklichkeit. Man will – so die paradoxe Argumentation – die Benachteiligung homosexueller Lebensformen beenden und sie der Ehe offiziell gleichstellen mit allen Rechten und Pflichten (finanzielle Absicherung, Verpflichtung im Trennungsfall, Erbe, Kinderregelung usw.). Dass dabei die Ehe als schützenswerte und die Gesellschaft tragende Institution abgewertet wird, wird übersehen.

Die Entwicklung zum ehelosen Zusammenleben (Konkubinat[498]) lässt sich seit dem zweiten Weltkrieg deutlich erkennen. Angefangen hatte es mit der sog. „Onkelehe" zwischen ledigen Männern und Krie-

---

[497] Brockhaus-Enzyklopädie in 24 Bänden, Ehebruch, Mannheim 1988, Bd. 6, S. 125.
[498] Gesetzlich tolerierte außereheliche Geschlechtsgemeinschaft. Schon in der Antike, z.B. zwischen einer Freigelassenen und einem Unverheirateten bekannt und propagiert, heute ebenfalls bereits fast allgemein anerkannt. Vgl. auch M. Seitz, „Konkubinat und Kirchenrat", in: O. Bayer (Hrsg.), Ehe. Zeit zur Antwort, Neukirchen 1988, S. 120; Bräumer, a.a.O., S. 178ff ; Thielicke, ThE III, S. 2248ff.

gerwitwen, die ihre Rente nicht verlieren wollten. Hier liegt allerdings bis heute eine fragwürdige Gesetzgebung vor, die solche Pensionärs-Konkubinate geradezu fördert.[499] Trotzdem ist es einem kirchlichen Amtsträger sicher nicht gestattet, angesichts finanzieller Härte eine sog. Onkelehe im Namen der Kirche zu schließen.

Im Zuge der 68er-Bewegung zogen Studenten unverheiratet zusammen. War sogar das Übernachten von unverheirateten Paaren im gleichen Hotelzimmer für eine ganz kleine Zeit bundesrepublikanischer Wirklichkeit offiziell nicht erlaubt, so staunt heute das Gros der Deutschen über derlei Spießigkeit kleinbürgerlicher Konventionen und kann darüber nur lachen.

Die Devise lautet stattdessen: Konventionelle Ehe ist eher hinderlich. Natürlich braucht man individuelle Sicherheiten, aber die kann man, wenn man dennoch heiratet, vorher bereits in den Trennungsmodalitäten notariell abklären und durch einen wasserdichten Ehevertrag festlegen. Dass man lebenslang zusammenbleibt, das kann heute keiner mehr so recht glauben. Die höchste Verbindlichkeit reicht gerade mal für einen bestimmten Lebensabschnitt mit einem Partner – mehr ist nicht drin. Für diesen Abschnitt will man aber auch Treue!

Ist das siebte Gebot noch zeitgemäß? Hat es noch eine aktuelle Bedeutung? Gilt es noch in unserer Zeit? Wenn ja, warum und wie?

4.2.3.1 *Die Grundordnung des Zusammenlebens von Mann und Frau*

Inhaltlich ist das Verbot, die Ehe zu brechen, „Wegweisung für den Umgang mit der Sexualität" im umfassenden Sinn. Es wendet sich deshalb an alle Menschen: „An Verheiratete, an alle, die aus freiem Entschluss oder ungewollt aufgrund einer bestimmten Lebensführung ehelos leben, an die, die sich auf die Ehe vorbereiten, an die, die nach dem Tod ihres Ehepartners allein zurückgeblieben sind, an Geschiedene. Im Umgang mit der Sexualität kann nicht unterschieden werden zwischen einer Verbindlichkeit in der Ehe und einer Unverbindlichkeit außerhalb oder vor der Ehe."[500] Auch wenn sich nicht alle Menschen durch das Gebot ansprechen lassen, gilt es ihnen doch.

---

[499] Wenn z.B. eine verwitwete Frau bei einer erneuten Eheschließung einen Großteil ihrer Bezüge verliert, dann kann man durchaus von einem „gewissensbedrängenden und vielleicht grausamen Notstand" sprechen (Thielicke, ThE III, S. 2286).

[500] D. Emeis, Kleiner Katechismus. Glaube und Sakrament, Freiburg/Basel/Wien ³1995, S. 196; zit. in: Bräumer, a.a.O., S. 143.

„Wie sollte ich dies große Unrecht tun und gegen Gott sündigen?"
Mit diesen Worten wehrt Josef die Avancen der unbefriedigten Frau
seines Chefs ab, die mit ihm ins Bett will (1Mo 39,9). Damit ist bereits lange vor der Formulierung des Gesetzes „Du sollst nicht ehebrechen!" sein Inhalt bekannt.

*(1) Das Gebot, die Ehe nicht zu brechen, setzt die Ordnung der Ehe
voraus.* Gott weiß offensichtlich um die Zerbrechlichkeit menschlicher Beziehungen, den Hang zur Untreue und die Unfähigkeit, Beziehungen auch unter Schwierigkeiten verbindlich zu leben. Deshalb sein
Gebot, die Ehe nicht zu brechen.

Dieses Gebot steht nicht nur im Dekalog (2Mo 20,14 und 5Mo
5,18), sondern ebenso im Heiligkeitsgesetz. Es wird außerdem in
vielen anderen Zusammenhängen von Regelungen sexueller Beziehungen genannt wie Geschlechtsverkehr mit der Schwiegermutter
oder anderen Verwandten (inzestuöse Verbindungen), Homosexualität
und Sodomie. Auf diese Praktiken stand die Todesstrafe. Auch Vergewaltigung fällt unter dies Verbot Gottes mit allen Konsequenzen für
die Täter. Die Intention für das siebte Gebot im „Eigentumsrecht"
oder im „Anspruch des Ehemannes auf die Sexualität der Frau" zu
sehen – wie von dem einen oder anderen alttestamentlichen Theologen behauptet – ist sicher zu tendenziös gedacht. Letztlich geht es um
die Absicht der Treue, wie es sich im Verhältnis Jahwes zu seinem
Volk zeigt (vgl. die Botschaft Hoseas an sein Volk).

Zunächst: Was ist Ehe überhaupt?

> - Ehe ist die alle Lebensbereiche umfassende lebenslange Ge-
>   meinschaft eines Mannes und einer Frau.
>
> - Sie ist durch das Sündersein des Menschen beständig gefähr-
>   det und muss darum geschützt werden. Das ist der positive
>   Sinn der Verbote der Scheidung und des Ehebruchs.
>
> - Ehe ist aber kein verpflichtendes Ideal für alle Menschen.
>   Volles Menschsein als Mann und Frau kann auch ohne Ehe
>   gelebt werden.

Christus selbst gibt eine Begründung für die Ehe. An entscheidender Stelle spricht Jesus in Mt 19,4ff von der Ehe als *Gabe* und *Ordnung des Schöpfers*, die durch das *Gebot* geschützt wird:

> *„Habt ihr nicht gelesen, dass der, welcher sie schuf, sie von Anfang an als Mann und als Frau schuf und sprach: ,Darum wird ein Mann Vater und Mutter verlassen und seiner Frau anhangen, und es werden die zwei ein Fleisch sein', – so dass sie nicht mehr zwei, sondern ein Fleisch sind? Was nun Gott zusammengefügt hat, soll der Mensch nicht scheiden."*

Ehe ist also nach christlichem Verständnis kein zeit- und kulturbedingtes Gebilde, das jeweils abgeändert, modifiziert oder gar abgeschafft werden könnte, sondern eine von dem Schöpfer verordnete Institution für das ganzheitliche und exklusive Zusammenleben zweier Menschen. Eine Schöpfungsordnung ist nach E. Brunner „eine dem Geschaffenen mitgegebene Ordnung, die durch die Sünde wohl verdeckt und außer Acht gelassen, aber nicht aufgehoben werden kann, eine Ordnung, die auch vom ,natürlichen' Menschen irgendwie gewusst, wenn auch nicht recht erkannt werden kann, sondern erst dem Glauben nach ihrem wahrem Sinn sich erschließt."[501] Dieser Ordnungsbegriff ist, wie die Definition zeigt, nicht ganz unproblematisch. Ordnungen können nicht ohne weiteres aus der Natur (oder Schöpfung) hergeleitet werden. Deshalb muss die Ehe als Ordnung durch das klare Gebot Gottes, das von Jesus aufgenommen und bestätigt wird, begründet werden: „Du sollst nicht ehebrechen!" (2Mo 20,14) und: „Was Gott zusammengefügt hat, das soll der Mensch nicht scheiden!" (Mt 19,5.6).

In dieser Schöpfungsordnung und dem Gebot kann der Glaubende also den Willen Gottes, des Schöpfers erkennen. Und das ist für ihn der Grund, warum ein Mann mit einer Frau in ehelicher Liebe lebenslang verbunden sein soll. Es geht in der Begründung der Ehe also nicht um das formale Verständnis eines ethischen Ordnungsbegriffs, sondern um den konkreten Willen des Schöpfers, der in der Schrift nachzulesen („Habt ihr nicht gelesen ...?") und deshalb bindend ist.

---

[501] Das Gebot und die Ordnungen, S. 329; vgl. Skript von H. Afflerbach, BSW, ETHIK II.

(2) *Der Begriff „Ehe"* wird formal im AT und NT nicht in gleicher Weise wie im Deutschen gebraucht.[502] Stattdessen wird vom Verlassen der Eltern, dem Anhangen seiner Frau und dem Ein-Fleisch-Werden mit ihr (1Mo 2,24), vom Schließen eines Vertrags vor Zeugen im Tor als öffentlich-rechtlicher Akt (Rt 4), vom Schließen eines Bundes (Mal 2,14–16), vom Bezahlen des Brautpreises als Beginn der Verlobungszeit ohne sexuellen Kontakt (1Mo 34,11; 1Sam 18,25; 2Mo 22,15f; 5Mo 22,28f) und von der Heimholung der Braut (1Mo 24,67; Rt 4,11) gesprochen. Das alles begründet die Institution Ehe in der Bibel des Alten und Neuen Testaments.

(2.1) *Der Eheschluss war ein Rechtsakt*, der durch die Zahlung des Brautpreises (*mohar*) vor Zeugen vollzogen wurde. Er galt mehr als unsere Verlobung heute. Er war das Versprechen zusammenzugehören, ohne zusammen zu wohnen, geschweige denn zu schlafen. „Und wer ist der Mann, der sich mit einer Frau verlobt und sie noch nicht zu sich genommen hat?", heißt es in 5Mo 20,7. Auch Maria und Josef, die verlobt waren, hatten noch nicht miteinander sexuell verkehrt (Mt 1,18f). Josef will die Ehre der Maria retten, als er hört, dass sie (nicht von ihm) schwanger ist, und sich von ihr trennen. Die Bibel befürwortet an keiner Stelle eine Vorwegnahme der Ehe.

(2.2) *Das Eheversprechen* selbst bildete die rechtliche Grundlage für das verbindliche Zusammenleben der Eheleute. Es geschah unter Zeugen (zumindest der Familie). In Hes 16,8 heißt es: „Ich schwur dir und trat in einen Bund mit dir, spricht der Herr Jahwe, und du wurdest mein!" Das Bild des Eheschlusses Jahwes mit seinem Volk ist im AT bekannt. In Mal 2,14 wird der Bundes-Charakter der Ehe bekräftigt: „Jahwe war Zeuge zwischen dir und der Frau deiner Jugend, an der du treulos gehandelt hast, wo sie doch deine Gefährtin ist und die Frau deines Bundes. Und hat er sie nicht zu einem gemacht, zu einem Fleisch, in dem ein Geist ist?"

(2.3) *Die festliche Heimholung* der Frau durch den Mann (*haknasah*) war die eigentliche Hochzeitsfeier nach der Zeit der Verlobung (1Mo 24,67; Rt 4,11; Hl 3,11; Jes 61,10; Mt 25). Sie wurde unter Segnung (1Mo 24,60 „... und sie segneten Rebekka"), in festlichem

---

[502] Ehe heißt von seiner Wortbedeutung her: lange Dauer, „Ewe", Ewigkeit. O. Bayer (Hrsg.), Ehe – Zeit zur Antwort, Neukirchen 1988, S. 14, in: Bräumer, a.a.O., S. 167.

Schmuck (Jes 61,10 – Bräutigam; Jer 2,32 – Braut), mit Jubel (Joe 2,16; Ps 19,6; 45,16) und einem Festmahl (1Mo 29,22; Ri 14,19ff) begangen.

(2.4) *Die Grundordnung der Ehe*. Die o.a. Schritte des Eheschlusses werden in dem entscheidenden Wort aus 1Mo 2,24 zusammengefasst: *„Darum wird ein Mann Vater und Mutter verlassen und seiner Frau anhangen, und die beiden werden ein Fleisch sein."*

Diese Grundstruktur der Ehe wird von Jesus in Mt 19,4–5 ausdrücklich als der *Wille des Schöpfers* bestätigt (für alle Menschen) und für *das Reich Gottes* als konstitutiv angesehen. Die Erlösungsordnung des Reiches Gottes hebt diese Schöpfungsordnung nicht auf, das geistliche Element geht nicht auf Kosten des geschöpflichen!

Von Paulus wird sie in Eph 5,31 als auch für *die Gemeinde* (als sozusagen innerste Provinz des Reiches) *Gottes* ebenso verpflichtend markiert.

Diese Grundstruktur besteht aus drei Stücken, die den o.a. biblischen Befund markant zusammenfassen:

(a) Das Verlassen als Loslösen von den Eltern wird als Voraussetzung für die Beziehungs- und Bindungsfähigkeit eines Menschen überhaupt angesehen. Ein Mensch muss Vater und Mutter verlassen, d.h. geistig und wirtschaftlich auf eigenen Füßen stehen können, um seiner Frau anhangen zu können. Für Eltern bedeutet das, ihre Kinder auf das Verlassen hin zu erziehen und nicht zu klammern! Immer wieder geht es im Lauf eines Lebens um Verlassen und Neuanfangen. Wer das nicht früh lernt und spätestens im Zusammenhang mit der Partnerschaft praktiziert, wird große Probleme bekommen. „Wenn sich ein Partner nicht von seinen Eltern trennt, hat dies zerstörende Auswirkungen auf die Ehe. Es sind weit mehr Ehen, die aufgrund einer nicht gelösten Elternhausbindung scheitern und zerbrechen als infolge von Partnerkonflikten."[503]

(b) *Das Anhangen* kann nach dem Zeugnis des AT und NT als der öffentlich-rechtliche Eheschluss angesehen werden, der vor Zeugen verbindlich eingegangen wird (s.o.). Unabhängig von der kulturellen Ausgestaltung des „Initiationsritus" einer Ehe bedarf es eines klar

---

[503] H. J. Thilo, Ehe ohne Norm. Eine evangelische Ehe-Ethik in Theorie und Praxis, Göttingen 1978, S. 100, zit. in: Bräumer, a.a.O., S. 145.

erkennbaren öffentlichen Bekenntnisses, weil das Zusammenfinden zweier Menschen zur Ehe nie ein rein subjektives Geschehen ist. Bei jeder Eheschließung geht es um einen objektiven Bezug, der die Beziehung der beiden Menschen von der rein individuellen Ebene auf die soziale Ebene hebt. Gott hat die Ehe als eine Institution gestiftet, über die letztlich kein Mensch verfügen darf. Aber auch die soziale Komponente ist wichtig, um den beiden Menschen einen Schutzraum zu gewähren, den sie für ihre Beziehung benötigen. Jeder muss wissen, ob einer verheiratet ist oder nicht. Aus diesem Grund bedeutet das Anhangen das öffentliche „Zusammenkleben" zweier Menschen, die füreinander bestimmt sind.[504]

(c) Das Ein-Fleisch-Werden schließlich meint die sexuell und personhaft-ganzheitlich vollzogene Einheit zwischen Mann und Frau in der Ehe. Diese geschlechtliche Vereinigung zwischen einem Mann und seiner Frau kann sinnvoll nur in dem Schutz- und Lebensraum der Ehe vollzogen werden. Deshalb steht dieses Element nicht zufällig nach dem „Verlassen" und dem „Anhangen" an dritter Stelle. Jede Art der sexuellen Vereinigung außerhalb (also auch vor!) der Ehe wird in der Bibel nicht gestattet bzw. im NT „Hurerei" – *porneia* genannt.

> Sexualität ist genauso ein Teil der ehelichen Liebesbeziehung wie Eros und Agape.[505] Sie gehört zum Ausdruck der Liebe und muss deshalb sowohl geschützt als auch kultiviert werden. Das Ein-Leib-Werden[506] bedeutet aber nun viel mehr als eine rein körperlich-geschlechtliche Sexualgemeinschaft. Es verbinden sich nicht nur zwei Körper, sondern zwei Menschen in ihrer Ganzheit.[507] Auch eine Aussage wie die in Mal 2,15

---

[504] Das mit „anhangen" übersetzte hebräische Wort *dabaq* bedeutet „zusammenhaften" oder „zusammenkleben".

[505] Die Begriffe werden bei den einzelnen Autoren z.T. in recht unterschiedlicher Bedeutung gebraucht. Vgl. Bräumer, Gebote, S. 146ff; Thielicke, ThE III, S. 1775ff; Bovet, Ehe, S. 9ff; Böttcher, Sexualität, S. 98ff. Einig sind sie sich darin, dass zur personalen Liebe in der Ehe alle drei Komponenten dazugehören. Fehlt einer der drei, wird etwa der Sexus außerhalb der Ehe zu befriedigen gesucht, dann bricht die Ehe.

[506] Das hebräische *basar* meint sowohl „Fleisch" als auch „Leib", so dass tatsächlich auch übersetzt werden kann: und die zwei werden „ein Leib werden".

[507] Auch wenn derselbe Ausdruck von Paulus formal für den Koitus mit einer Hure gebraucht wird (1Kor 6,16), kann dieser Ganzaspekt bei der Prostituierten sicher nicht genauso wie in der Ehe gelten. (Das zeigt sich auch in dem kontrastierenden: „Wer aber dem Herrn anhängt, der ist ein *Geist* mit ihm!", V.17) Die Hure kann nur

weist auf diesen viel tieferen Zusammenhang des Ein-Leib-Werdens hin: „Hat er (Jahwe) sie nicht zu Einem gemacht? Zu einem Leib, in dem Geist ist."

In der Ehe geht es um eine „neue Ganzheit des Menschen", von der die körperliche Einheit nur ein Aspekt ist.[508] Man kann auch sagen: „In der Ehe werden Mann und Frau eine neue Person, die ihre beiden Personen stark macht.[509] Ehe ist eine „totale Leibes-, Liebes- und Lebensgemeinschaft".[510] Sie erschöpft sich nicht im Sexus oder im Eros. Aber auch nicht in einer rein geistlichen (oder platonischen) oder sog. „Josefsehe" (wie das in der Geschichte der Kirche immer wieder mal als besonders geistliche Leistung propagiert worden ist).

Ehebruch ist demnach die Zerstörung dieser totalen und ganzheitlichen Gemeinschaft der Liebe – und zwar von innen wie von außen! Jede Schwächung des anderen, jeder emotionale oder seelische oder geistliche oder körperliche Entzug des Partners kann zum Zerbruch der Beziehung und der Ehe führen. Jede intime Drittbeziehung ist unzweifelhaft ebenso Ehebruch wie das Verhalten des Partners, der den anderen in seiner Einzigartigkeit nicht mehr ernst nimmt. Auch der „völlige Eros-Zerfall"[511] kann das Ende einer Ehe bedeuten. Weil Gott den Menschen als Ganzheit geschaffen hat und sieht, kann auch die Ehe zwischen zwei Menschen nur in dieser Ganzheit gelingen – oder sie scheitert. Wer nur einen Teil will und sich andere Bedürfnisse woanders stillt, der bricht die Ehe.

Ehe wird im AT und auch im NT, von Jesus ebenso wie von den Aposteln, als der Lebensraum angesehen, in dem zwei Menschen, ein Mann und eine Frau, ihre ganze Liebe lebenslang in Treue leben lernen sollen. Es wird also ebenso deutlich, dass in der Bibel Ehe immer auch als Berufung und als Weg gesehen wird, nicht nur als ein statisches Ordnungsgefüge, sondern als ein dynamischer Prozess des Lernens. Nicht zuletzt ist Ehe das Lernfeld Nr. 1 für Liebe, für Vergebung und Geduld, für Annahme und Treue, für Glücklichwerden und Glücklichmachen.

überleben (und einen Rest an Ehre bewahren), wenn sie ihren Körper lediglich als „Instrument" der Lust zur Verfügung stellt und ihre Seele vom Akt selbst abspaltet (vgl. Thielicke ThE III, S. 1892).

[508] H. Baltensweiler, Die Ehe im Neuen Testament, Zürich 1967, S. 21f.
[509] T Bovet, Die Ehe, Tübingen 3. Fassung 1978, S. 19.
[510] Böttcher, Integrierte Sexualität, S. 98.
[511] Thielicke, ThE III, S. 2527.

Weitere ethische Ausführungen zum siebten Gebot finden sich bei den alttestamentlichen Propheten. Dort wird in einer gewissen Schärfe der geistliche Zustand des Volkes mit dem Ehebruch einer untreuen Frau verglichen. Geistlicher und tatsächlicher Ehebruch hängen oft eng zusammen. Auf jeden Fall lässt Gott sagen, dass er den Ehebruch und die Ehescheidung hasst (Mal 2,15b).

Dennoch verschweigt das AT nicht, dass Ehebruch und Scheidung traurige Tatsachen sind (sogar bei Menschen Gottes!). Niemals werden sie gutgeheißen, sondern immer als eine Not mit verhängnisvollen Folgen beschrieben (Abraham, David u.a.). Ehebruch und Scheidung werden nicht als normale Gegebenheiten der Schöpfungsordnung hingenommen, sondern als Auswirkungen der Sünde interpretiert und mit dem Gebot versehen, die Sünde zu überwinden. In der antiken Welt der Knabenliebe und sakralen Prostitution, der Hurerei und sexuellen Ausschweifung war Israels strenges Sexualgesetz einmalig und eine unübersehbare ethische Herausforderung.

(3) Jesus bestätigt das alttestamentliche Gebot. Die Auffassung Jesu ist radikal und total: „Was nun Gott zusammengefügt hat, soll (darf, kann) der Mensch nicht scheiden!" (Mt 19,6).

Die Reaktion der Jünger: „Wenn die Sache des Mannes mit der Frau so steht, so ist es nicht ratsam zu heiraten" (V. 10), zeigt sehr klar, dass sie entsetzt waren über die radikale Ansicht ihres Herrn, mit der er die Unauflöslichkeit der Ehe vertrat. Damit unterschied er sich zweifellos von den Ansichten der Pharisäer zu seiner Zeit, auch von der strengen Schule des Rabbi Schammai. Sie war damals die radikalste und erlaubte im Gegensatz zu Hillel die Scheidung nur bei unzüchtigem Verhalten der Frau und gestattete die Wiederheirat.

Jesus verstand die Ehe als einen von Gott selbst gegebenen, unauflöslichen und unwiderruflichen Treuebund. Seine Argumentation zeigt sowohl den Bezug auf die Ordnung des Schöpfers (Mt 19,4; 1Mo 2,24) als auch das Eingehen auf eine im AT gegebene Notordnung (5Mo 24,1ff) und drittens seine autoritative Weisung (Mt 19,9). Dabei fällt auf, dass sich nach Markus und Matthäus die Gespräche mit den Pharisäern offensichtlich am gleichen Ort abspielen (Mt 19,1; Mk 10,1), sie die gleiche Zuhörerschaft haben (Mt 19,3; Mk 10,2), die gleiche Frage behandeln (Mt 19,3; Mk 10,2), die gleichen alttestamentlichen Zitate (Mt 19,4.5.7; Mk 10,4.6–8), den gleichen Einwand der Pharisäer (Mt 19,7; Mk 10,4) und den gleichen von Jesus ausgesprochenen Tadel (Mt 19,13–15; Mk 10,13–16) erwähnen. Wegen dieser Ähnlichkeit ist wohl auszuschließen, dass Markus und Matthäus sich auf zwei verschiedene Ereignisse und Themen beziehen. Dennoch hat jedes Evangelium seine je eigene Charakteristik und seine Sonderformulierung zu dem Thema!

Markus erwähnt als Einziger der Synoptiker auch die Möglichkeit, dass eine Frau ihren Mann entlässt (Mk 10,1–2; 10,3–5; 10,6–9; 10,10–12). Diese Variante erklärt die heidnischen Adressaten, in deren römisch-griechischer Kultur solches möglich und bekannt war.

Lukas scheint den Vers (Lk 16,18) auf den ersten Blick völlig isoliert vom Kontext zu bringen. Allerdings wird deutlich, dass Jesus den Pharisäern eine Lehre über die Gültigkeit des Gesetzes erteilt. Sie hatten ihm unterstellt, er löse durch die Botschaft vom Reich Gottes das Gesetz auf. Demgegenüber erklärt Jesus in V. 17, dass es leichter ist, dass Himmel und Erde vergehen, als dass ein Jota vom Gesetz hinfällt. Exemplarisch verdeutlicht er das am Thema Scheidung und Wiederheirat: „Jeder, der seine Frau entlässt und eine andere heiratet, begeht Ehebruch; und jeder, der die von einem Mann Entlassene heiratet, begeht Ehebruch." Jesus zeigt an dieser Stelle, dass das Gesetz Gottes nicht durch menschliche Meinungen (mosaisches Zugeständnis, rabbinische Lehrmeinungen) aufgelöst werden kann, und dass es in seiner Gültigkeit besteht, so lange Himmel und Erde bestehen.

Die Ausnahme bei *Matthäus* – „außer aufgrund von Hurerei" (Mt 5,32; 19,9) – weist, je nach Auslegung, auf inzestuöse Beziehungen oder Hurerei (jede Form außerehelicher Geschlechtsgemeinschaft) hin. Auch dieser Vorfall muss nicht zwangsläufig zur Scheidung führen – es gibt die Möglichkeit der Vergebung und Versöhnung – wird aber als Grund von Jesus anerkannt, wenn eine Beziehung scheitert.

Das Zugeständnis, das der Apostel Paulus zusätzlich zu der Lehre seines Herrn macht, bezieht sich auf den Willen des ungläubigen Partners in einer Mischehe (1Kor 7,15).

Die außerordentlich heftige Reaktion der Jünger auf Jesu Worte von Ehebruch, Scheidung und Wiederheirat zeigt, dass für Jesus Scheidung und Wiederheirat offensichtlich nicht dem ursprünglichen Willen Gottes entsprachen (Mt 19,10). Die Ausnahme soll nicht zur Regel oder gar zu einer grundsätzlichen Alternative von vornherein gemacht werden (vgl. die Verweigerung des Kriegsdiensts aus Gewissensgründen, die von vielen heute von vornherein als Alternative zum lästigen Wehrdienst gesehen wird, was sie erklärtermaßen aber nicht ist). Andererseits darf die Ausnahme auch nicht weginterpretiert werden, als ob es keine gäbe.

Jesus will – und das zeigen alle Belege inklusive der matthäischen Aussagen mit der Ausnahmeformel – offensichtlich deutlich klarstellen, dass zwar Scheidung Sünde ist, dass aber das eigentliche Problem gar nicht einmal in der Scheidung selbst liegt (im ganzen NT wird an keiner Stelle die Scheidung explizit als Sünde bezeichnet, obwohl Scheidung nicht dem Willen Gottes entspricht), sondern in der Wiederheirat! Die Trennung einer Beziehung ist demnach, wenn auch nicht gutgeheißen, so doch in den genannten (Mt 5,32; 19,9; 1Kor 7,11) Ausnahmefällen möglich. Die Wiederheirat jedoch ist nach Jesu Worten ausgeschlossen.[512] Damit macht Jesus deutlich, dass die Ehe vor Gott weiterbesteht – auch nach einer Trennung – und erst durch eine Wiederheirat unwiederbringlich gebrochen wird![513]

Was geschieht aber nun, wenn eine Ehe gescheitert ist? Wie sollen Christen nach einer Ehescheidung mit ihrem Trauversprechen und dem Willen Gottes, nicht zu scheiden und wieder zu heiraten, umgehen? Ein Seelsorger wird – aufgrund des Herrenwortes, das von Paulus bestätigt wird (1Kor 7,10–11) – zunächst dazu ermutigen, ehelos zu bleiben oder sich mit dem Partner zu versöhnen. Es gibt Christen, die auf eine neue eheliche Beziehung verzichten und damit ein deutliches Zeugnis der Ehrfurcht vor Gott und seiner Kraft, gegen den

---

[512] An dieser Stelle gehen die Meinungen der Exegeten natürlich auseinander. Während die einen die Ausnahmeregelung nur auf die Scheidung beziehen und nicht auf die Wiederheirat, beziehen die anderen sie auf beides: Scheidung und Wiederheirat. Wenn also ein Partner den anderen aufgrund von Porneia entlasse, dann deshalb, weil dieser bereits die Ehe durch seine Tat gebrochen habe. Aus dieser schuldlosen Entlassung heraus sei demnach eine schuldlose Wiederheirat möglich, weil er die Ehe nicht bräche, sondern weil die Ehe durch Porneia des anderen Partners bereits gebrochen worden sei.

[513] Im Übrigen ist das Thema Scheidung und Wiederheirat zu komplex, als dass es hier mit verarbeitet werden könnte. Vgl. R. und H. Bräumer, Scheidung und Wiederheirat. Eine biblisch-seelsorgerliche Studie, Neuhausen-Stuttgart 1990; R. und H. Bräumer/J. Cochlovius/M. Dieterich, Eine zweite Ehe? Überlegungen zur Wiederheirat Geschiedener, Wuppertal 1992; G. Chapman, Getrennt – für immer?, S. 108, Ahnatal/Kassel 1999; J. Kuberski, „Scheidung und Wiederheirat – was sagt die Bibel?", in: Bibel und Gemeinde 1/1988, S. 66–83; J. C. Laney, ... bis der Tod euch scheidet? Scheidung u. Wiederverheiratung, Dillenburg 1988; G. Naujokat/G. Schröter, Noch allein? Wieder allein? Ledig. Verwitwet. Geschieden, Ahnatal/Kassel; C.-D. Stoll, Ehe und Ehescheidung. Die Weisungen Jesu, Gießen/Basel 1983; J. Stott, Christsein in den Brennpunkten unserer Zeit, Marburg 1988, Bd. 4, S. 43–70; S. 110–130.

Strom zu schwimmen und Neues zu lernen, geben. Das ist – aus verschiedenen Gründen – aber nicht allen Christen möglich. Gibt es dennoch einen Weg des Friedens (1Kor 7,15)?

> Neben der Bestätigung des Verbots von Scheidung und dem Gebot, die Ehe nicht zu brechen, zeigt Jesus aber auch eine neue Dimension des Lebens auf. In der beeindruckenden Geschichte von der Ehebrecherin (Joh 7,53–8,11) weist Jesus auf ein geistliches Prinzip hin, das weit über das formale Einhalten von Geboten hinausreicht. Seine überraschende und bahnbrechende Antwort auf die Anklage der Gesetzeshüter heißt: „Wer unter euch ohne Sünde ist, der werfe den ersten Stein!" (V. 7b). Sie bringt eine Wende bei den legalistischen Anklägern. Sie macht unmissverständlich deutlich: Alle haben gesündigt. Die Anklage muss verstummen, die Ankläger können gehen. Die Vergebung Jesu schafft nun aber nicht das Gebot seines Vaters ab, sondern hilft den Menschen, ihre Übertretung zu überwinden. Jesus bagatellisiert oder ignoriert nicht die Sünde. Aber seine Vergebung ist der Anfang der Überwindung der Sünde. Seine Aufforderung an die schuldig gewordene Frau: „Geh hin und sündige hinfort nicht mehr!" (V. 11b) weist ihr einen gangbaren Weg in die Zukunft.

Für die Wiederheirat Geschiedener bedeutet das: Jede Scheidung ist Sünde und braucht Vergebung! Hat ein Geschiedener Vergebung empfangen und zugesprochen bekommen, kann der Seelsorger ihm nicht weitere Lasten aufbürden. Sind die Möglichkeiten der Versöhnung mit dem geschiedenen Partner gescheitert und sieht sich der Geschiedene frei, wieder zu heiraten, dann kann sich der Seelsorger nicht auf ein direktes Wort, auf eine Weisung Jesu berufen. „Er tut es allein in der Hoffnung auf Gottes Barmherzigkeit und in der Gewissheit, dass Gottes Vergeben ein neu schaffendes Handeln ist. Der Seelsorger bleibt in der Zerreißprobe, sowohl dem Wort von Jesus über die Ehe treu zu bleiben als auch seiner Sendung, Versöhnung zu leben und zu schenken."[514]

4.2.3.2 *Was ist Ehebruch?*

(1) Die „Psychologie des Ehebruchs"
Das Verbot des Ehebruchs wird in der Bibel geradezu flankiert von einer „Psychologie des Ehebruchs" (K. Bockmühl) und der Sünde.

---

[514] Bräumer, Gebote, S. 170.

Immer wieder wird darauf hingewiesen, dass Augen und Herz eine besondere Verantwortung im Umgang mit dem anderen Geschlecht und in der Ehe zukommt. Es wird eine regelrechte Entwicklung zum Ehebruch erkennbar: Zuerst eine bestimmte Verfassung („David aber blieb in Jerusalem, während sein Heer kämpfte ... und erging sich auf dem Dach seines Hauses ...", 2Sam 11,2f), dann der Blick („... da sah er vom Dach aus eine Frau baden. Die Frau aber war von sehr schönem Aussehen ...", V. 2), dann der Gedanke („... er erkundigte sich nach der Frau ...", V. 3), dann das Inanspruchgenommensein („... und er sandte hin und ließ sie holen ...", V. 4) und schließlich die Tat („... und sie kam zu ihm und er lag bei ihr ...", 2Sam 11,4).

Auch in der alttestamentlichen Weisheitsliteratur, wie etwa in den Sprüchen, wird ausführlich und warnend auf diese Zusammenhänge hingewiesen („Lass deine Augen geradeaus blicken! ... Gib Acht auf die Bahn deines Fußes! ... Halt fern von ihr deinen Weg! Komm ihrer Haustür nicht nah! ... Keiner bleibt ungestraft, der die Frau seines Nächsten berührt!" usw., Spr 5 u. 6).

Jakobus sieht einen Zusammenhang zwischen Lust und sündiger Tat: „Ein jeder wird versucht, wenn er von seiner eigenen Lust fortgezogen und gelockt wird. Danach, wenn die Lust empfangen hat, gebiert sie die Sünde; die Sünde aber, wenn sie vollendet ist, gebiert den Tod" (Jak 1,14.15).

Johannes weist im Zusammenhang mit dem, was diese Welt prägt, auf die „Lust der Augen, die Lust des Fleisches und Hochmut" hin, die dem Willen Gottes entgegenstehen (1Joh 2,16). Sie gilt es, im Glauben zu überwinden. „Unser Glaube ist der Sieg, der die Welt überwunden hat" (1Joh 5,4). Das Böse überwinden kann niemand aus eigener Kraft. Wer von sich aus versucht, aus eigener Kraft Gesetze zu halten, wird scheitern. Es bedarf der Kraft Gottes, des neuen Lebens, das Christus durch seine Auferstehung ans Licht gebracht hat, der Kraft des Heiligen Geistes, der ein „Geist der Kraft, der Liebe und Selbstbeherrschung" ist.

Petrus zeigt auf, dass gewisse Irrlehrer diese Gnade und Erlösung nicht kennen. Sie haben „Augen voll Ehebruchs" (2Petr 2,14).

(2) Ehebruch – ein Vergehen gegen den Partner

(2.1) Ehebruch ist der (schleichende) Ausstieg aus der partnerschaft-lichen Zuordnung von Mann und Frau.[515] Gott hat Mann und Frau beide in seinem Bild geschaffen und sie einander zugeordnet in Partnerschaft. Beide sind Partner (Teilhaber) an Gottes Gnade und Verheißung! Das bedeutet keine Gleichmacherei, sondern Gleichwertigkeit und Gleichrangigkeit. Auf diesem Hintergrund bedeutet „der Abbruch der partnerschaftlichen Zuordnung von Mann und Frau infolge der Beanspruchung einer Vorrangstellung eines der beiden Ehepartner" Ehebruch oder zumindest „der Beginn eines Ausstiegs aus der Ehe". Dieser Satz wird nur verständlich auf dem Hintergrund der am häufigsten missverstandenen Texte in diesem Zusammenhang: Eph 5,22ff; Kol 3,18; Tit 2,5; 1Petr 3,1.

Wer meint, sich seine Frau untertan machen zu müssen (oder zu dürfen!), der bricht die Ehe. Paulus sagt ausdrücklich, dass beide Ehepartner sich „einander unterordnen" sollen (Eph 5,21). Die Hauptschaft des Mannes ist kein biologischer oder soziologischer Vorrang vor der Frau, sondern ein „Dienstprimat"[516]. Der Mann soll seine Frau lieben „wie Christus die Gemeinde geliebt und sich selbst für sie hingegeben hat" (Eph 5,25). Wer also auf Kosten des anderen Partners lebt, bricht bereits die Ehe.

(2.2) Ehebruch ist der Ausstieg aus dem Einssein von Mann und Frau. Das Geheimnis einer Ehe ist das Einssein beider Ehepartner. Es zu erhalten, zu festigen, zu sichern, auszubauen und zu vertiefen ist die große lebenslange Herausforderung beider Partner. Ehe funktioniert nur im Miteinander, in der Ergänzung des einen durch den anderen. Die Frau ist nach dem biblischen Schöpfungsbericht dem Mann als Ergänzung, d.h. als vollwertiges Gegenüber gegeben (1Mo 2,18).[517] Eine Ehe, in der sich nicht beide Partner ergänzen, wird früher oder später scheitern. Wo dieses Ergänzen, das „Gegenüber-, Mit-

---

[515] Im Folgenden: Bräumer, Gebote, S. 151ff.

[516] K. Barth, Kirchliche Dogmatik III, Zürich 1951, S. 188ff.

[517] Das hebr. *ezer* bedeutet „Hilfe", nicht „Gehilfin"! Es beinhaltet „die Vorstellung des Schutzes" (ThWAT, Bd. VI, Sp. 14–21, *ezer*). Es wird ergänzt durch die Aussage im Text „die ihm (dem Mann) entspricht", was so viel bedeutet wie: ein Gegenüber sein. Die Frau ist also nicht nur ein ergänzendes Teilchen im Leben des Mannes, sondern vollwertiges Gegenüber, ohne das der Mann unvollständig ist.

einander- und Füreinandersein"[518] aufhört, beginnt die Ehe aufzuhören und zu brechen.

Die intellektuelle, emotionale und körperliche Zuwendung zum Partner, die ganzheitliche Kommunikation darf nicht unterbrochen werden, ohne dass die Beziehung Schaden nimmt. Die Beendigung der intellektuellen, emotionalen, physischen und psychischen Zuwendung zum Partner ist eine Form des Ehebruchs. Zur Liebe gehört auch die Zärtlichkeit und das sensible Eingehen auf die Bedürfnisse des anderen. Sie dauernd zu missachten, sich über die Bedürfnisse des Partners dauernd hinwegzusetzen, ist eine Form des Ehebruchs.

Auch die Beendigung der sexuellen Gemeinschaft – ob es sich dabei um die Forderung nach einem grundsätzlichen Verzicht handelt oder um das schleichende oder abrupte Aufhören – ist ein Indikator für das Zuendegehen einer Ehe. Auch in der Sexualität sind Ehepartner füreinander verantwortlich: „Der Mann leiste der Frau die schuldige Pflicht, ebenso auch die Frau dem Mann" (1Kor 7,3). Die Formulierung „Pflicht" ist natürlich sehr missverständlich und kann in einer gewissen einseitigen Praxis bereits ebenso den „Tod im Topf" bedeuten. Die Aussage geht weiter: „Die Frau verfügt nicht über ihren Leib, sondern der Mann. Ebenso verfügt der Mann nicht über seinen Leib, sondern die Frau" (1Kor 7,4). Damit soll auf die „Hingabe- und Hinnahmebereitschaft", auf das Wechselspiel von Begehren und Gewähren verwiesen werden als Grundlagen sexueller Gemeinschaft. Wenn Ehepartner einander grundsätzlich verweigern[519] (die einzige Ausnahme ist laut Paulus „damit ihr zum Beten Ruhe habt", 1Kor 7,5 – also eine beiderseitige freiwillige Absprache), dann wird damit die Ehe gebrochen.

Von diesem Rat darf nun auf der anderen Seite aber kein Recht auf allzeitige Verfügbarkeit der Frau (oder des Mannes – auch das kommt vor!) als Sexualpartner abgeleitet werden! Wer dies tut, bricht die Ehe ebenso wie der, der sich permanent verweigert! Vergewaltigung in der Ehe ist Ehebruch und ein Ausdruck von Porneia.

Weil Ehe auch kein ausschließlicher Zweckverband zur „Erzeugung von Nachkommen" oder nur eine „Vorstufe für Familie" ist, bekommt die Sexualität in der Ehe einen eigenen Stellenwert. Es ge-

---

[518] Baltensweiler, S. 23, zit. in: F. Horst, Gottes Recht, München 1961, S. 232.
[519] Wörtlich: berauben.

hört daher zum Verantwortungsbereich der Ehepartner, empfängnis-verhütende Mittel einzusetzen. Obwohl Kinder eine „Gabe Gottes" sind, obwohl die „Machbarkeit" eines Kindes nicht in der Hand der Eltern liegt, überträgt Gott den Eltern Verantwortung in der Miterzeugerschaft menschlichen Lebens. Umso erstaunlicher ist es, dass es immer noch Menschen gibt, die gerade an dieser Stelle ihre Verantwortung nicht wahrnehmen wollen. E. Brunner hat Recht, wenn er sagt: „Hier, beim wichtigsten Tun, dessen Menschen fähig sind, soll die Vernunft, die Überlegung, die verantwortliche Besinnung ausgeschaltet werden; hier soll das Waltenlassen des Zufalls als Respekt vor der göttlichen Vorsehung und die verantwortungsvolle Bestimmung als unbefugter Eingriff in das göttliche Allmachtswalten verpönt werden."[520]

(2.3) Ehebruch ist die Zerstörung einer exklusiven Gemeinschaft zwischen einem Mann und einer Frau. Auf den exklusiven Charakter der Ehe ist schon hingewiesen worden. Dies schließt jeden Anspruch Dritter kategorisch aus. Weder Eltern noch Kinder noch Freundschaften dürfen wichtiger sein als die Ehe bzw. der eigene Partner. Nach Gottes Willen gehören „Mann und Frau ... enger zusammen als Eltern und Kinder"[521]. Dies gilt also einmal für die Eltern, die nicht mitbestimmen oder sogar teilhaben sollen. Sie sollen die Kinder freigeben.

> Beeindruckt hat mich als junger Mann der gemeinsame erste Besuch mit meinen Eltern bei meiner gerade verheirateten Schwester. Kurz vor dem Öffnen der Tür sagte mein Vater zu meiner Mutter: „Und denk' dran, wir kommen in einen fremden Haushalt!"

Zum andern gilt das auch für Freunde. Es kann in der Ehe keine Freundschaft zwischen den Geschlechtern geben, die einen der beiden Partner ausschließt. „Der Mann kann keine Freundin haben, die nicht zugleich ohne jeden Vorbehalt die Freundin seiner Frau ist, und umgekehrt: Eine Frau kann keine Freundschaft mit einem Mann pflegen, die den Ehepartner auch nur im Geringsten ausklammert. In zahllosen

---

[520] E. Brunner, Das Gebot und die Ordnungen, a.a.O., S. 353.
[521] Baltensweiler, Ehe, a.a.O., S. 20.

Fällen sind es gerade die besten Freunde, die für Mann und Frau Anstoß oder Anlass zu einem Ehebruch werden."[522]

(3) Der aktive Schutz vor Ehebruch
(3.1) Der Bund mit den Augen. Das älteste Zeugnis der Bibel, das uns eine Strategie gegen den Ehebruch zeigt, ist das persönliche Bekenntnis Hiobs. Er sagt: „... ich hatte einen Bund mit meinen Augen gemacht, dass ich nicht lüstern auf eine Jungfrau blickte ..." (Hi 31,1.7) Auf dieses Wort nimmt Jesus Bezug, wenn er in der Bergpredigt sein berühmtes Wort vom Ehebruch formuliert: „Wer eine Frau ansieht, sie zu begehren, der hat schon Ehebruch mit ihr begangen in seinem Herzen" (Mt 5,28). Die Folge aus dieser Lehre ist nicht die Einführung von Scheuklappen für Männer oder die Verschleierung von Frauen wie im Islam oder anderen Religionen, sondern die Reinheit des Herzens und der Augen. Diese Reinheit ist das Resultat von Reinigung (Hingabe an Gott) und Verantwortung, sowohl beim Mann (wie er Frauen sieht) als auch bei der Frau (wie sie sich kleidet und gibt). Das reine Herz ist die Folge von Gnade. Das Kindergebet „Ich bin klein, mein Herz mach' rein ..." entpuppt sich in diesem Zusammenhang als gar nicht so lachhaft und ist durchaus (oder gerade!) auch für „die Großen" zu empfehlen!

Jesus und die Apostel wollen nicht sagen, dass der Blick an sich böse sei. Das visuelle Wahrnehmen einer schönen Frau kann in ein Lob des Schöpfers münden. Luther hat gesagt, dass man jede Frau ansehen darf, nur nicht wie seine eigene. Wovor Jesus bewahren will, ist das bewusste begehrende Schauen, das lüsterne Gaffen, das intensive Betrachten der Frau, das Anheizen und Stimulieren der Phantasie. Jesus will keine rigorosere oder asketischere Anwendung des Gesetzes, er will keine Scheuklappen, sondern die Erfüllung des Willens Gottes im „Geist der Kraft, der Liebe und der Besonnenheit" (vgl. 2Tim 1,7). Er will, dass Männer zur Treue befreit werden. Er will, dass sie frei werden, Frauen in Würde zu begegnen, ohne sie zu begehren. Er will die Frau vor der Erniedrigung schützen, nur Lustobjekt des Mannes zu sein. Er will sie in ihrer Ganzheit gewürdigt wissen, als gleichwertiges Geschöpf Gottes, das nicht aufgrund ihrer Reize, sondern aufgrund ihrer Ebenbildlichkeit ernst genommen wird.

---

[522] Bräumer, Gebote, S. 145.

Was heißt das heute angesichts von Internet, Fernsehfilmen und Zeitschriften, die alle unaufgefordert und massiv Bilder von Frauen zeigen, viel nacktes Fleisch und Ehebruch verherrlichen? Was heißt das in einer Zeit, in der es alle machen und in der das alles das Normalste der Welt ist?

Männer, die Christen sind, müssen ihren Weg der Freiheit finden, in dieser Welt ein reines Herz zu bewahren. Sie müssen lernen, diszipliniert zu sein und die Medien kritisch zu benutzen. Sie müssen die Fallen kennen. Sie müssen um ihre Schwachheit wissen und sich eingestehen, dass sie versuchlich sind. Sie dürfen Gott um Kraft bitten, ein reines Herz zu bewahren. Sie dürfen lernen, als lebendige Fische gegen den Strom zu schwimmen. Sie dürfen erfahren, dass dieser „Kampf des Glaubens" (2Tim 4,7) lohnt.

(*3.2*) *Offensives Verhalten.* Eine weitere bewährte Strategie in der Bibel ist ein offensives Verhalten, die Flucht nach vorn! Der junge, erfolgreiche und attraktive Manager Josef sieht nur eine Möglichkeit, den Avancen der unbefriedigten Frau seines Chefs zu entgehen, indem er flieht. Flucht zeigt sich hier nicht als Zeichen von Schwäche, sondern als Ausdruck von Charakterstärke. Auch Paulus rät den Korinthern, die in einem erwiesenermaßen sexuell stimulierenden Umfeld lebten: „Flieht die Hurerei!" (1Kor 6,18). Es gibt Situationen, da ist ein naives Offensein für die Sünde, ein spielerisches Eingehen auf die Sünde bereits eine verlorene Schlacht! Es muss uns neu bewusst sein, dass Flucht vor der Hurerei Sieg bedeutet.

4.2.3.3 Die positive Füllung des Gebots

Die „negative" Formulierung „Du sollst nicht ehebrechen" kann zu einer formalen Vermeidungsethik verführen: Wenn man die Ehe nicht bricht, dann ist alles in Butter. Mitnichten. Es geht um viel mehr als die formale Vermeidung von Ehebruch. Man kann Ehe letztlich nur leben, wenn man sie aktiv in Liebe gestaltet. Der beste Schutz vor Ehebruch ist (aus der Sicht der Verheirateten) eine gute, erfüllte und tragfähige Ehe. „Ganz allgemein lässt sich feststellen, dass es zur Untreue mit einem Dritten fast nur in einer von innen her gefährdeten

Ehe kommt, während eine gesunde Ehe praktisch nie gebrochen wird."[523]

Was sind die tragenden Fundamente?

(1) Die Basis gegenseitiger Anerkennung und Wertschätzung. Sie kann eigentlich nur von denen gegeben werden, die sich selbst anerkannt und wertgeschätzt wissen. Wer sich von Gott geliebt und anerkannt weiß, kann auch sich selbst und dann den Partner annehmen. Zum Wertschätzen gehört das unbedingte Ernstnehmen des Partners in seiner Andersartigkeit. Viele Ehen zerbrechen an dieser Stelle. Auch wer den Partner nicht in allem versteht, muss ihn doch in seinen Gefühlen, in seiner Art und in seinem Lebensstil ernst nehmen. Viele Frauen fühlen sich von ihren Männern nicht annähernd verstanden! Umgekehrt ist es natürlich ebenso. Auch viele Männer fühlen sich unverstanden. Ihr Problem ist zudem, dass sie sich oft nicht äußern können (oder wollen!). „Das Schweigen der Männer" ist in vielen Ehen ein Problem. Den andern verstehen und annehmen *wollen*, ist eine wichtige Voraussetzung für eine gelingende Ehe.

(2) Der Wille zur Kommunikation. Dieser Wille zur Kommunikation ist daher die zweite unaufgebbare Bedingung. Man lernt sich nur kennen, wenn man alles miteinander teilt! Wirklich alles zu teilen, fällt vielen Paaren aus verschiedenen Gründen schwer. Aber es gibt keine Alternative zur umfassenden Kommunikation. Sie muss eingeübt werden. Dabei sind die verschiedenen Ebenen (oder Sprachen) der Kommunikation ebenso kennen zu lernen wie die eigenen Vorlieben bzw. Defizite. Auch über die eigenen Schwierigkeiten und Peinlichkeiten zu sprechen, ist ein längerer Lernprozess. Die eigene Meinung – ohne den anderen zu verletzen – kundzutun, ist eine Voraussetzung echter Kommunikation, genauso wie das richtige „Streiten".

(3) Vergebungsbereitschaft und Treue. In einer Ehe geht es ohne Schuldigwerden am Partner, ohne Verletzungen, ohne Missklänge nicht ab. Jeder wird in vielfältiger Weise am anderen schuldig, ob er es merkt oder nicht – immer wieder. Hier gilt es, sensibel zu werden und Vergebungsbereitschaft einzuüben. Das Gespräch nach Auseinandersetzungen und dem Schuldigwerden zu suchen, ist geradezu überlebensnotwendig. Es beinhaltet sowohl die konkrete Bitte um

---

[523] Bovet, a.a.O., S. 33.

Vergebung bei dem, der schuldig geworden ist, als auch die Gewährung derselben bei dem, der darum gebeten wird.

Die Krönung jeder Ehe ist (nach Bockmühl), „wenn Mann und Frau Mitarbeiter werden wie Priscilla und Aquila" (Apg 18,2.18–26; Röm 16,2–4; 1Kor 16,19; 2Tim 4,19).

4.2.4 Das achte Gebot: Du sollst nicht stehlen!

Noch gut erinnere ich mich an die Situation, in der ich als kleiner Junge von vier Jahren in einen Sack mit Nüssen griff, der in Augenhöhe im Eingang eines Lebensmittelgeschäfts stand. Als meine Mutter das im Laden merkte und mich zur Rechenschaft zog, machte sie mir klar, dass ich gestohlen hatte.

„Was sind schon eine Hand voll Nüsse gegen die zig Milliarden Mark, die jährlich durch Schwarzarbeit in Deutschland umgesetzt werden?", mag man einwenden. Weniger als Peanuts. Und was ist schon das ein oder andere private Telefonat vom Firmenschreibtisch aus oder was sind die kleinen Dinge, die selbstverständlich jeder aus dem Büro oder der Praxis mitgehen lässt, im Vergleich zur organisierten Wirtschaftskriminalität heute, die unvorstellbare Summen erreicht. „Man soll die großen Haie fangen und sich nicht mit den kleinen Fischen aufhalten", mag mancher denken. Aber es geht gar nicht um viel oder wenig stehlen. Es geht im achten Gebot darum, überhaupt nicht zu stehlen. Es geht um eine Gesinnung, die zwischenmenschliche Beziehung ermöglicht, die aber heute scheinbar völlig verloren zu gehen scheint.

Das Gebot „Du sollst nicht stehlen!" sollte eigentlich kaum eine Auslegung brauchen. Jedem müsste es sofort einleuchten: Nimm nichts, was dir nicht gehört! Was so einfach klingt, wird in der Praxis allerdings negiert. Die Zahlen der Bundesanstalt für Arbeit sind alarmierend: In der deutschen Schattenwirtschaft wurden 1999 600 Milliarden Mark Umsatz gemacht. Es wurden 243 Millionen Mark an Bußgeldern verhängt. Schätzungen der Behörde zufolge gehen bis zu 500 000 Arbeitsplätze allein durch Schwarzarbeit verloren.

Auch durch falsche Steuererklärungen gehen dem Fiskus jährlich Milliarden durch die Lappen. Dass es ausgerechnet die „Einkommensmillionäre" sind, deren Steuererklärungen allein dem Land NRW Hunderte Millionen an Defizit bescheren, scheint wieder einmal das Klischee zu bestätigen, dass es nicht die kleinen Leute sind, die den Staat schädigen, sondern die großen, reichen und einflussreichen. Das soll sich nun ändern. Finanzbeamte sollen besser ausgebildet und auf die richtige Fährte gesetzt werden. Das Problem der illegalen Unterschlagung oder Beschaffung von Geldern nimmt bedrohliche Formen für die Volkswirtschaft an. Nicht nur Einzelne nehmen sich, was ihnen nicht gehört. Die als anonym empfundene Allgemeinheit ist so groß, dass die individuellen Bedürfnisse dagegen nicht ins Gewicht fallen. Die Steuermoral ist mittlerweile derart gesunken, dass Bürger Schwarzarbeit bereits als „ein kleines Notwehrrecht" sehen, heißt es in einer Verlautbarung des Bundes der Steuerzahler. Das Gebot betrifft also nicht nur den Bankräuber und Tresorknacker, den Autodieb und Anlagebetrüger. Angesichts der neuen Einstellung zu Eigentum und Diebstahl muss tatsächlich wieder neu gefragt werden, was es heute bedeutet, nicht zu stehlen.

4.2.4.1 Was ist mit dem achten Gebot im AT und NT gemeint?

In der alttestamentlichen Wissenschaft nimmt man an, dass das achte Gebot sich ursprünglich gegen den Menschenraub wandte.[524] In 2Mo 21,16 heißt es: „Wer einen Mann stiehlt – ob er ihn verkauft oder ob er sich noch in seiner Hand befindet –, muss getötet werden." Das bekannteste biblische Beispiel ist die dramatische Erzählung vom Verkauf Josefs nach Ägypten durch seine Brüder (Gen 37,25ff; 40,15). Hier wird deutlich, wie abscheulich eine solche Tat ist. Neben dieser engen Bedeutung muss allerdings auch der weitere Sinn des Gebots berücksichtigt werden, wie er im gesamten AT vorkommt. Das Wort stehlen (hebr. *ganab*) bezieht sich nur gelegentlich auf Personen (von 55 Belegen nur 3-mal: 2Mo 21,16; 5Mo 24,7; 1Mo 40,15), oft auf Vieh (2Mo 21,37; 22,11) oder Sachen wie Geld (2Mo 22,6; 1Mo 44,8; vgl. Jos 7,21 u.a.).

---

[524] W. H. Schmidt in Zusammenarbeit mit H. Delkurt und A. Graupner, Die Zehn Gebote im Rahmen alttestamentlicher Ethik, Darmstadt 1993, IX (dort viel weiterführende Literatur).

Im Buch Genesis, also noch vor dem Bundesschluss am Sinai, wird die Sünde des Diebstahls auch auf das Betrügen ausgedehnt. Jakob betrog Esau um den Segen (er stahl ihm den Segen, 1Mo 27,11), Laban um seine Herde (1Mo 30,25ff); Laban betrog Jakob (1Mo 29,23ff) usw.

Einen Schwachen ökonomisch zu übervorteilen, d.h. ihm einen zu geringen Lohn zu geben, ist nach 5Mo 24,15 Sünde und hat mit Diebstahl zu tun. Gerade die Propheten weisen immer wieder darauf hin, dass sich Diebstahl auch in der Ausbeutung der Witwen und Waisen erweist (Jes 10,1–3). Böse Geschäftspraktiken, die ungerecht sind und auf Kosten der Schwachen gehen, prangert Amos an (Am 8,4–6). Die Warnungen vor unlauterem Wettbewerb und unseriösen Geschäftspraktiken werden im AT wiederholt ausgesprochen (z.B. Spr 11,26). Es soll nichts Falsches im Handel geschehen, keine Übervorteilung des Bruders (5Mo 25,14). Arme sollen nicht ausgebeutet, Schwache nicht unterdrückt, einem Bruder gegenüber kein Wucher getrieben werden.

Dass der Jude Karl Marx dem Prinzip der Ausbeutung der Arbeitermassen durch „die Kapitalisten" den Kampf angesagt hat, ist auf der Kenntnis des alttestamentlichen Hintergrunds durchaus verständlich. Freilich ist dieser Ansatz der „Expropriation der Expropriateure" – der Ausbeutung der Ausbeuter – nicht ernsthaft diskutabel. Gesellschaftlicher Klassenkampf ist nicht das Mittel, das Jesus befohlen hat, um ausgleichende Gerechtigkeit herzustellen.

Dennoch wendet sich Jesus klar gegen *die Sünde des Diebstahls* (Mt 15,19: „Aus dem Herzen kommen die bösen Gedanken wie ... Dieberei ...") und verurteilt die Pharisäer, die selber wohlhabend waren, aber Witwen um ihr Erbe brachten (Mt 23,14: „Ihr verschlingt die Häuser der Witwen ... deswegen werdet ihr ein schwereres Gericht empfangen"). Am schärfsten kommt seine Abneigung gegen Diebstahl und finanzieller Übervorteilung dort zum Ausdruck, wo er die Tische der Geldwechsler und Händler im Tempel umstößt und den geachteten Finanzleuten vorwarf, aus dem Bethaus seines Vaters eine Räuberhöhle zu machen (Mt 21,13).

Paulus ruft der Gemeinde in Erinnerung, dass „... weder Diebe noch Habsüchtige ... das Reich Gottes erben" (1Kor 6,9) und ermahnt diejenigen, die (selbstverständlich und wie in der Antike üblich) gestohlen haben, nicht mehr zu stehlen und stattdessen „mit ihren Händen zu arbeiten, um Gutes tun zu können" (Eph 4,28). Hier wird schön deutlich, dass es im NT nicht nur um eine Vermeidungsethik geht, sondern um eine positive und konstruktive Ethik. Nicht nur nicht stehlen ist das Ziel, sondern ehrlich zu arbeiten, um sich den Lebensunterhalt zu verdienen und abgeben zu können denen, die bedürftig sind.

4.2.4.2. Die Bedeutung der Schonung des Nächsten

(1) Der grundsätzliche Schutz des Nächsten
Der Nächste soll geschützt werden vor dem Zugriff des Raubes. Er soll in Freiheit leben dürfen. Die „Freiheit der Person"[525] darf nicht angetastet werden. Sie wird aber beeinträchtigt, wenn Menschen in ihrer Lebensgrundlage und ihren grundlegenden Lebensbedingungen behindert oder sabotiert werden. Zum Leben braucht der Mensch nicht nur die elementaren physischen Lebensmittel, sondern auch die Chance, sich seinen Gaben und Neigungen entsprechend entfalten zu können. Wer seinem Nächsten diesen Lebensraum stiehlt, der macht sich des achten Gebots schuldig.

Die schwerste Form des Stehlens ist – wie wir bereits in der Grundbedeutung des achten Gebots sahen – Menschenraub, Sklaverei, Freiheitsberaubung. Nach §239 des StGB wird darunter die „vorsätzliche und widerrechtliche Einschränkung eines Menschen durch Einsperren, Gewaltanwendung, Hypnose" u.a.m. bezeichnet.

Gottes Gebot schützt den Menschen also vor jeglicher willkürlichen Einflussnahme, vor Zwang und jeder Form von Nötigung und Missbrauch. „‚Du sollst nicht stehlen' ist in seiner ursprünglichen Form das Verbot, Wehrlose und Unschuldige gefangen zu nehmen. Es ist das Ende aller Peinigung und Folter, der Schutz der Würde und Freiheit menschlichen Lebens" (Bräumer). Dazu gehört jede Art von Kidnapping bzw. Geiselnahme. Welche Pein Menschen ausstehen müssen, die geraubt werden, um als Objekt der Erpressung zu dienen, kann sich kaum jemand vorstellen.

Der Millionär Jan Philipp Reemtsma wurde am 25.3.1996 vor seinem Haus in Hamburg-Blankenese niedergeschlagen und verschleppt. 33 Tage lang wurde er in einem Kellerraum eines angemieteten Hauses bei Bre-

---

[525] A. Deissler, Ich bin dein Gott, der dich befreit hat, Freiburg/Basel/Wien 1975, S. 120.

men gefangen gehalten. Erst nach Zahlung einer Lösegeldsumme von 30 Millionen Mark kam er frei. In seinem Buch beschreibt er die Gefühle, die er bei dem Zustand erzwungener Passivität und dem Ausgeliefertsein an die Willkür der Gangster hatte. „Eine Entführung, eine Zeit außerhalb aller anderen sozialen Kontakte als der antisozialen mit den Entführern, ist eine Zeit aufgezwungener Intimität. Und dies innerhalb eines extremen Machtgefälles: absolute Macht dort, absolute Ohnmacht hier. Das lässt man nicht im Keller zurück. Denn den Keller lässt man nicht zurück. Der Keller wird in meinem Leben bleiben, aber so wenig wie möglich von der mir dort aufgezwungenen Intimität soll in meinem Leben bleiben. Das einzige Mittel gegen Intimität ist Veröffentlichung."[526]

Dass selbst Christen nicht selbstverständlich davor gefeit sind, andere zu berauben, zeigen z.B. die erschütternden Missstände einer „Colonia Dignidad" und anderer Sekten, die vertrauensselige Menschen abhängig machen, sie unfrei halten und sie ihrer Würde auf raffinierteste Weise berauben.

Am schlimmsten und schwierigsten zu durchschauen sind Maßnahmen, die unter dem Vorwand christlicher Absonderung von der Welt und Heiligung des Lebens zum Raub der Freiheit von Menschen führen. Durch geschickte Verdrehung des Evangeliums und subtile Einflussnahme werden Menschen ihrer Freiheiten beraubt und müssen dem geistlichen Leiter gehorchen und zur Verfügung stehen. Unter dem Deckmantel direkter Leitung durch den Geist Gottes werden Menschen in eine Abhängigkeit gebracht, aus der sie nicht ohne Hilfe von außen herauskommen. Wer es dennoch schafft, wie der deutsche Pastor Hugo Baar mit seiner Frau, der aus Chile fliehen konnte, kann kaum mit diesen traumatischen Erlebnissen und der schier untragbaren Hypothek weiterleben.[527]

Auch jegliche Art von Kinderraub zu Zwecken der Geldbeschaffung, Ausbeutung oder Vorteilnahme ist ein massiver Verstoß gegen die Menschenwürde, die durch das achte Gebot geschützt wird. Ob Kinderarbeit oder Kinderprostitution – immer handelt es sich um schwersten Raub der Würde der Kinder, um den Raub ihrer Gesundheit, ihrer

---

[526] J. P. Reemtsma, Im Keller, Hamburg 1997.
[527] H. Baar, einer der langjährigen direkten Mitarbeiter des Leiters der Colonia Dignidad ist im Frühjahr des Jahres 2001 gestorben, nachdem er Vergebung und Frieden mit Gott erhalten hatte und die Versöhnung mit den Menschen erleben durfte, die betroffen waren. Er war bis zu seinem Tod Glied einer freikirchlichen Gemeinde und nahm am „Tisch des Herrn" teil.

Hoffnung und Sehnsüchte, ihrer Gegenwart und Zukunft, ihres gesamten Lebens.

Wer Sex mit Kindern hat, missbraucht damit auf allerschändlichste Weise die Würde von Menschen, die wehrlos sind. Es ist dies die abartigste Variante des Raubes der Menschenwürde von Abhängigen. Dass dies in überraschend hohem Prozentsatz ausgerechnet von Ehemännern und Familienvätern verübt wird, ist einer der perversesten Tatbestände überhaupt. Dass dies zu einer boomenden Branche des sog. Sex-Tourismus führen konnte, ist eines der unglaublichsten Dinge. Die Menschenwürde mit Füßen zu treten, um schnelles Geld zu machen, zeigt die Schutzbedürftigkeit gerade von Kindern und Jugendlichen.

Hier mit allen juristischen Mitteln gegen Täter vorzugehen, ist das mindeste, was – auch im internationalen Recht – zu tun ist. Alles zum Schutz von Kindern und Jugendlichen zu tun, ist die wichtigste und dringlichste Aufgabe von internationalen Initiativen und Gruppen, Behörden und Ministerien. Strukturen zu schaffen, die Kindern und Jugendlichen Schutz und Lebensraum gewähren, ist nicht nur eine Aufgabe von UNESCO, sondern aller beteiligten Länder und Einzelpersonen.

Zum Stehlen der Integrität einer Person gehört das Täuschen und Betören von Menschen. Stehlen bedeutet im Hebr. auch „täuschen" und „betören".[528] Als Absalom, ein Sohn Davids, im Tor stand und den Vorbeigehenden schmeichelte, dabei negativ über den Königshof redete und sich selbst positiv ins Spiel brachte, „stahl Absalom die Herzen der Israeliten" (2Sam 15,6). Dieses anbiedernde Wesen, diese Art von Täuschung wird in der rabbinischen Auslegung das „Stehlen der Gedanken" genannt.

Beim Täuschen nötigt man sich einem anderen auf und stiehlt ihm die Freiheit zu entscheiden. Heute könnte man das Täuschen auch auf die Werbung übertragen, die den Wert des Minderwertigen trügerisch steigert und die Gutmütigkeit der Menschen brutal ausnutzt. Durch raffinierte Bedarfsweckung überredet sie zum Kauf von Gegenständen, die man eigentlich nicht wirklich braucht. Die Aggressivität der Werbung heute kommt bereits an den Tatbestand der *Nötigung* heran.[529]

---

[528] A. Deissler, Ich bin dein Gott, S. 119, zit. in: Bräumer, Gebote, S. 187.
[529] C. Schnibben: Die Reklame-Republik. Über den Aufstieg der Werbung zur fünften Gewalt im Staate, in: DER SPIEGEL, Nr. 52/1992, 21.12.1992, S. 114ff; vgl. E. Fromm, Die Furcht vor der Freiheit, Zürich 1945.

Als vor nicht allzu langer Zeit das international tätige Textil-Unternehmen „Benetton" mit sterbenden AIDS-Kranken, elektrischen Stühlen oder Mafia-Opfern für seine Produkte warb, trat die Werbung in eine neue und nie gekannte Phase ein. Werbung wurde nun selbst „zu einem Ereignis, sodass sie nicht mehr nur auf den Anzeigenseiten, sondern auch auf den Redaktionsseiten wirbt." Der Deutsche Werberat monierte damals die aggressive und z.T. obszöne Werbe-Kampagne, was dazu führte, dass die Kampagne eingestellt wurde. Das Unternehmen spürte daraufhin einen erheblichen Rückgang des Umsatzes.

Werbung wird heute als „die fünfte Gewalt im Staat" bezeichnet. Der „dritte Weltkrieg" hat nach Meinung des französischen Werbefachmanns Jacques Seguela bereits begonnen. Das „Ringen darum, noch in die Köpfe der Leute, in denen eh schon viel zu viel drin ist, hineinzukommen", wird von ihm als „Meinungskrieg im Fernsehen, in den Zeitungen, im Kino und auf Plakaten" bezeichnet. Dieser Krieg wird mit einer Heftigkeit und Brutalität ausgetragen, wie man sie in der Anfangszeit der Werbung nie geahnt hätte. Eins der größten Hindernisse muss allerdings noch beseitigt werden: „die Immunität der Beschossenen". D.h. der Verbraucher, der mittlerweile gegen das Flächen- und Dauer-Bombardement der Werbung resistent wird, muss vor dieser Immunität bewahrt werden. Deshalb empfahl Martin Sorrell, Chef der größten Agenturkette der Welt, seinen Mitwerbern schon 1992 in Barcelona, zu den Milliarden anonymer Verbraucher „persönliche Beziehungen" herzustellen. „Integriertes Marketing" hieß die Werbestrategie der neunziger Jahre. „Belagerung des Verbrauchers" wurde das Konzept auf dem Weltkongress genannt.[530] Es geht darum, mit allen Mitteln den Verbraucher zu kriegen.

(2) Der Schutz des Eigentums

Im achten Gebot geht es um das Recht des Menschen auf Eigentum bzw. die Verpflichtung, das Eigentum des Nächsten und der Gemeinschaft zu schützen.[531]

Gott als Geber aller Gaben gestattet dem Menschen Eigentum. Man darf und soll nach Gottes Absicht haben und besitzen. Auch das Neue Testament bestätigt die atl. Auffassung vom Eigentum als Schöpfungsgabe Gottes (Lk 16,10ff). Man darf anvertrautes Gut genießen (1Tim 6,17), weil es zu der Erde gehört, die des Herrn ist (1Kor 10,26;

---

[530] DER SPIEGEL, a.a.O., S. 120.
[531] Zum Thema Eigentum vgl. H. Thielicke, ThE III, § 766ff; W. Trillhaas, Ethik, S. 363–387.

Ps 24). Die irdische Habe wird einfach vorausgesetzt (Lk 8,3). Fast beiläufig wird über die Handhabung des Eigentums berichtet. Dazu gehört – wie im Gleichnis von den Arbeitern im Weinberg – die freie Verfügung über das Eigentum (Mt 20,1ff), die Benutzung zum weiteren Erwerb – wie im Gleichnis von den anvertrauten Pfunden (Mt 25,14ff; Lk 19,11ff). Anlagen in Bankgeschäften werden selbstverständlich vorausgesetzt (Lk 19,23). Die Eltern sollen den Kindern Schätze sammeln (2Kor 12,14), kluge Vermögensverwalter werden von Jesus gerühmt (Lk 16,1ff) usw.

Freilich wird das alles nicht in einem absoluten Sinn verstanden, so als sei das Eigentum der höchste Sinn des Lebens. Denn Haben und Eigentum kann in der Bibel – wenn es aus der Beziehung vom Geber aller guten Gaben gelöst wird – leicht zur Gefahr und zur Belastung für den Eigentümer werden. Der Geist des heidnischen Sorgens kann Raum gewinnen (Mt 6,25), es kann zur Friedlosigkeit verführen und zum unersättlichen Begehren (Lk 12,15; Eph 5,3.5; Kol 3,5; Jak 4,1ff), zur Härte gegenüber der Not des anderen (Lk 3,13; 16,19; 19,3; 1Thes 4,6; 1Joh 3,17; Jak 2,6) und schließlich zu egoistischem Genussleben (Lk 12,14; 16,19; Jak 2,3). So kommt es zu Fehlhaltungen dem Besitz, dem Haben und dem Eigentum gegenüber (Lk 12,21; 16,15; Jak 4,13).

Die biblische Haltung zum Eigentum wird außerdem relativiert durch das Wissen um die Vorläufigkeit alles Seins. Der Mensch ist und hat nichts, was ihm nicht letztlich von Gott geliehen oder anvertraut wird. Haben und Sein ist ihm von Gott gegeben. Er muss alles wieder loslassen. So wie er „nackt aus seiner Mutter Leib gekommen" ist, so wird er „nackt dahin zurückkehren" (Hi 1,21; Pred 5,14).

Aus der Perspektive schließlich des schon angebrochenen, aber noch nicht vollendeten Reiches Gottes gehört das Eigentum nicht zum „Letzten", sondern zum „Vorletzten". Im Licht des Reiches Gottes wird diese Dimension besonders deutlich durch die Qualifizierung des Habens „als hätten wir nicht" (1Kor 7,29). Alles gehört dem Herrn. Wir sind lediglich Verwalter des Geliehenen. Diese Einstellung gibt eine große Freiheit im Umgang mit Sach- und Vermögenswerten. Aber diese Freiheit soll und darf nicht missbraucht werden. Man kann und soll abgeben und mit anderen teilen. Eigentum soll um des Reiches Gottes willen in den Dienst desselben gestellt und Vermögen mit anderen geteilt werden.

In der Gemeinde werden Reiche nicht bevorzugt und Arme nicht benachteiligt (Jak 2,1ff).

Daher ist Eigentum in der Bibel immer „sozialpflichtig", wie das Alte und Neue Testament sehr deutlich zeigen. Der Besitzende hat Verantwortung für die Nicht-Besitzenden. Aus der Freiheit des Evangeliums heraus kann und soll man abgeben.

Vom Neuen Testament her ergibt sich also im Hinblick auf Eigentum und Haben eine „Dialektik von Sich-begabt-sehen und Sich-entledigen-können"[532], die ihren Grund darin hat, dass zwar einerseits alles zu meiner Verfügung ist, ich andererseits aber ein Eigentum Christi bin, über das er verfügt (1Kor 3,23)! Hier an dieser Stelle setzt auch die Kritik des Neuen Testaments am Eigentum an: Immer wenn der Mensch nicht das Eigentum besitzt, sondern er von ihm besessen wird, dann ist die Freiheit verloren gegangen und das Eigentum nimmt die Stelle Gottes ein. Am Beispiel des reichen Kornbauern macht Jesus das deutlich (Lk 12,16–21). Bei ihm wird der Reichtum zum Ersatzgott. Er verlässt sich nicht auf Gott, sondern auf seinen Besitz und verliert dadurch seine Freiheit. Er versündigt sich gegen das erste Gebot, keine anderen Götter neben sich zu haben. Er ist ein Narr, dessen Seele man noch in dieser Nacht fordert!

Weil Christus uns zur Freiheit berufen hat, sollen wir uns nicht wieder unter versklavende Joche drücken lassen (Gal 5,1). Eins davon ist der Mammon, das Geld, der Besitz. Wir sollen ihn so haben und gebrauchen, als hätten und gebrauchten wir ihn nicht. Auf keinen Fall darf er uns haben und besitzen.

Auf jeden Fall eröffnet Jesus einen neuen Umgang mit Besitz und Eigentum. Der Verzicht auf Privateigentum ist keine Pflicht für alle, sondern eine freiwillige Entscheidung, die einige treffen, um kommunitär zu leben und das Leben zu teilen. Der Liebeskommunismus der Urgemeinde in Jerusalem war jedenfalls nicht auf Dauer angelegt und nicht für alle verpflichtend (Apg 5,4). Er unterschied sich vom späteren Gedanken des Kommunismus wie die beiden Aussagen: „Was mein ist, ist dein!" und nicht: „Was dein ist, ist mein!"

---

532 H. Thielicke, ThE III, S. 779.

(2.1) Das Eigentum des Nächsten

Der Schutz des Nächsten betrifft nicht nur sein materielles, sondern auch sein geistiges und ideelles Eigentum.

(a) Sachdiebstahl wird im Alten Testament geahndet. Der Dieb hatte eine angemessene Strafe zu erwarten und musste mit einer Pflicht zur Entschädigung rechnen (2Mo 21,37; 22,3; 2Sam 12,6). Der Diebstahl Achans in Jos 7,1.19, der mit dem Tod bestraft wurde, ist eine Ausnahme, weil er von dem Gebannten nahm und ganz Israel in eine Niederlage führte, d.h. direkt gegen Gottes Handeln verstieß. Sonst wird im AT der Diebstahl nicht mit dem Tod bestraft. Die Bereitschaft, bei überführtem Diebstahl mit dem Tod bestraft zu werden, war keine Rechtspraxis im AT, sondern ist nur aus der Situation heraus zu verstehen als „überschwängliche emotionale Rede".[533]

Im Neuen Testament ist das atl. Gebot uneingeschränkt in Geltung. „Du sollst nicht stehlen!" wird in Mt 19,18; Mk 10,19; Lk 18,20; Röm 13,9 u.a. zitiert. Menschen, die mit Christus in Verbindung kamen wie Zachäus, erlebten eine Erneuerung ihres Denkens und Handelns und erkannten auf der Stelle, was zu tun war. Die Auswirkung des erneuerten Lebens zeigte sich in der Wiedergutmachung der Bestohlenen: „Herr, die Hälfte meiner Güter gebe ich den Armen, und wenn ich jemanden betrogen habe, so gebe ich es vierfach zurück!" (Lk 19,8).

Jesus selbst lehrt seine Jünger, nichts zurückzubehalten, was ihnen nicht gehört. So lässt er Petrus die Tempelsteuer bezahlen – freilich nicht ohne vorher ein Wunder getan zu haben, weil er selbst kein Geld hatte (Mt 17,24–27)!

Gerade im sozio-kulturellen Kontext der römisch-griechischen Antike und des Römischen Reichs wird der jungen Gemeinde die Ethik vermittelt, die im Widerspruch zur sie umgebenden Kultur stand. So war bei den Griechen Stehlen durchaus erlaubt, weil es „Schlauheit und Geschicklichkeit" bewies. Epikur erlaubte das Stehlen, wenn es „listig und geheim" geschah. Im Unterschied dazu verstand man das räuberische Stehlen und gewalttätige Rauben, das freilich verurteilt wurde.[534] In der Gemeinde heißt es stattdessen: „Wer gestohlen hat, der stehle nicht mehr, sondern bemühe sich vielmehr und wirke mit

[533] K. Hamp, Art. *ganab* in: ThWAT, Bd. 4, Spalte 41–47.
[534] H. Preisker, Art. *klepto* in: ThWNT, Stuttgart 1938, Bd. 3, S. 753–757.

seinen Händen das Gute, damit er dem Bedürftigen etwas mitzugeben habe" (Eph 4,28).

(b) Betrug

Stehlen hat immer mit Betrügen zu tun. Betrügen heißt irreführen, täuschen und einen Menschen übervorteilen. Die Aneignung des Eigentums des anderen durch Fälschung ist Übertretung des achten Gebots. Man kann in Anlehnung an rabbinisches Verständnis einige konkrete Beispiele von Täuschung und Betrug nennen: den Verkauf einer Fälschung als Original; das Austauschen eines intakten Gewichts gegen ein falsches; das Vermischen des Weins mit Wasser; das Nicht- oder teilweise Bezahlen eines ausgehandelten Betrags; das Versprechen von Liebesgaben, ohne sie tatsächlich zu geben; das Schweigen zum Betrug, ohne den Übeltäter zurückzuhalten; das Aufdrängen eines Geschenks, um den anderen zu verpflichten.[535]

Betrug in großem Maß, d.h. ein Verbrechen (!) liegt dort vor, wo minderwertige Materialien Futter- oder Lebensmitteln beigemischt werden, um schnellere und höhere Gewinne zu erzielen. Das gesundheitliche Risiko für den Konsumenten wird dabei bewusst in Kauf genommen.

Die Futtermittel-Skandale der letzten Zeit haben schlaglichtartig aufgezeigt, wie marode das ethische Bewusstsein bei Unternehmern und Behörden sein kann. Weinpanschereien und Lebensmittelverunreinigungen sind bereits an der Tagesordnung und können scheinbar nur eingedämmt werden durch wirksame Kontrollmechanismen unter Androhung hoher Strafen.

(c) Geistiger Diebstahl

Auch Werke, die persönliche geistige Schöpfungen eines Menschen darstellen, werden durch das achte Gebot geschützt. Es handelt sich dabei um alle Schöpfungen aus dem Bereich der Literatur, der Wissenschaft, der Kunst und Kultur. Diese Werke sind urheberrechtlich geschützt. Dazu gehören „Sprachwerke, wie Schriftwerke, Reden und Computerprogramme, Werke der Musik, pantomimische Werke einschließlich der Werke der Tanzkunst, Werke der bildenden Künste, der Baukunst und der angewandten Kunst, Lichtbildwerke, Filmwer-

---

[535] C. Yaakov, The Tora Anthology, Exodus III, The Ten Commandments. New York/Jerusalem 1990, Bd. 6, S. 416–419, zit. in: Bräumer, Gebote, S. 195.

ke, Darstellungen wissenschaftlicher oder technischer Art wie Zeichnungen, Pläne, Karten, Skizzen, Tabellen" usw.[536]

Ein nicht nur, aber gerade in christlichen Gemeinden großes und fast nicht zu lösendes Problem stellt das illegale Kopieren von Noten dar. Jeden Tag werden überall in Deutschland illegal Noten in riesigem Umfang kopiert und gesungen. In der Praxis sieht es oft so aus, dass man für den Chor Noten braucht und diese dann schnell noch kopiert, um so der Chorkasse Geld und Zeit zu sparen. Ob Musiklehrer, Pastoren, Chorleiter, Studenten oder Veranstalter – alle kopieren selbstverständlich Noten, obwohl sie meistens wissen, dass das nicht erlaubt ist. Dadurch entstehen Autoren und Musikverlagen Verluste in großer Höhe. Das „Urheberrechtsgesetz" lässt keinen Zweifel an dem Straftatbestand des Raubkopierens: „Die Vervielfältigung grafischer Aufzeichnungen von Werken der Musik ist, soweit sie nicht durch Abschreiben vorgenommen wird, stets nur mit Einwilligung des Berechtigten zulässig oder unter den Voraussetzungen des Absatzes 2 Nr. 2 oder zum eigenen Gebrauch, wenn es sich um ein seit mindestens zwei Jahren vergriffenes Werk handelt."[537]

Kopien sind nur erlaubt im Rahmen der bestehenden Verträge zwischen der VG Musikedition und der Kultusministerkonferenz (KMK) bzw. den beiden großen Kirchen (und den Freikirchen, die mit assoziiert sind).

Auch das Kopieren von Computerprogrammen (Spiele, Textverarbeitungen u.a. Programme) gehört mittlerweile zu dem weit verbreiteten, und von vielen als normal betrachteten Usus.

Ein großes wirtschaftliches Problem stellen auch die in großem Maße hergestellten illegalen Kopien von Marken (hauptsächlich in Ländern Osteuropas und Asiens) dar. Bekannte Markenartikel werden hemmungslos plagiiert und in großem Umfang auf den Markt gebracht. Oft kann man die Fälschung nicht vom Original unterscheiden. Nur am Preis kann der Laie merken, ob es sich um ein Original oder eine Fälschung handelt.

(2.2) Das Eigentum der Gemeinschaft

Man kann das persönliche Eigentum oder das Eigentum einzelner Menschen unterscheiden von dem Eigentum von Familien, Gesell-

---

[536] H. P. Hillig (Hrsg.), Urheber- und Verlagsrecht, München [6]1995, S. 7–19; zit. in: Bräumer, Gebote, S. 196.

[537] § 53 Abs. 4 des Urheberrechtsgesetzes. Informationen über das Kopieren von Noten: VG Musikedition, Königstor 1A, 34117 Kassel, Tel.: 0561-10 96 56 -0; Fax: 0561-10 96 56-20.

schaften, Vereinen, Körperschaften des öffentlichen Rechts, Stiftungen usw. In diesem Fall sprechen wir von juristischen Personen. Auch sie sind in der Lage, Eigentum zu erwerben und zu erhalten. Davon zu unterscheiden ist noch einmal „das öffentliche Eigentum", das der Gemeinde oder dem Staat gehört.[538]

Zu den häufigsten Fällen des Diebstahls am öffentlichen Eigentum gehören Steuerhinterziehung und Veruntreuung, wovon ein besonders gravierender Bereich eben auch die Schwarzarbeit ist.

„Illegale Beschäftigung und Schwarzarbeit sind schwere Verstöße gegen die Grundlagen unseres Sozialstaates. Sie verhindern den Abbau von Arbeitslosigkeit und gefährden bestehende Arbeitsplätze. Wer kurzsichtig finanzielle Vorteile aus Schwarzarbeit und illegaler Beschäftigung erhofft, gefährdet seinen eigenen Arbeitsplatz und seinen eigenen Betrieb, stört den fairen Wettbewerb und zerstört die Beschäftigungschancen von Kolleginnen und Kollegen. Wir alle sind aufgerufen, illegale Beschäftigung und Schwarzarbeit nicht zu verharmlosen, sondern zu bekämpfen. Niemand soll sich damit herausreden, er habe die Schädlichkeit von illegaler Beschäftigung und Schwarzarbeit nicht gekannt", schreibt Arbeitsminister Walter Riester im Vorwort einer Broschüre des Arbeitsministeriums für Arbeit und Sozialordnung.[539]

Was ist konkret Schwarzarbeit? Man unterscheidet einen allgemeinen und einen speziellen Sprachgebrauch, besonders im Strafrecht. „Im allgemeinen Sprachgebrauch hat Schwarzarbeit eine sehr weitreichende Bedeutung. Hierunter fallen eine Vielzahl von Tätigkeiten, von kleinen Handwerksleistungen nach Feierabend bis hin zu organisierter hauptberuflicher illegaler Erwerbstätigkeit unter Umgehung des Steuerrechts, Sozialversicherungsrechts, Wettbewerbsrechts und des Handwerksrechts. Gemeinsam ist all diesen Formen der Schwarzarbeit, dass sie in mehr oder weniger erheblichem Umfang öffentlich-rechtliche Lasten zu vermeiden suchen oder gegen staatliche Ordnungsvorschriften verstoßen. Im rechtlichen Sinn ist Schwarzarbeit wesentlich enger gefasst. Hierunter fallen Dienst- und Werkleistungen, die mit Verstößen gegen öffentlich-rechtliche Verpflichtungen, die die Ausübung dieser Tätigkeiten regeln, verbunden sind." (S. 12)

[538] W. Trillhaas, Ethik, a.a.O., S. 371.
[539] Hrsg.: Bundesministerium für Arbeit und Sozialordnung. Presse, Öffentlichkeitsarbeit und Information Postfach 500, 53105 Bonn, Dezember 1999; E-Mail: info@bma.bund400.de

Nicht jede Hilfeleistung ist Schwarzarbeit. Weitere Voraussetzung ist, dass durch die eben beschriebenen Formen der Schwarzarbeit „Dienst- oder Werkleistungen in erheblichem Umfang" erbracht werden. Die Dienst- oder Werkleistungen, die ein Schwarzarbeiter seinem Auftragge- ber erbringt, müssen einen „erheblichen" Umfang haben. Der Umfang ei- ner Leistung lässt sich verhältnismäßig leicht feststellen. Über das, was im Einzelfall als „erheblich" anzusehen ist, lässt sich vielleicht manchmal streiten. Das wird in der Praxis gelegentlich bedauert. Diese vermeintlich unklare Formulierung lässt jedoch eine individuelle, d.h. auf die wirt- schaftliche Gesamtsituation der Tat abgestellte Beurteilung zu. Gleichzei- tig kommt darin die Absicht des Gesetzgebers zum Ausdruck, gelegentli- che oder nur in unerheblichem Umfang erbrachte Leistungen nicht als Schwarzarbeit zu werten.

Einschränkungen und Ausnahmen
Schwarzarbeit liegt auch dann nicht vor, wenn Dienst- oder Werkleistun- gen aus Gefälligkeit oder als Nachbarschaftshilfe erbracht werden. Dazu äußern Kritiker, es ließe sich in der Praxis nur schwer feststellen, ob eine Leistung tatsächlich auf Gefälligkeit oder Nachbarschaftshilfe beruht. Das mag im Einzelfall zutreffen. Zur Beurteilung dieser Frage können aller- dings noch andere Kriterien, wie z.B. Dauer und Umfang der erbrachten Leistung, Gegenseitigkeit der Hilfe, die Art der persönlichen Beziehungen zwischen Erbringer und Empfänger der Leistung u.a. herangezogen wer- den. Ein Verzicht auf diese Ausnahme wäre schon deshalb kaum denkbar, weil damit vielleicht Handlungen unterbunden würden, die auf die Ver- besserung zwischenmenschlicher Beziehungen gerichtet oder von karitati- ven Motiven getragen sind. Der zwischenmenschliche Austausch von Gefälligkeiten oder die Hilfe zwischen Nachbarn sollen nicht behindert werden.

Eine weitere Ausnahme von dem Begriff der Schwarzarbeit gilt für die Selbsthilfe nach den Vorschriften des Zweiten Wohnungsbaugesetzes (s. Seite 152). Zu dieser Selbsthilfe gehören die Arbeitsleistungen, die zur Durchführung eines Bauvorhabens erbracht werden, und zwar nicht nur von dem Bauherren selbst, sondern auch von seinen Angehörigen sowie anderen Personen, wenn diese unentgeltlich oder auf Gegenseitigkeit ar- beiten."[540]

Ein sozialethisches Kernwort Jesu, ein geradezu paradigmatisches Wort beschäftigt sich ausgerechnet mit den *Steuern*: „Gebt dem Kai- ser, was des Kaisers ist und Gott, was Gottes ist!" (Mt 22,21). Damit

---

[540] Ebd., S. 15–16.

macht Jesus grundsätzlich klar, dass der Staat das Recht hat, Steuern einzuziehen, auch wenn einzelne Bürger nicht mit seinen religiösen Überzeugungen übereinstimmen. Die Steuern bilden die Grundlage für die materiellen Erfordernisse, mit denen er seiner Staatsfürsorge nachkommt. Auch wenn der einzelne Besteuerte manche Situation für ihn als ungerecht empfindet oder das ganze Verteilungssystem als nicht plausibel, rechtfertigt das nicht, seine Steuern zurückzuhalten, am Fiskus vorbei ins Ausland zu transferieren oder einfach falsche Steuererklärungen abzugeben.

Ausdrücklich lehren die Apostel die junge Gemeinde, dem Staat die Steuern zu zahlen, wohl wissend, dass der römische Staat und seine Cäsaren nicht gerade Sonntagsschulklassen waren. Weil sie „Gottes Diener" sind, „zahlt ihr auch Steuern. ... Gebt allen, was ihnen gebührt: die Steuer, dem die Steuer, den Zoll, dem der Zoll, die Furcht, dem die Furcht, die Ehre, dem die Ehre gebührt" (Röm 13,6–7).

(2.3) Das soziale und das sittliche Geschäftsverhalten

Was beim „offensichtlichen" Stehlen (z.B. Raub) sofort einsichtig ist und Empörung hervorruft, ist bei subtileren Formen schon schwieriger durchschaubar. Gerade im Geschäftsverhalten ist nicht immer gleich erkennbar, ob der Partner ethische Werte lebt oder nicht, ob er verlässlich ist oder unseriös. Wie steht es z.B. mit dem Schwindeln, dem Austüfteln undurchsichtiger Verträge, der Bestechung von Beamten, dem Ausfindigmachen von Lücken im Steuerrecht? Was ist mit bewusstem Inkaufnehmen von Qualitätsminderung, was mit Transfers ins Ausland und windigen Immobiliengeschäften am Fiskus vorbei? Was ist mit Knebelverträgen und knallharten Bandagen auf Kosten der anderen Geschäftspartner? Was mit juristischen Tricks, die formell vielleicht legal, ideell aber ausbeuterisch sind?

Das achte Gebot ist nicht nur auf Einzeldelikte zu beschränken, sondern betrifft mittlerweile ein gesamtgesellschaftliches, ja ein zutiefst politisches Problem. Davon sind Christen nicht ausgenommen, weil auch unter ihnen Geschäftsleute und Politiker sind. Weil auch Christen Menschen sind, die in allen Bereichen der Gesellschaft leben und arbeiten, also Kinder ihrer Zeit sind, betrifft sie das Gebot sittlichen Geschäftsverhaltens in erster Linie.

Wenn Diebstahl bedeutet, einem Menschen sein Eigentum, das er nicht missbraucht, fortzunehmen, ohne ihm einen adäquaten Gegenwert zurückzugeben, also „etwas für nichts zu nehmen", dann ist ein Dieb nicht nur der, der eine Brieftasche stiehlt, sondern auch der, der einem anderen den Lebensunterhalt wegnimmt, der andere für eine Arbeit zu schlecht bezahlt, der überfordert, der zu seinem eigenen Vorteil besteuert, der minderwertige anstelle hochwertiger Ware verkauft usw. Auch im Arbeits- und Geschäftsgebaren ist das Stehlen der Freiheit, der Zeit, der Kraft und Würde von Menschen verboten.

Dass Mobbing am Arbeitsplatz immer mehr zunimmt, zeigt die zunehmende Verrohung des sozialen Klimas am Arbeitsplatz und die Relevanz des achten Gebots. Wer andere Personen und Mitarbeiter bewusst denunziert, sie systematisch ausgrenzt, wer sie in ihren Sozialbeziehungen einengt, sie in ihrem Ansehen mindert, ihr Selbstwertgefühl und letztlich ihre Gesundheit schädigt, der macht sich des „Stehlens" und also des achten Gebots schuldig.

4.2.4.3 Die andere Gesinnung heute: lieber „dumm" und ehrlich?

Die innersten Beweggründe für das Stehlen sind letztlich Habgier und/oder Neid. Sie zerstören nicht nur die Gemeinschaft und die Beziehung unter Menschen, sondern auch die Gemeinschaft mit Gott. Letztlich geht es aber auch in diesem Gebot nicht nur um eine moralische Vermeidungsethik, sondern um eine neue Gesinnung. „Wer gestohlen hat, der stehle nicht mehr, sondern arbeite mit seinen Händen, damit er Gutes tun kann" (Eph 4,28). Geiz und Habsucht sollen mit Großzügigkeit und Geben/Teilen überwunden werden. Es geht nicht nur darum, nicht zu stehlen, sondern auch Gutes zu tun. Nicht reich werden zu wollen, sondern sich genügen zu lassen, das haben Jesus und die Apostel verkündet und gelebt. Menschen nicht auszubeuten und sie zu berauben, sie zu etwas zu zwingen, das zeigt das Leben und die Art Jesu, wie er seine Herrschaft ausübt. „Alle, die vor mir gekommen sind, sind Diebe und Räuber ... Der Dieb kommt nur, um zu stehlen und zu schlachten und zu verderben. Ich bin gekommen, damit sie Leben und Überfluss haben" (Joh 10,8.10).

Heute ehrlich zu bleiben kann letztlich nur, wer in Gott und seinem Wort gegründet und in seinem Gewissen an sein Willensethos gebunden ist. Nur dann, wenn er von der Wahrheit und Gerechtigkeit göttlicher Weisungen überzeugt ist, hat er die Kraft, gegen den Strom all der Betrüger und Verheimlicher, der Lügner und Gierigen zu schwimmen. Nur dann, wenn er in seinem Gewissen frei ist, kann er frei und unbestechlich bleiben.

Großartig die Beispiele von Menschen, die sich nicht zu krummen Wegen und Handlungen haben hinreißen oder verführen lassen, die auch im Geschäftsleben und in der Wirtschaft treu und klar bleiben, auch wenn sie dadurch persönliche Nachteile erfahren müssen.

Glücklich die Ehrlichen, auch wenn sie die Dummen sind!

4.2.5 Das neunte Gebot: Du sollst kein falscher Zeuge sein gegen deinen Nächsten!

Wir kennen es mittlerweile zur Genüge: Nach einem öffentlichen Skandal sagen Politiker zu einer bestimmten Sache aus und müssen hinterher „einräumen", dass es noch andere Aspekte gegeben hat, die den entstandenen Eindruck wieder relativieren. Erst auf Druck der Medien werden Dinge zugegeben, die sonst verschwiegen worden wären. Wem kann und soll man noch vertrauen, wenn abgegebene „Ehrenworte" sich im Nachhinein als Lügenworte herausstellen, wenn selbst honorige Menschen Falschaussagen machen? Ist die Politikverdrossenheit vieler Bürger in unserem Land nicht zuletzt auch auf den Glaubwürdigkeitsverlust der Politiker selbst zurückzuführen? Und betrifft das nicht alle Parteien und Fraktionen gleich? Selbst der Hinweis auf das Christliche in der Partei schützt nicht vor seinem Missbrauch.

Wer will es den Verbrauchern verdenken, dass sie Vertretern und Verkäufern gegenüber misstrauisch sind? Sagen sie wirklich die Wahrheit oder wollen sie nicht vielmehr nur unser Geld? Wem kann man heute überhaupt noch trauen?

Die meisten Zeitgenossen gehen ohnehin davon aus, dass sie nicht mehr die Wahrheit hören. Freundliche Ausreden, ernsthaft klingende Beteuerungen, dass es einem sehr Leid tue, usw. sind mittlerweile gesellschaftliche Konventionen der Lüge geworden. Man akzeptiert stillschweigend, dass man nicht jedes Wort „auf die Goldwaage legen" darf und dass in gewissen Situationen Aussagen „gedehnt" werden (dürfen). Heuchelei – moralische Entrüstung über das Böse bei gleichzeitigem Tun desselben – ist nicht nur gesellschaftlich etabliert.

Auf der anderen Seite kann man es immer wieder erleben, wie ehrliche Menschen durch Rufmord-Kampagnen „erledigt", wie seriöse Persönlichkeiten durch unwahre Medienberichte abgeschossen werden. Ist erst ein Gerücht in die Welt gesetzt, lässt es sich kaum mehr zurücknehmen. Ist der Ruf erst ruiniert, lebt es sich eben nicht mehr ungeniert, sondern man ist gesellschaftlich tot, selbst nach erfolgter offizieller Rehabilitation.

Offiziell wird Falschaussage immer noch geahndet. Der Zeuge wird vor Gericht darauf hingewiesen, dass seine Aussagen wahr sein müssen und dass Falschaussagen empfindliche Konsequenzen nach sich ziehen. Lügner, die erwischt werden, trifft das Urteil des Gesetzes. Menschen, die falsch aussagen oder in offiziellen Erklärungen falsche Angaben machen, werden bestraft. Und das entspricht auch dem Gerechtigkeitsempfinden unserer Kultur, die bekanntlich stark vom jüdisch-christlichen Ethos geprägt ist (oder war).

4.2.5.1 Was bedeutete das neunte Gebot in Israel?

Der enge Wortlaut des neunten Gebots bezieht sich zunächst auf das Rechtsempfinden in Israel. Das verwendete Verb *nhb* bezeichnet das Auftreten vor Gericht für oder gegen jemanden und bedeutet daher: „aussagen, zeugen" (vgl. 5Mo 19,16; 1Sam 12,3; Spr 25,18 u.a.). Der Zeuge eines Vergehens ist verpflichtet, vor Gericht wahrheitsgemäß auszusagen (3Mo 5,1). Tut er das nicht, lädt er Schuld auf sich. In der hebräischen Rechtsgemeinde kann der Zeuge aber auch am Ende des Verfahrens als Kläger oder Entlaster und Vollstrecker auftreten. In der Geschichte von der beim Ehebruch ertappten Frau sind die Zeugen gleichzeitig die Kläger und auch diejenigen, die das Urteil direkt vollstrecken wollen (Joh 8).

Im AT wird daher häufig vor Falschaussagen und falschen Zeugen gewarnt (5Mo 19,18; Ps 27,12; Spr 6,19 u.ö.). Das Verbot, als falscher oder als Lügenzeuge aufzutreten, heißt also nichts anderes als: „Du darfst gegen niemanden eine falsche, fingierte Anklage erheben." Denn eine falsche Aussage kann das Leben des Angeklagten kosten! So heißt es in Spr 14,25: „Ein Lebensretter ist der wahrhaftige Zeuge." Oder entsprechend negativ: „Ein Streithammer, ein Schwert und ein scharfer Pfeil ist der Mann, der gegen seinen Nächsten als Lügenzeuge auftritt" (Spr 25,18).

Am deutlichsten können wir das in der Prozessgeschichte Jesu sehen (Mt 26,59–60): Obwohl falsche Aussagen von Lügenzeugen mit dem Ziel, Jesus zu töten, gemacht werden, können sie in diesem Fall Jesus nichts nachweisen. Dass Pharisäer und Schriftgelehrte selbst vor diesem niederträchtigen Geschäft nicht zurückschrecken, zeigt einerseits, welch große Angst sie vor Jesus haben und andererseits, wie selbst falsche Zeugenaussagen Jesus nicht wirklich belasten können, weil Jesu Integrität darüber weit erhaben war.

4.2.5.2 Die Erweiterung des Sachverhalts

Im 5. Buch Mose wird eine Erweiterung des Sachverhalts angedeutet, die auch bereits früher schon erkennbar ist. So wird in 2Mo 23,1 gefordert: „Du sollst nicht ein leeres (nichtiges) Gerücht aussprechen!" Erst recht bieten andere Formulierungen eine Sinnerweiterung im Blick auf üble Nachrede oder Teilhabe am Betrug an: „Von einer Lügensache halte dich fern!" (2Mo 23,7). Eine starke Parallele zu dem Lügenzeugen und wahrhaftig aussagenden Zeugen ist die Formulierung aus Spr 12,19: „Verlässliche Lippe (d.h. wahrhaftiger Mund) besteht für immer, aber nur einen Augenblick lügnerische Zunge." Oder: „Ein Gräuel für Jahwe sind trügerische Lippen, aber die Treue üben, (haben) sein Wohlgefallen" (Spr 12,22; vgl. 6,16; 12,13). Schließlich fordert das Gebot in 5Mo 19,11 generell: „Ihr sollt nicht belügen, ein jeder seinen Mitbürger!"

Zusammenfassend kann man sagen, dass alle diese Aussagen im AT der Lebenssicherung des Nächsten dienen. Insofern hat M. Luther Recht, wenn er in seinem Großen Katechismus sagt: Es „ist in diesem Gebot alle Sünde der Zunge verboten, wodurch man dem Nächsten Schaden tun oder zu nahe treten kann".[541]

4.2.5.3 Der Konfliktfall

Dass Wahrheit also an den Schutz des Nächsten gebunden ist und nicht „absolut" gefordert wird, deutet aber auch ein Sachproblem an, das zum Konfliktfall führen kann. Es gibt eine Ehrlichkeit und Direktheit, die dem andern schaden, ja ihn gar verletzen oder töten kann. So gehört zum Anspruch der Wahrheit auch das Bedenken der Situation.

---

[541] Luther Deutsch, Bd. 3, S. 66.

Kann eine wahrheitsgemäße Auskunft dem andern nützen oder schaden? Kann es in einer bestimmten Situation sogar notwendig werden, nicht die ganze Wahrheit zu sagen? Schon das AT kennt Situationen, in denen zum Schutz von Personen der wahre Sachverhalt zumindest nicht ausreichend wiedergegeben wird. So lassen die Hebammen entgegen der Anordnung Pharaos die Neugeborenen am Leben und weichen auf Befragung geschickt, wohl übertreibend, aber wohl kaum lügend, aus (2Mo 1,15ff). Deutlicher schon scheint Jeremia in einer verzweifelten Situation auf Drängen des Königs die Unwahrheit zu sagen (Jer 38,24ff). Kann man daraus folgern, dass Lüge gerechtfertigt ist, wenn sie ein Menschenleben retten kann? Nicht generell. Die sog. „Notlüge" kann nicht von vornherein als mögliche Option offen gehalten werden. Im äußersten Notfall jedoch kann ein Mensch zum Schutz von Leben in eine Situation geraten, die ihm keine andere Wahl lässt. Zusammenfassend kann man wohl sagen, dass Lüge deshalb verworfen wird, weil sie die Gemeinschaft zwischen Gott und Volk, zwischen Gott und Mensch, zwischen Mensch und Mensch zerstört: „Lüge ist gemeinschaftswidrig."[542]

4.2.5.4 Was bedeutet das neunte Gebot konkret?

Auf drei Bereiche soll besonders hingewiesen werden:

(1) Der Umgang mit Wahrheit und Liebe

Der entscheidende Charakterzug Satans und das Kennzeichen der Sünde ist die Lüge. Jesus, der „die Wahrheit" ist, bezeichnet den Teufel als „Lügner und Vater der Lüge" (Joh 8,44). Hebr 3,13 warnt vor dem „Betrug der Sünde". Es geht bei dem neunten Gebot offensichtlich darum, als Person wahrhaftig zu werden, d.h. Anspruch und Wirklichkeit seines Lebens in das Licht und die Gegenwart Gottes zu stellen. In der Begegnung mit dem, der die Wahrheit ist, entsteht Wahrheit. Man kann Wahrheit aber auch missverstehen als „nackte Tatsache", als „klares Faktum", die dem Anderen schaden kann.

So erkennt D. Bonhoeffer richtig: Wo sich das wahrheitsgemäße Wort „vom Leben und von der Beziehung zum konkreten anderen Menschen löst, wo ‚die Wahrheit gesagt wird', ohne Beachtung des-

---

[542] In: W. H. Schmidt, Die Zehn Gebote im Rahmen alttestamentlicher Ethik, Darmstadt 1993, S. 130.

sen, zu wem ich sie sage, dort hat sie nur den Schein, aber nicht das Wesen der Wahrheit. Es ist der Zyniker, der unter dem Anspruch, überall und jederzeit und jedem Menschen in gleicher Weise ‚die Wahrheit zu sagen‘, nur ein totes Götzenbild der Wahrheit zur Schau stellt ... Er verletzt die Scham, entheiligt das Geheimnis, bricht das Vertrauen, verrät die Gemeinschaft, in der er lebt ...“[543] Deshalb fordert das NT auch auf, „zu lieben ... in der Wahrheit“ (1Joh 3,18); „Wahrheit und Liebe“ gehören untrennbar zusammen (2Joh 3).

(2) Der Verzicht auf das schlechte Reden über andere
Luther beklagt „das leidige schändliche Laster Afterreden oder Verleumden. Denn es ist eine allgemeine schändliche Plage, dass jedermann lieber Böses als Gutes von dem Nächsten sagen höret. Und obwohl wir selbst so böse sind, dass wir nicht leiden können, dass uns jemand ein böses Stück nachsage, sondern jeglicher gern wollte, dass alle Welt Goldenes von ihm rede, können wir doch nicht hören, dass man das Beste von anderen sage.“ ... „Es ist ein großer Unterschied zwischen den zweien: Sünde richten und Sünde wissen. Wissen magst du sie wohl, aber richten sollst du sie nicht.“ ... „Die heißen nun Afterredner, die es nicht bei dem Wissen bleiben lassen, sondern weiter gehen und dem Gericht vorgreifen. Und wenn sie ein Stücklein von einem andern wissen, tragen sie es in alle Winkel und haben eine Freude daran, dass sie eines andern Schmutz aufwühlen können wie die Säue, die sich im Kot wälzen und mit dem Rüssel darin wühlen.“[544]

Wo viel geredet wird, da wird auch viel über andere geredet. Wo viel über andere geredet wird, da wird auch viel geschwätzt und wo geschwätzt wird, da geht es ohne Sünde nicht ab (Spr 10,19). Statt Multiplikatoren der Neuigkeiten über andere, sollten wir Blockierer des Geschwätzes werden.

(3) Die Verleumdung
„Verleumdung bedeutet den Zusammenbruch jeder Gemeinschaft“ (K. Bockmühl). Die häufigsten Formen der Verleumdung sind Übertreibungen, bewusstes Weglassen wichtiger Informationen, die den anderen schützen könnten, ungeprüftes Weitererzählen von gehörtem

---

[543] D. Bonhoeffer, Ethik. München [8]1975, S. 388.
[544] Luther Deutsch, Bd. 3, S. 66–67.

Unerhörtem usw. Einen Menschen verleumden kann man schneller als man ahnt. Geschickte Bemerkungen in einem Gespräch, beiläufig hingeworfen, können das Bild eines anderen nachhaltig beeinflussen. Selektive Wahrnehmung – als vollständige Sichtweise ausgegeben – ist verleumderisch und Lüge.

4.2.5.5 Jesus und das neunte Gebot

Jesus wird im Sendschreiben an die Gemeinde von Laodizea „der treue und wahrhaftige Zeuge" genannt (Offb 3,14). Als solcher kennt er seine Gemeinde. „Ich überführe und erziehe alle, die ich liebe", sagt er einer Gemeinde, die im Selbstbetrug lebte.

So ist es wichtig, in der personalen Begegnung mit Jesus ein wahrhaftiger Mensch zu werden, der sich vom „Geist der Wahrheit ... in alle Wahrheit leiten" lässt. Wer die Wahrheit über sich selbst zu erkennen bereit ist, der ist schon einen großen Schritt auf dem Weg zur Wahrhaftigkeit weiter. Wer seine eigenen Lebenslügen durchschaut hat, der wird auch sensibler für Heuchelei – laut Jesus eine der am weitesten verbreiteten Sünden der Frommen.

4.2.6 Das zehnte Gebot: Du sollst nicht begehren ...!

Der Slogan: „Du darfst!" klingt nicht nur besser als: „Du sollst nicht!" Er weckt „Begehrlichkeiten ohne Reue", „Lust ohne Last", „Spaß am Leben". Er eröffnet neue Perspektiven der Freiheit. Genau das ist das Lebensgefühl aufgeschlossener Zeitgenossen. „Ich will alles und zwar sofort!" zeigt das Begehren ohne Aufschub. Permanente Werbung weckt permanente Lüste, weckt Begehren auf vieles, um nicht zu sagen auf alles. Begehrlichkeit ist „in". Wie sauertöpfisch klingt dagegen – oberflächlich betrachtet – die moraline Aufforderung: „Du sollst nicht begehren!"

Dabei zielt gerade dieses letzte Gebot auf eine tiefe Dimension der Freiheit, die viele nicht kennen. Es geht hier eben nicht um eine rein formale und äußere Handlungsebene, sondern um die tiefer liegende Motivebene. Es geht um die Freiheit des Herzens, die zu souveränen Taten befähigt. Was auf den ersten Blick wie eine Wiederholung des achten Gebots: „Du sollst nicht stehlen!" aussieht, geht weit darüber hinaus. Es bezieht sich auf das innere Motiv, auf das Begehren, das zum Raub führt. Es geht also eine Stufe tiefer.

Am besten unterscheiden wir zwischen 1. geschöpflichen und geistlichen Bedürfnissen, die Gott nicht nur nicht verbietet, sondern sogar schützt und 2. dem Begehren, das Schmerzen und Verdruss schafft und das Gott deshalb nicht will.

4.2.6.1 Das Gebot schützt Menschen und Eigentum vor fremdem Übergriff

Gott kennt die Bedürfnisse seiner Menschen. Er gewährt ihnen Nahrung und Kleidung, Haus und Scholle, Sicherheit und Frieden. Das Recht auf Eigentum wird im zehnten Gebot durch das Verbot des Haus-Begehrens markiert. Die Bedeutung von Haus und Grund in Israel lässt sich kaum überschätzen. Sie bilden die Existenzgrundlage der Familie und Sippe und sichern die soziale Stellung des freien Mannes.[545]

Es geht im zehnten Gebot um den Schutz von Menschen und Sachen. Weil „Haus" im übertragenen Sinn auch „Familie" bedeutet, kann das zehnte Gebot auch als Verbot verstanden werden, die Familie des Nächsten anzutasten. Die Differenzierung von Frau und Sklave bedeutet dann die Ausdehnung des Schutzes auf Frau und Untergebene. Dieser Schutzgedanke ist wichtiger als die Frage, ob die Frau zum Eigentum des Mannes gehört, also als „Sache" verstanden wird. Das wird sie nach atl. Verständnis ebenso wenig wie der Sklave!

Es gibt bes. im Deuteronomium Rechte für Frauen und Sklaven, die sich sehr abheben von den antiken Vorstellungen der Missachtung der Würde der Menschen. Ein Sklave oder eine Sklavin gehörten zwar – im Unterschied zur Frau! – zum Besitz ihres Herrn (2Mo 21,21; 5Mo 25,46), der ge- und verkauft (2Mo 21,2; 5Mo 25,44) oder verschenkt werden kann (1Mo 20,14). Dennoch sind sie nicht wie im griechisch-römischen Bereich bloße Sachen. Auch der Unfreie hat Rechte (2Mo 21,26f; Hi 31,13). Er gehört zur Klientel seines Herrn, zum Kreis der Schutz- und Fürsorgebefohlenen (2Mo 23,12; 5Mo 25,6) und kann zur Familie, zum Haus gerechnet werden (1Mo 20,17f; vgl. 5Mo 14,26

---

[545] W. H. Schmidt, Die Zehn Gebote im Rahmen alttestamentlicher Ethik, Darmstadt 1993.

vor dem Hintergrund von 12,12.18; 16,11.14). Wie im Sabbatgebot auch wird die Sklavin nicht als *sphh*, sondern als *'mh* bezeichnet. Dieser Terminus begegnet häufig dann, wenn sie primär als Person und nicht als Besitz in den Blick kommt (2Mo 21,7.20.26f.32; 5Mo 15,12.17).

Dass die Frau scheinbar in einem Atemzug oder auf einer Ebene mit dem Sklaven genannt wird, bedeutet nicht ihre Minderbewertung als Sache oder Besitz. Dass sie ausdrücklich erwähnt wird, zeigt den hohen und eigenständigen Stellenwert ihres Schutzes.

Darüber hinaus bezieht sich der Schutz auf alle Güter, die zwar nicht unter den Begriff „Haus" fallen, aber zum Haus hinzugehören, nämlich der gesamte Vieh- und Mobilienbesitz: „Rind und Esel und alles, was deinem Nächsten gehört". Auffälligerweise werden in der Aufzählung des zehnten Gebots die Kinder der Israeliten nicht erwähnt! Fehlen sie, weil sie in dieser Kultur überhaupt nicht als Gegenstand des Begehrens in Betracht kommen? (Dann zeigt das nur, wie weit man sich heute bereits vom natürlichen Empfinden entfernt hat, wenn man Kinder „begehrt".)

Auch im NT wird das Recht auf Eigentum betont[546], das durch freiwilligen Verzicht und die Verpflichtung zum Teilen aber nicht aufgehoben wird. Der Schutz der Ehe und Familie und des Eigentums zeigt sich in Aussagen wie: „... dass einer sich ja keine Übergriffe erlaubt noch seinen Bruder in der Sache übervorteilt!" (1Thes 4,6f).

Das Verbot des Begehrens bezieht über äußere Machenschaften hinaus nun aber auch und vor allem die inneren Regungen des Menschen, das „Trachten des Herzens", mit ein. Es geht hier eben nicht um eine formale und äußere Handlungsebene, sondern um die tiefer liegende Motivebene beim Menschen. Es geht um die Freiheit des Herzens, die zu souveränen Taten befähigt. Was auf den ersten Blick wie eine Wiederholung des siebten Gebots: „Du sollst nicht ehebrechen!" und des achten Gebots: „Du sollst nicht stehlen!" aussieht, geht bei näherer Betrachtung darüber hinaus. Es bezieht sich auf das innere Motiv, auf das Begehren, das zum Raub führt.

---

[546] Siehe die Ausführungen zum 8. Gebot.

4.2.6.2 Das Begehren, das sündig ist

Dass das sündige Begehren bereits vor der sündigen Tat steht, macht Jesus deutlich, wenn er die Jünger aufklärt, dass „aus dem Herzen böse Gedanken kommen: Mord, Ehebruch, Unzucht, Dieberei usw." (Mt 15,19), oder wenn er sagt: „Wer eine Frau ansieht, um sie zu begehren, hat schon in seinem Herzen die Ehe mit ihr gebrochen" (Mt 5,28).

Das zehnte Gebot hat genau diese Dimension im Blick. Auch anderswo im AT zeigt sich die Kenntnis über das sündige Begehren, das zur Zerstörung von Beziehungen führt. Über Israel wird gesagt: „Sie gierten voller Begierde in der Wüste, versuchten Gott in der Einöde. Da erfüllte er ihre Bitte, aber er sandte Schwindsucht in ihre Seelen. Sie wurden eifersüchtig ..." (Ps 106,14). Mit der äußerlichen Erfüllung aller Wünsche ist nicht unbedingt echte Befriedigung verbunden! Wer begehrt, hat „Schwindsucht in der Seele" (Ps 106,14).

1Kö 21 schildert die Geschichte von König Ahab, der den Weinberg seines Nachbarn begehrt. Weil Nabot ihm den aber nicht geben will, ärgert er sich. Wie ein unreifes Kind legt er sich ins Bett und schmollt. Seine Frau Isebel reißt den Weinberg dann auf böse Weise an sich. Zwei angeheuerte falsche Zeugen klagen Nabot öffentlich an und bringen ihn dadurch zu Tode. Das Begehren und Erfüllen des Wunsches „gelingt" hier – ähnlich wie bei David, der die Frau seines Nächsten begehrt (2Sam 11) – nur aufgrund von Lüge, Raub und Mord.

Auch in 2Sam 23,15 wird von einem starken Verlangen Davids gesprochen, das drei seiner Männer gar in Todesgefahr bringt.

Jos 7,21 schildert, wie Achan sich verbotenerweise am Beutegut der Israeliten vergreift und dadurch einen Bann über seine Familie und das Volk bringt. Die Sünde beginnt auch hier mit dem Begehren: „Ich sah unter der Beute einen schönen Mantel ... sowie 200 Schekel Silber und einen Goldbarren von 50 Schekel. Ich bekam Lust danach und nahm es."

Der Apostel Jakobus beschreibt sehr präzise den Kreislauf des Begehrens: „Ein jeder wird versucht, wenn er von seiner eigenen Lust fortgezogen und gelockt wird. Danach, wenn die Lust empfangen hat, gebiert sie die Sünde; die Sünde aber, wenn sie vollendet ist, gebiert den Tod" (Jak 1,14–15).

Die Psychologie der Habgier weist – wie wir gesehen haben – dieselben Züge auf wie die des Ehebruchs. „Gier hat erotische Merkmale", sagt K. Bockmühl sehr richtig[547], wobei erotisch umfassend gemeint ist. *Eros* bedeutet im Griech. das Begehren. Nach der griech. Mythologie – Platon beschreibt es in seinem „Symposion" – war Eros das Kind von Poros (Überfluss) und Penia (Armut). Eros ist das Begehren dessen, was man nicht hat, aber haben sollte oder möchte. Eros ist daher auf einen bestimmten Wert gerichtet. Man liebt etwas (oder jemanden), weil es einen Wert für einen hat, wertvoll ist, geliebt zu werden. Eros ist also die Liebe, die ihren Grund im Geliebten hat, die vom Geliebten her in Bewegung gesetzt wird. Eros ist also Wertbegehren und Wertaneignungswille, ist Habenwollen und Habenmüssen. Dieses Begehren kann krank und abhängig machen. Wer im Kreislauf des Begehrens gefangen ist, ist unfrei und hat keine hohe Lebensqualität.

4.2.6.3 Die Ursache des Begehrens

Warum begehren wir? Im tiefsten Grund unseres Herzens sind wir unzufrieden und unbefriedigt. Es gibt scheinbar ein großes Loch in unserer Seele, das gefüllt werden will. Aus der Tiefe unserer Seele schreit ein Monster: „Ich will mehr". „Die Augen des Menschen werden nicht satt", hat schon der weise Salomo erkannt (Spr 27,20).

Wir schätzen das Begehren, das Erwerben mehr als das Haben! So wie die Beschleunigung aufregender ist als die Geschwindigkeit, so schätzen wir das Bekommen mehr als das Haben. In einigen ökonomischen Theorien wird die Habgier sogar in eine Tugend verwandelt. (Der Kommunismus funktioniert u.a. deshalb nicht, weil jeder selber etwas haben und bekommen will. Wer nur arbeiten muss, um abzugeben, ist auf Dauer nicht motiviert.)

Im Grunde meinen wir, unsere Identität hänge ab vom *Haben*, vom materiellen oder ideellen Haben. Man könnte, in Abwandlung von Descartes das Bekenntnis vieler Menschen formulieren: „Ich habe, also bin ich." Seit Adam und Eva ist das unsere natürliche, von der Sünde beeinflusste Einstellung. Das unersättliche Begehren ist die Ursache des Habenwollens. Das Trachten des Herzens nach dem Ma-

---

[547] K. Bockmühl, Gebote, S. 145.

teriellen ist die Ursache von Unbefriedigtsein und Unlust. Materielles Gut, Geld, Reichtum, Ehre machen aber letztlich nicht glücklich. Die wesentlichen Dinge des Lebens kann man nicht kaufen: Liebe, Friede, Glück. Man kann sie sich nur schenken lassen.

> Ein Mann wie Erich Fromm hat diese Zusammenhänge klar erkannt. In seinem wichtigen und bekannten Werk „Haben oder Sein" beschreibt er die falschen Prämissen unserer Gesellschaft: „1. dass das Ziel des Lebens Glück, das heißt, ein Maximum an Lust sei, worunter man die Befriedigung aller Wünsche oder subjektiven Bedürfnisse, die ein Mensch haben kann, versteht (radikaler Hedonismus); 2. dass Egoismus, Selbstsucht und Habgier – Eigenschaften, die das System fördern muss, um existieren zu können – zu Harmonie und Frieden führen."[548]

Heute finden viele unbefriedigte Menschen westlicher Gesellschaften den Buddhismus attraktiv. Der Buddhismus will die Ursache des Leidens, das Begehren, löschen! Dazu bietet er Wege an, die auf den ersten Blick attraktiv erscheinen, letztlich aber nicht zum Ziel führen. Denn es geht nicht um das Auslöschen, sondern um die Sättigung elementarer und vitaler Lebensbedürfnisse. Nicht das unpersönliche Nirwana, sondern die volle Gemeinschaft mit Gott und die totale Sättigung in ihm ist das Ziel des Lebens.

4.2.6.4 Auf dem Weg zur Freiheit

Schon im AT heißt es: „Habe deine Lust am Herrn, der wird dir geben, was dein Herz wünscht" (Ps 37,4). Gott kennt und stillt unsere Bedürfnisse. Jesus lehrt seine Jünger: „Euer Vater im Himmel weiß, was ihr bedürft, ehe ihr ihn bittet!" (Mt 6,8). Er lockt in eine tiefe und echte Lebensgemeinschaft mit dem Vater im Himmel, die satt macht.

In dem alten Lied der Fürstin Eleonore von Reuß: „Ich bin durch die Welt gegangen" wird die unerfüllte Sehnsucht der Menschen auf der einen und die tiefe Erfüllung in Gott auf der anderen Seite beschrieben. In der dritten Strophe heißt es: „Sie suchen, was sie nicht finden in Liebe und Ehre und Glück. Und sie kommen, belastet mit Sünden und unbefriedigt zurück." Und in der vierten: „Es ist eine Ruh

---

[548] E. Fromm, Haben oder Sein, Stuttgart 1976, S. 15.

vorhanden für das arme, müde Herz; sagt es laut in allen Landen: Hier ist gestillet der Schmerz."

Die Stillung des Schmerzes unerfüllter Sehnsüchte kann letztlich nur durch den geschehen, der gesagt hat: „Ich bin das Brot des Lebens: Wer zu mir kommt, wird nicht hungern, und wer an mich glaubt, wird nimmermehr dürsten" (Joh 6,35). Jesus macht wirklich satt. Seine Speise stillt – im Unterschied zu den vergänglichen Angeboten dieser Welt – ewig und tief.

Wie ist das zu verstehen? Wer sich von ihm angenommen und geliebt weiß – trotz seines Versagens und seiner Schuld –, wer sich in ihm geborgen und im Frieden weiß – trotz seiner Hektik und seines Aktionismus –, wer seinen Wert nicht durch seine eigene Leistung und sein eigenes frommes Tun, sondern durch Jesu Tat und Werk am Kreuz ableitet – der wird satt.

4.3 Die Beziehung zur Welt: Die sozial-politische Dimension der Gebote

H. Jonas[549] beklagt zu Unrecht, dass die Gebote keine sozialpolitischen Auswirkungen hätten und sich in erster Linie auf den Nächsten bezögen. Das ist so nicht richtig. Sie beschreiben und definieren die Beziehung zu Gott als Grundbeziehung des Lebens, dann die zum Nächsten (was bereits eine soziale Dimension darstellt) und drittens die Beziehung zum Volk bzw. zur Gesellschaft und zur Umwelt. Das ist die sozialpolitische und ökologische Implikation und Dimension der Gebote.

4.3.1 Ökologische Implikationen

Sieht man z.B. nur einmal auf die Ausführungen zum Erlassjahr (3Mo25), dann wird sehr schnell deutlich, dass die Anordnungen

---

[549] H. Jonas, Das Prinzip Verantwortung. Versuch einer Ethik für die technologische Zivilisation, Frankfurt a.M. ²1989.

Gottes sozialpolitische und ökologische Implikationen haben, die enorm sind. Sie neu zu entdecken, kann auch für uns heute zu überraschenden Erkenntnissen führen.

Wenn die Schöpfungen des Menschen in der Geschichte eher zur Erschöpfung der Erde geführt haben, dann muss etwas anders werden, wenn sich die heilmachenden Kräfte der Gebote durchsetzen sollen. Diese Entwicklung des Raubbaus an der Erde und an der Welt lässt sich auf ein rein anthropozentrisches Denken des Menschen zurückführen. Wo sich der Mensch als Herrscher versteht, der alles andere unterdrückt und ausbeutet, kann es nur zum Seufzen der Schöpfung kommen. Eine Wende kann daher nur darin bestehen, zu einem neuen kosmologisch-theozentrischen Denken zu gelangen.[550]

Auf jeden Fall haben die Gebote für Israel sehr wohl ökologische Auswirkungen. Das Land kann ruhen. Die Feste des Gottesvolkes erinnern neben dem Geschichtshandeln Jahwes immer auch an das von Jahwe geschenkte Land, das aufatmen soll und seine Frucht tragen kann.

4.3.2 Sozialpolitische Grundprinzipien

Aber auch „das Prinzip der Gerechtigkeit" und das „Prinzip der Schonung" – sozialpolitische Grundprinzipien – zeigen sich deutlich in den Geboten.[551]

„Gerechtigkeit ist die oberste ethische Forderung des Judentums."[552] Sie zeigt sich im zwischenmenschlichen, d.h. sozialen Bereich des Lebens. Gerechtigkeit als der Wesenszug Gottes wurde nun auch überall und gegenüber jedem gefordert: im Gericht, in Handel und Wandel, gegen hoch und niedrig, gegen Juden und Nichtjuden, hinsichtlich der Personen und des Besitzes.

---

[550] J. Moltmann, Gott in der Schöpfung. Ökologische Schöpfungslehre, München ²1985. Ob das auf den ersten Blick nicht alles zu idealistisch und utopisch ist, mag einmal dahingestellt sein.

[551] W. Homolka (Hrsg.), Die Lehren des Judentums nach den Quellen, Darmstadt, neue und erweiterte Ausgabe 1999, Bd. 1.

[552] A.a.O., S. 231.

Die „Redlichkeit im Verkehr" bezieht sich auf das Verhalten im Geschäfts- und Wirtschaftsleben. Unbestechlichkeit und Unparteilichkeit waren ebenso gefordert wie „Billigkeit", d.h. die Achtung des anderen als normale Ausgangsbasis aller Beziehungen.

Als besonderes sozialpolitisches Prinzip kann man das „Prinzip der Schonung" nennen. Besonders die Gebote sechs bis zehn sind Ausdruck dieses Prinzips der Schonung. Dabei geht es konkret um die „Schonung fremden Lebens". Das Verbot der Tötung und der Körperverletzung ist hier zu nennen mit der Einschränkung der Todes- und Leibesstrafe. Die „Schonung fremden Ansehens" bezieht sich auf das Verbot der Beleidigung, der üblen Nachrede, der Verleumdung und der Beschämung. Eine Kultur der Achtung im sozialen Leben – auch des Gegners – wird hier erkennbar. Die „Schonung der Abhängigen" bezieht sich auf die gute und gerechte Behandlung des Hausgesindes und der Lohnarbeiter, die Milderung der Sklaverei und die gute Behandlung der Kriegsgefangenen. Die „Schonung fremden Vermögens" schließlich betrifft das Verbot von Geschäften, die gegen die guten Sitten verstoßen und das Zinsverbot.

4.3.3 Gebote der Nächstenliebe

Auch die Gebote der Nächstenliebe, die oft nur bilateral oder privat verstanden werden, haben gesamthaft sozialpolitische Auswirkungen. Das Gebot des Beistandes in Bedrängnis und Gefahr betrifft alle Hilfsbedürftigen: die Armen, Witwen und Waisen, die Kranken und Fremden. Diese sozialen Felder dürfen in einem Sozial- und Gemeinwesen einfach nicht übersehen werden. An der Behandlung dieser Gruppen zeigt sich die Qualität und Kultur eines jeden Gemeinwesens. Wer Arme, Kranke, Witwen, Waisen und Fremde übersieht und benachteiligt, nimmt es mit der Würde des Menschen nicht ernst.

4.3.4 Förderung des Gemeinwohls

Die Verantwortlichkeit für den Mitmenschen ist ein Grundsatz, der bereits auf den ersten Blättern der Bibel deutlich erkennbar wird. Die freche Frage des Brudermörders „Soll ich meines Bruders Hüter sein?" ist und bleibt ein Affront gegen die Verantwortung dem Nächsten gegenüber. In Wahrheit ist jeder seines Bruders Hüter und für seinen Mitmenschen mitverantwortlich. Die Folge dieser Verantwortung ist die Forderung, das Wohl des Nächsten nach Kräften zu fördern. Am deutlichsten ist dieser soziale Grundsatz in dem Prophetenwort des Jeremia erkennbar: „Suchet der Stadt Bestes" oder „Fördert das Wohl der Stadt, in die ich euch habe führen lassen, und betet für sie!" (Jer 29,7). Auch die Aussage Daniels kann hier genannt werden: „Die, die da viele zur Gerechtigkeit (Tugend) gewiesen (angeleitet) haben, werden leuchten wie die Sterne für immer und ewig" (Dan 12,3).

Nach der Sozialethik der Gebote kann man auch sagen: „Der Mensch fängt erst an, ein wahrer Mensch zu sein, wenn er in selbstloser Hingebung das Wohl seiner Mitmenschen zu gründen und zu mehren tätig ist."[553]

---

[553] A. Loewenthal, „Förderung des Gemeinwohls", in: Die Lehren des Judentums, a a.O., S. 412.

TEIL III:

ETHISCHE LEITLINIEN FÜR DIE GEMEINDE

„Wie vermitteln wir unseren Gemeinden die ethischen Leitlinien der Bibel als für uns lebensnotwendig?"[554]

I. Der Auftrag Jesu

Mt 28,19–20
1. Unser Herr Jesus Christus selbst hat uns in seinem zweigliedrigen Missionsbefehl den Auftrag gegeben, Menschen zu Jüngern zu machen. Das verpflichtet auch dazu, *sie zu lehren, alles zu bewahren*, was er geboten hat. Der Auftrag bleibt also unerfüllt, wenn Bekehrte und Getaufte nicht gelehrt werden, als hingebungsvolle Jünger Jesu zu leben.

Joh 15,10
2. Zum Leben als Jünger Jesu gehören die *ethischen Weisungen Jesu als Ausdruck einer verbindlichen Beziehung in Liebe* zu ihm.

1 Tim 6,3

Apg 2,42
3. Dieser Auftrag Jesu ist von seinen Aposteln als *verbindliches Gemeinde-Ethos* bestätigt worden. Die ethischen Leitlinien für die Gemeinde stimmen mit denen von Jesus voll überein. Die lebendig vermittelte Apostellehre ist neben der Gemeinschaft, dem Brotbrechen und dem Gebet ein Konstitutivum der Gemeindearbeit.

Phil 2,13
4. Der *Zusammenhang von Indikativ und Imperativ*, von dem, was Gott getan hat und dem, was wir aus Liebe und Dankbarkeit tun sollen, ist charakteristisch für die Gemeindeethik. Es geht also nicht um abstrakte

Eph 2,10
ethische Werte oder Ideale, sondern um das Tun des Willens Gottes aus Liebe und Überzeugung. „Wir

---

[554] Unter dieser Formulierung wurden die folgenden Thesen bereits einmal im Mai 2000 vor Verantwortlichen aus Gemeinden (Älteste und Diakone) vorgetragen.

sind ... in Christus Jesus geschaffen zu guten Werken, ... damit wir in ihnen leben sollen."

5. *Gesunde Lehre zeugt gesundes Leben* – diese Überzeugung kommt uns in den (späten) Pastoralbriefen des NT massiv entgegen. Das Ziel der Belehrung ist ein praktisches: „... damit der Mensch Gottes vollkommen (nicht perfekt) sei, zu jedem guten Werk völlig zugerüstet." „Die heilsame Gnade Gottes ist erschienen ... und unterweist uns, damit wir ... besonnen, gerecht und gottesfürchtig leben in der jetzigen Zeit."

2Tim 3,17

Tit 2,11–12

II. Die Verantwortung der Familie und der Gemeinde

6. Das Vermitteln der Weisungen Gottes geschieht im biblischen Zeugnis des AT und NT zuerst im *Kontext der Familie*. Hier waren es besonders die Väter, die die Verantwortung hatten, ihren Kindern die Gebote zu vermitteln und so für ein Lehr- und Traditionskontinuum im Volk zu sorgen. Aber auch Mütter spielten eine prägende Rolle in der Vermittlung von Werten und Glauben.

Ps 78,3–7

2Tim 1,5

7. Dieses Verständnis der Wertevermittlung galt grundsätzlich auch im Frühjudentum, also zur Zeit Jesu und zur Zeit der Urgemeinde. Das Fehlen expliziter Hinweise für Sonntagschul- und Kinderarbeit im NT lässt sich von diesem geschichtlichen Hintergrund her besser verstehen.

8. Neben der Familie geschieht die Vermittlung ethischer Weisungen aber auch in der Synagoge und im Tempel, später in der Gemeinde. Ältere Frauen sollen Lehrerinnen des Guten für junge Frauen sein, entsprechend die älteren Männer. Diener der Gemeinde (Titus, Timotheus) sollen sich selbst als Lehrer und Vorbilder verstehen.

Tit 2,1–8

1Kor 11,1

9. Hierbei kommt den *Ältesten einer Gemeinde* besondere Verantwortung zu. Sie haben dafür zu sorgen, dass die Vermittlung des „ganzen Ratschlusses

Apg 20,28–32

Gottes", also auch der ethischen Leitlinien, in der Gemeinde geschieht.

III. Die Situation unserer Zeit

10. Gemeindeleben geschieht nie im luftleeren Raum. Gemeinde ist immer Gemeinde in der Welt. Dabei erzeugt das Bewusstsein, in der Welt, aber nicht von der Welt zu sein, die *geistliche Spannung*, die es auszuhalten und nicht aufzulösen gilt.

Joh
17,16–18

11. Sich des *Zeitgeistes* und seiner prägenden Kraft, auch auf Christen, bewusst zu werden, ist daher um der Sache Jesu und der Glaubwürdigkeit des Zeugnisses seiner Nachfolger willen geboten.

12. Die *Individualisierung und Pluralisierung der Lebensanschauungen und Wertvorstellungen* sind seit Ende der 60er-Jahre für unsere Zeit und Gesellschaft, also für unsere Kultur, charakteristisch geworden.

13. Das *postmoderne Verständnis von Wahrheit*, die relativierende Beliebigkeitsphilosophie und die ethische Orientierungslosigkeit wird von immer mehr Menschen nicht mehr nur als Not, sondern bereits als Tugend verstanden.

14. Das Abfärben dieser gesellschaftlichen Befindlichkeit auch auf Christen in den Gemeinden ist nicht von der Hand zu weisen. Unkenntnis über ethische Wertvorstellungen der Bibel, individualistische Frömmigkeit, weltangepasster Lebensstil und Privatisierung des Glaubens verhindern vielfach ein profiliertes Zeugnis der Jüngerinnen und Jünger Jesu.

15. Auf der anderen Seite werden *ekklesiologische und ekklesiopraktische Defizite* unserer Gemeinden immer deutlicher sichtbar. Veranstaltungen, in denen ethische Weisungen vermittelt werden könnten, werden nur noch von einem Teil der Gemeinde besucht. Andere Räume der Vermittlung (Hauskreise, Kleingruppen, Sonntagsschule für Erwachsene, Seminare usw.) fehlen in den Gemeinden aber noch vielfach.

16. Hinzu kommt eine besondere Spannung, die aus der *heterogenen Vorstellungswelt der Generationen* auch in unseren Gemeinden resultiert. Die junge versteht die ältere Generation und deren Wertvorstellung oft nicht. Auch die Art der Begründung ethischer Maßstäbe (appellativ, gesetzlich) macht Mühe. Umgekehrt versteht die alte die junge Generation nicht, und es kann Misstrauen entstehen, was wiederum kontraproduktiv zur Vermittlung ethischer Werte wirkt.

17. Ein weiteres Problem entsteht durch die *Fülle neuer ethischer Fragestellungen*, auf die die Bibel scheinbar keine Antworten hat: Genforschung, Transplantationsmedizin, neue Medien, wirtschaftsethische Fragestellungen, Lebensstilfragen, interreligiöse Dialoge usw. Über solche Themen wird in Gemeinden selten bis nie ausführlich gesprochen. Wie können sich (nicht nur junge!) Menschen darin zurechtfinden?

IV. Die Verantwortung der Gemeinde für ihre Glieder

18. Angesichts dieser gesellschaftlichen Situation wird die Bedeutung der nachhaltigen und glaubwürdigen Vermittlung des Missionsauftrags an alle Gemeindeglieder inklusive ethischer Leitlinien besonders einsichtig.

19. Eine *einseitige Vermittlung ethischer Werte im Glashaus der Gemeinde,* ohne den Horizont und die Wirklichkeit der Welt im Blick zu haben, führt zu weltuntüchtigen Christen und zu einer doppelten Moral der Gemeinde.

20. Eine *einseitig am Zeitgeist orientierte Lebensweise* führt zur Verflachung und Kompromittierung des Zeugnisses Jesu.

21. Die Vermittlung ethischer Leitlinien muss also in einer Weise geschehen, die einerseits ganz nah am Wort Gottes bleibt und andererseits die reale Welt im Blick behält. Da diese Welt sich sehr schnell verändert, das Wort Gottes aber bleibt, müssen die Gebote

Jesu immer wieder auf die neue Situation hin ausgelegt und begründet werden. Es reicht nicht aus, alte ethische Antworten auf neue Fragestellungen zu geben.

22. Inhaltlich geht es bei der Vermittlung ethischer Leitlinien grundsätzlich (a) um das *Offenlegen der dem biblischen Denken innewohnenden Strukturen* und (b) um das *Aufzeigen von Kriterien der konkreten Lebensgestaltung.*

Das ist mehr als das Wissen von Geboten, was in seiner Allgemeinheit für die komplexe Herausforderung unserer Zeit nicht ausreicht. Welche alttestamentlichen Gebote für uns heute noch relevant sind, wie das Ethos Jesu in der Bergpredigt zu verstehen ist und welche Bedeutung der Heilige Geist in der Lebensführung hat, muss in der christlichen Ethik reflektiert werden. Wie Gebote angewandt werden, wo und warum es zu ethischen Kollisionen von Pflichten kommen kann, muss sichtbar werden. Eine reine Vermeidungsethik ist ebenso abzulehnen wie eine reine Situationsethik und eine reine ideelle Normenethik.

23. Konkrete ethische Inhalte zeigen sich z.B. im Bereich der *Individualethik*: Lebensplanung, Zeiteinteilung und Prioritätensetzung, Vorlieben; im Bereich *Arbeit und Freizeit*: Was ist Pflicht? Was Schwarzarbeit? Wo beginnt sie? Wie gehe ich mit meiner Freizeit um? Im Bereich der *Wirtschaftsethik*: Umgang mit Geld und Vermögen, Steuererklärungen, Ehrlichkeit im Umgang mit Versicherungen und Behörden; im Bereich *Medienethik*: Fernsehen, Computer, Internet; im Bereich *medizinische Ethik*: Entscheidungshilfen bei Organtransplantationen, Gentechnik; im Bereich *politische Ethik*: Bundeswehr oder Kriegsdienst-Verweigerung? Politische Verantwortung übernehmen? Wo? Wer? Wie? Gesellschaftliches Engagement an Schulen, öffentlichen Organisationen, Vereinen usw.; im Bereich *Sexualethik*: Integration der Sexualität, Ehe, Scheidung und Wiederheirat, Homosexualität,

Transsexualität, Verhütung, vor- und außerheliche Sexualität, Masturbation usw.; im Bereich *Sozialethik*: sozialdiakonische Verantwortung, Hilfe für Arme, soziale Gerechtigkeit, Lebensrecht, Abtreibung; im Bereich *Religionsethik*: Zusammenkommen der Kulturen und Religionen, multikulturelle Gesellschaft, Herausforderung Islam, Sekten, Kulte; im Bereich *Kulturethik*: Umgang mit Kultur, Kunst und Wissenschaft, Ästhetik und Ethik, Kino, Oper, Museum, bildende Künste, darstellende Künste, Kreativität, Schauspiel usw.

24. Theologische und geistliche Kompetenz ist angesichts der komplexen Wirklichkeit unserer Welt und der Wichtigkeit der ethischen Themen eine Voraussetzung bei der Vermittlung ethischer Leitlinien. Hier muss verantwortlichen Leitern in Gemeinden theologische und seelsorgliche Hilfe angeboten werden.

25. Das Vermitteln von geistlichen Werten und Inhalten mit einem nachhaltigen Ergebnis geschieht am besten sowohl *frontal auf der offiziellen Verkündigungs- und Lehrebene* (Predigt, Bibelstunde, Referat) als auch und viel mehr *auf der Ebene persönlicher Kommunikation*.

26. Das Lehren und Vermitteln darf auf keinen Fall rein appellativ-fordernd oder gesetzlich sein, sondern muss erklärend (geschichtliche Hintergründe), begründend (heilsgeschichtlicher Zusammenhang) und einsichtig (heute relevant) sowie mit seelsorglicher Zuspitzung erfolgen. Andernfalls stößt es von vornherein auf Ablehnung oder Desinteresse. Also nicht nur: „Vor der Ehe schläft man nicht miteinander!", sondern, warum, wieso und weshalb nicht und mit welchen Konsequenzen. Wichtig ist zu erklären, welches Bild von Ehe dem biblischen Denken zugrunde liegt und welches der gesellschaftlichen Wirklichkeit.

27. Zu dieser Art der Vermittlung sind *vertrauensvolle Beziehungen* nötig, in denen offen über die ethische Herausforderung einerseits und über persönliches

Versagen und Hilflosigkeit andererseits ausgetauscht werden kann.

28. Es geht bei der Vermittlung ethischer Leitlinien gleichzeitig um eine Anfrage an die *Lehr- und Lernkultur in unseren Gemeinden.* Es gilt, einerseits die Gaben des Lehrens zu entdecken und zu fördern und andererseits in der Gemeinde eine Infrastruktur zu schaffen, in der sie zur wirkungsvollen Entfaltung kommen.

29. Dazu gehört das Wollen, *die Struktur den geistlichen Bedürfnissen* anzupassen und nicht umgekehrt.

30. Eine *Kleingruppenstruktur aufzubauen,* scheint mir dazu unverzichtbar. Das ist allerdings mehr, als nur einige Hauskreise einzurichten. Kleingruppenleiter sammeln, befähigen und koordinieren, dies sollte Aufgabe der Verantwortlichen in jeder Gemeinde sein.

1Kor 4,16; 11,1

31. Wichtig sind *Vorbilder in der Gemeinde,* an denen man sich orientieren kann. Die Leitbildfunktion authentischer Menschen scheint für die heutige Generation wichtiger denn je zu sein.

32. Im Blick auf *sexualethische Leitlinien* brauchen wir nicht das künstliche Zerrbild heiler Ehen und Familien, sondern *authentische Menschen,* die transparent ihre Beziehungen gestalten, so dass Anspruch und Versagen, Vergebung und Heilung sichtbar werden.

33. Auch im Blick auf *wirtschafts- und andere ethische Themen* sind Menschen gefragt, die transparent ihr Leben in Geschäftswelt und Gemeinde gestalten, um Hilfen zur Orientierung zu geben. Auch Themen wie Umgang mit Geld, Vermögensbildung, Gemeinde-Beitrag usw. müssen offen besprochen werden.

34. Überhaupt scheint mir wichtiger als der Anspruch ideell vorgetragener ethisch ideeller Werte der Zuspruch von Menschen, die um Vergebung wissen und diese in Anspruch nehmen. Wer ethische Leitlinien vermittelt, der muss gleichzeitig ein Seelsorger und Ermutiger sein.

V. Die Verantwortung der Gemeinden füreinander

35. Die ekklesiologische Spannung zwischen der Selbständigkeit der Ortsgemeinde einerseits und (Lehr-) Einheit der Gemeinden andererseits bleibt bestehen. Weder ist die völlige Autonomie noch die völlige Gleichschaltung der Gemeinde(n) anzustreben. Die geistliche Identität von Gemeinden lässt sich nicht (nur) auf der formalen, sondern nur auf der geistlichen Ebene herstellen.

36. Angesichts der immensen geistlichen Herausforderung heute scheint es geboten, den Austausch der Gemeinden und ihrer verantwortlichen Mitarbeiter und Leiter untereinander zu fördern. Dazu können Fortbildungsmaßnahmen ebenso dienen wie Austauschtreffen von Ältesten bekenntnisverwandter Gemeinden.

Sachregister

Personenregister

Bibelstellenregister

Altes Testament

Genesis (1. Mose)
1,1 283
1,26f 52, 75, 82, 87, 201
1,29 86
2,5 86
2,15 52, 86, 282, 382
2,16 86
2,20 86
2,24 389, 434, 435, 438
2,18-25 75
3,12ff 86
3,15 183
4,1-16 394
4,8-16 75
5,1 88, 92
9,1-6 75
9,6 88, 92, 393
12,1.2 80
14,19 283
20,14 471
24,3 283
24,19 231
24,67 434, 435
27,11 451
29,22 435
29,23ff 451
30,25ff 451
31,19.30.34 371
37,25ff 450
39 62
39,9 432
40,15 450
44,8 450

Exodus (2. Mose)
1-18 80
1,11-14 384
1,15-21 323, 468
2,3-9 323
2,11-15 307
3,14 363, 376
6,6 322
19,8 353
20 66, 79
20,8-11 81, 378
20,11 181, 379
20,12 181, 203, 387f
20,14 432, 433
21,2 202, 471
21,7 472
21,16 450
21,21 471
21,24.25 140
21,26f 474
21,37 450, 458
22,3 458
22,6 450
22,11 450
22,15.16 332
22,20 202
23,1 467
23,7 467
23,12 471
24,12 353
25 80
31,14.15 380
35,2.3 380

Leviticus (3. Mose)
4,2 331
4,13 331

4,23 331
5,1 466
5,2-7 331
5,15 331
5,17 331
18-20 79, 80
19,9.10 384
19,12 140
19,13 118
19,18 148, 201
20,10 332
21,9 333
22,14 331
23 80
25 80, 289
25,8ff 171
26 96, 98

Numeri (4. Mose)
5,19 176
14,31 333
15,22 331
15,24 331
15,28 331
15,30 331
15,32-35 380
30,4 176
35,22f 331

Deuteronomium (5. Mose)
1,39 333
4,6 81
4,13 353
4,40 98
5,15 380
5,18 432

Neues Testament

Matthäus

3,15 141
4,1 238
4,8 284
4,17 134
4,18ff 144
4,19.21.22 144
4,23 134, 210
5,3 142, 163, 184
5,8 111
5,13.14 114
5,14 300
5,15.16 182
5,16 79, 114, 137, 166, 205, 300, 307
5,17 140, 221
5,17-20 138, 161
5,19 330
5,21.22 175, 203
5,24-26 164, 201
5,25 149, 164
5,28 160, 164, 167, 446, 473
5,33-37 176
5,38.39 174, 175
5,39 159, 396
5,40 230
5,41.42 175
5,43 149, 175
5,44 230
5,47 231
5,48 166, 315, 317
6,5 137
6,8 163, 475
6,10 77, 161, 247, 310
6,12 164
6,14.15 164, 167
6,16-18 170
6,19-21 171

6,24 318, 364
6,25.26 170
6,33 142, 161, 194, 201, 386
7,7 163
7,13.14 272
7,14 301
7,21 77, 167, 264, 311
7,24 164
8,20 170
8,22 144
9,19 143
9,35-38 215
10,30 338, 339
10,36 319
10,37 391
11,4 135
11,4.5 188
11,2-6 135
11,12 135
11,29 144, 316
12,4 150
12,8 181
12,10 150
12,12 150
12,28 135
12,50 391
13,35 284
13,39.40 185
14,1-12 113
15,3-9 390
15,19-20 330, 473
15,28 168
16,17 224
16,24f 146
17,24-27 170, 458
18,2.3 143, 144
19,1 438
19,3 150, 438

19,3-9 168, 335
19,4-12 39, 76, 97, 438
19,4 104, 435
19,5 433, 435, 438
19,6 169, 273
19,7 438
19,8 137, 138, 167
19,9 169, 438, 440
19,12 169
19,14 143
19,16-22 124
19,16-30 316
19,16.17 132
20,1-8 274, 383
20,25-28 184
20,28 150, 203
21,13 451
22,15-22 167
22,16 46
22,17 150
22,21 284, 462
22,36-40 140
22,36 330
22,37 303
23,4 316
23,5 167
23,14 451
23,16 176
23,23f 330
24,1-25 264
24,3 185
24,35 95
25,14ff 456
25,31-46 203
25,35-39 213
26,6ff 232
26,39.42 77
26,52 174
26,59.60 466